Breymann
**C++**

Ulrich Breymann

# C++

## Einführung und professionelle Programmierung

8., erweiterte Auflage

HANSER

*Prof. Dr. Ulrich Breymann*
lehrt Informatik im Fachbereich Elektrotechnik und Informatik der Hochschule Bremen

Alle in diesem Buch enthaltenen Informationen, Verfahren und Darstellungen wurden nach bestem Wissen zusammengestellt und mit Sorgfalt getestet. Dennoch sind Fehler nicht ganz auszuschließen. Aus diesem Grund sind die im vorliegenden Buch enthaltenen Informationen mit keiner Verpflichtung oder Garantie irgendeiner Art verbunden. Autor und Verlag übernehmen infolgedessen keine juristische Verantwortung und werden keine daraus folgende oder sonstige Haftung übernehmen, die auf irgendeine Art aus der Benutzung dieser Informationen – oder Teilen davon – entsteht, auch nicht für die Verletzung von Patentrechten und anderen Rechten Dritter, die daraus resultieren könnten. Autor und Verlag übernehmen deshalb keine Gewähr dafür, dass die beschriebenen Verfahren frei von Schutzrechten Dritter sind.

Die Wiedergabe von Gebrauchsnamen, Handelsnamen, Warenbezeichnungen usw. in diesem Buch berechtigt deshalb auch ohne besondere Kennzeichnung nicht zu der Annahme, dass solche Namen im Sinne der Warenzeichen- und Markenschutz-Gesetzgebung als frei zu betrachten wären und daher von jedermann benutzt werden dürften.

Bibliografische Information Der Deutschen Bibliothek:
Die Deutsche Bibliothek verzeichnet diese Publikation in der Deutschen Nationalbibliografie; detaillierte bibliografische Daten sind im Internet über http://dnb.ddb.de abrufbar.

Dieses Werk ist urheberrechtlich geschützt.
Alle Rechte, auch die der Übersetzung, des Nachdruckes und der Vervielfältigung des Buches, oder Teilen daraus, vorbehalten. Kein Teil des Werkes darf ohne schriftliche Genehmigung des Verlages in irgendeiner Form (Fotokopie, Mikrofilm oder ein anderes Verfahren) – auch nicht für Zwecke der Unterrichtsgestaltung – reproduziert oder unter Verwendung elektronischer Systeme verarbeitet, vervielfältigt oder verbreitet werden.

© 2005 Carl Hanser Verlag München Wien (www.hanser.de)
Lektorat: Margarete Metzger
Herstellung: Irene Weilhart
Datenbelichtung, Druck und Bindung: Kösel, Krugzell
Printed in Germany

ISBN 3-446-40253-5

*Für Susanne*

# Vorwort

### Historisches

C++ wurde etwa ab 1980 von Bjarne Stroustrup als objektorientierte Sprache entwickelt, damals »C mit Klassen« genannt; die Bezeichnung C++ existiert seit 1983. 1998 wurde C++ von der ISO standardisiert. C++ steht für eine evolutionäre Entwicklung von C. ++ ist der Inkrement-Operator in C, der den Wert einer Variablen um 1 erhöht. C ist eine der am weitesten verbreiteten Programmiersprachen. Wenn in technischen Bereichen Kenntnisse einer Programmiersprache gefragt sind, wird meistens Erfahrung in C++ als Nachfolgesprache von C gewünscht. C++ enthält den größten Teil von C als Untermenge. C++ unterstützt die rechnerinterne Darstellung von Objekten der realen Welt sowie die Wiederverwendbarkeit von Software. Viele große und kleine Firmen setzen C++ ein.

### Für wen ist dieses Buch geschrieben?

Dieses Buch ist für alle geschrieben, die einen kompakten und gleichzeitig gründlichen Einstieg in die Konzepte und Programmierung mit C++ suchen. Es ist für Anfänger[1] gedacht, die noch keine Programmiererfahrung haben, aber auch für Programmierer, die diese Programmiersprache kennen lernen möchten. Nach dem Einstieg in die objektorientierte Programmierung werden auch fortgeschrittene Konzepte von C++ beschrieben und an Beispielen demonstriert.

### Ziel des Buchs

Das Buch soll eine *Einführung in die C++-Programmiersprache* und die Benutzung der *C++-Standardbibliothek* bieten. Das Ziel des Buchs ist es, C++ so darzustellen, dass möglichst *bald* ein Verständnis des objektorientierten Ansatzes entwickelt wird *und* rasch programmiert werden kann. Gleichzeitig soll die Darstellung möglichst kompakt sein, ohne dass die Lesbarkeit leidet. C++ wird als standardisierte Programmiersprache unabhängig von speziellen Produkten beschrieben. Es wird nicht von C ausgegangen und C-Kenntnisse werden nicht vorausgesetzt. Das auf der beiliegenden CD-ROM vorhandene C++-Entwicklungssystem bietet eine Dokumentation als Hilfestellung zur Handhabung. Das Buch eignet sich auch als Begleitbuch zu einer Vorlesung oder zu Kursen.

Fortgeschrittenen und professionellen Programmierern dient das Buch als Nachschlagewerk bei der täglichen Arbeit, was durch die Referenz zur C++-Standard-

---

[1] Geschlechtsbezogene Formen meinen hier und im Folgenden stets Männer *und* Frauen.

bibliothek (Teil 2 des Buchs), ein detailliertes Inhaltsverzeichnis und ein *umfangreiches Stichwortverzeichnis* unterstützt wird. Die beiliegende CD-ROM enthält eine ausführliche Dokumentation des Autors zur C++-Standard Template Library (ca. 300 Seiten).

**Aufbau**

Im Maschinenbau und in der Elektrotechnik sind *Bauelemente* die Grundlage der Konstruktion. Objekte in C++ werden als Bauelemente zur Konstruktion von Software verstanden (Software-»Lego«). Die Objekte selbst bestehen aber auch aus Bauelementen, nämlich aus Daten und den Operationen, auch Funktionen oder Methoden genannt, die mit diesen Daten arbeiten. Daher werden erst diese Bauelemente behandelt, um danach Objekte als Bauelemente auf höherem Niveau konstruieren zu können. Aus didaktischen Gründen werden grundlegende Standardbausteine, nämlich die abstrakten Typen vector und string der C++-Standardbibliothek, früh eingeführt. Diese Elemente erlauben sinnvolle Beispiele einiger Komplexität, ohne dass Kenntnisse über ihre Implementierung oder über Zeiger vorliegen müssen. Durchaus wichtige, aber sehr niedrigsprachliche C-Konstruktionen wie Zeiger und C-Arrays können daher zugunsten von programmiersprachlichen Konzepten und der Objektorientierung nach hinten geschoben werden. Die Wirkungsweise vieler Klassen der C++-Standardbibliothek wird an vereinfachten Beispielen demonstriert. Daraus ergibt sich der grundlegende Aufbau des Buchs: Nach einer Einführung, die die Objektorientierung kurz streift, werden die Grundlagen beschrieben, nämlich Datenstrukturen und Funktionen, um dann gezielt auf die Objektorientierung einzugehen. Anschließend werden die besprochenen Themen erweitert und vertieft. Es wird versucht, den Stoff einschließlich der Beispiele hierarchisch möglichst so anzuordnen, dass Verweise auf noch nicht behandelte Teile nur selten nötig sind. Dadurch etwas »unelegant« geratene Beispiele werden später wieder aufgegriffen, um zu zeigen, wie man es besser machen kann.

**Wo finden Sie was?**

Programmieren lernt man nicht nur durch Lesen, sondern vor allem durch Programmieren, also durch eigenes Tun! Es wird Ihnen daher ans Herz gelegt, die Beispiele zu bearbeiten und zu verstehen sowie selbst Beispiele zu programmieren. Dabei wird häufig das Problem auftauchen, in diesem nicht ganz dünnen Buch auf unbekannte Ausdrücke zu stoßen. Es gibt die folgenden Hilfen:

*Tipp*

Erklärungen zu Begriffen aus der objektorientierten Programmierung sind zusätzlich im *Glossar* (Seite 715) aufgeführt.

Es gibt ein recht umfangreiches *Stichwortverzeichnis* (ab Seite 723) und ein sehr detailliertes *Inhaltsverzeichnis*.

Die Referenz zur C++-Standardbibliothek (Teil 2 des Buchs) ist zusätzlich als elektronischer Hypertext auf der CD-ROM vorhanden, sowie eine ausführliche Dokumentation zur C++-Standard Template Library als PDF-Datei.

**Anregungen und Kritik**

sind erwünscht. Wenn Sie Fehler mitteilen oder Anregungen und Kritik äußern möchten, können Sie den Autor über den Verlag oder direkt über E-Mail erreichen (breymann@hs-bremen.de oder mail@ubreymann.de).

**Zu guter Letzt**

An einem Lehrbuch sind immer mehrere beteiligt: Vom Autor werden viele Elemente zusammengetragen, variiert und verbunden, um ein Thema geschlossen darstellen zu können. Die Mitarbeit im DIN-Arbeitskreis zur Standardisierung von C++ trug wie die im Text und im Literaturverzeichnis genannten Quellen dazu bei. Den Autoren sei an dieser Stelle herzlich gedankt, ebenso den Menschen, die diese und die vorhergehenden Auflagen des Buchs durch Hinweise und Anregungen verbessern halfen. Insbesondere danke ich Prof. Dr. Ulrich Eisenecker von der Universität Leipzig, Herrn Johannes Knaupp von der Berufsakademie Stuttgart, meinem Kollegen Prof. Dr. Jürgen Lübcke† von der Hochschule Bremen, Prof. Dr. Bodo Bartning von der FHO Emden, sowie Herrn Ansgar Steinkamp von der Universität Dortmund für sachkundige Kritik und Anregungen. Frau Margarete Metzger und Frau Irene Weilhart vom Hanser Verlag danke ich für die gute Zusammenarbeit.

# Auf einen Blick

**Teil I: Einführung in die Sprache**

1 Einführung .................................................. 25
2 Grundlegende Begriffe .................................. 29
  *Datentypen, Operatoren, Kontrollstrukturen, zusammengesetzte Datentypen*
3 Einfache Ein- und Ausgabe ............................ 95
4 Programmstrukturierung .............................. 103
  *Funktion, Prototyp, Parameterübergabe, Überladen*
5 Objektorientierung 1 ................................... 153
  *Abstrakte Datentypen, Klassen und Objekte, Initialisierung*
6 Intermezzo: Zeiger ...................................... 197
  *Zeiger, C-Arrays, C-Strings, dynamische Objekte*
7 Objektorientierung 2 ................................... 245
  *String-Klasse, Klassenmethoden, Stack-Template*
8 Vererbung .................................................. 269
  *Polymorphismus, Vererbung und Initialisierung, abstrakte Klassen, Mehrfachvererbung*
9 Überladen von Operatoren ........................... 313
  *Vektor-Klasse, Index-Operator, Operatoren für Zuweisung u.a.m.*
10 Fehlerbehandlung ...................................... 351
  *Fehlerbehandlung, Exceptions, logische Fehler*
11 Ein Werkzeugkasten .................................. 369
  *Dynamische Datenstrukturen, Iteratoren, Behälterklassen, Trace-Objekte*
12 Vermischtes .............................................. 423
  *Namespaces, Standardbibliothek, Laufzeittyp-Information*
13 Dateien und Ströme ................................... 447
  *Formatierung, Fehlerbehandlung, Manipulatoren, Umleitung auf Strings*

**Teil II: Die C++-Standardbibliothek** .............. 477

**Anhang, Glossar, Literatur- und Stichwortverzeichnis** .......... 641

# Inhaltsverzeichnis

| | | |
|---|---|---|
| **Teil I** | **Einführung in die Sprache** | **23** |
| **1** | **Einführung** | **25** |
| 1.1 | Compiler | 28 |
| **2** | **Grundlegende Begriffe** | **29** |
| 2.1 | Das erste Programm | 29 |
| 2.2 | Einfache Datentypen und Operatoren | 37 |
| | 2.2.1 Ausdruck | 38 |
| | 2.2.2 Ganze Zahlen | 38 |
| | 2.2.3 Reelle Zahlen | 43 |
| | 2.2.4 Zeichen | 49 |
| | 2.2.5 Logischer Datentyp | 52 |
| | 2.2.6 Komplexe Zahlen | 54 |
| | 2.2.7 Referenzen | 54 |
| 2.3 | Gültigkeitsbereich und Sichtbarkeit | 56 |
| | 2.3.1 Namespace std | 57 |
| 2.4 | Kontrollstrukturen | 59 |
| | 2.4.1 Anweisungen | 60 |
| | 2.4.2 Sequenz (Reihung) | 62 |
| | 2.4.3 Auswahl (Selektion, Verzweigung) | 62 |
| | 2.4.4 Fallunterscheidungen mit switch | 69 |
| | 2.4.5 Schleifen | 72 |
| | 2.4.6 Kontrolle mit break und continue | 80 |
| 2.5 | Benutzerdefinierte und zusammengesetzte Datentypen | 83 |
| | 2.5.1 Aufzählungstypen | 83 |
| | 2.5.2 Arrays: Der C++-Standardtyp vector | 85 |
| | 2.5.3 Zeichenketten: Der C++-Standardtyp string | 91 |
| | 2.5.4 Strukturierte Datentypen | 93 |
| **3** | **Einfache Ein- und Ausgabe** | **95** |
| 3.1 | Standardein- und -ausgabe | 95 |
| 3.2 | Ein- und Ausgabe mit Dateien | 98 |

## 4 Programmstrukturierung . . . . . . . . . . . . . . . . . . . . . . . . . 103
### 4.1 Funktionen . . . . . . . . . . . . . . . . . . . . . . . . . . . . . . . 103
#### 4.1.1 Aufbau und Prototypen . . . . . . . . . . . . . . . . . . 104
#### 4.1.2 Gültigkeitsbereiche und Sichtbarkeit in Funktionen . . . . 107
### 4.2 Schnittstellen zum Datentransfer . . . . . . . . . . . . . . . . . . 109
#### 4.2.1 Übergabe per Wert . . . . . . . . . . . . . . . . . . . . 109
#### 4.2.2 Übergabe per Referenz . . . . . . . . . . . . . . . . . . 114
#### 4.2.3 Gefahren bei der Rückgabe von Referenzen . . . . . . . . . . 115
#### 4.2.4 Vorgegebene Parameterwerte und variable Parameterzahl . . 116
#### 4.2.5 Überladen von Funktionen . . . . . . . . . . . . . . . . 117
#### 4.2.6 Funktion main() . . . . . . . . . . . . . . . . . . . . . 120
#### 4.2.7 Spezifikation von Funktionen . . . . . . . . . . . . . . . . 120
#### 4.2.8 Beispiel Taschenrechnersimulation . . . . . . . . . . . . . 122
### 4.3 Grundsätze der modularen Gestaltung . . . . . . . . . . . . . . . 128
#### 4.3.1 Steuerung der Übersetzung mit #include . . . . . . . . . . 129
#### 4.3.2 Einbinden vorübersetzter Programmteile . . . . . . . . . . 129
#### 4.3.3 Dateiübergreifende Gültigkeit und Sichtbarkeit . . . . . . . 131
#### 4.3.4 Übersetzungseinheit, Deklaration, Definition . . . . . . . . 134
#### 4.3.5 Compilerdirektiven und Makros . . . . . . . . . . . . . . 136
### 4.4 Funktionstemplates . . . . . . . . . . . . . . . . . . . . . . . . . 143
#### 4.4.1 Spezialisierung von Templates . . . . . . . . . . . . . . . 146
#### 4.4.2 Einbinden von Templates . . . . . . . . . . . . . . . . . 147
### 4.5 inline-Funktionen . . . . . . . . . . . . . . . . . . . . . . . . . . 149
### 4.6 Standardfunktionen / Bibliotheken . . . . . . . . . . . . . . . . . 151

## 5 Objektorientierung 1 . . . . . . . . . . . . . . . . . . . . . . . . . . . . 153
### 5.1 Abstrakte Datentypen . . . . . . . . . . . . . . . . . . . . . . . . 153
### 5.2 Klassen und Objekte . . . . . . . . . . . . . . . . . . . . . . . . . 155
#### 5.2.1 inline-Elementfunktionen . . . . . . . . . . . . . . . . . 159
### 5.3 Initialisierung und Konstruktoren . . . . . . . . . . . . . . . . . . 160
#### 5.3.1 Standardkonstruktor . . . . . . . . . . . . . . . . . . . 161
#### 5.3.2 Allgemeine Konstruktoren . . . . . . . . . . . . . . . . . 162
#### 5.3.3 Kopierkonstruktor . . . . . . . . . . . . . . . . . . . . 165
#### 5.3.4 Typumwandlungskonstruktor . . . . . . . . . . . . . . . 167
### 5.4 Beispiel: Klasse für rationale Zahlen . . . . . . . . . . . . . . . . . 169
#### 5.4.1 Aufgabenstellung . . . . . . . . . . . . . . . . . . . . . 169
#### 5.4.2 Entwurf . . . . . . . . . . . . . . . . . . . . . . . . . 170
#### 5.4.3 Implementation . . . . . . . . . . . . . . . . . . . . . 174
### 5.5 const-Objekte und Methoden . . . . . . . . . . . . . . . . . . . . 179
### 5.6 Faustregeln zur Konstruktion von Schnittstellen . . . . . . . . . . 180
### 5.7 Destruktoren . . . . . . . . . . . . . . . . . . . . . . . . . . . . 184
### 5.8 Wie kommt man zu Klassen und Objekten? Ein Beispiel . . . . . . 186
#### 5.8.1 Einige Analyse-Überlegungen . . . . . . . . . . . . . . . 187

|        | 5.8.2  | Design .................................................. 190 |
|--------|--------|--|
| 5.9    | Gegenseitige Abhängigkeit von Klassen ................ 193 |

# 6 Intermezzo: Zeiger .......................................... 197
- 6.1 Zeiger und Adressen ...................................... 197
- 6.2 C-Arrays ................................................. 201
  - 6.2.1 C-Arrays und sizeof ................................ 203
  - 6.2.2 Indexoperator bei C-Arrays ......................... 204
  - 6.2.3 Initialisierung von C-Arrays ....................... 204
  - 6.2.4 Zeigerarithmetik ................................... 204
- 6.3 C-Zeichenketten .......................................... 206
- 6.4 Dynamische Datenobjekte .................................. 213
  - 6.4.1 Freigeben dynamischer Objekte ...................... 216
- 6.5 Zeiger und Funktionen .................................... 219
  - 6.5.1 Parameterübergabe mit Zeigern ...................... 219
  - 6.5.2 Parameter des main-Programms ....................... 222
  - 6.5.3 Gefahren bei der Rückgabe von Zeigern .............. 222
- 6.6 Mehrdimensionale C-Arrays ................................ 224
  - 6.6.1 Statische mehrdimensionale C-Arrays ................ 224
  - 6.6.2 Dynamisch erzeugte mehrdimensionale Arrays ......... 229
- 6.7 Binäre Ein-/Ausgabe ...................................... 231
- 6.8 Zeiger auf Funktionen .................................... 235
- 6.9 Zeiger auf Elementfunktionen und -daten .................. 239
  - 6.9.1 Zeiger auf Elementfunktionen ....................... 240
  - 6.9.2 Zeiger auf Elementdaten ............................ 241
- 6.10 this-Zeiger ............................................. 241
- 6.11 Komplexe Deklarationen lesen ............................ 242

# 7 Objektorientierung 2 ........................................ 245
- 7.1 Eine String-Klasse ....................................... 245
  - 7.1.1 friend-Funktionen .................................. 251
- 7.2 Klassenspezifische Daten und Funktionen .................. 253
  - 7.2.1 Klassenspezifische Konstante ....................... 257
- 7.3 Klassentemplates ......................................... 258
  - 7.3.1 Ein Stack-Template ................................. 258
  - 7.3.2 Stack mit statisch festgelegter Größe .............. 261
  - 7.3.3 Ökonomische Instanziierung von Templates ........... 263
  - 7.3.4 Member-Template .................................... 265
  - 7.3.5 Rekursive Templates ................................ 265

## 8 Vererbung . . . 269
- 8.1 Vererbung und Initialisierung . . . 276
- 8.2 Zugriffsschutz . . . 276
- 8.3 Typbeziehung zwischen Ober- und Unterklasse . . . 279
- 8.4 Code-Wiederverwendung . . . 280
- 8.5 Überschreiben von Funktionen in abgeleiteten Klassen . . . 282
- 8.6 Polymorphismus . . . 283
  - 8.6.1 Virtuelle Funktionen . . . 283
  - 8.6.2 Abstrakte Klassen . . . 289
  - 8.6.3 Virtuelle Destruktoren . . . 296
- 8.7 Vererbung und andere Beziehungen . . . 298
  - 8.7.1 Vererbung . . . 298
  - 8.7.2 Der Teil und das Ganze . . . 301
  - 8.7.3 Assoziation . . . 301
  - 8.7.4 Benutzt-Beziehung . . . 303
- 8.8 Mehrfachvererbung . . . 303
  - 8.8.1 Namenskonflikte . . . 307
  - 8.8.2 Virtuelle Basisklassen . . . 309
  - 8.8.3 Virtuelle Basisklassen und Initialisierung . . . 310

## 9 Überladen von Operatoren . . . 313
- 9.1 Rationale Zahlen – noch einmal . . . 315
  - 9.1.1 Arithmetische Operatoren . . . 315
  - 9.1.2 Ausgabeoperator << . . . 318
- 9.2 Eine Klasse für Vektoren . . . 320
  - 9.2.1 Index-Operator [ ] . . . 323
  - 9.2.2 Zuweisungsoperator = . . . 325
  - 9.2.3 Mathematische Vektoren . . . 328
  - 9.2.4 Multiplikations-Operator . . . 329
- 9.3 Zuweisungsoperator und Vererbung . . . 331
- 9.4 Inkrement-Operator ++ . . . 335
- 9.5 Typumwandlungsoperator . . . 339
- 9.6 Smart-Pointer: Operatoren -> und * . . . 341
  - 9.6.1 Smart Pointer und die C++-Standardbibliothek . . . 347
- 9.7 Objekte als Funktionen . . . 348

## 10 Fehlerbehandlung . . . 351
- 10.1 Ausnahmebehandlung . . . 353
  - 10.1.1 Exception-Spezifikation in Deklarationen . . . 357
  - 10.1.2 Exception-Hierarchie in C++ . . . 357
  - 10.1.3 Besondere Fehlerbehandlungsfunktionen . . . 360
  - 10.1.4 Erkennen logischer Fehler . . . 361
  - 10.1.5 Durch Exceptions verursachte Speicherlecks vermeiden . . . 364
- 10.2 Speicherbeschaffung mit new . . . 365

**11 Ein Werkzeugkasten** .................................................. **369**
   11.1   Behälterklassen (Container) ............................. 369
          11.1.1   Container-Arten ................................. 372
   11.2   Listen ................................................................. 373
   11.3   Warteschlangen ................................................ 380
   11.4   Iteratoren ......................................................... 384
          11.4.1   Iterator für eine Listen-Klasse ................. 386
   11.5   Sortierte Listen ................................................ 391
   11.6   Binärer Suchbaum ........................................... 396
   11.7   Trennung von Schnittstelle und Implementation ............ 402
          11.7.1   Entkopplung durch abstrakte Basisklassen .......... 402
          11.7.2   Handles ............................................. 404
   11.8   Mehrdimensionale Matrizen ................................ 407
          11.8.1   Zweidimensionale Matrix ........................ 408
          11.8.2   Dreidimensionale Matrix ......................... 411
   11.9   Fehlersuche mit trace-Objekten .......................... 414
          11.9.1   Klasse trace ...................................... 416
          11.9.2   Anwendungsbeispiel .............................. 420

**12 Vermischtes** .............................................................. **423**
   12.1   Namensräume ................................................. 423
   12.2   C++-Header .................................................... 426
   12.3   Einbinden von C-Funktionen ............................ 428
   12.4   Standard-Typumwandlungen ............................. 428
   12.5   Standard-Typumwandlungsoperatoren ................. 430
   12.6   Typinformationen zur Laufzeit .......................... 433
          12.6.1   Typidentifizierung mit typeid() .................. 434
          12.6.2   Anwendung: Eine Menge graphischer Objekte ....... 435
          12.6.3   Vor- und Nachteile der Laufzeittyp-Information ...... 440
   12.7   Unions ............................................................ 441
   12.8   Bitfelder ......................................................... 442
   12.9   GUI-Programmierung ...................................... 443
   12.10 Netzwerk-Programmierung ............................... 445

**13 Dateien und Ströme** .................................................... **447**
   13.1   Ausgabe ......................................................... 448
          13.1.1   Formatierung der Ausgabe ...................... 450
   13.2   Eingabe .......................................................... 454
          13.2.1   Eingabe von Leerdaten mit Return ............ 457
   13.3   Manipulatoren ................................................. 459
          13.3.1   Eigene Manipulatoren .......................... 463
   13.4   Fehlerbehandlung ............................................ 464
   13.5   Typumwandlung von Dateiobjekten nach bool ........... 466
   13.6   Arbeit mit Dateien ........................................... 467

13.6.1 Positionierung in Dateien . . . . . . . . . . . . . . . . . . . . 468
13.6.2 Lesen und Schreiben in derselben Datei . . . . . . . . . . . 469
13.7 Eingabe benutzerdefinierter Typen . . . . . . . . . . . . . . . . . . . . 471
13.8 Umleitung auf Strings . . . . . . . . . . . . . . . . . . . . . . . . . . 472

# Teil II  Die C++-Standardbibliothek                                    475

## 14 Aufbau und Übersicht . . . . . . . . . . . . . . . . . . . . . . . . . 477
14.1 Auslassungen . . . . . . . . . . . . . . . . . . . . . . . . . . . . . . 479
14.2 Beispiele des Buchs und die C++-Standardbibliothek . . . . . . . . . 480

## 15 Hilfsfunktionen und -klassen . . . . . . . . . . . . . . . . . . . . 483
15.1 Paare . . . . . . . . . . . . . . . . . . . . . . . . . . . . . . . . . . . 483
    15.1.1 Relationale Operatoren . . . . . . . . . . . . . . . . . . . . . 484
15.2 Funktionsobjekte . . . . . . . . . . . . . . . . . . . . . . . . . . . . 484
    15.2.1 Arithmetische, vergleichende und logische Operationen . . . 485
    15.2.2 Funktionsobjekte zum Negieren logischer Prädikate . . . . . 486
    15.2.3 Binden von Argumentwerten . . . . . . . . . . . . . . . . . 487
    15.2.4 Zeiger auf Funktionen in Objekte umwandeln . . . . . . . . 487

## 16 Container . . . . . . . . . . . . . . . . . . . . . . . . . . . . . . . . 489
16.1 Notation für Iteratoren und Bereiche . . . . . . . . . . . . . . . . . 490
16.2 Bitset . . . . . . . . . . . . . . . . . . . . . . . . . . . . . . . . . . 491
16.3 Deque . . . . . . . . . . . . . . . . . . . . . . . . . . . . . . . . . . 494
16.4 List . . . . . . . . . . . . . . . . . . . . . . . . . . . . . . . . . . . 497
16.5 Map . . . . . . . . . . . . . . . . . . . . . . . . . . . . . . . . . . . 500
    16.5.1 Multimap . . . . . . . . . . . . . . . . . . . . . . . . . . . . 504
16.6 Queue . . . . . . . . . . . . . . . . . . . . . . . . . . . . . . . . . . 504
    16.6.1 Priority-Queue . . . . . . . . . . . . . . . . . . . . . . . . . 506
16.7 Set . . . . . . . . . . . . . . . . . . . . . . . . . . . . . . . . . . . . 507
    16.7.1 Multiset . . . . . . . . . . . . . . . . . . . . . . . . . . . . . 511
16.8 Stack . . . . . . . . . . . . . . . . . . . . . . . . . . . . . . . . . . . 511
16.9 Vector . . . . . . . . . . . . . . . . . . . . . . . . . . . . . . . . . . 512
    16.9.1 vector<bool> . . . . . . . . . . . . . . . . . . . . . . . . . . 515

## 17 Iteratoren . . . . . . . . . . . . . . . . . . . . . . . . . . . . . . . . 519
17.1 Iterator-Kategorien . . . . . . . . . . . . . . . . . . . . . . . . . . . 520
17.2 distance() und advance() . . . . . . . . . . . . . . . . . . . . . . . . 522
17.3 Reverse-Iteratoren . . . . . . . . . . . . . . . . . . . . . . . . . . . 522
17.4 Insert-Iteratoren . . . . . . . . . . . . . . . . . . . . . . . . . . . . 523
17.5 Stream-Iteratoren . . . . . . . . . . . . . . . . . . . . . . . . . . . . 525

## 18 Algorithmen . . . . . . . . . . . . . . . . . . . . . . 527
- 18.1 for_each . . . . . . . . . . . . . . . . . . . . . . . . 527
- 18.2 find und find_if . . . . . . . . . . . . . . . . . . . . 527
- 18.3 find_end . . . . . . . . . . . . . . . . . . . . . . . . 528
- 18.4 find_first_of . . . . . . . . . . . . . . . . . . . . . . 529
- 18.5 adjacent_find . . . . . . . . . . . . . . . . . . . . . 529
- 18.6 count und count_if . . . . . . . . . . . . . . . . . . 530
- 18.7 mismatch . . . . . . . . . . . . . . . . . . . . . . . 530
- 18.8 equal . . . . . . . . . . . . . . . . . . . . . . . . . . 531
- 18.9 search . . . . . . . . . . . . . . . . . . . . . . . . . 532
- 18.10 search_n . . . . . . . . . . . . . . . . . . . . . . . . 532
- 18.11 copy und copy_backward . . . . . . . . . . . . . . 533
- 18.12 swap, iter_swap und swap_ranges . . . . . . . . . . 534
- 18.13 transform . . . . . . . . . . . . . . . . . . . . . . . 535
- 18.14 replace und Varianten . . . . . . . . . . . . . . . . . 536
- 18.15 fill und fill_n . . . . . . . . . . . . . . . . . . . . . . 537
- 18.16 generate und generate_n . . . . . . . . . . . . . . . 537
- 18.17 remove und Varianten . . . . . . . . . . . . . . . . . 538
- 18.18 unique . . . . . . . . . . . . . . . . . . . . . . . . . 539
- 18.19 reverse . . . . . . . . . . . . . . . . . . . . . . . . . 540
- 18.20 rotate . . . . . . . . . . . . . . . . . . . . . . . . . . 540
- 18.21 random_shuffle . . . . . . . . . . . . . . . . . . . . 541
- 18.22 partition . . . . . . . . . . . . . . . . . . . . . . . . 542
- 18.23 sort . . . . . . . . . . . . . . . . . . . . . . . . . . . 543
  - 18.23.1 partial_sort . . . . . . . . . . . . . . . . . . 545
- 18.24 nth_element . . . . . . . . . . . . . . . . . . . . . . 546
- 18.25 Binäre Suche . . . . . . . . . . . . . . . . . . . . . . 547
  - 18.25.1 binary_search . . . . . . . . . . . . . . . . 547
  - 18.25.2 lower_bound . . . . . . . . . . . . . . . . 547
  - 18.25.3 upper_bound . . . . . . . . . . . . . . . . 548
  - 18.25.4 equal_range . . . . . . . . . . . . . . . . . 548
- 18.26 Verschmelzen (Mischen) . . . . . . . . . . . . . . . 550
  - 18.26.1 Verschmelzen an Ort und Stelle . . . . . . 552
- 18.27 Mengenoperationen auf sortierten Strukturen . . . 553
  - 18.27.1 includes . . . . . . . . . . . . . . . . . . . 553
  - 18.27.2 set_union . . . . . . . . . . . . . . . . . . 554
  - 18.27.3 set_intersection . . . . . . . . . . . . . . . 555
  - 18.27.4 set_difference . . . . . . . . . . . . . . . . 556
  - 18.27.5 set_symmetric_difference . . . . . . . . . 557
- 18.28 Heap-Algorithmen . . . . . . . . . . . . . . . . . . 558
  - 18.28.1 pop_heap . . . . . . . . . . . . . . . . . . 560
  - 18.28.2 push_heap . . . . . . . . . . . . . . . . . 561
  - 18.28.3 make_heap . . . . . . . . . . . . . . . . . 561

18.28.4 sort_heap . . . . . . . . . . . . . . . . . . . . . 562
18.29 Minimum und Maximum . . . . . . . . . . . . . . . . . . . 562
18.30 Lexikographischer Vergleich . . . . . . . . . . . . . . . . . 563
18.31 Permutationen . . . . . . . . . . . . . . . . . . . . . . . . . 564

## 19 Ein- und Ausgabe . . . . . . . . . . . . . . . . . . . . . . . . . . 567
19.1 Ergänzungen . . . . . . . . . . . . . . . . . . . . . . . . . 568
   19.1.1 Streams verbinden mit tie() . . . . . . . . . . . . . . 568
   19.1.2 locale-Objekt ermitteln . . . . . . . . . . . . . . . 568
   19.1.3 sentry . . . . . . . . . . . . . . . . . . . . . . . . 568

## 20 Nationale Besonderheiten . . . . . . . . . . . . . . . . . . . 571
20.1 Sprachumgebungen festlegen und ändern . . . . . . . . . . . 571
   20.1.1 locale-Elementfunktionen . . . . . . . . . . . . . . 572
   20.1.2 Namespace std-globale Funktionen . . . . . . . . . 573
20.2 Zeichenklassifizierung und -umwandlung . . . . . . . . . . . 573
20.3 Kategorien . . . . . . . . . . . . . . . . . . . . . . . . . . 574
   20.3.1 collate . . . . . . . . . . . . . . . . . . . . . . . . 574
   20.3.2 ctype . . . . . . . . . . . . . . . . . . . . . . . . . 575
   20.3.3 numeric . . . . . . . . . . . . . . . . . . . . . . . 577
   20.3.4 monetary . . . . . . . . . . . . . . . . . . . . . . . 579
   20.3.5 time . . . . . . . . . . . . . . . . . . . . . . . . . 582
   20.3.6 messages . . . . . . . . . . . . . . . . . . . . . . 585
20.4 Konstruktion eigener Facetten . . . . . . . . . . . . . . . . 585

## 21 Numerisches . . . . . . . . . . . . . . . . . . . . . . . . . . . . 587
21.1 Komplexe Zahlen . . . . . . . . . . . . . . . . . . . . . . . 587
21.2 Grenzwerte von Zahltypen . . . . . . . . . . . . . . . . . . 588
21.3 Halbnumerische Algorithmen . . . . . . . . . . . . . . . . 590
   21.3.1 accumulate . . . . . . . . . . . . . . . . . . . . . 590
   21.3.2 inner_product . . . . . . . . . . . . . . . . . . . . 591
   21.3.3 partial_sum . . . . . . . . . . . . . . . . . . . . . 592
   21.3.4 adjacent_difference . . . . . . . . . . . . . . . . . 593
21.4 Optimierte numerische Arrays (valarray) . . . . . . . . . . . 594
   21.4.1 Konstruktoren . . . . . . . . . . . . . . . . . . . . 595
   21.4.2 Elementfunktionen . . . . . . . . . . . . . . . . . . 595
   21.4.3 Binäre Valarray-Operatoren . . . . . . . . . . . . . 598
   21.4.4 Mathematische Funktionen . . . . . . . . . . . . . 600
   21.4.5 slice . . . . . . . . . . . . . . . . . . . . . . . . . 602
   21.4.6 slice_array . . . . . . . . . . . . . . . . . . . . . . 603
   21.4.7 gslice . . . . . . . . . . . . . . . . . . . . . . . . 604
   21.4.8 gslice_array . . . . . . . . . . . . . . . . . . . . . 607
   21.4.9 mask_array . . . . . . . . . . . . . . . . . . . . . 607
   21.4.10 indirect_array . . . . . . . . . . . . . . . . . . . . 608

| | | |
|---|---|---|
| 22 | **String** | **611** |
| 23 | **Typerkennung zur Laufzeit** | **621** |
| 24 | **Speichermanagement** | **623** |
| | 24.1 &lt;new&gt; | 623 |
| | 24.2 &lt;memory&gt; | 624 |
| 25 | **C-Header** | **627** |
| | 25.1 &lt;cassert&gt; | 627 |
| | 25.2 &lt;cctype&gt; | 627 |
| | 25.3 &lt;cerrno&gt; | 628 |
| | 25.4 &lt;cfloat&gt; | 628 |
| | 25.5 &lt;ciso646&gt; | 628 |
| | 25.6 &lt;climits&gt; | 629 |
| | 25.7 &lt;clocale&gt; | 629 |
| | 25.8 &lt;cmath&gt; | 629 |
| | 25.9 &lt;csetjmp&gt; | 629 |
| | 25.10 &lt;csignal&gt; | 629 |
| | 25.11 &lt;cstddef&gt; | 629 |
| | 25.12 &lt;cstdarg&gt; | 630 |
| | 25.13 &lt;cstdio&gt; | 631 |
| | 25.14 &lt;cstdlib&gt; | 631 |
| | 25.15 &lt;cstring&gt; | 632 |
| |     25.15.1 Abweichung vom C-Standard | 633 |
| |     25.15.2 Funktionen für C-Strings | 633 |
| |     25.15.3 Funktionen für C-Strings maximaler Länge | 634 |
| |     25.15.4 Funktionen für Bytefelder | 635 |
| | 25.16 &lt;ctime&gt; | 635 |
| |     25.16.1 Datentypen | 635 |
| |     25.16.2 Funktionen | 636 |
| 26 | **Nachwort** | **639** |
| A | **Anhang** | **641** |
| | A.1 Programmierhinweise | 641 |
| | A.2 Lösungen zu den Übungsaufgaben | 644 |
| | A.3 Compilerbefehle | 705 |
| | A.4 Make-Dateien | 706 |
| |     A.4.1 Programmerzeugung für ein Projekt | 707 |
| | A.5 Die wichtigsten C++-Schlüsselwörter | 708 |
| | A.6 ASCII-Tabelle | 708 |
| | A.7 Rangfolge der Operatoren | 711 |

**Literaturverzeichnis** .................................. 713

**OOP-Glossar** ...................................... 715

**Stichwortverzeichnis** ................................ 723

**Abbildungsverzeichnis** .............................. 749

**Tabellenverzeichnis** ................................ 751

# Teil I
# Einführung in die Sprache

# 1 Einführung

Was ist eigentlich Programmierung? Nach üblicher Auffassung heißt Programmieren, einem Rechner mitzuteilen, *was* er tun soll und *wie* es zu tun ist. Ein Programm ist danach ein in einer Programmiersprache formulierter Algorithmus oder, anders ausgedrückt, eine Folge von Anweisungen, die der Reihe nach auszuführen sind, ähnlich einem Kochrezept, geschrieben in einer besonderen Sprache, die der Rechner »versteht«. Der Schwerpunkt dieser Betrachtungsweise liegt auf den einzelnen Schritten oder Anweisungen an den Rechner, die zur Lösung einer Aufgabe auszuführen sind.

Was fehlt hier beziehungsweise wird bei dieser Sicht eher stiefmütterlich behandelt? Der Rechner muss »wissen«, *womit* er etwas tun soll. Zum Beispiel soll er

- eine bestimmte Summe Geld von einem Konto auf ein anderes transferieren;
- eine Ampelanlage steuern;
- ein Rechteck auf dem Bildschirm zeichnen.

Häufig, wie in den ersten beiden Fällen, werden Objekte der realen Welt (Konten, Ampelanlage, ...) *simuliert*, das heißt im Rechner abgebildet. Die abgebildeten Objekte haben eine *Identität*. Das *Was* und das *Womit* gehören stets zusammen. Beide sind also Eigenschaft eines Objekts und sollten besser nicht getrennt werden. Ein Konto kann schließlich nicht auf Gelb geschaltet werden und eine Überweisung an eine Ampel ist nicht vorstellbar.

Ein *objektorientiertes Programm* kann man sich als Abbildung von Objekten der realen Welt in Software vorstellen. Die Abbildungen werden selbst wieder Objekte genannt. Klassen sind Beschreibungen von Objekten. Die *objektorientierte Programmierung* berücksichtigt besonders die Kapselung von Daten und den darauf ausführbaren Funktionen sowie die Wiederverwendbarkeit von Software und die Übertragung von Eigenschaften von Klassen auf andere Klassen, Vererbung genannt. Auf die einzelnen Begriffe wird noch eingegangen werden.

Das Motiv dahinter ist die rationelle und vor allem ingenieurmäßige Softwareentwicklung. Unter »Softwarekrise« wird das Phänomen verstanden, dass die meisten Softwareprojekte nicht rechtzeitig im geplanten Zeitraum fertig werden und dass regelmäßig das finanzielle Budget überschritten wird. Darüber hinaus sind viele Softwareprojekte begonnen worden, die dann als undurchführbar, unbrauchbar oder zu teuer abgebrochen werden mussten. Zur Zeit wird die objektorientierte

Programmierung als Mittel angesehen, das am meisten zur Lösung der »Softwarekrise« beitragen kann.

*Wiederverwendung* heißt Zeit und Geld sparen, indem bekannte Klassen wiederverwendet werden. Das Leitprinzip ist hier, das Rad nicht mehrfach zu erfinden! Unter anderem durch den Vererbungsmechanismus kann man Eigenschaften von bekannten Objekten ausnutzen. Zum Beispiel sei KONTO eine bekannte Objektbeschreibung mit den »Eigenschaften« Inhaber, Kontonummer, Betrag, Dispo-Zinssatz und so weiter. In einem Programm für eine Bank kann nun eine Klasse WÄHRUNGSKONTO entworfen werden, für die alle Eigenschaften von KONTO übernommen (= geerbt) werden könnten. Zusätzlich wäre nur noch die Eigenschaft »Währung« hinzuzufügen.

Wie Computer können auch Objekte Anweisungen ausführen. Wir müssen ihnen nur »erzählen«, was sie tun sollen, indem wir ihnen eine *Aufforderung* oder *Anweisung* senden, die in einem Rechnerprogramm formuliert wird. Anstelle der Begriffe »Aufforderung« oder »Anweisung« wird in der Literatur manchmal *Botschaft* (englisch *message*) verwendet, was jedoch den Aufforderungscharakter nicht zur Geltung bringt. Eine gängige Notation (= Schreibweise) für solche Aufforderungen ist *Objektname.Anweisung(gegebenenfalls Daten)*. Beispiele:

Ampel.Blinken(gelb)
Ampel.Ausschalten()　　(keine Daten notwendig)
Ampel.Einschalten(grün)
Rechteck.Zeichnen(Position, Abmessungen)
Rechteck.Verschieben(5cm)

Die Beispiele geben schon einen Hinweis, dass die Objektorientierung uns ein Hilfsmittel zur Modellierung der realen Welt in die Hand gibt.

## Klassen

Es muss unterschieden werden zwischen der *Beschreibung* von Objekten und den *Objekten selbst*. Die Beschreibung besteht aus Attributen und Operationen. Attribute bestehen aus einem Namen und Angaben zum Datenformat der Attributwerte. Eine Kontobeschreibung könnte so aussehen:

*Attribute:*

Inhaber: Folge von Buchstaben
Kontonummer: Zahl
Betrag: Zahl
Dispo-Zinssatz: in %

*Operationen*:

überweisen (Ziel-Kontonummer, Betrag)

abheben(Betrag)
einzahlen(Betrag)

Eine Aufforderung ist nichts anderes als der Aufruf einer Operation, die auch Methode genannt wird. Ein *tatsächliches* Konto K1 enthält *konkrete* Daten, also Attributwerte, deren Format mit dem der Beschreibung übereinstimmen muss. K1 und ein weiteres Konto K2 zeigt die Tabelle (Ähnlichkeiten mit bekannten Namen sind weder zufällig noch unbeabsichtigt):

| Attribut | Wert für Konto K1 | Wert für Konto K2 |
|---|---|---|
| Inhaber | Roberts, Julia | Constantine, Eddy |
| Kontonummer | 12573001 | 54688490 |
| Betrag | -200,30 | 1222,88 |
| Dispo-Zinssatz | 13,75 | 13,75 |

Julia will Eddy 1000 € überweisen. Dem Objekt K1 wird also der Auftrag mit den benötigten Daten mitgeteilt:

*K1.überweisen(54688490, 1000.00).*

Eddy will 22 € abheben. Die Aufforderung wird an K2 gesendet:

*K2.abheben(22).*

Es scheint natürlich etwas merkwürdig, wenn einem Konto ein Auftrag gegeben wird. In der objektorientierten Programmierung werden Objekte als Handelnde aufgefasst, die auf Anforderung selbstständig einen Auftrag ausführen, entfernt vergleichbar einem Sachbearbeiter in einer Firma, der seine eigenen Daten verwaltet und mit anderen Sachbearbeitern kommuniziert, um eine Aufgabe zu lösen.

- Die *Beschreibung* eines tatsächlichen Objekts gibt seine innere *Datenstruktur* und die möglichen *Operationen* oder *Methoden* an, die auf die inneren Daten anwendbar sind.

- Zu *einer* Beschreibung kann es kein, ein oder beliebig viele Objekte geben.

Die Beschreibung eines Objekts in der objektorientierten Programmierung heißt *Klasse*. Die tatsächlichen Objekte heißen auch *Instanzen* einer Klasse.

Auf die inneren Daten eines Objekts nur mit Hilfe der vordefinierten Methoden zuzugreifen, dient der Sicherheit der Daten und ist ein allgemein anerkanntes Prinzip. Das Prinzip wird *Datenabstraktion* oder Geheimnisprinzip genannt (Details siehe Kapitel 5.1). Der Programmierer, der die Methoden konstruiert hat, weiß ja, wie die Daten konsistent (das heißt widerspruchsfrei) bleiben und welche Aktivitäten mit Datenänderungen verbunden sein müssen. Zum Beispiel muss eine Erhöhung des Kontostands mit einer Gutschrift oder einer Einzahlung verbunden sein. Außerdem wird jeder Buchungsvorgang protokolliert. Es darf nicht möglich sein, dass jemand anders die Methoden umgeht und direkt und ohne Protokoll seinen eigenen Kontostand erhöht. Wenn Sie die Unterlagen eines Kollegen haben möchten, greifen Sie auch nicht einfach in seinen Schreibtisch, sondern Sie bitten ihn darum (= Sie senden ihm eine Aufforderung), dass er sie Ihnen gibt.

Die hier verwendete Definition einer Klasse als Beschreibung der Eigenschaften einer Menge von Objekten wird im Folgenden beibehalten. Gelegentlich findet man in der Literatur andere Definitionen, auf die hier nicht weiter eingegangen wird. Weitere Informationen zur Objektorientierung sind in Kapitel 5 und in der Literatur zu finden, zum Beispiel in [Bal96].

## 1.1 Compiler

Compiler sind die Programme, die Ihren Programmtext in eine für den Computer verarbeitbare Form übersetzen. Ältere Compiler erfüllen nicht die Vorgaben des C++-Standards, aber das Erlernen einer Programmiersprache ohne eigenes praktisches Ausprobieren ist kaum sinnvoll. Falls der Compiler auf Ihrem Rechner nicht in der Lage ist, die Beispiele korrekt zu übersetzen, bietet sich die Benutzung des Compilers auf der mitgelieferten CD-ROM an (siehe dazu die Anmerkungen auf Seite 35 sowie die Hinweise auf der CD-ROM). Der Compiler entspricht weitgehend dem C++-Standard. Ferner ist er kostenlos und sowohl für Linux/Unix-Systeme als auch für Windows erhältlich. Die wichtigsten Befehle für diesen Compiler finden Sie in Anhang A.3, Seite 705.

# 2 Grundlegende Begriffe

*Inhalt:* In diesem Kapitel werden Sie die elementaren Grundlagen von C++ kennenlernen, beginnend mit einem sehr einfachen Programm und den Grunddatentypen mit den zugehörigen Operatoren. In einem Programm müssen je nach Daten verschiedene Zweige durchlaufen oder auch mehrfach wiederholt werden. Die dazu benötigten Anweisungen zur Steuerung des Programmflusses sind das Thema des Abschnitts »Kontrollstrukturen«. Abschließend werden die zusammengesetzten Datentypen behandelt, unter anderem die Standarddatentypen der C++-Bibliothek für Zeichenketten und Felder.

## 2.1 Das erste Programm

Hier wird schrittweise ein erstes einfaches Programm entwickelt. Der erste Schritt besteht in der umgangssprachlichen Formulierung der Aufgabe. Sie lautet: »Lies zwei Zahlen a und b von der Tastatur ein. Berechne die Summe beider Zahlen und zeige das Ergebnis auf dem Bildschirm an.« Die Aufgabe ist so einfach, wie sie sich anhört!

Im zweiten Schritt wird die Aufgabe in Teilaufgaben »Eingabe«, »Berechnung« und »Ausgabe« zerlegt:

```
int main() {                  // Noch tut dieses Programm nichts!
    // Lies die Zahlen a und b ein
    /*Berechne die Summe beider Zahlen
    */
    // Zeige das Ergebnis auf dem Bildschirm an
}
```

Hier sehen Sie schon ein einfaches C++-Programm. Es bedeuten:

| | |
|---|---|
| `int` | ganze Zahl zur Rückgabe |
| `main` | Schlüsselwort für Hauptprogramm |
| `()` | Innerhalb dieser Klammern können dem Hauptprogramm Informationen mitgegeben werden. |
| `{ }` | Block |
| `/* ... */` | Kommentar |
| `// ...` | Kommentar bis Zeilenende |

Ein durch { und } begrenzter *Block* enthält die Anweisungen an den Rechner. Der *Compiler* übersetzt den Programmtext in eine rechnerverständliche Form (Näheres siehe Seite 33). Im obigen Programm sind lediglich *Kommentare* enthalten und noch keine Anweisungen an den Computer, sodass unser Programm (noch) nichts tut.

Kommentare werden einschließlich der Kennungen vom Compiler vollständig ignoriert. Ein Kommentar, der mit /* beginnt, ist erst mit */ beendet, auch wenn er sich über mehrere Zeilen erstreckt. Ein mit // beginnender Kommentar endet am Ende der Zeile. Auch wenn Kommentare vom Compiler ignoriert werden, sind sie doch sinnvoll für den menschlichen Leser eines Programms, um ihm die Anweisungen zu erläutern, zum Beispiel für den Programmierer, der Ihr Nachfolger wird, weil Sie befördert worden sind oder die Firma verlassen haben.

Kommentare sind auch wichtig für den Autor eines Programms, der nach einem halben Jahr nicht mehr weiß, warum er gerade diese oder jene komplizierte Anweisung geschrieben hat. Sie sehen:

- Ein Programm ist ein Stück Text.

- Der Text hat eine Struktur entsprechend den C++-Sprachregeln: Es gibt Wörter, wie hier das Schlüsselwort `main` (in C++ werden alle Schlüsselwörter kleingeschrieben). Es gibt weiterhin Zeilen, Satzzeichen und Kommentare.

- Die Bedeutung des Textes wird durch die Zeilenstruktur nicht beeinflusst. Mit \ RETURN ist eine Worttrennung am Zeilenende möglich. Das Zeichen \ wird »Backslash« genannt. Mit dem Symbol RETURN ist hier und im Folgenden die Betätigung der großen Taste ⏎ rechts auf der Tastatur gemeint, manchmal mit Enter beschriftet.

- Groß- und Kleinschreibung werden unterschieden! `main()` ist nicht dasselbe wie `Main()`.

Weil die Zeilenstruktur für den Rechner keine Rolle spielt, gibt es dadurch die Möglichkeit, den Programmtext nach Gesichtspunkten der Lesbarkeit zu gestalten. Im dritten Schritt müssen »nur« noch die Inhalte der Kommentare als C++-Anweisungen formuliert werden. Dabei bleiben die Kommentare zur Dokumentation stehen, wie im Beispielprogramm auf der nächsten Seite zu sehen ist. Es sind einige neue Worte dazugekommen, die hier kurz erklärt werden. Machen Sie sich keine Sorgen, wenn Sie nicht alles auf Anhieb verstehen! Alles wird im Verlauf des Buchs wieder aufgegriffen und vertieft. Wie das Programm zum Laufen gebracht wird, erfahren Sie nur wenige Seiten später (Seite 35).

*Tipp*

| | |
|---|---|
| `#include<iostream>` | Einbindung der Ein-/Ausgabefunktionen. Diese Zeile muss in jedem Programm stehen, das Eingaben von der Tastatur erwartet oder Ausgaben auf den Bildschirm bringt. Man kann sich vorstellen, dass der Compiler beim Übersetzen des Programms an dieser Stelle erst alle zur Ein- und Ausgabe notwendigen Informationen liest. Details folgen später in Abschnitt 4.3.5. |

## Beispielprogramm: Summe zweier Zahlen berechnen

```
// cppbuch/k2/summe.cpp
/*Hinweis: Alle Programmbeispiele sind auf der beiliegenden CD zu finden. Die erste
  Zeile in den Programmbeispielen gibt den zugehörigen Dateinamen an.
*/

#include<iostream>
using namespace std;
int main() {
    // Programm zur Berechnung der Summe zweier Zahlen
    int summe, a, b;

    // Lies die Zahlen a und b ein
    cout << " a und b eingeben:";
    cin >> a   >> b;

    /*Berechne die Summe beider Zahlen
    */
    summe = a + b;

    // Zeige das Ergebnis auf dem Bildschirm an
    cout << "Summe=" << summe;
    return 0;
}
```

| | |
|---|---|
| `using namespace std;` | Der Namensraum `std` wird benutzt. Schreiben Sie es einfach in jedes Programm an diese Stelle und haben Sie Geduld: Eine genauere Erklärung folgt später (Seiten 57 und 423). |
| `int main()` | `main()` ist das Hauptprogramm (es gibt auch Unterprogramme). Der zu `main()` gehörende Programmcode wird durch die geschweiften Klammern { und } eingeschlossen. Ein mit { und } begrenzter Bereich heißt *Block*. |
| | Mit `int` ist gemeint, dass das Programm `main()` nach Beendigung eine Zahl vom Typ `int` (= ganze Zahl) an das Betriebssystem zurückgibt. Dazu dient die unten beschriebene `return`-Anweisung. Normalerweise – das heißt bei ordnungsgemäßem Programmablauf – wird die Zahl 0 zurückgegeben. |
| | Andere Zahlen könnten verwendet werden, um über das Betriebssystem einem nachfolgenden Programm einen Fehler zu signalisieren. |

| | |
|---|---|
| `int summe,a,b;` | *Deklaration* von Objekten: Mitteilung an den Compiler (Erklärung folgt auf Seite 33), der entsprechend Speicherplatz bereitstellt und ab jetzt die Namen `summe`, `a` und `b` innerhalb des Blocks { } kennt. Es gibt verschiedene Zahlentypen in C++. Mit `int` sind ganze Zahlen gemeint: `summe`, `a`, `b` sind ganze Zahlen. |
| `cout` | Ausgabe: `cout` (Abkürzung für *character out*) ist die Standardausgabe. Der Doppelpfeil deutet an, dass alles, was rechts davon steht, zur Ausgabe `cout` gesendet wird, zum Beispiel `cout << a;`. Wenn mehrere Dinge ausgegeben werden sollen, sind sie durch `<<` zu trennen. |
| `;` | Ein Semikolon beendet jede Deklaration und jede Anweisung (aber keine Verbundanweisung, siehe später). |
| `cin` | Eingabe: Der Doppelpfeil zeigt hier in Richtung des Objekts, das ja von der Tastatur einen neuen Wert aufnehmen soll. Die Information fließt von der Eingabe `cin` zum Objekt `a` beziehungsweise `b`. |
| `=` | Zuweisung: Der Variablen auf der linken Seite des Gleichheitszeichens wird das Ergebnis des Ausdrucks auf der rechten Seite zugewiesen. |
| `"Text"` | beliebige Zeichenkette, die die Anführungszeichen selbst nicht enthalten darf, weil sie als Anfangs- beziehungsweise Endemarkierung einer Zeichenfolge dienen. Wenn die Zeichenfolge die Anführungszeichen enthalten soll, sind sie als `\"` zu schreiben: `cout << "\"C++\" ist der Nachfolger von \"C\"!";` erzeugt die Bildschirmausgabe "C++" ist der Nachfolger von "C"!. |
| `return 0;` | Unser Programm läuft einwandfrei; es gibt daher 0 zurück. Diese Anweisung kann fehlen, dann wird automatisch 0 zurückgegeben. |

`<iostream>` ist ein Header. Dieser aus dem Englischen stammende Begriff (head = dt. Kopf) drückt aus, dass Zeilen dieser Art am Anfang eines Programmtextes stehen. Der Begriff wird im Folgenden verwendet, weil es zur Zeit keine gängige deutsche Entsprechung gibt. Einen Header mit einem Dateinamen gleichzusetzen, ist nicht unbedingt richtig.

`a`, `b` und `summe` sind veränderliche Daten und heißen Variablen. Sie sind Objekte eines vordefinierten Grunddatentyps für ganze Zahlen (`int`), mit denen die üblichen Ganzzahloperationen wie +, - und = durchgeführt werden können. Der Begriff »Variable« wird für ein veränderliches Objekt gebraucht. Für Variable gilt:

- Objekte müssen deklariert werden. `int summe, a,b;` ist eine Deklaration, wobei `int` der *Datentyp* der Objekte `summe`, `a` und `b` ist, der die Eigenschaften beschreibt. Die Objektnamen sind frei wählbar im Rahmen der unten angegebenen Konventionen. Unter *Deklaration* wird verstanden, dass der Name dem Compiler bekannt gemacht wird. Wenn dieser Name später im Programm versehentlich falsch geschrieben wird, kennt der Compiler den Namen nicht und gibt eine Fehlermeldung aus. Damit dienen Deklarationen der Programmsicherheit.

- Objektnamen bezeichnen Bereiche im Speicher des Computers, deren Inhalte während des Programmlaufs verändert werden können. Die Namen sind symbolische Adressen, unter denen der Wert gefunden wird. Über den Namen kann dann auf den aktuellen Wert zugegriffen werden (siehe Abbildung 2.1).

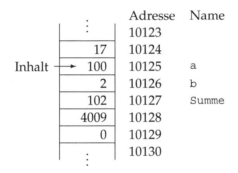

Abbildung 2.1: Speicherbereiche mit Adressen

Der Speicherplatz wird vom Compiler reserviert. Man spricht dann von der *Definition* der Objekte. Definition und Deklaration werden unterschieden, weil es auch Deklarationen ohne gleichzeitige Definition gibt, doch davon später. Zunächst sind die Deklarationen zugleich Definitionen.

Abbildung 2.2 zeigt den Ablauf der Erzeugung eines lauffähigen Programms. Ein Programm ist ein Stück Text, von Menschenhand geschrieben (über Programmgeneratoren soll hier nicht gesprochen werden) und dem Rechner unverständlich. Um dieses Programm auszuführen, muss es erst vom Compiler in eine für den Computer verständliche Form übersetzt werden. Der Compiler ist selbst ein Programm, das bereits in maschinenverständlicher Form vorliegt und speziell für diese Übersetzung zuständig ist. Nach Eingabe des Programmtextes mit dem Editor,

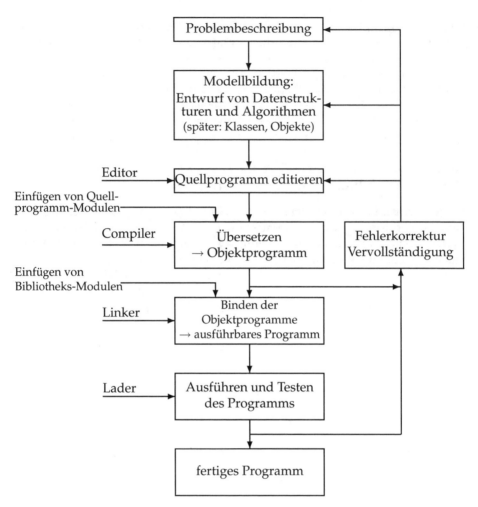

Abbildung 2.2: Erzeugung eines lauffähigen Programms

also dem Textverarbeitungsprogramm, können Sie den Compiler starten und anschließend das Programm binden oder linken (eine Erklärung folgt bald) und ausführen. Ein Programmtext wird auch »Quelltext« (englisch *source code*) genannt.

Der Compiler erzeugt den Objektcode, der noch nicht ausführbar ist. Hinter den einfachen Anweisungen cin >> ... und cout << ... verbergen sich eine Reihe von Aktivitäten wie die Abfrage der Tastatur und die Ansteuerung des Bildschirms, die nicht speziell programmiert werden müssen, weil sie schon in vorübersetzter Form in Bibliotheksdateien vorliegen. Die Aufrufe dieser Aktivitäten im Programm müssen mit den dafür vorgesehenen Algorithmen in den Bibliotheksdateien zusammengebunden werden, eine Aufgabe, die der *Linker* übernimmt, auch *Binder* genannt. Der Linker bindet Ihren Objektcode mit dem Objektcode der Bibliotheksdateien zusammen und erzeugt daraus ein ausführbares Programm, das nun gestartet werden kann. Der Aufruf des Programms bewirkt, dass der *Lader*, eine Funktion des Betriebssystems, das Programm in den Rechnerspeicher lädt und startet. Diese Schritte werden stets ausgeführt, auch wenn sie in manchen Programmentwicklungsumgebungen verborgen ablaufen. Weitere Details werden in Abschnitt 4.3 erläutert.

## Wie bekomme ich ein Programm zum Laufen?

Der erste Schritt ist das Schreiben mit einem Textsystem, Editor genannt. Der Text sollte keine Sonderzeichen zur Formatierung enthalten, weswegen nicht alle Editoren geeignet sind. Integrierte Entwicklungssysteme haben einen speziell auf Programmierzwecke zugeschnittenen Editor, der darüber hinaus auf Tastendruck oder Mausklick die Übersetzung anstößt. Alternativ besteht die Möglichkeit, Compiler und Linker im Shell- oder MSDOS-Fenster in der Kommandozeile zu starten. Beispiel für das Programm summe.cpp und den GNU-Compiler:

```
g++ -c summe.cpp            compilieren (summe.o wird erzeugt)
                            (bzw. summe.obj bei anderen Compilern)
g++ -o summe.exe summe.o    linken
```

Beide Schritte können zusammengefasst werden:

```
g++ -o summe.exe summe.cpp
```

Das Programm wird durch Eintippen von *summe.exe* gestartet. Es wird vorausgesetzt, dass der Compiler weiß, wo die Header wie <iostream> und die Bibliotheken zu finden sind. Andernfalls sind ein paar Angaben zu ergänzen, zum Beispiel:

```
g++ -I/cppbuch/include -o summe.exe summe.cpp
```

Weitere Einzelheiten zur Bedienung von Compiler und Linker finden Sie in Abschnitt A.3 auf Seite 705, im Handbuch zu Ihrem C++-System oder in den zugehörigen Hilfedateien. C-Experten ist [vdL94] zu empfehlen.

## Konstante

In einem Programm kommen häufig Zahlen oder andere Datenstrukturen vor, die im Programmlauf nicht verändert werden dürfen. Sie heißen *Konstante*. Zum Beispiel könnte man »umfang = 3.1415926 * durchmesser;« schreiben. Besser wäre jedoch

```
const float PI = 3.1415926;
umfang = PI * durchmesser;
```

weil bei anschließendem häufigerem Gebrauch der Zahl PI Schreibfehler leicht ausgeschlossen werden können, und Änderungen oder Korrekturen einer Konstanten nur an einer Stelle vorgenommen werden müssen. PI ist nur einmal als Konstante zu vereinbaren (= zu deklarieren). float bedeutet, dass die Konstante eine Gleitkommazahl ist. Eine ganzzahlige Konstante würde zum Beispiel mit const int STUECKZAHL = 10000; vereinbart.

- Eine Konstante besteht aus einem Namen und dem zugeordneten Wert, der *nicht veränderbar* ist. Der Name wird üblicherweise großgeschrieben.
- Konstanten müssen wie Variablen deklariert werden. Das Schlüsselwort const leitet die Deklaration ein, Arithmetik ist erlaubt.

```
const int GROESSE = 1000;
const int MAX_INDEX = GROESSE-1;
```

Eine Zahl auf der rechten Seite zur Initialisierung einer Konstanten heißt »Zahlliteral«. Ein Literal für Zahlen muss den dafür erlaubten Regeln entsprechen. Ein Literal steht im Programmtext und ist daher nicht veränderbar. Die Bedeutung besteht nur in seinem Wert. Ein Literal für ganze Zahlen besteht nur aus einem optionalen Vorzeichen, gefolgt von Ziffern und möglicherweise einem Suffix, um den Typ zu spezifizieren, zum Beispiel 1 oder L für long-Zahlen.

*Tipp*  Unveränderliche Größen sollten *stets* als const deklariert werden! Begründung: Der Compiler wird damit in die Lage versetzt, fehlerhafte Zuweisungen zu finden:

```
const float PI = 3.1415926;
// weiterer Programmtext
PI = 17.5;    // ergibt eine Fehlermeldung des Compilers!
```

## Struktur eines C++-Programms

Der Aufbau größerer Programme wird ausführlich in Abschnitt 4.3 besprochen. Ein *kleines* C++-Programm besteht aus mehreren Teilen, die in einer oder in verschiedenen Dateien stehen können:

| Compiler-Instruktionen (zum Beispiel #include) |
|---|
| Deklaration von globalen Objekten |
| Funktionsprototypen (Unterprogrammschnittstellen) |
| Implementierung, eigentliche Problemlösung:<br>int main() {<br>    Folge von Anweisungen (einschließlich Deklarationen)<br>} |
| Funktions-Definitionen (Unterprogrammcode) |

Funktionen oder Unterprogramme sind Programmteile, die Teilaufgaben bearbeiten. Funktionen werden in Abschnitt 4.1 ausführlich behandelt. Globale Variablen können überall in der Programmdatei benutzt werden (siehe Abschnitt 2.3). Das Hauptprogramm `main()` ist gegenüber den Unterprogrammen dadurch ausgezeichnet, dass der Programmablauf stets mit `main()` begonnen wird. Einzelne Abschnitte dürfen fehlen, das kleinstmögliche Programm ist: `int main() { }`

Funktions-, Variablen- und andere Namen unterliegen der folgenden Konvention:

- Ein Name ist eine Folge von Zeichen, bestehend aus Buchstaben, Ziffern und Unterstrich (_).

- Ein Name beginnt stets mit einem Buchstaben oder einem Unterstrich. Am Anfang eines Namens sollten Unterstriche jedoch vermieden werden, ebenso Namen, die zwei Unterstriche (__) direkt nacheinander enthalten. Solche Namen werden systemintern benutzt. *Tipp*

- Selbsterfundene Namen dürfen nicht mit den vordefinierten Schlüsselwörtern übereinstimmen (zum Beispiel `for`, `int`, `main` ...). Eine Tabelle der Schlüsselwörter ist im Anhang auf Seite 708 zu finden.

- Ein Name kann prinzipiell beliebig lang sein. In den Compilern ist die Länge jedoch begrenzt, zum Beispiel auf 31 oder 255 Zeichen.

Die hier aufgelisteten Konventionen zeigen die Regeln für die *Struktur* eines Namens, auch *Syntax* oder *Grammatik* genannt. Ein Name darf niemals ein Leerzeichen enthalten! Wenn eine Worttrennung aus Gründen der Lesbarkeit gewünscht ist, kann man den Unterstrich oder einen Wechsel in der Groß- und Kleinschreibung benutzen. Beispiele für Deklarationen:

```
int 1_Zeile;              falsch! (Ziffer am Anfang)
int Anzahl der Zeilen;    falsch! (Name enthält Leerzeichen)
int AnzahlDerZeilen;      richtig! andere Möglichkeit:
int Anzahl_der_Zeilen;    richtig!
```

Zur Abkürzung können Variable des gleichen Datentyps aufgelistet werden, sofern sie durch Kommas getrennt werden. `int a; int b; int c;` ist gleichwertig mit `int a,b,c;`.

## 2.2 Einfache Datentypen und Operatoren

Sie haben schon flüchtig die Datentypen `int` für ganze Zahlen und `float` für Gleitkommazahlen kennengelernt. Es gibt darüber hinaus noch eine Menge anderer Datentypen. Hier wird näher auf die *Grunddatentypen* eingegangen. Sie sind definiert durch ihren Wertebereich sowie die mit diesen Werten möglichen Operationen.

## 2.2.1 Ausdruck

Ein Ausdruck besteht aus einem oder mehreren Operanden, die miteinander durch Operatoren verknüpft sind. Die Auswertung eines Ausdrucks resultiert in einem Wert, der an die Stelle des Ausdrucks tritt. Der einfachste Ausdruck besteht aus einer einzigen Konstanten, Variablen oder Literal. Die Operatoren müssen zu den Operanden passen, die zu bestimmte Datentypen gehören. Beispiele:

Drei einfache Ausdrücke:
17
1 + 17
»Textliteral«

a = 1 + 17 ist ein zusammengesetzter Ausdruck. Die Operanden 1 und 17 sind Zahl-Literale, die hier ganze Zahlen repräsentieren und die durch den +-Operator verknüpft werden. Der resultierende Wert 18 wird dem Objekt $a$ zugewiesen. Der Wert des gesamten Ausdrucks ist der resultierende Wert von $a$.

## 2.2.2 Ganze Zahlen

Es gibt verschiedene rechnerinterne Darstellungen von ganzen Zahlen, die sich durch die bereitgestellte Anzahl von Bits pro Zahl unterscheiden. Die verschiedenen Darstellungen werden durch die Datentypen `short`, `int` und `long` repräsentiert, wobei gilt Bits(`short`) $\leq$ Bits(`int`) $\leq$ Bits(`long`). Die tatsächlich verwendete Anzahl von Bits variiert je nach Rechnersystem. Typische Werte sind:

|  |  | gleichwertige Schreibweise: |
|---|---|---|
| `short` | 16 Bits | `short int` |
| `int` | 32 Bits (oder 16 Bits) |  |
| `long` | 64 Bits (oder 32 Bits) | `long int` |

Die eingeklammerten Bitzahlen sind entsprechend dem ISO-Standard mindestens erforderlich. Ein Bit wird für das Vorzeichen reserviert. Durch das Schlüsselwort `unsigned` werden Zahlen *ohne* Vorzeichen definiert, zum Beispiel `unsigned int`, `unsigned long` (Langform: `unsigned long int`). Durch das damit gewonnene zusätzliche Bit teilt sich der Zahlenbereich anders auf:

Mit Vorzeichen:

| 16 Bits | $-2^{15} \ldots 2^{15}-1$ | = | $-32\,768 \ldots$ | $32\,767$ |
| 32 Bits | $-2^{31} \ldots 2^{31}-1$ | = | $-2\,147\,483\,648 \ldots$ | $2\,147\,483\,647$ |

Ohne Vorzeichen:

| 16 Bits | $0 \ldots 2^{16}-1$ | = | $0 \ldots$ | $65\,535$ |
| 32 Bits | $0 \ldots 2^{32}-1$ | = | $0 \ldots$ | $4\,294\,967\,295$ |

Die in Ihrem C++-System zutreffenden Zahlenbereiche finden Sie im Header `<climits>` (Datei *limits.h*) unter den Namen `INT_MIN` und `INT_MAX`. C++ bietet die Möglichkeit, den Zahlenbereich mit einer Funktion abzufragen, wie das Beispiel zeigt (Achtung C-Kenner: <limits> statt <limits.h>!):

### Beispielprogramm mit Grenzwerten

```
// cppbuch/k2/limits.cpp
#include<iostream>
#include<limits>                  // hier sind die Bereichsinformationen
using namespace std;
int main() {
   cout << "Der Zahlenbereich für int geht "
        << " von " << numeric_limits<int>::min()
        << " bis " << numeric_limits<int>::max()
        << endl;                   // = neue Zeile (endline)
}
```

Nehmen Sie bitte die Schreibweise des Funktionsaufrufs zunächst als gegeben hin – in den folgenden Kapiteln wird sie erklärt. Beim Rechnen mit ganzen Zahlen ist der *begrenzte Wertebereich* zu beachten! Aufgrund der Tatsache, dass nur eine begrenzte Anzahl von Bits für die rechnerinterne Repräsentation einer Zahl zur Verfügung steht, ergibt sich, dass der von int abgedeckte Zahlenbereich nur eine *Untermenge* der ganzen Zahlen darstellt. Daraus folgt, dass die Axiome der Mathematik in der Nähe der Grenzen des Zahlenintervalls nur noch eingeschränkt gelten. Das Ergebnis einer Folge arithmetischer Operationen ist nur dann korrekt, wenn kein Zwischenergebnis den durch den Datentyp vorgegebenen maximalen Zahlenbereich überschreitet. Programmbeispiel:

### Beispielprogramm mit arithmetischem Überlauf

```
// cppbuch/k2/overflow.cpp
#include<iostream>
using namespace std;
int main() {
   // Annahme: 16 Bits pro int
   int a = 50, b = 1000, c;
   c = a * b;
   cout << c;                 // Ausgabe -15536 statt 50000 !
}
```

50000 liegt außerhalb des durch 16 Bits darstellbaren Zahlenbereichs. Wird das Resultat einer Operation betragsmäßig zu groß, liegt ein *Überlauf* (englisch *overflow*) vor, der durch den Computer *nicht* gemeldet wird. Der Ersatz von int durch long führt im obigen Beispiel zu einem Programm, das korrekt 50000 ausgibt. 50000

*Vorsicht!*

liegt innerhalb des durch 32 oder 64 Bits darstellbaren Zahlenbereichs. Es ist zu beachten, dass das Problem nicht grundsätzlich lösbar ist, es wird hier nur in Richtung größerer Zahlen verschoben. Bei 32-Bit-Ganzzahlen tritt der Effekt mit dem folgenden Programm auf:

```
#include<iostream>
using namespace std;
int main() {
    int a = 50000, b = 1000000, c;  // Annahme: 32 Bit pro int
    c = a * b;
    cout << c;              // Ausgabe -1539607552 statt 50000000000
}
```

Beim Schreiben eines Programms muss man sich also Gedanken über die möglichen vorkommenden Zahlenwerte machen. »Sicherheitshalber« immer den größtmöglichen Datentyp zu wählen, ist nicht sinnvoll, weil Variablen dieses Typs mehr Speicherplatz benötigen und weil Rechenoperationen mit ihnen länger dauern.

Ganze Zahlen können auf dreierlei Arten dargestellt werden:

1. Wenn eine Zahl mit einer 0 beginnt, wird sie als *Oktalzahl* interpretiert, zum Beispiel $0377 = 377_8 = 3*8^2 + 7*8^1 + 7*8^0 = 255_{10}$ (dezimal).

2. Wenn eine Zahl mit 0x oder 0X beginnt, wird sie als *Hexadezimalzahl* interpretiert, zum Beispiel 0xAFFE = 45054 dezimal.

3. dezimal wie üblich.

### Operatoren für ganze Zahlen

*Tipp*

Auf Daten eines bestimmten Typs kann man nur bestimmte Operationen durchführen. Eine Zeichenkette kann man zum Beispiel nicht durch eine andere dividieren. Man kann jedoch ganze Zahlen a und b addieren oder eine Zeichenkette auf dem Bildschirm ausgeben. Daraus folgt: Ein Datum und die zugehörigen Operationen gehören zusammen! Die Tabelle 2.1 zeigt die für ganze Zahlen möglichen Operatoren, also für die Datentypen short, int und long. Die zusammengesetzten Operatoren wie += heißen Kurzform-Operatoren. Einige der Operatoren werden durch Beispiele erläutert. Manche Operatoren setzen jedoch hier noch nicht besprochene Dinge voraus, weshalb gelegentlich auf spätere Abschnitte verwiesen wird. Beispiele für Operatoren:

```
int a, i = 5;
a = ++i;
```

i wird *erst* um eins *inkrementiert, dann benutzt*. Unter Inkrementierung wird die Addition von 1 verstanden, unter Dekrementierung die Subtraktion von 1. ++ ist der Inkrementierungsoperator, der je nach Stellung eine Variable vor oder nach Benutzung des Werts hochzählt. Nach dieser Anweisung haben sowohl a als auch i den Wert 6.

| Operator | Beispiel | Bedeutung |
|---|---|---|
| arithmetische Operatoren: | | |
| + | +i | unäres Plus (kann weggelassen werden) |
| - | -i | unäres Minus |
| ++ | ++i | vorherige Inkrementierung um eins |
|  | i++ | nachfolgende Inkrementierung um eins |
| -- | --i | vorherige Dekrementierung um eins |
|  | i-- | nachfolgende Dekrementierung um eins |
| + | i + 2 | binäres Plus |
| - | i - 5 | binäres Minus |
| * | 5 * i | Multiplikation |
| / | i / 6 | Division |
| % | i % 4 | Modulo (Rest mit Vorzeichen von i) |
| = | i = 3 + j | Zuweisung |
| *= | i *= 3 | i = i * 3 |
| /= | i /= 3 | i = i / 3 |
| %= | i %= 3 | i = i % 3 |
| += | i += 3 | i = i + 3 |
| -= | i -= 3 | i = i - 3 |
| relationale Operatoren: | | |
| < | i < j | kleiner als |
| > | i > j | größer als |
| <= | i <= j | kleiner gleich |
| >= | i >= j | größer gleich |
| == | i == j | gleich |
| != | i != j | ungleich |
| Bit-Operatoren: | | |
| << | i << 2 | Linksschieben (Multiplikation mit 2er-Potenzen) |
| >> | i >> 1 | Rechtsschieben (Division durch 2er-Potenzen) |
| & | i & 7 | bitweises UND |
| ^ | i ^ 7 | bitweises XOR (Exklusives Oder) |
| \| | i \| 7 | bitweises ODER |
| ~ | ~i | bitweise Negation |
| <<= | i <<= 3 | i = i << 3 |
| >>= | i >>= 3 | i = i >> 3 |
| &= | i &= 3 | i = i & 3 |
| ^= | i ^= 3 | i = i ^ 3 |
| \|= | i \|= 3 | i = i \| 3 |

Tabelle 2.1: Operatoren für Ganzzahlen

```
int b, j = 2;
b = j++;
```

j wird *erst benutzt, dann inkrementiert*. Nach dieser Anweisung hat b den Wert 2 und j den Wert 3.

```
j = j + 4;        // zu j wird 4 addiert. Ergebnis: j = 7
j += 4;           // noch einmal 4 addieren (Kurzformoperator)
```

### Ganzzahlige Division

*Tipp* Wenn bei der Division nur ganze Zahlen beteiligt sind, ist das Ergebnis auch ganzzahlig! Der Rest wird verworfen und kann bei Bedarf mit dem Modulo-Operator % ermittelt werden:

```
int m = 9, n = 5;
int Ergebnis = m / n;    // 1
int Rest = m % n;        // 4
```

### Bit-Operatoren

Weil ganze Zahlen auch als Bitvektoren aufgefasst werden können, sind zusätzlich Bit-Operationen möglich. Es folgen Beispiele für zwei int-Zahlen c und k. Die Zahl k soll den Wert 5 repräsentieren.

Die binäre Darstellung der Zahl 5 ist für 16-Bit-int-Zahlen 0000 0000 0000 0101. Die Anweisung

```
c = k << 2;
```

bewirkt eine Bitverschiebung um 2 Stellen nach links und Zuweisung des Ergebnisses an c; das entspricht der Multiplikation mit $2^2$, also 4.

| | |
|---|---|
| 0000 0000 0000 0101 | k ist gleich 5 |
| 0000 0000 0001 0100 | c= k << 2, das heißt 2 Stellen verschoben. c hat danach den Wert 20. |

Bei der Verschiebung nach links werden von rechts Nullen nachgezogen. Wenn nach rechts verschoben wird, werden links Nullen eingefügt, falls der Operand vom Typ unsigned ist. Bei vorzeichenbehafteten Typen wird links entweder das Vorzeichenbit kopiert oder es werden Nullbits eingefügt – je nach C++-System. Die Anweisung c = c & k; bewirkt die bitweise UND-Verknüpfung:

| | |
|---|---|
| 0000 0000 0000 0101 | k ist gleich 5 |
| 0000 0000 0001 0100 | c ist gleich 20 |
| 0000 0000 0000 0100 | Das Ergebnis von c & k ist 4. |

Die Anweisung c = ~k; bewirkt die bitweise Negation:

```
0000 0000 0000 0101      k ist gleich 5
1111 1111 1111 1010      c= ~k (also −6)
```

Negative Zahlen werden üblicherweise im Zweierkomplement dargestellt. Das Zweierkomplement wird gebildet, indem alle Bits invertiert werden und dann auf das Ergebnis 1 addiert wird.

## size_t

Der Datentyp `size_t` ist ein abgeleiteter Typ für Größenangaben, die nicht negativ werden können, wie zum Beispiel die Anzahl der Einträge in einer Tabelle. Er wird in Standardfunktionen und -klassen häufig benutzt. Der Typ entspricht entweder `unsigned int` oder `unsigned long`, je nach C++-System. Die Definition steht im Header `<cstddef>`, der von vielen Standard-Headern bereits eingeschlossen wird.

## 2.2.3 Reelle Zahlen

Reelle Zahlen, auch Gleitkommazahlen genannt, sind wegen der beschränkten Bit-Anzahl in der Regel nicht beliebig genau darstellbar. Sie werden in C++ wie folgt geschrieben:

Vorzeichen (optional)
Vorkommastellen
Dezimalpunkt
Nachkommastellen
e oder E und Ganzzahl-Exponent (optional)
Suffix f,F oder l,L (optional, Zahlen ohne Suffix sind `double`)

Es können wegfallen:
– entweder Vorkommastellen oder Nachkommastellen (aber nicht beide)
– entweder Dezimalpunkt oder e (oder E) mit Exponent (aber nicht beide).

Einige Beispiele für Gleitkommazahlen sind:

   -123.789e6f    1.8E6    88.009    1e-03    1.8L

Der Exponent meint Zehnerpotenzen. 1.8e6 ist dasselbe wie $1.8 \times 10^6$ oder 1800000. Reelle Zahlen werden (ungenau) dargestellt durch drei Datentypen

| Typ | Bits | Zahlenbereich | | Stellen Genauigkeit |
|---|---|---|---|---|
| float       | 32 | $\pm 3.4*10^{-38}$   | $\ldots \pm 3.4*10^{38}$   | 7  |
| double      | 64 | $\pm 1.7*10^{-308}$  | $\ldots \pm 1.7*10^{308}$  | 15 |
| long double | 80 | $\pm 3.4*10^{-4932}$ | $\ldots \pm 1.1*10^{4932}$ | 19 |

Anstelle des Kommas tritt ein Dezimalpunkt, wie im angelsächsischen Sprachraum üblich. Intern werden Mantisse und Exponent jeweils durch Binärzahlen einer bestimmten Bitbreite verkörpert. Die hier angegebenen für Mantisse und Exponent aufsummierten Bitbreiten und damit Zahlenbereiche und Genauigkeiten sind *implementationsabhängig* und dienen *nur als Beispiel*. Beispiel einer Repräsentation reeller Zahlen im Rechner:

|  | Anzahl der Bits (Beispiel) | | |
|---|---|---|---|
|  | float | double | long double |
| Vorzeichen | 1 | 1 | 1 |
| Mantisse | 23 | 52 | 64 |
| Exp-Vorzeichen | 1 | 1 | 1 |
| Exponent | 7 | 10 | 14 |
| Summe | 32 | 64 | 80 |

In C++ ist festgelegt, dass die Genauigkeit von double-Zahlen nicht schlechter sein darf als die von float-Zahlen, und die von long double-Zahlen darf nicht schlechter sein als die von double-Zahlen. Die Genauigkeit hängt von der Anzahl der Bits ab, die für die Mantisse verwendet werden. Der Zahlenbereich wird wesentlich durch die Anzahl der Bits für den Exponenten bestimmt, der Einfluss der Mantisse ist minimal. Es sei angenommen, dass für den Typ double die oben angegebenen Bitzahlen gelten. Da $2^{52}$ ca. $4.5 * 10^{15}$ ist, ergibt sich eine etwa 15-stellige Genauigkeit. Der Zahlenbereich leitet sich aus der Bitanzahl für den Exponenten ab: $2^{10}$ ist 1024. Der Exponent kann damit im Bereich von 0 bis $2^{1024} - 1$ liegen. Übertragen auf das Dezimalsystem ergibt sich mit Hilfe der Schulmathematik ein maximaler Exponent von $1024 \log 2 / \log 10$, also etwa 308. Der darstellbare Bereich geht also bis ca. $1.0 * 10^{308}$. Insgesamt ergibt sich, dass eine beliebige Genauigkeit nicht für alle Zahlen möglich ist. Falls 32 Bits für die Darstellung einer reellen Zahl verwendet werden, existieren nur $2^{32} = 4\,294\,967\,296$ verschiedene Möglichkeiten, eine Zahl zu bilden. Mit dem mathematischen Begriff eines reellen Zahlenkontinuums hat das nur näherungsweise zu tun und alle Illusionen von der computertypischen Genauigkeit und Korrektheit zerplatzen! Folgen der nicht exakten Darstellung können sein:

- Bei der Subtraktion zweier fast gleich großer Werte heben sich die signifikanten Ziffern auf. Die Differenz wird damit ungenau. Dieser Effekt ist unter dem Namen *numerische Auslöschung* bekannt.

- Die Division durch betragsmäßig zu kleine Werte ergibt einen *Überlauf* (englisch *overflow*).

- Eine *Unterschreitung* (englisch *underflow*) tritt auf, wenn der Betrag des Ergebnisses zu klein ist, um mit dem gegebenen Datentyp darstellbar zu sein. Das Resultat wird dann gleich 0 gesetzt.

- Ergebnisse können von der Reihenfolge der Berechnungen abhängen. Im Beispiel unten wird a+b+c auf zwei verschiedene Arten berechnet: Um s1 zu berechnen, werden erst a und b addiert und danach c, während zur Berechnung von s2 zu a die Summe von b und c addiert wird. Rein mathematisch betrachtet müsste das gleiche Ergebnis herauskommen, die Computerarithmetik liefert jedoch abweichende Ergebnisse. Daher gehört zu kritischen Rechnungen immer eine Genauigkeitsbetrachtung. *Tipp*

### Beispielprogramm: Genauigkeit von float-Zahlen

```cpp
// cppbuch/k2/genau.cpp
#include<iostream>
using namespace std;

int main() {
    float a = 1.234567E-7, b = 1.000000, c = -b, s1, s2;
    s1 = a + b;
    s1 += c;                    // entspricht s1 = s1 + c;
    s2 = a;
    s2 += b + c;
    cout << s1 << '\n';         // 1.192e-7
    cout << s2 << '\n';         // 1.234e-7
}
```

Die Ausgabe von '\n' im Beispielprogramm bedeutet, dass nach den Zahlen s1 und s2 jeweils eine neue Zeile auf dem Bildschirm begonnen wird (siehe Abschnitt 2.2.4).

Es gibt verschiedene Methoden, den Fehler bei ungenauen Rechnungen zu minimieren. Zum Beispiel könnte man bei der Addition einer großen Menge verschiedener Zahlen so vorgehen, dass zunächst die Zahlen sortiert werden und erst danach die Addition vorgenommen wird, beginnend mit der kleinsten Zahl.

Die Festlegungen Ihres C++-Systems sind im Header <limits> oder in der C-Datei *float.h* zu finden. In Analogie zum Beispielprogramm auf Seite 39 können auch die numeric_limits<float>- bzw. numeric_limits<double>-Funktionen Auskunft geben.

Die Tabelle 2.2 enthält Operatoren für »reelle« Zahlen. Tabelle 2.3 zeigt einige Beispiele zur Umsetzung mathematischer Ausdrücke in die Programmiersprache C++. Einige mathematische Funktionen wie sqrt(), exp() u.a. sind vordefiniert. Die Deklaration der meisten dieser Funktionen befindet sich im Header <cmath>. Aus historischen Gründen befindet sich die Funktion abs() für int-Zahlen jedoch im Header <cstdlib>. Zum Nachschlagen der verschiedenen Möglichkeiten bieten sich die Tabellen 25.3 und 25.5 an (ab Seite 629).

| Operator | Beispiel | Bedeutung |
|---|---|---|
| + | +d | unäres Plus |
| - | -d | unäres Minus |
| + | d + 2.0 | binäres Plus |
| - | d - 5.3 | binäres Minus |
| * | 5.0*d | Multiplikation |
| / | d/6.1 | Division |
| = | d = 3.9 + j | Zuweisung |
| *= | d *= 3.7 | d = d * 3.7 |
| /= | d /= 3.7 | d = d / 3.7 |
| += | d += 3.7 | d = d + 3.7 |
| -= | d -= 3.7 | d = d - 3.7 |
| < | d < f | kleiner als |
| > | d > f | größer als |
| <= | d <= f | kleiner gleich |
| >= | d >= f | größer gleich |
| == | d == f | gleich |
| != | d != f | ungleich |

Tabelle 2.2: Operatoren für `float`-, `double` und `long double`-Zahlen

Um dem Compiler die Deklarationen bekannt zu machen, genügt es, im Programm vor der ersten Verwendung, üblicherweise am Anfang der Programmdatei, die Zeile `#include<cmath>` einzufügen. Die Ausgabe von `endl` bewirkt genau wie '\n' den Sprung in eine neue Zeile:

| mathematische Schreibweise | C++-Notation | |
|---|---|---|
| $a - \sqrt{1+x^2}$ | `a - sqrt(1+x*x)` | |
| $\frac{a-b}{1+\frac{x}{y}}$ | `(a-b)/(1+x/y)` | |
| $|x|$ | `abs(x)` | `int` |
| | `labs(x)` | `long int` |
| | `fabs(x)` | `float, double, long double` |
| $\frac{\frac{x}{y}}{z}$ | `x/y/z` | klarer: `(x/y)/z` |
| $e^{-\delta t}\sin(\omega t + \varphi)$ | `exp(-delta*t)*sin(omega*t+phi)` | |

Tabelle 2.3: Umsetzen mathematischer Ausdrücke

## Beispielprogramm: mathematische Funktionen

```
// cppbuch/k2/mathexpr.cpp  Berechnung mathematischer Ausdrücke
#include<iostream>
#include<cmath>
using namespace std;
int main() {
    float x;
    cout << "x eingeben:";
    cin >> x;
    cout << " x       = " << x       << endl;
    cout << " fabs(x) = " << fabs(x) << endl;
    cout << " sqrt(x) = " << sqrt(x) << endl;
    // Argument von sin() im Bogenmaß!
    cout << " sin(x)  = " << sin(x)  << endl;
    cout << " exp(x)  = " << exp(x)  << endl;
    // log() ist der natürliche Logarithmus!
    cout << " log(x)  = " << log(x)
         << endl;
}
```

Probieren Sie dieses Programm aus! Wie verhält sich Ihr Rechner bei Eingabe von 0 oder einer negativen Zahl?

## Regeln zum Bilden von Ausdrücken

Es gelten im Allgemeinen Vorrangregeln der Algebra beim Auswerten eines Ausdrucks, inklusive der Klammerregeln. Im Auszug der Rangfolge (Tabelle 2.4) bedeuten kleine Zahlen große Prioritäten. Einige der Operatoren werden erst in folgenden Kapiteln erklärt. Eine vollständige Auflistung der Operatoren mit Rangfolge finden Sie im Anhang A.7.

Auf gleicher Prioritätsstufe wird ein Ausdruck von links nach rechts abgearbeitet (linksassoziativ), mit Ausnahme der Ränge 2, 14 und 15, die von rechts abgearbeitet werden (rechtsassoziativ). Grundsätzlich werden jedoch zuerst die Klammern ausgewertet. Beispiel:

```
a = b + d + c;   ist gleich mit:   a = ((b + d) + c);     → linksassoziativ
a = b = d = c;   ist gleich mit:   a = (b = (d = c));     ← rechtsassoziativ
```

Die Reihenfolge der Auswertung von Unterausdrücken untereinander, also auch Klammerausdrücken, ist jedoch undefiniert. Daher sollten Ausdrücke vermieden werden, die einen Wert sowohl verändern als auch benutzen. Zum Beispiel:

*Tipp*

| Rang | Operatoren |
|---|---|
| 1 | .         ->         [ ]         ( )<br>++    --    (postfix) |
| 2 | !    + - (unär)    ++    --    (präfix)    ~<br>& (Adressoperator)    * (Dereferenzierung)    sizeof |
| 4 | *    /    % |
| 5 | +    - |
| 6 | <<    >> |
| 7 | <    >    <=    >= |
| 8 | ==    != |
| 9 | &    (bitweises UND) |
| 10 | ^    (bitweises exklusiv-ODER) |
| 11 | \|    (bitweises ODER) |
| 12 | &&    (logisches UND) |
| 13 | &&    (logisches ODER) |
| 14 | ?: |
| 15 | alle Zuweisungsoperatoren =, +=, <<= usw. |
| 16 | , |

Tabelle 2.4: Präzedenz einiger Operatoren (Auswahl)

```
int total = 0;
int sum = (total = 3) + (++total);     // Fehler!
```

Die Variable sum kann hier den Wert 4 oder den Wert 7 annehmen, abhängig von der Reihenfolge, in der die Unterausdrücke in den Klammern berechnet werden.

```
int i = 2;
i = 3 * i++;                            // Fehler!
```

Der Wert von i ist undefiniert, weil die Reihenfolge der Auswertung nicht feststeht. Es gibt zwei Möglichkeiten:

1. 3*i wird berechnet und ergibt 6. Dieser Wert wird i zugewiesen. Erst anschließend wird i inkrementiert, sodass zum Schluss i gleich 7 gilt.

2. 3*i wird berechnet und ergibt 6. Gleich nach der Berechnung wird i von 2 auf 3 inkrementiert. Erst dann erfolgt die Zuweisung des berechneten Ergebnisses an i, sodass zum Schluss i gleich 6 gilt.

## 2.2.4 Zeichen

Zeichen sind in diesem Zusammenhang Buchstaben wie A, b, c, D, Ziffernzeichen wie 1, 2, 3 und Sonderzeichen wie ; , . ! , und andere. Dabei werden Zeichenkonstanten (= Zeichenliterale) immer in Hochkommata eingeschlossen, also zum Beispiel 'a', '1', '?' usw. Für Zeichen wird der Datentyp char bereitgestellt (Beispieldeklaration siehe einige Zeilen weiter unten). Ein Zeichen ist in diesem Sinne stets auch *nur* ein Zeichen, insbesondere sind Ziffernzeichen etwas anderes als die Ziffern selbst, das heißt '1' ist nicht 1! Ein Zeichen wird intern als 1-Byte-Ganzzahl interpretiert (0..255 unsigned char beziehungsweise -128..+127 signed char). Hier und im Folgenden wird angenommen, dass ein Byte aus 8 Bits besteht[1]. Es gibt drei verschiedene char-Datentypen:

```
signed char
unsigned char
char          // bedeutet systemabhängig unsigned oder signed
```

Zusätzlich gibt es »lange«-Zeichen (englisch *wide characters*), die den Typ wchar_t haben. »Wide characters« sind für Zeichensätze gedacht, bei denen ein Byte nicht zur Darstellung eines Zeichens ausreicht, zum Beispiel japanische Zeichen. Ein Zeichenliteral vom Typ wchar_t beginnt mit einem L, zum Beispiel L'??'. In diesem Buch wird nicht weiter auf den wchar_t-Datentyp eingegangen, weil alle Basisfunktionen der Standard-Bibliothek (Kapitel 14), ebenso für wchar_t wie für char gelten. Falls nicht ausdrücklich anders erwähnt, wird für char im Folgenden stets signed char angenommen. Die Art der Voreinstellung variiert von Compiler zu Compiler. Beispiele für Deklarationen und Zuweisungen:

```
const char STERN = '*';
char a;
a = 'a';
```

a und 'a' haben hier eine verschiedene Bedeutung. a ist hier eine Variable, die nur dank der Zuweisung den Wert 'a' hat. Ein anderer Wert wäre ebenso möglich:

```
a = 'x';
a = STERN;
```

Es gibt besondere Zeichenkonstanten der ASCII-Tabelle, die nicht direkt im Druck oder in der Anzeige sichtbar sind. Um sie darstellen zu können, werden sie als Folge zweier Zeichen geschrieben, nehmen aber dennoch ebenfalls nur ein Byte in Anspruch. Diese Zeichen heißen auch *Escape-Sequenzen*, weil \ als Escape-Zeichen dient, um der normalen Interpretation als einzelnes Zeichen zu entkommen (englisch *to escape*). Außerhalb der ASCII-Tabelle gibt es ANSI-Escape-Sequenzen zur Bildschirmansteuerung, die mehrere Bytes umfassen können. Eine Hilfsdatei namens *ansi_esc.h* finden Sie im Verzeichnis *cppbuch/include* der CD-ROM. Lesen Sie vor Benutzung den Anfang der Datei.

---

[1] Dies muss nicht für jedes System gelten, ist aber verbreitet.

Tabelle 2.5 zeigt einige Beispiele. Das `endl` auf Seite 46 ist allerdings nicht als Zeichenkonstante zu verstehen, weil es zusätzlich für das sofortige Erscheinen der Zeile auf dem Bildschirm sorgt, was bei '\n' durch die gepufferte Ausgabe nicht immer so sein muss (siehe Kapitel 13, Stichwort `unitbuf`).

| Zeichen | Bedeutung | ASCII-Name |
|---|---|---|
| \a | Signalton | BEL |
| \b | Backspace | BS |
| \f | Seitenvorschub | FF |
| \n | neue Zeile | LF |
| \r | Zeilenrücklauf | CR |
| \t | Tabulator | HT |
| \v | Zeilensprung | VT |
| \\ | Backslash | |
| \' | ' | |
| \" | " | |
| \◇ | ◇ = Platzhalter: ◇ = Folge von Oktalziffern, Beispiel: \377 | |
| \0 | Spezialfall davon (Nullbyte) | NUL |
| \x◇, \X◇ | ◇ = Zeichenfolge aus Hex-Ziffern, Beispiel: \xDB oder \x1f | |

Tabelle 2.5: Besondere Zeichenkonstanten (Escape-Sequenzen)

Da ein Zeichen genau *ein* Byte beansprucht, ist ein Zeichen der Oktaldarstellung \777 nicht erlaubt (\377 = $255_{10}$)[2]. Die Zuordnung von Zeichen und Zahl geschieht über die ASCII-Tabelle, über die eine Ordnungsrelation definiert ist: ...'0' < '1' < .. < '9' < .. < 'A' < .. < 'Z' < .. < 'a' < .. < 'z'... Ein Zeichen hat eine eindeutige Position innerhalb der ASCII-Tabelle (siehe Seite 709).

Genau genommen definiert die ASCII-Tabelle nur alle Zeichen mit 7 Bits, insgesamt 128. Der Datentyp `char` stellt 8 Bits, also 1 Byte zur Verfügung, sodass 256 Zeichen darstellbar sind. Die 128 zusätzlichen Zeichen sind nicht genormt, sondern unterscheiden sich für verschiedene Rechner- und Betriebssystemtypen. Meistens werden in diesen 128 Zusatzzeichen Blockgrafiksymbole und nationale Sonderzeichen wie ä, ö, ß untergebracht. Die Position eines Zeichens in der erweiterten Tabelle kann über die Umwandlung in eine `int`-Zahl bestimmt werden, ebenso wie aus einer Position über die Umwandlung in `char` das zugehörige Zeichen ermittelt werden kann. Die Umwandlung geschieht einfach über den `static_cast`-

---

[2] Beliebig viele Oktal- oder Hexadezimalziffern sind erlaubt, sofern der Zeichentyp (z.B. `wchar_t`) sie darstellen kann.

Operator mit Angabe des gewünschten Datentyps in spitzen und Angabe der Variable in runden Klammern. Die Typumwandlung heißt in der englischsprachigen Literatur *type cast* oder einfach *cast*. Der `static_cast`-Operator verlangt bestimmte, in [ISO98] festgelegte Verträglichkeiten zwischen den zu wandelnden Typen.

```
char c;
int i;
i = static_cast<int>(c);   // Typumwandlung char → int
```

bedeutet, dass der Wert der Variablen i nun eine int-Repräsentation der char-Variablen c ist. Andere, einfachere Schreibweisen sind ebenfalls möglich:

```
i = int(c);       // oder
i = (int) c;
```

Weil ein char vom Compiler wie eine 1-Byte-int-Zahl interpretiert wird, ist auch eine implizite Typumwandlung möglich:

```
i = c;
```

Die einfacheren Schreibweisen werden jedoch nicht empfohlen, weil sie in bestimmten Zusammenhängen unsicherer sind. Eine Begründung wird in Abschnitt 12.5 gegeben. Die Schreibweise `int(c)` erinnert an die später zu besprechenden Funktionen. Die aus der Sprache C übernommene traditionelle Schreibweise `(int) c` bewirkt genau dasselbe und ist im Gegensatz zur Funktionsschreibweise auch für komplexere Datentypen möglich. Hier wird von int nach char und zurück gewandelt:

```
i = 66;
c = static_cast<char>(i);   // Typumwandlung int → char
cout << c;                  // 'B'
c = '1';                    // Das Ziffernzeichen '1' hat die
i = static_cast<int>(c);    // Position 49 innerhalb der ASCII-Tabelle:
cout << i;                  // 49
```

Es gelten die Identitäten

```
c == static_cast<char>( static_cast<int>(c));   und
i == static_cast<int>( static_cast<char>(i));,
```

falls $-128 \leq i \leq 127$ ist (beziehungsweise $0 \leq i \leq 255$ bei `unsigned char`). Falls i außerhalb dieses Bereichs liegt, also nicht mehr mit nur einem Byte dargestellt werden kann, gibt es einen Datenverlust, weil die überzähligen Bits bei der Umwandlung nicht berücksichtigt werden können. Mehr zu Standard-Typumwandlungen erfahren Sie auf Seite 428.

*Vorsicht!*

Wie kann man aus einem Ziffernzeichen die repräsentierte Ziffer erhalten? Da die Folge der Ziffernzeichen in der ASCII-Tabelle mit '0' beginnt, genügt es, '0' abzuziehen:

```
char c = '5';
int Ziffer = c - '0';
cout << Ziffer << endl;      // 5
```

Weil ein `char` vom Compiler wie eine ein-Byte-`int`-Zahl interpretiert wird, ist das Rechnen ohne explizite Typumwandlung möglich. Die entsprechende Zeile ist hier zum Vergleich *mit* expliziter Typumwandlung gezeigt:

```
int Ziffer = static_cast<int>(c) - static_cast<int>('0');
```

**Operatoren für Zeichen**

Da der Datentyp `char` intern als 1-Byte-Ganzzahl dargestellt wird, sind eigentlich alle Ganzzahl-Operatoren (siehe Tabelle 2.1 auf Seite 41) möglich, aber im Sinne der Bedeutung von *Zeichen* sind nur die Operatoren aus Tabelle 2.6 sinnvoll.

| Operator | Beispiel | Bedeutung |
|---|---|---|
| =  | d = 'A'  | Zuweisung |
| <  | d < f    | kleiner als |
| >  | d > f    | größer als |
| <= | d <= f   | kleiner gleich |
| >= | d >= f   | größer gleich |
| == | d == f   | gleich |
| != | d != f   | ungleich |

Tabelle 2.6: Operatoren für `char`

## 2.2.5 Logischer Datentyp

Ein logischer Datentyp wird mit `bool` bezeichnet zur Erinnerung an den englischen Mathematiker George Boole (1815–1864), der die später nach ihm benannte Boolesche Algebra entwickelt hat. Variablen eines logischen Datentyps können nur die Wahrheitswerte *wahr* (englisch *true*) beziehungsweise *falsch* (englisch *false*) annehmen. Falls notwendig, wird der Datentyp `bool` zu `int` gewandelt, wobei `false` der Wert 0 ist und `true` der Wert 1. Das folgende Programmstück gibt eine 1 aus, falls das eingelesene Zeichen ein Großbuchstabe war, ansonsten eine 0.

```
bool grossBuchstabe;
char c;
cin >> c;
grossBuchstabe = (c >= 'A') && (c <= 'Z');
cout << grossBuchstabe;             // Wandlung nach int
```

Die Ausgabe als Text *true* bzw. *false* kann bei einem dem Standard entsprechenden Compiler auf Wunsch eingestellt werden
```
cout.setf(ios_base::boolalpha);    // Textformat einschalten
cout << grossBuchstabe;            // Wandlung in Text
```
Zunächst werden die Klammern ausgewertet, die jeweils für sich Wahrheitswerte von `false` oder `true` ergeben. Die Relationen `>=` und `<=` beziehen sich dabei auf die ASCII-Tabelle. Es wird also geprüft, ob das Zeichen c gleich dem Zeichen 'A' ist oder in der Tabelle nach ihm folgt, und ob es gleich dem Zeichen 'Z' ist oder in der Tabelle vor dem 'Z' liegt. Die Wahrheitswerte werden dann durch das logische UND (`&&`) verbunden, nicht zu verwechseln mit dem bitweisen UND (`&`) der Tabelle 2.1 auf Seite 41. Das Ergebnis wird der Variablen `grossBuchstabe` zugewiesen. Die Klammern sind hier nur zur Verdeutlichung angegeben. Sie können entfallen, weil die relationalen Operatoren eine höhere Priorität als die logischen haben. Tabelle 2.7 zeigt Operatoren für logische Datentypen.

| Operator | Beispiel | Bedeutung |
|---|---|---|
| ! | !i | logische Negation |
| && | a && b | logisches UND |
| \|\| | a \|\| b | logisches ODER |
| == | a == b | Vergleich |
| != | a != b | Vergleich |
| = | a = a && b | Zuweisung |

Tabelle 2.7: Operatoren für logische Datentypen

Der Datentyp `bool` wird an allen Stellen, die nicht ausdrücklich `bool` verlangen, nach `int` gewandelt (siehe obiges Beispiel). Dabei wird `true` zu 1 und `false` zu 0. Die umgekehrte Wandlung von `int` nach `bool` ergibt `false` für 0 und `true` für alle anderen int-Werte. Hier ist die Wirkungsweise der *logischen Negation* zu sehen:
```
bool Wahrheitswert = true;
Wahrheitswert = !Wahrheitswert;           // Negation
cout << Wahrheitswert << endl;            // 0, d.h. false
/*Beispiel mit int-Zahlen: Aus 0 wird 1 und aus einer Zahl ungleich 0 wird durch die
   Negation eine 0.
*/
int i = 17, j;
j = !i;              // 0
i = !j;              // 1

// Typumwandlung von int nach bool
Wahrheitswert = 99;                       // true
Wahrheitswert =  0;                       // false
```

## 2.2.6 Komplexe Zahlen

Komplexe Zahlen bestehen aus dem Real- und dem Imaginärteil, die beide von einem der möglichen Typen für reelle Zahlen sein können (`float`, `double`, `long double`). Der Standarddatentyp für komplexe Zahlen ist deshalb kein Grunddatentyp, sondern zusammengesetzt. Hinweise auf den internen Aufbau sollen erst später interessieren (Seite 319), hier geht es ausschließlich um die Benutzung. Das ist der Grund, warum die komplexen Zahlen hier eingereiht werden und nicht in Abschnitt 2.5 über zusammengesetzte Datentypen. Die für den Compiler nötigen Informationen enthält der Header `<complex>`. Einige Beispiele zeigen, wie mit komplexen Zahlen in C++ gerechnet wird (siehe nebenstehendes Beispielprogramm). Erstmalig ist die auf Seite 26 beschriebene Notation »in Aktion« zu sehen, um eine Aufforderung an ein Objekt zu senden: Das Objekt `c1` wird aufgefordert, seinen Real- bzw. Imaginärteil bekannt zu geben. Ähnlich wie die bekannte Sinusfunktion sind die Hilfsfunktionen wie `conj()` usw. zu benutzen, die speziell für die komplexen Zahlen entworfen wurden. Eine andere Möglichkeit zur Berechnung von $\pi$ ist die Benutzung der Konstanten `M_PI` bzw. `M_PI_4` aus *math.h*. Mit komplexen Zahlen kann wie mit reellen Zahlen gerechnet werden. Insbesondere sind alle arithmetischen Operatoren der Tabelle 2.2 auf Seite 46 auf komplexe Zahlen anwendbar. Auch die Prüfung auf Gleichheit (`==`) oder Ungleichheit (`!=`) ist möglich. Die anderen Vergleichsoperatoren ergeben bei komplexen Zahlen keinen Sinn. Die Tabelle 21.1 auf Seite 588 enthält die Funktionen, die mit komplexen Zahlen verwendet werden können.

## 2.2.7 Referenzen

Eine *Referenz* ist ein Datentyp, der einen *Verweis* auf ein Objekt liefert. Referenzen werden in C++ häufig zur Parameterübergabe benutzt; nähere Erklärungen und umfangreichere Beispiele finden sich erst einige Kapitel später (ab Kapitel 4). Eine Referenz bildet einen *Alias-Namen* für ein Objekt, über den es ansprechbar ist. Ein Objekt hat damit zwei Namen! Der Compiler »weiß« aufgrund der Deklaration, dass es sich um eine Referenz handelt, und nicht etwa um ein neues Objekt. Um eine Variable als Referenz zu deklarieren, wird das &-Zeichen benutzt, das neben dem bitweisen UND und dem (noch nicht benutzten) Adressoperator nun die dritte Bedeutung hat. Beispiele:

```
int i = 2, j = 9;
int& r = i;           // Referenz auf i ( r ist Alias für i)
r   = 10;             // ändert i
r = j;                // Wirkung: i = j;
```

Wo das &-Zeichen zwischen `int` und `r` steht, ist unerheblich. `int &r` ist auch richtig. Eine Referenz wird genau wie eine Variable benutzt, der Compiler weiß, dass sie ein Alias-Name ist. Referenzen müssen bei der Deklaration initialisiert werden.

## Beispielprogramm mit komplexen Zahlen

```cpp
// cppbuch/k2/complex.cpp    Beispiele für komplexe Zahlen
#include<iostream>
#include<complex>                    // Header für komplexe Zahlen
#include<cmath>                      // atan()
using namespace std;
// Anstatt double sind auch float und long double möglich.
int main() {
    complex<double> c1;              // komplexe Zahl 0.0 + 0.0i erzeugen
    complex<double> c2(1.2, 3.4);    // (1.2 + 3.4i) erzeugen
    cout << c2 << endl;              // Standard-Ausgabeformat: (1.2,3.4)
    c1 += c2 + c1;                   // beispielhafte Rechenoperationen
    c1 = c2 * 5.0;

    double re = c1.real();           // Realteil ermitteln
    cout << re << endl;              // und ausgeben
    cout << c1.imag() << endl;       // Imaginärteil direkt ausgeben

    // Beispiele mit Hilfsfunktionen
    complex<double> c3(1.0,2.0);     // (1.0 + 2.0i) erzeugen
    c1 = conj(c3);                   // konjugiert komplex: (1.0 - 2.0i)

    // Umrechnung aus Polarkoordinaten
    const double PI = 4.0 * atan(1.0); // π berechnen
    double Betrag = 100.0,
           Phase  = PI/4.0;          // π/4 = 45°
    c1 = polar(Betrag, Phase);

    // Umrechnung in Polarkoordinaten
    double rho   = abs(c1);          // Betrag ρ
    double theta = arg(c1);          // Winkel θ
    double L = norm(c1);             // Betragsquadrat

    cout << "Betrag  = " << Betrag << endl;
    cout << "rho     = " << rho    << endl;
    cout << "Norm    = " << L      << endl;
    cout << "Phase   = " << Phase  << endl;
    cout << "theta   = " << theta
         << " = " << theta/PI*180. << " Grad" << endl;
    cout << "Komplexe Zahl eingeben. Erlaubte Formate z.B.:"
         "\n (1.78, -98.2)\n (1.78)\n 1.78\n:";
    cin >> c1;
    cout << "komplexe Zahl = " << c1 << endl;
}
```

Es ist nicht möglich, eine Referenz nach der Initialisierung so zu ändern, dass sie ein Alias-Name für eine andere Variable als die erstzugewiesene wird. Auch ist keine Referenz auf eine Referenz (`int&&`) möglich. Die Deklaration

```
int& s = r;
```

könnte vordergründig so interpretiert werden, dass die Referenz `s` eine Referenz auf `r` wäre, weil sie ja mit `r` initialisiert wird. Der Compiler setzt aber, wie oben geschrieben, auf der rechten Seite für `r` das referenzierte Objekt `i` ein. `s` ist daher nur ein weiterer Alias-Name für `i`. Mit anderen Worten, wenn nach den obigen Deklarationen einer der Namen `i`, `r` oder `s` benutzt wird, könnte man ihn durch einen der anderen beiden ersetzen, ohne dass ein Programm in seiner Bedeutung geändert wird. Zusammengefasst:

- Auf Objekte wird nur über symbolische Namen (Bezeichner) oder Zeiger zugegriffen. Zeiger, die an anderer Stelle beschrieben werden (Kapitel 6), seien hier ausgeklammert.

- Die Bezeichner (Namen) von Referenzen sind nichts anderes als Alias-Namen. Für ein Objekt kann es keinen oder beliebig viele Alias-Namen geben, die wie andere Bezeichner auch verwendet werden.

- Alle Bezeichner für dasselbe Objekt sind in der Verwendung semantisch gleichwertig. Die obige Deklaration `int& s = r;` hat daher dieselbe Wirkung wie `int& s = i;`.

## 2.3 Gültigkeitsbereich und Sichtbarkeit

In C++ gelten Gültigkeits- und Sichtbarkeitsregeln für Namen. Allgemein gilt:

- Namen sind nur *nach der Deklaration* und nur *innerhalb des Blocks* gültig, in dem sie deklariert wurden. Sie sind *lokal* bezüglich des Blocks. Zur Erinnerung: Ein Block ist ein Programmbereich, der durch ein Paar geschweifter Klammern { } eingeschlossen wird. Blöcke können verschachtelt sein, also selbst wieder Blöcke enthalten.

- Namen von Variablen sind auch gültig für innerhalb des Blocks neu angelegte innere Blöcke.

- Die Sichtbarkeit (englisch *visibility*) zum Beispiel von Variablen wird eingeschränkt durch die Deklaration von Variablen gleichen Namens. Für den Sichtbarkeitsbereich der inneren Variablen ist die äußere unsichtbar.

Der Datenbereich für lokale Daten wird bei Betreten des Gültigkeitsbereichs auf einem besonderen Speicherbereich mit dem Namen *Stack* angelegt und am Ende des Gültigkeitsbereich, also am Blockende, wieder freigegeben. Der Stack (deutsch:

»Stapel«, auch Kellerspeicher) ist ein Bereich mit der Eigenschaft, dass die zuletzt darauf abgelegten Elemente zuerst wieder freigegeben werden (last in, first out). Damit lässt sich das beschriebene Anlegen von Variablen bei Blockbeginn und ihre Freigabe bei Blockende gut verwalten, ohne dass *wir* uns darum kümmern müssen.

Auf verschiedene Arten der Sichtbarkeitsbereiche (Funktionen, Dateien, Klassen) wird später eingegangen. Das folgende Programm zeigt Beispiele für verschiedene Gültigkeitsbereiche (englisch *scope*). Der im Programm verwendete Operator :: bewirkt den Zugriff auf Variablen, die *in der ganzen Datei* gültig sind (file scope), also nicht Zugriff auf den nächsten äußeren Block. Das Programm wird im Kommentar zeilenweise erklärt. Es zeigt, dass Gültigkeit und Sichtbarkeit nicht das Gleiche sind. Das folgende Beispielprogramm erzeugt folgende Ausgabe:

*globales a= 1*
*lokales a= 10*
*globales ::a= 1*
*lokales b = 20*
*lokales c = 30*
*globales ::b = 2*
*globales b wieder sichtbar: b = 2*

Die Kommentarzeichen // in der letzten Programmzeile sind erforderlich, weil der Compiler diese Zeile sonst als fehlerhaft bemängeln würde. Grund: Durch Schließen des inneren Blocks ist der Gültigkeitsbereich aller dort deklarierten Variablen beendet, also ist c außerhalb des Blocks unbekannt.

Vermeiden Sie lokale Objekte mit Namen, die Objekte in einem äußeren Gültigkeitsbereich verdecken! Die Verständlichkeit eines Programms wird durch verschiedene Objekte mit demselben Namen erschwert, wie das Beispiel hoffentlich zeigt.

*Tipp*

### 2.3.1 Namespace std

Eine weitere Möglichkeit zur Schaffung von Sichtbarkeitsbereichen sind *Namensräume* (englisch *namespaces*). Bisher wurde der zur C++-Standardbibliothek gehörende Namensraum std benutzt, wie Sie an den Zeilen using namespace std; in den Beispielen gesehen haben. Namensräume spielen bei der Benutzung verschiedener Bibliotheken eine Rolle. Einzelheiten werden weiter unten in Abschnitt 12.1 (ab Seite 423) erklärt. Hier soll nur vorab darauf hingewiesen werden, dass man auch ohne pauschale Nutzung der Standardbibliothek auskommt, wenn die betreffenden Elemente mit einem so genannten qualifizierten Namen angesprochen werden, der den Namensraum angibt.

## Beispielprogramm: Variablen und Blöcke

```cpp
// cppbuch/k2/bloecke.cpp
#include<iostream>
using namespace std;
/*a und b werden außerhalb eines jeden Blocks deklariert. Sie sind damit innerhalb
  eines jeden anderen Blocks gültig und heißen daher globale Variablen.
*/
int a = 1, b = 2;

int main() {    // Ein neuer Block beginnt.
    cout << "globales a= " << a << endl;  // Ausgabe von a

    /*Innerhalb des Blocks wird eine Variable a deklariert. Ab jetzt ist das globale a
      noch gültig, aber nicht mehr unter dem Namen a sichtbar, wie die Folgezeile
      zeigt.
    */
    int a = 10;
    // Der Wert des lokalen a wird ausgegeben:
    cout << "lokales a= " << a << endl;

    /*Das globale a lässt sich nach der Deklaration des lokalen a nur noch mit Hilfe
      des Bereichsoperators :: (englisch scope operator) ansprechen. Ausgabe von
      ::a.
    */

    cout << "globales ::a= " << ::a << endl;
    {   // Ein neuer Block innerhalb des bestehenden beginnt.

        int b = 20;
        /*Variable b wird innerhalb dieses Blocks deklariert. Damit wird das globale
          b zwar nicht ungültig, aber unsichtbar.
        */
        int c = 30;  // c wird innerhalb dieses Blocks deklariert.
        // Die Werte von b und c werden ausgegeben.
        cout << "lokales b = " << b << endl;
        cout << "lokales c = " << c << endl;

        /*Wie oben beschrieben, ist das globale b nur über den Scope-Operator an-
          sprechbar. Ausgabe von ::b.
        */
        cout << "globales ::b = " << ::b << endl;
    }  // Der innere Block wird geschlossen. Damit ist das globale b
       // auch ohne Scope-Operator wieder sichtbar:
    cout << "globales b wieder sichtbar: b = " << b << endl;
    // cout << "c = "<< c << endl; // Fehler, siehe Text
}  // Ende des äußeren Blocks
```

Bezogen auf den Standard-Namensraum `std` gibt es im Wesentlichen drei Möglichkeiten:

```
// 1. Pauschale Nutzung
using namespace std;    // macht alles aus std ab jetzt bekannt
// ... ggf. weiterer Programmtext
cout << "Ende" << endl;
```

oder

```
// 2. Nutzung von cout und endl aus std
// mit qualifizierten Namen:
// using namespace std; sei nicht deklariert.
std::cout << "Ende" << std::endl;   // richtig
cout << "Ende" << endl;    // Fehlermeldung des Compilers!
                           // (sofern er standardkonform ist)
```

oder

```
// 3. Deklaration ausgewählter Teile
// using namespace std; sei nicht deklariert.
using std::cout;
using std::endl;
cout << "Ende" << endl;
```

Die erste Möglichkeit wird in den `main()`-Programmen dieses Buchs bevorzugt, weil sie Schreibarbeit spart. Die zweite oder dritte Möglichkeit wird in allen anderen Fällen empfohlen. Sie werden in den Beispielen daher alle drei Varianten antreffen.

**Übungsaufgabe**

2.1 Schreiben Sie ein Programm, das die größtmögliche `unsigned int`-Zahl (`int`, `long`, `unsigned long`) ausgibt, *ohne* dass die Kenntnis der systemintern verwendeten Bitanzahl für jeden Datentyp benutzt wird. Hinweis: Studieren Sie die möglichen Operatoren für ganze Zahlen und die Datei *limits.h*.

## 2.4 Kontrollstrukturen

Kontrollstrukturen dienen dazu, den Programmfluss zu steuern. Im einfachsten Fall werden Anweisungen eines Programms eine nach der anderen in derselben Reihenfolge ausgeführt, wie sie hingeschrieben worden sind. Dies ist nicht immer erwünscht. Manchmal ist es notwendig, dass der Programmfluss sich in Abhängigkeit von den Daten ändern soll, oder es müssen Teile des Programms wiederholt durchlaufen werden. Erst mit Kontrollstrukturen lassen sich überhaupt Programme einiger Komplexität schreiben.

## 2.4.1 Anweisungen

In den folgenden Abschnitten wird des öfteren der Begriff »Anweisung« gebraucht, der deswegen an dieser Stelle erläutert werden soll. Eine Anweisung kann unter anderem[3] sein:

– eine Deklarationsanweisung
– eine Ausdrucksanweisung
– eine Schleifenanweisung
– eine Auswahlanweisung
– eine Verbundanweisung, auch Block genannt.

### Deklarationsanweisung

Eine Deklarationsanweisung führt einen Namen in das Programm ein. Sie kann in verschiedenen Formen vorkommen, unter denen die einfachen Deklarationen wie zum Beispiel `int x;` die häufigsten sind. Nach dieser Deklaration ist das Objekt `x` in einem Programm bekannt und kann benutzt werden. Eine einfache Deklaration wird stets mit einem Semikolon `;` abgeschlossen.

### Ausdrucksanweisung

Eine Ausdrucksanweisung ist ein Ausdruck (siehe Seite 38) gefolgt von einem Semikolon. Ein Ausdruck repräsentiert nach der Auswertung einen Wert, zum Beispiel kann der Ausdruck `x == 1` den Wert `true` oder `false` annehmen. In C++ ist mit einer Ausdrucksanweisung in der Regel eine Aktivität verbunden, zum Beispiel eine Zuweisung (siehe unten) wie `x = 3;`. Eine Zuweisung hat einen Wert, weswegen verkettete Zuweisungen möglich sind:

```
a = b = c;
```

meint, dass `b` (= der Wert der Zuweisung `b = c`) der Variablen `a` zugewiesen wird. Der Wert der letzten Zuweisung `a = b` wird nicht mehr verwendet. Selbst eine Ausgabe auf den Bildschirm ist ein Ausdruck. Der Wert ist das Objekt `cout` selbst, das die Ausgabe bewerkstelligt.

```
cout << a << b;
```

bedeutet dasselbe wie

```
(cout << a) << b;
```

Das Ergebnis des Ausdrucks in den runden Klammern ist `cout`, weswegen der zweite Teil der Ausgabe als `cout << b;` gelesen werden kann. Ein allein stehendes Semikolon ist eine Leeranweisung.

---

[3] Eine vollständige Auflistung ist nicht beabsichtigt.

## Zuweisung

Eine Zuweisung ist ein Spezialfall einer Ausdrucksanweisung. Ein Zuweisungsausdruck, zum Beispiel a = b, besteht aus drei Teilen:

- Einem linken Teil, auch *L-Wert* (englisch *lvalue*) genannt, was eine Abkürzung für *Links-Wert* ist.

- Dem Zuweisungsoperator =.

- Einem rechten Teil, auch *R-Wert* (englisch *rvalue*) genannt, was eine Abkürzung für *Rechts-Wert* ist.

Dabei wird der L-Wert als *Adresse*, der R-Wert als *Wert* interpretiert. Die Bedeutung einer Zuweisung a = b; ist also: Der Wert der Variablen b wird an die Adresse der Variablen a kopiert (so dass danach Variable a denselben Wert hat).

## Schleifenanweisung

Diese Anweisungen sind mit den Schlüsselwörtern for, while und do .. while verbunden. Einzelheiten folgen in den nächsten Abschnitten.

## Auswahlanweisung

Diese Anweisungen sind mit den Schlüsselwörtern if und switch verbunden. Einzelheiten folgen in den nächsten Abschnitten.

## Verbundanweisung, Block

Eine Verbundanweisung, auch Block genannt, ist ein Paar geschweifte Klammern, die eine Folge von Anweisungen enthalten. Die Folge kann leer sein. Die enthaltenen Anweisungen können selbst wieder Verbundanweisungen sein.

```
{ }              // leerer Block

{                // Block mit einer Anweisung
   Anweisung
}

{                // Block mit zwei Anweisungen
   Anweisung1
   Anweisung2
}
```

## 2.4.2 Sequenz (Reihung)

Im einfachsten Fall werden die Anweisungen der Reihe nach durchlaufen:

```
a   = b + 1;
a  += a;
cout << "\n Ergebnis =" << a;
```

Nebenbei sehen wir, dass das Zeichen '\n' in eine Zeichenkette eingebaut werden kann, sodass vor der Ausgabe von *Ergebnis* eine neue Zeile auf dem Bildschirm begonnen wird.

## 2.4.3 Auswahl (Selektion, Verzweigung)

Häufig hängt die Ausführung von Anweisungen von einer Bedingung ab:

*Falls* ich noch genug Geld in der Tasche habe,
*dann* lade ich meinen Freund ins Cafe ein.

C++ stellt auch für weniger romantische Zwecke die `if`-Anweisung bereit.

> if    (*Bedingung*)
>       *Anweisung1*

bedeutet, dass *Anweisung1* nur dann ausgeführt wird, wenn die *Bedingung* wahr ist, das heißt zu einem Ausdruck mit dem Wert `true` (oder ungleich 0) ausgewertet wird. Die Bedingung kann ein arithmetisches Ergebnis haben. Alternativ kann eine zweite Anweisung angegeben werden, sodass *Anweisung1* ausgeführt wird, falls die *Bedingung* wahr ist, und *Anweisung2* (`else`-Zweig), falls die *Bedingung* falsch ist:

*Falls* ich noch genug Geld in der Tasche habe,
*dann* lade ich meine Freundin ins Cafe ein,
*sonst* hoffe ich auf eine Einladung von ihr.

In C++ formuliert:

> if    (*Bedingung*)
>       *Anweisung1*
> else  *Anweisung2*

Zu einem `if`- oder `else`-Zweig gehört stets nur genau *eine* Anweisung! Diese kann natürlich eine Verbundanweisung sein, also ein Paar geschweifter Klammern, die Anweisungen enthalten:

## 2.4 Kontrollstrukturen

```
if      (Bedingung) {
        Anweisung_a
        Anweisung_b
        Anweisung_c
}
else    Anweisung_d
```

Ein Semikolon nach einem Block bedeutet eine zweite (leere) Anweisung. Diese ist immer unnütz und im Fall eines folgenden `else` sogar falsch. Beispiele für `if`-Anweisungen sind:

```
if(x < 100) cout << "x <  100";
else        cout << "x >= 100";
if(a > b) x = a - b;
else      x = b - a;
if((c >= 'A') && (c <= 'Z'))
    grossBuchstabe = true;
else grossBuchstabe = false;
```

Die letzte `if`-Anweisung ist gleichwertig mit
```
grossBuchstabe =  c >= 'A' &&  c <= 'Z';
```

Der Bedingungsausdruck muss vom Typ `bool` sein oder in `bool` umgewandelt werden können. Relationale Ausdrücke wie `(a<b)` werden zu `true` ausgewertet, falls a<b ist, ansonsten zu `false`. `if(a == 0)` kann daher auch geschrieben werden als `if(!a)`: a ist eine Zahl vom Typ `int`, die in einen Wahrheitswert umgewandelt wird. Dabei wird ein Wert = 0 in `false` und ein Wert $\neq 0$ in `true` umgewandelt. Auf dieses Ergebnis wird der Negationsoperator `!` angewendet, womit sich das gewünschte Verhalten ergibt.

Bedingungsausdrücke werden von links nach rechts ausgewertet. Dabei werden unnötige Berechnungen übersprungen. Damit ist gemeint, dass in einer Bedingung, die aus mehreren Teilen besteht, die zum Beispiel durch eine ODER-Verknüpfung verbunden sind, die Berechnung nach dem ersten Ergebnis abgebrochen werden kann, das den Wahrheitswert *wahr* liefert, weil sich das Ergebnis nach weiteren Berechnungen nicht ändern kann. Umgekehrt braucht man bei UND-Verknüpfungen nicht weiterzurechnen, sobald auch nur ein Teilergebnis *falsch* liefert. Mit Teilbedingungen verbundene *Seiteneffekte* werden daher nur bei Auswertung der jeweiligen Teilbedingung ausgeführt. Seiteneffekte sind Aktionen, die zusätzlich zum eigentlichen Zweck, gewissermaßen nebenbei, ausgeführt werden.

In den folgenden Beispielen ist die Hauptsache die Auswertung der Bedingung. Als Seiteneffekt werden *nach* Auswertung der Bedingung, aber noch *vor* Ausführung des nachfolgenden Programmcodes, `i` beziehungsweise `j` durch den Operator `++` modifiziert, sofern es nötig ist, die Teilbedingung zu berechnen. Vollziehen Sie die Beispiele nach! Das Ergebnis ist im Kommentar aufgeführt.

// Beispiel nur zur Übung! Im Allgemeinen sind Seiteneffekte zu vermeiden!

```
int i = 0, j = 2;       // stimmt's oder nicht?
if(i++ || j++) i++;     // i == 2 und j == 3

int i = 1, j = 2;
if(i++ || j++) i++;     // i == 3 und j == 2

int i = 0, j = 2;
if(i++ && j++) i++;     // i == 1 und j == 2

int i = 1, j = 2;
if(i++ && j++) i++;     // i == 3 und j == 3
```

if-Anweisungen können beliebig tief geschachtelt werden. Das Beispielprogramm hat die Aufgabe, ein Zeichen einzulesen und zu prüfen, ob es einer römischen Ziffer entspricht. Falls ja, soll die zugehörige arabische Zahl angezeigt werden, falls nein, eine passende Meldung.

### Beispielprogramm: Umwandlung römischer Ziffern mit if / else

```
// cppbuch/k2/roemzif1.cpp
// Umwandlung römischer Ziffern
#include<iostream>
using namespace std;

int main( ) {
    int a = 0;
    char c;
    cout << "Zeichen ?";
    cin >> c;
    if(c == 'I') a = 1;
    else if(c == 'V') a = 5;
    else if(c == 'X') a = 10;
    else if(c == 'L') a = 50;
    else if(c == 'C') a = 100;
    else if(c == 'D') a = 500;
    else if(c == 'M') a = 1000;

    if(a == 0)
        cout << "keine römische Ziffer!\n";
    else
        cout << a << endl;
}
```

## Häufige Fehler in Verbindung mit if

Ein häufiger Fehler ist die versehentlich falsche Schreibweise des Gleichheitsoperators, sodass sich unfreiwillig der Zuweisungsoperator ergibt.

*Vorsicht!*

```
if(a = b)                    // Vorsicht! Vermutlich anders gemeint!
   cout << "a ist gleich b";
```

bewirkt, dass *a ist gleich b* immer dann ausgegeben wird, wenn b ungleich 0 ist. Die richtige Schreibweise ist:

```
if(a == b)
   cout << "a ist gleich b";
```

Die Verwendung von = statt == hat die Wirkung einer *Zuweisung*. Zunächst erhält a den Wert von b. Das *Ergebnis* dieses Ausdrucks, nämlich a, wird dann als logische Bedingung interpretiert. Die falsche Schreibweise führt also nicht nur zu einem falschen Ergebnis für die Bedingung, sondern auch zur nicht beabsichtigten Änderung des Wertes von a. Freundliche Compiler geben an solchen Stellen eine Warnung aus, damit man sich noch einmal überlegen kann, ob man wirklich eine Zuweisung gemeint hat. Ein weiterer gelegentlicher Fehler aus der Praxis ist ein überflüssiges Semikolon (= Leeranweisung) nach der Bedingung, das beim Lesen leicht übersehen wird.

```
if(a == b);                              // Fehler!
   cout << "a ist gleich b";
```

Auf diese Art wird die if-Abfrage zwar durchgeführt, aber ohne Folgen, da sie bereits beim ersten Semikolon endet. Die anschließende Ausgabe wird also in jedem Fall durchgeführt, da die Ausgabe nun eine eigenständige Anweisung ist und somit nicht mehr zur if-Anweisung gehört. Solche Fälle akzeptiert der Compiler widerspruchslos! Ein Trost: Es gibt Programme wie zum Beispiel das aus dem Unix-Bereich bekannte *lint*, die diese und andere Fehler durch eine Analyse des Programmtextes entdecken. Wer mit C++ Software entwickelt, sollte solche Programme häufig benutzen! Die gesparte Zeit wiegt bei weitem die Kosten für solche Programme auf.

Eine weitere Gefahr sind Mehrdeutigkeiten durch falschen Schreibstil, das heißt falsche, wenn auch richtig gemeinte Einrückungen. Ohne Klammerung gehört ein else immer zum letzten if, dem kein else zugeordnet ist:

*Vorsicht!*

```
if(x == 1)
   if(y == 1)
      cout << "x == y == 1 !";
   else cout << "x != 1";                // falsch
```

Trotz der augenfälligen Übereinstimmung des Zeilenanfangs der untersten Zeile mit dem Zeilenanfang von if(x == 1) gehört das else syntaktisch zur if(y == 1) Zeile!

Richtig ist:

```
if(x == 1) {
   if(y == 1)
      cout << "x == 1 und y == 1 !";
}
else cout << "x != 1";            // nun korrekt
```

**Vorsicht!** Eine mögliche Ursache für Programmierfehler, die vom Compiler nicht entdeckt werden können, ist die gemischte Verwendung der Datentypen `int` und `unsigned` in einer Bedingung, wie das folgende Beispiel zeigt.

```
int i = -1;
unsigned int u = 0;

if(u < i)
   cout << u <<'<' << i << endl;
```

Ganz klar ist $0 > -1$, dennoch wird $0 < -1$ ausgegeben. Der Grund besteht darin, dass der Compiler im Fall verschiedener Datentypen eine Typumwandlung des zweiten Bedingungsoperanden vornimmt, um den Vergleich durchführen zu können. Die Wandlung von $-1$ in eine `unsigned`-Zahl liefert jedoch die größtmögliche `unsigned`-Zahl, die natürlich größer als 0 ist.

## Bedingungsoperator ?:

Dieser Operator ist der einzige in C++, der drei Operanden benötigt. Die Syntax:

> *Bedingung* ? *Ausdruck1* : *Ausdruck2*

Falls die *Bedingung* zutrifft, ist der Wert des gesamten Ausdrucks der Wert von *Ausdruck1*, ansonsten der Wert von *Ausdruck2*. Ein Ausdruck mit dem Bedingungsoperator kann lesbarer durch eine `if`-Anweisung ersetzt werden, wird aber wegen seiner Kürze geschätzt. Die Berechnung des Maximums zweier Zahlen lautet:

```
max = a > b ? a : b;
```

Das `if`-Äquivalent dazu ist:

```
if(a > b) max = a;
else      max = b;
```

Die Lesbarkeit des Bedingungsoperators ist bei Verschachtelungen beeinträchtigt.

## Beispiel zur Fallunterscheidung: Quadratische Gleichung

Gegeben sei die quadratische Gleichung $ax^2 + bx + c = 0$. Es soll ein Programm geschrieben werden, das die reellen Koeffizienten $a$, $b$ und $c$ von der Tastatur einliest und anschließend die Lösung ausgibt. Die Lösung ergibt sich aus der Formel

$$x_{1,2} = \frac{-b \pm \sqrt{b^2 - 4ac}}{2a}$$

Man kann sich zwei Modelle zur Programmentwicklung vorstellen, die in ähnlicher Form häufig anzutreffen sind:

Modell A :

1. programmieren nach allgemeiner Lösungsformel
2. mit verschiedenen eingegebenen Zahlen laufen lassen
3. Falls ein Fehler auftritt: Korrektur und weiter bei 2.

Modell B :

1. Konzept überlegen, dabei mögliche Variationen der Eingabedaten berücksichtigen
2. Programmstruktur entwerfen
3. codieren und testen

Erfahrungsgemäß wird Modell A von Anfängern bevorzugt mit dem Ergebnis, dass nicht funktionsfähige Programme abgeliefert werden, weil die mathematische Struktur des Problems nicht genügend untersucht wurde. Selbst an dieser einfachen Aufgabe wird deutlich, dass es den »reinen« Informatiker oder Softwareentwickler nicht gibt, sondern dass verlangt wird, dass er sich mit dem Problem, das er für einen Anwender lösen soll, gründlich auseinandersetzt.

Eine Analyse der Lösungsformel ergibt folgende datenabhängigen Fälle, die der Programmierer vorsehen muss, weil er nicht weiß, welche Koeffizienten der Benutzer des Programms später eingibt:

- $a = 0, b = 0, c \neq 0$: Die Gleichung ist nicht lösbar.
- $a = 0$: Die Gleichung reduziert sich auf eine Geradengleichung.
- Es gibt reelle Lösungen.
- Es gibt komplexe Lösungen, wenn die Diskriminante $D = b^2 - 4ac$ negativ ist.

Diese verschiedenen Fälle sind auf geeignete `if`-Strukturen abzubilden.

*Eigenschaften von Modell A:*

- Keine Systematik der Entwicklung
- Schnelle Fertigstellung der ersten Programmversion
- Zufällige Auswahl der Testfälle
- dadurch bedingt eine hohe Fehlerwahrscheinlichkeit

*Eigenschaften von Modell B:*

- Systematisches Vorgehen: Erst denken, dann programmieren. Eine Stunde denken spart acht Stunden Programmieren.
- Die erste Programmversion wird dadurch später fertiggestellt. Die Qualität des Programms ist jedoch im Allgemeinen von vornherein besser.
- Aus der möglichen Variation der Eingabedaten unter Berücksichtigung der Lösungsformel ergeben sich parallel zum Entwurf schon die Testfälle.
- Ein durchdacht entworfenes Programm ist leichter zu pflegen.
- Der Gesamtaufwand zur Programmentwicklung ist bei gleicher Qualität kleiner, weil der erhöhte Anfangsaufwand durch den reduzierten Codierungs- und Testaufwand weit mehr als ausgeglichen wird.

Falls der Koeffizient $a$ der quadratischen Gleichung definitiv nicht 0 werden kann, kann sie auf den einfacheren Fall $x^2 + px + q = 0$ zurückgeführt werden. Dafür ist auf der Folgeseite ein Beispielprogramm angegeben, das ursprüngliche Problem sei dem Leser als Übung überlassen. Das Zeichen i in den letzten Zeilen steht für $i = \sqrt{-1}$.

## Übungsaufgaben

**2.2** Modifizieren Sie den `else`-Zweig, indem Sie eine komplexe Zahl für das Ergebnis verwenden (Abschnitt 2.2.6).

**2.3** Schreiben Sie in Analogie zum Beispiel ein Programm zur Lösung der quadratischen Gleichung $ax^2 + bx + c = 0$, wobei alle drei Koeffizienten eingegeben und berücksichtigt werden sollen.

Die Syntaxprüfung der Eingabe und die ungenaue Computerarithmetik sollen ignoriert werden. Letztere könnte für sehr große Werte von $b$ oder sehr kleine Werte von $a$ zu Schwierigkeiten führen.

**2.4** Schreiben Sie ein Programm, das drei ganze Zahlen als Eingabe verlangt und dann die größte der Zahlen ausgibt.

## Beispielprogramm: quadratische Gleichung

```cpp
// cppbuch/k2/quadgl.cpp
// Beispiel quadratische Gleichung x*x+p*x+q = 0
// x1 = -p/2 + sqrt(p*p/4-q), x2 = -p/2 - sqrt(p*p/4-q)
#include<iostream>
#include<cmath>
using namespace std;

int main() {
    cout << "Quadratische Gleichung x*x+p*x+q = 0\n";
    cout << "Koeffizienten p, q eingeben:";
    double p, q;
    cin >> p >> q;
    double Diskriminante = p*p/4.0 - q;

    cout << "Lösung :\n";
    if(Diskriminante >= 0) {
        double x1 = -p/2.0 + sqrt(Diskriminante);
        double x2 = -p/2.0 - sqrt(Diskriminante);
        cout << "x1= " << x1
             << "   x2= " << x2 << endl;
    }
    else {
        double real     = -p/2.0;
        double imaginaer = sqrt(-Diskriminante);
        cout << "x1= " << real << " + "
             << imaginaer <<" i\n";
        cout << "x2= " << real << " - "
             << imaginaer <<" i\n";
    }
}
```

## 2.4.4 Fallunterscheidungen mit switch

Eine `if`-Anweisung erlaubt zunächst nur zwei Möglichkeiten. Erst durch die Verschachtelung konnte die Auswahl unter mehreren Möglichkeiten getroffen werden. Die Gefahr besteht jedoch, dass die gesamte Anweisung bei größerer Schachtelungstiefe unübersichtlich wird und Änderungen nur umständlich nachzutragen sind.

Einfacher und übersichtlicher ist daher die Auswahl unter vielen Anweisungen mit `switch`. Die vereinfachte Syntax zeigt folgendes Programmstück:

```
switch(Ausdruck)  {
    case const1    : Anweisungen break;
    case const2    : Anweisungen break;
    case const3    : Anweisungen break;
    // ...
    default        : ErsatzAnweisungen
}
```

Der *Ausdruck* wird ausgewertet und muss ein Ergebnis vom Typ `int` haben oder leicht in `int` konvertierbar sein, wie zum Beispiel `char`. Dieses Ergebnis wird mit den `case`-Konstanten *const1*, *const2* ... verglichen, die zum Einsprung an die richtige Stelle dienen. Bei Übereinstimmung werden die zur passenden Konstante gehörigen Anweisungen ausgeführt. Nach Ausführung wird nicht automatisch aus der `switch`-Anweisung herausgesprungen.

### Beispielprogramm: Umwandlung römischer Ziffern mit switch

```
// cppbuch/k2/roemzif2.cpp
#include<iostream>
using namespace std;
int main() {
    int a;
    char c;
    cout << "Zeichen ?";
    cin >> c;
    switch(c) {
        case 'I'     : a = 1;     break;
        case 'V'     : a = 5;     break;
        case 'X'     : a = 10;    break;
        case 'L'     : a = 50;    break;
        case 'C'     : a = 100;   break;
        case 'D'     : a = 500;   break;
        case 'M'     : a = 1000;  break;
        default      : a = 0;
    }
    if(a > 0) cout << "a = " << a;
    else      cout <<"keine römische Ziffer!";
}
```

Erst `break` führt zum Verlassen der `switch`-Anweisung und sollte stets verwendet werden, um unnötige Tests auf die Folgewerte zu vermeiden. Die `case`-Konstanten *const1*, *const2* ... müssen eindeutig und auf `int` abbildbar sein. Zeichen (Typ `char`) sind erlaubt, `float`-Zahlen nicht.

Die nach `default` stehenden Anweisungen (meistens nur eine) werden immer dann ausgeführt, wenn der `switch`-Ausdruck einen Wert liefert, der mit keiner der `case`-Konstanten übereinstimmt. `default` ist optional, doch ist es sinnvoll, `default` mit anzugeben. Insbesondere fängt man an dieser Stelle nicht vorgesehene Werte des `switch`-Ausdrucks ab oder Daten, die nicht berücksichtigt werden sollen, wie zum Beispiel fehlerhafte Tastatureingaben.

Die Aufgabe, römische Ziffern zu erkennen, kann übersichtlicher mit der Fallunterscheidung durch `switch` als mit verschachtelten `if`-Anweisungen wie auf Seite 64 gelöst werden.

Eine `switch`-Anweisung kann ebenfalls verschachtelt werden, wie das folgende Programm zeigt:

### Beispielprogramm: switch-case-Variationen

```
// cppbuch/k2/case.cpp
#include<iostream>
using namespace std;

int main() {
    int j, zahl = 0;
    cout << "Zahl eingeben:";
    cin >> zahl;

    switch(zahl) {
        case 1 : cout << "1 gewählt\n"; // kein break! siehe Text
        case 2 : cout << "2 gewählt\n"; // kein break! siehe Text
        case 3 : cout << "3 gewählt\n"; break;
        case 4 : cout << "4 gewählt\n"; break;
        case 5 : cout << "5 gewählt\n"; break;

        // geschachteltes switch
        case 6 : j = 2*zahl;
                 switch(j) {  // j = 12
                     case 12 : cout << "j == 12 !\n"; break;
                     case 7 : cout << "merkwürdig!\n"; break;
                 } break;
        case 7:
        case 8:
        case 9: cout << "7, 8 oder 9 gewählt\n";break;
        default : cout << "keine Übereinstimmung gefunden\n";
    }
}
```

Das Beispiel zeigt weitere Eigenschaften. Wenn eine `case`-Konstante mit der `switch`-Variablen übereinstimmt, werden *alle nachfolgenden Anweisungen bis zum ersten* `break` ausgeführt (siehe Eingaben 1,2 und 3). Mit einem fehlenden `break` und einer fehlenden Anweisung nach einer `case`-Konstanten lässt sich eine ODER-Verknüpfung realisieren (siehe Eingaben 7,8,9). Ein fehlendes `break` sollte kommentiert werden, um die Absicht zu kennzeichnen.

| Eingabe | Ausgabe |
|---|---|
| 1 | *1 gewählt* |
|   | *2 gewählt* |
|   | *3 gewählt* |
| 2 | *2 gewählt* |
|   | *3 gewählt* |
| 3 | *3 gewählt* |
| 4 | *4 gewählt* |
| 5 | *5 gewählt* |
| 6 | *j == 12 !* |
| 7 | *7, 8 oder 9 gewählt* |
| 8 | *7, 8 oder 9 gewählt* |
| 9 | *7, 8 oder 9 gewählt* |

Andere Eingaben führen zur Ausgabe »*keine Übereinstimmung gefunden*«. Alle interessierenden `case`-Konstanten müssen einzeln aufgelistet werden. Es ist in C++ im Gegensatz zu Pascal *nicht* möglich, *Bereiche* anzugeben, etwa der Art `case 7..11 : Anweisung break;` anstelle der länglichen Liste `case 7: case 8: case 9: case 10: case 11: Anweisung break;`. In solchen Fällen ist es vielleicht günstiger, einige Vergleiche aus der `switch`-Anweisung herauszunehmen und als Abfrage `if(Ausdruck >= Startwert && Ausdruck <= Endwert)...` zu realisieren.

### 2.4.5 Schleifen

Häufig muss die gleiche Teilaufgabe oft wiederholt werden. Denken Sie nur an die langweilige Summation von Tabellenspalten in der Buchführung oder an das Suchen einer bestimmten Textstelle in einem Buch. In C++ gibt es zur Wiederholung von Anweisungen drei verschiedene Arten von Schleifen, von denen die letzten beiden lediglich Sonderfälle der ersten sind. In einer Schleife wird nach Abarbeitung einer Teilaufgabe (zum Beispiel Addition einer Zahl) wieder an den Anfang zurückgekehrt, um die gleiche Aufgabe noch einmal auszuführen (Addition der nächsten Zahl). Durch bestimmte Bedingungen gesteuert, zum Beispiel Ende der Tabelle, bricht irgendwann die Schleife ab.

## Schleifen mit while

Die Syntax von `while`-Schleifen lautet:

> `while(`*Bedingung*`)` *Anweisung*

wobei die *Anweisung* auch ein *Block* sein kann. Ein *Block* ist ein von geschweiften Klammern { } begrenztes Programmstück. Die Bedeutung einer `while`-Schleife ist: Solange die Bedingung wahr ist, die Auswertung also ein Ergebnis ungleich 0 liefert, wird die Anweisung ausgeführt. Die Bedingung wird zuerst geprüft, dann die Anweisung ausgeführt. Wenn die Bedingung von vornherein unwahr ist, wird die Anweisung nicht ausgeführt (siehe Abbildung 2.3). Die Anweisung oder den Block innerhalb der Schleife nennt man *Schleifenkörper*.

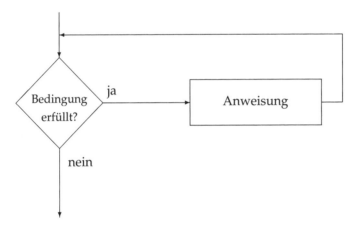

Abbildung 2.3: Flussdiagramm für eine `while`-Anweisung

Schleifen können, wie `if`-Anweisungen auch, beliebig geschachtelt werden:

```
while(Bedingung1)
   while(Bedingung2) {
      .....
      while(Bedingung3) {
         .....
      }
   }
```

## Beispiele

- unendliche Schleife:  `while(true) Anweisung`

- Anweisung wird nie ausgeführt (unerreichbarer Programmcode):
  ```
  while(false) Anweisung
  ```

- Summation der Zahlen 1 bis 99:
  ```
  int sum = 0, n = 1, grenze = 99;
  while(n <= grenze)  sum += n++;
  ```

- Berechnung des größten gemeinsamen Teilers GGT(x,y) für zwei natürliche Zahlen x und y nach Euklid. Es gilt:

  - GGT(x,x), also x = y: Das Resultat ist x.

  - GGT(x,y) bleibt unverändert, falls die größere der beiden Zahlen durch die Differenz ersetzt wird, also GGT(x, y) = GGT(x, y–x), falls x<y.

Das Ersetzen der Differenz geschieht iterativ im folgenden Beispiel, also durch eine Schleife.

## Beispielprogramm mit while-Schleife

```
// cppbuch/k2/ggt.cpp    Berechnung des größten gemeinsamen Teilers
#include<iostream>
using namespace std;

int main() {
    unsigned int x, y;
    cout << "2 Zahlen > 0 eingeben :";
    cin >> x >> y;
    cout << "Der GGT von " << x << " und " << y << " ist ";

    while( x!= y)
        if(x > y)  x -= y;     // if..else zählt als eine Anweisung
        else       y -= x;     // deshalb eingerückt und ohne { }
    cout << x << endl;
}
```

Innerhalb einer Schleife muss es eine Veränderung derart geben, dass die Bedingung irgendwann einmal unwahr wird, sodass die Schleife abbricht (man sagt auch *terminiert*). Unbeabsichtigte »unendliche« Schleifen sind ein häufiger Programmierfehler. Im GGT-Beispiel kann man leicht erkennen, dass die Schleife irgendwann beendet sein *muss*:

1. Bei jedem Durchlauf wird mindestens eine der beiden Zahlen kleiner.

2. Die Zahl 0 kann nicht erreicht werden, da immer eine kleinere von einer größeren Zahl subtrahiert wird. Die while-Bedingung schließt die Subtraktion gleich großer Zahlen aus, und nur die könnte 0 ergeben.

Daraus allein ergibt sich, dass die Schleife beendet wird, und zwar in weniger als x Schritten, wenn x die anfangs größere Zahl war. Im Allgemeinen sind es erheblich weniger, wie eine genauere Analyse ergibt.

Falls der Schleifenkörper aus vielen Anweisungen besteht, ist es guter Programmierstil, die Anweisungen zur Veränderung der Bedingung an den Schluss zu stellen, um sie leicht finden zu können.

## Schleifen mit do while

Die Anweisung oder der Block einer do while-Schleife wird ausgeführt, und *erst anschließend* wird die Bedingung geprüft. Ist sie wahr, wird die Anweisung ein weiteres Mal ausgeführt usw. Die Anweisung wird also mindestens einmal ausgeführt (siehe Abbildung 2.4).

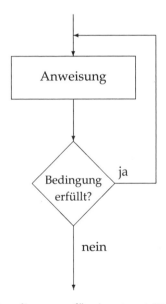

Abbildung 2.4: Flussdiagramm für eine do while-Anweisung

Die Syntax von do while-Schleifen lautet (wobei ein Block auch eine Anweisung ist):

```
        do
                Anweisung
        while   (Bedingung);
```

do while-Schleifen eignen sich unter anderem gut zur sicheren Abfrage von Daten, indem die Abfrage so lange wiederholt wird, bis die abgefragten Daten in einem plausiblen Bereich liegen, wie im Primzahlprogramm unten zu sehen ist.

*Tipp* Es empfiehlt sich zur besseren Lesbarkeit, do while-Schleifen wie im folgenden Beispiel (Seite 77) strukturiert zu schreiben. Die schließende geschweifte Klammer soll genau unter dem ersten Zeichen der Zeile stehen, die die öffnende geschweifte Klammer enthält. Dadurch und durch Einrücken des dazwischen stehenden Textes ist sofort der Schleifenkörper erkennbar, auch bei längeren Programmen.

```
    do {
        Anweisungen
    } while(Bedingung);
```

Das *direkt hinter* die abschließende geschweifte Klammer geschriebene while macht unmittelbar deutlich, dass dieses while zu einem do gehört. Das ist besonders wichtig, wenn der Schleifenkörper in einer Programmliste über die Seitengrenze ragt. Eine do while-Schleife kann stets in eine while-Schleife umgeformt werden (und umgekehrt).

```
    do {                              Anweisungen
        Anweisungen        →          while(Bedingung) {
    } while(Bedingung);                   Anweisungen
                                      }
```

## Schleifen mit for

Die letzte Art von Schleifen ist die for-Schleife. Sie wird häufig eingesetzt, wenn die Anzahl der Wiederholungen vorher feststeht, aber das muss durchaus nicht so sein. Die Syntax lautet:

```
        for(Initialisierung; Bedingung; Veränderung) Anweisung
```

Der zu wiederholende Teil (Anweisung) wird auch Schleifenkörper genannt. Die Bedeutung ist:

- Durchführung der Initialisierung, zum Beispiel Startwert für eine Laufvariable festlegen. Eine Laufvariable wird als Zähler benutzt, wie i in der folgenden Beispielschleife.

## Beispielprogramm mit do-while-Schleife

```cpp
// cppbuch/k2/primzahl.cpp: Berechnen einer Primzahl, die auf eine gegebene Zahl folgt
#include<iostream>
#include<cmath>
using namespace std;

int main() {
    // Mehrere, durch " getrennte Texte ergeben eine lange Zeile in der Ausgabe.
    cout << "Berechnung der ersten Primzahl, die >="
            " der eingegebenen Zahl ist\n";

    long z;
    // do while-Schleife zur Eingabe und Plausibilitätskontrolle
    do {
        // Abfrage, solange z ≤ 3 ist
        cout << "Zahl > 3 eingeben :";
        cin >> z;
    } while(z <= 3);

    // Falls z gerade ist, wird die nächste ungerade Zahl als Startwert genommen.
    if(z % 2 == 0)
       ++z;

    bool gefunden = false;
    do {
        /*limit = Grenze, bis zu der gerechnet werden muss. sqrt() arbeitet
          mit double, daher wird der Typ explizit umgewandelt.
        */
        long limit = 1 + static_cast<long>(
                             sqrt(static_cast<double>(z)));

        long rest,
             teiler = 1;
        do {   // Kandidat z durch alle ungeraden Teiler dividieren
            teiler += 2;
            rest   = z % teiler;
        } while(rest > 0 && teiler < limit);

        if(rest > 0 && teiler >= limit)
          gefunden = true;
        else   // sonst nächste ungerade Zahl untersuchen:
            z += 2;
    } while(!gefunden);
    cout << "Die nächste Primzahl ist " << z << endl;
}
```

- Prüfen der Bedingung
- Falls die Bedingung wahr ist, zuerst die Anweisung und dann die Veränderung ausführen.

Beispiel: ASCII-Tabelle von 65..69 ausgeben

```
for(int i = 65; i < 70; ++i)
   cout << i << " " << static_cast<char>(i) << endl;
```

Die Laufvariable i kann auch außerhalb der runden Klammern deklariert werden, wie hier im Programm zur Fakultätsberechnung:

## Beispielprogramm mit for-Schleife

```
// cppbuch/k2/fakultaet.cpp
#include<iostream>
using namespace std;

int main() {
   cout << "Fakultät berechnen. Zahl >= 0? :";
   int n;
   cin >> n;

   unsigned long fak = 1;
   int i;                        // außerhalb der Schleife deklariert
   for(i = 2; i <= n; ++i)
      fak *= i;
   cout << n << "!   =   " << fak << endl;
}
```

Der Unterschied besteht darin, dass außerhalb der Klammern deklarierte Laufvariablen noch über die Schleife hinaus gültig sind.

```
int i;                                  // nicht empfohlen
for(i = 0; i < 100; ++i) {
   // Programmcode, i ist hier bekannt
}
// i ist weiterhin bekannt ...
```

Im Fall der Deklaration innerhalb der runden Klammern bleibt die Gültigkeit auf den Schleifenkörper beschränkt:

```
for(int i = 0; i < 100; ++i) {          // empfohlen
   // Programmcode, i ist hier bekannt
}
// i ist hier nicht mehr bekannt
```

## 2.4 Kontrollstrukturen

Die zweite Version erlaubt es, `for`-Schleifen als selbstständige Programmteile hinzuzufügen oder zu entfernen, ohne Deklarationen in anderen Schleifen ändern zu müssen. Derselbe Mechanismus gilt für Deklarationen in den runden Klammern von `if`-, `while`- und `switch`-Anweisungen.

*Tipp*

Um Fehler zu vermeiden und zur besseren Verständlichkeit sollte man niemals Laufvariablen in der Anweisung verändern. Das Auffinden von Fehlern wird dadurch erschwert.

```
for(int i = 65; i < 70; ++i) {
    // eine Seite Programmcode

    --i;  // irgendwo dazwischen erzeugt eine unendliche Schleife!

    // noch mehr Programmcode
}
```

### Äquivalenz von for und while

Eine `for`-Schleife entspricht direkt einer `while`-Schleife, sie ist im Grunde nur eine Umformulierung, solange nicht `continue` vorkommt (das im folgenden Abschnitt beschrieben wird):

```
for(Initialisierung; Bedingung; Veraenderung)
    Anweisung
```

ist abgesehen vom Gültigkeitsbereich der in der Initialisierung deklarierten Variablen äquivalent mit:

```
Initialisierung;
while(Bedingung) {
    Anweisung
    Veraenderung;
}
```

`Anweisung` kann wie immer auch eine Verbundanweisung (Block) sein, in der mehrere Anweisungen stehen können, durch geschweifte Klammern begrenzt. Die umformulierte Entsprechung des obigen Beispiels (ASCII-Tabelle von 65..69 ausgeben) lautet:

```
int i = 65;                               // Initialisierung

while(i < 70) {                           // Bedingung
    cout << i << " "
        << static_cast<char>(i) << endl;  // Anweisung
    ++i;                                  // Veränderung;
}
```

## Kommaoperator

Der Kommaoperator wird gelegentlich in den Bestandteilen Initialisierung; Bedingung; Veraenderung einer for-Schleife benutzt, um die Schleife kompakter zu schreiben, meistens mit dem Ergebnis einer schlechteren Lesbarkeit. Er gibt eine Reihenfolge von links nach rechts vor. Das folgende Programmstück summiert die Zahlen 1 bis 100:

```
int i, sum = 0;
for(i = 1; i <= 100; ++i)
   sum += i;
```

Mit Hilfe des Kommaoperators wird der Schleifenkörper in den Veränderungsteil verlegt und sowohl i als auch sum bekommen im Initialisierungsteil ihre Anfangswerte zugewiesen:

```
int i, sum;
for(i = 1, sum = 0; i <= 100; sum += i, ++i);
```

Die Deklaration der Laufvariablen kann in den Initialisierungsteil verlegt werden, wie bekannt:

```
int sum = 0;
for(int i = 1; i <= 100; sum += i, ++i);
```

Natürlich könnte auch die Deklaration von sum in den Initialisierungsteil verlegt werden, nur kommt man dann außerhalb der Schleife nicht mehr an den Wert der Variablen.

Der Kommaoperator hat die niedrigste Priorität von allen (siehe Tabelle A.4 auf Seite 711).

### 2.4.6 Kontrolle mit break und continue

Bisher wurde break in der switch-Anweisung verwendet, um sie zu verlassen. break wirkt genauso in einer Schleife, das heißt, dass die Schleife beim Erreichen von break beendet wird. continue hingegen überspringt den Rest des Schleifenkörpers. In einer while- oder do while-Schleife würde als Nächstes die Bedingung geprüft werden, um davon abhängig die Schleife am Beginn des Schleifenrumpfs fortzusetzen.

In einer for-Schleife würde als nächstes die Veränderung ausgeführt und dann erst die Bedingung erneut geprüft. Insofern stimmt die oben erwähnte Äquivalenz der for-Schleife mit einer while-Schleife exakt nur für for-Schleifen ohne continue. Ohne break und continue wären gegebenenfalls viele if-Abfragen notwendig, die die Lesbarkeit eines Programms beeinträchtigen. Ein kleines Menü-Programm zeigt die Anwendung von break und continue:

## Beispielprogramm: Menü mit break und continue

```cpp
// cppbuch/k2/menu.cpp
#include<iostream>
using namespace std;

int main() {
    char c;
    while(true) {                      // unendliche Schleife
        cout << "Wählen Sie: a, b, x = Ende : ";
        cin >> c;

        // zurück zur Auswahl
        if(c == 'a') {
            cout << "Programm a\n";
            continue;
        }

        // zurück zur Auswahl
        if(c == 'b') {
            cout << "Programm b\n";
            continue;
        }

        // Schleife verlassen
        if(c == 'x')
            break;
        cout << "Falsche Eingabe! Bitte wiederholen!\n";
    }
    cout << "\n Programmende mit break\n";
}
```

break und continue sind Sprunganweisungen. In einem größeren Programm können viele verteilte break- oder continue-Anweisungen die Verständlichkeit beeinträchtigen. Deshalb gibt es die Meinung, dass jeder Block nur einen einzigen Einstiegs- und einen einzigen Ausstiegspunkt haben soll (englisch *single entry/single exit*). Um dies zu erreichen, wird eine Hilfsvariable eingeführt, die den Abbruch signalisiert (siehe Übungsaufgabe). Weil Programme bei Beachtung dieser Meinung manchmal holprig aussehen, sollte man im Einzelfall entscheiden.

Eine Alternative besteht darin, break-Anweisungen mit einem deutlichen Kommentar wie zum Beispiel // EXIT! am rechten Rand zu kennzeichnen. Wenn eine Schleife mit break nur sehr wenige Zeilen umfasst, trägt eine Hilfsvariable nicht zur Übersichtlichkeit bei.

## Übungsaufgaben

**2.5** Schreiben Sie eine Schleife, die eine gegebene Zahl binär ausgibt.

**2.6** Welche Fallstricke sind in den folgenden Schleifen verborgen?
   a) `while(i > 0) k = 2 * k;`
   b) `while(i != 0) i = i - 2;`
   c) `while(n != i) {`
      `++i;`
      `n = 2 * i;`
   `}`

**2.7** Fünf Leute haben versucht, die Summe der Zahlen von 1 bis 100 zu berechnen. Beurteilen Sie die folgenden Lösungsvorschläge:

(a) `int n = 1, sum = 0;`
    `while(n <= 100) {`
       `++n;`
       `sum += n;`
    `}`

(b) `int n = 1, sum = 1;`
    `while(n < 100)`
       `n += 1;`
       `sum += n;`

(c) `int n = 100;`
    `int sum = n*(n+1)/2;`

(d) `int n = 1;`
    `while(n < 100) {`
       `int sum = 0;`
       `n = n + 1;`
       `sum = sum + n;`
    `}`

(e) `int n = 1, sum = 0;`
    `while(n <= 0100) {`
       `sum += n;`
       `++n;`
    `}`

**2.8** Formulieren Sie das Programm in Abschnitt 2.4.6 um, sodass ein in der Funktion äquivalentes Programm ohne `break` oder `continue` in der Schleife entsteht. Überdies soll anstelle der `if`-Anweisungen eine `switch`-Anweisung eingesetzt werden, um das Programm kürzer zu machen.

**2.9** Berechnen Sie die Summe aller natürlichen Zahlen von n1 bis n2 mit

   a) einer `for`-Schleife,

   b) einer `while`-Schleife.

   c) einer `do while`-Schleife.

   d) ohne Schleife (Tipp: siehe 2.7 (c) oben)

   Es sei n2 ≥ n1 vorausgesetzt.

## 2.5 Benutzerdefinierte und zusammengesetzte Datentypen

Abgesehen von den Grunddatentypen gibt es Datentypen, die aus den Grunddatentypen zusammengesetzt sind und die Sie selbst definieren können (benutzerdefinierte Datentypen).

### 2.5.1 Aufzählungstypen

Häufig gibt es nicht-numerische Wertebereiche. So kann zum Beispiel ein Wochentag nur die Werte Sonntag, Montag, Dienstag, Mittwoch, Donnerstag, Freitag und Samstag annehmen. Oder ein Farbwert in unserem C++-Programm soll nur den vier Farben Rot, Grün, Blau, und Gelb entsprechen. Eine mögliche Hilfskonstruktion wäre die Abbildung auf den Datentyp int:

```
int eineFarbe;      // rot = 0
                    // grün = 1
                    // blau = 2
                    // gelb = 3

int einWochentag;   // Sonntag = 0
                    // Montag = 1 usw.
```

Diese Verfahren hätte einige Nachteile :

- Die Bedeutung muss im Programm als Kommentar festgehalten werden.

- Zugeordnete Zahlen sind nicht eindeutig: 0 kann rot, aber auch Sonntag bedeuten, und 1 kann für grün oder auch Montag stehen.

- schlechter Dokumentationswert :
  ```
  if(eineFarbe == 2) ...
  ```
  Hieraus ist nicht zu ersehen, welche Farbe gemeint ist. Oder :
  ```
  if(eineFarbe == 5) ...
  ```
  Der Wert 5 ist undefiniert!

Die Lösung für solche Fälle sind die *Aufzählungs- oder Enumerationstypen*, die eine Erweiterung der vordefinierten Typen durch den Programmierer darstellen. Die Syntax einer Deklaration ist:

> enum *[Typname] {Liste möglicher Werte} [Variablenliste]*;

Die eckigen Klammern bedeuten, dass Typname oder Variablenliste weggelassen werden können (in diesem Fall aber nicht beide). Sinnvoll ist meistens nur das Weglassen der Variablenliste. Der neue Datentyp Farbtyp wird deklariert:

```
enum Farbtyp {rot, gruen, blau, gelb};
```

Der neue Datentyp Wochentag wird deklariert:

```
enum Wochentag    {sonntag, montag, dienstag, mittwoch,
                   donnerstag, freitag, samstag};
```

Wenn der Datentyp erst einmal bekannt ist, können weitere Variablen definiert werden:

```
Farbtyp gewaehlteFarbe;                  // Definition
Wochentag derFeiertag, einWerktag,       // Definitionen
          heute = dienstag;              // Definition + Initialisierung
```

Falls ein Aufzählungstyp nur ein einziges Mal in einer Variablendefinition benötigt wird, kann der Typname auch weggelassen werden. Man erhält dann eine *anonyme Typdefinition*:

```
enum {fahrrad, mofa, lkw, pkw} einFahrzeug;
```

Den mit Hilfe von Aufzählungstypen definierten Variablen können ausschließlich Werte aus der zugehörigen Liste zugewiesen werden, Mischungen sind nicht erlaubt. Aufzählungstypen sind eigene Datentypen, werden aber intern auf die natürlichen Zahlen abgebildet, beginnend bei 0. Eine Voreinstellung mit anderen Zahlen ist möglich, wird aber nur gelegentlich erforderlich sein, vielleicht bei einer gewünschten binären Codierung, zum Beispiel

```
// Abweichung von der Standardeinstellung 0, 1, 2, 3, ...:
// Deklaration:
enum Farbtyp {rot = 0, gruen = 1, blau = 2, gelb = 4};

// Deklaration mit Variablendefinition
enum Palette {weiss = 0, grau = 1, braun = 2, amber = 4, lila = 8
             } mischung;

// Deklaration mit Bitshift-Operator
enum Bitmaske { Wert1 = 1 << 0, Wert2 = 1 << 1, Wert3 = 1 << 2,
                Wert4 = 1 << 3, Wert5 = 1 << 4, Wert6 = 1 << 5,
                // ... usw.
};
```

Die in Farbtyp definierten Farben rot, gruen, blau, gelb dürfen in Palette nicht mehr verwendet werden, sofern sich Palette im gleichen Gültigkeitsbereich befindet. Eine Umwandlung in int ist möglich, aber nicht die Umwandlung einer int-Zahl in einen enum-Typ, obwohl manche Compiler dies zulassen. Als Operation auf `enum`-Typen ist nur die Zuweisung erlaubt, bei allen anderen Operatoren wird vorher in `int` gewandelt. Welche Anweisungen möglich oder falsch sind, zeigen die nächsten Zeilen, wobei die Variablennamen sich auf die obigen Definitionen beziehen:

```
int i = dienstag;         // richtig (implizite Umwandlung nach int)
heute = montag;           // richtig
heute = i;                // Fehler, Datentyp inkompatibel
montag = heute;           // Fehler (montag ist Konstante)
i = rot + blau;           // möglich (implizite Umwandlung nach int)
mischung = weiss + lila;  // Fehler, Rückwandlung des int-Ergebnis
                          // in Typ Palette ist nicht möglich
++mischung;               // Fehler, gleicher Grund
if(mischung > grau)
    mischung = lila;      // richtig
```

Aufgrund der Umwandlung in `int` bei arithmetischen Operationen sind Operationen wie `mischung++` fehlerhaft, da sich ein undefinierter Wert ergeben kann.

## 2.5.2 Arrays: Der C++-Standardtyp vector

Im täglichen Leben benutzen wir häufig Tabellen, auch Arrays genannt. Einspaltige Tabellen, und um die geht es hier zunächst, werden in C++ durch eine *Vektor* genannte Konstruktion abgebildet. Aus der Sprache C sind primitive Arrays bekannt. Diese sind zwar auch Bestandteil von C++, sind aber nicht besonders komfortabel und werden daher erst in Abschnitt 6.2 behandelt.

*Ein Vektor ist eine Tabelle von Elementen desselben Datentyps*, also eine Tabelle zum Beispiel nur mit ganzen Zahlen oder nur mit `double`-Zahlen. Mit Ausnahme von Referenzen kann der Datentyp beliebig sein, insbesondere kann er selbst wieder zusammengesetzt sein. Auf ein Element der Tabelle wird über die *Positionsangabe* zugegriffen, also über die Nummer innerhalb der Reihe, in der das Element sich befindet.

In C++ ist ein Vektor eine vordefinierte Klasse, um deren internen Aufbau wir uns erst später kümmern. Zunächst geht es nur um die Benutzung als Baustein in eigenen Programmen. Es kommen dabei zwei Sichtweisen zum Ausdruck:

1. »Bausteine« werden benutzt, um Programme oder Programmteile zu entwickeln, die selbst wieder Bausteine sein können. Dazu ist nur die Kenntnis notwendig, was ein Baustein leistet und wie er verwendet werden muss, nicht wie er intern funktioniert.

2. »Bausteine« sollen von Grund auf entwickelt oder weiterentwickelt werden. Dann ist eine gründliche Kenntnis der inneren Funktion unerlässlich.

Für Softwareentwickler sind beide Sichten wichtig. Hier wird der Standardtyp `vector` zunächst nur benutzt, weil bis zu dieser Stelle noch nicht viel von C++ bekannt ist und erst viel weiter unten wird erklärt, was im Innern vorgeht.

Die Klasse ist eine Beschreibung für Objekte, wie aus Abschnitt 1 der Einführung bekannt ist. Die Anweisung

```
vector<int> V(10);
```

stellt einen Vektor v bereit, der 10 Elemente des Typs int aufnehmen kann. Die Feldelemente sind stets von 0 bis (Anzahl der Elemente−1) durchnummeriert, hier also von 0 bis 9. Die Klasse für Vektoren stellt einige Dienstleistungen zur Verfügung, die mit der in der Einführung beschriebenen Notation abgerufen werden können. Eine dieser Dienstleistungen ist die Ermittlung der Zahl der Elemente, das heißt die Größe (englisch *size*) des Vektors:

```
cout << V.size()   << endl;              // 10
```

Daten müssen in diesem Fall nicht zwischen den runden Klammern übergeben werden, das Vektor-Objekt enthält alle nötigen Informationen. Der Zugriff auf ein spezielles Element wird mit dem Indexoperator [] realisiert. Zum Beispiel zeigt

```
cout << V[0] << endl;
```

das erste Element des Vektors an. Der zwischen den eckigen Klammern stehende Wert heißt *Index*. Zugriffe auf Vektor-Elemente kommen typischerweise in Schleifen vor, weil meistens eine Operation für die gesamte Tabelle ausgeführt werden soll. Dabei ist sorgfältig darauf zu achten, dass die Indexwerte die Vektorgrenzen nicht unter- oder überschreiten.

## Vorsicht Falle!

Es gibt keine Überprüfung der Bereichsüber- oder -unterschreitung! Zugriffe auf nicht existierende Elemente wie `c = V[100]` erzeugen *keine* Fehlermeldung, weder durch den Compiler noch zur Laufzeit, sofern nicht der zulässige Speicherbereich für das Programm überschritten wird! Der Grund: Schnelligkeit ist ein Designprinzip von C++, und die Überprüfung eines jeden Zugriffs kostet eben Zeit.

## Umgehen der Falle

Die in anderen Programmiersprachen übliche Möglichkeit, den Compiler so einzustellen, dass der Index bei jedem Zugriff über die eckigen Klammern geprüft wird, gibt es für Standard-Vektorobjekte nicht. Es gibt in C++ jedoch andere Möglichkeiten dafür (Abschnitt 9.2), die natürlich ein Programm verlangsamen (meist nur geringfügig). Man kann auf die eckigen Klammern verzichten und einen Vektor nach einem Wert *an* (englisch *at*) einer Position fragen. Diese Art des Zugriff wird geprüft:

```
cout << V.at(0)      << endl;   // alles bestens, dasselbe wie V[0]
// 1000 ist zuviel!
cout << V.at(1000) << endl;     // Programmabbruch mit Fehlermeldung
```

Im Beispiel unten kann man sich dadurch helfen, dass der Index niemals einen falschen Wert haben kann – dies ist sowieso ein besseres Verfahren, als das Programm zu korrigieren, nachdem das Kind in den Brunnen gefallen ist. Der laufende Index wird einfach mit V.size() verglichen. V.size() gibt die Anzahl der Elemente als nicht-vorzeichenbehafteten Wert[4] zurück. Natürlich muss man ganz sicher sein, in der for-Schleife i < V.size() abzufragen anstatt i <= V.size()... Wer sich leicht vertippt, sollte also doch lieber V.at(i) statt V[i] schreiben.

## Ein Beispiel

Das Programm unten verdeutlicht die Arbeitsweise mit Vektoren. Es werden einige typische Operationen demonstriert, die sich weitgehend selbst erklären. Das verwendete Sortierverfahren ist eine Variante des Bubble-Sorts und für große Tabellen zu langsam. Große Tabellen sollten mit schnellen Verfahren sortiert werden (siehe Seite 143 und die im Programm angegebene Alternative).

## Beispielprogramm: Standardklasse vector

```cpp
// cppbuch/k2/vektor.cpp
#include<iostream>
#include<vector>       // Standard-Vektor bekannt machen
#include<cstddef>      // size_t
using namespace std;

int main() {           // Programm mit typischen Vektor-Operationen
    vector<float> Kosten(12);   // Tabelle mit 12 float-Werten
    // Füllen der Tabelle mit beliebigen Daten, dabei
    // Typumwandlung int → float
    for(size_t i = 0; i < Kosten.size(); ++i)
        Kosten[i] = static_cast<float>(150-i*i)/10.0;
    /*Als Typ der Laufvariablen i in der Schleife wird der auf Seite 43 beschriebene
      Typ size_t statt int gewählt, weil die Anzahl der Elemente ja ≥ 0 sein muss
      (siehe dazu den Text oben).
    */
    // (Fortsetzung nächste Seite)
```

---

[4] Der Typ ist vector<float>::size_type, zu dem es erst auf Seite 489 Erläuterungen gibt. Er stimmt bei den meisten Compilern mit size_t überein. Falls nicht, gibt es eine implizite Typumwandlung nach size_t.

## Beispielprogramm (Fortsetzung)

```
// Tabelle ausgeben
for(size_t i = 0; i < Kosten.size(); ++i)
    cout << i << ": " << Kosten[i] << endl;
// Berechnung und Anzeige von Summe und Mittelwert
float sum = 0.0;
for(size_t i = 0; i < Kosten.size(); ++i)
    sum += Kosten[i];
cout << "Summe = " << sum << endl;
cout << "Mittelwert = "
     << sum/Kosten.size()  // implizite Typumwandlung des Nenners
                           // nach float
     << endl;

// Maximum anzeigen
float maxi = Kosten[0];
for(size_t i = 1; i < Kosten.size(); ++i)
    if(maxi < Kosten[i])
        maxi = Kosten[i];
cout << "Maximum = " << maxi << endl;

// zweite Tabelle sortierteKosten deklarieren und
// mit der ersten initialisieren
vector<float> sortierteKosten = Kosten;

// zweite Tabelle aufsteigend sortieren (Bubble-Sort-Variante)
for(size_t i = 1; i < sortierteKosten.size(); ++i)
    for(size_t j = 0; j < i; ++j)
        if(sortierteKosten[i] < sortierteKosten[j]) {
            // Elemente an i und j vertauschen
            float temp = sortierteKosten[i];
            sortierteKosten[i] = sortierteKosten[j];
            sortierteKosten[j] = temp;
        }
// Die Standardbibliothek bietet eine schnellere und kürzere Alternative:
// 1. #include<algorithm> am Programmanfang einfügen.
// 2. Bubble-Sort durch sort(Kosten.begin(), Kosten.end());
// ersetzen. Die Grundlagen dafür finden sich erst in den Abschnitten 11.4
// und 18.23.

// Tabelle ausgeben:
for(size_t i = 0; i < Kosten.size(); ++i)
    cout << i << ": " << sortierteKosten[i] << endl;
}
```

## 2.5 Benutzerdefinierte und zusammengesetzte Datentypen

An der Stelle
```
vector<float> sortierteKosten = Kosten;   // Initialisierung
```
wäre auch Folgendes möglich gewesen:
```
vector<float> sortierteKosten;          // Objekt anlegen
sortierteKosten = Kosten;               // Zuweisung
```
In C++ ist eine Initialisierung *keine* Zuweisung. Initialisierung und Zuweisung werden in C++ streng unterschieden. Beides ist trotz desselben Operators (=) leicht zu unterscheiden:

*Eine Initialisierung kann nur bei der gleichzeitigen Definition (= Erzeugung) eines Objekts auftreten, eine Zuweisung setzt immer ein schon vorhandenes Objekt voraus.* **Tipp**

Wenn man die Wahl hat so wie hier, sollte stets der ersten Variante der Vorzug gegeben werden, weil das Initialisieren während der Objekterzeugung schneller vonstatten geht als erst das Objekt zu erzeugen, und dann im zweiten Schritt die Zuweisung der Werte vorzunehmen. Auf den Unterschied zwischen Initialisierung und Zuweisung wird in Abschnitt 5.3.3 tiefer eingegangen.

### Lineare Suche in Tabellen

Hier seien vier programmiertechnische Möglichkeiten gezeigt, in einer *unsortierten* Tabelle a mit $n$ Elementen auf den Positionen $0...n-1$ ein bestimmtes Element key zu suchen. Die C++-Standardbibliothek bietet die find()-Funktion, aber hier sollen programmiertechnisch verschiedene Schleifenvarianten verglichen werden. Die Variable i gibt anschließend die Position an, an der das gesuchte Element key erstmalig auftritt. Falls key nicht in a enthalten ist, muss i einen Wert außerhalb $0..n-1$ annehmen. Die folgenden Algorithmen enden bei erfolgloser Suche mit i = n. Die letzte Variante erlaubt eine kürzere Formulierung der Schleife, setzt aber voraus, dass das Feld um einen Eintrag erweitert wird, der als »Wächter« (englisch *sentinel*) für den Abbruch der Schleife dient.

```
// Definitionen für alle vier Fälle
const int N = ...
vector<int> a(N+1);   // letztes Element nur für Fall 4
int key = ...         // gesuchtes Element
int i;                // Laufvariable
                      // Ergebnis: i = 0..N - 1 : gefunden, i = N : nicht gefunden!
```

1. while-Schleife

   In der Bedingung wird abgefragt, ob das aktuelle Element ungleich key und ob die Zählvariable noch im gültigen Bereich ist. So lange wird die Zählvariable inkrementiert.
   ```
   i = 0;
   while(i < N && a[i] != key) ++i;
   ```

2. do while-Schleife

   Wie oben, nur dass die Zählvariable *vorher* inkrementiert und daher anders vorbesetzt wird. Die vorhergehende Lösung sollte im Vergleich bevorzugt werden, weil es generell besser ist, eine Bedingung zu prüfen und dann zu handeln als umgekehrt.
   ```
   i = -1;
   do
      ++i;
   while(i < N && a[i] != key);
   ```

3. for-Schleife

   Die Schleife wird mit break verlassen, wenn das Element gefunden wird. Es wäre auch möglich gewesen, die Bedingung i < N zu erweitern.
   ```
   for(i = 0; i < N; ++i)
      if(a[i] == key)
         break;
   ```

4. (n+1). Element als »Wächter« (sentinel)

   In das zusätzliche Element a[N] wird key eingetragen. Die Schleife muss spätestens hier abbrechen, auch wenn key vorher nicht gefunden wurde. Die Zählvariable wird als Seiteneffekt beim Zugriff auf ein Arrayelement hochgezählt.
   ```
   i = -1;
   a[N] = key;              // garantiert Abbruch der Schleife
   while(a[++i] != key);
   ```

Eine Variante mit den bisher noch nicht erwähnten Zeigern ist in Abschnitt 6.2.4 zu sehen.

### Vektoren sind dynamisch!

Oft weiß man nicht, wie groß ein Vektor sein soll, zum Beispiel beim Einlesen von Daten per Dialog oder aus einer Datei unbekannter Größe. Ein Vektor der C++-Standardbibliothek hat den Vorteil, dass er bei Bedarf Elemente hinten anhängt und dabei seine Größe ändert. Falls »hinten« kein Platz mehr im Computerspeicher sein sollte, wird der gesamte Vektor an eine neue, ausreichend große Stelle im Speicher verlagert. Dies geschieht ohne Zutun des Programmierers. Mit push_back wird er dazu aufgefordert, wobei ihm der anzuhängende Wert in runden Klammern übergeben wird (siehe Beispielprogramm Seite 91).

Eine tabellarische Übersicht der Möglichkeiten von Objekten der Klasse vector ist in Anhang 16.9 zu finden. Ein Großteil der Möglichkeiten ist erst nach Kenntnis der folgenden Kapitel bis einschließlich Kapitel 9 verständlich.

## Beispielprogramm: Vektor dynamisch vergrößern

```cpp
// cppbuch/k2/dynvekt.cpp
#include<iostream>
#include<vector>         // Standard-Vektor
#include<cstddef>        // size_t
using namespace std;

int main() {
    vector<int> meineDaten;       // anfängliche Größe ist 0
    int Wert;
    do {
        cout << "Wert eingeben (0 = Ende der Eingabe):";
        cin >> Wert;
        if(Wert != 0)
            meineDaten.push_back(Wert);   // Wert anhängen
    } while(Wert != 0);
    cout << "Es wurden die folgenden Werte eingegeben:\n";
    for(size_t i = 0; i < meineDaten.size(); ++i)
        cout << i << ". Wert : "
             << meineDaten[i] << endl;
}
```

### 2.5.3 Zeichenketten: Der C++-Standardtyp string

Eine Zeichenkette, auch String genannt, ist aus Zeichen des Typs char zusammengesetzt. Im Grunde kann eine Zeichenkette wie eine horizontale Tabelle mit nur einer Reihe aufgefasst werden. Dennoch wird nicht ein vector<char>, sondern eine andere Standardklasse mit dem Namen string als Baustein verwendet, ohne dass wir uns um ihre Innereien kümmern – jedenfalls jetzt noch nicht. Die Klasse hat gegenüber dem uns bekannten Vektor einige zusätzliche Eigenschaften, von denen eine Auswahl im folgenden Programm beispielhaft gezeigt werden soll.

## Beispielprogramm: Standardklasse string

```cpp
// cppbuch/k2/zbstring.cpp
#include<iostream>
#include<string>         // Standard-String einschließen
#include<cstddef>        // size_t
using namespace std;

int main() {             // Programm mit typischen String-Operationen
```

## Beispielprogramm (Fortsetzung)

```cpp
    // String-Objekt einString anlegen und mit "hallo" initialisieren.
    // einString kann ein beliebiger Name sein.
    string einString("hallo");

    // String ausgeben
    cout << einString << endl;

    // String zeichenweise ausgeben, ungeprüfter Zugriff wie bei vector:
    for(size_t i = 0; i < einString.size(); ++i)
       cout << einString[i];
    cout << endl;

    /*String zeichenweise mit Indexprüfung ausgeben. Die Prüfung geschieht
      wie beim Vektor. Ein Versuch, einString.at(i) mit einem i ≥
      einString.size() abzufragen, führt zum Programmabbruch mit Fehler-
      meldung. Die Anzahl der Zeichen kann bei Strings auch mit length() ermit-
      telt werden.
    */
    for(size_t i = 0; i < einString.length(); ++i)
       cout << einString.at(i);
    cout << endl;

    string eineStringKopie(einString);        // Kopie des Strings erzeugen
    cout << eineStringKopie << endl;          // hallo

    string diesIstNeu("neu!");                // Kopie durch Zuweisung
    eineStringKopie = diesIstNeu;
    cout << eineStringKopie << endl;          // neu!

    eineStringKopie = "Buchstaben";           // Zeichenkette zuweisen
    cout << eineStringKopie << endl;          // Buchstaben

    // Zuweisung nur eines Zeichens vom Typ char
    einString = 'X';
    cout << einString << endl;                // X

    // Strings mit dem +=-Operator verketten
    einString += eineStringKopie;
    cout << einString << endl;                // XBuchstaben

    // Strings mit dem +-Operator verketten
    einString = eineStringKopie + " ABC";
    cout << einString << endl;                // Buchstaben ABC

    einString = "123" + eineStringKopie;
    cout << einString << endl;                // 123Buchstaben
} // Ende von main()
```

Eine Erklärung gibts erst im Kapitel 9, aber Folgendes geht *nicht*:

```
einString = "123" + "ABC";          // Fehler!
```

Das mag fürs erste genügen. Wer mehr wissen will, sei auf seine Systemdokumentation verwiesen. Eine tabellarische Übersicht der Möglichkeiten von Strings ist in Abschnitt 22 zu finden. Wie bei der Standard-Vektorklasse ist ein Großteil der Möglichkeiten erst nach Kenntnis der folgenden Kapitel bis einschließlich Kapitel 9 verständlich. Wie die Klasse `string` im Innern aufgebaut ist, wird an anderer Stelle erläutert (Abschnitt 7.1).

### 2.5.4 Strukturierte Datentypen

Ein Vektor hat nur Elemente desselben Datentyps. Häufig möchte man logisch zusammengehörige Daten zusammenfassen, die *nicht* vom selben Datentyp sind, zum Beispiel Vornamen und Nachnamen je vom Typ `string`, Status vom Typ `enum` {Sachbearbeiter, Gruppenleiter, Abteilungsleiter}, Monatsgehalt vom Typ `double` sowie weitere Daten, die zu einem Personaldatensatz zusammengefasst werden sollen. Ein anderes Beispiel wären die zusammengehörigen Daten eines Punktes auf dem Bildschirm, also seine Koordinaten x und y, seine Farbe, und ob er sichtbar ist. Für diese Zwecke wird von C++ die *Struktur* bereitgestellt, die einen Datensatz zusammenfasst. Vorweg sei bemerkt, dass eine Struktur in C++ nichts anderes als eine Klasse (siehe Kapitel 5) mit standardmäßig öffentlichen Elementen ist. In Einschränkung dazu enthält eine Struktur im Sinne dieses Abschnitts nur Daten (und keine Funktionen) und entspricht einem Record der Sprache Pascal.

#### Strukturen

Strukturen sind benutzerdefinierte Datentypen. Sie werden mit einer Syntax definiert, die bis auf den inneren Teil der Syntax von Aufzählungstypen ähnelt:

---
`struct` *[Typname]* {*Definition der inneren Daten*} *[Variablenliste]*;

---

In einem Grafikprogramm gehören zu jedem Punkt auf dem Bildschirm verschiedene Daten, wie die Koordinaten in x- und y-Richtung, die Farbe und die Information, ob er gerade sichtbar ist. Alle diese logisch zusammengehörenden Daten werden in der Struktur `Punkt` zusammengefasst. Die strukturinternen Daten heißen *Elemente* (auch *Felder* oder *Komponenten*). Im Beispiel werden zwei Variable p und q vom Datentyp `Punkt` definiert und der Zugriff auf die internen Größen gezeigt.

```
enum farbtyp {rot, gelb, gruen};

struct Punkt {
    int x;
    int y;
    bool istSichtbar;
    farbtyp dieFarbe;
} p;                              // p ist ein Punkt

Punkt q;                          // q auch
// Zugriff
p.x = 270;    p.y = 20;           // Koordinaten von p
p.istSichtbar = false;
p.dieFarbe    = gelb;
```

Die internen Elemente sind nicht allein zugreifbar, weil sie nur in Verbindung mit einem Objekt existieren. Die Anweisung `dieFarbe = rot;` ist unsinnig, weil nicht klar ist, welcher Punkt rot werden soll. `p.dieFarbe = rot;` hingegen sagt eindeutig, dass der Punkt p gefärbt werden soll. Der Zugriff geschieht über einen Punktoperator ».« zwischen Variablenname und Elementnamen, wenn die Variable vom Typ `struct` ist.

## Übungsaufgaben

**2.10** Gegeben sei eine Zeichenkette des Typs `string`, die eine natürliche Zahl darstellen soll und daher nur aus Ziffern besteht; Beispiel: "17462309". a) Wandeln Sie den String in eine Zahl z vom Typ `long` um. b) Berechnen Sie die Quersumme von z und geben Sie beides auf dem Bildschirm aus.

**2.11** Schreiben Sie ein Programm, das eine einzugebende natürliche Zahl in römischer Darstellung ausgibt. Die römischen Ziffern seien in einem konstanten String `ZEICHENVORRAT = "IVXLCDM"` gegeben. Die syntaktischen Regeln sind: Keine Ziffer außer 'M' darf mehr als dreimal hintereinanderstehen. Das heißt, ein vierfaches Vorkommen wird durch Subtraktion vom nächsthöheren passenden Wert ersetzt. Subtraktion geschieht durch Voranstellen des kleineren Werts. So wird 4 nicht zu IIII, sondern zu IV, und 9 wird nicht zu VIIII, sondern zu IX.

**2.12** Schreiben Sie ein Programm, das beliebig viele Zahlen im Bereich von -99 bis +100 (einschließlich) von der Standardeingabe liest. Der Zahlenbereich sei in 10 gleich große Intervalle eingeteilt. Sobald eine Zahl außerhalb des Bereichs eingegeben wird, sei die Eingabe beendet. Das Programm soll dann für jedes Intervall ausgeben, wie viele Zahlen eingegeben worden sind. Benutzen Sie für -99, +100 usw. Konstanten (`const`). Zur Speicherung der Intervalle soll ein `vector<int>` verwendet werden.

# 3 Einfache Ein- und Ausgabe

***Inhalt:*** *In diesem Kapitel wird die Ein- und Ausgabe soweit beschrieben, dass Abfragen der Tastatur und Darstellungen auf dem Bildschirm ebenso wie das Lesen und Schreiben von Dateien auf einfache Weise möglich sind. Speziellere Fragen und Einzelheiten werden zunächst zurückgestellt. Sie werden in Kapitel 13 behandelt.*

## 3.1  Standardein- und -ausgabe

Ein Programm empfängt einen Strom von Eingabedaten, verarbeitet diese Daten und gibt einen Strom von Ausgabedaten aus. Unter »Strom« (englisch *stream*) wird eine Folge von Bytes verstanden, die nacheinander vom Programm interpretiert beziehungsweise erzeugt werden. In C++ sind einige Ein- und Ausgabekanäle vordefiniert, die zuerst beschrieben werden.

`cin`  – Standardeingabe (Tastatur)

`cout` – Standardausgabe (Bildschirm)

`cerr` – Standardfehlerausgabe (Bildschirm)

### Eingabe

Der Operator `>>`, der uns in anderem Zusammenhang schon als Bit-Verschiebeoperator begegnet ist, sorgt bei der Eingabe dafür, dass automatisch die nötigen Umformatierungen vorgenommen werden. `int zahl; cin >> zahl;` bewirkt, dass eine Folge von Ziffernzeichen bis zu einem Nicht-Ziffernzeichen eingelesen und in die interne Darstellung einer `int`-Zahl umgewandelt wird. Die Auswertung durch den `>>`-Operator hat bestimmte Eigenschaften:

- Führende Zwischenraumzeichen (englisch *whitespace*) werden ignoriert. Zwischenraumzeichen sind Leerzeichen, Tabulatorzeichen '\t', Zeilenrücklauf '\r', Zeilensprung '\v', Seitenvorschub '\f' und die Zeilenendekennung '\n'. In der ASCII-Tabelle auf Seite 709 sind es die Zeichen 0x20 und 0x09 bis 0x0d in Hexadezimalschreibweise.

- Zwischenraumzeichen werden als Endekennung genutzt.

- Andere Zeichen werden entsprechend dem verlangten Datentyp interpretiert.

Sollen Zwischenraumzeichen nicht ignoriert werden, ist die Funktion `get()` zu verwenden, die zum Einlesen einzelner Zeichen, also nicht von Zahlen, verwendet werden kann:

```
// einzelnes Zeichen einlesen
char c;
cin.get(c);
```

Der nach außen hin nicht sichtbare Ablauf einer Tastaturabfrage mit »`cin >>`« besteht aus mehreren Schritten, wobei angenommen wird, dass noch nichts auf der Tastatur eingegeben worden ist:

1. Aufforderung an das Betriebssystem zur Zeichenübergabe.

2. Eingabe der Zeichen auf der Tastatur (mit Korrekturmöglichkeit durch die Backspace-Taste). Die Zeichen werden vom Betriebssystem der Reihe nach in einem besonderen Speicherbereich abgelegt, dem Tastaturpuffer.

3. Abschluss der Eingabe mit der RETURN -Taste. Damit wird das '\n'-Zeichen als Zeilenendekennung im Tastaturpuffer abgelegt, und der Puffer wird durch das Betriebssystem an C++ übergeben.

4. Auswertung des Tastaturpufferinhalts durch den Operator `>>` je nach Datentyp der gefragten Variable.

5. Daten, die nach der Auswertung übrigbleiben, weil sie nicht zu dem Datentyp passen, verbleiben im Tastaturpuffer und können mit dem nächsten `cin >> ...` gelesen werden.

Das Beispielprogramm verlangt der Reihe nach eine `int`- und eine `double`-Zahl. Falls das Format mit dem aktuell erwarteten Datentyp nicht übereinstimmt, wird die Schleife abgebrochen, beispielsweise bei Eingabe eines Buchstabens[1].

```
#include<iostream>
using namespace std;

int main( ) {
    int i;
    double d;

    while(cin >> i >> d)
        cout << i << endl
             << d << endl;
}
```

Wenn 100␣12.4 RETURN eingegeben wird, wobei ␣ für irgendein Whitespace-Zeichen steht, ist das Ergebnis wie erwartet i == 100 und d == 12.4. Falls die nächste

---

[1] Zur Auswertung der `while`-Bedingung siehe Abschnitt 13.5.

Eingabe 2.7 lautet, erhalten wir 2 und 0.7 als Ausgabe. Warum? An dieser Stelle wird eine `int`-Zahl erwartet. Es wird also die 2 als `int`-Zahl gelesen, der Dezimalpunkt gehört *nicht* mehr dazu. Die folgenden Zeichen *.7* werden als `double` interpretiert und als 0.7 ausgegeben.

## Eingabe von Strings

Die Eingabe von Strings unterscheidet sich nicht von der Eingabe von Zahlen, wie oben beschrieben. Häufig möchte man jedoch nicht nur durch Zwischenraumzeichen getrennte Zeichenfolgen einlesen, sondern ganze Zeilen. Beispielsweise sollen Vor- und Nachname eingegeben werden. Das Programm dazu sei:

## Beispielprogramm: Einfache Eingabe

```
// cppbuch/k3/eingabe1.cpp
#include<iostream>
#include<string>
using namespace std;

int main() {
    cout << "Bitte Vor- und Nachnamen eingeben:";
    string derName;
    cin >> derName;
    cout << derName;
}
```

Sie tippen ein:

Donald␣Duck RETURN

und sind über die knappe Ausgabe *Donald* nicht erbaut. Das war es nicht, was Sie wollten! Der >>-Operator versteht die hier mit ␣ gekennzeichneten Leerzeichen als Endekennung, weswegen der Rest des Namens im Tastaturpuffer hängen bleibt. Er könnte durch weitere `cin >> ...` Anweisungen ausgelesen werden. Besser geht es mit der Funktion `getline()`, die eine ganze Zeile einliest. Dazu wird `main()` etwas modifiziert:

```
int main() {
    cout << "Bitte Vor- und Nachnamen eingeben:";
    string derName;
    getline(cin, derName);
    cout << derName;     // Donald Duck
}
```

**Eingabe von Leerdaten mit Return**

Wie am Anfang des Kapitels beschrieben, werden führende Zwischenraumzeichen einschließlich RETURN ignoriert. Manchmal ist es wünschenswert, mit ausschließlicher Eingabe von RETURN einen leeren String einzugeben oder damit festzulegen, dass eine einzugebende Zahl den Wert 0 erhält. Eine Lösung für dieses Problem ist mit den bisher behandelten Sprachmitteln nicht möglich und wird daher auf Abschnitt 13.2.1 verschoben.

**Ausgabe**

Der Operator << formt automatisch aus der internen Darstellung in eine Textdarstellung um. Es wird stets die mindestens notwendige Weite genommen: cout << 7 << 11; erscheint als »711«. Formatierungen sind möglich, zum Beispiel:

```
cout << 7;
cout.width(6);
cout << 11;
```

Jetzt wird »7     11« angezeigt, weil vor der Zahl 11 vier Leerzeichen eingefügt werden, um die Gesamtweite von sechs Zeichen zu erreichen. Weitere Formatierungen sind im Abschnitt 13.1.1 beschrieben. Ein Beispiel zur formatierten tabellarischen Ausgabe von Zahlen mit einer festgelegten Zahl von Nachkommastellen finden Sie dort auf Seite 453.

cin und cout können auf Betriebssystemebene mit < beziehungsweise > umgeleitet werden. Wenn ein Programm namens *prog1* mit Bildschirmausgabe und Tastatureingabe korrekt compiliert und gelinkt worden ist, können mit den Umleitungszeichen < und > die zugehörigen Eingabedaten aus einer Datei *eingabe* anstelle der Tastatur geholt werden. Anstelle der Bildschirmausgabe kann in eine Datei *ausgabe* geschrieben werden, wobei die Dateinamen natürlich wählbar sind:
*prog1* < *eingabe* > *ausgabe*.

## 3.2  Ein- und Ausgabe mit Dateien

Die Ein- und Ausgabeoperatoren >> und << sind bei Dateien ebenso wie bei der Standardein- und -ausgabe verwendbar. Für die Funktion get() zur Eingabe eines Zeichens gibt es das Gegenstück put() zur Ausgabe eines Zeichens. Der Header <fstream> enthält die vom Compiler verlangten Beschreibungen für Dateiobjekte. Die benutzten Funktionen get(), put(), open() und close() und weitere nutzen die Dateifunktionen des unterliegenden Betriebssystems. Ein Programm, das auf Dateien zugreift, enthält folgende wesentlichen Elemente:

- Es wird ein Dateiobjekt mit einem beliebigen Namen definiert, das von nun an im Programm verwendet wird. Der Datentyp des Dateiobjekts ist ifstream für Ein- und `ofstream` für Ausgabedateien (Abkürzungen für input file stream beziehungsweise output file stream).

- Die Verbindung des Dateiobjekts zu einer existierenden oder anzulegenden Datei auf Betriebssystemebene wird mit der Funktion `open()` hergestellt, d.h. die Datei wird »geöffnet«. Der externe Dateiname wird der Funktion `open` als Zeichenkette übergeben. Dadurch kann ein und dasselbe Programm auf beliebige Dateien zugreifen. Eine zu beschreibende Datei wird normalerweise *exklusiv* reserviert, kann also nicht gleichzeitig von anderen Programmen beschrieben oder gelesen werden.

- Die Verbindung wird mit der Funktion `close()` wieder gelöst; man sagt auch, dass die Datei geschlossen wird. Ab diesem Zeitpunkt kann die Datei von anderen Benutzern oder Programmen wieder benutzt werden.

Das Schreiben geschieht im Allgemeinen gepuffert, indem in einen dafür reservierten Speicherbereich (Puffer) geschrieben wird, der erst bei Überlauf auf die Festplatte transferiert wird. Für das Lesen gilt Entsprechendes. `close()` sorgt dafür, dass der im Puffer befindliche Rest geschrieben und das Inhaltsverzeichnis (englisch *directory*) aktualisiert wird.

Bei Programmende wird automatisch ein `close()` durchgeführt. Es empfiehlt sich jedoch, eine Datei zu schließen, sobald nichts mehr geschrieben werden soll und noch weitere Programmteile folgen. Die Begründung: Ein irregulärer Programmabbruch, aus welchen Gründen auch immer, verhindert das Schreiben des Pufferinhalts und die Aktualisierung des Inhaltsverzeichnisses auf der Festplatte für eine zum Zeitpunkt des Abbruchs noch geöffnete Datei. Sie ist danach, zum Beispiel für ein weiteres Programm, nur teilweise oder gar nicht mehr lesbar.

## Beispiel: Kopieren von Dateien

Das Beispielprogramm zum Kopieren beliebiger Dateien teilt sich in die Abschnitte

- Definieren und Öffnen der Eingabedatei mit Programmabbruch, falls die Datei nicht existiert
- Definieren und Öffnen der Ausgabedatei mit Programmabbruch, falls die Datei existiert, aber nicht beschrieben werden darf (read-only-Datei).
- Kopiervorgang – die Schleife wird bei Fehlern oder am Dateiende abgebrochen
- (automatisches) Schließen beider Dateien

Der verwendete Aufruf `exit()` beendet das Programm im Fehlerfall, wobei der an `exit()` übergebene Parameter an das Betriebssystem gemeldet wird.

## Beispielprogramm: Datei kopieren

```cpp
// cppbuch/k3/datcopy.cpp  kopiert eine Datei
#include<cstdlib>  // für exit( )
#include<fstream>
#include<iostream>
#include<string>
using namespace std;

int main( ) {
    // Definieren und Öffnen der Eingangsdatei
    ifstream Quelle;               // Datentyp für Eingabestrom (s.o.)
    string Quelldateiname;
    cout << "Quelldatei?";
    cin >> Quelldateiname;   // Darf wegen der Eigenschaften von cin
                             // keine Leerzeichen enthalten!

    // Datei öffnen. Zu ios::binary siehe Text.
    Quelle.open(Quelldateiname.c_str(), ios::binary|ios::in);

    if(!Quelle) {    // Fehlerabfrage
        cerr << Quelldateiname
             << " kann nicht geöffnet werden!\n";
        exit(-1);
    }

    string Zieldateiname;
    cout << "Zieldatei? ";
    cin >> Zieldateiname;    // Darf wegen der Eigenschaften von cin
                             // keine Leerzeichen enthalten!

    // Definieren und Öffnen der Ausgabedatei hier in *einem* Schritt.
    // ios::binary muss bei ofstreams mit ios::out verknüpft werden.

    ofstream Ziel(Zieldateiname.c_str(), ios::binary|ios::out);

    if(!Ziel) {
        cerr << Zieldateiname
             << " kann nicht geöffnet werden!\n";
        exit(-1);
    }

    char ch;
    while(Quelle.get(ch))
            Ziel.put(ch); // zeichenweise kopieren
}   // Dateien werden am Programmende automatisch geschlossen.
```

**Anmerkung** zu `ios::binary` in der `open()`-Funktion im Beispielprogramm: Ohne `ios::binary` sind nur Textdateien kopierbar. Der Schalter `ios::binary` verhindert, dass die Umwandlung der Zeilenendekennung `\n` in CR/LF (= 0x0d 0x0a) automatisch beim Schreiben beziehungsweise zurück beim Lesen erfolgen soll (nur bei MSDOS/Windows und OS/2 von Bedeutung). `ios::binary` muss bei `ifstreams` mit `ios::in` verknüpft werden. Dateien beliebigen Inhalts (binäre Dateien) haben keine Zeilenstruktur. Die Funktion `c_str()` stellt den Quelldateinamen in einer für `open` verträglichen Form dar, nämlich als C-String. C-Strings werden ab Seite 206 behandelt.

Falls das Programm nach Abschluss des Kopierens fortgesetzt werden sollte, wäre die Ergänzung um die Anweisungen `Quelle.close();` und `Ziel.close();` sinnvoll (vergleiche obige Diskussion).

In den Abfragen `if(!Quelle)` und `if(!Ziel)` wird im Programmbeispiel scheinbar auf die Negation des Dateiobjekts geprüft, um einen Fehler festzustellen. Die Erklärung dafür muss auf den Abschnitt 13.5 verschoben werden.

**Hinweis:** Wenn ein Objekt für eine Eingabedatei mehrfach benutzt wird, etwa um mehrere Dateien einzulesen, sind nach dem `close()` die objektinternen Statusbits mit `clear()` zu löschen. Grund: Beim Aufruf von `close()` wird `clear()` leider nicht automatisch ausgeführt, sodass das Objekt, hier `Quelle` genannt, sich immer noch am Ende einer Datei wähnt (EOF = end of file), obwohl es schon ein neues `open()` gab. Beispiel:

*Tipp*

```
Quelle.open("ersteDatei.txt");
// ... hier die Datei verarbeiten
Quelle.close();    // Datei schließen
Quelle.clear();    // nicht vergessen!
Quelle.open("zweiteDatei.txt");
// ... hier die nächste Datei verarbeiten usw.
```

## Übungsaufgaben

**3.1** Schreiben Sie ein Programm *stat.cpp*, das eine Statistik für eine Textdatei ausgibt, deren Name eingegeben werden soll. Das Ergebnis soll eine Ausgabe folgender Art hervorbringen:

*Anzahl der Zeichen = 16437*
*Anzahl der Worte = 2526*
*Anzahl der Zeilen = 220*

Ein Wort sei hier als ununterbrochene Folge von Buchstaben definiert. In der Anzahl der Zeichen soll die Zeilenendekennung nicht enthalten sein.

**3.2** Schreiben Sie ein Progamm, das den Inhalt einer Datei hexadezimal ausdruckt.

**3.3** Erweiterung zur vorigen Aufgabe: Erst 16 Buchstaben und dann die zugehörigen 16 Hex-Codes pro Zeile ausgeben.

**3.4** (Fast) Jeder braucht mal einen Kredit. Schreiben Sie ein Programm zur Berechnung eines Tilgungsplans für einen Ratenkredit. Es sei vorausgesetzt, dass die Rate monatlich gezahlt wird. Das Programm verlange die folgenden Eingaben: Kreditumfang (in Euro), nominaler Zinssatz in Prozent (pro Jahr), Anfangsmonat, Anfangsjahr, Höhe der monatlichen Rate, Laufzeit des Kredits in Jahren. Der Tilgungsplan soll in eine Datei *tilgungsplan.txt* ausgegeben werden. Von der Rate werden zunächste die Zinsen beglichen, der Rest wird zur Tilgung der Restschuld verwendet. Daraus ergibt sich, dass die Rate größer als die anfänglichen Zinsen sein muss, wenn die Restschuld kleiner werden soll. Die Laufzeit ist die Zinsbindungsfrist, nach deren Ablauf die Restschuld zurückgezahlt oder ein neuer Zinssatz festgelegt wird. Damit das Programm in der Praxis nutzbar sein kann, muss kaufmännisch auf ganze Cent-Beträge gerundet werden. Die auszugebende Datei könnte wie folgt aussehen:

```
Anfangsschulden  : 20000.00      Zinssatz nominal : 5.00 %

Zahlmonat      Rate      Zinsen     Tilgung       Rest
 1.2005      500.00       83.33      416.67    19583.33
 2.2005      500.00       81.60      418.40    19164.93
                            :
```

usw. bis zum letzten Jahr:

```
Zahlmonat      Rate      Zinsen     Tilgung       Rest
 1.2008      500.00       16.05      483.95     3368.84
                            :

 7.2008      500.00        3.83      496.17      422.53
 8.2008      424.29        1.76      422.53        0.00
Summen:     3924.29       71.50     3852.79  pro Jahr

Gesamt:    21924.29     1924.29    20000.00
```

Bei kleinen Raten endet die Tabelle mit dem Ende der Laufzeit, in diesem Beispiel jedoch wegen der großen Raten schon früher. Hinweis: Die Spaltenbreite kann vor jeder Ausgabe mit `ausgabe.width(10)` eingestellt werden. `ausgabe` sei der zur Datei gehörige `ofstream`. Mit

```
ausgabe.setf(ios::showpoint|ios::fixed, ios::floatfield);
ausgabe.precision(2);  // Nachkommastellen
```

wird die Ausgabe mit Dezimalpunkt und zwei Nachkommastellen eingestellt (mehr dazu in Kapitel 13).

# 4 Programmstrukturierung

*Inhalt:* *Große Programme müssen in übersichtliche Teile zerlegt werden. Sie werden dazu verschiedene Mechanismen kennen lernen:*

- *Delegieren von Teilaufgaben in Form von Funktionen beschreiben*
- *Strukturieren und Zusammenfassen von zusammengehörigen Teilaufgaben in Modulen*

*Sie erfahren, wie eine Funktion aufgebaut ist, wie man einer Funktion die von ihr benötigten Daten mitteilen kann und auf welche Weise die Ergebnisse von Funktionen zurückgegeben werden können. Die Simulation eines Taschenrechners zeigt beispielhaft den wechselseitigen Einsatz von Funktionen. Anschließend werden Grundsätze der modularen Gestaltung behandelt, ohne deren Einhaltung große Programme oder Programmsysteme kaum mehr handhabbar sind. Der Einsatz von Funktionen mit parametrisierten Datentypen ermöglicht einen breiteren Einsatz von Funktionen ohne fehlerträchtige Vervielfachung des Programmcodes.*

## 4.1 Funktionen

Eine Funktion erledigt eine abgeschlossene Teilaufgabe. Die Teilaufgabe kann einfach, aber auch sehr komplex sein. Die notwendigen Daten werden der Funktion mitgegeben, und sie gibt das Ergebnis der erledigten Aufgabe an den Aufrufer (Auftraggeber) zurück. Eine einfache mathematische Funktion ist zum Beispiel $y = sin(x)$, wobei $x$ der Funktion als notwendiges Datum übergeben und $y$ das Ergebnis zugewiesen wird. In C++ können die verschiedensten Funktionen programmiert oder benutzt werden, nicht nur mathematische.

Eine Funktion muss nur einmal definiert werden. Anschließend kann sie beliebig oft nur durch Nennung ihres Namens aufgerufen werden, um die ihr zugewiesene Teilaufgabe abzuarbeiten. Dieses Prinzip setzt sich in dem Sinne fort, dass Teilaufgaben selbst wieder in weitere Teilaufgaben unterteilbar sein können, die durch Funktionen zu bearbeiten sind. Wie in einer großen Firma die Aufgaben nur durch Arbeitsteilung, Delegation und einer sich daraus ergebenden hierarchischen Struktur zu bewältigen sind, wird in der Informatik die Komplexität einer Aufgabe durch Zerlegung in Teilaufgaben auf mehreren Ebenen reduziert — nach dem Prinzip »teile und herrsche«. Bereits vorhandene Standardlösungen von Teilaufgaben können aus Funktionsbibliotheken abgerufen werden ebenso wie neu entwickelte Funktionen in Bibliotheken aufgenommen werden können.

### 4.1.1 Aufbau und Prototypen

Auf Seite 78 wird die Fakultät einer Zahl berechnet. Dies soll die Grundlage für eine einfache Funktion bilden, die diese Aufgabe ausführt. Eine Funktion `Fakultaet()` kann wie folgt in ein Programm integriert werden:

**Beispielprogramm mit einer Funktion**

```cpp
// cppbuch/k4/fakulta2.cpp
#include<iostream>
using namespace std;

// Funktionsprototyp (Deklaration)
unsigned long Fakultaet(int);

int main() {
   int n;
   do {
      cout << "Fakultät berechnen. Zahl >= 0? :";
      cin >> n;
   } while(n < 0);

   cout << "Das Ergebnis ist "
        << Fakultaet(n) << endl;              // Aufruf

   // alternativ mit Zwischenablage des Ergebnisses:
   unsigned long Erg = Fakultaet(n);
   cout << "Das Ergebnis ist " << Erg << endl;
}
// Funktionsimplementation (Definition)
unsigned long Fakultaet(int zahl) {
   unsigned long fak = 1;
   for(int i = 2; i <= zahl; ++i)
      fak *= i;
   return fak;
}
```

Eine *Deklaration* sagt dem Compiler, dass eine Funktion oder eine Variable mit diesem Aussehen irgendwo definiert ist. Damit kennt er den Namen bereits, wenn er auf einen Aufruf der Funktion stößt, und ist in der Lage, eine Syntaxprüfung vorzunehmen. Eine *Definition* veranlasst den Compiler, entsprechenden Code zu erzeugen und den notwendigen Speicherplatz anzulegen. Eine Funktionsdeklaration, die nicht gleichzeitig eine Definition ist, wird *Funktionsprototyp* genannt. Eine Vereinbarung einer Variablen mit `int i;` ist sowohl eine Deklaration als auch eine Definition. Auf die Begriffe Deklaration und Definition wird in Abschnitt 4.3.4 genauer eingegangen.

Der Aufruf der Funktion geschieht einfach durch Namensnennung. Von der Funktion auszuwertende Daten werden in runden Klammern ( ) übergeben. Wenn eine Funktion einen Rückgabetyp ungleich `void` hat, muss im Funktionskörper `{...}` irgendwo ein Ergebnis dieses Typs mit der Anweisung `return` zurückgegeben werden. Der Rückgabetyp `void` bedeutet, dass nichts zurückgegeben wird. Wenn eine Funktions etwas tut, ohne dass ein Funktionsergebnis zurückgegeben wird, sagt man, dass sie nur durch *Seiteneffekte* wirkt. Andere Möglichkeiten der Ergebnisrückgabe werden in Abschnitt 4.2 vorgestellt. Die Wirkung eines Funktionsaufrufs ist, dass das zurückgegebene Ergebnis an die Stelle des Aufrufs tritt!

**Syntax eines Funktions***prototypen* (vergleiche mit obigem Beispiel):

> *Rückgabetyp Funktionsname* ( *Parameterliste* ) ;

Der Rückgabetyp kann ein nahezu beliebiger Datentyp sein. Ausnahmen sind die Rückgabe einer Funktion[1] sowie die Rückgabe des bisher noch nicht besprochenen C-Arrays. Betrachten Sie die Zuordnung der einzelnen Teile der obigen Deklaration von `Fakultaet()`:

```
unsigned long    Fakultaet    (      int      );
```
    ⋮            ⋮         ⋮        ⋮     ⋮

  *Rückgabetyp*    *Funktionsname*  (  *Parameterliste*  );

Die *Parameterliste* besteht in diesem Fall nur aus einem einzigen Parametertyp.

Je nach Aufgabenstellung bestehen für den Aufbau einer *Parameterliste* folgende Möglichkeiten:

|  | Beispiel: |
|---|---|
| leere Liste: | `int func();` |
| gleichwertig ist: | `int func(void);` |
| Liste mit Parametertypen: | `int func(int, char);` |
| Liste mit Parametertypen und -namen: | `int func(int x, char y);` |

Parameternamen wie `x` und `y` dienen der Erläuterung. Sie dürfen entfallen, was aber nur dann tolerierbar ist, wenn der Sinn unmissverständlich ist. In allen anderen Fällen ist es vorteilhafter, die Namen hinzuschreiben, damit später die Benutzung der Funktion sofort klar wird, ohne die Dokumentation bemühen zu müssen.  *Tipp*

---

[1] Auch eine Funktion ist von einem bestimmten Typ.

**Syntax der Funktions*definition*:**

> *Rückgabetyp Funktionsname ( Formalparameterliste ) Block*

Der eigentliche Programmcode ist im Block der Funktionsdefinition enthalten. Betrachten wir auch jetzt die Zuordnung der einzelnen Teile der obigen Definition von `Fakultaet()`, wobei der Programmcode durch »...« angedeutet ist:

```
unsigned long    Fakultaet    (    int zahl    )    {...}
```
  ⋮    ⋮   ⋮   ⋮   ⋮  ⋮

 *Rückgabetyp* *Funktionsname* ( *Formalparameterliste* ) *Block*

Die *Formalparameterliste* enthält im Unterschied zur reinen Deklaration zwingend einen Parameternamen (hier `zahl`), der damit innerhalb des Blocks bekannt ist. Der Name ist frei wählbar und völlig unabhängig vom Aufruf, weil er nur als Platzhalter dient.

**Syntax des Funktions*aufrufs*:**

> *Funktionsname ( Aktualparameterliste )*

Die *Aktualparameterliste* enthält Ausdrücke und/oder Namen der Objekte oder Variablen, die an die Funktion übergeben werden sollen. Sie kann leer sein. In unserem Beispiel besteht die Aktualparameterliste nur aus n. Dass der Datentyp von n mit dem Datentyp in der *Deklaration* übereinstimmt, wird vom Compiler geprüft. Der Linker stellt fest, ob eine entsprechende *Definition* mit dem richtigen Datentyp in der Formalparameterliste vorhanden ist. Der Aufruf der Funktion bewirkt, dass n an die Stelle des Platzhalters `zahl` gesetzt und dann der Programmcode im Block durchgeführt wird. Am Schluss wird die berechnete Fakultät mit dem richtigen Ergebnisdatentyp zurückgegeben. Zurückgegeben wird nur der Wert von `fak`, nicht `fak` selbst. Die Variablen `fak` und `zahl` sind *lokal*, d.h. im Hauptprogramm nicht bekannt und nicht zugreifbar. Ergebnisrückgabe heißt einfach, dass an die Stelle des Aufrufs von `Fakultaet()` im Hauptprogramm das Ergebnis eingesetzt wird.

Das Prinzip der Ersetzung der Formalparameter durch die Aktualparameter ist eine wichtige Voraussetzung, um eine Funktion universell verwenden zu können. Es ist ganz gleichgültig, ob die Funktion in einem Programm mit `Fakultaet(Zahl)` oder in einem anderen Programm mit `Fakultaet(XYZ)` aufgerufen wird, wenn nur der Datentyp des Parameters mit dem vorgegebenen (in diesem Fall `int`) übereinstimmt.

## 4.1.2 Gültigkeitsbereiche und Sichtbarkeit in Funktionen

In C++ gelten Gültigkeits- und Sichtbarkeitsregeln für Variable (siehe Seite 56). Die gleichen Regeln gelten auch für Funktionen. Der Funktionskörper ist ein Block, also ein durch geschweifte Klammern { } begrenztes Programmstück. Danach sind alle Variablen einer Funktion nicht im Hauptprogramm gültig und auch nicht sichtbar. Eine Sonderstellung haben die in der Parameterliste aufgeführten Variablen: sie werden innerhalb der Funktion wie lokale Variable betrachtet, und von außen gesehen stellen sie die *Datenschnittstelle* zur Funktion dar. Die Datenschnittstelle ist ein Übergabepunkt für Daten. *Eingabeparameter* dienen zur Übermittlung von Daten an die Funktion, und über *Ausgabeparameter* (Abschnitt 4.2.2) sowie dem return-Mechanismus gibt eine Funktion Daten an den Aufrufer zurück.

Die Variable zahl aus Fakultaet() ist also von main() aus nicht zugreifbar, wie umgekehrt alle in main() deklarierten Variablen in Fakultaet() nicht benutzt werden können. Diese Variablen sind *lokal*. Ein Beispiel soll das verdeutlichen, wobei hier die *Deklaration* von f1() gleichzeitig eine *Definition* ist, weil sie nicht nur den Namen vor dem Aufruf von f1() einführt, sondern auch den Funktionskörper enthält. Dieses Vorgehen ist nur für sehr kleine Programme wie hier zu empfehlen.

**Beispielprogramm**

```cpp
// cppbuch/k4/scope.cpp
#include<iostream>
using namespace std;
int a = 1;                      // überall bekannt, also global

void f1( ) {
    int c = 3;                  // nur in f1() bekannt, also lokal
    cout << "f1: c= "
         << c << endl;
    cout << "f1: globales a= "
         << a << endl;
}
int main() {
    cout << "main: globales a= "
         << a << endl;
    // cout << "f1: c= "<< c;   // ist nicht compilierfähig,
    // weil c in main() unbekannt ist.
    f1( );                      // Aufruf von f1()
}
```

Das Programm erzeugt folgende Ausgabe:
 main: globales a= 1
 f1: c= 3
 f1: globales a= 1

Beim Betreten eines Blocks wird für die innerhalb des Blocks deklarierten Variablen Speicherplatz beschafft; die Variablen werden gegebenenfalls initialisiert. Der Speicherplatz wird bei Verlassen des Blocks wieder freigegeben. Dies gilt auch für Variablen in Funktionen, wobei der Aufruf einer Funktion dem Betreten des Blocks entspricht. Die Rückkehr zum Aufrufer der Funktion wirkt wie das Verlassen eines Blocks.

Die Ausnahme bilden Variable, die innerhalb eines Blocks oder einer Funktion als `static` definiert werden. `static`-Variable erhalten einen festen Speicherplatz und werden nur ein einziges Mal *beim ersten Aufruf der Funktion* initialisiert. Falls kein Initialisierungswert vorgegeben ist, werden sie automatisch auf 0 gesetzt. Sie wirken wie ein Gedächtnis für eine Funktion, weil sie zwischen Funktionsaufrufen ihren Wert nicht verlieren. Eine Funktion, die sich merken kann, wie oft sie aufgerufen wurde, und dies anzeigt, sieht so aus:

### Beispielprogramm: Funktion mit Gedächtnis

```cpp
// cppbuch/k4/static.cpp
#include<iostream>
using namespace std;

void func( ) {                     // zählt die Anzahl der Aufrufe
    static int anz = 0;            // siehe Text
    cout << "Anzahl = " << ++anz << endl;
}

int main() {
   for(int i = 0; i < 3; ++i)
      func( );
}
```

Die Ausgabe des Programms ist

 Anzahl = 1
 Anzahl = 2
 Anzahl = 3

*Ohne* das Schlüsselwort `static` würde drei Mal *1* ausgegeben werden, weil die Zählung stets bei 0 begänne. `static`-Variablen sind globalen Variablen vorzuziehen, weil unabsichtliche Änderungen vermieden werden und mit dieser Variablen verbundene Fehler leichter lokalisiert werden können. Außerdem erfordert eine globale Variable eine Absprache unter allen Benutzern der Funktion über den Namen. Gerade das soll aber vermieden werden, um eine Funktion universell einsetzbar zu machen. Auf die dateiübergreifende Gültigkeit von Variablen und Funktionen wird in Abschnitt 4.3.3 eingegangen.

**Übungsaufgabe**

**4.1** Schreiben Sie eine Funktion `double power(double x, int y)`, die $x^y$ berechnen soll. y darf auch null oder negativ sein.

# 4.2 Schnittstellen zum Datentransfer

Der Datentransfer in Funktionen hinein und aus Funktionen heraus kann unterschiedlich gestaltet werden. Er wird durch die Beschreibung der Schnittstelle festgelegt. Unter Schnittstelle ist eine formale Vereinbarung zwischen Aufrufer und Funktion über die Art und Weise des Datentransports zu verstehen und darüber, was die Funktion leistet. In diesem Zusammenhang sei nur der Datenfluss betrachtet. Die Schnittstelle wird durch den Funktionsprototyp eindeutig beschrieben und enthält

- den Rückgabetyp der Funktion,
- den Funktionsnamen,
- Parameter, die der Funktion bekannt gemacht werden und
- die Art der Parameterübergabe.

Der Compiler prüft, ob die Definition der Schnittstelle bei einem Funktionsaufruf eingehalten wird. Zusätzlich zur Rückgabe eines Funktionswerts gibt es die Möglichkeit, die an die Funktion über die Parameterliste gegebenen Daten zu modifizieren. Danach unterscheiden wir *zwei Arten des Datentransports*: die Übergabe *per Wert* und *per Referenz*.

## 4.2.1 Übergabe per Wert

Der Wert wird *kopiert* und der Funktion übergeben. Innerhalb der Funktion wird mit der *Kopie* weitergearbeitet, das Original beim Aufrufer *bleibt unverändert erhalten*. Im Beispiel wird beim Aufruf der Funktion `addiere_5()` der aktuelle Wert von i in die funktionslokale Variable x kopiert, die in der Funktion verändert wird. Der Rückgabewert wird der Variablen erg zugewiesen, i hat nach dem Aufruf denselben Wert wie zuvor.

## Beispielprogramm: Übergabe per Wert

```
// cppbuch/k4/per_wert.cpp
#include<iostream>
using namespace std;

int addiere_5(int);         // Deklaration (Funktionsprototyp)

int main() {
    int erg, i = 0;
    cout << i << " = Wert von i\n";
    erg = addiere_5(i);
    cout << erg << " = Ergebnis von addiere_5\n";
    cout << i << " = i unverändert!\n";
}

int addiere_5(int x) {     // Definition
    x += 5;
    return x;
}
```

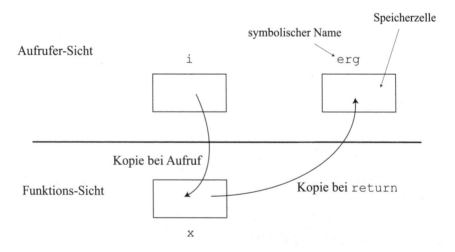

Abbildung 4.1: Parameterübergabe per Wert (Bezug: Programmbeispiel)

Abbildung 4.1 verdeutlicht den Ablauf. Die Übergabe per Wert soll generell bevorzugt werden, wenn ein Objekt nicht geändert werden soll und es nicht viel Speicherplatz einnimmt. Letzteres ist für Grunddatentypen der Fall. Der intern ablaufende Kopiervorgang bei der Parameterübergabe großer Objekte kann recht aufwendig werden, sodass in solchen Fällen die Übergabe per Referenz zu bevorzugen ist (siehe folgender Abschnitt 4.2.2).

## Rekursion

Innerhalb von Funktionen können andere Funktionen aufgerufen werden, die wiederum andere Funktionen aufrufen. Die Verschachtelung kann beliebig tief sein. Der Aufruf einer Funktion durch sich selbst wird *Rekursion* genannt. Das Programm zur Berechnung der Quersumme einer Zahl zeigt die Rekursion:

### Beispielprogramm 1 mit Rekursion

```cpp
// cppbuch/k4/qsum.cpp
#include<iostream>
using namespace std;

int qsum(long z) {                          // Übergabe per Wert
    if(z != 0 ) {
        int letzteZiffer = z % 10;
        return letzteZiffer + qsum(z/10);   // Rekursion
    }
    else        // Abbruchbedingung z == 0
       return 0;
}

int main() {
    cout << "Zahl: ";
    long zahl;
    cin >> zahl;
    cout << "Quersumme = " << qsum(zahl);
}
```

Die letzte Ziffer einer Zahl erhält man durch modulo 10 (Restbildung), und sie kann durch ganzzahlige Division mit 10 von der Zahl abgetrennt werden. Anstatt die Summation in einer Schleife vorzunehmen, lässt sich das Prinzip des Programms in zwei Sätzen zusammenfassen:

1. Die Quersumme der Zahl 0 ist 0.

2. Die Quersumme einer Zahl ist gleich der letzten Ziffer plus der Quersumme der Zahl, die um diese Ziffer gekürzt wurde.

Die Quersumme von 348156 ist also (6 + die Quersumme von 34815). Auf jede Quersumme wird Satz 2 angewendet, bis Satz 1 gilt. Durch das sukzessive Abtrennen wird die Zahl irgendwann 0, sodass Satz 1 erfüllt ist und die Rekursion

*Tipp* anhält. In diesem Fall ist die Verschachtelungstiefe gleich der Anzahl der Ziffern. Eine Rekursion *muss* auf eine Abbruchbedingung zulaufen, damit keine unendlich tiefe Verschachtelung entsteht mit der Folge eines Stacküberlaufs. Zum Vergleich sei hier eine iterative Variante gezeigt:

```
int qsum(long z) {
    int sum = 0;
    while(z > 0) {
        sum += z % 10;
        z = z / 10;
    }
    return sum;
}
```

Eines der bekanntestesten Beispiele zur Rekursion sind die »Türme von Hanoi«. Dieses Beispiel hat eine leicht zu entwickelnde rekursive Lösung. Eine nichtrekursive Lösung ist komplizierter und schwieriger zu finden. Die Geschichte: Buddhistische Mönche des Brahma-Tempels haben die Aufgabe, 64 Scheiben aus Gold, die ein Loch in der Mitte haben, von Stab A nach Stab B zu bringen. Stab C kann als Zwischenablage dienen.

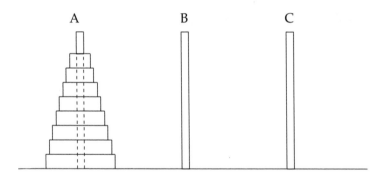

Abbildung 4.2: Türme von Hanoi

Die Mönche müssen zwei Regeln beachten:

1. Es darf nur eine Scheibe zur Zeit bewegt werden.
2. Nie darf eine größere auf einer kleineren Scheibe zu liegen kommen.

Die Legende sagt, dass das Ende der Welt kommt, wenn die Mönche ihre Aufgabe beendet haben. Wie sieht ein Algorithmus aus, der den Mönchen sagt, welche Scheibe von welchem Stapel zu welchem Stapel bewegt werden soll, um die Aufgabe zu erfüllen? Ein einfacher Vorschlag:

1. Bringe 63 Scheiben von Stapel A nach Stapel C.
2. Bringe die unterste Scheibe von A nach Stapel B.
3. Bringe alle 63 Scheiben von Stapel C nach Stapel B – fertig!.

Die Lösung ist sehr einfach, jedoch sagt sie nichts darüber, wie 63 Scheiben zu bewegen sind. Aber die Komplexität des Problems ist reduziert: Wenn wir wüssten, wie 63 Scheiben zu bewegen sind, wissen wir, wie alle 64 zu bewegen sind. Ein einfacher Vorschlag, 63 Scheiben von A nach B zu bringen:

1. Bringe 62 Scheiben von Stapel A nach Stapel C.
2. Bringe die unterste Scheibe von A nach Stapel B.
3. Bringe 62 Scheiben von Stapel C nach Stapel B.

Wir sehen ein allgemeines Muster, und auch, dass die Rollen von A, B, C gewechselt haben. Eine allgemeine Formulierung für $n$ Scheiben wäre:

1. Bringe $n - 1$ Scheiben vom Quell-Stapel zum Arbeits-Stapel.
2. Bringe die unterste Scheibe vom Quell-Stapel zum Ziel-Stapel.
3. Bringe $n - 1$ Scheiben vom Arbeits-Stapel zum Ziel-Stapel.

Dies ruft nach einer rekursiven Formulierung! Die Abbruchbedingung ist klar: Falls 0 Scheiben zu bewegen sind, tun wir nichts.

## Beispielprogramm 2 mit Rekursion

```
// cppbuch/k4/hanoi.cpp
#include<iostream>
using namespace std;

void bewegen(int n, int a, int b, int c) {
    if (n > 0) {              // Abbruchbedingung: n == 0
        bewegen(n - 1, a, c, b);   // rekursiver Aufruf
        cout << "Bringe eine Scheibe von " << a
             << " nach " << b << endl;
        bewegen(n - 1, c, b, a);   // rekursiver Aufruf
    }
}

int main() {
    cout << "Türme von Hanoi! Anzahl der Scheiben: ";
    int scheiben;
    // besser nicht 64 eingeben, sondern eine kleinere Zahl,
    // zum Beispiel 4 (Begründung sieh unten).
    cin >> scheiben;
    bewegen(scheiben, 1, 2 ,3);
}
```

**Analyse des Algorithmus**

Wie viele Bewegungen braucht es? Jeder Aufruf von bewegen() erzeugt zwei neue Aufrufe. Auf jedem Level n gibt es zwei Aufrufe des Levels (n-1). Die Anweisung zwischen den Aufrufen, also die die tatsächliche Bewegung, wird nur ausgeführt, wenn n$\geq$ 1 ist. Also ist die Gesamtzahl der Bewegungen

$$N = 1 + 2 + 4 + 8 + 16 + \ldots + 2^{n-1} = 2^n - 1.$$

Wenn wir $n = 64$ und eine Sekunde pro Bewegung annehmen, erhalten wir $N = 18,446,744,073,709,551,615$ Bewegungen = Sekunden, also etwa $5.85 \cdot 10^{11}$ Jahre oder etwa das 50-fache des Alters unseres Universums. Selbst wenn die Legende stimmen sollte, dass nach der Erledigung der Aufgabe die Welt untergeht, bräuchten wir uns keine Sorgen zu machen!

### 4.2.2 Übergabe per Referenz

Wenn ein übergebenes Objekt modifiziert werden soll, kann die Übergabe durch eine *Referenz* des Objekts geschehen. Die Syntax des Aufrufs ist die gleiche wie bei der Übergabe per Wert, anstatt mit einer Kopie wird jedoch *direkt mit dem Original* gearbeitet, wenn auch unter anderem Namen (vergleiche Seite 54). Der Name ist lokal bezüglich der Funktion, und er bezieht sich auf das übergebene Objekt. Es wird also keine Kopie angelegt. Daher ergibt sich bei großen Objekten ein Laufzeitvorteil. Innerhalb der Funktion vorgenommene Änderungen wirken sich direkt auf das Original aus.

*Tipp*

Es wurde darauf hingewiesen, dass die Übergabe von *nicht zu verändernden* Objekten generell per Wert erfolgen soll mit der Ausnahme großer Objekte aus Effizienz- und Speicherplatzgründen. Wenn zwar der Laufzeitvorteil, aber keine Änderung des Originals erwünscht ist, kommt die Übergabe eines Objekts als *Referenz auf* const in Frage. Die Angabe in der Parameterliste könnte zum Beispiel const TYP& unveraenderliches_grosses_Objekt lauten. Innerhalb der Funktion darf auf das übergebene Objekt natürlich nur lesend zugegriffen werden; dies wird vom Compiler geprüft. Das Prinzip der Übergabe per Referenz zeigt folgendes Beispielprogramm.

Abbildung 4.3 zeigt, dass dasselbe Objekt unter verschiedenen Namen vom aufrufenden Programm und von der Funktion zugreifbar ist. Die Stellung des '&'-Zeichens in der Parameterliste ist beliebig. (int& x) ist genau so richtig wie (int &x) oder (int & x). Bei der Diskussion über Laufzeitvorteile durch Referenzparameter[2] darf nicht vergessen werden, dass es häufig Fälle gibt, in denen bewusst die Kopie eines Parameters *ohne* Auswirkung auf das Original geändert werden soll, sodass nur eine Übergabe per Wert in Frage kommt. Ein Beispiel ist der Parameter z der Funktion qsum() von Seite 112.

---

[2] Hinweis für Leser mit Pascal-Kenntnissen: In Pascal dient dazu das Schlüsselwort VAR in der Parameterliste, allerdings gibt es dort keine const-Referenzen.

## Beispielprogramm: Übergabe per Referenz

```
// cppbuch/k4/per_ref.cpp
#include<iostream>
using namespace std;

void addiere_7(int&);   // int& = Referenz auf int

int main() {
    int i = 0;
    cout << i << " = alter Wert von i\n";
    addiere_7(i);                  // Syntax wie bei Übergabe per Wert
    cout << i << " = neuer Wert von i nach addiere_7\n";
}
void addiere_7(int& x) {
    x += 7;           // Original des Aufrufers wird geändert!
}
```

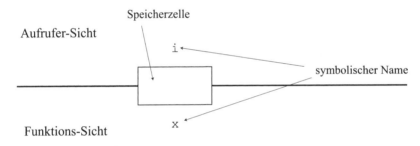

Abbildung 4.3: Parameterübergabe per Referenz (Bezug: Programmbeispiel)

## 4.2.3 Gefahren bei der Rückgabe von Referenzen

Bei der Rückgabe von Referenzen muss darauf geachtet werden, dass das zugehörige Objekt tatsächlich noch existiert (vgl. Kapitel 4.1.2). Das folgende Beispiel zeigt, wie man es *nicht* machen soll:

### Negativ-Beispiel

```
int& maxwert(int a, int b) {   // Referenz?
    // a und b sind lokale Kopien der übergebenen Daten!
    if(a > b)   return a;                // Fehler!
    else        return b;                // Fehler!
}
```

```
int main() {
    int x = 17, y = 4;
    int& z = maxwert(x, y);
    cout << z << endl;          // z ist undefiniert
    int x1 = maxwert(y, x);     // Anweisung enthält kein z
    cout << z << endl;          // vermutlich anderer Wert!
}
```

Fehler! Begründung: Es wird eine Referenz auf eine *lokale* Variable zurückgegeben, die nicht mehr definiert ist und deren Speicherplatz früher oder später überschrieben wird. Korrekt wäre es, nicht die Referenz, sondern eine Kopie des Objekts zurückzugeben (Rückgabetyp `int` statt `int&`):

```
int maxwert( int a, int b) {...}
```

Eine weitere Möglichkeit `int& maxwert(int& a, int& b) {...}` ist nicht empfehlenswert. Sie funktioniert zwar im obigen Programmbeispiel, erlaubt aber keine konstanten Argumente wie zum Beispiel in einem Aufruf `z = maxwert(23,y)`. Eine Konstante hat keine Adresse, weil der Compiler den Wert direkt in das Compilationsergebnis eintragen kann, ohne sich auf eine Speicherstelle zu beziehen.

### 4.2.4 Vorgegebene Parameterwerte und variable Parameterzahl

Funktionen können mit variabler Parameteranzahl aufgerufen werden. In der Deklaration des Prototypen werden für die nicht angegebenen Parameter *vorgegebene Werte* (englisch *default values*) spezifiziert. Der Vorteil liegt *nicht* in der ersparten Schreibarbeit, weil die Standardparameter nicht angegeben werden müssen! Eine Funktion kann um verschiedene Eigenschaften *erweitert* werden, die durch weitere Parameter nutzbar gemacht werden. Die Programme, die die alte Version der Funktion benutzen, sollen weiterhin wartbar und übersetzbar sein, ohne dass jeder Funktionsaufruf geändert werden muss. Nehmen wir an, dass ein Programm eine Funktion `AdressenSortieren()` zum Beispiel aus einer firmenspezifischen Bibliothek benutzt. Die Funktion sortiert eine Adressendatei alphabetisch nach Nachnamen. Der Aufruf sei

```
// Aufruf im Programm1
AdressenSortieren(Adressdatei);
```

Die Sortierung nach Postleitzahlen und Telefonnummern wurde später benötigt und nachträglich eingebaut. Der Aufruf in einer neuen Anwendung könnte wie folgt lauten:

```
// anderes, NEUES Programm2
enum Sortierkriterium {Nachname, PLZ, Telefon};
AdressenSortieren(Adressdatei, PLZ);
```

Das alte Programm1 soll ohne Änderung übersetzbar sein. Durch den Funktionsaufruf mit unterschiedlicher Parameterzahl ist dies möglich. Der Vorgabewert wäre hier Nachname. Die Parameter mit Vorgabewerten erscheinen in der Deklaration *nach* den anderen Parametern. Programmbeispiel:

**Beispielprogramm**

```
// cppbuch/k4/preis.cpp
#include<iostream>
#include<string>
using namespace std;

// Funktionsprototyp 2. Parameter mit Vorgabewert:
void PreisAnzeige(double Preis,
                  const string& Waehrung = "Euro");

// Hauptprogramm
int main() {
    // zwei Aufrufe mit unterschiedlicher Parameterzahl :
    PreisAnzeige(12.35);       // vorgegebener Parameter wird eingesetzt
    PreisAnzeige(99.99,"US-Dollar");
}
// Funktionsimplementation
void PreisAnzeige(double Preis, const string& Waehrung) {
    cout << Preis << ' ' << Waehrung << endl;
}
```

Ausgabe des Programms:

*12.35 Euro*
*99.99 US-Dollar*

Falls der Preis in € angezeigt werden soll, braucht keine Währung genannt zu werden. Dies ist der Normalfall. Andernfalls ist die Währungsbezeichnung als Zeichenkette im zweiten Argument zu übergeben.

## 4.2.5 Überladen von Funktionen

Funktionen können überladen werden. Deswegen darf für gleichartige Operationen mit Daten verschiedenen Typs *derselbe Funktionsname* verwendet werden, obwohl es sich nicht um dieselben Funktionen handelt. Ein Programm wird dadurch besser lesbar. Diese Wandlungsfähigkeit wird teilweise in der Literatur als *Polymorphismus* bezeichnet. Die Definition von Polymorphismus ist nicht einheitlich;

die in diesem Buch benutzte ist auf Seite 283 und im Glossar auf Seite 719 zu finden. Die Entscheidung, welche Funktion von mehreren Funktionen gleichen Namens ausgewählt wird, hängt vom Kontext, also der Umgebungsinformation ab: Der Compiler trifft die richtige Zuordnung anhand der *Signatur* der Funktion, die er mit dem Aufruf vergleicht. Die Signatur besteht aus der Kombination des Funktionsnamens mit Reihenfolge und Typen der Parameter. Beispiel:

### Beispielprogramm: Überladen von Funktionen

```
// cppbuch/k4/ueberlad.cpp
#include<iostream>
using namespace std;

double max(double x, double y) {
    return x > y ? x : y;   // Bedingungsoperator siehe Seite 66
}

// zweite Funktion gleichen Namens, aber unterschiedlicher Signatur
int max(int x, int y) {
    return x > y ? x : y;
}

int main() {
    double a = 100.2, b = 333.777;
    int c = 1700, d = 1000;
    cout << max(a,b) << endl;   // Aufruf von max(double, double)
    cout << max(c,d) << endl;   // Aufruf von max(int, int)
}
```

Der Compiler versucht nach bestimmten Regeln, immer die beste Übereinstimmung mit den Parametertypen zu finden:

```
const float E = 2.7182, PI = 3.14159;
cout << max(E, PI);
```

führt zum Aufruf von `max(double, double)`, und `max(31,'A')` zum Aufruf von `max(int, int)`, weil `float`-Werte in `double`-Wert konvertiert und der Datentyp `char` auf `int` abgebildet wird. Dies gelingt nur bei einfachen und zueinander passenden Datentypen und eindeutigen Zuordnungen. Der Aufruf `max(3.1, 7)` ist nicht eindeutig interpretierbar. Das erste Argument spricht für `max(double, double)`, das zweite für `max(int, int)`. Der Compiler kann sich nicht entscheiden und erzeugt eine Fehlermeldung. Es bleibt einem natürlich unbenommen, selbst eine Typumwandlung vorzunehmen. Die Aufrufe

```
cout << max(3.1, static_cast<float>(7));
cout << max(3.1, static_cast<double>(7));
```

```
int x = 66;
char y = static_cast<char>(x);
cout << max(static_cast<int>(0.1), static_cast<int>(y));
```

sind daher zulässig und unproblematisch, abgesehen vom Informationsverlust durch die Typumwandlung in der letzten Zeile. Die Umwandlung nach int schneidet die Nachkommaziffern ab. Der Typ char kann vorzeichenbehaftet (signed) sein. In diesem Fall ergibt die interne Umwandlung von int in char nur dann ein positives Ergebnis, wenn nach dem Abschneiden der höherwertigen Bits das Bit Nr. 7 nicht gesetzt ist, wobei die Zählung mit dem niedrigstwertigen Bit beginnt, das die Nr. 0 trägt:

```
// Voraussetzung: char ist signed char
// aufgerufen wird max(int, int)
cout << max(-1000, static_cast<char>(600));    // ergibt 88
cout << max(-1000, static_cast<char>(128));    // ergibt -128
cout << max(-1000, static_cast<char>(129));    // ergibt -127 usw.
```

Das Abschneiden der höherwertigen Bits wird deutlich, wenn man zum Beispiel 600 als $2^9 + 88$ schreibt. In den Abschnitten 5.3.4 und 9.5 werden wir eine Möglichkeit zur benutzerspezifischen Typumwandlung für beliebige Datentypen kennen lernen.

Gemäß der Regel, dass ein C++-Name, gleichgültig ob Funktions- oder Variablenname, alle gleichen Namen eines äußeren Gültigkeitsbereichs überdeckt, funktioniert das oben beschriebene Überladen nur innerhalb *desselben* Gültigkeitsbereichs. Machen wir einen Test:

```
#include<iostream>
using namespace std;

void f(char c) {
    cout << "f(char)   c=" << c << endl;
}

void f(double x) {
    cout << "f(double) x=" << x << endl;
}

int main() {
    // neuer Gültigkeitsbereich (Block) beginnt
    void f(double);                        // ***
    f('a');
}
```

Die Deklaration innerhalb eines anderen Gültigkeitsbereichs führt dazu, dass f mit dem char-Parameter nicht mehr sichtbar ist. Es wird f(double) ausgeführt, wobei das Zeichen 'a' in eine `double`-Zahl umgewandelt wird. Machen Sie die Gegenprobe, indem Sie die `***`-Zeile löschen! Der Compiler findet sich dann wieder zurecht und `f(char)` wird ausgeführt.

### 4.2.6 Funktion main()

`main()` ist eine spezielle Funktion. Jedes C++-Programm startet definitionsgemäß mit `main()`, sodass `main()` in jedem C++-Programm genau einmal vorhanden sein muss. Die Funktion ist nicht vom Compiler vordefiniert, ihr Rückgabetyp soll `int` sein und ist ansonsten aber implementationsabhängig. `main()` kann nicht überladen oder von einer anderen Funktion aufgerufen werden. Die zwei folgenden Varianten sind mindestens gefordert und werden daher von jedem Compilerhersteller zur Verfügung gestellt:

```
// erste Variante
int main() {
    ...
    return 0;      // Exit-Code
}
// zweite Variante
int main( int argc, char* argv[]) {   // siehe Text
    ...
    return 0;      // Exit-Code
}
```

Die zweite Variante verwendet *Zeiger* (`char*`) und C-Arrays, die erst in Kapitel 6 besprochen werden. Die Auswertung der Argumente wird bis dahin zurückgestellt (ab Seite 222).

Es bleibt dem Hersteller eines Compilers überlassen, ob er weitere Versionen mit zum Beispiel erweiterten Argumentlisten anbietet. Die mit `return` zurückgegebene Zahl wird an die aufrufende Umgebung des Programms übergeben. Damit kann bei einer Abfolge von Programmen ein Programm den Rückgabewert des Vorgängers abfragen, zum Beispiel zur gezielten Reaktion auf Fehler. Wenn irgendwo im Programm die im Header `<cstdlib>` deklarierte Funktion `void exit(int)` aufgerufen wird, ist die Wirkung dieselbe, wobei jedoch der aktuelle Block verlassen wird, ohne automatische Objekte (Stackvariable) freizugeben. Der Argumentwert von `exit()` ist dann der Rückgabewert des Programms. `return` darf in `main()` weggelassen werden; dann wird automatisch 0 zurückgegeben.

### 4.2.7 Spezifikation von Funktionen

Eine Funktion erledigt eine Teilaufgabe und ändert dabei den *Zustand* eines Programms. Es ist unbedingt sinnvoll, die Zustandsänderung durch die Bedingungen, die *vor* und *nach* dem Aufruf gelten, im Funktionskopf als Kommentar zu spezifizieren. Dazu gehören Annahmen über die Importschnittstelle (Eingabedaten, zum Beispiel Wertebereich), die Fehlerbedingungen, die Exportschnittstelle (Ausgabedaten) u.a.m.

Für Vor- und Nachbedingung werden auch die englischen Begriffe *precondition* und *postcondition* mit den Abkürzungen *pre* und *post* benutzt. Vor- und Nachbedingungen einzelner Programmteile können zum Nachweis der Korrektheit eines Programms benutzt werden. Die Beschreibung der Nachbedingung gibt an, *was* die Funktion leistet; dies ist die Spezifikation der Funktion. Beispiel:

```
// Berechnung der Nullstelle einer Funktion nach dem Newton-Verfahren
int newton(
// Import
    double (*fp) (double),     // fp ist Zeiger auf eine Funktion, deren
                               // Nullstelle gesucht werden soll (siehe Text)
    double untergrenze,
    double obergrenze,         // Intervallgrenzen
    double epsilon,            // Genauigkeit
// Export
    double &nullstelle)
/*Returncodes :
        0 : Nullstelle gefunden
        1 : Nullstelle nicht gefunden
        2 : Verfahren konvergiert nicht
        3 : Vorbedingungen nicht erfüllt

    Vorbedingungen (preconditions):
        1. untergrenze < obergrenze
        2. epsilon > Darstellungsgenauigkeit
        3. stetig differenzierbare Funktion f
        4. im Intervall befindet sich eine Nullstelle

    Nachbedingungen (postconditions):
        bei Returncode 0:
        1. untergrenze <= nullstelle <= obergrenze
        2. abs(f(nullstelle)) <= epsilon
        sonst:
        3. siehe Returncodebeschreibung
*/
{
        // Programmcode
}
```

Das *wie* sollte nicht beschrieben werden, um die Möglichkeit einer späteren Änderung der Implementierung nicht einzuschränken, zum Beispiel einen langsamen durch einen schnelleren Algorithmus zu ersetzen. Eine Spezifikation kann als *Ver-*

*trag* zwischen Aufrufer und Funktion aufgefasst werden. Die Funktion gewährleistet die Nachbedingung, wenn der Aufrufer die Vorbedingung einhält. Die Analogie zu einem Vertrag zwischen Kunde und Softwarehaus liegt auf der Hand. Eine hervorragende Vertiefung der Thematik dieses Abschnitts ist in [Mey98] zu finden.

Durch die richtig gesetzten Kommentarzeichen ist das Beispiel bereits compilierbar, sodass der Compiler die Schnittstelle prüfen kann. Die Spezifikation sollte mit in eine Header-Datei übernommen werden, wobei dann { // Programmcode } durch ein Semikolon zu ersetzen ist. Eine Header-Datei soll unter anderem die Prototypen von Funktionen enthalten (siehe Abschnitt 4.3). Sie wundern sich, was (*fp)(double) bedeutet? Warten Sie noch ein wenig, Zeiger auf Funktionen werden in Abschnitt 6.8 besprochen.

### 4.2.8 Beispiel Taschenrechnersimulation

Um ein etwas umfangreicheres Beispiel mit Funktionen zu geben, wird ein Taschenrechner simuliert, eine beliebte Aufgabe (siehe auch [Mar86], nach dem dieses Beispiel entworfen wurde, oder etwas komfortabler und aufwendiger [Str00, Kapitel 3.1]). Die hier verwendete und nur kurz beschriebene Methode des *rekursiven Abstiegs* ermöglicht es, auf elegante und einfache Art beliebig verschachtelte Ausdrücke auszuwerten. In [Aho95] können fortgeschrittene Interessierte ausführliche Erläuterungen der Methode finden.

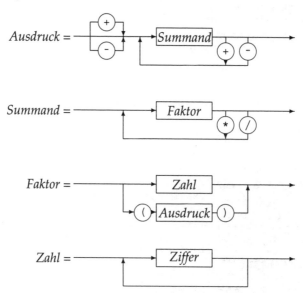

Abbildung 4.4: Syntaxdiagramm für einen mathematischen Ausdruck

## Syntax eines mathematischen Ausdrucks

Zunächst sei die Syntax eines mathematischen Ausdrucks wie zum Beispiel $(13 + 7)*5-(2*3+7)/(-8)$ beschrieben, wobei der Schrägstrich das Zeichen für die ganzzahlige Division sein soll. Ein *Ausdruck* wird als *Summand* oder *Summe von Summanden* aufgefasst, die sich ihrerseits aus *Faktoren* zusammensetzen. Durch die zuerst auszuführende Berechnung der Faktoren ist die Prioritätsreihenfolge »Punktrechnung vor Strichrechnung« gewährleistet. Ein *Faktor* kann eine *Zahl* oder ein *Ausdruck in Klammern* sein. Die Verschachtelung mit Klammern sei beliebig möglich. Eine *Zahl* besteht aus einer oder mehreren Ziffern. Eine Ziffer ist eines der Zeichen 0 bis 9.

Zur Vereinfachung sei ein mathematischer Ausdruck auf ganze Zahlen und die vier Grundrechenarten beschränkt. Leerzeichen sind im Ausdruck nicht erlaubt. Die Syntax, das heißt die grammatikalische Struktur eines Ausdrucks, kann als so genanntes *Syntaxdiagramm* dargestellt werden, wie in Abbildung 4.4 zu sehen ist.

Aus dem Syntaxdiagramm wird die indirekte Rekursion deutlich: Ausdruck ruft Summand, Summand ruft Faktor, Faktor ruft Ausdruck etc. Da jeder arithmetische Ausdruck endlich ist, endet die Rekursion irgendwann. Die Auflösung eines Ausdrucks bis zum Rekursionsende nennt man *rekursiver Abstieg*. Abbildung 4.5 zeigt den Ableitungsbaum des Ausdrucks $(12+3)*4$, in dem die äußeren Elemente (die »Blätter« des »Baums«) die Zahl- oder Operatorzeichen sind. Die inneren Elemente, durch Kästen dargestellt, sind noch aufzulösen.

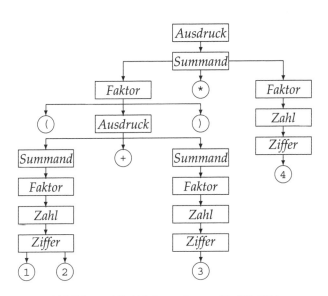

Abbildung 4.5: Ableitungsbaum für (12+3)*4

Abbildung 4.5 ist wie folgt zu interpretieren: Der *Ausdruck* ist ein *Summand*, nämlich (12 + 3) * 4, bestehend aus dem *Faktor* (12 + 3), dem Multiplikationszeichen * und dem *Faktor* 4. Die Faktoren werden dem Syntaxdiagramm entsprechend weiter ausgewertet. Der erste Faktor zum Beispiel ist ein durch runde Klammern () begrenzter *Ausdruck* usw.

Wir gehen so vor, dass wir das obige Syntaxdiagramm 4.4 direkt in ein Programm transformieren. Rekursive Syntaxstrukturen werden dabei auf rekursive Strukturen im Programm abgebildet. Ziel:

- Berechnung beliebig verschachtelter arithmetischer Ausdrücke, wobei hier zur Vereinfachung nur ganze Zahlen zugelassen sein sollen.

- Leerzeichen sind nicht erlaubt.

- Vorrangregeln sollen beachtet werden.

- Keine aufwendige Syntaxprüfung

Wie kann man nun ein Programm schreiben, dass die gewünschte Berechnung liefert? Zunächst ein paar Vorgaben:

a) Das Programm soll ein Promptzeichen >> ausgeben und dann die Eingabe des Ausdrucks erwarten.

b) Der Ausdruck wird mit RETURN abgeschlossen. Anschließend wird das Ergebnis ausgegeben.

c) a) und b) sollen so lange wiederholt werden, bis 'e' als Endekennung eingegeben wird.

Damit kann das Hauptprogramm hingeschrieben werden:

```
int main() {
    char ch;
    while(true) {                    // Abbruch mit break
        cout << "\n>>";
        cin.get(ch);
        if(ch != 'e')
            cout << ausdruck(ch);
        else break;
    }
}
```

`cin.get(ch)` ist eine vordefinierte Prozedur, die das nächste Zeichen aus dem Tastaturpuffer, in den das Betriebssystem die eingegebenen Zeichen der Reihe nach abgelegt hat, einliest (siehe Seite 96). Mit jedem weiteren Aufruf von `cin.get()` wird ein weiteres Zeichen geholt. `cin >> ch` wird nicht gewählt, weil RETURN dann ignoriert wird. Nachdem der Rahmen abgesteckt ist, geht es nun an den Kern des Problems: `ausdruck()` ist offensichtlich eine Funktion, die die eingegebene Zeichenkette auswertet und einen `int`-Wert, nämlich das Ergebnis, zurückgibt. Wir haben es uns einfach gemacht und die ganze Arbeit an die Funktion delegiert. Wie kann die Funktion `ausdruck()` aussehen? Dazu ein paar Vorüberlegungen:

Laut Syntaxdiagramm ist *Ausdruck* entweder

a) *−Summand*

b) *+Summand* oder einfach nur

c) *Summand*

sowie mögliche zusätzliche, durch + oder − getrennte weitere Summanden. Man kann also die Zeichen + oder − gegebenenfalls überlesen und dann `ausdruck()` den Wert einer Funktion `summand()` zuweisen, die den Rest der Zeichenkette auswertet und ein `int`-Ergebnis zurückgibt. Das ermöglicht es `ausdruck()`, seinerseits einen Teil der Arbeit an `summand()` zu delegieren. Einer schiebt es auf den anderen, wie im richtigen Leben!

Daraus ergibt sich die Vorgehensweise:

- Aus dem Syntaxdiagramm leitet sich die folgende syntaktische Konstruktion ab, wobei das aktuelle Zeichen überlesen wird, wenn es *nicht* zu dieser Konstruktion gehört. *Andernfalls ist das Zeichen das erste zu analysierende Zeichen der syntaktischen Folgekonstruktion und wird der zugehörigen Funktion übergeben.*

- Die Folgekonstruktion wird als Funktion aufgerufen und verhält sich wie der Aufrufer. Wenn die Funktion auf ein Zeichen stößt, das *nicht* zu der zugehörigen syntaktischen Konstruktion passt, wird es an den Aufrufer *zurückgegeben*.

Beispiel :
*Ausdruck*: Aus dem Syntaxdiagramm ergibt sich *Summand* als folgende syntaktische Konstruktion. '−' oder '+' müssen gegebenenfalls übersprungen werden, weil sie kein Element von *Summand* sind.

*Summand* wird anschließend genauso behandelt wie Ausdruck usw. Die Rekursion muss wegen der endlichen Länge eines Ausdrucks irgendwann ein Ende haben.

Nach diesen Vorbemerkungen bilden wir das Syntaxdiagramm direkt auf ein C++-Programm ab, wobei dem syntaktischen Term *Ausdruck* eine Funktion mit dem Namen `ausdruck()` zugeordnet wird. Zum Beispiel wird eine Schleife im Diagramm in eine `while()`-Anweisung transformiert. Die Entsprechung zwischen dem Syntaxdiagramm auf Seite 122 und Programmcode ist offensichtlich. Die Variable c wird als Referenz übergeben, damit bei Ende der Funktion der neue Wert der aufrufenden Funktion zur weiteren Analyse zur Verfügung steht.

```
long ausdruck(char& c) {           // Übergabe per Referenz!
    long a;                         // Hilfsvariable für Ausdruck
    if(c == '-') {
        cin.get(c);                 // - im Eingabestrom überspringen
        a = -summand(c);            // Rest an summand() übergeben
    }
    else {
        if(c == '+')
            cin.get(c);             // + überspringen
        a = summand(c);
    }
    while(c == '+' || c == '-')
        if(c == '+') {
            cin.get(c);             // + überspringen
            a += summand(c);
        }
        else {
            cin.get(c);             // - überspringen
            a -= summand(c);
        }
    return a;
}
```

Summand wird auf die gleiche Art wie `ausdruck()` gebildet:

```
long summand(char& c) {
    long s = faktor(c);
    while(c == '*' || c == '/')
        if(c == '*') {
            cin.get(c);             // * überspringen
            s *= faktor(c);
        }
        else {
            cin.get(c);             // / überspringen
            s /= faktor(c);
        }
    return s;
}
```

Auch Faktor wird auf ähnliche Art konstruiert:

```
long faktor(char& c) {
    long f;
    if(c == '(') {
        cin.get(c);                            // ( überspringen
```

```
            f = ausdruck(c);
            if(c != ')' )
                cout << "Rechte Klammer fehlt!\n"; //*** s.u.
            else cin.get(c);                       // ) überspringen
        }
        else f = zahl(c);
        return f;
    }

    long zahl(char& c) {
        long z = 0;

        /*isdigit() ist eine Funktion (genauer: ein Makro), das zu true ausgewertet
          wird, falls c ein Zifferzeichen ist. Die Verwendung setzt #include<cctype>
          voraus.
        */

        while(isdigit(c))    { //d.h. c >= '0' && c <= '9'
            // Zur Subtraktion von '0' siehe Seite 51.
            z = 10*z + static_cast<long>(c-'0');
            cin.get(c);
        }
        return z;
    }
```

Letztlich ist die Umsetzung einer Syntax in ein Programm reine Fleißarbeit, wenn man weiß, wie es geht. Deswegen gibt es dafür Werkzeuge wie die Programme *lex* und *yacc* oder *bison*. Nun haben wir alle Bausteine zusammen, die zur Auswertung eines beliebig verschachtelten arithmetischen Ausdrucks nötig sind. Es bleibt dem Leser überlassen, das Programm zu vervollständigen, einschließlich Trennung von Prototypen und Definitionen, und es zum Laufen zu bringen.

Erweiterungen können leicht eingebaut werden, um Leerzeichen an syntaktisch sinnvollen Stellen zu erlauben oder Hinweise auf Syntaxfehler auszugeben, wie in der mit *** markierten Zeile gezeigt wird. Falls doch noch Verständnisschwierigkeiten auftreten sollten, spielt man am besten selbst »Computer«, indem man einen Ausdruck Schritt für Schritt am Schreibtisch dem Programm folgend abarbeitet.

## Übungsaufgaben

**4.2** Schreiben Sie eine Funktion `void str_umkehr(string& s)`, die die Reihenfolge der Zeichen im String s umkehrt.

**4.3** Schreiben Sie ein Programm, das eine exakte Kopie seines eigenen Quellcodes auf dem Bildschirm ausgibt, *ohne* auf eine Datei zuzugreifen. (Schwierig, Hinweis siehe [Hof85].)

**4.4** Vervollständigen Sie das Beispiel in Abschnitt 4.2.8 und bringen Sie es zum Laufen.

**4.5** Der Wert von $e^x$ kann durch die Reihenentwicklung $e^x = \sum_{i=0}^{\infty} \frac{x^i}{i!}$ berechnet werden. Schreiben Sie eine Funktion `double ehoch(double x)`, die die Berechnung leistet. Vergleichen Sie Ihr Ergebnis für die $x$-Werte -40 bis +40 in 10-er Schritten mit dem Ergebnis der Standard-Funktion `exp(double)`. Hinweise: Überlegen Sie, wie das Problem des Überlaufs von Zähler und Nenner bei großen x-Werten eliminiert werden kann. `#include<cmath>` für `exp()` nicht vergessen und im Index das Stichwort »numerische Auslöschung« nachschlagen, falls sie nur bei negativen x-Werten große Abweichungen haben sollten.

## 4.3 Grundsätze der modularen Gestaltung

C++ bietet eine große Flexibilität in der Organisierung eines Softwaresystems. Die Erfahrung lehrt, dass die Aufteilung eines großen Programms in einzelne, getrennt übersetzbare Dateien, die zusammengehörige Programmteile enthalten, sinnvoll ist. Folgender Aufbau empfiehlt sich:

- Die Standard-Header haben die uns schon bekannte Form `<headername>`. Darüber hinaus kann es eigene (oder fremde, zugekaufte) Header-Dateien geben, die typischerweise die Endung *.h [oder auch *.hpp, *.hxx, je nach Computer- oder Entwicklungssystem] im Dateinamen haben. Sie enthalten Konstanten, Schnittstellenbeschreibungen wie Klassendeklarationen, Deklarationen globaler Daten und Funktionsprototypen.

- Implementations-Dateien enthalten die Implementation der Klassen und den Programmcode der Funktionen (Endung im Dateinamen: *.cpp [auch *.cxx, *.cc, *.c, *.C]).

- Main-Datei (*.cpp [auch *.cxx, *.cc, *.c, *.C])

  enthält das Hauptprogramm `main( )`.

**Wirkung von #include**

Damit eine Datei einzeln für sich übersetzbar ist, müssen Konstanten, Klasseninterfaces und Funktionsprototypen bekannt sein. Das wird erreicht durch das Einschließen der Header-Dateien mit der Präprozessordirektive `#include "filename.h"`. Präprozessordirektiven werden von einem dem eigentlichen Compiler vorgeschalteten Präprozessor verarbeitet, der auch die Kommentare ausblendet.

Anstelle von *filename.h* ist natürlich der richtige Name einzutragen. Die Datei *filename.h* wird im aktuellen Verzeichnis gesucht und an dieser Stelle eingelesen. Die eingelesene Datei kann selbst auch `#include`-Direktiven enthalten, die genauso verarbeitet werden. Weiteres zu diesen Direktiven, insbesondere auch zur Form

`#include<Header>` (keine Anführungszeichen als Begrenzer), ist auf Seite 136 zu finden.

Zwei Strukturen, die in den nächsten Abschnitten behandelt werden, sind möglich:

- die Steuerung der Übersetzung nur durch `#include`-Anweisungen;
- das Einbinden von bereits vorübersetzten Programmteilen; besonders sinnvoll bei großen Programmen, von denen einige Teile schon stabil laufen.

### 4.3.1 Steuerung der Übersetzung mit #include

Nehmen wir an, dass das `main`-Programm (Datei *mainprog.cpp*) die Funktionen `func_a1()` und `func_a2()` aus der Datei *a.cpp* und eine Funktion `func_b()` aus der Datei *b.cpp* benutzt. Mit `#include` werden diese Dateien in *mainprog.cpp* eingeschlossen. `#include "a.cpp"` wirkt, als ob an der Stelle der `#include`-Anweisung die Datei *a.cpp* selbst hingeschrieben worden wäre. *mainprog.cpp* könnte also den Inhalt

```
// nicht empfehlenswert! (»quick and dirty«)
#include "a.cpp"
#include "b.cpp"
int main() {
    func_a1( );    // Funktionsaufrufe
    func_a2( );
    func_b( );
}
```

haben und würde damit übersetzt werden können. Nur bei sehr *kleinen* Programmen ist dieses Verfahren ausreichend. Im Normalfall gelten jedoch die Empfehlungen des folgenden Abschnitts.

### 4.3.2 Einbinden vorübersetzter Programmteile

Bei größeren und sehr großen Programmen ist es sinnvoll, Schnittstellen (Funktionsprototypen und Klassen) und Implementationen (Programmcode) zu trennen. Daher nehmen wir ferner an, dass die Schnittstellen in den Header-Dateien *a.h* und *b.h* abgelegt sind.

Um die automatische Prüfung der Schnittstellen durch den Compiler zu ermöglichen, werden die Header-Dateien mit `#include` in allen Dateien eingeschlossen, die diese Schnittstellen verwenden. Mit den Header-Dateien kann jede Datei einzeln übersetzt werden. Wenn es Änderungen gibt, müssen nur noch die davon betroffenen Dateien neu compiliert werden. Die Dateien könnten folgenden Inhalt haben:

```
// a.h
void func_a1();
void func_a2();

// a.cpp
#include "a.h"
void func_a1() {
    // Programmcode zu func_a1
}

void func_a2() {
    // Programmcode zu func_a2
}

// b.h
void func_b();

// b.cpp
#include "b.h"
void func_b() {
    // Programmcode zu func_b
}
```

In diesem sehr einfachen Beispiel ist es nicht zwingend, *a.h* in *a.cpp* und *b.h* in *b.cpp* einzubinden, weil die *\*.cpp*-Dateien keine Informationen verwenden, die nur in den *\*.h*-Dateien vorkommen. Das ist jedoch nicht die Regel, wie wir später sehen werden.

```
// mainprog.cpp
#include "a.h"
#include "b.h"

int main() {
    func_a1( );
    func_a2( );
    func_b( );
}
```

Die erste Zeile gibt jeweils den Namen der Datei im Kommentar an. Wir nehmen an, dass *a.cpp* und *b.cpp* bereits übersetzt sind, die Dateien *a.o* und *b.o* also existieren. In *mainprog.cpp* sei eine Änderung notwendig gewesen. Den Übersetzungsablauf zeigt Abbildung 4.6.

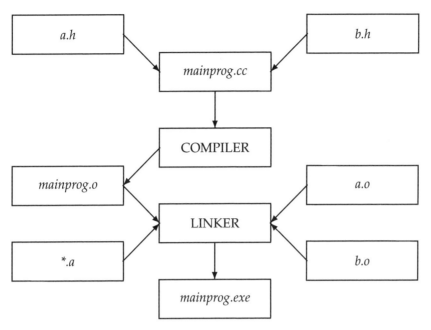

Abbildung 4.6: Compilations- und Link-Ablauf

Die Steuerung der Übersetzung und des Bindens ist je nach System unterschiedlich. Üblich sind Make-Dateien, in denen die Reihenfolge und die Abhängigkeiten der Dateien beschrieben sind, sodass bei Änderungen nur die davon betroffenen neu übersetzt werden müssen. Make-Dateien werden kurz in Anhang A.4 beschrieben. Eine andere Methode mit gleicher Wirkung sind so genannte »Projekte«, in denen die zu übersetzenden und zu bindenden Dateien angegeben werden. Wenn eine ganze Reihe gut getesteter Programmbausteine zu einem Thema vorliegen, können die zugehörigen *.o- (oder *.obj)-Dateien in einer Bibliotheks- oder *.a- (oder *.lib)-Datei zusammengefasst werden. Die Konzepte

*Tipp*

- Trennung von Schnittstellen und Implementation und

- Gruppierung zusammengehöriger Funktionen und Klassen zu Bibliotheksmodulen

sind Standard in allen größeren Programmierprojekten.

## 4.3.3 Dateiübergreifende Gültigkeit und Sichtbarkeit

Die Speicherklasse einer Variablen wird durch die Worte auto, static, extern, register und mutable bestimmt. Mit auto, static und extern werden Sichtbarkeit und Lebensdauer von Variablen eingestellt. Auf `register` wird am Ende des Abschnitts eingegangen und `mutable` kann erst in Abschnitt 5.5 erläutert werden.

### extern bei Variablen

Variablen, die außerhalb von `main()` und jeglicher anderer Funktion definiert sind, heißen *global*. Sie sind in *allen* Teilen eines Programms gültig, auch in anderen Dateien. Eine globale Variable muss nur in einer anderen Datei als `extern` deklariert werden, um dort benutzbar zu sein.

```
// Datei1.cpp
int global;                 // Deklaration und Definition
int main() {
    global = 17;
}

// Datei2.cpp
extern int global;          // Deklaration, aber keine Definition
int func1( ) {
    global = 123;
}
```

*Datei2.cpp* ist für sich allein übersetzbar. Das Schlüsselwort `extern` sagt dem Compiler, dass eine Variable irgendwo anders definiert ist. Erst beim Binden, auch Linken genannt, wird die Referenz aufgelöst.

### static

Um den Gültigkeitsbereich von Variablen und Funktionen auf *eine Datei zu beschränken*, ist das Schlüsselwort `static` notwendig. Die hier beschriebene Bedeutung von `static` ist nicht mit der aus Abschnitt 4.1.2 zu verwechseln. In 4.1.2 geht es um Variablen, die innerhalb von Funktionen deklariert sind, aber zwischen Funktionsaufrufen nicht ihren Wert verlieren. In C++ kommt es häufig vor, dass Schlüsselwörter oder Operatoren mehrere Bedeutungen haben, die sich im konkreten Fall aus dem Kontext ergeben. Die Verwendung von `static` ist empfehlenswert zur Vermeidung von Namenskonflikten zwischen verschiedenen Dateien. `static`-Variablen werden stets mit 0 initialisiert, wobei 0 gegebenenfalls in den passenden Datentyp umgewandelt wird.

```
// Datei1.cpp (geändert!)
static int global;          // nicht mehr global!
int main() {
    global = 17;
}
```

Mit dieser Änderung in *Datei1.cpp* würden beide Dateien anstandslos übersetzt, aber es würde einen Linker-Fehler bei *Datei2.o* geben, weil jetzt die Gültigkeit von `global` nur auf *Datei1.cpp* beschränkt ist. Alles, was der Compiler in einem Durchgang liest, ist eine *Übersetzungseinheit*. Man sagt, dass die nur innerhalb einer Übersetzungseinheit gültigen Variablen und Funktionen *intern gebunden* werden (internes Linken (englisch *internal linkage*)), während globale Variablen und Funktionen *extern gebunden* werden (externes Linken (englisch *external linkage*)).

Auf Dateiebene (außerhalb von `main()`) definierte *Variablen* sind *global* und in anderen Dateien benutzbar, wenn sie dort als `extern` deklariert sind.

### extern bei Konstanten

Bei *Konstanten* (`const`) ist es jedoch anders: Konstanten sind nur in der Definitionsdatei sichtbar! Sollen Konstante anderen Dateien zugänglich gemacht werden, müssen sie als `extern` deklariert und initialisiert werden:  *Tipp*

```
// Datei1.cpp
extern const float PI = 3.14159;       // Deklaration und Definition
```

```
// Datei2.cpp
// Deklaration ohne Definition
extern const float PI;  // ohne Initialisierung
```

Ohne `extern` in *Datei1.cpp* wäre der Geltungsbereich von `PI` auf *Datei1.cpp* beschränkt.

### auto

Alle nicht globalen und nicht-`static`-Variablen sind *automatische* `auto`-Variablen, die innerhalb eines Blocks definiert werden. Den Definitionen *kann* zur Kennzeichnung das Schlüsselwort `auto` vorangestellt werden. Falls es nicht vorangestellt wird, ist eine Variable ohnehin automatisch, sodass das Schlüsselwort `auto` nur in sehr speziellen Fällen notwendig ist.

### register

Automatische Variablen werden bei Betreten eines Blocks mit undefiniertem Inhalt angelegt, also *ohne* dass sie mit 0 initialisiert werden, und bei Verlassen des Blocks wieder zerstört (siehe Abschnitt 2.3). Mit `register` gekennzeichnete Variablen sind `auto`-Variablen. `register` ist nur ein Hinweis an den Compiler, dass diese Variable aus Geschwindigkeitsgründen am besten in ein Register der CPU gepackt wird. Der Compiler ist an diesen Hinweis nicht gebunden.

## 4.3.4 Übersetzungseinheit, Deklaration, Definition

Der Text, den der Compiler in einem Durchgang verdauen muss, heißt *Übersetzungseinheit*. In diesem Sinn geht es bei der Steuerung der Übersetzung mit `#include` im Abschnitt 4.3.1 nur um eine einzige Übersetzungseinheit. Große Programme werden jedoch in viele Übersetzungseinheiten gegliedert, um sie handhabbar zu machen. Insbesondere müssen bereits übersetzte und funktionstüchtige Teile nicht immer wieder neu übersetzt werden (Abschnitt 4.3.2). Zum Verständnis ist es wichtig, klar zwischen den Begriffen *Deklaration* und *Definition* zu unterscheiden:

- Eine *Deklaration* führt einen Namen in ein Programm ein und gibt dem Namen eine Bedeutung.

- Eine Deklaration ist auch eine *Definition,* wenn *mehr als nur der Name eingeführt wird*, zum Beispiel wenn Speicherplatz für Daten oder Code angelegt oder die innere Struktur eines Datentyps beschrieben wird, aus der sich der benötigte Speicherplatz ergibt.

Der Verdeutlichung dienen einige Beispiele. Folgende Deklarationen sind gleichzeitig Definitionen:

```
int a;                              // Speicherplatz für a wird angelegt
extern const float PI = 3.14159;    // Speicherplatz für PI wird angelegt
                                    // zu extern siehe Seite 132 f.
int f(int x) { return x*x; }        // enthält Programmcode
struct meinStrukt {                 // definiert meinStrukt, d.h.
   int c,d;                         // beschreibt die innere Struktur
};
meinStrukt X;                       // Speicherplatz für X wird angelegt
enum meinEnum { li, re };           // definiert meinEnum
meinEnum Y;                         // Speicherplatz für Y wird angelegt
```

Die folgenden Zeilen sind Deklarationen, aber *keine* Definitionen:

```
extern int a;
extern const float PI;
int f(int);
struct meinStrukt;
enum meinEnum;
```

**one definition rule**

Die folgende, unter dem englischen Namen *one definition rule* bekannte Regel ist bei der Strukturierung von Programmen zu beachten: Jede Variable, Funktion, Struktur, Konstante und so weiter in einem Programm hat *genau eine* Definition. Dabei spielt es keine Rolle, ob das Programm aus vielen oder wenigen Übersetzungseinheiten besteht, ob die Definition selbst geschrieben wurde oder von einer Programmbibliothek (englisch *library*) zur Verfügung gestellt wird. Aus der *one definition rule* ergibt sich, was in den verschiedenen Dateitypen enthalten sein sollte (mit Beispielen):

**Header-Dateien** (*.h)

- Funktionsprototypen (Schnittstellen)
    ```
    void meineFunktion(int einParameter);
    ```
- reine Deklaration (nicht Definition) globaler Variablen
    ```
    extern int global;
    ```
- reine Deklaration globaler Konstanten (nicht Definition, das heißt ohne Initialisierung)
    ```
    extern const int GLOBALE_KONSTANTE;
    ```
- Definition von Datentypen wie `enum` oder `struct` (weil die *.cpp*-Dateien die Größe von Objekten dieser Datentypen kennen müssen)
    ```
    struct Punkt {
        int x;
        int y;
    };

    enum Wochenende {Samstag, Sonntag};
    ```

**Implementations-Dateien** (*.cpp)

- Funktionsdefinitionen (Implementation)
    ```
    void meineFunktion(int Parameter) {
        // ... Programmcode
    }
    ```
- Definition globaler Objekte (nur *einmal* im ganzen Programm)
    ```
    int global;
    ```
- Definition und Initialisierung globaler Konstanten (nur *einmal* im Programm)
    ```
    extern const int GLOBALE_KONSTANTE = 1;
    ```
- Definition von Objekten bestimmter Datentypen
    ```
    Punkt einPunkt;

    Wochenende einWochenende;
    ```

Variablen, die ohne das Schlüsselwort `extern` in der Header-Datei auftreten, sind global. Wenn dieselbe Header-Datei von mehreren Implementations-Dateien eingebunden wird, werden diese Variablen *mehrfach* angelegt – im Widerspruch zur »one definition rule«. Der Linker kann diese mehrfach angelegten Variablen gleichen Namens stillschweigend zusammenlegen, oder er gibt eine Warnung oder Fehlermeldung aus, dass die Variable doppelt oder mehrfach definiert ist. Globale Variablen sollten also immer extern deklariert werden und die Definition sollte nur in einer Übersetzungseinheit vorkommen.

Konstanten, die ohne das Schlüsselwort `extern` in der Header-Datei auftreten, sind nicht global und beziehen sich nur auf die Übersetzungseinheit. Wenn dieselbe Header-Datei von mehreren Implementations-Dateien eingebunden wird, werden diese Konstanten entsprechend mehrfach angelegt. Falls der Compiler die Konstanten in besonderen Speicherplätzen ablegt (was durchaus nicht sein muss), bedeutet das Mehrfachanlegen zugleich Speicherplatzverschwendung.

### 4.3.5 Compilerdirektiven und Makros

Compilerdirektiven sind Anweisungen an den dem Compiler vorgeschalteten Präprozessor, die den Übersetzungsprozeß steuern, wie zum Beispiel `#include`. Compilerdirektiven beginnen stets mit # am Zeilenanfang.

#### #include

Bereits bekannt ist die `#include`-Anweisung (siehe Seiten 30 und 129). Die Dateispezifikation kann außer dem Dateinamen den vollständigen Pfad enthalten, wobei Verzeichnisnamen durch einen Schrägstrich / zu trennen sind. In der MS-Windows-Welt ist auch der \ (Backslash) möglich, der Schrägstrich ist aber aus Portabilitätsgründen zu bevorzugen. Beispiele:

```
// relativer Pfad
#include"dateiname"
#include"../include/dateiname"   // Die Punkte .. kennzeichnen das
                                 // übergeordnete Verzeichnis
```

```
// absoluter Pfad
#include"/home/users/breymann/cppbuch/include/dateiname"  // Unix
#include"C:/cppbuch/include/dateiname"                    // Windows
```

Wird die Datei im aktuellen Verzeichnis nicht gefunden, wird in den voreingestellten *include*-Verzeichnissen gesucht. Falls auch diese Suche fehlschlägt, wird versucht, die Direktive in der Standard-Header-Form zu interpretieren.

Die Standard-Header-Form ist `#include<header>`, wobei der Platzhalter `header` nach [ISO98] nicht unbedingt eine Datei sein muss. Die bisher gängigen Implementierungen fassen `header` jedoch als Datei auf. In der Standard-Header-Form wird sofort in den voreingestellten *include*-Verzeichnissen gesucht, die Suche im aktuellen Verzeichnis entfällt. Die voreingestellten *include*-Verzeichnisse sind die zum System gehörenden *include*-Verzeichnisse, in denen zum Beispiel mit `#include<iostream>` alles Nötige zur Ein- und Ausgabe gefunden wird. Sie können aber auch eigene *include*-Verzeichnisse als voreingestellte definieren. Wenn Sie zum Beispiel das Programm *merge1.cpp* von Seite 552 mit

`g++ merge1.cpp`

im aktuellen Verzeichnis compilieren wollen, erhalten Sie eine Fehlermeldung, weil ein im Programm geforderter Header nicht gefunden wird. Bei Voreinstellung des *include*-Verzeichnisses mit der I-Option des Compilers verschwindet der Fehler:

`g++ -I/home/users/breymann/cppbuch/include merge1.cpp`

Das Batch-Kommando c (Aufruf: `c merge1`) berücksichtigt die notwendigen *include*-Verzeichnisse (siehe *cppbuch/bin* bzw. *cppbuch/bat* auf der CD-ROM).

## #define, #ifdef, #ifndef

Es kann zu Problemen beim Übersetzen führen, wenn Header-Dateien *mehrfach* eingebunden sind, sodass sich mehrfache Definitionen ergäben. Wenn im Beispiel auf Seite 130 sowohl *a.cpp* als auch *b.cpp* eine Datei *c.h* benötigten, zum Beispiel wegen eines Aufrufs der Funktion `func_c1()` innerhalb von `func_a1()` und `func_b()`, enthielten beide Dateien die Anweisung `#include "c.h"`. Durch die `#include`-Anweisungen in *mainprog.cpp* würde also *c.h* *zwei*mal eingelesen. Abhilfe schaffen die Anweisungen `#if defined` (Abkürzung `#ifdef`), `#if !defined` (Abkürzung `#ifndef`), und `#define`.

```
// c.h
#ifndef c_h
#define c_h

void func_c1();
void func_c2();
enum Farbtyp {rot, gruen, blau, gelb};

#endif   // c_h
```

Bedeutung:
  *Falls* der (beliebige) Name c_h nicht definiert ist,
  *dann* definiere c_h und akzeptiere alles bis `#endif`.

Die Wirkung des *ersten Lesens* von *c.h* als indirekte Folge von `#include "a.h"` in *mainprog.cpp* ist:

- `#ifndef c_h` liefert TRUE, weil c_h noch nicht definiert ist
- `#define c_h` definiert c_h

- alles bis `#endif` wird gelesen

Die Wirkung des *zweiten* Durchlaufs von *c.h* als indirekte Folge von `#include "b.h"` in *mainprog.cpp* ist:

- `#ifndef c_h` liefert FALSE (d.h. 0), weil `c_h` bereits definiert ist
- alles bis `#endif` wird ignoriert.

`#if`-Blöcke erstrecken sich nicht über Dateigrenzen. Nach `#endif` in derselben Zeile stehender Text zur Dokumentation ist nur erlaubt, wenn er als Kommentar markiert ist (siehe oben: `// c_h`). Mit `#undef` kann eine Definition rückgängig gemacht werden.

### Makros mit #define

Es gibt eine weitere Bedeutung von `#define`, nämlich das Ersetzen von Makros durch Zeichenketten, wobei Parameter erlaubt sind. Die Makrodefinitionen

```
// nicht empfehlenswert! (Begründung folgt)
#define PI 3.14
#define schreibe cout
#define QUAD(x) ((x)*(x))
```

erlauben in einem Programm den Text

```
schreibe << PI << endl;
y = QUAD(z);
```

und würden interpretiert werden als:

```
cout << 3.14 << endl;
y = ((z)*(z));
```

Wenn ein Makro durch einen sehr langen Text ersetzt werden soll, der über mehrere Zeilen geht, ist jede Zeile mit Ausnahme der letzten mit einem \ (Backslash) abzuschließen. Es ist möglich, mit einem Makro ganze Unterprogramme für verschiedene Datentypen zu schreiben, wobei der Datentyp der Parameter ist, der dem Makro übergeben wird. Eine bessere Möglichkeit dafür sind jedoch Funktionsschablonen oder -templates, die in Abschnitt 4.4 besprochen werden.

*Tipp* Die Textersetzung mit `#define` sollte im Allgemeinen *nicht* verwendet werden, wenn es Alternativen gibt. Wie gefährlich Makros sein können, lässt sich schon an dem einfachen QUAD-Makro zeigen. Der Aufruf

```
int z = 3;
int y = QUAD(++z);
```

soll `y` das Quadrat von `z` zuweisen, nachdem `z` um 1 erhöht wurde – oder? In Wirklichkeit wird `z` *zweimal* erhöht:

```
int y = ((++z)*(++z)); // expandierter Makroaufruf
```
und das Ergebnis ist falsch. Makronamen sind zudem einem symbolischen Debugger (ein Werkzeug zur Fehlersuche) nicht zugänglich, wie die Pseudo-Konstante PI im obigen Beispiel. Ferner kann auf PI kein Zeiger gerichtet werden. Ein weiterer Nachteil von Makros besteht in der Umgehung der Typkontrolle:

```
// Makrodefinition
#define MULT(a,b)    ((a)*(b))

// Makroaufruf
int a, b = 2, c = 3;
a = MULT(b,c);    // ok
a = MULT(b,"Fehler!");
```

Der Compiler bekommt das Makro durch den vorgeschalteten Präprozessor gar nicht erst zu sehen, sondern bekommt nur das Ergebnis der Makroexpansion (= Textersetzung) vorgesetzt. Deshalb sind Compilerfehlermeldungen bei Fehlern innerhalb großer Makros manchmal nicht ohne weiteres nachvollziehbar.

Eine weitere übliche Anwendung von #define als Textersetzungsmakro mit Parametern ist die gezielte Ein- und Ausblendung von Testsequenzen in einem Programm. Beispiel:

```
#define TEST_EIN
#ifdef TEST_EIN
    #define TESTANWEISUNG(irgendwas) irgendwas
#else
    #define TESTANWEISUNG(irgendwas) /* nichts */
#endif

// ... irgendwelcher Programmcode

// nur im Test soll bei Fehlern eine Meldung ausgegeben werden:
TESTANWEISUNG(if(x < 0) cout << "sqrt(negative Zahl)!" << endl;)
y = sqrt(x);
// ... mehr Programmcode
```

Der Parameter ist irgendwas. Falls TEST_EIN gesetzt ist, wird beim Compilieren durch den Präprozessor überall im Programm TESTANWEISUNG(irgendwas) durch irgendwas ersetzt. Wenn nach erfolgreichem Testen des Programms alle Testanweisungen verschwinden sollen, genügt es, die Zeile #define TEST_EIN zu löschen oder mit // in einen Kommentar zu verwandeln, mit der Wirkung, dass der Präprozessor jede TESTANWEISUNG() durch einen Kommentar /*nichts*/ ersetzt, der schlicht ignoriert wird. #define-Makros können mehrere durch Kommas getrennte Parameter enthalten. In irgendwas sollte kein Komma enthalten sein, weil der Präprozessor sich sonst über die falsche Parameteranzahl beschwert. Zusammengefasst hat dieses Vorgehen zwei Vorteile:

- Nach Testabschluss wird das lauffertige Programm schneller und benötigt weniger Speicher durch die fehlenden Testanweisungen.

- Die Testanweisungen können im Programm zum späteren Gebrauch stehen bleiben. Sie müssen nicht einzeln auskommentiert oder gelöscht werden.

Die Technik, durch Makros gesteuert verschiedene Dinge ein- oder auszuschließen, wird sehr gut in den Header-Dateien des Include-Verzeichnisses des Compilers sichtbar. Schauen Sie mal nach! Diese Art der Makrobenutzung ist weit verbreitet und hat ihre Vorteile. Es gibt jedoch eine Lösung, die nur mit den Sprachelementen von C++ auskommt (also ohne Makros, die ja vom Präprozessor verarbeitet werden):

```
const bool TEST_EIN = true;
// ... irgendwelcher Programmcode

// nur im Test soll bei Fehlern eine Meldung ausgegeben werden:
if(TEST_EIN) if(x < 0) cout << "sqrt(negative Zahl)!" << endl;
y = sqrt(x);
```

Diese Lösung hat die gleichen oben genannten Vorteile. Die einzige Voraussetzung ist, dass der Compiler »toten« Programmcode von vornherein ignoriert, falls nämlich nach Abschluss der Testphase die erste Zeile in `const bool TEST_EIN = false;` geändert und dadurch die `if`-Anweisung überflüssig wird. Dies ist für einen modernen Compiler kein Problem. Ein Nachteil sind allerdings die Warnmeldungen des Compilers, der sich zu Recht über nicht ausführbaren Code beschwert, weil er die Absicht natürlich nicht erkennen kann.

### Umwandlung von Parametern in Zeichenketten

Nichtsdestoweniger gibt es auch brauchbare Makros. Speziell für Testausgaben ist das Makro PRINT nützlich, das das Argument mit vorangestelltem # in eine Zeichenkette wandelt. Ohne einen Namen oder einen Ausdruck doppelt schreiben zu müssen, hat man Text und Ergebnis auf dem Bildschirm:

```
#define PRINT(X) cout << (#X) << "= "<< (X) << endl
```

Damit kann kurz zum Beispiel

```
PRINT(int(xptr)-int(xptr2));
```

geschrieben werden anstatt

```
cout << "int(xptr)-int(xptr2) = "
     << int(xptr)-int(xptr2) << endl;
```

mit dem Ergebnis *int(xptr)-int(xptr2) = 4* auf dem Bildschirm.

## Empfehlung für den Aufbau von Header-Dateien

Header-Dateien sollten nach folgendem Schema aufgebaut sein:

```
// Dateiname: fn.h
#ifndef fn_h
#define fn_h fn_h

// hier folgen die Deklarationen

#endif // fn_h
```

Um stets eindeutige Namen zu gewährleisten, empfiehlt sich die Ableitung aus dem Dateinamen, so wie `fn_h` aus *fn.h* entstanden ist. Warum tritt aber `fn_h` doppelt auf? Sehen wir uns dazu folgendes Beispiel an:

```
// Dateiname: fn.h
#ifndef fn_h
#define fn_h

// hier folgen die Deklarationen
enum fn_h { a,b,c };           // Fehler!
#endif // fn_h
```

Es kann sein, dass zufällig derselbe Name im nachfolgenden Programmcode auftritt, weil der Dateiname meistens mit dem Dateiinhalt zu tun hat. `#define` dient zur Textersetzung oder definiert etwas als logisch wahr. Das zweite Auftreten ist für den Compiler nicht verständlich, weil anstatt `fn_h` eine 1 (= wahr) gesehen wird. Es empfiehlt sich also, entweder Variablennamen mit der Endung `_h` zu vermeiden oder den Text durch sich selbst zu ersetzen, damit er keine Änderung erfährt: `#define fn_h fn_h`.

Natürlich vermindert bereits die Endung `_h` die Gefahr einer zufälligen Namensgleichheit. Eine Alternative ist das Hervorheben durch Großschreibung, wie in der C-Welt üblich, meistens ohne Verdopplung:

```
#ifndef FN_H
#define FN_H
// ... usw.
```

**Namespaces** sollten *nicht* mit `using` in einer Header-Datei eingeführt werden, weil sie damit in allen Dateien bekannt werden, die diese Header-Datei verwenden und damit Namenskonflikte produzieren können (Einzelheiten siehe Kapitel 12.1 ab Seite 423). Besser ist die qualifizierte Ansprache entsprechend der zweiten der auf Seite 59 beschriebenen Möglichkeiten. Beispiel: In einer Header-Datei sollte `cout` weder mit `using std::cout;`, noch mit `using namespace std;` eingeführt, sondern qualifiziert als `std::cout` benannt werden.

*Tipp*

## Verifizieren logischer Annahmen mit assert

Ein weiteres sehr nützliches Makro ist `assert()` zur Überprüfung logischer Annahmen, die an der Stelle des Makros gültig sein sollen. Insbesondere lassen sich die in Abschnitt 4.2.7 beschriebenen Vor- und Nachbedingungen verifizieren. Das Wort `assert()` leitet sich vom englischen Wort *assertion* ab, das auf Deutsch »Zusicherung« heißt. Zusicherungen werden mit dem Header `<cassert>` eingebunden. Beispiel:

```
#include<cassert>      // enthält Makrodefinition
const int GRENZE = 100;
int Index;
// .... Berechnung von Index
// Test auf Einhaltung der Grenzen:
assert(Index >= 0 && Index < GRENZE);
```

Falls die Annahme (`Index >= 0 && Index < GRENZE`) nicht stimmen sollte, wird das Programm mit einer Fehlermeldung abgebrochen, die die zu verifizierende logische Annahme, die Datei und die Nummer der Zeile enthält, in der der Fehler aufgetreten ist (eine andere Möglichkeit wäre das »Werfen einer Ausnahme«, siehe Abschnitt 10.1). `assert()` ist wirkungslos, falls NDEBUG vor `#include<cassert>` definiert wurde, entweder durch die Compilerdirektive `#define NDEBUG` oder durch Setzen des Compilerschalters –D, mit dem Makrodefinitionen voreingestellt werden. Anwendungsbeispiel: `g++ -DNDEBUG meinProgramm.cpp`

Werfen Sie einen Blick in die Datei *assert.h*, um die Wirkungsweise des Makros zu studieren! Der bereits oben im `PRINT()`-Makro verwendete Präprozessoroperator # verwandelt die logische Annahme in eine Zeichenkette. Die innerhalb `assert()` verwendeten vordefinierten Makros `__FILE__` und `__LINE__` werden beim Compilieren durch einen String mit dem Dateinamen beziehungsweise durch die Zeilennummer ersetzt. Die vordefinierten Makros können Sie innerhalb selbst geschriebener Makros verwenden, ebenso wie `__DATE__` und `__TIME__`, die Datum und Uhrzeit der Übersetzung in einen String verwandeln.

*Vorsicht!* Warnung: Vermeiden Sie Seiteneffekte in `assert()` und generell in Makros! Eine in der Zusicherung aufgerufene Funktion wird bei gesetztem NDEBUG nicht ausgeführt! Beispiel:

```
assert(datei_oeffnen(filename) == erfolgreich);   // Fehler
assert(GRENZE <= max(x,y));                        // Fehler
```

Falls NDEBUG definiert ist, wird die Datei nicht geöffnet, und weder wird das Maximum von x und y berechnet noch GRENZE mit irgendeinem Wert verglichen.

## Übungsaufgaben

**4.6** Warum sollte man das oben vorgestellte Makro `QUAD(x)` *nicht* viel einfacher so formulieren: `#define QUAD(x) x*x` ?

**4.7** Strukturieren Sie die Lösung von Aufgabe 4.4 (Seite 128) entsprechend den Empfehlungen des Abschnitts 4.3.

## 4.4 Funktionstemplates

Oft ist dieselbe Aufgabe für verschiedene Datentypen zu erledigen, zum Beispiel Sortieren eines `int`-Arrays, eines `double`-Arrays und eines String-Arrays. Das Kopieren einer Sortierfunktion für verschiedene Datentypen ist fehleranfällig, weil Änderungen in allen Versionen nachgezogen werden müssen. Mit *Schablonen* (englisch *templates*) können Funktionen mit parametrisierten Datentypen geschrieben werden. Im Folgenden wird der Begriff »Template« vorgezogen, weil die Übersetzung als »Schablone« sich in deutschen Texten zu C++ nicht durchgesetzt hat und daher unpassend wirkt. Mit »parametrisierten Datentypen« ist gemeint, dass eine Funktion für einen beliebigen, noch festzulegenden Datentyp geschrieben wird. Für den noch unbestimmten Datentyp wird ein Platzhalter (Parameter) eingefügt, der später durch den tatsächlich benötigten Datentyp ersetzt wird. Die allgemeine Form für Templates ist

> `template<class` *TypBezeichner>* *Funktionsdefinition*

Anstatt `class` kann auch `typename` geschrieben werden. Dabei ist *TypBezeichner* ein beliebiger Name, der in der *Funktionsdefinition* als Datentyp verwendet wird. Das folgende Programmbeispiel sortiert ein `int`-Feld und ein `double`-Feld, obwohl nur eine *einzige* Funktion `quicksort()` geschrieben wird, die hier den Datentypplatzhalter `T` benutzt. In der C++-Standardbibliothek gibt es eine Funktion `sort()` zum Sortieren (siehe Seite 543), die hier bewusst ignoriert wird, um den Template-Mechanismus am Beispiel zu demonstrieren. Die Wirkungsweise des Quicksort ist zum Beispiel in [CLR90] beschrieben.

Damit ist `quicksort()` leichter anwendbar für Arrays von Objekten einer beliebigen Klasse. (Bezüglich der Begriffe Objekt und Klasse vertröste ich Sie auf das nächste Kapitel.) Das Wort `class` drückt aus, dass ein `template` für beliebige Klassen möglich ist. In diesem Zusammenhang sind die Grunddatentypen `int` und `double` nichts anderes als ein vordefinierter Sonderfall einer Klasse.

## Beispielprogramm mit Funktions-Templates

```
// cppbuch/k4/qsort.cpp
#include<iostream>
#include<vector>
#include<cstddef>
using namespace std;

// Templates mit T als Parameter für den Datentyp (Platzhalter)
template<class T>
void tausche(T& a, T& b) {
    // a und b vertauschen
    const T TEMP = a;
    a = b;
    b = TEMP;
}
/*Die folgende Funktion würde auch mit einer Parameterliste (T a, T b) arbeiten,
   d.h. einer Kopie per Wert. Da T aber für einen beliebigen Datentyp steht, wird eine
   Referenz bevorzugt, um Kopien von möglicherweise sehr großen Objekten zu ver-
   meiden (wie schon auf Seite 114 erwähnt).
*/
template<class T>
bool kleiner(const T& a, const T& b)    { // Vergleich
    return a < b;   // zu < siehe auch Text am Abschnittsende
}

template<class T>
void drucke(const vector<T>& V) {
    for(size_t i = 0; i < V.size(); ++i)
        cout << V[i] << ' ';
    cout << endl;
}

template<class T>
void quicksort(vector<T>& a, int links, int rechts) {
    int li = links,
        re = rechts;
    /*Die Verwendung von unsigned int für li und re wäre falsch, weil bei der
       ---Operation unten auch der Wert -1 auftreten kann. Eine Mischung der Ty-
       pen int und unsigned in Vergleichen oder bei impliziten Typkonversionen
       provoziert ohnehin leicht Programmierfehler, die der Compiler nicht entdeckt
       (siehe Beispiel if(u < i)...auf Seite 66).
    */
    T el = a[(links+rechts)/2];
```

## Beispielprogramm (Fortsetzung)

```
      do {
          while(kleiner(a[li],el)) ++li;
          while(kleiner(el,a[re])) --re;
          if(li <  re) tausche(a[li],a[re]);
          if(li <= re) {++li; --re;}
      } while(li <= re);
      if(links < re)   quicksort(a, links, re);
      if(li < rechts) quicksort(a, li, rechts);
}
int main () {
    vector<int> iV(10);
    iV[0]=100; iV[1]=22;  iV[2]=-3; iV[3]=44; iV[4]=6;
    iV[5]= -9; iV[6]=-2;  iV[7]= 1; iV[8]=8;  iV[9]=9;

    /*In den folgenden beiden Anweisungen werden vom Compiler, gesteuert
      durch den Datentyp vector<int> des Parameters iV, aus den obigen
      Templates die Funktionen quicksort( vector<int>&, int, int) und
      drucke(const vector<int>&) erzeugt, ebenso wie die implizit aufge-
      rufenen Funktionen tausche(int&, int&) und kleiner(const int&,
      const int&).
    */

    quicksort(iV, 0, iV.size()-1);
    drucke(iV);

    vector<double> dV(8);
    dV[0]=1.09; dV[1]=2.2; dV[2]=79.6; dV[3]=-1.9; dV[4]=2.7;
    dV[5]=100.9; dV[6]=18.8; dV[7]=99.9;

    /*Generierung der überladenen Funktionen quicksort(vector<double>&,
      int, int) und drucke(const vector<double>&) (und der aufgeru-
      fenen Funktionen tausche(double&, double&) und kleiner(const
      double&, const double&)):
    */

    quicksort(dV, 0, dV.size()-1);
    drucke(dV);
}   // Ende von main()
```

Innerhalb von main() stellt der Compiler an Hand des Funktionsaufrufs fest, für welchen Datentyp die Funktion benötigt wird, und bildet die Definition mit Hilfe des Templates. Für jeden Datentyp wird eine Funktion vom Compiler aus der Schablone erzeugt – ebenso wie Sie mit *einer* Form einen Schokoladen- und einen Nußkuchen backen können.

Mit `quicksort()` liegt ein universelles Sortierprogramm vor, das für verschiedene Datentypen geeignet ist. Auffällig ist, dass der Vergleich, welches Element kleiner ist, als Funktionsaufruf `kleiner()` innerhalb `quicksort()` formuliert wurde, anstatt `while(feld[i] < feld[j])` zu schreiben. Warum? Es ist nicht selbstverständlich, dass der Operator < für beliebige Klassen und Datentypen definiert ist. Durch Auslagern des Vergleichs braucht die Funktion `quicksort()` nicht verändert zu werden, wenn der Operator < anders definiert werden muss. Man kann mit einer ausgelagerten Vergleichsfunktion (oder mit später zu besprechenden Zeigern auf Funktionen (Seite 235) oder Funktionsobjekten (Seite 348) leichter die Sortierung nach verschiedenen Kriterien realisieren.

### 4.4.1 Spezialisierung von Templates

Nehmen wir an, dass `double`-Zahlen wie bisher, `int`-Zahlen jedoch nach dem *Absolutbetrag* sortiert werden sollen. Der Vergleichsoperator < kann dann nicht mehr direkt auf die Zahlen angewendet werden. Zur Realisierung können wir aber ausnutzen, dass ein Template für festzulegende Datentypen *spezialisiert* werden kann. Um die Sortierung nach dem Absolutbetrag nur für `int`-Zahlen durchzuführen, muss das Template für die Funktion `kleiner()` spezialisiert werden. Spezialfälle von überladenen Funktionen werden *nach* den nicht-spezialisierten Templates eingefügt, so auch das spezialisierte Template `kleiner<int>()`:

```
// (#include<cstdlib> für abs() nicht vergessen)
template<>
bool kleiner<int>(const int& a, const int& b) {
    // Das int in kleiner<int> darf weggelassen werden (Typdeduktion).
    return abs(a) < abs(b);   // Vergleich nach dem Absolutbetrag!
}
```

An Stelle eines spezialisierten Templates kann auch eine gewöhnliche Funktion treten, die vom Compiler bevorzugt gewählt wird, wenn die Parametertypen passen, etwa

```
bool kleiner(int a, int b) {  // gewöhnliche Funktion
    return abs(a) < abs(b);   // Vergleich nach dem Absolutbetrag!
}
```

Der Unterschied besteht darin, dass in der Parameterliste einer gewöhnlichen Funktion weitgehende Typumwandlungen möglich sind, in einem spezialisierten Template jedoch nicht. Zum Beispiel könnte man `kleiner()` benutzen, um sich die jeweils kleinere Zahl anzeigen zu lassen:

```
// OHNE gewöhnliche Funktion, aber mit spezialisiertem Template
cout << (kleiner(3, 6) ? 3 : 6) << endl;    // Ausgabe 3
cout << (kleiner(3.4, 6) ? 3 : 6) << endl;  // Fehlermeldung:
    // no matching function for call to kleiner(double, int)
```

```
// MIT gewöhnlicher Funktion, aber OHNE Templates
cout <<   (kleiner(3, 6) ? 3 : 6) << endl;    // Ausgabe 3
cout <<   (kleiner(3.1, 3.3) ? 3.1 : 3.3) << endl;   // Ausgabe 3.3
   // falsch wegen Genauigkeitsverlust bei der Umwandlung
```

Weil schärfere Typprüfungen normalerweise erwünscht sind, sollten spezialisierte Templates statt gewöhnlicher Funktionen eingesetzt werden.

## 4.4.2 Einbinden von Templates

Im Abschnitt 4.3.2 auf Seite 129 wurde gezeigt, wie Funktionsimplementationen vorübersetzt und dann eingebunden werden können. Das gilt nicht für Funktionstemplates! Eine *.o-Datei, die vom Compiler durch Übersetzen einer Datei nur mit Templates erzeugt wird, enthält keinen Programmcode und keine Daten.

Ein Template ist keine Funktionsdefinition im bisherigen Sinne, sondern eben eine Schablone, nach der der Compiler *erst bei Bedarf* eine Funktion zu einem konkreten Datentyp erzeugt. Dateien mit Templates sind deswegen mit `#include` einzulesen. Demzufolge könnten die Template-Definitionen ebensogut in der Header-Datei stehen. Gelegentlich wird folgendes Muster verwendet:

```
// schablon.h
#ifndef schablon_h
#define schablon_h
// hier folgen die Template-Deklarationen (Prototypen)
//...
//...
//...
// hier werden die Definitionen eingebunden:
#include"schablon.cpp"
#endif
// Ende von schablon.h
```

```
// schablon.cpp
// Diese Datei enthält die Template-Definitionen (Code)
// ....
// ....
// Ende von schablon.cpp
```

Das getrennte Übersetzen von *schablon.cpp* ist nicht notwendig. Das Einbinden von *schablon.cpp* in die Header-Datei könnte entfallen, wenn die Templates vom Linker instantiiert würden. Solche Systeme gibt es, sie sind aber noch nicht sehr verbreitet.

Eine weitere Lösung ergibt sich durch eine besondere Extension für den Filenamen, zum Beispiel *.t* oder *.tpl*:

```
// schablon.t
#ifndef schablon_t
#define schablon_t
// hier folgen die Template-Deklarationen
//...

// ——— Implementierung ———
// hier folgen die Template-Definitionen
//...

#endif    // schablon_t
// Ende von schablon.t
```

Diese Dateien werden wie *.h-Dateien eingelesen, obwohl sie Template-Definitionen enthalten. Die Lösung wird hier im Buch verwendet, weil sie einfacher ist (weniger Dateien) und weil die nicht eindeutige Zuordnung von Templates zu Header- oder Implementations-Dateien vermieden wird. Es handelt sich hierbei nur um organisatorische Maßnahmen zur Einbindung von Templates. Ein weiteres Template-Compilationsmodell wird in Abschnitt 7.3.3 (Seite 263) diskutiert.

## Übungsaufgaben

**4.8** Schreiben Sie eine Template-Funktion `getType(T t)` unter Verwendung von Template-Spezialisierungen, die den Typ des Parameters t als String zurückgibt. Eine möglich Anwendung könnte so aussehen (Ausgabe des Programms siehe Kommentar //):

```
#include<iostream>
#include"gettype.t"
using namespace std;
int main() {                                    // Ausgabe
    int i;
    cout << getType(i) << endl;     // int
    unsigned int ui;
    cout << getType(ui) << endl;    // unsigned int
    char c;
    cout << getType(c) << endl;     // char
    bool b;
    cout << getType(b) << endl;     // bool
    // Annahme: float ist nicht in getType() berücksichtigt:
    float f;
    cout << getType(f) << endl;     // unbekannter Typ!
}
```

**4.9** Schreiben Sie eine Template-Funktion `betrag(T t)`, die genau wie `abs()` den Betrag von t zurückgibt. Für manche Grunddatentypen wie `char` oder `bool` ist der Begriff »Betrag« nicht sinnvoll. Überlegen Sie, wie Sie durch eine spezialisierte Template-Funktion erreichen können, dass eine fälschliche Verwendung von `betrag()` mit einem `bool`-Argument zur Ausgabe einer Fehlermeldung und anschließendem Programmabbruch führt.

## 4.5 inline-Funktionen

Ein Funktionsaufruf kostet Zeit. Der Zustand des Aufrufers muss gesichert und Parameter müssen eventuell kopiert werden. Das Programm springt an eine andere Stelle und nach Ende der Funktion wieder zurück zur Anweisung nach dem Aufruf. Der relative Verwaltungsaufwand fällt umso stärker ins Gewicht, je weniger Zeit die Abarbeitung des Funktionskörpers selbst verbraucht. Der absolute Aufwand macht sich mit steigender Anzahl der Aufrufe bemerkbar, zum Beispiel in Schleifen. Um diesen Aufwand zu vermeiden, können Funktionen als `inline` deklariert werden. `inline` bewirkt, dass bei der Compilation der Aufruf durch den Funktionskörper ersetzt wird, also gar kein echter Funktionsaufruf erfolgt. Die Parameter werden entsprechend ersetzt, auch die Syntaxprüfung bleibt erhalten. Betrachten wir die einfache Funktion `quadrat()`, die das Quadrat einer Zahl zurückgibt:

```
inline int quadrat(int x) {
    return x*x;
}
```

Der Aufruf `z = quadrat(100);` wird wegen des Schlüsselworts `inline` vom Compiler durch `z = 100*100;` ersetzt. Gute Compiler würden darüber hinaus den konstanten Ausdruck berechnen und `z = 10000;` einsetzen. Der Verwaltungsaufwand für den Aufruf einer Funktion entfällt, das Programm wird schneller. Es ist nicht sinnvoll, die Ersetzung von vornherein *selbst* vorzunehmen, weil bei einer Änderung der Funktion alle betroffenen Stellen geändert werden müssten anstatt nur die Funktion selbst.

`inline`-Deklarationen empfehlen sich ausschließlich für Funktionen mit einem Funktionskörper kurzer Ausführungszeit im Vergleich zum Verwaltungsaufwand für den Aufruf. `inline` ist nur eine *Empfehlung* an den Compiler, die Ersetzung vorzunehmen, er muss sich nicht daran halten. `inline`-Deklarationen sollten sich ausschließlich in Header-Dateien befinden. Der Grund wird klar, wenn wir das Gegenteil annehmen. Im Beispiel liegen drei Dateien vor:

*Tipp*

```
// X.h      Deklarationsdatei
int f(int);
int g(int);
// Ende von X.h
```

```cpp
// X.cpp
#include"X.h"
inline int f(int a) {    // Fehler: inline in Definitionsdatei!
    return a*a;
}
int g(int a) {
    a += 1;
    return f(a);         // inline ist hier bekannt
}
// Ende von X.cpp
```

```cpp
// main.cpp
#include"X.h"
int main() {
    int a = 1, b;
    b = f(a) + g(a);     // inline ist hier unbekannt!
}
// Ende von main.cpp
```

Bei getrennter Compilation der Dateien *X.cpp* und *main.cpp* gibt es zwei Fälle:

1. Innerhalb der Funktion g() kann die inline-Ersetzung von f() vorgenommen werden.

2. In main.cpp weiß der Compiler nichts davon, dass f() inline sein soll und nimmt einen Funktionsaufruf an.

Die Konsequenz ist, dass der Linker die Definition von f(int) nicht findet und sich mit einer Fehlermeldung verabschiedet. Richtig wäre folgende Struktur:

```cpp
// X.h
inline int f(int a) { // inline in Deklarationsdatei!
    return a*a;
}
int g(int);
// Ende von X.h
```

```cpp
// X.cpp
#include"X.h"
int g(int a) {
    a += 1;
    return f(a);     // inline ist hier bekannt
}
// Ende von X.cpp
```

```cpp
// main.cpp
#include"X.h"
```

```
int main() {
   int a = 1, b;
   b = f(a) + g(a);      // inline ist jetzt hier bekannt!
}
// Ende von main.cpp
```

Inline-Funktionen werden in jeder Übersetzungseinheit expandiert und unterliegen damit dem internen Linken (vergleiche Seite 133).

## 4.6 Standardfunktionen / Bibliotheken

In C/C++ gibt es Bibliotheken mit verschiedenen Klassen und Funktionen. Die Funktionsbibliotheken entstammen teilweise der Sprache C. Die Standardisierung der Bibliotheken ist ein großer Vorteil von C und C++. Beim Linken werden die benötigten Funktionen aus den Bibliotheks-Dateien dazugebunden. Die Header-Dateien sind im /include-Verzeichnis zu finden. Auf die zu C++ gehörende Bibliothek wird in Kapitel 14 ab Seite 477 eingegangen. Ab Seite 627 werden die aus der Programmiersprache C kommenden Funktionen beschrieben.

### Übungsaufgaben

**4.10** Gegeben sei die folgende Funktion[3] `fastbubblesort()`, die schneller als die Bubble-Sort-Variante von Seite 87 ist:

```
void fastbubblesort(vector<int>& feld) {
   int temp;
   do {
      temp = feld[0];
      for(size_t j = 1; j < feld.size(); j++) {
         if(feld[j] < feld[j-1]) { // vertauschen
            temp     = feld[j-1];
            feld[j-1] = feld[j];
            feld[j]   = temp;
         }
      }
   } while(temp != feld[0]); // keine Vertauschung mehr
}
```

Warum sollte diese Funktion schneller sein? Sie vergleicht wie üblich ein Vektor-Element mit dem vorhergehenden und vertauscht die Elemente, sofern das Element kleiner als der Vorgänger ist. Dieser Vorgang wird solange

---

[3] Leider habe ich die Vorlage zu dieser Aufgabe, die ich nur abgewandelt habe, nicht mehr gefunden. Der Autor des Originals möge mir verzeihen.

wiederholt, bis das Element `temp` unverändert bleibt, also nichts mehr zu sortieren ist. Weil gegebenenfalls schnell erkannt wird, dass nichts mehr zu sortieren ist, ist dieser Bubble-Sort bei teilweise vorsortierten Feldern im Mittel etwas schneller als eine Variante mit zwei geschachtelten Schleifen fixer Durchlaufanzahl. *Leider, leider, enthält die Funktion zwei schwere Fehler! Welche?*

**4.11** Ein rekursiver Aufruf *am Ende* einer Funktion, die keinen Wert liefert (so genannte Restrekursion), kann stets durch Einführung einer Schleife in die Funktion beseitigt werden. Wie müsste die Funktion `bewegen()` im Beispiel auf Seite 113 umgebaut werden, damit nur der erste rekursive Aufruf übrig bleibt? Hinweis: Eine `while(n > 0)`-Schleife umschließt den ersten rekursiven Aufruf. Die Änderung von n und die Änderung der Reihenfolge der Parameter a, b, c ersetzen den zweiten Aufruf.

**4.12** Schreiben Sie eine rein iterative Variante der Funktion `bewegen()` des Beispiels auf Seite 113 (schwierig). Hinweis: Um die wechselnden Rollen der drei Stäbe abzubilden, ist es günstig, die Werte für die Stäbe (a, b, c) in einem Vektor abzulegen und dann auf dessen drei Elemente zuzugreifen.

**4.13** Schreiben Sie eine Funktion `double polynom(const vector<double>& k, double x)`, die den Wert des Polynoms $f(x) = k_n x^n + k_{n-1} x^{n-1} + \cdots k_1 x + k_0$ zurückgibt. Verwenden Sie das Horner-Schema[4] zur effizienten Berechnung. Der Vektor k soll nur die $n + 1$ Koeffizienten enthalten, das heißt, `k[0]`=$k_0$, `k[1]`=$k_1$ usw.

---

[4] Ggf. im Mathematikbuch nachschlagen

# 5 Objektorientierung 1

*Inhalt:* Zunächst werden Sie den Begriff *Abstrakter Datentyp* kennen lernen, der die Grundlage für die anschließend erläuterten Begriffe Klasse und Objekt bildet. Ein Objekt vom Typ Ort dient als durchgängiges Beispiel. Objekte müssen vor ihrer Verwendung erzeugt werden, und sie müssen sinnvolle Daten enthalten. Die Erzeugung und Initialisierung ist die Aufgabe der verschiedenen Konstruktoren. Ein vollständiges Beispiel zum Rechnen mit rationalen Zahlen demonstriert das bis dahin Gelernte. Destruktoren *sind zum Aufräumen da – sie zerstören nicht mehr benötigte Objekte.*

## 5.1 Abstrakte Datentypen

Bisher haben wir Datentypen und Funktionen kennen gelernt. In der Einführung auf Seite 25 wurde der Unterschied zwischen Klassen und Objekten beschrieben und darauf hingewiesen, dass Daten und Funktionen eines Objekts zusammengehören. Die Programmierung, wie wir sie bis jetzt kennen gelernt haben, erlaubt es durchaus, unzulässige Funktionen auf Daten anzuwenden, zum Beispiel eine Buchung auf ein Konto unter Umgehung von Kontrollmechanismen vorzunehmen. Um unzulässige Zugriffe und damit auch versehentliche Fehler zu vermeiden, sollten die Daten *gekapselt* werden, indem man zusammengehörige *Daten* und *Funktionen* zusammenfasst. Das dadurch entstehende Gebilde heißt *Abstrakter Datentyp*.

Der Sinn liegt darin, den richtigen Gebrauch der Daten sicherzustellen. Die *tatsächliche* Implementierung der Datenstrukturen ist nach außen nicht sichtbar. Deshalb werden Datenstrukturen eines Abstrakten Datentyps ausschließlich durch die mit diesen Daten möglichen Operationen beschrieben. Von der internen Darstellung wird abstrahiert.

Mit »Funktion« ist hier *nicht* die konkrete Implementierung gemeint, das heißt, *wie* die Funktion im Einzelnen auf die Daten wirkt. Zur Verwendung eines Abstrakten Datentyps reicht die Spezifikation der Zugriffsoperation aus.

**Abstrakter Datentyp = Datentypen + Funktionen**

Ferner sind logisch zusammengehörige Dinge an einem Ort konzentriert. Die zusammen mit Daten gekapselten Funktionen heißen im Folgenden Elementfunktionen (englisch *member functions*). Der Zugriff auf die Daten soll *nur über Elementfunktionen* (auch Methoden genannt) möglich sein. Die Begriffe *Elementfunktion* und *Methode* werden synonym verwendet, obwohl der aus der Programmiersprache

Smalltalk stammende Begriff *Methode* eigentlich mehr auf die später zu besprechenden virtuellen Funktionen von C++ passt. Zum Vergleich sei der Zugriff auf zwei Koordinaten X und Y eines Punktes auf verschiedene Arten gezeigt.

- Unstrukturierter Zugriff

    ```
    int X, Y;    // Koordinaten meines Punktes
    X = 100;
    Y = 0;
    ```

    Der Nachteil besteht darin, dass an jeder Stelle im Programm X und Y ungeschützt verändert werden können. Eine Erweiterung der Funktionalität, zum Beispiel Protokollierung der Änderungen in einer Datei, muss an jeder Stelle nachgetragen werden.

- Strukturierter Zugriff

    Hier werden die Daten in eine Struktur gepackt (siehe Seite 93); der verändernde Zugriff geschieht über eine Funktion:

    ```
    struct Punkt {
        int X, Y;
    } P;

    void aendern(Punkt& p, int x, int y) {
        // ... Plausibilitätsprüfung
        p.X = x;
        p.Y = y;
        // ... Protokollierung
    }

    // Aufruf
    aendern(P, 10, 800);
    ```

    Der Vorteil besteht in der Gruppierung logisch zusammengehöriger Daten und der Änderung über eine Funktion. Eine Erweiterung der Funktionalität ist leicht realisierbar. Der Nachteil besteht darin, dass auch hier ein zusätzlicher Zugriff an der Funktion vorbei möglich ist, zum Beispiel

    ```
    P.X = -3000;
    ```

- Abstrakter Datentyp

    Die Daten werden, unterstützt durch die Programmiersprache, so gekapselt, dass ein Zugriff *ausschließlich* über eine Funktion geschieht. Abbildung 5.1 verdeutlicht das Prinzip.

Die Funktion als öffentliche Schnittstelle gehört zur Datenkapsel und ist der einzige Zugang. Eine direkte Änderung der Daten unter Umgehung der Funktion ist unmöglich.

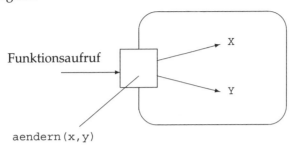

Abbildung 5.1: Abstrakter Datentyp

## 5.2 Klassen und Objekte

Eine Klasse ist ein Datentyp, genauer: ein Abstrakter Datentyp, der in einer Programmiersprache formuliert ist. Eine Klasse ist auch die *Beschreibung* von Objekten oder, anders ausgedrückt, *die Abstraktion von ähnlichen Eigenschaften und Verhaltensweisen ähnlicher Objekte*. Eine Klasse definiert die Struktur aller nach ihrem Muster erzeugten Objekte. In C++ dient die Klasse dazu, dem Compiler die Beschreibung von später zu definierenden Objekten mitzuteilen.

Ein Objekt hat einen inneren Zustand, der durch andere Objekte oder Elemente der in der Programmiersprache vorgegebenen Datentypen dargestellt wird. Der Zustand kann sich durch Aktivitäten des Objekts ändern, das heißt, durch Operationen, die auf Objektdaten ausgeführt werden. Die von jedem benutzbaren Operationen bilden die *öffentliche* Schnittstelle, in C++ gekennzeichnet durch das Schlüsselwort public.

Ein Objekt ist die konkrete Ausprägung einer Klasse, es belegt im Gegensatz zur Klasse Bereiche im Speicher, die mit definierten Bitmustern belegt sind, die Werte von Objekteigenschaften darstellen, wie der Betrag »15« der Wert in € der Eigenschaft Kontostand sein kann oder »rot« der Wert der Eigenschaft Farbe. Eigenschaften werden auch *Attribute* genannt, die bestimmte *Werte* besitzen. Der Zustand eines Objekts, der durch die zu den Attributen gehörenden Werte beschrieben wird, ist im Sinne des Abstrakten Datentyps nicht direkt änderbar, sondern nur über öffentliche Methoden. Die Attribute werden deshalb normalerweise mit dem Schlüsselwort private deklariert.

Ein Objekt besitzt eine *Identität*, die es unterscheidbar macht von einem beliebigen anderen Objekt, selbst wenn beide genau gleiche Daten enthalten. Die Identität zu einem bestimmten Zeitpunkt wird in C++ durch eine eindeutige Position im Speicher nachgebildet; zwei Objekte können niemals dieselbe Adresse haben, es sei denn, ein Objekt ist im anderen enthalten.

Eine in C++ formulierte Klasse hat eine typische Gestalt:

```
class Klassenname {
  public:
    Typ Elementfunktion1();
    Typ Elementfunktion2();
    // und weitere ...
  private:
    Typ Attribut1;
    Typ Attribut2;
    // und weitere ...
};
```

Die reine Deklaration einer Elementfunktion wird auch *Prototyp* genannt. Zunächst betrachten wir ein einfaches Beispiel eines abstrakten Datentyps, nämlich einen *Ort*, der aus den X- und Y-Koordinaten besteht, sofern man sich auf zwei Dimensionen beschränkt. An Operationen seien vorgesehen:

    X()        X-Koordinate zurückgeben
    Y()        Y-Koordinate zurückgeben
    aendern()  X- und Y-Koordinaten ändern

Die Klasse wird `Ort1` genannt, weil sie noch Änderungen unterliegt. Sie ist wie folgt definiert:

## Klasse Ort1, Version 1

```
// cppbuch/k5/ort1/ort1.h
#ifndef ort1_h
#define ort1_h ort1_h

class Ort1 {                                   // Version 1
    public:
        int X() const;
        int Y() const;
        void aendern(int x, int y); // x,y = neue Werte
    private:
        int xKoordinate,
            yKoordinate;
};
#endif       // ort1_h
```

Daten *und* Methoden werden in einer Klasse zusammengefasst. Nach dem Schlüsselwort `class` folgen der Klassenname und ein durch geschweifte Klammern begrenzter Block mit den Deklarationen von Daten und Funktionen. Der Gültigkeitsbereich von Klassenelementen ist lokal zu der Klasse: Die Daten sind privat, das heißt, sie sind von außen nicht zugreifbar, sodass Anweisungen wie `xKoordinate = 13;` unmöglich sind. Das Schlüsselwort `private` könnte entfallen, weil die Voreinstellung ohnehin `private` ist, wenn die privaten Daten *vor* dem `public`-Bereich stehen würden. Alles nach dem Schlüsselwort `public` Deklarierte ist öffentlich zugänglich. Die Funktionen heißen Elementfunktionen, von denen es private und öffentliche geben kann. Eine Datenänderung kann ausschließlich über eine der Methoden erfolgen, zum Beispiel `aendern()`. Das Schlüsselwort `const` oben drückt aus, dass die damit ausgezeichneten Elementfunktionen das Objekt nicht verändern können und deswegen auch auf konstante Objekte anwendbar sind. `X()` und `Y()` geben nur Zahlen zurück, ohne die privaten Daten zu verändern, während `aendern()` die vorherigen Werte der privaten Variablen überschreibt (mehr zu `const` folgt in Abschnitt 5.5).

## Objekterzeugung und -benutzung

Wie kann nun ein Ort in einem Programm benutzt werden? Zunächst muss ein Objekt erzeugt werden, denn die obige Klassendeklaration *beschreibt* nur ein Objekt. Wir nehmen an, dass die Deklaration der Klasse in einer Datei *ort1.h* vorliegt. Im Sinne der Aufteilung von Schnittstellen und Implementationen werden Klassen wie Strukturen (`struct`) behandelt, wie in Abschnitt 4.3.4 (Seite 134 f.) beschrieben. Die Implementation der Funktionen sei in der Datei *ort1.cpp* abgelegt (Beschreibung siehe unten), die eine Zeile `#include"ort1.h"` enthält. Der Mechanismus der Objekterzeugung ist die übliche Variablendefinition, wobei die Klasse den Datentyp darstellt:

## Beispielprogramm: Ort-Objekt benutzen

```
// cppbuch/k5/ort1/ort1main.cpp
#include"ort1.h"
#include<iostream>
using namespace std;

int main() {                    // Anwendung der Ort1-Klasse
   Ort1 einOrt1;                // Objekt erzeugen
   einOrt1.aendern(100, 200);
   cout << "Der Ort hat die Koordinaten x = "
        << einOrt1.X() << " und y = "
        << einOrt1.Y() << endl;
}
```

Genau wie bei der Variablendefinition wird für ein Objekt Speicherplatz bereitgestellt. Um dieses zu bewerkstelligen, wird beim Ablauf des Programms an der Stelle der Definition eine besondere Klassenfunktion aufgerufen, die *Konstruktor* genannt wird. Oben wird ein Objekt namens `einOrt1` definiert, das durch den impliziten Aufruf eines *Konstruktors* erzeugt wird und Speicherplatz für die Daten belegt. Der Programmcode der Funktionen ist selbstverständlich nur einmal für alle erzeugten `Ort1`-Objekte vorhanden.

Der Konstruktor wird vom System automatisch bereitgestellt, kann aber auch selbst definiert werden (siehe ab Seite 160). Zunächst hat das Objekt keinen definierten Zustand, der im Beispiel erst mit dem Aufruf `einOrt1.aendern(100, 200);` hergestellt wird. Entsprechend der anfangs in der Einführung schon erläuterten Notation *Objektname.Anweisung*(gegebenenfalls *Daten*) erhält das Objekt den Auftrag, die Koordinaten auf (100, 200) zu ändern. *Wie* das Objekt diese Dienstleistung erbringt, ist in der Methode `aendern()` versteckt.

Im informationstechnischen Sprachgebrauch heißen Dinge (Objekte, Rechner, ...), die eine Dienstleistung erbringen, *Server*. Die Dienstleistung wird erbracht für einen *Client* (deutsch: Klient, Kunde), der selbst ein Rechner oder Objekt sein kann. Im obigen Programm ist das `main()`-Programm der Client, das Objekt `einOrt1` ist der Server, der beauftragt wird, eine Koordinatenänderung durchzuführen.

Die Methode `aendern()` soll abgesehen von der Änderung der Koordinaten eine protokollierende Meldung auf den Bildschirm schreiben. Damit sind Änderungen unter Umgehung der Protokollierung unmöglich. Die Datei *ort1.cpp* enthält die Implementation der Methoden:

## Implementierung von Ort1

```
// cppbuch/k5/ort1/ort1.cpp
#include"ort1.h"
#include<iostream>
using namespace std;

int Ort1::X() const { return xKoordinate;}
int Ort1::Y() const { return yKoordinate;}

void Ort1::aendern(int x, int y) {
   xKoordinate = x;
   yKoordinate = y;
   std::cout << "Ort1-Objekt geändert! x = "
             <<    xKoordinate << " y = "
             <<    yKoordinate << std::endl;
}
```

## 5.2 Klassen und Objekte

Durch den Klassennamen und den Bereichsoperator :: wird die Methode als zur Klasse Ort1 gehörig gekennzeichnet. Daher darf *innerhalb* der Funktion auf die privaten Daten zugegriffen werden.

Das lauffähige Programm entsteht durch Übersetzen der Dateien ort1.cpp und ort1main.cpp und Linken der durch die Übersetzung entstandenen Dateien ort1.o und ort1main.o. Die Datei ort1.h wird während der Übersetzung der *.cpp-Dateien gelesen. Wenn sich alle zusammengehörigen Dateien in einem Verzeichnis befinden, werden Übersetzen und Linken mit dem Befehl *makeit* ausgeführt, falls keine Entwicklungsumgebung benutzt wird. *makeit* befindet sich auf der CD und ruft das Programm *make* mit der zugehörigen Make-Datei auf (siehe Abschnitt A.4).

### 5.2.1 inline-Elementfunktionen

Im Abschnitt 4.5 (Seite 149) haben wir den inline-Mechanismus für kleine Funktionen kennen gelernt. Die Programmierung mit Klassen verwendet typischerweise viele kleine Funktionen, sodass mit inline ein erheblicher Effizienzgewinn möglich ist. Dabei gibt es drei Möglichkeiten:

1. Deklaration *und* Definition innerhalb der Klasse. Beispiel:

    ```
    // in ort1.h
    class Ort1 {                                         // Version 2
      public:
        int X() const { return xKoordinate;}
        int Y() const { return yKoordinate;}
        void aendern(int x, int y) {
          xKoordinate = x;
          yKoordinate = y;
          std::cout << "Ort1-Objekt geändert! x = "
                   <<   xKoordinate << " y = "
                   <<   yKoordinate << std::endl;
        }
      private:
        int xKoordinate,
            yKoordinate;
    };
    ```

2. Deklaration und Definition innerhalb der Header-Datei:

    ```
    // in ort1.h
    class Ort1 {                                         // Version 3
      public:                    // nur Prototypen
        int X() const;
    ```

```
           int Y() const;
           void aendern(int x, int y);  // x,y = neue Werte
       private:
           int xKoordinate,
               yKoordinate;
};

// ========= inline - Implementierung ===========
inline int Ort1::X() const { return xKoordinate;}
inline int Ort1::Y() const { return yKoordinate;}
inline void Ort1::aendern(int x, int y) {
    // ... wie oben
}
```

Diese Variante hat den Vorteil, dass die Implementierung der Methoden nicht direkt innerhalb der Klassendeklaration sichtbar ist. Dadurch kann eine Klassendeklaration übersichtlicher werden.

3. `inline`-Deklaration außerhalb der Klasse. Dies ist nicht empfehlenswert (siehe Text unten). Beispiel:

```
// in ort1.h
class Ort1 {                                    // Version 4
      // ... wie oben
      int X() const;
};

// in ort1.cpp!
inline int Ort1::X() const {         // Fehler!
    return xKoordinate;
}
```

*Tipp* — Was im Beispiel 3/ Version 4 auf den ersten Blick als möglich erscheint, ist aus den in Abschnitt 4.5 aufgeführten Gründen nicht praktikabel. Siehe dazu insbesondere den Hinweis auf Seite 149. Deshalb sollten nur die *ersten zwei* der drei beschriebenen Möglichkeiten benutzt werden.

## 5.3 Initialisierung und Konstruktoren

Objekte können während der Definition initialisiert, also mit sinnvollen Anfangswerten versehen werden. Es wurde bereits erwähnt, dass eine besondere Elementfunktion namens *Konstruktor* diese Arbeit neben der Bereitstellung von Speicherplatz übernimmt. Die Syntax von Konstruktoren ähnelt der von Funktionen, nur dass der Klassenname den Funktionsnamen ersetzt. Außerdem haben Konstruktoren keinen Return-Typ, auch nicht `void`. Im Sinn der Abstrakten Datentypen sind

## 5.3 Initialisierung und Konstruktoren

die Methoden einer Klasse für sinnvolle und konsistente Änderungen eines Objekts zuständig. Konstruktoren haben die »Verantwortung«, dass sich ein Objekt vom Augenblick der Entstehung an in einem korrekten Zustand befindet. Nun gibt es mehrere Arten von Initialisierungen, unterschieden durch verschiedene Arten von Konstruktoren, die im Folgenden beschrieben werden.

### 5.3.1 Standardkonstruktor

Falls kein Konstruktor angegeben wird, wird einer vom System automatisch erzeugt (implizite Konstruktordeklaration). Die Daten des Objekts enthalten dann unbestimmte Werte. Dieser vordefinierte Konstruktor (englisch *default constructor*) kann auch selbst geschrieben werden, um Attribute bei Anlage des Objekts zu initialisieren. Der Standardkonstruktor hat keine Argumente. Für eine Klasse X wird er einfach mit X(); deklariert. Bei der Definition wird der Bezugsrahmen der Klasse angegeben, um dem Compiler mitzuteilen, dass es sich um eine Methode der Klasse X handelt, also X::X() {...}. In unserem Beispiel soll erreicht werden, dass bei Erzeugung eines Ort1-Objekts sofort gültige Koordinaten eingetragen werden. In der Implementations-Datei *ort1.cpp* wird der Standardkonstruktor definiert mit der Wirkung, dass jedes neue Ort1-Objekt sofort mit den Nullpunktkoordinaten initialisiert wird:

```
Ort1::Ort1() {              // neuer Standardkonstruktor
    xKoordinate = 0;        // Koordinaten des Nullpunkts
    yKoordinate = 0;
}
```

Die Klassendeklaration in *ort1.h* muss im `public`-Teil noch um die Zeile Ort1(); ergänzt werden. Die Wirkung in einem Anwendungsprogramm wird in diesem Beispiel deutlich:

```
Ort1 OrtObjekt;
cout << OrtObjekt.X()       // 0
     << OrtObjekt.Y();      // 0
```

*Tipp* — Hinweis: Bei den allgemeinen Konstruktoren des nächsten Abschnitts können Parameter in Klammern übergeben werden. Ein Standardkonstruktor muss stets *ohne* Klammern geschrieben werden:

```
Ort1 nochEinOrtObjekt();    // Fehler!
```

Diese Zeile wird vom Compiler nämlich nicht als Definition eines neuen Objekts, sondern als *Deklaration* einer Funktion nochEinOrtObjekt() verstanden, die keine Argumente braucht und ein Ort1-Objekt zurückgibt.

## 5.3.2 Allgemeine Konstruktoren

*Allgemeine Konstruktoren* können im Gegensatz zu Standardkonstruktoren *Argumente* haben, und sie können genau wie Funktionen *überladen* werden, das heißt, dass es mehrere allgemeine Konstruktoren mit unterschiedlichen Parameterlisten geben kann. Die zu den nachstehenden Definitionen zugehörigen Prototypen sind in der Klassendeklaration nachzutragen. Wenn mindestens ein allgemeiner Konstruktor definiert worden ist, wird vom System kein Standardkonstruktor erzeugt, das heißt, es gibt keinen, wenn man ihn nicht selbst geschrieben hat. Eine versehentliche Initialisierung mit unbestimmten Daten ist damit ausgeschlossen.

```
Ort1::Ort1(int x, int y) {      // Allgemeiner Konstruktor
    xKoordinate = x;
    yKoordinate = y;
}
```

Aufruf des Konstruktors heißt Definition des Objekts `nochEinOrt`:

```
Ort1 nochEinOrt(70, 90);   // Objektdefinition = Konstruktoraufruf
```

Wenn es mehrere allgemeine Konstruktoren gibt, sucht sich der Compiler den passenden heraus, indem er Anzahl und Datentypen der Argumente der Parameterliste der Konstruktordefinition mit der Angabe im Aufruf vergleicht.

### Vorgegebene Parameterwerte in Konstruktoren

Das auf Seite 116 (Abschnitt 4.2.4) beschriebene Verfahren, Parametern von Funktionen einen Wert vorzugeben, ist auf Konstruktoren übertragbar. Die vorgegebenen Werte müssen in der Deklaration des Konstruktors angegeben werden, hier also in der Datei *ort1.h*:

```
// in ort1.h
class Ort1 {                                          // Version 5
      // ... wie oben
      Ort1(int x, int y= 100);
};
```

Dieser Konstruktor erlaubt zum Beispiel

```
Ort1 nochEinOrt(70);      // xKoordinate = 70, yKoordinate = 100!
Ort1 nochEinOrt(70, 90);  // Vorgabewert wird überschrieben
                          // ... oder allgemeiner Konstruktor? (s.u.)
```

*Tipp*

Dabei ist wie bei Funktionen darauf zu achten, dass eine Koexistenz von überladenen Konstruktoren stets zu eindeutigen Aufrufen führt. Version 5 kann nicht zusammen mit dem oben angegebenen allgemeinen Konstruktor verwendet werden, weil Aufrufe mit zwei Parametern nicht eindeutig einem der beiden zugeordnet sein können. Man kann den allgemeinen Konstruktor und den Standardkonstruktor kombinieren, indem alle Parameter mit Vorgabewerten versehen werden.

## Initialisierung mit Listen

Was geschieht beim Aufruf des Konstruktors? Zunächst – noch vor Betreten des Blocks {...} – wird Speicherplatz für die Datenelemente xKoordinate und yKoordinate beschafft. Dann wird im zweiten Schritt der Programmcode innerhalb der geschweiften Klammern ausgeführt und die Aktualparameter werden zugewiesen. Es gibt eine Möglichkeit, beide Vorgänge in *einem* Schritt zusammenzufassen, der deshalb besonders bei größeren oder sehr vielen Objekten Laufzeitvorteile bringt. Der Weg führt über eine *Initialisierungsliste*, die noch vor dem Block angegeben und abgearbeitet wird:

```
// in ort1.h
class Ort1 {                                         // Version 6
    //... wie oben
    Ort1(int x, int y)      // allgemeiner Konstruktor, inline
       : xKoordinate(x), yKoordinate(y) { // Initialisierungsliste
              // leerer Block
    }
};
```

Im Extremfall kann der Codeblock {..} sogar leer sein, hier bei Verzicht auf die Plausibilitätskontrolle. Die Initialisierung lässt sich auch aufteilen, indem zum Beispiel », yKoordinate(y)« aus der Initialisierungsliste entfernt und der Codeblock um »yKoordinate = y;« ergänzt würde. Die Reihenfolge der Initialisierung ist:

1. Zuerst wird die Liste abgearbeitet. Die Reihenfolge der Initialisierung richtet sich nach der Reihenfolge innerhalb der Klassendeklarationen, nicht nach der Reihenfolge in der Liste. xKoordinate wird zuerst initialisiert. Wenn eine Initialisierung auf dem Ergebnis einer anderen aufbaut, wäre eine falsche Reihenfolge verhängnisvoll. Um solche Fehler zu vermeiden, sollten alle Elemente der Initialisierungsliste in der Reihenfolge ihrer Deklaration aufgeführt werden.

2. Danach wird der Codeblock { } ausgeführt.

Die vorgezogene Abarbeitung der Liste wird auch benutzt, um Objekte oder Größen zu initialisieren, die innerhalb des Codeblocks *konstant* sind, wie wir noch sehen werden (Abschnitt 7.2). Die Klasse Ort wird weiter unten gebraucht. Deswegen wird sie hier unter dem neuen Namen Ort (statt Ort1) vollständig aufgeführt. In der Methode aendern() wird auf die Kontrollausgabe verzichtet. Warum?

- Generell sollten zwei verschiedene Dinge nicht von ein und derselben Methode erledigt werden.

- Eine Ausgabe (oder Eingabe) in einer Methode, die eigentlich eine andere Aufgabe hat, verhindert den universellen Einsatz. Zum Beispiel ließe sich die Methode nicht ohne weiteres in einem System mit graphischer Benutzungsoberfläche verwenden.

## Klasse Ort

```cpp
// cppbuch/include/ort.h
#ifndef ort_h
#define ort_h ort_h
#include<cmath>                           // wegen sqrt()
#include<iostream>

class Ort {
    public:
      Ort(int einX = 0, int einY = 0)
        : xKoordinate(einX), yKoordinate(einY) {
      }

      int X() const { return xKoordinate;}
      int Y() const { return yKoordinate;}

      void aendern(int x, int y) {
          xKoordinate = x;
          yKoordinate = y;
      }
    private:
      int xKoordinate,
          yKoordinate;
};
// globale Funktion zur Berechnung der Entfernung zwischen zwei Orten
inline double Entfernung(const Ort &Ort1, const Ort &Ort2) {
    double dx = static_cast<double>(Ort1.X() - Ort2.X());
    double dy = static_cast<double>(Ort1.Y() - Ort2.Y());
    return std::sqrt(dx*dx + dy*dy);
}
inline void anzeigen(const Ort &O) {
    std::cout << '(' << O.X() << ", " << O.Y() << ')';
}
#endif       // ort_h
```

Eine Kontrolle sollte die Benutzung nicht beeinträchtigen und sollte daher anders realisiert werden – wie, hängt vom Anwendungsfall ab. Alle Methoden der Klasse `Ort` sind sehr kurz und der Einfachheit halber, das heißt, um die Implementationsdatei zu sparen, `inline` deklariert worden. Der Konstruktor definiert einen Ort (0, 0), sofern keine Koordinaten angegeben werden. Die globale Funktion `Entfernung()` wird noch benötigt, und `anzeigen()` gibt die Koordinaten im Format (x, y) aus.

### 5.3.3 Kopierkonstruktor

Ein Kopierkonstruktor wird im Englischen *copy constructor* oder treffender *copy initializer* genannt. Er dient dazu, ein Objekt mit einem anderen zu *initialisieren*. Das erste (und i.a. einzige) Argument des Kopierkonstruktors ist eine *Referenz auf ein Objekt derselben Klasse*. Die Deklaration eines Kopierkonstruktors der Klasse X lautet X(X&); . Weil ein Objekt, das dem Kopierkonstruktor als Argument dient, nicht verändert werden soll, ist es sinnvoll, es als Referenz auf const zu übergeben: X(const X&); .
Falls kein Kopierkonstruktor vorgegeben wird, wird einer für jede Klasse bei Bedarf vom System erzeugt, der die einzelnen Elemente des Objekts kopiert. Die Elemente können selbst wieder Objekte sein, deren Kopierkonstruktor dann wiederum aufgerufen wird, sei es ein selbst definierter oder der vom System bereitgestellte. Die Kopie jedes Grunddatentyps ist eine bitweise Abbildung des Speicherbereichs. Der Kopierkonstruktor der Klasse Ort wird wie der Standardkonstruktor in den public-Bereich der Klasse Ort geschrieben. Er ist wie folgt definiert:

```
Ort(const Ort& einOrt)              // Kopierkonstruktor
    // Kopie der einzelnen Elemente:
  : xKoordinate(einOrt.xKoordinate),
    yKoordinate(einOrt.yKoordinate) {
      // Anzeige des Aufrufs nur zur Demonstration
      std::cout << "Kopierkonstruktor aufgerufen\n";
}
```

Eigentlich bräuchten wir keinen eigenen Kopierkonstruktor für die schlichten Elemente der Klasse Ort, weil der vom System erzeugte genügen würde. Er wurde nur geschrieben, um den Aufruf auf dem Bildschirm dokumentieren zu können. *Wenn* schon ein Kopierkonstruktor mit besonderen Aktionen geschrieben wird, darf die Kopie der einzelnen Elemente nicht vergessen werden. Manchmal sind andere Operationen als die Kopie notwendig; entsprechende Beispiele werden wir kennen lernen. Die Syntax der Initialisierung unterscheidet sich nicht vom Üblichen:

```
Ort einOrt(19,39);
Ort derZweiteOrt = einOrt;      // Aufruf des Kopierkonstruktors
cout << derZweiteOrt.X() << ' '
     << derZweiteOrt.Y();       // 19 39
```

Diese Definition erzeugt ein Objekt derZweiteOrt, das mit den Werten des bereits vorhandenen Objekts einOrt initialisiert wird. Auch wenn das Gleichheitszeichen verwendet wird, handelt es sich hier um eine *Initialisierung* und *nicht* um eine *Zuweisung*, zwei Dinge, die in ihrer Bedeutung streng unterschieden werden.

*Tipp*
Ein Kopierkonstruktor wird nur dann benutzt, wenn ein *neues* Objekt erzeugt wird, aber *nicht* bei Zuweisungen, also Änderungen von Objekten.

Bei *Zuweisungen* wird der vom System bereitgestellte Zuweisungsoperator benutzt, sofern kein eigener definiert wurde (auch das ist möglich, wie wir sehen werden). Der Kopierkonstruktor wird nicht aufgerufen bei Zuweisungen oder Initialisierungen, bei denen ein temporär erzeugtes Objekt in das neu erzeugte Objekt kopiert wird. In den Folgezeilen wird daher kein Kopierkonstruktor aufgerufen.

```
Ort O1, O2;              // allg. Konstruktoren mit Vorgabewerten (0,0)
O1 = Ort(8,7);           // allgemeiner Konstruktor + Zuweisung
O2 = O1;                 // Zuweisung
Ort O3 = Ort(1, 17);     // Ein temporäres Objekt wird in das neu erzeugte
                         // Objekt kopiert.
```

*Tipp* Die Übergabe von Objekten an eine Funktion per Wert und die Rückgabe eines Ergebnisobjekts wird ebenfalls als Initialisierung betrachtet, ruft also den Kopierkonstruktor implizit auf. Dies lässt sich am folgenden Beispiel zeigen, wobei angenommen wird, dass der Kopierkonstruktor wie oben mit einer Ausgabeanweisung versehen ist.

Wir definieren eine Funktion Ortsverschiebung(), die auf einen gegebenen Ort eine bestimmte Entfernung in x- bzw. y-Richtung dazuaddieren soll. Die Funktion greift nicht auf private Attribute eines Ortobjekts zu und braucht daher keine Elementfunktion zu sein. Diese Funktion soll innerhalb main() benutzt werden, zum Beispiel:

### Beispielprogramm

```
// cppbuch/k5/ortmain.cpp
#include"../include/ort.h"
using namespace std;

// Funktion zum Verschieben des Orts um dx und dy
Ort Ortsverschiebung(Ort derOrt, int dx, int dy) {
    derOrt.aendern(derOrt.X() + dx, derOrt.Y() + dy);
    return derOrt;        // Rückgabe des veränderten Orts
}

int main() {
    Ort einOrt(10, 300);
    Ort verschobenerOrt = Ortsverschiebung(einOrt, 10, -90);
    cout << " alter Ort: ";
    anzeigen(einOrt);
    cout << "\n neuer Ort: ";
    anzeigen(verschobenerOrt);
}
```

Der oben definierte Kopierkonstruktor wird zweimal aufgerufen: das erste Mal bei der Übergabe des Objektes `einOrt` an die Funktion und das zweite Mal während der Ausführung der `return`-Anweisung. Hier wird besonders deutlich, dass die Übergabe per konstanter Referenz einiges an Geschwindigkeitsgewinn bringen kann, falls man keine Objektkopie in der Funktion benötigt. Im obigen Beispiel ist allerdings die Übergabe per Wert erforderlich, weil eine Objektkopie zum Aufruf von `aendern()` benötigt wird, ohne dass `einOrt` verändert wird.

**Optimierung durch den Compiler**

Hinweis: Im obigen Beispiel wird ein temporäres Objekt erzeugt, das der Variable `verschobenerOrt` zugewiesen wird. Dies kostet Zeit und Speicherplatz. Die Zuweisung selbst benötigt ebenfalls Zeit, ebenso die anschließende »Entsorgung« des temporären Objekts, das nicht weiter benötigt wird. Deshalb ist es Compilern erlaubt, die Erzeugung eines temporären Objekts zu vermeiden. Bezogen auf das obige Beispiel könnte der Compiler die Rückgabe eines temporären Objekts einschließlich der Zuweisung vermeiden, indem das zurückzugebende Objekt `derOrt` der Funktion *direkt* an die Stelle von `verschobenerOrt` geschrieben wird.

### 5.3.4 Typumwandlungskonstruktor

Der Typumwandlungskonstruktor dient zur Umwandlung anderer Datentypen in die gewünschte Klasse. Das erste Argument des Typumwandlungskonstruktors ist verschieden vom Typ der Klasse. Falls weitere Argumente folgen, was i.a. nicht der Fall sein wird, müssen sie Initialisierungswerte haben. Im Grunde ist der Typumwandlungskonstruktor nichts anderes als der Spezialfall eines allgemeinen Konstruktors, der etwas anders eingesetzt wird.

Hier wird ein Typumwandlungskonstruktor gezeigt, der als String vorliegende Ortsangaben in ein Ort-Objekt verwandelt. Das Format ist so gewählt, dass zwei getrennte Folgen von Ziffern als x- und y-Koordinaten interpretiert werden. Andere Zeichen werden ignoriert. Damit sind Schreibweisen wie `"100 200"` möglich, aber auch `"(100,200)"`.

```
// zusätzlich benötigte Include-Anweisungen:
#include<cctype>      // isdigit()
#include<string>
#include<cassert>

// im public-Bereich von ort.h (Seite 164) einfügen:
        // Typumwandlungskonstruktor. Format: 2 Folgen von Ziffern
        Ort(const std::string& str) {
            unsigned int pos = 0;      // Position einer Ziffer im String str
```

```
               for(int j = 0; j < 2; ++j) {     // für jede Koordinate
                  // erste Ziffer suchen
                  while(pos < str.size() && !isdigit(str.at(pos)))
                       ++pos;

                  assert(pos < str.size());    // Ziffer gefunden?
                                               // Abbruch, falls nicht

                  // Zahl bilden
                  int Koordinate = 0;
                  while(pos < str.size() && isdigit(str.at(pos))) {
                        // implizite Typumwandlung char → int
                     Koordinate = 10*Koordinate + str.at(pos) - '0';
                     ++pos;
                  }

                  switch(j) {
                      case 0: xKoordinate = Koordinate; break;
                      case 1: yKoordinate = Koordinate;
                  }
               }
            }
```

Ein Beispiel zeigt die Anwendung:

```
    Ort nochEinOrt(string("21 99"));    // mögliches Format
    anzeigen(nochEinOrt);
    cout << endl;
    Ort einWeitererOrt("(55, 8)");      // weiteres mögliches Format
    anzeigen(einWeitererOrt);
```

Im zweiten Fall findet der Compiler eine in " " eingeschlossene Folge von Zeichen. Die Umwandlung in ein String-Objekt nimmt der Compiler automatisch vor, die Typprüfung des Compilers wird eingeschränkt. Die Umgehung der Typprüfung wird hier besonders deutlich:

```
  string wo("20,400");
  Ort hier = Ortsverschiebung(wo, 10, -90);

  // besser: explizite Angabe der Typumwandlung (s.u.)
  Ort dort = Ortsverschiebung(Ort(wo), 10, -90);
```

Die Umwandlung für das Objekt `hier` funktioniert, obwohl es keine überladene Funktion `Ortsverschiebung()` mit einem String-Objekt als erstem Parameter gibt. Man kann sich vorstellen, dass der Compiler intern, das heißt, ohne dass wir etwas davon mitbekommen, eine temporäre Variable erzeugt, die die Umwandlung vornimmt:

```
// Erzeugen eines temporären Ort-Objekts __temp:
Ort __temp(wo);             // Typumwandlungskonstruktor
Ort hier = Ortsverschiebung(__temp, 10, -90);
// Ab hier kann das temporäre Objekt zerstört werden.
```

Die Variable `__temp` ist temporär und existiert nur als Hilfsvariable des Compilers, sodass sie später nicht weiter stört. An die Funktion wird also ein temporäres Objekt mit dem richtigen Datentyp übergeben.

Ein Hinweis: Im Allgemeinen möchte man sowohl die Möglichkeit der Typumwandlung haben als auch die Typprüfung durch den Compiler, damit keine Fehler durch implizite, also versteckte, Typumwandlungen entstehen. Das Schlüsselwort `explicit` erlaubt es, explizite Typumwandlungen durchzuführen, aber implizite, vielleicht unbeabsichtigte, zu verbieten.

*Tipp*

```
class Ort {
    public:
        // Typumwandlungskonstruktor mit explicit
        explicit Ort(const std::string& str);
        // ... Rest wie vorher
};

// .....
Ort O1;
string wo("10, 200");
O1 = wo;                    // jetzt ein Fehler!
O1 = Ort(wo);               // erlaubte explizite Typumwandlung
```

Ein weiteres Beispiel für den Einsatz eines Typumwandlungskonstruktors wird im nächsten Abschnitt gezeigt.

## 5.4 Beispiel: Klasse für rationale Zahlen

Es folgt ein vollständiges Beispiel für eine Klasse, mit deren Objekten gerechnet werden kann.

### 5.4.1 Aufgabenstellung

Es soll eine Bibliothek zum Rechnen mit rationalen Zahlen programmiert werden. Rationale Zahlen sind Zahlen, die durch einen Bruch darstellbar sind, wobei Zähler und Nenner ganzzahlig sein müssen. Dabei soll ein Anwender rationale Zahlen mit dem Datentyp `rational` definieren können. Mit diesen Zahlen sollen alle Grundrechenarten ohne Genauigkeitsverlust durchführbar sein. Alle Ergebnisse von Rechnungen mit rationalen Zahlen sollen in bereits gekürzter Form vorliegen. Negative Zahlen sind durch einen negativen Zähler zu repräsentieren.

## Benutzungsschnittstelle

Ein die Klasse benutzendes Programm muss die Datei *ratio.h* per `#include`-Anweisung einlesen. Die Objektdatei *ratio.o* muss eingebunden (»gelinkt«) werden. Die Definition einer rationalen Zahl r soll wie eine übliche Variablendeklaration geschrieben werden, zum Beispiel: `rational r;`.

Die folgenden Funktionen sollen von der Bibliothek bereitgestellt werden, wobei die Operanden a und b vom Typ `rational`, `int` oder `long int` sein können. Im Kapitel 9 wird gezeigt, wie man diese Funktionen direkt durch die üblichen mathematischen Operatoren ersetzen kann.

| | |
|---|---|
| `r.eingabe();` | Dialogeingabe der rationalen Zahl r |
| `r.ausgabe();` | Dialogausgabe der rationalen Zahl im Format Zähler/Nenner |
| `r.Zaehler();` | Zähler zurückgeben |
| `r.Nenner();` | Nenner zurückgeben |
| `r.definiere( z, n);` | Setzen der Werte für Zähler und Nenner |
| `r.kehrwert();` | r enthält danach den Kehrwert |

Definition der Rechenfunktionen:

| | |
|---|---|
| `r = add(a, b);` | `r = a + b` |
| `r = sub(a, b);` | `r = a - b` |
| `r = mult(a, b);` | `r = a * b` |
| `r = div(a, b);` | `r = a / b` |

Kurzformoperationen:

| | |
|---|---|
| `r.add(a);` | `r += a` |
| `r.sub(a);` | `r -= a` |
| `r.mult(a);` | `r *= a` |
| `r.div(a);` | `r /= a` |

## Beschränkungen und Hinweise

Nach jeder Operation sollen die Zahlen gekürzt werden. Eine Bereichsüberprüfung ist der Einfachheit halber nicht vorgesehen. Anwender sind demnach selbst dafür verantwortlich, dass der für den Datentyp `long` zutreffende Bereich seines Rechners in Zwischenrechnungen nicht überschritten wird. In einer kommerziellen Version sollte dieser Fall wenigstens zu einer Fehlermeldung führen. Falls der Nenner null wird, soll das Programm mit einer Fehlermeldung abbrechen.

### 5.4.2 Entwurf

In diesem Abschnitt werden die Algorithmen, die die mathematische Grundlage des Programms bilden, sowie einige Überlegungen zur Implementierung darge-

## 5.4 Beispiel: Klasse für rationale Zahlen

stellt. Für die folgenden arithmetischen Ausdrücke gilt :

$x.z$ ist der Zähler der rationalen Zahl x
$x.n$ ist der Nenner der rationalen Zahl x

**Addition** $\quad r = a + b :\quad r = \dfrac{a.z * b.n + b.z * a.n}{a.n * b.n}$

**Subtraktion** $\quad r = a - b :\quad r = \dfrac{a.z * b.n - b.z * a.n}{a.n * b.n}$

**Multiplikation** $\quad r = a * b :\quad r = \dfrac{a.z * b.z}{a.n * b.n}$

**Division** $\quad r = a/b :\quad r = \dfrac{a.z * b.n}{a.n * b.z}$

**Kehrwert bilden** $\quad 1/r :\quad$ Vertauschen von Zähler und Nenner

Die Rechenregeln für die Kurzformoperatoren sind entsprechend. Im Programm können Vereinfachungen vorgenommen werden etwa der Art, dass die Subtraktion auf die Addition einer negativen Zahl zurückgeführt wird.

Für den Datentyp der rationalen Zahl wird die Klasse `rational` deklariert, die als private Datenelemente nur den Zähler und den Nenner hat. Die in der Anforderungsdefinition vorgeschriebenen Methoden werden in die Klasse übernommen. Hinzu kommt noch die Methode `kuerzen()`, die intern benötigt wird. Beim Betrachten der Operationen ist festzustellen:

- Eine Operation wie `r.add(a)` ändert das Objekt `r`, aber nicht das Objekt `a`. Weil Objekte nur über Methoden geändert werden können (abstrakter Datentyp!), ist `add()` eine Methode oder Elementfunktion. Der Parameter `a` kann per Wert oder per Referenz auf const übergeben werden. Letzteres spart das Erzeugen einer lokalen Kopie, lohnenswert bei großen Objekten. Ein Objekt des Typs `rational` ist jedoch relativ klein, weswegen dieser Punkt hier keine große Rolle spielt. Die Funktion `add()` gibt nichts zurück, der Rückgabetyp ist void. Eine andere Möglichkeit für den Rückgabetyp wird in Punkt 6 auf Seite 181 diskutiert.

- Eine Operation wie `r = add(a,b)` ändert nicht die Parameter `a` und `b`. Für die Parameterübergabe gelten daher die Argumente des vorhergehenden Punktes. Die Funktion `add(a,b)` erzeugt eine rationale Zahl als Ergebnis, die der Variablen `r` zugewiesen wird. Der Rückgabetyp ist also `rational`. Da die

Funktion wegen der Funktionen `Zaehler()` und `Nenner()` nicht auf private Attribute zugreifen muss, kann sie global sein.

Da Operationen mit gemischten Datentypen möglich sein sollen, muss ein Mechanismus dafür bereitgestellt werden. Zwei Möglichkeiten sind üblich:

1. Die arithmetischen Methoden und Funktionen können überladen werden, sodass für die beiden Operanden folgende Kombinationen erlaubt sind:

   Methode, zum Beispiel

   ```
   void rational::add(rational)
   void rational::add(long)
   ```

   und globale Funktion, zum Beispiel

   ```
   rational add(rational, rational)
   rational add(rational, long)
   rational add(long, rational)
   ```

   `int`-Werte würden implizit nach `long` konvertiert werden. Pro globaler Rechenoperation würden drei Methoden anstatt einer benötigt, die allerdings teilweise aufeinander zugreifen könnten.

2. Wenn die Anzahl der Methoden und Funktionen klein gehalten werden soll, muss dem Compiler eine Möglichkeit zur Typumwandlung zur Verfügung gestellt werden, wenn er die Daten bei der Wertübergabe in die Rechenfunktionen kopiert. Dies geschieht am günstigsten durch einen Typumwandlungskonstruktor, wie er im letzten Abschnitt behandelt wurde. Er darf hier natürlich *nicht* `explicit` sein!

In diesem Fall wurde die Entscheidung für die zweite Variante getroffen. Die Klassendeklaration in der Datei *ratio.h* lautet:

**Klasse rational**

```
// cppbuch/k5/ratio/ratio.h   Klasse für rationale Zahlen
#ifndef ratio_h
#define ratio_h ratio_h

class rational {
  public:
    rational();
    rational(long z, long n);      // allgemeiner Konstruktor
    rational(long);                // Typumwandlungskonstruktor

    // Abfragen
    long Zaehler() const;
    long Nenner()  const;
```

## Klasse rational (Fortsetzung)

```
        // arithmetische Methoden für +=, -=, *=, /=,
        // (werden später durch überladene Operatoren ergänzt)
        void add(const rational& r);
        void sub(const rational& r);
        void mult(const rational& r);
        void div(const rational& r);

        // weitere Methoden
        void definiere(long zaehler, long nenner);
        void eingabe();
        void ausgabe() const;  // siehe dazu Seite 179
        void kehrwert();
        void kuerzen();

    private:
        long zaehler, nenner;
};
// inline Methoden
inline rational::rational()
: zaehler(1), nenner(1)
{}
inline rational::rational(long Z, long N)
: zaehler(Z), nenner(N)    {}

inline rational::rational(long ganzeZahl)
: zaehler(ganzeZahl), nenner(1)
{}
inline long rational::Zaehler() const {return zaehler;}
inline long rational::Nenner()  const {return nenner;}

// globale Funktionsprototypen
rational add(const rational& a, const rational& b);
rational sub(const rational& a, const rational& b);
rational mult(const rational& a, const rational& b);
rational div(const rational& z, const rational& n);

#endif // ratio_h
```

Die Methode `kuerzen()` wird implizit von den anderen Methoden aufgerufen und könnte daher privat sein. Die `public`-Eigenschaft schadet aber nicht.

## Fehlerbetrachtung

Ein Überlauf des Zahlenbereichs soll nicht geprüft werden, wohl aber der Fall, dass ein Nenner 0 wird. Dies kann in den Methoden `eingabe()`, `kehrwert()`, `definiere()` und `div()` geschehen, wobei Letztere nicht betrachtet werden muss, wenn man die Division durch die Multiplikation mit dem Kehrwert implementiert. Mit Hilfe von `assert()` wird geprüft, ob der Nenner 0 ist. Bei der Eingabe ist dieses Vorgehen sicher nicht sehr benutzerfreundlich und könnte daher modifiziert werden.

### 5.4.3 Implementation

Die Implementation der Elementfunktionen und der Hilfsfunktion `ggt()` zum Finden des größten gemeinsamen Teilers[1], um einen Bruch zu kürzen, sind in der Datei *ratio.cpp* abgelegt.

**Implementation der Klasse rational**

```
// cppbuch/k5/ratio/ratio.cpp     (Definition der Methoden)
#include"ratio.h"
#include<iostream>
#include<cassert>
using namespace std;

void rational::definiere(long z, long n) {
    zaehler = z;
    nenner  = n;
    assert(nenner != 0);
    kuerzen();
}
void rational::eingabe() {
    /*Bildschirmausgabe nur zu Demonstrationszwecken. cerr wird gewählt, da-
      mit die Abfragen auch dann auf dem Bildschirm erscheinen, wenn die Stan-
      dardausgabe in eine Datei zur Dokumentation geleitet wird.
    */
    cerr << "Zähler :";
    cin >> zaehler;
    cerr << "Nenner :";
    cin >> nenner;
    assert(nenner != 0);
    kuerzen();
}
```

---

[1] Die erste, langsamere Fassung des Algorithmus wurde auf Seite 74 gezeigt.

## Implementation (Fortsetzung)

```
void rational::ausgabe() const {
     cout << zaehler << '/' << nenner << endl;
}
void rational::kehrwert() {
     long temp = zaehler;
     zaehler = nenner;
     nenner  = temp;
     assert(nenner != 0);
}
void rational::add(const rational& r) {
     zaehler = zaehler*r.nenner + r.zaehler*nenner;
     nenner  = nenner*r.nenner;
     kuerzen();
}
void rational::sub(const rational& s) {
     rational r = s;
     /*Das temporäre Objekt r wird benötigt, weil s wegen der const-Eigenschaft
       nicht verändert werden kann (und darf). Eine Alternative wäre die Übergabe
       per Wert – dann könnte mit der lokalen Kopie gearbeitet werden. Die Sub-
       traktion kann durch Addition des negativen Arguments erreicht werden.
     */
     r.zaehler *=-1;
     add(r);
}
void rational::mult(const rational& r) {
     zaehler = zaehler*r.zaehler;
     nenner  = nenner *r.nenner;
     kuerzen();
}
void rational::div(const rational& n) {
     rational r = n;   // siehe Diskussion bei sub()
     // Division = Multiplikation mit dem Kehrwert
     r.kehrwert();
     mult(r);
}
/*Die globale Funktion ggt() wird zum Kürzen benötigt. Sie berechnet den größten
  gemeinsamen Teiler. Verwendet wird ein modifizierter Euklid-Algorithmus, in dem
  Subtraktionen durch die schnellere Restbildung ersetzt werden (nächste Seite).
*/
```

## Implementation (Fortsetzung)

```
long ggt(long x, long y) {
    long rest;
    while(y > 0) {
        rest = x % y;
        x = y;
        y = rest;
    }
    return x;
}

void rational::kuerzen() {
    // Vorzeichen merken und Betrag bilden
    int sign = 1;
    if(zaehler < 0) { sign = -sign; zaehler = -zaehler;}
    if(nenner   < 0) { sign = -sign; nenner   = -nenner;}

    long teiler = ggt(zaehler, nenner);   // siehe oben

    // Vorzeichen restaurieren
    zaehler = sign*zaehler/teiler;
    nenner = nenner/teiler;
}
// Es folgen die globalen arithmetische Funktionen für die
// Operationen mit 2 Argumenten (binäre Operationen)

rational add(const rational& a, const rational& b) {
    /*Die eigentliche Berechnung muss hier nicht wiederholt werden, sondern die be-
      reits vorhandenen Funktionen für die Kurzformen der Addition usw. können
      vorteilhaft wiederverwendet werden. Dazu wird ein mit a initialisiertes tempo-
      räres Objekt erzeugt, auf das das Argument b addiert und das dann als Ergebnis
      zurückgegeben wird. Zum temporären Objekt r siehe auch die Diskussion bei
      der Elementfunktion sub().
    */
    rational r = a;
    r.add(b);
    return r;
}

rational sub(const rational& a, const rational& b) {
    rational r = a;
    r.sub(b);
    return r;
}
```

## Implementation (Fortsetzung)

```
rational mult(const rational& a, const rational& b) {
   rational r = a;
   r.mult(b);
   return r;
}
rational div(const rational& z, const rational& n) {
   rational r = z;
   r.div(n);
   return r;
}
```

Der Einsatz des Typumwandlungskonstruktors vereinfacht das Programm durch die Reduktion der Methodenanzahl, führt aber zu einem kleinen Effizienzverlust, weil zur Laufzeit einige Schritte mehr ausgeführt werden müssen. Solange ein Programm nicht zeitkritisch ist, ist es immer sinnvoll, der Einfachheit den Vorzug zu geben und nicht der Geschwindigkeit.

## Übungsaufgaben

5.1 Schreiben Sie die Funktionen add(long a, rational b) und add(rational a, long b), die bei *Abwesenheit* des Typumwandlungskonstruktors erforderlich wären.

5.2 Schreiben Sie eine Funktion, die ein Objekt vom Typ rational übergeben bekommt und dasselbe tut wie die Funktion rational::ausgabe(), ohne auf private Daten zuzugreifen.

## Testdokumentation

Um die Klasse rational zu testen, wurde die Datei *ratmain.cpp* geschrieben, die *ratio.h* einbindet. Die aus *ratio.cpp* durch Compilation entstandene Datei *ratio.o* muss dazugelinkt werden. Das ausführbare Programm *a.out* bringt die Testausgaben auf den Bildschirm. Mit der Anweisung *a.out > test.erg* werden alle Ausgaben in die Datei *test.erg* geschrieben.

## Ergebnisse des Testprogramms

Die Testergebnisse werden hier aus Platzgründen, und weil sie überaus langweilig zu lesen sind, nicht abgedruckt. Probieren Sie das Testprogramm aus und erweitern Sie es um weitere sinnvolle Prüfungen, um Fehlern auf die Spur zu kommen!

## Testprogramm

```cpp
// cppbuch/k5/ratio/ratmain.cpp    Testprogramm für Klasse rational (Auszug)
#include"ratio.h"
#include<iostream>
using namespace std;

// alle 4 Operationen für a und b
void druckeTestfall(const rational& a, const rational& b) {
    rational erg;
    cout << "a = "; a.ausgabe();
    cout << "b = "; b.ausgabe();
    // Die Elementfunktionen werden implizit mitgetestet.
    erg = add(a,b);
    cout << "+  : "; erg.ausgabe();
    erg = sub(a,b);
    cout << "-  : "; erg.ausgabe();
    erg = mult(a,b);
    cout << "*  : "; erg.ausgabe();
    erg = div(a,b);
    cout << "/  : "; erg.ausgabe();
    cout << endl;
}

int main() {
    rational a,b;
    cout << "Test der Eingabe\n";
    a.eingabe();
    b.eingabe();
    druckeTestfall(a,b);
    cout <<"\n Test mit verschiedenen Vorzeichen\n";
    a.definiere(3,7);
    b.definiere(6,13);
    druckeTestfall(a,b);
    a.definiere(3,-7);
    druckeTestfall(a,b);
    //...und so weiter
    cout <<"\n Test mit gemischten Datentypen\n";
    a.definiere(2301,77777);
    druckeTestfall(a,17);
    druckeTestfall(17, a);
    //...und so weiter
    cout <<"\n Test mit Nullwerten\n";   // ...und noch mehr
}
```

## 5.5 const-Objekte und Methoden

Objekte können wie einfache Variable als *konstant* deklariert werden. Um jegliche Änderungen zu vermeiden, dürfen Methoden von konstanten Objekten nicht aufgerufen werden (ausgenommen Konstruktoren und Destruktoren), es sei denn, sie sind als konstante Elementfunktionen deklariert und definiert. Nehmen wir an, wir würden Bezug nehmend auf das Beispiel auf den Seiten 169 ff. eine konstante rationale Zahl definieren: `const rational cr;`. Nehmen wir ferner an, wir hätten nach der Deklaration der Methode `ausgabe()` das Wort `const` vergessen. Der Aufruf `cr.ausgabe();` riefe dann eine Warnung oder Fehlermeldung des Compilers hervor. Wenn aber in der Deklaration und Definition das Schlüsselwort `const` angegeben wird, erhält die damit ausgezeichnete Methode das Privileg, für konstante (*und* nichtkonstante) Objekte aufgerufen werden zu können:

```
void rational::ausgabe() const;          // Deklaration

void rational::ausgabe() const {         // Definition
    //.... wie vorher
}
```

Ein konstantes Objekt kann nicht durch `const`- oder andere Funktionen geändert werden, selbst dann nicht, wenn es per Referenz übergeben wird. Von dieser Regel gibt es zwei Ausnahmen:

1. Die `const`-Eigenschaft kann durch eine explizite Typumwandlung umgangen werden (englisch *casting the const away*) (siehe dazu Abschnitt 12.5).

2. In einer Klasse können Variable mit dem Schlüsselwort `mutable` versehen werden. Es ist erlaubt, diese Attribute durch eine Methode zu ändern, auch wenn das Objekt konstant ist, zu dem das Attribut gehört. Der Sinn des Schlüsselworts liegt darin, dass eine Implementation sicherstellen will, dass einerseits Objekte nicht geändert werden, andererseits ein schneller Zugriff möglich sein soll, was die Änderung interner Verwaltungsinformationen erfordert. Beispielsweise könnte man sich in einer konstanten Liste die zuletzt benutzte Position für einen Zugriff merken (Stichwort »cache«), um beim nächsten Zugriff schnell zu sein.

Ein `const`-Qualifizierer wird auch beim Überladen von Methoden ausgewertet. Man kann *zwei* Methoden mit gleicher Parameterliste, aber verschiedener Wirkung, schreiben, die sich nur durch `const` unterscheiden:

```
void rational::ausgabe();                // Methode 1
void rational::ausgabe() const;          // Methode 2
```

In der Anwendung ruft der Compiler je nach Eigenschaft des Objekts die eine oder die andere Methode auf:

```
rational r(6, 7);
const rational CR(8, 9);
r.ausgabe();              // ruft Methode 1
CR.ausgabe();             // ruft Methode 2
```

## 5.6 Faustregeln zur Konstruktion von Schnittstellen

Dieser Abschnitt gibt einige Empfehlungen zur Konstruktion der Prototypen von Methoden. Zur Erinnerung: Ein Prototyp ist die Deklaration einer Schnittstelle, über die von außen auf ein Objekt zugegriffen werden kann. Ein Prototyp besteht aus Rückgabetyp, Name und Parameterliste, wie schon aus Abschnitt 4.1.1 bekannt ist. Dazu kommt manchmal noch ein `const`-Qualifizierer, wie im vorhergehenden Abschnitt beschrieben. Unter anderem beziehen sich die Empfehlungen auf diese vier Bestandteile. Als Beispiel in einigen Fällen dient die Klasse `Geld`, deren Objekte aus einem Geldbetrag und der Währung als Attribute bestehen. Die Klasse soll in einer Anwendung Folgendes leisten:

```
// main()-Programm
Geld Kaufpreis(100.00, "Euro");
cout << Kaufpreis.Betrag();        // 100
cout << Kaufpreis.Waehrung();      // Euro
// Ausgabe für Scheckvordrucke:
cout << Kaufpreis.toString();      // eins-null-null
Kaufpreis.neuerBetrag(90.0);       // Betrag ändern
```

Aus der Anwendung ergeben sich vier Prototypen, die im `public`-Bereich der Klasse aufgeführt sind. Die Namen der privaten Attribute sind beliebig gewählt.

```
class Geld {
    public:
        Geld(double einBetrag, const string& eineWaehrung);
        double Betrag() const;
        void neuerBetrag(double);
        const string& Waehrung() const;
        string toString() const;
    private:
        double derBetrag;
        string dieWaehrung;
};
```

Die Methode `toString()` berechnet aus dem Betrag einen String entsprechend der Ziffernfolge des ganzzahligen Anteils des Betrags und gibt ihn zurück. Hier nun die sechs Faustregeln:

1. Die geplante Anwendung bestimmt die Methoden. Beim Entwurf einer Klasse ist es empfehlenswert, sich die Anwendung vorher zu überlegen und nur solche Prototypen vorzusehen, die dazu beitragen. Es ist nicht sinnvoll, Methodendeklarationen aufzuschreiben, die nur *vielleicht* brauchbar sind und deren Anwendung ungewiss ist. Der Grund dafür ist einfach: Alle Methoden müssen irgendwann auch definiert, dokumentiert und getestet werden. Diese Arbeit kann man sich für alle Methoden sparen, die nicht zum Einsatz kommen.

2. Der Name einer Methode soll beschreiben, was die Methode tut. Zum Beispiel ist der Name `Betrag` aussagekräftiger als etwa `Zahl`.

3. Eine Methode, die den Zustand eines Objekts nicht ändert, erhält den `const`-Qualifizierer (Methoden `Betrag()`, `Waehrung()` und `toString()`, nicht aber `neuerBetrag()`). Siehe auch die ausführliche Diskussion in Abschnitt 5.5.

4. Der Rückgabetyp ist natürlich `void`, wenn die Methode zwar etwas tut, aber nichts zurückgibt. Andernfalls bestimmt sich der Rückgabetyp aus der Antwort auf die Frage: Ist der zurückgegebene Wert ein Attribut der Klasse?

    - **Ja:** Nächste Frage: Ist der zurückgegebene Wert von einem Grunddatentyp? (d.h. `int`, `double`, `bool` usw. im Gegensatz zu einem Klassentyp)
        - *Ja:* Rückgabe per Wert. Beispiel: `Betrag()`
        - *Nein:* Rückgabe per `const&`. Beispiel: `Waehrung()`
    - **Nein:** Rückgabe per Wert. Beispiel: `toString()`

5. Die Art der Übergabe eines Objekts in der Parameterliste kann ebenfalls durch die Beantwortung einiger Fragen bestimmt werden. Soll das Objekt beim Aufrufer der Methode verändert werden?

    - **Ja:** Übergabe per Referenz (siehe Seite 114)
    - **Nein:** Nächste Frage: Gehört der übergebene Wert zu einem Grunddatentyp?
        - *Ja:* Übergabe per Wert. Beispiel: `neuerBetrag(double)`
        - *Nein:* Übergabe per `const&`. Die Übergabe des Strings im Konstruktor ist ein Beispiel.

6. Wenn Operationen verkettet werden sollen, ist das Objekt selbst per Referenz zurückzugeben. In C++ sind Anweisungen wie `a = b = c;` erlaubt und üblich, ebenso wie die schon bekannte Verkettung von Ausgaben mehrerer Variablen, etwa `cout << a << b << c << endl;`. Diese Verkettung von Operatoren wird ausführlich in Kapitel 9 diskutiert. Es gibt aber auch ein Äquivalent für Funktionen. Nehmen wir zum Beispiel die Anwendung der Methode

```
// Methode der Klasse rational
void add(const rational& r);
```

von Seite 172 auf rationale Zahlen a, b und c. Die Operation a.add(b); ist damit möglich, nicht aber Verkettungen wie zum Beispiel

```
a.add(b).add(c);      // a) entspricht: a += b;  a += c;
a.add(b.add(c));      // b) entspricht: a += b += c;
```

Die Verkettungen könnten natürlich durch jeweils zwei einzelne Anweisungen ersetzt werden, aber hier geht es darum, zu zeigen, dass und wie Verkettungen mit der Rückgabe des Objekts selbst möglich gemacht werden. Betrachten wir beide Fälle:

(a) Diese Anweisung wird von links abgearbeitet. a.add(b) muss dann ein Objekt zurückliefern, auf das dann add(c) angewendet wird. Auf einen Rückgabetyp void lässt sich keine Funktion anwenden, und der Compiler würde sich bitter beschweren. Dieses zurückgegebene Objekt ist sinnvollerweise nichts anderes als das durch die Addition veränderte Objekt a, hier a̲ genannt. Aus a.add(b) ergibt sich also a̲, für das add(c) aufgerufen wird. In Einzelschritte zerlegt:

```
a.add(b).add(c);
   ‾‾‾‾‾‾
    a̲.add(c);
```

Damit ergib sich eine veränderte Implementation (und Deklaration) für add():

```
// veränderter Rückgabetyp:
rational& rational::add(const rational& r) {
    zaehler = zaehler*r.nenner + r.zaehler*nenner;
    nenner  = nenner*r.nenner;
    kuerzen();
    // Rückgabe des Objekts, für das die Methode aufgerufen wird:
    return *this;
}
```

Was bedeuted *this? Es ist einfach eine andere Bezeichnung für das Objekt selbst. Es muss in einer Methode so einen universellen Namen geben, weil der beliebige Name, der irgendwann in einem Anwendungsprogramm für ein Objekt vergeben wird, in der Methode unbekannt ist. Das Schlüsselwort this wird genauer in Abschnitt 6.10 erklärt.

(b) Ein Aufruf der Form a.add(X) verlangt, dass das Argument X vom Typ rational ist. Da X identisch mit b.add(c) ist und gemeint ist, dass erst c auf b addiert wird, welches dann auf a addiert wird, folgt daraus, dass der Aufruf b.add(c) das veränderte b zurückgeben muss. Die unter a) angegebene Implementierung löst auch dieses Problem.

Natürlich kann von den Empfehlungen abgewichen werden – wenn es einen Grund dafür gibt. *Kleine* Klassenobjekte kosten nicht viel Zeit bei der Kopie und können daher per Wert übergeben werden statt per Referenz auf `const`.

Wenn ein Objekt eines Klassentyps nicht verändert werden soll, ist die Übergabe per Wert statt per Referenz auf `const` sinnvoll, wenn es in der Funktion als Variable benötigt wird. Entsprechend der obigen Regel 5 würde die Funktion `Ortsverschiebung()` von Seite 166 wie folgt geschrieben:

```
                      // Parameterliste geändert
  Ort Ortsverschiebung(const Ort& OriginalOrt, int dx, int dy) {
      Ort derOrt = OriginalOrt;    // neu
      derOrt.aendern(derOrt.X() + dx, derOrt.Y() + dy);
      return derOrt;               // Rückgabe des veränderten Orts
  }
```

Die Schreibweise auf Seite 166 spart eine Zeile. Der Rechenaufwand ist in beiden Fällen nahezu gleich, weil der Kopierkonstruktor hier zwar nicht bei der Parameterübergabe, wohl aber bei der Initialisierung der temporären Variablen aufgerufen wird.

## Übungsaufgabe

5.3 Schreiben Sie eine Klasse `IntMenge`, bestehend aus den zwei Dateien *IntMenge.h* und *IntMenge.cpp*, sowie ein Testprogramm *main.cpp* entsprechend den Regeln dieses Kapitels. Die Klasse soll als mathematische Menge für ganze Zahlen nachbilden. Es sollen nur die folgenden einfachen Funktionen möglich sein, auf Operationen mit zwei Mengen wie Vereinigung und Durchschnitt werde verzichtet:

- `void hinzufuegen(int el)`: Element `el` hinzufügen, falls es noch nicht existiert, andernfalls nichts tun.
- `void entfernen(int el)`: Element `el` entfernen, falls es vorhanden ist, andernfalls nichts tun.
- `bool istMitglied(int el)`: Gibt an, ob `el` in der Menge enthalten ist.
- `size_t size()`: Gibt die Anzahl der gespeicherten Elemente zurück.
- `void anzeigen()`: Gibt alle Elemente auf der Standardausgabe aus.
- `void loeschen()`: Alle Elemente löschen.
- `int getMax()` und `int getMin()`: Geben das größte bzw. kleinste Element zurück.

Benutzen Sie intern zum Speichern der Werte ein `vector<int>`-Objekt (vgl. Abschnitt 2.5.2). Ein Auszug einer Anwendung könnte etwa wie folgt aussehen:

```
IntMenge menge;
menge.hinzufuegen(2);    // ok
menge.hinzufuegen(-9);   // ok
menge.hinzufuegen(2);    // keine Wirkung, 2 gibt es schon
menge.entfernen(99);     // keine Wirkung, nicht vorhanden
menge.entfernen(-9);     // ok
menge.anzeigen();
menge.loeschen();
for(int i=17; i < 33; ++i) {
  menge.hinzufuegen(i*i);
}
cout << "Anzahl=" << menge.size()
     << " Minimum=" << menge.getMin();
if(menge.istMitglied(-11)) {
// ... usw.
```

Diese Aufgabe ist eine Vorübung für das Thema einer Klasse »Menge«. Es wird in Abschnitt 12.6.2 in anderem Zusammenhang wieder aufgegriffen. Die C++-Bibliothek stellt für Mengen eine Klasse `set` zur Verfügung, deren Eigenschaften in Abschnitt 16.7 erörtert werden.

## 5.7 Destruktoren

*Destruktoren* dienen dazu, Aufräumarbeiten für nicht mehr benötigte Objekte zu leisten. Wenn Destruktoren nicht vorgegeben werden, werden sie vom System automatisch erzeugt (implizite Deklaration). Der häufigste Zweck ist die Speicherfreigabe, wenn der Gültigkeitsbereich eines Objekts verlassen wird. Konstruktoren haben die Aufgabe, Ressourcen zu beschaffen, Destruktoren obliegt es, sie wieder freizugeben. Die Reihenfolge des Aufrufs der Destruktoren ist *umgekehrt* wie die der Konstruktoren.

Destruktoren haben keine Argumente und keinen Rückgabetyp. In der Deklaration wird eine Tilde ~ vorangestellt. Im Beispiel werden nummerierte Testobjekte erzeugt. Um den Ablauf verfolgen zu können, sind Konstruktor und Destruktor mit Ausgabeanweisungen versehen. Die Gültigkeit oder Lebensdauer eines Objekts endet, wie schon aus Abschnitt 2.3 bekannt, an der durch eine schließende geschweifte Klammer markierten Grenze des Blocks, in dem das Objekt definiert wurde. Genau dann wird das Objekt zerstört, dass heißt, dass der von diesem Objekt belegte Speicherplatz freigegeben wird.

Daraus folgt, dass durchaus außerhalb von `main()` einige Aktivitäten stattfinden können:

- Falls es globale Objekte gibt, wird ihr Konstruktor *vor* der ersten Anweisung von `main()` aufgerufen.

- Innerhalb des äußersten Blocks von main() definierte Objekte werden erst nach Verlassen von main() freigegeben.
- Wegen der umgekehrten Reihenfolge der Destruktoraufrufe werden globale Objekte zuletzt freigegeben.

Die Ausgabe des Programms belegt, dass die Objekte *nach* der letzten Anweisung innerhalb eines Blocks zerstört werden.

## Beispielprogramm: Wirkung des Destruktors

```cpp
// cppbuch/k5/destrukt.cpp
#include<iostream>
using namespace std;

class Beispiel {
    int zahl;                             // zur Identifizierung
  public:
    Beispiel(int i = 0);                  // Konstruktor
    ~Beispiel();                          // Destruktor
};
Beispiel::Beispiel(int i) : zahl(i) {    // Konstruktor
    cout << "Objekt " << zahl
         << " wird erzeugt.\n";
}
Beispiel::~Beispiel() {                   // Destruktor
    cout << "Objekt " << zahl
         << " wird zerstört.\n";
}
// globale Variable, durch Vorgabewert mit 0 initialisiert
Beispiel ein_globales_Beispiel;

int main() {
    cout << "main wird begonnen\n";
    Beispiel einBeispiel(1);

    {
        cout << "   neuer Block\n    ";
        Beispiel einBeispiel(2);
        cout << "   Block wird verlassen\n    ";
    }
    cout << "main wird verlassen\n";
}
```

Die Ausgabe des Programms ist:
  *Objekt 0 wird erzeugt.*
  *main wird begonnen*
  *Objekt 1 wird erzeugt.*
    *neuer Block*
    *Objekt 2 wird erzeugt.*
    *Block wird verlassen*
    *Objekt 2 wird zerstört.*
  *main wird verlassen*
  *Objekt 1 wird zerstört.*
  *Objekt 0 wird zerstört.*

Der Destruktor statischer Objekte (static oder globale Objekte) wird nicht nur beim Verlassen eines Programms mit `return`, sondern auch bei Verlassen mit `exit()` aufgerufen. Im Gegensatz zum normalen Verlassen eines Blocks wird der Speicherplatz bei `exit()` jedoch nicht freigegeben.

## 5.8 Wie kommt man zu Klassen und Objekten? Ein Beispiel

Es kann hier keine allgemeine Methode gezeigt werden, wie man von einer Aufgabe zu Klassen und Objekten kommen kann. Es wird jedoch versucht, anhand eines Beispiels einen ersten Eindruck zu vermitteln, wie man von einer Problemstellung zum objektorientierten Programm kommen kann.

### Simulation der Benutzung eines einfachen Getränkeautomaten

In der Kantine stehen Getränkeautomaten, unter anderem einer mit *ObjektCola*. Der Automat sei so eingestellt, dass eine Dose dieses Getränks 2 € kostet. Der Automat nimmt einen beliebigen Geldbetrag an. Wenn zu wenig eingeworfen wird, wird das eingeworfene Geld wieder herausgegeben. Wenn zu viel eingeworfen wird, wird eine Dose *ObjektCola* sowie der Restbetrag herausgegeben. Nach Geldeinwurf löst ein Knopfdruck die Prüfung des Geldbetrags und gegebenenfalls die Ausgabe einer Dose aus. Wenn keine Dose mehr vorrätig ist, ist der Automat gesperrt, das heißt, dass jeder eingeworfene Geldbetrag vollständig zurückgegeben wird.

**Aufgabe:** Das folgende, bewusst einfach gehaltene Szenario soll mit einem Programm simuliert werden:

> Der Automat wird anfangs mit 50 Dosen befüllt. Zum Automaten gehen Personen, die eine Dose aus dem Automaten ziehen wollen. Sie tragen unterschiedliche Geldbeträge bei sich. Wenn der Betrag ausreicht,

werfen sie Münzen in den Automaten, wobei manche nicht genau zählen und zufällig zu viele oder zu wenige Münzen einwerfen. Anschließend drücken sie auf den Ausgabeknopf mit der Wirkung, dass gegebenenfalls eine Dose und Rückgeld ausgegeben werden. Das Szenario endet, wenn der Automat gesperrt wird, weil er leer ist.

Das Programm soll zur Kontrolle die einzelnen Schritte auf dem Bildschirm dokumentieren. Der Einfachheit halber genügt es, einheitliche Münzen anzunehmen, zum Beispiel 1-€-Stücke.

## 5.8.1 Einige Analyse-Überlegungen

Um die Problemstellung zu verdeutlichen, wird sie aus verschiedenen Blickwinkeln betrachtet, die im Folgenden vorgestellt werden. Es handelt sich dabei nur um *Möglichkeiten*, nicht um den einzig wahren Lösungsansatz (den es nicht gibt).

1. In der Analyse geht es zunächst einmal darum, Prozesse *in der Sprache des (späteren Programm-) Anwenders* zu beschreiben. Dabei sind typische Abläufe, Szenarien genannt, ein gutes Hilfsmittel. Die Aufgabenstellung ist als Szenario formuliert.

2. Im zweiten Schritt wird versucht, beteiligte Objekte, ihr Verhalten und ihr Zusammenwirken zu identifizieren. Dies ist nicht unbedingt einfach, weil spontan identifizierte Beziehungen zwischen Objekten im Programm nicht immer die wesentliche Rolle spielen. Auf einem geeigneten Abstraktionsgrad muss entschieden werden, was zum »System« und was zur »Außenwelt« gehören soll.

### Strukturierung des Ablaufs

Das Szenario beschreibt einen *Vorgang*, dessen einzelne Schritte als Pseudocode strukturiert dargestellt werden können.

*Anfang des Szenarios*

01 Automat mit 50 Dosen füllen.

02 Solange der Automat nicht gesperrt, das heißt nicht leer ist, wiederhole:

03     Eine durstige Person (z.B. eine Studentin) kommt vorbei, sie hat X € dabei

04     X steht für eine zufällige Zahl.

05     Falls sie genug Geld hat (d.h. mindestens als den Preis pro Dose)
06         steckt sie eine Anzahl Y Münzen in den Münzschlitz
07         und drückt auf den Knopf.
08         Falls Rückgeld ausgegeben wurde,

09         nimmt sie es.
10         Falls eine Dose ausgegeben wurde,
11            nimmt sie sie und
12            trinkt sie aus.
13         Andernfalls stellt sie fest: »Zu wenig Geld!«.
14         Die Person verlässt die Szene
           (gegebenenfalls nicht mehr durstig und mit weniger Geld).

*Ende des Szenarios*

## Objekte und Operationen identifizieren

Im nächsten Schritt wird versucht, die beteiligten Objekte und damit ihre Klassen zu identifizieren und eine Beschreibung ihres Verhaltens zu finden. Dazu wird auf die einzelnen nummerierten Zeilen des Szenarios Bezug genommen, die *kursiv* dargestellt sind. Bezeichnungen in `dieser Schrift` deuten auf *mögliche* Klassen- und Methodennamen. Es ist nicht nur das aktive Verhalten wichtig, sondern manchmal benötigt man außerhalb des Objekts Informationen über seinen inneren Zustand.

*01 Automat mit 50 Dosen füllen.*
Der Automat ist ein `GetraenkeAutomat`. Er enthält `Dosen`, deren `Anzahl` uns interessiert. Die Anzahl ist eine Eigenschaft des Automaten, nicht der Dose. Andere Automaten können gleichartige Dosen in anderer Stückzahl enthalten. Unklar ist hier, *wer* den Automaten füllt. Da wir uns in diesem Szenario nicht dafür interessieren, liegt die Antwort außerhalb unseres »Systems«. Wir müssen nur dafür sorgen, dass der Automat am Anfang des Szenarios ein paar Dosen enthält.

*02 Solange der Automat nicht gesperrt, das heißt leer ist, wiederhole:*
Der Automat hat ein Attribut `gesperrt`, das anzeigt, dass keine Dosen mehr da sind.

*03 Eine Person (z.B eine Studentin) kommt vorbei, sie hat X €.*
Anstelle einer Studentin könnte natürlich eine andere `Person` mit etwas `Geld` kommen. Die Aktivität hier ist `kommen`.

*05 Falls sie genug Geld hat (d.h. mindestens den Preis pro Dose),*
`Hat sie genug Geld`, verglichen mit dem `Preis pro Dose`, der in dem Automaten eingestellt ist? Die Menge des Geldes ist ein Attribut der Person, der Dosenpreis ein Attribut des Automaten.

*06 steckt sie eine Anzahl Y Münzen in den Münzschlitz*
Das `GeldEinwerfen` ist eine Aktivität der Studentin. Dabei ist wichtig, wie viele `Muenzen` in welchen `Getraenkeautomat` (hier gibt es nur einen) gesteckt werden. Der Automat muss die `Muenzen akzeptieren` und die `Anzahl` der `eingeworfenen Muenzen` kennen.

*07 und drückt auf den Knopf.*
`Knopf druecken` ist eine Aktivität der Studentin, die sich auf einen bestimmten Automaten bezieht. Gleichzeitig ist dies eine Aufforderung an den Automaten, `das Geld zu prüfen und eine Dose herauszugeben`.

*08 Falls Rückgeld ausgegeben wurde,*
*09 nimmt sie es.*
Nur wenn `Rueckgeld vorhanden` ist, kann sie `Geld entnehmen`. Rückgeld kann nur vorhanden sein, wenn es vorher eine `Geldrueckgabe` gab.

*10 Falls eine Dose ausgegeben wurde,*
*11 nimmt sie sie und*
*12 trinkt sie aus.*
Falls der Automat eine `Dose herausgegeben` hat, kann die Studentin die `Dose entnehmen`. Dann `trinkt` sie.

*13 Andernfalls stellt sie fest: »Zu wenig Geld!«.*
Die Studentin `sagt`....

*14 Die Person verlässt die Szene (gegebenenfalls nicht mehr durstig und mit weniger Geld).*
Die Aktivität ist hier `verlassen`.

*Ende des Szenarios*

## Analyse einiger Aktivitäten

In der objektorientierten Programmierung kommunizieren Objekte durch Botschaften (englisch *message*). Das Wort »Botschaft« ist eine häufig benutzte, aber ungenaue Übersetzung, weil der Aufforderungscharakter unter den Tisch fällt. Besser ist es, nur von Aufforderungen zu sprechen, die an ein Objekt gerichtet sind. Die Notation ist *Objekt.Aufforderung(Daten)*. In den oben beschriebenen Aktivitäten stecken Aufforderungen:

zu 06:
Die Daten, die zu der Aktivität `Geld einwerfen` gehören, sind der `Automat`, in den die Münzen gesteckt werden, sowie die Anzahl der Münzen. In der obigen Notation geschrieben:
*dieStudentin.GeldEinwerfen(derAutomat, Münzenanzahl)*

Die Aufforderung an den Automaten, die *innerhalb* der Aktivität `Geld einwerfen` steckt, ist es, die `Münzen zu akzeptieren`. Das Akzeptieren der Münzen beinhaltet die Kenntnis, wie viele Münzen eingeworfen wurden. In der obigen Notation geschrieben:
*derAutomat.akzeptieren(Münzenanzahl)*

zu 07:
Ähnliche Überlegungen sind für die Aktivität `Knopf drücken` anzustellen, weil diese Aktivität den Automaten dazu veranlasst, das eingeworfene Geld zu prüfen und eine Dose herauszugeben.

**Erster Klassenentwurf**

In der Analyse können Objekte identifiziert und damit schon erste Klassen gebildet werden. Die Aktivitäten oder das Verhalten der Objekte sind nach außen sichtbar und erscheinen deshalb im Programm als öffentliche Schnittstelle. Im Design werden die Klassen näher untersucht und genauer formuliert. Insbesondere ergeben sich aus den Aktivitäten, welche Informationen über ein Objekt benötigt werden bzw. welche *Attribute* es hat.

*Die Klassen ergeben sich aus den handelnden Objekten mit ihren Attributen und Aktivitäten.* Der Ansatz, zunächst die Substantive mit Objekten gleichzusetzen und die Verben mit Methoden, kann irreführend sein, weil beides austauschbar ist. Beispiel: »Die Entnahme der Dose wird von der Studentin durchgeführt.« Entnahme als Objekt? Durchführen als Aktivität? – etwas zweifelhaft. »Die Studentin entnimmt die Dose« ist erheblich klarer.

Passivkonstruktionen sollten also vor der Analyse auf Substantive und Verben stets in Aktivkonstruktionen verwandelt werden. Ebenso ist das Subjekt genau zu identifizieren. »Die Messung erfolgt um 13 Uhr.« ist in diesem Sinne ein unbrauchbarer Satz, weil die Frage nach dem »wer?« nicht beantwortet werden kann.

Objekte sind aus dem vorherigen Abschnitt identifizierbar. Es gibt Objekte, die jedoch passiv sind: Dosen und Münzen. Zu diesen Objekten gibt es keine Attribute, es interessiert hier nur die Anzahl. Wenn zu einem Objekt keine Attribute und keine Aktivitäten (passiv!) angebbar sind, ist es im Allgemeinen nicht notwendig, es als Klasse zu formulieren.

Die *aktiven*, handelnden Objekte sind die Studentin und der Automat. Da anstelle der Studentin (Spezialfall) auch andere Personen kommen können, ist es sinnvoll, dafür eine Klasse `Person` zu erfinden. Die Klasse für den Automaten nennen wir `GetraenkeAutomat`. Die *vorläufig* gefundenen Attribute und Aktivitäten sind in Tabelle 5.1 zusammengefasst.

### 5.8.2 Design

**Formulierung des Szenarios in C++**

Bei den identifizierten Objekten mit ihren Methoden handelt es sich *zunächst um eine erste Näherung*, die weiter verfeinert werden muss.

Weil nur ein erster Eindruck vermittelt werden soll, wird auf eine vollständige objektorientierte Analyse (OOA) und ein entsprechendes Design (OOD) verzichtet und auf die Literatur verwiesen, die die OOA/D-Thematik ausführlich behandelt (siehe Literaturempfehlung im Nachwort ab Seite 639).

Hier wird *als Starthilfe* das oben strukturiert beschriebene Szenario in einer möglichen C++-Darstellung formuliert. Es gibt nur einige Besonderheiten:

| Klasse | Attribute | Aktivitäten/Zustandsabfragen |
|---|---|---|
| Person | Geldmenge | kommen<br>hat genug Geld?<br>Geld einwerfen<br>Knopf drücken<br>Geld entnehmen<br>Dose entnehmen<br>trinken<br>gehen / Szene verlassen |
| GetränkeAutomat | Anzahl Dosen<br>gesperrt<br>Preis pro Dose<br>Rückgeld<br>eingeworfene Münzen | befüllt werden (von wem?)<br>Geld prüfen<br>Dose herausgegeben?<br>Rückgeld vorhanden?<br>Münzen akzeptieren<br>Dose herausgeben<br>ist gesperrt?<br>Geldrückgabe |

Tabelle 5.1: Vorläufige Kandidaten für Klassen, Attribute und Aktivitäten

- `main()` beschreibt im Ablauf Aktivitäten einer Person, die ihrerseits Aktivitäten beim Getränkeautomaten auslösen.

- Der Automat wird mit Anfangswerten initialisiert (Konstruktor). Damit ist er am Anfang mit Dosen gefüllt, ohne dass wir uns Gedanken machen müssen, wer ihn gefüllt hat.

- die Methoden `kommen` und `gehen` werden in C++ geeignet durch Konstruktor und Destruktor beschrieben.

### Beispielprogramm: Simulation des Getränkeautomaten

```cpp
// /cppbuch/loesungen/k5/5_3/main.cpp
#include"person.h"
#include"automat.h"
using namespace std;
int zufall(int X) { // gibt eine Pseudo-Zufallszahl zwischen 0 und X zurück
    static long r = 1;
    r = (125 * r) % 8192;
    return static_cast<int>(static_cast<double>(r)/8192.0*(X+1));
}
```

## Beispielprogramm (Fortsetzung)

```
int main() {
    const int DOSENANZAHL = 50,
              DOSENPREIS  =  2,   // in €
              MAX_GELD    = 20;   // in €
    // Szenario
    GetraenkeAutomat ObjektColaAutomat(DOSENANZAHL,
                                       DOSENPREIS);
    /*Der Konstruktor initialisiert den Automaten mit der gewünschten Anzahl von
      Dosen und dem Dosenpreis.
    */

    while(!ObjektColaAutomat.istGesperrt()) {
        // eine Person betritt die Szene:
        Person einePerson(zufall(MAX_GELD));
        /*Der Konstruktor erzeugt ein Objekt der Klasse Person (siehe Text) mit
          Namen einePerson, wobei das Objekt (das heißt sein Geldvorrat) mit
          einer zufälligen Zahl zwischen 0 und MAX_GELD initialisiert wird.
        */

        if(einePerson.genugGeld(
                    ObjektColaAutomat.GetraenkePreis())) {
            // eine zufällig gewählte Anzahl Münzen wird eingeworfen,
            // aber nicht mehr als vorhanden:
            int wieviel = zufall(einePerson.wievielGeld());
            einePerson.GeldEinwerfen(ObjektColaAutomat, wieviel);
            einePerson.KnopfDruecken(ObjektColaAutomat);

            if(ObjektColaAutomat.RueckgeldVorhanden())
                einePerson.GeldEntnehmen(
                        ObjektColaAutomat.GeldRueckGabe());

            if(ObjektColaAutomat.DoseHerausgegeben()) {
                einePerson.DoseEntnehmen(ObjektColaAutomat);
                einePerson.trinkt();
            }

            if(ObjektColaAutomat.istGesperrt())
                cout << "Automat gesperrt! (leer)" << endl;
        }
        else einePerson.sagt(" Leider zu wenig Geld.");
    } // Blockende: die Studentin verlässt die Szene:
      // hier automatisch realisiert durch den Destruktor
}
```

## Übungsaufgabe

**5.4** Versuchen Sie, die einzelnen Schritte nachzuvollziehen. Stellen Sie fest, wo es Unzulänglichkeiten und Unvollständigkeiten gibt. Entwerfen Sie die nötigen Klassen in C++, vervollständigen Sie das Programm und bringen Sie es zum Laufen. Das Programm sollte verschiedene Fälle abdecken (verschiedene, zufällig gewählte anfängliche Geldmengen), die in der zu erzeugenden Testdokumentation aufgeführt werden. Die Testdokumentation erhält man am einfachsten durch Umleiten der Bildschirmausgaben in eine Datei.

*Hinweis*: Falls der Automat als Parameter einer Methode übergeben wird, die ihrerseits eine Methode des Automaten aufruft, ist nur die Übergabe per Referenz sinnvoll, nicht die Übergabe per Wert. Änderungen des Zustands des Automaten müssen im Original wirksam werden, nicht in einer Kopie, die am Ende der Methode weggeworfen wird. Dies kann erzwungen werden, wenn man den Kopierkonstruktor privat deklariert. Eine Definition ist nicht erforderlich, weil kein Aufruf erfolgt.

# 5.9 Gegenseitige Abhängigkeit von Klassen

In der im Anhang abgedruckten Lösung der Aufgabe des vorhergehenden Abschnitts werden in den inline-Funktionen der Klasse Person teilweise Methoden der Klasse GetraenkeAutomat benutzt, weswegen *automat.h* von *person.h* eingeschlossen wird. Die Klasse GetraenkeAutomat hingegen benutzt keinerlei Eigenschaften oder Methoden der Klasse Person. Was ist aber, wenn jede der beiden Klassen Methoden der jeweils anderen Klasse benutzt? Es nutzt nichts, gegenseitig die Header-Datei der jeweils anderen Klasse einzuschließen, weil der Compiler die nötigen Informationen nicht bekommt. Betrachten wir zwei Header-Dateien, die sich aufeinander beziehen:

```
// Datei A.h                    // Datei B.h
#ifndef A_h                     #ifndef B_h
#define A_h                     #define B_h
#include"B.h"                   #include"A.h"

.... usw.                       .... usw.
#endif                          #endif
```

Wenn *A.h* zuerst gelesen wird, wird bei Ausführung der dritten Zeile *B.h* eingelesen. Die Ausführung der dritten Zeile von *B.h* scheitert jedoch, weil A_h nun definiert ist und der Rest von *A.h* nicht zur Kenntnis genommen wird. Die Lösung des Problems besteht in der *Vorwärtsdeklaration*:

```
//Datei A.h                              //Datei B.h
#ifndef A_h                              #ifndef B_h
#define A_h                              #define B_h

class B; //Vorwärtsdeklaration           class A; //Vorwärtsdeklaration

class A {                                class B {
  public:                                  public:
    void benutzeB(const B&);                 void machWasMitA(A*);
    void eineAMethode();                     void eineBMethode() const;
    // ... usw.                              // ... usw.
};                                       };
#endif                                   #endif
```

Die Notation A* bedeutet »Zeiger[2] auf Objekt der Klasse A«. In den Header-Dateien werden gegenseitig nur die Klassennamen bekannt gemacht und die Kenntnisnahme der Methoden wird auf die Implementierungsdateien verschoben. Dies funktioniert dann, wenn die Header-Dateien ausschließlich Zeiger oder Referenzen der jeweils anderen Klasse enthalten, aber keine Methodenaufrufe. Dies kann leicht erreicht werden, wenn auf inline-Methoden verzichtet wird, die Methoden der anderen Klasse benutzen. Die dazu notwendige Struktur wird für zwei Klassen gezeigt, eine Erweiterung auf die gegenseitige Abhängigkeit mehrerer Klassen ist nach diesem Muster leicht möglich. Die Implementierungsdateien schließen die Header-Dateien auch der anderen Klasse ein, wobei die Reihenfolge der Include-Anweisungen keine Rolle spielt. Nun können Methoden der jeweils anderen Klasse problemlos in den Implementierungsdateien gerufen werden.

```
//Datei A.cpp                            //Datei B.cpp
#include"A.h"                            #include"B.h"
#include"B.h"                            #include"A.h"

void A::benutzeB(const B& b) {           void B::machWasMitA(A* pA) {
  b.eineBMethode();                        pA->eineAMethode();
}                                        }

void A::eineAMethode() {                 void B::eineBMethode() const {
.... usw.                                .... usw.
```

Es gibt natürlich auch Fälle, wo einer Klasse die Größe eines Objekts einer anderen Klasse bekannt sein *muss*, zum Beispiel wenn die Klasse A ein Objekt der Klasse B aggregiert. In diesem Fall hilft die Vorwärtsdeklaration, unsymmetrisch angewendet, ebenfalls weiter:

---

[2] Zeiger werden in Kapitel 6 besprochen, aber hier der Vollständigkeit halber mit erwähnt.

## 5.9 Gegenseitige Abhängigkeit von Klassen

```
//Datei A.h
#ifndef A_h
#define A_h
// Klasse B einschließen:
#include"B.h"

class A {
  public:
    void benutzeB(const B&);
    void eineAMethode();
  private:
    B einB; // aggregiertes Objekt
    //.... usw.
};
#endif
```

```
//Datei B.h
#ifndef B_h
#define B_h
// Vorwärtsdeklaration:
class A;

class B {
  public:
    void machWasMitA(A*);
    void eineBMethode() const;
    //.... usw.
};
#endif
```

Damit kann natürlich nicht der unwahrscheinliche Fall gelöst werden, dass die Klasse A ein Objekt der Klasse B aggregieren *und* Klasse B ein Objekt der Klasse A einschließen soll. Wer das unbedingt möchte, sollte seinen Entwurf noch einmal überdenken. Wenn es denn sein muss, kann dieser Fall mit als Zeiger auf A bzw. B realisierten Attributen gelöst werden, an die der Konstruktor zur Laufzeit dynamisch erzeugte Objekte hängt.

# 6 Intermezzo: Zeiger

*Inhalt: Zeiger sind unverzichtbare Elemente in C++. Nach der Einführung von Zeigern werden C-Arrays beschrieben und ihre Anwendung gezeigt. Verwandt mit Zeigern und C-Arrays sind C-Strings, eine andere Form von Zeichenketten. Mit Hilfe von Zeigern werden dynamisch, das heißt zur Laufzeit erzeugte Objekte verwaltet. Auch die binäre Ein- und Ausgabe mit Dateien setzt die Begriffe Zeiger und Adresse voraus. Abschließend werden Zeiger im Zusammenhang mit Funktionen behandelt.*

Viele Klassen sind in C++ ohne Zeiger nicht realisierbar. In den folgenden Kapiteln werden häufig Zeiger und C-Arrays verwendet, weswegen dieses Kapitel an dieser Stelle notwendig wird und nicht nach hinten geschoben werden kann. Zeiger erlauben große Freiheiten, haben aber auch ihre Tücken.

## 6.1 Zeiger und Adressen

Zeiger sind ähnlich wie andere Variablen: Sie haben einen Namen und einen Wert, und sie können mit Operatoren verändert werden. Der Unterschied besteht darin, dass der Wert als *Adresse* behandelt wird. Ein Beispiel dafür sind Seitenangaben in einem Inhaltsverzeichnis, die »Adressen« für verschiedene Kapitel darstellen.

Die Namen können konventionell ein p oder ptr (für »pointer«) enthalten. Zeiger werden in C++ wie in C sehr häufig verwendet, weil sie eine große Flexibilität gestatten. Mit Hilfe von Zeigern kann dynamisch, das heißt zur Laufzeit eines Programms, Speicher beschafft werden. Anwendungen werden wir noch kennen lernen. In Deklarationen bedeutet ein * »Zeiger auf«:

```
int *ip;
```

ip ist ein Zeiger auf einen int-Wert, oder anders ausgedrückt: In der Speicherzelle, deren Adresse in ip gespeichert ist zeigt, befindet sich ein int-Wert. In anderen Anweisungen bedeutet * eine *Dereferenzierung*, das heißt, dass der Wert an der Stelle betrachtet wird, auf die der Zeiger verweist. *ip = 100; setzt den Wert der Speicherzelle, auf die ip zeigt, auf 100. Insofern könnte man die obige Deklaration lesen als: (*ip) ist vom Datentyp int.

Zeiger erhalten bei der Deklaration zunächst eine *beliebige* Adresse, genau wie andere nichtinitialisierte Variable zunächst beliebige Werte annehmen (Ausnahme: static-Variablen, siehe Seite 108). Daher muss vor Benutzung des Zeigers in einem Ausdruck erst eine sinnvolle Adresse zugewiesen werden, um nicht den In- *Vorsicht!*

halt anderer Speicherzellen zu zerstören! Zur Verdeutlichung des Prinzips betrachten wir der Reihe nach verschiedene Deklarationen. Zunächst definieren und initialisieren wir eine Variable i mit der Anweisung int i = 99;. Wir legen damit einen Speicherplatz mit dem symbolischen Namen i an und tragen die Zahl 99 ein. Die uns unbekannte, vom Compiler für i festgelegte Speicherplatzadresse sei 10123.

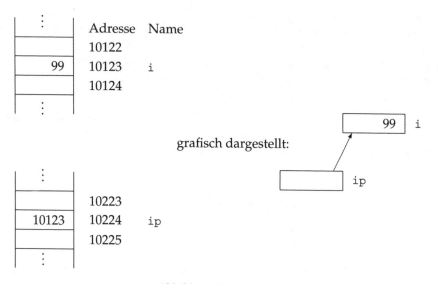

Abbildung 6.1: Zeiger

Nun werde mit int *ip; ein Zeiger ip definiert, aber nicht initialisiert. Der Wert des Zeigers ist jetzt rein zufällig. Die Speicherplatzadresse des Zeigers selbst sei 10224, und er zeigt auf eine unbekannte Adresse. Jetzt wird ip die Adresse von i zugewiesen. Dabei kommt der Operator & zur Anwendung, der hier als Adressoperator wirkt. In einem anderen Kontext hatten wir das Zeichen & bereits als Operator für die bitweise UND-Operation kennen gelernt. Weisen wir nun ip die Adresse von i zu:

    ip = &i;

Jetzt zeigt ip auf i. Das heißt nichts anderes, als dass die Adresse von i, hier 10123, bei ip eingetragen wird (Abbildung 6.1).

Als Nächstes definieren wir einen Zeiger ip2, der ebenfalls auf i gerichtet wird. Durch die Initialisierung gleichzeitig mit der Definition durchläuft ip2 keinen undefinierten Zustand:

    int *ip2 = &i;

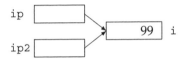

Abbildung 6.2: Zwei Zeiger zeigen auf ein Objekt

Der Wert von i ist jetzt über mehrere Namen beziehungsweise Zeiger zugreifbar (Abbildung 6.2). Die Anweisungen

```
i    = 99;
*ip  = 99;
*ip2 = 99;
```

bewirken alle dasselbe. *ip und *ip2 sind *Alias-Namen* für i.

## Hinweis zur Schreibweise von Zeigerdeklarationen

Die folgenden drei Schreibweisen sind äquivalent:

```
int*   ip, x;      // 1
int *  ip, x;      // 2
int *ip, x;        // 3

// Nur eine Variable pro Deklaration: Verwechslung nicht möglich
int *ip;           // 4
int x;

int* ip;           // 5
int x;
```

Die Variable x ist vom Typ int, die Variable ip ist vom Typ »Zeiger auf int«. Der Stern * bezieht sich also nur *auf den direkt folgenden* Namen. Um die Zuordnung beim Lesen leichter treffen zu können, sollte deshalb nur die vierte oder fünfte Schreibweise benutzt werden. Ein Zeiger auf eine Referenz ist nicht möglich. *Tipp*

## NULL-Zeiger

In C gibt es einen speziellen Zeigerwert, nämlich *NULL*, ähnlich nil in Pascal. Ein mit NULL initialisierter Zeiger zeigt nicht irgendwohin, sondern definitiv auf »nichts«. NULL ist als logischer Wert abfragbar. Um sich zu merken, dass ein Zeiger noch nicht oder nicht mehr auf ein definiertes Objekt zeigt, kann ein Zeiger auf NULL gesetzt werden: int *iptr = NULL;. In C++ wird NULL als Zahlenwert 0 oder 0L (long) dargestellt, sodass in einem C++-Programm der Name NULL nicht notwendig ist. Die Verwendung von NULL erhöht die Lesbarkeit an den Stellen, wo nicht unbedingt klar ist, ob ein Zeiger oder eine Zahl gemeint ist, zum Beispiel in der Parameterliste eines Funktionsaufrufs. Die Definition von NULL ist im Header <cstddef> enthalten.

## Typprüfung

Im Gegensatz zu C wird der Typ eines Zeigers in C++ geprüft. Gegeben seien die Definitionen:

```
char *cp;        // Zeiger auf char
void *vp;        // Zeiger auf void
```

void hat die Bedeutung »undefinierter Datentyp«. vp ist also ein Zeiger auf ein Objekt, über dessen Typ nichts gesagt wird. Eine Deklaration für einen undefinierten Datentyp kann es nicht geben, weil der benötigte Speicherplatz nicht angebbar ist, sehr wohl aber die Deklaration eines Zeigers, der auf so ein Objekt gerichtet werden soll. Aus dem Typ des Zeigers geht der Typ des Objekts nicht hervor. So ein Zeiger auf void hat den Typ void*. Ein void*-Zeiger kann zum Beispiel auf ein char-Objekt gerichtet werden. Das Umgekehrte geht nicht.

```
vp = cp;         // möglich
cp = vp;         // nicht möglich, Fehlermeldung des Compilers!
```

Die Zuweisung kann jedoch durch eine Typumwandlung ermöglicht werden:

```
cp = static_cast<char*>(vp);
```

*Tipp* Solche Typumwandlungen sollte man nicht ohne wichtigen Grund benutzen, weil die Typkontrolle des Compilers umgangen wird.

## Kein Zeigerzugriff auf automatische Variablen!

Der Speicherplatz für die innerhalb eines Blocks deklarierten Variablen wird bei Verlassen des Blocks wieder freigegeben. Der nachträgliche Zugriff auf diese Variablen kann zu Dateninkonsistenzen und zum Systemabsturz führen:

```
int i = 9;
int *ip = &i;         // Zeiger ip zeigt auf i
*ip = 8;              // i erhält den Wert 8
{   // neuer Block beginnt
    int j = 7;
    ip = &j;          // Zeiger ip zeigt auf j
    // weiterer Programmcode
}                     // Blockende, j wird ungültig
*ip = 8;              // gefährlich!
```

Die letzte Anweisung versucht, `j` über den Alias-Namen `ip` den Wert 8 zuzuweisen. Da `j` aber nicht mehr existiert, ist die Speicherstelle, auf die `ip` zeigt, möglicherweise vom Betriebssystem bereits für andere Zwecke vergeben worden. Durch diese Zuweisung werden daher gegebenenfalls andere Daten zerstört. Es gibt keine Warnung durch den Compiler oder das Laufzeitsystem! Daher sollten Sie darauf verzichten, Zeiger auf lokale Objekte mit gegenüber den Zeigern eingeschränkter Gültigkeit zu verwenden. Stattdessen sollten Sie lieber Zeiger desselben Gültigkeitsbereichs benutzen. In diesem Beispiel wäre als letzte Anweisung `j = 8;` »günstiger« gewesen, die vom Compiler sofort als falsch erkannt worden wäre und uns somit einen Hinweis auf Fehler im Programm gegeben hätte.

*Vorsicht!*

### Konstante Zeiger auf konstante Werte

Die Bedeutung von `const char*` ist »Zeiger auf konstante Zeichen« und ist nicht zu verwechseln mit »konstantem Zeiger auf Zeichen« (`char *const`). Solche Deklarationen sind von rechts nach links zu lesen, wobei die Reihenfolge (`const char`) auch (`char const`) lauten kann. Ein konstanter Zeiger auf konstante Zeichen ist demnach vom Typ `const char * const` oder gleichwertig `char const * const`.

## 6.2 C-Arrays

Vektoren sind von Seite 85 bekannt. C-Arrays genannte Felder sind etwas Ähnliches, nur viel primitiver: Es sind Bereiche im Speicher, die (eingeschränkt) ähnlich wie ein Vektor benutzt werden können. Tatsächlich basieren die Vektoren der C++-Standardbibliothek auf diesen primitiven C-Arrays. Der Zugriff auf ein einzelnes Element eines C-Arrays geht über den von den Vektoren bekannten Indexoperator `[ ]`. Bei einer zweidimensionalen Tabelle ist zusätzlich die Spaltennummer anzugeben, zum Beispiel `[6][3]`. Die Definition einer Tabelle lautet:

> *Datentyp Feldname* `[`*Anzahl_der_Elemente*`]` ;

*Anzahl_der_Elemente* muss eine Konstante sein oder ein Ausdruck, der ein konstantes Ergebnis hat. Beispiel:

```
const int ANZAHL = 5;
int Tabelle[ANZAHL];
```

Es ist guter Programmierstil, die Größe eines C-Arrays als *Konstante* zu deklarieren und die Konstante in der Arraydeklaration und im restlichen Programm zu verwenden. Dadurch kann ein Programm an eine andere Arraygröße angepasst werden, indem nur der Wert der Konstanten geändert wird. Es kann auch direkt eine

*Tipp*

Zahl eingetragen werden. `char a[10];` bezeichnet zum Beispiel ein Feld namens a mit 10 Zeichen.

Der Compiler reserviert für alle Elemente ausreichend Speicherplatz, die Anzahl der Tabellenelemente ist danach während des Programmlaufs nicht veränderbar. Die Anzahl der Elemente ist daher problemabhängig ausreichend groß zu wählen, auch wenn einige Tabellenplätze möglicherweise nicht ausgenutzt werden. Arrays, deren Größe erst zur Laufzeit festgelegt wird, lassen sich auch konstruieren, doch davon später. Die Abbildung 6.3 zeigt ein Array mit 5 ganzen Zahlen.

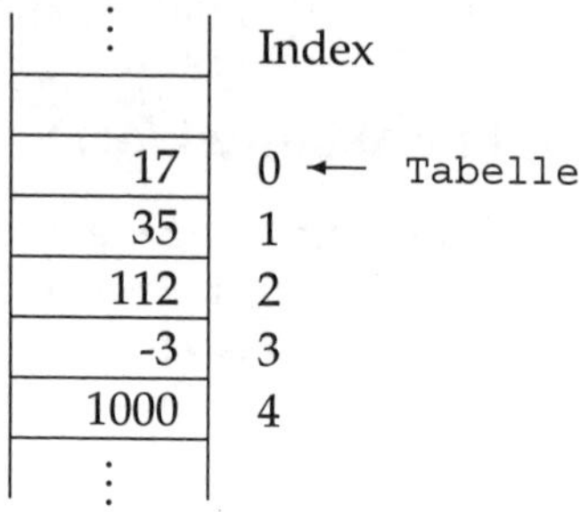

|      | Index |            |
|-----:|:-----:|------------|
|  ⋮   |       |            |
|  17  |   0   | ← Tabelle  |
|  35  |   1   |            |
| 112  |   2   |            |
|  -3  |   3   |            |
| 1000 |   4   |            |
|  ⋮   |       |            |

Abbildung 6.3: `int`-Array `Tabelle`

Der *Name des Feldes* zeigt auf die *Startadresse* des Feldes, d.h. auf das erste Element, und ist auch wie ein Zeiger einsetzbar. Anders ausgedrückt: Der Feldname ist wie ein Zeiger auf das erste Element (das heißt das Element mit dem Index 0) des Arrays. Ein Unterschied besteht dennoch zu Zeigern. Da dem Array bereits fest Speicherplatz zugewiesen ist, würde eine Änderung dieses »Zeigers« den Speicherplatz unzugänglich machen, weil die Information über die Adresse verloren gegangen ist. Daher kann ein Array kein so genannter *L-Wert* sein, vgl. Seite 61. Der Begriff L-Wert bezeichnet eine Größe, die auf der linken Seite einer Zuweisung stehen darf. Das Gegenstück ist der *R-Wert*. Also: der Feldname ist ein R-Wert und *konstanter* Zeiger auf das erste Element des Feldes (Arrays). Der Zugriff auf ein Element ist durch den *Indexoperator* `[ ]` oder durch Zeigerarithmetik möglich, wie die Zuweisung eines Fragezeichens an das sechste Element zeigt (die Nummerierung beginnt bei 0!). Zwischen den eckigen Klammern wird die relative Tabellenposition eingetragen.

```
a[5]      = '?';    // gleichwertig:
*(a+5)    = '?';    // = Wert an der Stelle a + 5
```

Zeigerarithmetik ist hier die Addition von 5 zu einem Zeiger mit der Bedeutung, dass das Ergebnis als ein um 5 Positionen verschobener Zeiger aufgefasst wird. Einzelheiten zur Zeigerarithmetik folgen auf Seite 204.

```
char c = a[9];          // 10. Element
char* cp;               // Zeiger auf char
cp = &c;                // möglich
cp = a;                 // cp zeigt auf den Feldbeginn, d.h. cp == &a[0].
                        // Daraus folgt *cp == a[0]
a = cp;                 // Fehler: a ist kein L-Wert
a = &c;                 // Fehler: a ist kein L-Wert
```

**Zeiger und Arrays**

Zeiger und Arrays sind im Gebrauch sehr ähnlich. Deswegen werden die Unterschiede hier zusammengefasst:

- Ein Zeiger hat einen Speicherplatz, der einen Wert enthält, der als Adresse benutzt werden kann.
- Ein Array (d.h. der Feldname) besitzt *in diesem Sinne keinen* Speicherplatz. Genau wie einer Konstanten keine Speicherzelle zugeordnet sein muss, weil der Compiler den Wert jedesmal direkt verwenden kann, ist keine Speicherzelle notwendig, die die Adresse des Arrays enthält. Ein Array ist vielmehr ein symbolischer Name für die Adresse ( = den Anfang) eines Bereichs im Speicher. Der Name wird *syntaktisch* wie ein konstanter Zeiger behandelt.

## 6.2.1 C-Arrays und sizeof

C-Arrays sind als »roher Speicher« (englisch *raw memory*) *keine* Objekte in dem bisherigen Sinn. Es gibt keine Methoden, die verwendet werden könnten:

```
vector<double> Kosten(12);
// ... berechnen
for(size_t i = 0; i < Kosten.size(); ++i)    // nicht bei C-Arrays!
    cout << i << ": " << Kosten[i] << endl;
```

Die Größe eines C-Arrays kann nicht von ihm erfragt werden, sie muss vielmehr vorher bekannt oder mit `sizeof` ermittelt worden sein:

```
const int ANZAHL = 5;
int Tabelle[ANZAHL];                         // C-Array-Definition
// ... Berechnungen
for(size_t i = 0; i < ANZAHL; ++i)
    cout << i << ": " << Tabelle[i] << endl;    // oder:
for(size_t i = 0; i < sizeof Tabelle /sizeof Tabelle[0]; ++i)
    cout << i << ": " << Tabelle[i] << endl;
```

`sizeof` ist ein Operator, der den Platzbedarf eines Ausdrucks oder Typs in Bytes zurückgibt. Ein Ausdruck kann, ein Typ muss in runden Klammern eingeschlossen sein. Die Anzahl ergibt sich einfach durch Division des Platzbedarfs für das ganze Feld durch den Platzbedarf für ein einzelnes Element, in diesem Fall das erste. Wenn der Datentyp wie hier eindeutig bekannt ist, kann statt `sizeof Tabelle[0]` auch `sizeof(int)` geschrieben werden. `sizeof` funktioniert jedoch nicht bei C-Arrays, die als Parameter einer Funktion übergeben werden, weil C-Array-Parameter innerhalb der Funktion nur als Zeiger interpretiert werden. Einzelheiten sind auf Seite 226 zu finden.

*Vorsicht!*

### 6.2.2 Indexoperator bei C-Arrays

*Vorsicht!* Der Zugriff über den Index-Operator `[ ]` wird nicht auf seine Grenzen überprüft! Er kann durch das entsprechende Zeigeräquivalent ersetzt werden. Man kann genausogut `*(Tabelle + i)` anstatt `Tabelle[i]` verwenden. Der Grund dafür liegt darin, dass der Compiler ohnehin *jeden* Zugriff über `[ ]` in die Zeigerform übersetzt, solange nicht ein benutzerdefinierter Operator `[ ]` verwendet wird. Letzterer ist nur bei Klassen möglich, siehe Kapitel 9. Mit `(Tabelle+i)` ist die Adresse gemeint, die um `i` Positionen (nicht Bytes, siehe Abschnitt 6.2.4) weiter liegt als der Feldanfang, auf den `Tabelle` zeigt. Der Stern '`*`' sorgt dafür, dass der Wert genommen wird, der an dieser Adresse eingetragen ist.

### 6.2.3 Initialisierung von C-Arrays

Ein C-Array kann bei der Definition bereits initialisiert werden. Trotz des '='-Zeichens in der Initialisierungszeile darf das Array auf der linken Seite stehen. Begründung: Eine Initialisierung ist keine Zuweisung. Der Compiler entnimmt die Anzahl der Feldelemente aus der Initialisierungsliste, eine Zahlenangabe kann deshalb entfallen. Die Anzahl kann mit `sizeof` ermittelt werden:

```
int feld[ ] = { 1, 777, -500};
const int ANZAHL = sizeof feld/ sizeof feld[0];
```

Falls weniger Elemente in der Initialisierungsliste als vorhanden angegeben sind, werden die restlichen Elemente mit 0 initialisiert. `int feld[3] = {1};` ist identisch mit `int feld[3] = {1, 0, 0};`.

### 6.2.4 Zeigerarithmetik

Wenn ein Zeiger inkrementiert oder dekrementiert wird, zeigt er nicht auf die nächste Speicheradresse, sondern auf die Adresse des nächsten Werts. Der Abstand der Speicheradressen ist gleich der Größe, die der Wert beansprucht, zum Beispiel 8 Byte bei einem Datentyp `double`. Gegeben seien folgende Deklarationen (hier gleichzeitig Definitionen):

## 6.2 C-Arrays

```
double d[10];        // Array d
double *dp1 = d;
double *dp2;
```

Wenn nun `dp2 = dp1 + 1;` gesetzt wird (oder `dp2 = dp1; ++dp2;`), ergibt sich als Differenz `dp2 - dp1` der Wert 1. `dp2` zeigt also auf das nächste `double`-Element des Arrays. Aufgrund des notwendigen Platzbedarfs für eine `double`-Zahl im Speicher von angenommen 8 Byte (die Zahl mag in Ihrem System anders sein) ist die nächste `double`-Zahl also 8 Byte entfernt. Das wird ermittelt, indem man die Zeigerwerte in `long` umwandelt und dann die Differenz berechnet:

```
cout << dp2-dp1 << endl;                        // ergibt 1
cout <<   static_cast<long>(dp2)
        - static_cast<long>(dp1) << endl;       // ergibt 8
```

Nur beim Datentyp `char` wären beide Werte identisch, weil eine Variable vom Typ `char` eben genau ein Byte belegt. Mit Zeigern kann also gerechnet werden, um Adressen oder Adressendifferenzen zu ermitteln. Die Einheit ist dabei nicht Byte, sondern ergibt sich aus dem Datentyp des Zeigers.

An dieser Stelle wird die Suche eines Werts in einer Tabelle von Seite 89 aufgegriffen, nur dass jetzt ein C-Array mit Zeigeroperationen anstelle eines Vektors eingesetzt wird. Diese Variante erlaubt die kürzeste Formulierung der Schleife, setzt aber wie die 4. Variante in 2.5.2 voraus, dass das Feld um einen Eintrag erweitert wird, der als »Wächter« (englisch *sentinel*) dazu dient, die Schleife abzubrechen.

```
// Definitionen
const int N = ...
int a[N+1];          // C-Array
int key = ...        // gesuchtes Element
int i;               // Laufvariable
                     // Ergebnis: i = 0..N − 1: gefunden, i = N : nicht gefunden!
```

Das (n+1). Element dient wie gesagt als »Wächter«. Der Zeiger p wird auf das Array gerichtet. Der Abbruch der Schleife ist durch `a[N]` als »Wächterelement« garantiert.

```
a[N] = key;
int *p = a;
while(*p++ != key);
i - p-a-1;           // Zeigerarithmetik
```

`*p++` bedeutet, erst den Wert an der Stelle p zu nehmen und dann p hochzuzählen. `*p++` ist also identisch mit `*(p++)`, wohingegen `(*p)++` den Wert an der Stelle p anstelle des Zeigers p hochzählt. Diese sehr kompakte Schreibweise trägt nicht unbedingt zum schnellen Verständnis eines Programms bei, insbesondere bei fehlenden erläuternden Kommentaren. Machen Sie sich die Wirkungsweise jedoch klar, weil viele Programmierer diese Schreibweise bevorzugen und man deren Programme schließlich auch verstehen sollte.

## 6.3 C-Zeichenketten

Eine *C-Zeichenkette* (englisch *string*) ist ein Spezialfall eines Arrays. Mit C-String meint man eine Folge von Zeichen des Typs `char`, die mit `'\0'` abgeschlossen wird. Diese C-Strings sind nicht zu verwechseln mit den String-Objekten von Seite 91, deren Basis sie bilden. Umgangssprachlich kann »String« sowohl ein C++-Stringobjekt wie auch einen C-String meinen. `'\0'` ist das ASCII-Zeichen mit dem Wert 0, nicht das Ziffernzeichen `'0'`. Der Datentyp für einen C-String ist `char*` und stellt einen Zeiger auf den Beginn der Zeichenfolge dar, über den auf den C-String zugegriffen wird. Bei der Ausgabe einer Zeichenkette »weiß« der zu `cout` gehörende Ausgabeoperator `<<`, dass `char*` *nicht* als Zeiger, sondern als mit `'\0'` terminierter String aufzufassen ist:

```
char * str = "ABC";
cout << str;
```

Hier wird `str` gleichzeitig definiert und initialisiert. Ein Programmierer muss an dieser Stelle `'\0'` nicht hinschreiben, weil es vom Compiler ergänzt wird.

Der Compiler erkennt einen C-String am Datentyp `char*`. Eine Zeichenkettenkonstante, auch *Literal* genannt, erkennt er daran, dass sie in Anführungszeichen eingeschlossen ist. Der vom Compiler für den String »ABC« reservierte Speicherplatz beträgt 4 Byte, ein Byte pro Zeichen und ein Byte für `'\0'`. Der Zugriff auf einzelne Zeichen ist auf die Arten möglich, die wir schon von den Arrays her kennen. `cout << str[0];` zeigt das erste Zeichen, welches an der Position 0 steht (die interne Zählung läuft auch hier ab 0). Das Zeichen mit der Nummer i ist ansprechbar mit `str[i]` oder `*(str+i)`. Im Gegensatz zu `char`-C-Arrays werden Stringliterale bei vielen Systemen im schreibgeschützen Speicher angelegt: Eine Änderung wie `str[0] = 'X';` führt dann zu einer Laufzeitfehlermeldung. Eine neue Zuweisung `str = "neuer Text";` ist möglich, wobei gleichzeitig die Information über die vorherige Stelle verloren geht (siehe Abbildung 6.4).

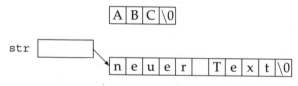

Abbildung 6.4: Neuzuweisung eines Strings

Zur Bearbeitung von C-Strings gibt es eine Menge vordefinierter Funktionen, die in der Datei *string.h* (Header `<cstring>`) deklariert sind. `#include<cstring>` veranlasst den Compiler, diese Datei zu lesen, anschließend kennt er die Funktionen. Die Funktionen sind in Abschnitt 25.15 beschrieben. Wegen der C++-Standardklasse `string` haben diese Funktionen stark an Bedeutung verloren. Hier sei beispielhaft nur die Funktion `strlen()` gezeigt, die die Anzahl der Zeichen eines Strings (ohne '\0') zurückgibt. Zeichen wie '\n' zählen als einzelne Zeichen mit, wie auch '\"', wodurch das Anführungszeichen als zum String zugehörig erscheint und eine vorzeitige Interpretation als Stringende verhindert wird.

### Beispielprogramm mit zusammengesetztem C-String

```
// cppbuch/k6/langstr.cpp
#include<cstring>
#include<iostream>
using namespace std;
int main() {
    const char* const TEXT= "Bei Initialisierung, Zuweisung, "
        "oder Ausgabe kann ein Stringliteral wie hier auch "
        "aus einzelnen Teilstrings zusammengesetzt sein.";
    cout << TEXT << endl
        << "enthält " << strlen(TEXT) << " Zeichen\n";
}
```

Der Speicherplatz für ein Literal, also eine durch Anführungszeichen begrenzte Zeichenfolge, wird zur Compilierzeit festgelegt und kann während der Ausführung des Programms nicht verändert werden. *Ein nicht initialisierter String besitzt keinen Speicherplatz außer für den Zeiger selbst* – dies wird von Anfängern häufig vergessen. Bei der Eingabe mit `cin` muss darauf geachtet werden, dass genügend Platz zur Verfügung steht, andernfalls ist ein unvorhersehbares Programmverhalten zu erwarten.  *Vorsicht!*

```
// 1.
char* x;
cin >> x;    // Fehler!

// 2.
x = "12345678";
cin >> x;    // Fehler!
```

Im ersten Fall zeigt x auf eine undefinierte Stelle irgendwo im Speicher, an die die eingelesenen Zeichen geschrieben werden, wobei die vorher dort gespeicherten Informationen vernichtet werden! Im zweiten Fall wäre das Einlesen von maximal 8 Zeichen nur möglich, wenn das C++ System das Literal nicht in einem read-only-Bereich abgelegt haben sollte. Dabei werden jedoch führende so genannte *Zwischenraumzeichen* (englisch *whitespace*) von dem >>-Operator ignoriert. Zwischenraumzeichen ist ein Sammelbegriff für Leerzeichen, Tabulatorzeichen usw. Mit Zwischenraumzeichen wird die Eingabe für `cin` beendet, Einzelheiten dazu siehe in Abschnitt 3.1. Wenn wir mehr Platz bereitstellen wollen, sollte ein char-  *Tipp*

Array (siehe eine halbe Seite weiter) ausreichender Größe als Eingabepuffer deklariert werden:

```
// 3.
char Bereich[1000];
cin >> Bereich;    // relativ sicher, liest bis zum 1. Zwischenraumzeichen
```

Wie eine ganze Zeile inklusive aller Zwischenraumzeichen und gleichzeitig sehr sicher eingelesen wird, sehen Sie im 4. Beispiel:

```
// 4.
const int ZMAX = 100;
char Zeile[ZMAX];
// sicher, liest eine Zeile, aber maximal (ZMAX - 1) Zeichen:
cin.getline(Zeile, ZMAX);
```

Die Konstante ZMAX muss nur groß genug gewählt werden. Günstiger ist es in der Regel, string-Objekte einzulesen, wie auf Seite 97 beschrieben. Weitere Einzelheiten zu getline() sind in Abschnitt 13.2 zu finden.

## char-Arrays

Eine Art Zwitterstellung nehmen die char-Arrays ein. Genau wie bei Arrays wird Speicherplatz zur Compilierzeit reserviert. Wie Arrays können char-Arrays keine L-Werte sein. Wie bei Strings nimmt der Ausgabeoperator << bei cout an, dass mit dem char-Array eine Zeichenkette gemeint ist, die mit '\0' abschließt. Die Initialisierung kann wie bei Strings geschehen oder wie bei Arrays vorgenommen werden. Im Folgenden werden einige Beispiele für die verschiedenen Fälle aufgelistet.

```
// Definition und Initialisierung
char str_a [ ] = "noch ein String";
char str_b [9];              // 9 Byte Platz reservieren
                             // d.h. 8 Zeichen 0 bis 7 sowie '\0'
char str_c [9] = "ABC";      // 9 Byte Platz, aber nur die
                             // ersten 4 haben definierte Werte
cin >> str_b;                // Eingabe wie bei Strings. Länge beachten!

// Aliasing, d.h. mehr als einen Namen für nur eine Sache
char * str1 = "Guten Morgen!\n";
char * str2 = str1;          // str2 zeigt auf dieselbe Stelle wie str1. Beweis:
cout << str2;                // Guten Morgen!

// erlaubte Zuweisung oder Änderung
char charArray1[ ] ="hallo\n";
str1 = charArray1;           // Zeiger str1 zeigt nun auf Array-Anfang
++str1;                      // str1 zeigt jetzt auf das nächste Zeichen
```

```cpp
// nicht erlaubte Änderungen, weil ein Array kein L-Wert ist:
charArray1 = str1;        // Fehler!
++charArray1;             // Fehler!

// Definition
char buchstaben[3] = "abc";          // Fehler! (kein Platz für '\0')
// tolerante Compiler ignorieren die '3'. Besser:
char buchstaben[4] = "abc";          // oder
char buchstaben[ ] = "abc";          // Compiler zählen lassen, oder
char buchstaben[3] = {'a','b','c'};  // ohne '\0'-Terminierung!
```

## Beispiele: Schleifen mit Strings

Trotz vorhandener Funktionen für verschiedene Zwecke der Stringbearbeitung werden im Folgenden zur Vertiefung einige Operationen mit Strings ausführlich diskutiert, weil sie in ihrer Art typisch sind und unterschiedliche Gestaltungsmöglichkeiten für Schleifen aufzeigen. Als Erstes soll die Länge einer Zeichenkette auf verschiedene Weisen bestimmt werden. Nach jeder Version enthält `sl` die Stringlänge.

### Stringlänge berechnen

*Version 1*

```cpp
char *str1 = "pro bonum, contra malum";
char *temp = str1;
int sl = 0;
while(*temp) {++sl; ++temp;}
cout << "Stringlänge von " << str1 << '=' << sl << endl;
```

Die Variable `temp`, die ebenfalls auf die Zeichenfolge zeigt, ist notwendig, damit `str1` nicht geändert zu werden braucht und am Ende weiterhin auf den Beginn der Zeichenkette zeigt. Die mit 0 initialisierte Variable `sl` steht für die Stringlänge.

Was geschieht nun in der Schleife? Zunächst wird der Wert an der Stelle `temp` geprüft. Die Auswertung der Bedingung ergibt *wahr*, weil der erste Wert `*temp` mit dem ersten Zeichen 'p' der Zeichenkette identisch und damit ungleich 0 ist. `sl` wird daher um 1 erhöht und `temp` wird auf das nächste Zeichen ('r') gerichtet. Dieser Ablauf wird so lange wiederholt, bis `*temp == '\0'` gilt, also `temp` auf das Ende des Strings zeigt. `sl` enthält jetzt die Anzahl der Zeichen in `str1`.

*Version 2*

```cpp
char * str2 = "Lieber reich und gesund als arm und krank";
char *temp = str2;
```

```
int sl = 0;
while(*temp++) ++sl;
```

Die while-Schleife ist etwas kürzer durch den Seiteneffekt, dass temp nach Auswerten *in* der Bedingung inkrementiert wird. Zur Bedeutung von *temp++ siehe die Erläuterung am Ende von Abschnitt 6.2.4.

*Version 3*

```
char * str3 = "Morgenstund ist aller Laster Anfang";
int sl = 0;
while(str3[sl++]);
--sl;
```

Diese while-Schleife hat keine Anweisung mehr im Schleifenkörper, weil alles Nötige bereits *innerhalb der Bedingung* getan wird. Ein temporärer Zeiger ist nicht notwendig, weil über den Indexoperator auf die Elemente der Zeichenkette zugegriffen wird. Weil sl in jedem Fall beim Auswerten der Bedingung inkrementiert wird, also auch am Ende des Strings, muss die letzte Inkrementierung wieder rückgängig gemacht werden. Durch eine Inkrementierung noch *vor* Auswertung der Bedingung lässt sich das vermeiden:

```
int sl = -1;
while(str3[++sl]);
```

*Version 4*

```
char * str4 = "letztes Beispiel zur Stringlängenberechnung";
char *temp = str4;
int sl;
while(*temp++);
sl = temp-str4-1;
```

Diese ebenfalls sehr kurze Formulierung lässt einfach den Zeiger temp bis zum terminierenden Zeichen '\0' laufen. Die Stringlänge entspricht dann der Differenz der Zeiger, korrigiert um das '\0'-Zeichen.

**Strings kopieren**

Nehmen wir an, wir hätten zwei Strings deklariert, und der zweite soll ein Duplikat des ersten werden.

```
char* original =
        "Ich verstehe mich! (G. Ch. Lichtenberg, geb. 1742)";
char* duplikat;
```

Die Zuweisung duplikat = original;, wie sie in anderen Programmiersprachen wie Pascal benutzt wird, hätte hier nicht den gewünschten Effekt, denn es wird *nur der Zeiger kopiert*, das heißt, duplikat zeigt auf denselben Speicherbereich wie original. Wenn eine C-Zeichenkette dupliziert werden soll, muss man sie *elementweise* in einen vordefinierten Speicherbereich kopieren. In diesem Fall ist keine Zieladresse definiert und nicht genügend Speicher vorhanden, weil duplikat bei der Definition nicht entsprechend initialisiert wurde.

Es muss also zusätzlich Sorge getragen werden, dass der duplikat zur Verfügung stehende Speicherplatz *mindestens* so groß ist wie der von original. Es gibt für Kopierzwecke ebenfalls *vordefinierte* Funktionen, auf die später noch eingegangen wird.

Das Kopieren eines Strings wird auf vier Arten mit while gezeigt (do while Varianten sind natürlich auch möglich). Vorangestellt sind die allen Versionen gemeinsamen Definitionen, wobei sichergestellt sein muss, dass der Speicherplatz des Zielbereichs dest ausreichend ist.

*Definitionen:*
```
char * source = "Unter allen Tieren steht der Mensch dem "
                "Affen am nächsten.";
char   dest[80];
```

*Version 1*
```
int i = 0;
while(source[i] != '\0')  { dest[i] = source[i]; ++i;}
dest[i] = '\0';
```
In der Schleife wird jedem Element von dest das entsprechende von source zugewiesen. Weil die Zuweisung wegen der Schleifenbedingung nicht mehr für '\0' durchgeführt wird, wird die Endekennung anschließend eingetragen.

*Version 2*
```
int i = -1;
while(source[++i]) dest[i] = source[i];
dest[i] = '\0';
```
Dieses Beispiel unterscheidet sich vom vorhergehenden nur dadurch, dass die Inkrementierung von i als Seiteneffekt in die Bedingung verlegt und auf den Vergleich mit '\0' verzichtet wird. Es wird der Wert von source[++i] ausgewertet.

*Version 3*
```
char *s = source, *d = dest;
while(*s) {*d = *s; ++s; ++d;}
*d = '\0';
```
Die Hilfszeiger s und d werden auf die Anfänge des Quell- und Zielbereichs gesetzt. In der Bedingung wird das Zeichen, auf das s zeigt, geprüft. Die Bedingung

ist so lange wahr, bis s auf '\0' zeigt. Wenn die Bedingung wahr ist, wird jedesmal mit *d=*s; der Wert an der Stelle d gleich dem Wert an der Stelle s gesetzt, anschließend werden s und d um 1 weitergezählt. Auch hier wird die Zuweisung von '\0' nicht mehr innerhalb der Schleife vorgenommen, sodass sie nachgeholt wird. s wird eingeführt, damit source nicht verändert werden muss. Der Hilfszeiger d ist notwendig, weil dest als Array nicht veränderbar ist.

*Version 4*

```
char *s = source, *d = dest;
while(*d++ = *s++);
```

Noch kürzer geht es nicht! Der Unterschied zur vorangehenden Version liegt darin, dass sämtliche Aktivitäten in die Bedingung verlegt werden. Alle Seiteneffekte werden ausgeführt einschließlich der Bedingung, die die Schleife zum Abbruch bringt. Die Anweisung *d='\0'; ist nun nicht mehr gesondert notwendig, weil sie die letzte während der Bedingungsauswertung ist. Am Ende der Schleife zeigen s und d auf die Stellen direkt nach den '\0'-Zeichen.

Die sehr kompakte Schreibweise ist für Anfänger auf den ersten Blick oft schwer zu verstehen. Andererseits ist diese Art der Formulierung ein *Idiom* in C und C++, das jeder erfahrene C/C++-Programmierer kennt, weswegen man sich damit vertraut machen sollte. Die Anweisung while(*d++=*s++) kann als Abkürzung einer do while-Schleife aufgefasst werden. Zur Erläuterung wird der Ablauf dieser kurzen Anweisung in Einzelschritte aufgelöst formuliert:

```
bool X;                        // Hilfsvariable
do {
    *d = *s;                   // Zuweisung eines Zeichens
    X = (*d != '\0');          // Ergebnis des Vergleichs in X merken
    ++d;
    ++s;
} while(X);
```

## C-String-Arrays

Die Elemente eines Arrays können auch C-Strings sein. Abbildung 6.5 und das Beispielprogramm verdeutlichen die Datenstruktur. Die Abbildung zeigt ein String-Array sa und einen Zeiger sp auf den Anfang des Feldes. sa ist ein symbolischer Name für den Feldanfang und wird syntaktisch wie ein nichtveränderbarer Zeiger auf den Feldanfang behandelt. Der Zugriff auf Feldelemente über Array-Indizes oder Zeiger ist äquivalent.

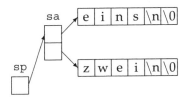

Abbildung 6.5: String-Array

**Beispielprogramm mit C-String-Array**

```
// cppbuch/k6/strarray.cpp    Bezug: Abbildung 6.5
#include<iostream>
using namespace std;

int main() {
   char* sa[] = {"eins\n", "zwei\n"};
   char** sp = sa;  // Zeiger auf char*
                                 // Programmausgabe:
   cout << sa[0]      << endl;   // eins
   cout << *sa        << endl;   // eins
   cout << sa[1]      << endl;   // zwei
   cout << sa[1][0]   << endl;   // z
   cout << *sp        << endl;   // eins
   cout << sp[1]      << endl;   // zwei
}
```

# 6.4 Dynamische Datenobjekte

Bisher wurden nur Datentypen behandelt, deren Speicherplatzbedarf bereits zur Compilierzeit berechnet und damit vom Compiler eingeplant werden konnte (siehe Abschnitt 2.3).

Nicht immer ist es jedoch möglich, den Speicherplatz exakt vorherzuplanen, und es ist unökonomisch, jedesmal mit großen Arrays sicherheitshalber den maximalen Speicherplatz zu reservieren. C++ bietet daher die Möglichkeit, mit dem Operator new Speicherplatz genau in der richtigen Menge und zum richtigen Zeitpunkt bereitzustellen und diesen Speicherplatz mit delete wieder freizugeben, wenn er nicht mehr benötigt wird.

Damit unterliegen die mit new erzeugten Objekte *nicht* den Gültigkeitsbereichsregeln für Variablen. new erkennt die benötigte Menge Speicher am Datentyp, sie muss also nicht explizit angegeben werden. Es gibt einen vom Betriebs- oder Laufzeitsystem verwalteten großen zusammenhängenden Adressbereich namens *Heap* (deutsch *Halde*). Innerhalb dieses Bereichs wird mit new der Platz für ein Objekt reserviert. Der Zugriff auf die neu auf dem Heap erzeugten Objekte geschieht ausschließlich über Zeiger. Beispiele:

```
int *p;                // Zeiger auf int
p = new int;           // int-Objekt erzeugen

*p = 15;               // Wert zuweisen
cout << *p << endl;    // 15
```

Nur der Platz für p wird zur Compilierzeit eingeplant. Mit p = new int; wird Speicherplatz in der Größe von sizeof(int) Byte erst *zur Laufzeit* des Programms bereitgestellt, und p zeigt nach dieser Operation auf diesen Platz (siehe Abbildung 6.6).

Abbildung 6.6: Erzeugen eines int-Datenobjekts mit new

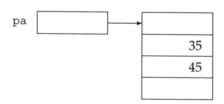

Abbildung 6.7: Erzeugen eines int-Arrays mit new []

*p (Wert an der Stelle p) kann als Name für das Objekt interpretiert werden. Mit new kann dynamisch ein Array erzeugt werden, wobei dann eckige Klammern [ ] angegeben werden. Der Operator new [ ] zur Erzeugung von Arrays wird in C++ vom new-Operator für einzelne Objekte unterschieden. Hier wird ein Feld von 4 int-Zahlen bereitgestellt (siehe auch Abbildung 6.7).

```
// Operator new [ ]
int *pa = new int[4];    // Array von int-Zahlen
pa[1] = 35;
pa[2] = 45;
cout << pa[1] << endl;   // 35
```

Der Zugriff auf die Elemente geschieht wie bei dem statisch deklarierten Array. Im Beispiel enthalten die Arrayelemente 0 und 3 undefinierte Werte. Das Programmstück zeigt beispielhaft einige Möglichkeiten des Gebrauchs von Zeigern für Objekte, die mit new erzeugt wurden:

```
// etwas komplizierteres Beispiel zur Übung
int **pp = new int*[4];    // Array von Zeigern auf int-Zahlen
pp[0] = p;                 // pp[0] zeigt auf *p
pp[1] = &pa[2];            // pp[1] zeigt auf pa[2] (s.o.)
cout << *pp[0] << endl;    // 15
cout << **pp    << endl;   // 15
cout << *pp[1]  << endl;   // 45
```

Das zweifache Sternchen bei der Deklaration mag etwas ungewohnt erscheinen. int **pp ist gleichbedeutend mit (int*)* pp, das heißt, pp ist ein »Zeiger auf Zeiger auf int«, weil die Array-Elemente selbst Zeiger sind. Sie sind nach der Deklaration alle noch undefiniert, verweisen also nicht auf bestimmte Speicherplätze. Das ändert sich nur für die ersten beiden Elemente, die nach den Zuweisungen auf die oben definierten Plätze *p und pa[2] verweisen (siehe Abbildung 6.8).

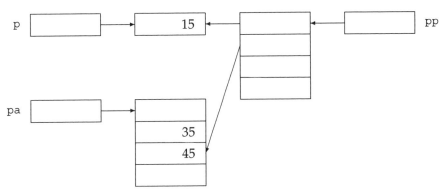

Abbildung 6.8: Array von int-Zeigern zum Programmbeispiel

## Dynamisch erzeugte Struktur

```
struct test_struct {
    int a;
    double b;
    test_struct* next;
};

test_struct *sp= new test_struct;
```

Der Zeiger sp verweist auf ein neu erzeugtes Objekt von der Größe der Struktur sizeof(test_struct), was der Summe sizeof(int) + sizeof(double) +

sizeof(test_struct*) entspricht. Man beachte, dass das Objekt *sp als weiteres Datenelement einen Zeiger next auf ein gleichartiges Objekt enthält. Der Zugriff auf die Elemente der Struktur geschieht über den Pfeil-Operator ->:

```
sp->a = 12;        // entspricht (*sp).a
sp->b = 17.4;
```

Dem Zeiger sp->next wird mit sp->next = new test_struct; ein weiteres neu erzeugtes Objekt zugewiesen, sodass jetzt zwei miteinander verkettete Objekte vorliegen, die beide über den Zeiger sp erreichbar sind (Abbildung 6.9).

```
// weiteres Objekt erzeugen
sp->next = new test_struct;

// Zugriff auf Element a des neuen Objekts
sp->next->a = 144;
```

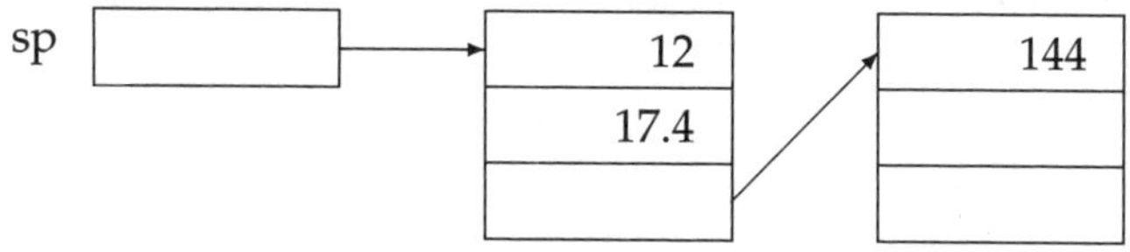

Abbildung 6.9: Struktur mit Verweis auf zweite Struktur

Interne Datenelemente des zweiten Objekts können durch Anweisungen der Art sp->next->a = 144; erreicht werden. Der beschriebene Verkettungsmechanismus wird zum Aufbau von Listen verwendet (siehe Seite 373).

### 6.4.1 Freigeben dynamischer Objekte

Der delete-Operator gibt den reservierten Platz wieder frei, damit er von neuem belegt oder anderen Programmen zur Verfügung gestellt werden kann. Nach delete wird der Zeiger angegeben, der auf das zu löschende Objekt verweist. Im Folgenden werden alle oben erzeugten Objekte der Reihe nach gelöscht. Dabei könnte man anstatt delete p auch delete pp[0] schreiben, weil pp[0] auf dasselbe Objekt verweist, aber nicht beides. Das Löschen des Objekts, auf das sp->next zeigt, muss vor dem Löschen von *sp erfolgen, weil sonst mit der Vernichtung von *sp die Information über den Ort des über next verketteten Objekts verloren wäre.

In Entsprechung zu den Operatoren new und new [ ] wird zwischen den Operatoren delete und delete [ ] unterschieden.

```
// Freigaben zu Abbildung 6.8
delete p;
```

```
delete [ ] pa;           // Array löschen
delete [ ] pp;           // Array löschen

// Freigaben zu Abbildung 6.9. Reihenfolge beachten!
delete sp->next;                              // muss zuerst kommen
delete sp;
```

Falls es nicht gelingt, mit new Speicher zu beschaffen, zum Beispiel weil schon zu viel verbraucht und nicht wieder freigegeben wurde, wird das Programm mit einer Fehlermeldung abgebrochen (Einzelheiten siehe in Abschnitt 10.2).

Einige Dinge sollten bei der Verwendung von new und delete beachtet werden, deren Missachtung oder Unkenntnis in manchen Fällen ein unvorhersehbares Programmverhalten nach sich zieht, leider *ohne* Fehlermeldung seitens des Compilers oder des Laufzeitsystems.

*Vorsicht!*

- delete darf *ausschließlich* auf Objekte angewendet werden, die mit new erzeugt worden sind.

   ```
   int i;
   int *iptr = &i;
   delete iptr;        // Fehler! (Absturzgefahr)
   iptr = new int;
   delete iptr;        // ok!
   ```

- delete darf nur *einmal* auf ein Objekt angewendet werden. Der Wert eines Zeigers, auf den delete angewendet wurde, ist danach *undefiniert*, er ist also leider nicht gleich NULL. Falls zwei oder mehr Zeiger auf ein Objekt zeigen, bewirkt ein delete auf nur einen von diesen Zeigern die Zerstörung des Objekts. Die anderen Zeiger verweisen danach nicht mehr auf einen Speicherbereich mit Bedeutung, sie heißen dann »hängende Zeiger« (englisch *dangling pointer*).

- delete auf einen NULL-Zeiger angewendet, bewirkt nichts und ist unschädlich.

- Wenn ein mit new erzeugtes Objekt mit dem delete-Operator gelöscht wird, wird automatisch der Destruktor für das Objekt aufgerufen.

- Mit new erzeugte *Objekte* unterliegen *nicht* den Gültigkeitsbereichsregeln für Variablen. Sie existieren so lange, bis sie mit delete gelöscht werden oder das Programm beendet wird, unabhängig von irgendwelchen Blockgrenzen. Dies gilt nicht für die statisch deklarierten *Zeiger* auf diese Objekte, für die die normalen Gültigkeitsbereichsregeln gelten. Als Konsequenz ist darauf zu achten, dass ein Zeiger auf ein Objekt mindestens bis zu dessen Löschung existiert.

```
{
    // ungünstig
    int *p = new int;
    *p = 30000;
    // mehr Programmcode
}
```

Nach Verlassen des Blocks existiert p nicht mehr; das Objekt mit dem ehemaligen Namen *p existiert noch, ist aber nicht mehr erreichbar. In Schleifen angewendet, kann diese Methode schnell zur Speicherknappheit führen. Es kommt vor, dass ein rund um die Uhr laufendes Programm nach einer Woche plötzlich ohne erkennbare Ursache stehenbleibt, wofür wir nun einen möglichen Grund kennen.

Ein nicht mehr zugänglicher Bereich wird »verwitwetes« Objekt genannt, im Englischen »Speicherleck« (englisch *memory leak*).

Richtig ist:

```
{
    int *p = new int;
    *p = 30000;
    // mehr Programmcode
    delete p;              // *p wird nicht mehr gebraucht
}
```

oder:

```
int *p;                    // außerhalb des Blocks deklariert
{
    p = new int;
    *p = 30000;
    // mehr Programmcode
}
cout << *p;                // weitere Verwendung von p
// mehr Programmcode
delete p;
```

- Die Freigabe von Arrays erfordert die Angabe der eckigen Klammern (siehe obiges Beispiel). Ohne [ ] gäbe `delete pa;` nur ein einziges Element frei! Der Rest des Arrays wäre danach nicht mehr zugänglich (verwitwetes Objekt). *Merkregel:* `delete [ ]` dann (und *nur* dann) benutzen, wenn die Objekte mit `new [ ]` erzeugt worden sind.

Ein weiterer Grund für das plötzliche unerwartete Stehenbleiben von sehr lange laufenden Programmen liegt in der Zerstückelung des Speichers durch viele new-

und `delete`-Operationen. Mit »Zerstückelung« ist gemeint, dass sich kleinere belegte und freie Plätze abwechseln, sodass die plötzliche Anforderung eines größeren *zusammenhängenden* Bereichs für ein großes Datenobjekt nicht mehr erfüllbar ist, obwohl die Summe aller einzelnen freien Plätze ausreichen würde.

Dieses Problem verlangt ein Zusammenschieben aller belegten Plätze, *garbage collection* (englisch für: »Müllsammlung«) genannt, sodass ein großer freier Bereich entsteht. Die Speicherverwaltung normaler C++-Systeme enthält aus Effizienzgründen keine Speicherbereinigung, weil sie nur in wenigen besonderen Fällen nötig ist und einige Zeit kostet. C++ erlaubt es jedoch, eine eigene Speicherverwaltung mit diesen und anderen Eigenschaften zu schreiben. Es gibt auch entsprechende Bibliotheken zu kaufen – ein einfacherer Weg, die Möglichkeit zur garbage collection zu erhalten.

## 6.5 Zeiger und Funktionen

### 6.5.1 Parameterübergabe mit Zeigern

Wenn ein übergebenes Objekt modifiziert werden soll, kann die Übergabe *per Zeiger* auf das Objekt geschehen. Dies ist ein Spezialfall der Übergabe per Wert, es wird nämlich mit einer *Kopie* des Zeigers weitergearbeitet, die auf dasselbe Objekt wie das Original zeigt. Die Übergabe per Zeiger ist kein Sprachmittel von C++, sondern zeigt nur eine andere Art der Benutzung der Übergabe per Wert. Eine Modifikation des Zeigers in der Funktion ändert also nicht den Wert des Zeigers für den Aufrufer.

Das Objekt, auf das der Zeiger verweist, kann in der Funktion gleichwohl geändert werden, sodass der Zeiger beim Aufrufer zwar auf dieselbe Adresse zeigt, unter dieser Adresse jedoch ein verändertes Objekt zu finden ist. Im Beispiel ist beides zu sehen: Die lokale Kopie `s` des Zeigers `str` wird verändert, ohne dass `str` verändert wird, aber das Objekt an der Stelle `str` ändert sich, weil alle Klein- durch Großbuchstaben ersetzt werden. Abbildung 6.10 zeigt in Ergänzung zum Programmbeispiel, dass ein Objekt über die Kopie eines Zeigers zugreifbar und modifizierbar ist.

Weil ein `char` vom Compiler zwecks Umwandlung wie eine Ein-Byte-`int`-Zahl interpretiert wird, ist das Rechnen ohne explizite Typumwandlung möglich. Um von der internen Darstellung der Zeichen unabhängig zu sein, wird lieber `'a'`-`'A'` anstatt 32 benutzt. Ferner ist es schwierig für einen Leser, bei fehlendem Kommentar die Bedeutung der Zahl 32 zu erraten. Es ist grundsätzlich besser, auf solcherart berechnete Zahlen zu verzichten, wenn ein Programm portabel sein soll. Ein weiteres Problem sind die Umlaute, die auf verschiedenen Maschinen mit anderen Betriebssystemen durch jeweils andere Zahlenwerte repräsentiert werden (siehe oben). Alle Zeichen außerhalb des ASCII-Bereichs (d.h. deren Darstellung mehr als 7 Bits braucht) sind nicht portabel:

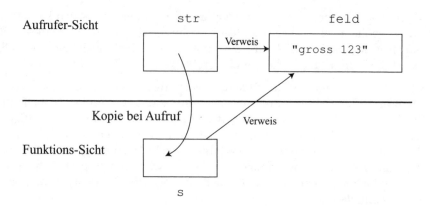

Abbildung 6.10: Parameterübergabe per Zeiger (Bezug: Beispielprogramm)

```
switch(*s) {
    case 132 : *s = 142; break;    // kryptisch
// ....
```

### const und Zeiger-Parameter

Am Beispiel des letzten Abschnitts seien verschiedene Möglichkeiten der Verwendung von const in einer Parameterliste aufgezeigt (vergleiche Seite 201).

- `void Tabellenfunktion(int* Tabelle)`
  Nichts ist konstant, das heißt, in der Funktion können sowohl die Tabellenwerte wie auch der Zeiger `Tabelle` geändert werden. Ersteres wirkt sich beim Aufrufer aus, Letzteres nicht, weil in der Funktion eine Kopie des Zeigers angelegt wird (Übergabe des Zeigers per Wert).

- `void Tabellenfunktion(const int* Tabelle)`
  `Tabelle` zeigt auf nicht veränderbare Elemente. Eine Anweisung etwa der Art `Tabelle[0] = 3;` innerhalb der Funktion würde vom Compiler nicht akzeptiert werden

- `void Tabellenfunktion(int* const Tabelle)`
  `Tabelle` ist selbst konstant. Eine Anweisung `Tabelle = NULL;` würde vom Compiler nicht akzeptiert werden.

- `void Tabellenfunktion(const int* const Tabelle)`
  kombiniert die beiden vorhergehenden Möglichkeiten: Ein konstanter Zeiger zeigt auf unveränderliche Werte.

## Beispielprogramm: Parameterübergabe per Zeiger

```cpp
// cppbuch/k6/perzeig.cpp
#include<iostream>
using namespace std;
void upcase(char *);       // Prototyp

int main( ) {
    char feld[] = "gross 123";    // Array
    char* str = feld;             // Zeiger
    upcase(str); // upcase(feld); ist ebenso möglich
    cout << str << endl;   // GROSS 123
}
void upcase(char* s) {
    // In der ASCII-Tabelle sind die Platznummern der
    // Kleinbuchstaben um 'a'-'A' = 32 gegenüber den
    // Großbuchstaben verschoben.
    const int DIFFERENZ = 'a' - 'A';

    while(*s) {
        if(*s>='a' && *s<='z')
            *s -= DIFFERENZ;
        else
            switch(*s) {
                // lesbar, aber nicht auf jedem System:
                // Umlaute sind nicht portabel
                case 'ä' : *s = 'Ä'; break;
                case 'ö' : *s = 'Ö'; break;
                case 'ü' : *s = 'Ü'; break;
                default:;
            }
        s++;
    }
}
```

Ein konstanter Zeiger verbietet eine Änderung des Zeigers innerhalb der Funktion. Diese Änderung hätte aber ohnehin keine Auswirkung auf das aufrufende Programm, wie oben erläutert. In der Praxis sind daher nur die ersten beiden Fälle von Bedeutung.

## 6.5.2 Parameter des main-Programms

`main()` kann über Parameter verfügen, siehe Seite 120. Sie sind innerhalb des Programms auswertbar, wie es in vielen Dienstprogrammen gehandhabt wird. Die Parameter werden beim Aufruf des Programms auf Betriebssystemebene nach dem Programmnamen angegeben, daher der Name »Kommandozeilenparameter«. Der Compilerhersteller kann weitere Parameter nach `char* argv[]` zulassen, üblich ist ein weiteres String-Array `char* env[]` zum Abfragen von Umgebungsvariablen (englisch *environment variable*):

```
int main( int argc, char* argv[], char* env[]) {
  // ...
}
```

`argc` ist die Anzahl der Kommandozeilenparameter einschließlich des Programmaufrufs, `argv[]` ein String-Array mit den Kommandozeilenparametern. Das letzte Element von `env[]` ist 0 und es gilt `argv[argc] == 0` (Null-Pointer). `argv[0]` enthält den Programmaufruf. Das Programm *mainpar.cpp* demonstriert die Benutzung der Parameter. Auf Betriebssystemebene kann es zum Beispiel mit *mainpar 1 par2 /3 5 5 A6* aufgerufen werden. Die Parameter haben hier keine Bedeutung und dienen nur zur Demonstration. Ein dokumentierender Programmkopf sollte zu jedem Programm und zu jeder Funktion gehören. Im vorliegenden Beispiel ist er auf ein spezielles Dokumentationswerkzeug zugeschnitten, das frei erhältlich ist. Aus Platzgründen wird ansonsten in diesem Buch auf diese Art Dokumentation verzichtet.

## 6.5.3 Gefahren bei der Rückgabe von Zeigern

Wie bei der Rückgabe von Referenzen (Seite 115) muss auch bei Zeigern darauf geachtet werden, dass sie nicht auf lokale Objekte verweisen, die nach dem Funktionsaufruf verschwunden sind.

**Negativ-Beispiel**

```
#include<iostream>

char* murks(const char * text) {
  char neu[100];              // Speicherplatz besorgen
  char* n = neu;
  while(*n++ = *text++);      // text wird nach neu kopiert
  return neu;                 // Fehler!
}
// ... Fortsetzung Seite 224
```

## Beispielprogramm: Kommandozeilenparameter anzeigen

```cpp
/*! \file cppbuch/k6/mainpar.cpp
 * Diese Datei zeigt, wie eine C++-Datei dokumentiert werden
 * kann. Die verwendeten Steuerzeichen sind für das Werkzeug
 * doxygen, das für C++ (und Java)-Programme aus den Quell-
 * texten auf Knopfdruck eine aktuelle Dokumentation für ein
 * ganzes Projekt, wahlweise im RTF-, HTML-, oder TeX-Format
 * erzeugen kann. doxygen arbeitet ähnlich wie javadoc und
 * ist über http://www.doxygen.org/download.html erhältlich.
 * Die Notation der Revision mit Dollarzeichen unterstützt
 * die automatisierte Versionsverwaltung, siehe z.B.
 * http://www.cvshome.org/
 * @author   U. Breymann
 * $Revision: 1.3 $
 * @date     6.1.2005
 */
#include<iostream>
using namespace std;

/*! \fn int main(int argc, char* argv[], char *env[])
 * \brief Anzeige der Aufrufparameter des Programms und der
     Umgebungsvariablen.

 * Die folgenden Parameter werden vom Betriebsystem
    übergeben:
  \param argc   Anzahl der Argumente
  \param argv[] C-String-Array der weiteren Argumente
  \param env[]  C-String-Array der Umgebungsvariablen
 */

int main(int argc, char* argv[], char *env[]) {
    cout << "Aufruf des Programms = "
         << argv[0] << endl;
    cout << (argc-1)
         << " weitere Argumente wurden main() übergeben:\n";

    int i = 1;
    while(argv[i])
        cout << argv[i++] << endl;

    cout << "\n*** Umgebungs-Variablen: ***\n";
    i = 0;
    while(env[i])
        cout << env[i++] << endl;
}
```

```
int main() {
  char *sp3 = murks("Oh je!");
  std::cout << sp3;            // nicht existierendes Objekt!
}
```

**Alternative**

Die Funktion `murks()` soll ein Duplikat des übergebenen Strings erzeugen und den Zeiger darauf zurückgeben. Der Speicherplatz für das lokale Feld `neu` wird jedoch bei Verlassen der Funktion freigegeben! Die Kopie wird zerstört. Richtig wäre es, den Speicherplatz mit `new` zu besorgen und den Zeiger `neu` zurückzugeben:

```
char* kein_murks(const char * text) {
// entspricht nun strdup() aus <cstring>
  // strlen() erfordert <cstring>
  char *neu = new char[strlen(text) + 1];
  char* n = neu;
  while(*n++ = *text++);                   // text wird nach neu kopiert
  return neu;
} // Der Aufrufer muss für die Speicherfreigabe sorgen!
```

*Tipp* Ferner sollten keine Objekte per `return` zurückgegeben werden, die mit dem `new`-Operator in einer Funktion erzeugt wurden. Der Grund liegt darin, dass bei der Rückgabe mit `return` ein Objekt *kopiert* wird. Das Original wäre für ein notwendiges `delete` nicht mehr erreichbar. Es darf also nur der Zeiger auf ein mit `new` erzeugtes Objekt zurückgegeben werden, wobei der Aufrufer die Verantwortung hat, das Objekt irgendwann zu löschen.

## 6.6 Mehrdimensionale C-Arrays

### 6.6.1 Statische mehrdimensionale C-Arrays

Gelegentlich hat man es mit mehrdimensionalen Feldern zu tun, am häufigsten mit zweidimensionalen. Eine zweidimensionale Tabelle besteht aus Zeilen und Spalten, eine dreidimensionale aus mehreren zweidimensionalen Tabellen. In C++ wird eine Tabelle linear auf den Speicher abgebildet. Im Fall der zweidimensionalen Tabelle kommen zunächst alle Elemente der ersten Zeile, dann alle Elemente der zweiten Zeile usw. Ein zweidimensionales Array ist ein Array von Arrays. Das folgende Beispiel zeigt eine statisch angelegte zweidimensionalen Tabelle. Hinweis: *Tipp* Sehr große Arrays sollten immer *dynamisch*, wie in Abschnitt 6.6.2 beschrieben, angelegt werden, weil auf dem Heap i.a. mehr Platz als auf dem Stack ist.

## Beispielprogramm mit 2-dimensionaler Matrix

```cpp
// cppbuch/k6/matrix2d.cpp
#include<iostream>
using namespace std;

int main() {
    const int DIM1 = 2, DIM2 = 3;
    int matrix [DIM1] [DIM2] = {{1,2,3}, {4,5,6}};
    for(int i = 0; i < DIM1; ++i) {
        for(int j = 0; j < DIM2; ++j) {
            cout << matrix[i][j] << ' ';
        }
        cout << endl;
    }
}
```

Ergebnis des Programms:

*1 2 3*
*4 5 6*

Die Matrix besteht aus zwei Zeilen und drei Spalten. Die Struktur wird auch in der Initialisierungsliste deutlich. Das Weglassen der inneren geschweiften Klammern, das heißt {1,2,3,4,5,6}, hätte die gleiche Wirkung. Auch hier gilt, dass nicht aufgeführte Elemente der Liste mit 0 initialisiert werden. {{1},{4}} ist gleichbedeutend mit {{1,0,0},{4,0,0}}, also Initialisierung der ersten Spalte und Nullsetzen des Rests.

Die Konstanten DIM1 und DIM2 müssen zur Compilationszeit bekannt sein. Später werden Möglichkeiten vorgestellt, die Arraygröße erst zur Laufzeit des Programms zu definieren (Abschnitt 6.6.2). Mehrdimensionale Arrays haben für *jede Dimension* ein Klammernpaar [ ].

In C++ darf der Zugriff auf ein Element eines mehrdimensionalen Arrays nicht mit einem Komma abgekürzt werden, wie es in anderen Programmiersprachen manchmal der Fall ist. Es darf nicht a[2,3] statt a[2][3] geschrieben werden. Der Compiler meldet die falsche Schreibweise *nicht* unbedingt, weil das Komma einen besonderen Operator darstellt und der aus semantischer Sicht falsche Ausdruck syntaktisch erlaubt sein kann. *Vorsicht!*

Der Kommaoperator gibt eine Reihenfolge von links nach rechts vor. Der Ausdruck sum = (total = 3) + (++total) von Seite 48, in dem die Auswertungsreihenfolge der Klammerausdrücke nicht definiert ist, kann mit dem Kommaoperator in einen definierten Ausdruck verwandelt werden: sum = (total = 3, total + ++total). Das Ergebnis des gesamten Ausdrucks ist das Ergebnis des Teilausdrucks nach dem letzten Komma. Im obigen Fall würde fälschlicherweise a[2,3] als a[3] interpretiert werden.

## Array als Funktionsparameter

Wie schon in Abschnitt 6.2 erwähnt, sind C-Arrays syntaktisch mit konstanten Zeigern gleichzusetzen. Die Parameterliste (int Tabelle[]) einer Funktion ist daher dasselbe wie (int* Tabelle). Damit kann sizeof nicht zur Größenermittlung eines Arrays benutzt werden, wie das folgende Beispiel zeigt:

```
// fehlerhaftes Beispiel
void Tabellenausgabe(int Tabelle[]) {      // C-Array-Deklaration
    int AnzahlBytes = sizeof Tabelle;      // Fehler!
                                // Grund: dasselbe wie sizeof(int*)!
    int wieoft = AnzahlBytes/sizeof(int);
    for(int i = 0; i < wieoft; ++i) {
        cout << Tabelle[i] << endl;
    }
}
int main() {
    const int Anzahl = 5;
    int Tabelle[Anzahl];                   // C-Array-Definition
    // ... Berechnungen
    Tabellenausgabe(Tabelle);              // leider falsch ...
}
```

sizeof gibt innerhalb der Funktion Tabellenausgabe bei sizeof(Tabelle) nur den Platzbedarf für einen Zeiger zurück, weil syntaktisch int Tabelle[] dasselbe wie int *Tabelle ist! sizeof kann den benötigten Speicherplatz nur im Sichtbarkeitsbereich der *Definition* eines C-Arrays erkennen, also dort, wo Speicherplatz tatsächlich beschafft wird (wie etwa auf Seite 203). Jede andere Stelle, wo ein C-Arrayname eingeführt wird, ist eine *Deklaration* ohne gleichzeitige Definition (vergleiche die »one definition rule« auf Seite 134).

*Folgerung: Die Anzahl der Array-Elemente muss einer Funktion übergeben werden! Dies gilt auch für mehrdimensionale Arrays.*

```
// korrigiertes Beispiel
void Tabellenausgabe1D(int Tabelle[], size_t n) {
    for(int i = 0; i < n; ++i) {
        cout << Tabelle[i] << endl;
    }
}
```

Wie sieht es bei einem 2- oder mehrdimensionalen Array aus? Das ist ein Array von Arrays, das heißt, hier gibt es eine zu übergebende Anzahl von Arrays (statt Werten

## 6.6 Mehrdimensionale C-Arrays

wie im eindimensionalen Fall). Wie erfährt die Funktion von der Größe der Arrays? Bei statischen, also nicht mit `new` erzeugten Arrays, geht die Größeninformation mit in den Typ ein (zu den dynamischen Arrays siehe unten). Beispiel:

```
int feld1[2][3] = {{1,2,3},{4,5,6}};
```

ist ein Array, das 2 Elemente enthält, nämlich zwei Arrays zu je 3 `int`-Werten. Der Typ der zuletzt genannten Arrays ist *Bestandteil des Arraytyps* von `feld1`. Dies gilt entsprechend für Zeiger:

```
// kompatibler Zeiger
int (*pFeld)[3] = feld1;   // zeigt auf Zeile feld1[0]
```

Die Funktion zur Ausgabe dieses Feldes benötigt diese Typinformation in der Parameterliste:

```
void Tabellenausgabe2D(int (*T)[3], int n) {
    // alternativ:  void Tabellenausgabe(int T[][3], int n)
    for(int i = 0; i < n; ++i) {
        for(int j = 0; j < 3; ++j) {
            cout << T[i][j] << ' ';
        }
        cout << endl;
    }
    cout << endl;
}
```

Mit dieser Typinformation weiß der Compiler, wo jede Zeile anfängt. Innerhalb der Funktion ist `sizeof T[0]` gleich 3 mal `sizeof(int)`. Die Funktion kann für das Array oder den Zeiger gleichermaßen aufgerufen werden:

```
Tabellenausgabe2D(feld1, 2);    // 1 2 3
                                // 4 5 6
++pFeld;                        // zeigt jetzt auf Zeile feld1[1]
Tabellenausgabe2D(pfeld, 1);    // 4 5 6
```

Dieses Schema setzt sich für mehrere Dimensionen fort. Die Information `[3][4]` gehört zum Typ einer dreidimensionalen Matrix `int Matrix3D[2][3][4]`. Die Funktion zur Ausgabe dieser Matrix hat die Schnittstelle

```
void Tabellenausgabe3D(int (*T)[3][4], size_t n) ;  // oder
void Tabellenausgabe3D(int T[][3][4], size_t n) ;
```

Wie schreibt man eine Funktion, die für statische zwei-dimensionale Arrays geeignet ist, egal wie groß die Spaltenanzahl ist? Die Lösung ist ein Template. Der Compiler leitet dann den Feldtyp bei Aufruf der Funktion aus dem Parameter ab.

```
template<typename Feldtyp>
void Tabellenausgabe2D(Feldtyp Tabelle, size_t n) {
```

```
      const size_t SPALTEN = sizeof Tabelle[0] /sizeof Tabelle[0][0];
      for(size_t i = 0; i < n;++i) {
        for(size_t j = 0; j < SPALTEN;++j) {
          cout << Tabelle[i][j] << ' ';
        }
        cout << endl;
      }
      cout << endl;
    }
```

### Interpretation von [ ], [ ][ ] usw.

Der Compiler wandelt die Indexoperatoren mehrdimensionaler Arrays wie bei den eindimensionalen Arrays in die Zeigerdarstellung um. Wenn wir mit X alles bezeichnen, was *vor dem letzten Klammernpaar* steht, und mit Y den Inhalt des letzten Klammerpaares, so wird vom Compiler X[Y] in *((X)+(Y)) umgesetzt. Auf X wird das Verfahren wiederum angewendet, bis alle Indexoperatoren aufgelöst sind. Man kann daher statt matrix[i][j] ebenso *(matrix[i]+j) oder *(*(matrix+i)+j) schreiben. matrix[i] ist als Zeiger auf den Beginn der i-ten Zeile zu interpretieren. Durch die Zeigerarithmetik wird die dahinterstehende Berechnung der tatsächlichen Adresse verborgen, die ja noch die Größe der Datenelemente eines Arrays berücksichtigen muss. Die Position (matrix + i) liegt daher (i mal sizeof(matrix[0])) Bytes von der Stelle matrix entfernt. Dies wird bei der Ermittlung der Anzahl der Spalten im obigen Funktionstemplate ausgenutzt.

### Übungsaufgaben

**6.1** Auf Seite 204 wird über die Äquivalenz von *(kosten+i) und kosten[i] gesprochen. Anstatt (kosten+i) könnte man genausogut (i+kosten) schreiben, das Ergebnis der Addition wäre das gleiche. Ist es dann richtig, dass die Schreibweise i[kosten] äquivalent ist zu kosten[i]?

**6.2** Geben Sie den für matrix[2][3] benötigten Speicherplatz in Byte an, wenn sizeof(int) als 4 angenommen wird. An welcher Bytenummer beginnt das Element matrix[i][j] relativ zum Beginn das Arrays?

**6.3** Schreiben Sie ein Programm zur Multiplikation zweier Matrizen a[n][m] * b[p][q]. Das Ergebnis soll in einer Matrix c[r][s] stehen. Welche Voraussetzungen gelten für die Zeilen- und Spaltenzahlen n, m, p, q, r, s?

**6.4** Schreiben Sie zur Ausgabe von dreidimensionalen Arrays eine Template-Funktion Tabellenausgabe3D(Feldtyp T, size_t n) entsprechend dem obigen Muster für zwei Dimensionen.

## 6.6.2 Dynamisch erzeugte mehrdimensionale Arrays

### Mehrdimensionale Arrays mit konstanter Feldgröße

Auf Seite 224 haben Sie die statische Deklaration von mehrdimensionalen Feldern gesehen. Im Abschnitt 6.4 wurden ein Array von `int`-Zahlen und ein Array von Zeigern auf `int` dynamisch erzeugt, also zur Laufzeit des Programms.

Wie erzeugt man nun dynamisch mehrdimensionale Arrays, zum Beispiel eine zwei- oder dreidimensionale Matrix? Betrachten wir die Anweisung `int *pa = new int[4];`, die eine Zeile aus `int`-Elementen anlegt, so können wir feststellen, dass `new` einen Zeiger vom Datentyp »Zeiger auf Typ eines Arrayelements« zurückgibt. Eine zweidimensionale Matrix ist aber nichts anderes als ein Array von Arrays, wie oben beschrieben. Ein Element dieses Arrays ist eine Zeile mit zum Beispiel 7 Elementen, und daher sollte `new` einen Zeiger vom Datentyp »Zeiger auf eine Zeile mit 7 Elementen« zurückgeben:

```
int (* const p2)[7] = new int [5][7];
```

`p2` ist ein konstanter Zeiger, der auf die Zeile 0 einer zweidimensionalen Matrix mit 5 Zeilen zu je 7 `int`-Zahlen verweist. Der Zugriff auf ein einzelnes Element kann anschließend mit einer Anweisung wie zum Beispiel `p2[1][6] = 66;` erreicht werden. Man beachte, dass die »5« nach `new` auch eine andere Zahl sein kann – die auf beiden Seiten auftretende »7« jedoch nicht, weil sie in den *Datentyp* eingeht. Der Zeiger `p2` wird als `const`-Zeiger deklariert und initialisiert, damit eine weitere Zuweisung an `p2` durch den Compiler verhindert wird. Eine weitere Zuweisung ohne vorheriges `delete []` hat den Verlust von Speicherplatz zur Folge, wie das Beispiel zeigt:

```
int *pTest     = new int[7];
pTest          = new int [10];    // 7 Elemente nicht mehr zugreifbar!

int *const pC  = new int[3];
pC[1]          = 123;             // ok, die Elemente von pC sind
                                  // nicht konstant
pC             = new int [33];    // Fehlermeldung des Compilers:
                                  // konstantes Objekt pC kann nicht geändert werden!
```

Die 7 Elemente können nicht mehr per `delete []` freigegeben werden, weil die Information über ihren Ort verloren gegangen ist. Im zweiten Fall ist zu unterscheiden, dass `pC` zwar konstant ist, nicht aber der Speicherbereich, auf den `pC` zeigt. Ein konstanter Zeiger auf ein Objekt ist etwas anderes als ein Zeiger auf ein konstantes Objekt. In Analogie zu zweidimensionalen Matrizen wird konsequenterweise eine dreidimensionale Matrix als Array von zweidimensionalen Matrizen formuliert:

```
int (*const p3)[5][7] = new int [44][5][7];
```

p3 ist ein Zeiger, der auf ein Array mit 5 Elementen zeigt, die wiederum aus einem int-Array mit 7 Elementen bestehen.[1] p3 zeigt auf das erste von 44 5x7-Teil-Arrays. Auch hier geht »[5] [7]« in den Datentyp ein und muss daher links und rechts übereinstimmen. Allgemein dürfen an Stelle der 5 und der 7 nur konstante Ausdrücke stehen, an Stelle der 44 kann ein beliebiger Ausdruck stehen.

Das Schema setzt sich für vier-, fünf-, ...-dimensionale Arrays fort – aber wer braucht die schon! Auch die Größe eines mit new erzeugten Arrays kann *nicht* mit sizeof() ermittelt werden! sizeof(p3) ergibt nur den Platzbedarf für den Zeiger selbst (zum Beispiel 4 Byte), nicht den mit new angelegten Platz.

## Mehrdimensionale Arrays mit variabler Feldgröße

Mit variabler Feldgröße ist hier gemeint, dass die Größe des Arrays zur Compilierzeit nicht bekannt ist. Die Größe kann dann natürlich nicht als Teil des Datentyps aufgefasst werden. Hier wird nur kurz auf zweidimensionale Matrizen eingegangen, weil erstens drei- und mehrdimensionale Matrizen leicht daraus ableitbar sind und weil zweitens eine komfortablere Lösung in Kapitel 11 vorgestellt wird. Eine flexible Lösung besteht darin, zunächst ein Feld von Zeigern auf eindimensionale Arrays (Zeilen) anzulegen und jedem dieser Zeiger eine Zeile mit Spalten zuzuordnen (siehe Abbildung 6.11).

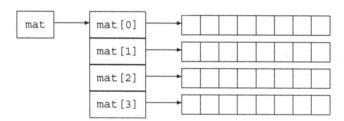

Abbildung 6.11: Zweidimensionales dynamisches Array

```
int z,s;                 // Zeilen, Spalten
cout << "Zeilen und Spalten eingeben:";
cin >> z >> s;           // erst zur Laufzeit bekannt
// Feld von Zeigern auf Zeilen anlegen:
// mat ist ein konstanter Zeiger auf Zeiger auf int
int **const mat = new int* [z];

// jeder Zeile Speicherplatz zuordnen:
for(int i = 0; i < z; ++i)
    mat[i] = new int [s];
```

---

[1] Eine Anleitung zum Lesen solcher Deklarationen ist auf Seite 242 zu finden.

`mat` kann nun wie eine gewöhnliche Matrix benutzt werden. Der Zugriff auf ein Element der Matrix `mat` in Zeile `i` und Spalte `j` wird vom Compiler in die entsprechende Zeigerdarstellung umgewandelt, wie schon auf Seite 228 beschrieben.

```
// Beispiel für die Benutzung der dynamisch erzeugten Matrix
for(int iz = 0; iz < z; ++iz) {
    for(int is = 0; is < s; ++is) {
        mat[iz][is] = iz*s + is;
        cout << mat[iz][is] << '\t';
    }
    cout << endl;
}
```

Der für `mat` mit `new` angelegte Speicherbereich muss nach Gebrauch explizit wieder freigegeben werden, falls er nicht bis zum Programmende bestehen bleiben soll. Wir dürfen jedoch `delete` nicht unmittelbar auf `mat` anwenden, weil dann die einzelnen Zeilen nicht mehr freigegeben werden könnten. Damit ergibt sich folgender Ablauf:

```
// Matrix freigeben
for(int zeile = 0; zeile < z; ++zeile) {
    delete [] mat[zeile];    // zuerst Zeilen freigeben
}
delete [] mat;    // Feld mit Zeigern auf Zeilenanfänge freigeben
```

## 6.7 Binäre Ein-/Ausgabe

Im Gegensatz zur formatierten Ein-/Ausgabe mit den Operatoren `<<` und `>>` ist der binäre Datentransfer *unformatiert*. Unformatiert heißt, dass die Daten in der *internen* Darstellung direkt geschrieben beziehungsweise gelesen werden, eine Umwandlung zum Beispiel einer `float`-Zahl in eine Folge von ASCII-Ziffernzeichen also unterbleibt. Auf diese Art beschriebene Dateien können nicht sinnvoll mit einem Texteditor bearbeitet oder direkt ausgedruckt werden. Die zum binären Datentransfer geeigneten Funktionen in C++ sind `read()` und `write()`.

Das Prinzip: Es wird ein Zeiger auf den Beginn des Datenbereichs angegeben, also die Adresse des Bereichs. Dabei wird der Zeiger in den Datentyp `char*` umgewandelt. `write()` verlangt an dieser Stelle `char*`, weil ein `char` einem Byte entspricht. Zusätzlich wird die Anzahl der zu transferierenden Bytes angegeben.

## Beispielprogramm: Schreiben einer binären Datei

```
// cppbuch/k6/wdouble.cpp    Erzeugen einer Datei double.dat mit 20 double-Zahlen,
// die hier durch die Vorschrift 1.1ⁱ, i = 0..19 berechnet werden.
#include<cstdlib>       // für exit( )
#include<fstream>
#include<iostream>
using namespace std;
int main( ) {
    ofstream Ziel;
    // ios::binary mit ios::out verwenden (siehe S. 467).
    Ziel.open("double.dat", ios::binary|ios::out);
    if(!Ziel) {
        cerr << "Datei kann nicht geöffnet werden!\n";
        exit(-1);
    }
    double d = 1.0;
    for(int i = 0;i < 20; ++i, d *= 1.1)   // Schreiben von 20 Zahlen
       Ziel.write(reinterpret_cast<const char*>(&d), sizeof(d));
}  // Ziel.close() wird vom Destruktor durchgeführt
```

## Beispielprogramm: Lesen einer binären Datei

```
// cppbuch/k6/rdouble.cpp
// Lesen einer Datei double.dat mit double-Zahlen
#include<cstdlib>
#include<fstream>
#include<iostream>
using namespace std;
int main( ) {
    ifstream Quelle;
    Quelle.open("double.dat", ios::binary|ios::in);
    if(!Quelle) {   // muss existieren
        cerr << "Datei kann nicht geöffnet werden!\n";
        exit(-1);
    }
    double d;
    int i = 0;
    while(Quelle.read(reinterpret_cast<char*>(&d), sizeof(d)))
           cout << ++i << " " << d << '\n';
}  // Quelle.close() wird vom Destruktor durchgeführt
```

Zur Wandlung des Zeigers wird der `reinterpret_cast`-Operator verwendet. Dieser Operator verzichtet im Gegensatz zum `static_cast`-Operator von Seite 51 auf jegliche Verträglichkeitsprüfung, weil hier Zeiger auf *beliebige*, das heißt auch selbst geschriebene Datentypen in den Typ `char*` umgewandelt werden sollen.

Das Beispiel zeigt das unformatierte Schreiben und Lesen von `double`-Zahlen, sozusagen als Vorlage, wie man es machen kann. Der Dateiname wurde nur deswegen fest vorgegeben, um die Programme nicht so lang werden zu lassen. Das Schema lässt sich sinngemäß auf beliebige Datentypen und Mengen übertragen.

Die `for`-Schleife im erstem Beispielprogramm zeigt eine typische Anwendung des auf den Seiten 80 und 225 erwähnten Kommaoperators.

Im zweiten Beispiel wird beim Lesen die Variable d verändert. Deswegen fehlt im Vergleich zum ersten Programm das `const` in der Typumwandlung.

## ASCII oder binär?

Um den Unterschied zu verdeutlichen, folgt ein Beispiel, in dem eine Matrix einmal als ASCII-Datei und einmal als binäre Datei ausgegeben wird. Die Merkmale der Dateitypen sind im Wesentlichen:

## ASCII-Datei

- ASCII-Dateien sind mit einem Texteditor lesbar.

- Schreiben und Lesen von ASCII-Dateien mit einem Programm dauern i.a. länger als binäres Schreiben oder Lesen von binären Dateien, weil implizit Umformatierungen vom internen Format nach ASCII (oder umgekehrt) vorgenommen werden.

- Anstelle der Funktionen `get()` und `put()` für zeichenweise Verarbeitung können auch die Operatoren `>>` und `<<` zur Ein- und Ausgabe verwendet werden. In der Anwendung besteht kein Unterschied zur Standardein- und -ausgabe.

- Die Dateigröße bestimmt sich aus der Anzahl der ausgegebenen Zeichen und hängt damit von der Formatierung ab. Die Ausgabe sollte so formatiert sein, dass ein problemloses Einlesen möglich ist, zum Beispiel durch Angabe einer genügenden Ausgabeweite oder Einfügen von Leerzeichen zur Trennung.

- Durch die Formatierung kann es zu Wertänderungen kommen, zum Beispiel durch Abschneiden von Nachkommastellen.

## Beispielprogramm: Dateiausgabe eines Arrays

```cpp
// cppbuch/k6/wmatrix.cpp
// Schreiben einer Matrix als ASCII- und als binäre Datei
// (siehe auch Übungsaufgabe)
#include<cstdlib>
#include<fstream>
#include<iostream>
using namespace std;
int main() {
    const int ZEILEN = 10, SPALTEN =  8;
    double Matrix[ZEILEN][SPALTEN];
    for(int i = 0; i < ZEILEN; ++i)// Matrix mit Werten füllen
        for(int j = 0; j < SPALTEN; ++j)
            Matrix[i][j] =  i+1 + (j+1)/1000.0;

    // Schreiben als ASCII-Datei (lesbar mit Editor)
    ofstream Ziel;
    Ziel.open("matrix.asc");
    if(!Ziel) {
        cerr << "Datei kann nicht geöffnet werden!\n";
        exit(-1);
    }
    // formatiertes Schreiben
    for(int i = 0; i < ZEILEN; ++i) {
        for(int j = 0; j < SPALTEN; ++j) {
            Ziel.width(8);
            Ziel << Matrix[i][j];
        }
        Ziel << endl;
    }
    // Datei schließen, damit Ziel wieder verwendet werden kann:
    Ziel.close();

    // Schreiben als binäre Datei
    Ziel.open("matrix.bin", ios::binary|ios::out);
    if(!Ziel) {
        cerr << "Datei kann nicht geöffnet werden!\n";
        exit(-1);
    }
    Ziel.write(reinterpret_cast<const char*>(Matrix),
               sizeof(Matrix));
}   // automatisches close()
```

## Binärdatei

- Binärdateien sind *nicht* mit einem Texteditor lesbar und auch nicht druckbar.

- Schreiben und Lesen von Binärdateien ist schnell, weil Umformatierungen nicht notwendig sind. Voraussetzung des Vergleichs ist natürlich, dass die Ein- und Ausgabe beider Arten von Dateien auf dieselbe Weise vom Betriebssystem gepuffert wird.

- Die Dateigröße bestimmt sich aus der Größe und Anzahl der ausgegebenen Daten und hat nichts mit ihrer ASCII-Darstellung zu tun, die je nach Formatierung auf verschiedene Art möglich ist. Im Programm oben ist die Dateigröße in Bytes gleich der Matrixgröße `sizeof(double)`·(Anzahl der Zeilen)·(Anzahl der Spalten).

- Große Dateistrukturen können ohne Benutzung von Schleifen mit einer *einzigen* Anweisung ausgegeben werden (siehe `matrix` im folgenden Beispiel).

(Weitere Einzelheiten zur Ein- und Ausgabe siehe Kapitel 13.)

## Übungsaufgabe

6.5 Schreiben Sie ein Programm, das die Inhalte der Dateien *matrix.asc* und *matrix.bin* des obigen Programmbeispiels in eine Matrix einliest. Die Matrix soll zur Kontrolle nach dem Lesevorgang auf dem Bildschirm angezeigt werden.

## 6.8 Zeiger auf Funktionen

Zeiger auf Funktionen ermöglichen es, erst zur Laufzeit zu bestimmen, welche Funktion ausgeführt werden soll (englisch *late binding, dynamic binding*) – die Grundlage für den später zu besprechenden Polymorphismus (Abschnitt 8.6).

Im Beispielprogramm wird entweder das Maximum oder das Minimum der Zahlen 1700 und 1000 ausgegeben. Welche Funktion tatsächlich gewählt wird, entscheidet sich erst *zur Laufzeit*, sodass zur Compilationszeit nicht bekannt sein *kann*, ob mit `(*fp)(a,b)` im Beispielprogramm `max()` oder `min()` aufgerufen wird.

Zur Deklaration: `fp` ist ein Zeiger auf eine Funktion, die einen `int`-Wert zurückgibt und zwei `int`-Parameter verlangt. Dabei ist `(*fp)` statt `*fp` notwendig, um eine Verwechslung mit einer Funktionsdeklaration `int *fp (int, int)` zu vermeiden.

Zeiger auf Funktionen können wie andere Variablen anderen Funktionen als Parameter übergeben werden. Zum Beispiel könnte man einer Funktion, die mathematische Graphen zeichnet, wahlweise einen Zeiger auf die Sinus-Funktion oder auf eine Hyperbel-Funktion übergeben. Das folgende Beispiel zeigt, wie wir eine vordefinierte Funktion mit Hilfe von Zeigern auf Funktionen nutzen.

## Beispielprogramm mit einem Funktionszeiger

```cpp
// cppbuch/k6/funkptr.cpp
#include<iostream>
using namespace std;

int max(int x, int y) { return x > y ? x : y;}
int min(int x, int y) { return x < y ? x : y;}

int main() {
   int a = 1700, b = 1000;
   int (*fp)(int, int);     // fp ist Zeiger auf eine Funktion

   do {
     char c;
     cout << "max (1) oder min (0) ausgeben (sonst = Ende)?";
     cin >> c;

     // Zuweisung von max() oder min()
     switch(c) {
        case '0': fp = &min; break;    // Funktionsadresse zuweisen
        // Ohne den Adressoperator & wandelt der Compiler den
        // Funktionsnamen automatisch in die Adresse um:
        case '1': fp = max; break;
        default : fp = 0;
     }

     if(fp) {                   // d.h if(fp != 0)
        // Dereferenzierung des Funktionszeigers und Aufruf
        cout << (*fp)(a, b) << endl;
        // oder direkt Funktionszeiger als Name verwenden:
        // (implizite Typumwandlung des Zeigers in die Funktion)
        cout << fp(a, b) << endl;
     }
   } while(fp);
}
```

Wenn wir ein C-Array sortieren wollen, müssen wir keine eigene Funktion schreiben, sondern können die Funktion `qsort()` verwenden, die in jedem C++-System vorhanden und deren Prototyp im Header `<cstdlib>` deklariert ist.

Die hier vorgestellte Bibliotheksfunktion `qsort()` unterscheidet sich von der Funktion `quicksort()` von Seite 143 dadurch, dass die Allgemeinheit der Funktion über ihre Realisierung mit Zeigern auf `void` hergestellt wird und nicht über ein Template. Außerdem sortiert sie C-Arrays und keine `vector`-Objekte.

## 6.8 Zeiger auf Funktionen

```
void qsort(void *feldname,
           unsigned feldgroesse,
           unsigned feldelementgroesse,
           int (*cmp)(const void *a, const void *b));
```

Der letzte Parameter ist ein Zeiger auf eine Funktion, die einen `int`-Wert zurückgibt und zwei Zeiger auf `const void` als Parameter verlangt, hier a und b genannt. Der Name `cmp` steht für »compare« und ist hier nur zu Dokumentationszwecken vorhanden; er kann auch weggelassen werden.

`qsort()` soll als Standardfunktion für beliebige Arrays geeignet sein, daher der Datentyp `void*`. Die Funktion mit dem Platzhalternamen `cmp` ist von uns zu schreiben. Sie hat die Aufgabe zu entscheiden, welches von den beiden Arrayelementen, auf die die Zeiger a und b zeigen, größer ist. Als Ergebnis für eine aufsteigende Sortierung wird verlangt, dass ein Wert kleiner 0 zurückgegeben wird, falls *a < *b ist, ein Wert größer 0, falls *a > *b ist, und 0 bei *a==*b.

Bei absteigender Sortierung sind die Vorzeichen zu vertauschen. Die Funktion zum Vergleich und ihr Aufruf sind unten am Beispiel des Sortierens eines `int`-Feldes beschrieben. Die Schnittstelle muss zu `qsort()` passen, deshalb wird in der Funktion eine Typumwandlung vorgenommen. Dies geschieht dadurch, dass der Zeiger auf `void` mit `(int*)` in einen Zeiger auf `int` umgewandelt wird, über den durch Dereferenzierung (*) die zu vergleichenden Zahlenwerte ia und ib gewonnen werden. Ein Umweg etwa der Art

```
int (*vergleich)(const void*, const void*);
vergleich = icmp;
qsort(ifeld, Groesse, sizeof(ifeld[0]), vergleich);
```

ist nicht notwendig; der Name der Funktion `icmp` kann direkt eingesetzt werden. Die Bedeutung der Parameterliste im Aufruf ergibt sich durch Vergleich mit dem oben angegebenen Prototypen. Den Quellcode von `qsort()` kennen wir nicht und brauchen ihn auch nicht zu kennen, um `qsort()` benutzen zu können. Es genügt ausschließlich die Kenntnis der Schnittstelle und natürlich die Kenntnis dessen, was `qsort()` tut. Wie in `qsort()` die Funktion `icmp` angesprochen wird, ist letztlich nicht wichtig zu wissen und wird hier nur zur Erläuterung beschrieben. Innerhalb von `qsort()` steht an irgendeiner Stelle etwa sinngemäß (wobei die Namen im uns unbekannten tatsächlichen Quellcode natürlich ganz anders lauten können):

```
if(icmp(feld+i, feld+j) < 0) {
   ...
}
else      // ...usw.
```

## Beispielprogramm: Quicksort und Funktionszeiger

```cpp
// cppbuch/k6/qsort.cpp
#include<iostream>
#include<cstdlib>      // enthält Prototyp von qsort()
using namespace std;

// Definition der Vergleichsfunktion
int icmp(const void *a, const void *b) {
   /*Typumwandlung der Zeiger auf void in Zeiger auf int und anschließen-
     de Dereferenzierung (von rechts lesen). Die Typumwandlung meint, dass der
     Speicherinhalt, auf den a und b verweisen, als int zu interpretieren ist.
   */
   int ia = *static_cast<const int*>(a);
   int ib = *static_cast<const int*>(b);

   // Vergleich und Ergebnisrückgabe ( > 0, = 0, oder < 0)
   if(ia == ib)
      return 0;
   return ia > ib? 1 : -1;
}

int main() {
   int ifeld[] = {100,22,3,44,6,9,2,1,8,9};

   // Die Feldgröße ist die Anzahl der Elemente des Feldes.
   // Feldgröße = sizeof (Feld) / sizeof (ein Element)
   size_t Groesse = sizeof(ifeld)/sizeof(ifeld[0]);

   // Aufruf von qsort():
   qsort(ifeld, Groesse, sizeof(ifeld[0]), icmp);

   // Ausgabe des sortierten Feldes:
   for(size_t i = 0; i < Groesse; ++i)
      cout << ' ' << ifeld[i];
   cout << endl;
}
```

Durch die Übergabe des Funktionszeigers »weiß« qsort(), welche Funktion zu nehmen ist, ganz in Analogie zum oben aufgeführten min-max-Beispiel. Dieser Mechanismus wird *callback* genannt und immer dann eingesetzt, wenn ein Server eine Dienstleistung erbringen soll und dazu eine Funktion oder Methode des Client benötigt, die er nicht automatisch zur Verfügung hat. Der Server ist in diesem Fall die Funktion qsort(), die die Dienstleistung (= das Sortieren) nur erbringen kann, wenn der Client mitteilt, wie die Objekte zu vergleichen sind. Der Server kann dann die ihm (hier über einen Funktionszeiger) mitgeteilte Funktion aufrufen (= callback), ohne ihre Details zu kennen.

Deklarationen mit Zeigern auf Funktionen sind manchmal etwas mühsam zu lesen. Hinweise zum Lesen komplexer Deklarationen werden auf Seite 242 gegeben.

**Übungsaufgaben**

6.6 Schreiben Sie eine Funktion `strcopy(char* ziel, const char* quelle)`, die den Rückgabetyp `void` hat und die den Inhalt des Strings `quelle` in den String `ziel` kopiert, wobei der vorherige Inhalt von `ziel` dabei überschrieben wird. Es sei vorausgesetzt, dass `ziel` ausreichend groß ist, um `quelle` aufzunehmen.

6.7 Schreiben Sie eine Funktion `char* strduplikat(const char* s)`, die den String `s` dupliziert, indem neuer Speicherplatz mit `new` beschafft und `s` in diesen Bereich hineinkopiert wird. Ein Zeiger auf den Beginn des Duplikats soll zurückgegeben werden.

6.8 Auf Seite 237 wurde gezeigt, wie Quicksort auf ein Ganzzahlen-Feld angewendet werden kann. Gegeben sei nun ein alphabetisch zu sortierendes String-Array.

```
char *sfeld[]={"eins", "zwei", "drei", "vier", "fünf",
               "sechs", "sieben", "acht", "neun", "zehn"};
```

Schreiben Sie ein Programm, das dieses Array mit `qsort()` sortiert. Wie sieht die benötigte Vergleichsfunktion aus, die hier `scmp()` genannt sei? Wie ist `qsort()` aufzurufen?

Hinweis: Innerhalb von `scmp()` kann `strcmp()` aus `<cstring>` benutzt werden. `strcmp(a,b)` gibt eine Zahl kleiner 0 zurück, falls der C-String `a` < der C-String `b` ist, größer 0, falls `a` > `b` ist, und 0 bei Gleichheit.

## 6.9 Zeiger auf Elementfunktionen und -daten[2]

C++ erlaubt es, Zeiger auf Elementdaten (englisch *data members*) und -funktionen (englisch *member functions*) zu richten. Deklaration und Zugriff auf Elemente werden mit den Operatoren `::*`, `.*` und `->*` bewerkstelligt. Diese Zeiger unterliegen einer Typprüfung durch den Compiler, die die Klassenzugehörigkeit berücksichtigt, im Unterschied zu den Zeigern auf globale Funktionen des Abschnitts 6.8.

Eine sehr große Flexibilität wird erreicht, weil Zeiger zur Laufzeit auf verschiedene Elementfunktionen (bzw. seltener Attribute) gerichtet werden können. Diese Zeiger können wiederum mit Zeigern kombiniert werden, die zur Laufzeit auf

---
[2] Dieser Abschnitt kann beim ersten Lesen übersprungen werden.

verschiedene Objekte verweisen. Die verschiedenen Objekte können sogar unterschiedlichen Typs sein, wie noch gezeigt wird (Abschnitt 8.6).

### 6.9.1 Zeiger auf Elementfunktionen

Die von Seite 164 bekannte Klasse `Ort` hat einige Elementfunktionen, auf die im folgenden Beispielprogramm über Zeiger zugegriffen wird. Bei der Initialisierung von Zeigern auf Elementfunktionen und -daten darf im Gegensatz zu Zeigern auf andere Funktionen (siehe Beispiel auf Seite 236) der Adressoperator `&` nicht weggelassen werden.

**Beispielprogramm**

```cpp
// cppbuch/k6/elfunptr.cpp : Zeiger auf Elementfunktionen
#include"ort.h"          // schließt <iostream> ein
using namespace std;

int main() {
    Ort einOrt(100,200);

    // Zeiger auf Ort::X() richten.
    int (Ort::*fp)() const = &Ort::X;

    cout << (einOrt.*fp)() << endl;    // dasselbe wie einOrt.X()
    fp = &Ort::Y;                       // Funktionszeiger umschalten

    cout << (einOrt.*fp)() << endl;    // jetzt dasselbe wie einOrt.Y()

    /*Das Umschalten des Zeigers auf einen neuen Ort beeinflusst nicht die Zuordnung zu der Methode:
    */

    Ort * derZeiger = new Ort(300,400);
    cout << (derZeiger->*fp)() << endl;
    // ist dasselbe wie derZeiger->Y()

    void (Ort::*elFktPtr)(int,int) = &Ort::aendern;
    (derZeiger->*elFktPtr)(500,600);
    // ist dasselbe wie derZeiger->aendern(500,600)

    anzeigen(*derZeiger);               // geänderter Ort
    delete derZeiger;
}
```

## 6.9.2 Zeiger auf Elementdaten

Sicher kommt es kaum vor, dass auf Elementdaten über Zeiger zugegriffen werden soll, weil Attribute in der Regel privat sind. Das folgende Beispielprogramm zeigt, wie der Zugriff bei öffentlichen Attributen möglich ist. Man sieht dabei, dass das Umschalten auf ein neues Objekt nicht die Zuordnung zum Arrtibut b zerstört.

**Beispielprogramm**

```cpp
// cppbuch/k6/eldatptr.cpp
#include<iostream>
using namespace std;
struct Datensatz {                          // öffentliche Klasse
       Datensatz(int x)                     // Konstruktor
          : a(x+1), b(x+2) {}
       int a;
       int b;
};
int main() {
    // Zeiger auf Elementattribute
    Datensatz einDatensatz(0);
    int Datensatz::*dp = &Datensatz::a;

    cout << einDatensatz.*dp << endl;       // 1
    dp = &Datensatz::b;                     // Zeiger umschalten
    cout << einDatensatz.*dp << endl;       // 2

    // neues Objekt erzeugen
    Datensatz* dPtr = new Datensatz(1000);
    cout << dPtr->*dp << endl;              // 1002
    delete dPtr;
}
```

## 6.10 this-Zeiger

this ist ein Schlüsselwort, das innerhalb einer Elementfunktion einen *Zeiger auf das Objekt* darstellt. Weil this der Zeiger auf das Objekt ist, wird das Objekt selbst durch *this benannt, ganz in Analogie zu den Zeigern, die wir schon kennen: *ptr = 3; weist den Wert 3 einem Objekt zu, auf das ptr zeigt.

> *Tipp*
> 
> Innerhalb einer Methode bezeichnet this einen Zeiger auf das aktuelle Objekt und *this das Objekt selbst, für das die Methode aufgerufen wird.

`*this` ist nur ein anderer Name (Alias-Name) für das Objekt, der innerhalb der Elementfunktionen benutzt werden kann.

## 6.11 Komplexe Deklarationen lesen

Komplexe Deklarationen sind manchmal schwer zu lesen. Es gibt dafür ein Rezept, das hier etwas vereinfacht dargestellt wird: Man löst die Deklaration vom Namen her auf und schaut dann nach rechts und links in Abhängigkeit vom Vorrang der Syntaxelemente. Beginnend bei den wichtigen Elementen ist die Reihenfolge (nach [vdL94]):

- runde Klammern ( ), die Teile der Deklaration zusammenfassen (gruppieren);
- runde Klammern ( ), die eine Funktion anzeigen;
- eckige Klammern [ ], die ein Array anzeigen;
- Sternsymbol *, das »Zeiger auf« bedeutet. Beispiel:

```
char *(*(*seltsam)(double,int))[3]
```
*Name*: `seltsam`
*Klammer*: Die Klammer dient zur Gruppierung, das nächste Zeichen ist daher *.
*: `seltsam` ist ein Zeiger. Nun haben wir die Auswahl zwischen einer Funktion (Klammer rechts) oder einem Zeiger (Sternchen links). Die Klammer hat Vorrang.
`(double, int)`: `seltsam` ist ein Zeiger auf eine Funktion, die über ein `double`- und ein `int`-Argument verfügt.
*Klammer*: Die Klammer dient zur Gruppierung, das nächste Zeichen ist *. Die Funktion gibt also einen Zeiger zurück.
*eckige Klammer*: Vorrang gegenüber *. Der Zeiger zeigt auf ein Array mit 3 Elementen,
*, links: die `char`-Zeiger sind.

Zusammengefasst: `seltsam` ist ein Zeiger auf eine Funktion mit einem `double`- und einem `int`-Argument, die einen Zeiger auf ein Array von Zeigern auf `char` zurückgibt. Weiteres Beispiel `int** was[2][3];`:
`was` ist ein Array von Arrays (= zweidimensionales Array), dessen Elemente Zeiger auf Zeiger auf `int` sind. Eine gut lesbare und ausführliche Behandlung des Themas ist in [vdL94] zu finden.

### typedef

Komplizierte Deklarationen sollten der schlechten Lesbarkeit halber vermieden werden. Manchmal sind sie jedoch unumgänglich. Für diesen Fall bietet das Schlüsselwort `typedef` die Möglichkeit, die Lesbarkeit durch Strukturierung der Namensgebung zu verbessern. Betrachten wir zunächst ein einfaches Beispiel: In einem Programm wollen wir die Unterschiede in der Genauigkeit der Ergebnisse je nach Datentyp `float` oder `double` untersuchen. Mit `typedef` können wir uns einen anderen Namen für den Datentyp schaffen:

```
typedef float real;

int main() {
    real Zahl = 1.7353;      // Zahl ist vom Typ float
    // ...
}
```

Wenn wir dasselbe Programm mit `double` Zahlen rechnen lassen wollen, brauchen wir nur die `typedef`-Zeile durch

```
typedef double real;
```

zu ersetzen und neu zu compilieren. Alle Vorkommen von `real` bleiben unverändert, haben aber nun die Bedeutung von `double`.

Komplexe Deklarationen lassen sich durch `typedef` lesbarer gestalten, weil neue Typnamen zur Strukturierung benutzt werden können. Das obige `seltsame` Beispiel sei wieder aufgegriffen, indem ein neuer Datentyp `ArrayVon3CharZeigern` definiert wird:

```
typedef char* ArrayVon3CharZeigern [3];
```

```
// die Deklaration
ArrayVon3CharZeigern A;
```

```
// ist identisch mit:
char* A[3];
```

Der Rückgabetyp der Funktion, die zum Funktionszeiger `seltsam` der Vorseite passt, ist ein Zeiger auf den neuen Datentyp:

```
typedef ArrayVon3CharZeigern *ZeigerAufArrayVon3CharZeigern;
```

Äquivalent dazu ist:

```
typedef char* (*ZeigerAufArrayVon3CharZeigern) [3];
```

Der Datentyp des Zeigers `seltsam` kann mit `typedef` beschrieben werden:

```
typedef char*(*(*seltsamerTyp)(double,int))[3];
```

oder erheblich lesbarer mit

```
typedef
   ZeigerAufArrayVon3CharZeigern (*seltsamerTyp)(double,int);
```

Damit ließe sich eine »seltsame Funktion« deklarieren, die über die Zeiger ausgeführt werden kann:

```
// Prototyp (Implementation ist sonstwo...)
ZeigerAufArrayVon3CharZeigern seltsameFunktion(double,int);
```

```
ZeigerAufArrayVon3CharZeigern z;
seltsam = seltsameFunktion;
z = seltsam(3.1, 2);          // Ausführung über Zeiger

seltsamerTyp X;
X = seltsam;
z = X(3.1, 2);                // Ausführung über Zeiger
```

In [vdL94] ist ein C-Programm abgedruckt, das in der Unix-Welt unter dem Namen *cdecl* bekannt ist. Es übersetzt komplizierte Deklarationen in verständlichen Text. Das Programm ist auch auf der diesem Buch beiliegenden CDROM vorhanden, siehe *cppbuch/k6/cdecl.cpp*. Das Programm wartet nach dem Start auf die Eingabe einer Deklaration, zum Beispiel `char* A[3]`, und gibt danach die Auswertung aus (»A is array 0..2 of pointer to char«).

## Übungsaufgaben

**6.9** Schreiben Sie eine Funktion `void leerzeichenEntfernen(char* s)`, die alle Leerzeichen im `char`-Array `s` entfernt. Zum Beispiel soll aus »a bb  ccc d« die Zeichenkette »abbcccd« werden. Verwenden Sie dabei Zeiger.

**6.10** Schreiben Sie ein Programm, das Dateien, deren Namen in der Kommandozeile angegeben werden, auf der Standardausgabe ausgibt. Zum Beispiel könnte der Befehl

```
prog datei1.cpp XXX datei2.cpp
```

dazu führen, dass die Dateien *datei1.cpp* und *datei2.cpp* auf dem Bildschirm angezeigt werden und dass es eine Fehlermeldung »Datei XXX nicht gefunden!« gibt.

**6.11** Schreiben Sie ein Programm, das alle in einer Datei vorkommenden Namen ausgibt. Ein Name ist dabei so definiert: Er beginnt mit einem Buchstaben, anschließend folgen beliebig viele Buchstaben und Ziffern. Der Unterstrich zählt auch als Buchstabe.

# 7 Objektorientierung 2

**Inhalt:** *In diesem Kapitel werden weitere Aspekte und Anwendungen der Objektorientierung behandelt, die teilweise die Kenntnis von Zeigern oder C-Arrays voraussetzen. Zunächst werden die Anfänge einer String-Klasse dargestellt, wie sie ähnlich in der C++-Standardbibliothek benutzt wird. Die Konstruktion klassenspezifischer, nicht an einzelne Objekte gebundener Funktionen und Daten folgt, und abschließend werden Klassentemplates am Beispiel eines statisch konfigurierbaren Stacks erläutert.*

## 7.1 Eine String-Klasse

Die Verarbeitung der Zeichenketten oder C-Strings in C++, wie sie im Abschnitt 6.3 beschrieben sind, ist ziemlich mühselig und fehleranfällig, weil stets der Speicherplatz genau beachtet werden muss. Die Benutzung der in `<cstring>` deklarierten Standardfunktionen wie `strcpy(ziel, quelle)` aus der C-Bibliothek setzt voraus, dass für `ziel` genügend Speicher vorhanden ist. Auch die Standardeingabe ist gefährlich (Seite 207). Deshalb bietet die C++-Standardbibliothek eine String-Klasse an, die die Verarbeitung von Strings stark vereinfacht und sicherer macht, indem die Speicherverwaltung und die Prüfungen auf das terminierende Nullbyte '\0' in der Klasse gekapselt werden. Die Benutzung der Standardklasse `string` ist von Seite 91 bekannt.

In diesem Abschnitt geht es darum, zu zeigen, wie eine String-Klasse aufgebaut sein kann. Es wird die Klasse `mstring` ( = mein String) vorgestellt, die nur einen kleinen Teil der im Standard vorgesehenen Funktionen liefert und vergleichsweise einfach aufgebaut ist. Die Klasse `mstring` zeigt insbesondere die Notwendigkeit von Kopierkonstruktor, Destruktor und Zuweisungsoperator. Die Namen der Methoden entsprechen den Namen der Klasse `string` des C++-Standards, die Sie später ohnehin benutzen werden. Um eine Verwechslung zu vermeiden, wird hier für die Klasse selbst ein anderer Name gewählt.

Um kompatibel zum bekannten Stringverhalten zu bleiben, wird in der Klasse vorausgesetzt, dass jede Zeichenkette mit einem Nullbyte abgeschlossen wird. Die erste einfache Version der Klasse ist auf der nächsten Seite zu sehen. Die Klasse `mstring` hat nur zwei private Daten:

`start` ist ein Zeiger auf den Beginn der Zeichenkette. Die Zeichenkette kann verschiedene Längen haben, daher wird dem Zeiger mit `new` der jeweils benötigte Platz zugewiesen. Daraus folgt, dass der Destruktor die Aufgabe hat, diesen Speicherplatz wieder freizugeben. `start` ist mit der Methode `c_str()` öffentlich lesbar.

## Klasse mstring, erste Version

```
// /cppbuch/k7/mstring/mstring.h
// einfache String-Klasse. Erste, nicht vollständige Version
#ifndef mstring_h
#define mstring_h mstring_h
#include<cstddef>                                     // size_t
#include<iostream>

class mstring {
  public:
    mstring();                                        // Standardkonstruktor
    mstring(const char *);                            // allg. Konstruktor
    mstring(const mstring&);                          // Kopierkonstruktor
    ~mstring();                                       // Destruktor
    mstring& assign(const mstring&);                  // Zuweisung eines mstring
    mstring& assign(const char *);                    // Zuweisung eines char*
    /*Zur Begründung des Rückgabetyps mstring& statt void siehe Punkt 6 der
      Faustregeln zur Methodenkonstruktion auf Seite 181.
    */
    const char& at(std::size_t position) const;       // Zeichen holen
    char& at(std::size_t position);                   // Zeichen holen,
                        // die Referenz erlaubt Ändern des Zeichens
    // Anzahl der Zeichen
    std::size_t length() const { return len;}

    // C-String zurückgeben
    const char* c_str() const { return start;}

    friend void anzeigen(std::ostream&, const mstring&); // s. Text
  private:
    std::size_t len;                                  // Länge
    char *start;                                      // Zeiger auf den Anfang
};

void anzeigen(std::ostream&, const mstring&);         // siehe Text
#endif  // mstring_h
```

Das ist notwendig, um ein `mstring`-Objekt als C-String an eine Funktion übergeben zu können. Ein Beispiel ist die `fstream`-Funktion `open()`, die einen Dateinamen des Typs `const char*` verlangt.

`len` enthält die aktuelle Länge des Strings. Die Abfrage mit `length()` ist sehr viel schneller als der bekannte Aufruf von `strlen()` aus *string.h*, nicht nur durch die

Realisierung als `inline`-Funktion, sondern weil der String zur Längenermittlung nicht jedesmal erneut durchlaufen wird. Abbildung 7.1 zeigt ein `mstring`-Objekt.

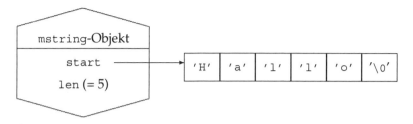

Abbildung 7.1: Ein Objekt der Klasse `mstring`

## Implementierung der Klasse mstring

Eine mögliche Implementation zeigt die Datei *cppbuch/k7/mstring/mstring.cpp*. Genau wie die Klasse `mstring` nur als Demonstrationsbeispiel dient, wie die Standardklasse `string` im Prinzip funktioniert, werden hier die Hilfsfunktionen `copy()` und `laenge()` gezeigt, anstatt die vorgefertigten Funktionen `strcpy()` und `strlen()` des Headers `<cstring>` zu nutzen.

```
/*Hilfsfunktion: C-String kopieren (entspricht strcpy()). Hinweise: 1. static: Gül-
  tigkeit auf Datei beschränkt. 2. Manche Compiler warnen bei einer Zuweisung in der
  Bedingung, weil meistens ein Vergleich gemeint ist. Die Extra-Klammern sagen dem
  Compiler, dass wirklich die Zuweisung gewollt ist. Die inneren Klammern werden zu-
  erst ausgewertet, das Ergebnis wird in den Typ bool umgewandelt.
*/
static void copy(char *ziel, const char *quelle) {
    while((*ziel++ = *quelle++));
}
```

```
// Hilfsfunktion: Länge eines C-Strings ermitteln (entspricht strlen())
static size_t laenge(const char *s) {
    size_t sl = 0;
    while(*s++) sl++;
    return sl;
}
```

Der Standardkonstruktor erzeugt einen leeren String der Länge 0, der nur aus dem Nullbyte besteht.

```
mstring::mstring()                        // Standardkonstruktor
 : len(0), start(new char[1]) {           // Platz für '\0'
```

```
    *start = '\0';                          // leerer String
}
```

Der allgemeine Konstruktor erzeugt aus einem klassischen C-String ein `mstring`-Objekt, damit Anweisungen wie

```
mstring meinStringObjekt("beliebige Zeichenkette");
```

möglich sind. Dazu wird zunächst die Länge des C-Strings ermittelt und ausreichend Platz bereitgestellt, auch für das Nullbyte. Anschließend werden alle Zeichen einschließlich '\0' kopiert:

```
mstring::mstring(const char *s)              // allg. Konstruktor
    : len(laenge(s)), start(new char[len+1]) {
    copy(start, s);
}
```

In diesem Konstruktor wird im zweiten Teil der Initialisierungsliste auf das Attribut `len` Bezug genommen, das im ersten Teil initialisiert wird. Entsprechend Punkt 1 auf Seite 163 spielt aber nur die Reihenfolge der Attribute im `private`-Teil der Klasse eine Rolle, nicht die Reihenfolge in der Initialisierungsliste! Wenn die Reihenfolge umgekehrt wäre, nämlich

```
// falsch, falls sich die Initialisierung von start auf len bezieht
std::char *start;                            // Zeiger auf den Anfang
size_t len;                                  // Länge
```

würde der Konstruktor fehlerhaft arbeiten: Zuerst würde `start` initialisiert, wobei eine undefinierte Menge an Speicher zugewiesen würde (`len` ist noch unbekannt!). Danach würde erst `len` initialisiert, falls nicht das Programm mit der Fehlermeldung *out of virtual memory* oder ähnlich schon abgebrochen wurde.

Der Kopierkonstruktor arbeitet ähnlich, nur dass er die Länge des Objekts, mit dem initialisiert wird, direkt übernehmen kann:

```
mstring::mstring(const mstring &m)           // Kopierkonstruktor
    : len(m.len), start(new char[len+1]) {
    copy(start, m.start);
}
```

*Vorsicht!* Hier ist deutlich zu sehen, dass ein eigener Kopierkonstruktor für die Klasse notwendig ist. Der bei Abwesenheit dieses Konstruktors durch das System erzeugte Kopierkonstruktor würde nur die Länge und den Zeiger kopieren, nicht aber ein echtes Duplikat erzeugen! In diesen und ähnlichen Fällen muss stets ein besonderer Kopierkonstruktor gebildet werden, zum Beispiel, wenn ein Objekt wie hier Zeiger enthält, weil vom Kopierkonstruktor des Systems zwar die Zeiger kopiert werden (»flache« Kopie (englisch *shallow copy*)), nicht aber die Datenbereiche (wie Arrays, Strings oder andere Objekte), auf die die Zeiger verweisen (»tiefe« Kopie (englisch *deep copy*)). Der Unterschied wird in Abbildung 7.2 sichtbar. Der obige Kopierkonstruktor erzeugt also eine »tiefe Kopie«.

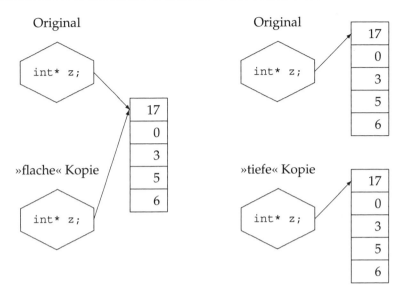

Abbildung 7.2: »flache« und »tiefe« Kopie eines Objekts

Vergleichen Sie dazu den Abschnitt »Kopieren von Strings« auf Seite 210. Dieselbe Problematik tritt natürlich auch bei Zuweisungen auf (siehe assign()-Methode unten).

Es gibt verschiedene Möglichkeiten für die Bedeutung einer Kopie (Kopiersemantik): Es ist ein Unterschied, ob nach einer Zuweisung a = b; das Objekt a einen Zeiger enthält, der auf *denselben* Speicherbereich wie der entsprechende Zeiger des Objekts b zeigt (Referenzsemantik, Abbildung 7.2 links), oder ob der Zeiger von a auf ein neu erzeugtes *Duplikat* des Speicherbereichs verweist (Wertsemantik), siehe Abbildung 7.2 rechts.

Der systemerzeugte Destruktor würde auch nur start und len vom Stack entfernen, was keinesfalls ausreichend ist. Der folgende Destruktor gibt den durch new[] beschafften Platz frei:

```
mstring::~mstring() {                         // Destruktor
    delete [] start;
}
```

Die überladenen assign()-Methoden erlauben Zuweisungen von C-Strings oder mstring-Objekten, zum Beispiel

```
mstring einString;                            // Standardkonstruktor
mstring nochEinString("hallo");               // allg. Konstruktor
einString.assign(nochEinString);              // Zuweisung
einString.assign("neuer Text");               // Zuweisung
```

```
einString.assign(einString);          // Zuweisung auf sich selbst?
einString = nochEinString;// (noch) nicht erlaubt, siehe Text:
```

Die Zuweisung mit dem Zuweisungsoperator = sei hier nicht gestattet, weil der systemerzeugte Zuweisungsoperator kein echtes Duplikat erzeugt. Wie wir eigene Zuweisungsoperatoren schreiben können, wird später in Kapitel 9.2.2 erläutert. Die Methoden zur Zuweisung müssen in ausreichender Menge neuen Speicherplatz beschaffen, anschließend die Daten kopieren und dann den vorher benutzten Speicherplatz freigeben.

Bei der Zuweisung könnte man daran denken, dass eine Zuweisung auf sich selbst zwar nicht sinnvoll, aber syntaktisch möglich ist. Eine Kopie durchzuführen wäre vertane Zeit. Dieser Fall ist aber so selten, dass auf eine Optimierung hier verzichtet wird. Um zu verhindern, dass ein `mstring`-Objekt in einen nichtkonsistenten Zustand gerät, falls etwas mit der Speicherbeschaffung schief gehen sollte, wird der alte Speicherplatz erst nach vollendeter Kopie freigegeben.

```
mstring& mstring::assign(const mstring &m) { // Zuweisung
    char *p = new char[m.len+1];  // neuen Platz beschaffen
    copy(p, m.start);             // Daten kopieren
    delete [] start;              // alten Platz freigeben
    len    = m.len;     // Verwaltungsinformationen aktualisieren
    start = p;
    return *this;
}

mstring& mstring::assign(const char *s) {  // Zuweisung eines char*
    size_t L = laenge(s);
    char *p = new char[L+1];      // neuen Platz beschaffen
    copy(p, s);                   // Daten kopieren
    delete [] start;              // alten Platz freigeben
    len = L;            // Verwaltungsinformationen aktualisieren
    start = p;
    return *this;
}
```

Um auf einzelne Zeichen des Strings lesend zuzugreifen, gibt es die Methode `at()`, der die Position eines Zeichens innerhalb der Zeichenkette übergeben wird. `at()` ist für konstante `mstring`-Objekte überladen. Der String wird durch das Lesen nicht verändert (`const`).

```
char& mstring::at(size_t position) {  // Zeichen per Referenz holen
    assert(position < len);  // Nullbyte lesen ist nicht erlaubt
    return start[position];
}

const char& mstring::at(size_t position) const {  // Zeichen holen
    assert(position < len);  // Nullbyte lesen ist nicht erlaubt
```

```
    return start[position];
}
```

Die Rückgabe per nicht-konstanter Referenz erlaubt die Änderung eines Zeichens im String. Erinnern wir uns: Erstens ist eine Referenz nichts anderes als ein anderer Name für etwas, in diesem Fall ein Zeichen innerhalb des Strings, und zweitens kann man sich das Ergebnis eines Funktionsaufrufs anstelle des Aufrufs eingesetzt denken.

```
einString.at(0) = 'X';
```

heißt also, dass die gesamte linke Seite der Zuweisung nichts anderes darstellt als das Zeichen mit der Nummer 0 im String! Die Wirkung dieser zunächst ungewohnten Schreibweise ist dieselbe, wie wenn wir

```
einString.start[0] = 'X';            // Fehler: start ist privat
```

geschrieben hätten, wobei wir hier ignorieren, dass start privat ist. Entsprechend der C-Konvention beginnt die Zählung bei 0. Damit kann die bisher übliche Semantik bei der Abfrage in Bedingungen *nicht* mehr beibehalten werden, zum Beispiel

```
// at()-Anwendung zur Anzeige eines mstring-Objekts
int i = -1;
while(einString.at(++i))              // Laufzeitfehler am String-Ende
    cout << einString.at(i);
i = -1;
while(++i < einString.length())       // richtig
    cout << einString.at(i);
cout << endl;
```

Eine direkte Ausgabe eines mstring-Objekts, etwa der Art

```
cout << einString;                    // Fehler
```

ist nicht möglich, weil der Ausgabeoperator << für mstring-Objekte noch nicht definiert ist. Das kann geändert werden, wie die Übung auf Seite 328 des Kapitels 9 zeigt.

## 7.1.1 friend-Funktionen

Die oben gezeigte Schleife zur Anzeige eines mstring-Objekts kann in eine Funktion anzeigen() gepackt werden, für die hier drei verschiedene Möglichkeiten beschrieben werden sollen:

1. Elementfunktion `void anzeigen(std::ostream &os);`
   Die Methode müsste in der Klasse deklariert werden. Der Parameter vom Typ ostream& erlaubt die Ausgabe nicht nur auf der Standardausgabe, sondern auch auf dem Fehlerkanal oder in eine Datei:

```
einString.anzeigen(std::cout);
einString.anzeigen(std::cerr);
```

Innerhalb der Methode kann direkt auf `start` zugegriffen werden, weil `start` vom Grunddatentyp `char*` ist und der Ausgabeoperator `<<` in der Klasse `ostream` für alle Grunddatentypen definiert ist:

```
void mstring::anzeigen(std::ostream &os) const {   // Version 1
    os << start;
}
```

2. Globale Funktion `void anzeigen(std::ostream &os, const mstring&m);`

   Diese Funktion braucht dank `c_str()` nicht direkt auf die privaten Daten zuzugreifen. Das String-Objekt wird jetzt als Parameter übergeben.

   ```
   // Aufruf:
   anzeigen(std::cout, einString);

   // Implemementation:
   void anzeigen(std::ostream &os, const mstring &m) {   // Version 2
       os << m.c_str();
   }
   ```

3. `friend`-Funktion

   Falls keine Elementfunktion benutzt werden soll (wofür es hier keine guten Gründe gibt), kann ein Mittelding aus den beiden vorangegangenen Möglichkeiten gebildet werden, nämlich eine `friend`-Funktion. Eine als `friend` deklarierte Funktion ist *keine* Methode der Klasse, hat aber das Recht, auf deren private Daten zuzugreifen. Dies muss der Klasse natürlich bekannt sein. Das Schlüsselwort `friend` in der Deklaration auf Seite 246 sorgt dafür. Im Programmcode kann auf private Daten zugegriffen werden:

   ```
   void anzeigen(std::ostream &os, const mstring &m) {   // Version 3
       os << m.start;
   }
   ```

Der Aufruf der Funktion wird im dritten Fall genauso wie im zweiten Fall geschrieben. Weil die Datenkapselung durch `friend`-Deklarationen durchlöchert wird, sollte man sparsam damit umgehen. Nicht nur fremden Funktionen, sondern auch anderen Klassen kann der Zugriff auf private Daten gestattet werden, wenn dies wegen des engen Zusammenwirkens der Klassen notwendig ist. Nur Freunden ist der Zugriff auf private Dinge gestattet. Damit eine Klasse weiß, wer als »Freund« angesehen werden kann, muss in ihrer Deklaration der Klassenname der befreundeten Klasse als `friend` aufgeführt sein – wie, werden wir in Kapitel 11 sehen.

## 7.2 Klassenspezifische Daten und Funktionen

Klassenspezifische Daten sind Daten, die *nur einmal* für *alle* Objekte einer Klasse existieren. Sie sind also nicht an einzelne Objekte, sondern an alle Objekte einer Klasse gleichzeitig gebunden. Dies können Verwaltungsdaten wie die Anzahl der Objekte sein oder auch Bezugsdaten, die für alle Objekte gelten, wie ein gemeinsamer Koordinatenursprung für graphische Objekte. Diese von mehreren Objekten einer Klasse *gemeinsam* benutzbaren Daten müssen nicht global sein. Sie können genausogut gekapselt werden wie andere Daten eines Objekts. Sie sind dann *innerhalb einer Klasse* und *nur für Objekte dieser Klasse* gleichermaßen zugreifbar. Diese Daten sind `static` – eine weitere Bedeutung dieses Schlüsselworts (die bisher bekannten sind »Variable für Funktionen mit Gedächtnis« und »nur in dieser Datei gültige Deklaration«). Bei der Definition und Initialisierung wird für eine beliebige Anzahl von Objekten einer Klasse nur *ein* Speicherplatz pro `static`-Element angelegt, auf den von *allen* Objekten dieser Klasse zugegriffen werden kann. Klassenspezifische Funktionen führen Aufgaben aus, die *an eine Klasse, nicht aber an ein Objekt gebunden sind*. Sie können zum Beispiel mit den `static`-Daten arbeiten. Auch Konstruktoren sind klassenspezifische Funktionen, weil das zu konstruierende Objekt beim Aufruf noch nicht existiert. Das Beispiel demonstriert sowohl klassenspezifische Daten als auch klassenspezifische Funktionen.

### Klasse numobj, erste Version

```
// cppbuch/k7/numobj/numobj.h
#ifndef numobj_h
#define numobj_h

class nummeriertesObjekt   { // noch nicht vollständig! (siehe Text)
    public:
       nummeriertesObjekt();
       nummeriertesObjekt(const nummeriertesObjekt&);
       ~nummeriertesObjekt();
       unsigned long Seriennummer() const { return SerienNr;}
       static int Anzahl() { return anzahl;}
       static bool Testmodus;
    private:
       static int anzahl;              // int statt unsigned (s. Text)
       static unsigned long maxNummer;
       const unsigned long SerienNr;
};
#endif        // Ende von numobj.h
```

Die Klasse `nummeriertesObjekt` hat die Aufgabe, jedem Objekt eine unverwechselbare Seriennummer mitzugeben und über die aktuelle Anzahl aktiver Objekte Buch zu führen. Die `static`-Funktion `Anzahl()` soll die Anzahl der Objekte dieser Klasse zurückgeben und ist daher objektunabhängig. Die Funktion `Seriennummer()` bezieht sich im Gegensatz dazu nur auf ein einzelnes Objekt. Die öffentliche Variable `Testmodus` dient dazu, während der Laufzeit eines Programms den Testmodus für bestimmte Programmabschnitte aus- oder einzuschalten, um auf der Standardausgabe Entstehung und Vergehen aller Objekte zu dokumentieren.

## Implementation

In der hier diskutierten Implementierung (siehe auch *cppbuch/k7/numobj/numobj.cpp* auf der CD-ROM) wird der Namespace-Bezeichner bei der Standardein- und ausgabe weggelassen, weil er vorab bekannt gemacht wird:

```
using std::cout;    // erfordert #include<iostream>
using std::endl;
```

Zur Initialisierung der `static`-Attribute genügt die Angabe von Typ, Klasse und Variablenname. Man sieht auch daran, dass die Initialisierung nicht an ein einzelnes Objekt gebunden ist. Die Initialisierung ist gleichzeitig die Definition der Variablen, die nur genau einmal im Programm vorhanden sein darf (one definition rule, siehe Seite 134).

```
// Initialisierung und Definition der klassenspezifischen Variablen:
int           nummeriertesObjekt::anzahl    = 0;
unsigned long nummeriertesObjekt::maxNummer = 0L;
bool          nummeriertesObjekt::Testmodus = false;
```

Sie kann nicht in einen Konstruktor verlegt werden, weil sie sonst bei jeder Erzeugung eines Objekts durchgeführt würde. Der Standardkonstruktor initialisiert die objektspezifische Konstante `SerienNr` in der Initialisierungsliste und aktualisiert die Anzahl aller Objekte:

```
// Standardkonstruktor
nummeriertesObjekt::nummeriertesObjekt()
 : SerienNr(++maxNummer) {
    ++anzahl;
    if(Testmodus) {
       if(SerienNr == 1)
          cout << "Start der Objekterzeugung!\n";
       cout << "  Objekt Nr. "
            << SerienNr << " erzeugt" << endl;
    }
}
```

## 7.2 Klassenspezifische Daten und Funktionen 255

Der Kopierkonstruktor hat hier eine besondere Bedeutung. Bisher diente er dazu, ein Duplikat eines Objekts bei der Initialisierung zu erzeugen. Das darf hier nicht sein! Das neu erzeugte Objekt soll nicht die Seriennummer eines anderen erhalten, sondern eine neue bekommen, weil sie sonst nicht eindeutig wäre. Der Kopierkonstruktor muss also dasselbe Verhalten wie der Standardkonstruktor aufweisen, mit Ausnahme des Testmodus, damit der unterschiedliche Aufruf protokolliert wird.

```
// Kopierkonstruktor
nummeriertesObjekt::nummeriertesObjekt(
                               const nummeriertesObjekt &X)
   : SerienNr(++maxNummer) {
     ++anzahl;
     if(Testmodus)
        cout << "  Objekt Nr. " << SerienNr
             << " mit Nr. "  << X.Seriennummer() // bzw. X.SerienNr
             << " initialisiert" << endl;
}
```

Die Klassendeklaration auf Seite 253 ist noch nicht vollständig: Was geschieht bei der Zuweisung eines Objekts? Der systemerzeugte Zuweisungsoperator würde bei einer Zuweisung wie zum Beispiel

```
nummeriertesObjekt NumObjekt1;
nummeriertesObjekt NumObjekt2;
// ... irgendwelcher Programmcode
NumObjekt2 = NumObjekt1;                  //?
```

eine Zuweisung der Elemente von `NumObjekt1` an `NumObjekt2` bewirken. Das einzige Element, das dafür in Frage kommt, ist die private Konstante `SerienNr`. Einer Konstanten kann aber nichts zugewiesen werden, sodass ein funktionierender systemerzeugter Zuweisungsoperator nicht erzeugt werden kann. Wenn die Zuweisung überhaupt erlaubt sein soll, darf sie einfach nichts bewirken! Dieses Problem können Sie leicht nach Studium des Kapitels 9 lösen, wo in einer Übungsaufgabe (Seite 328) auf dieses Problem eingegangen wird.

Der Destruktor vermerkt, dass es nun ein Objekt weniger gibt. Er wird am Ende eines Blocks und bei der Löschung dynamischer Objekte durch `delete` aufgerufen. Ein versehentliches zusätzliches `delete` kann vom Destruktor festgestellt werden, wenn nämlich `anzahl` negativ wird. Aus diesem Grund ist `anzahl` vom Typ `int` und nicht `unsigned int`. Die Zusicherung am Ende des Destruktors garantiert, dass das Löschen eines »hängenden Zeigers« nur im Testmodus gemeldet und toleriert wird.

```
// Destruktor
nummeriertesObjekt::~nummeriertesObjekt() {
     --anzahl;
```

```
    if(Testmodus) {
      cout << "   Objekt Nr. "
           << SerienNr << " gelöscht" << endl;
      if(anzahl == 0)
        cout << "letztes Objekt gelöscht!" << endl;
      if(anzahl < 0)
        cout << " FEHLER! zu oft delete aufgerufen!" << endl;
    }
    else
      assert(anzahl >= 0);
}
```

Konstruktor und Destruktor dokumentieren Werden und Vergehen der Objekte, sofern der Testmodus eingeschaltet ist. Klassenspezifische Funktionen können auch objektgebunden aufgerufen werden, wie `main()` unten zeigt. Der klassenbezogene Aufruf einer Funktion oder die klassenbezogene Benennung eines Attributs ist dem objektgebundenen Aufruf vorzuziehen, weil der objektgebundene Aufruf die `static`-Eigenschaft verschleiert.

*Tipp*

### Beispielprogramm: Klassenmethoden und Daten

```
// cppbuch/k7/numobj/nummain.cpp
// Demonstration von nummerierten Objekten
#include "numobj.h"
#include<iostream>
using namespace std;

int main() {
    // Testmodus für alle Objekte der Klasse einschalten
    nummeriertesObjekt::Testmodus = true;

    nummeriertesObjekt dasNumObjekt_X;          // ... wird erzeugt
    cout << "Die Seriennummer von dasNumObjekt_X ist: "
         << dasNumObjekt_X.Seriennummer() << endl;

    // Anfang eines neuen Blocks
    {   nummeriertesObjekt dasNumObjekt_Y;      // ... wird erzeugt

        // schlechter Stil: objektgebundener Aufruf:
        cout << dasNumObjekt_Y.Anzahl()
             << " Objekte aktiv" << endl;

        // *p wird dynamisch erzeugt:
        nummeriertesObjekt *p = new nummeriertesObjekt;
```

## Beispielprogramm (Fortsetzung)

```
        // schlechter Stil: objektgebundener Aufruf über Zeiger:
        cout << p->Anzahl()
             << " Objekte aktiv" << endl;
        delete p;                // *p wird gelöscht

        // guter Stil: klassenbezogener Aufruf:
        cout << nummeriertesObjekt::Anzahl()
             << " Objekte aktiv" << endl;

        delete p; // Fehler: ein delete zu viel!
    }            // Blockende: dasNumObjekt_Y wird gelöscht

    cout << " Kopierkonstruktor: " << endl;
    nummeriertesObjekt dasNumObjekt_X1 = dasNumObjekt_X;

    cout << "Die Seriennummer von dasNumObjekt_X ist: "
         << dasNumObjekt_X.Seriennummer() << endl;

    cout << "Die Seriennummer von dasNumObjekt_X1 ist: "
         << dasNumObjekt_X1.Seriennummer() << endl;

    // Zuweisung wird wegen const SerienNr vom Compiler verboten
      dasNumObjekt_X1 = dasNumObjekt_X;   // Fehler

}  // dasNumObjekt_X und dasNumObjekt_X1 werden gelöscht
```

Wenn die letzte Zeile des Destruktors aufgerufen wird, gibt es mindestens eine `delete`-Anweisung zu viel. Zuwenige `delete`Anweisungen können dagegen nicht zuverlässig ermittelt werden: Die Überprüfung würde durch einen Überschuss von mit `new` erzeugten und nicht gelöschten Objekten ausgetrickst werden. In Abschnitt 11.9 wird die Klasse erweitert zu einem Werkzeug zur Fehlersuche.

### 7.2.1 Klassenspezifische Konstante

Klassenspezifische Variable müssen außerhalb der Klassendefinition definiert und initialisiert werden. Dies gilt nicht für klassenspezifische Konstanten, für die der Compiler keinen Platz anlegen muss, weil er direkt ihren Wert einsetzen kann. In C++ ist diese Ausnahme jedoch auf integrale und Aufzählungstypen beschränkt:

```
class KlasseMitKonstanten {
    enum RGB {rot = 0x0001, gelb = 0x0002, blau = 0x0004};
    static const unsigned int MAX_ZAHL = 1000;
    // Verwendung zum Beispiel:
    static int CArray[MAX_ZAHL];
```

```
    // ..
};
```

Diese Konstanten werden *innerhalb* der Klassendefinition initialisiert. Dabei wird enum stets ohne das Schlüsselwort `static` deklariert. In allen anderen Fällen muss es bei klassenspezifischen Objekten und Funktionen angegeben werden.

## 7.3 Klassentemplates

Genau wie wir für Funktionen Templates definiert haben (siehe Seite 143), sind Templates für Klassen möglich. Sie werden auch »parametrisierte Datentypen« genannt. Das Prinzip soll hier kurz dargestellt werden, indem wir einen Datentyp für einen einfachen Stapel (englisch *stack*), genannt `simpleStack`, entwerfen.

### 7.3.1 Ein Stack-Template

Ein Stack hat die Eigenschaft, dass auf ihm Elemente abgelegt und wieder entnommen werden können, wobei die Reihenfolge der Entnahme entgegengesetzt der Ablage ist – wie bei einem Stapel von Tellern, auf den nur von oben zugegriffen wird. Die ab Seite 511 beschriebene Stack-Klasse der C++-Standardbibliothek basiert auf Templates. Um zu zeigen, wie es geht, soll hier ein Stack als *Template für verschiedene Datentypen* konstruiert werden.

Die englischen Namen der Methoden sind auch in der deutschen Informatikwelt weit verbreitet und werden deshalb beibehalten. Zunächst setzen wir voraus, dass der Stack maximal 20 Elemente aufnehmen kann. Der dafür benötigte Behälter ist ein C-Array. Die auf Funktionstemplates bezogenen Erläuterungen bezüglich Dateien mit Templates auf Seite 147 gelten ebenso für Klassentemplates. Prototyp und Definitionen sind in *einer* Datei *simstack1.t* zusammengefasst.

**Template-Klasse für einen einfachen Stack**

```
// cppbuch/k7/stack/simstack1.t    ein einfaches Stack-Template
#ifndef simstack1_t
#define simstack1_t simstack1_t
#include<cassert>

template<class T>
class simpleStack {
  public:
    static const unsigned int MAX_SIZE = 20;  // siehe Text
    simpleStack() : anzahl(0){}
    bool empty() const { return anzahl == 0;}
```

## Template-Klasse (Fortsetzung)

```
    bool full() const { return anzahl == MAX_SIZE;}
    unsigned int size() const { return anzahl;}
    void clear() { anzahl = 0;}         // Stack leeren

    const T& top() const;               // letztes Element sehen
    void pop();                         // Element entfernen
    // Vorbedingung für top und pop: Stack ist nicht leer

    void push(const T &x);              // x auf den Stack legen
    // Vorbedingung für push: Stack ist nicht voll

  private:
    unsigned int anzahl;
    T array[MAX_SIZE];                  // Behälter für Elemente
};

// noch fehlende Methoden-Implementierungen
template<class T>
const T& simpleStack<T>::top() const {
    assert(!empty());
    return array[anzahl-1];
}

template<class T>
void simpleStack<T>::pop() {
    assert(!empty());
    --anzahl;
}

template<class T>
void simpleStack<T>::push(const T &x) {
    assert(!full());
    array[anzahl++] = x;
}
#endif        // simstack1_t
```

Der Datentyp T steht für einen beliebigen Datentyp als *Platzhalter*. Bei der Definition der Methoden außerhalb der Klasse muss der Datentyp in spitzen Klammern zusätzlich zum Namen der Klasse angegeben werden (<T>). Innerhalb der Klassendefinition wird der Typ T bei den Prototypen der Methoden vorausgesetzt, wenn er nicht angegeben ist.

*Tipp*

Bei der Benutzung in einem Programm wird ein konkreter Datentyp angegeben, der nicht nur eine Klasse, sondern auch ein Grunddatentyp sein kann. Der Compiler erzeugt damit Objekte dieses Datentyps nach dem Vorbild des Templates. Die

Anwendung des Klassentemplates zeigt das folgende Beispiel, in dem zwei Stacks unterschiedlichen Datentyps mit der Schablone `simpleStack` erzeugt werden:

## Beispielprogramm mit Stack-Template

```cpp
// cppbuch/k7/stack/simmain1.cpp
// Anwendungsbeispiele für Stack-Template
#include<iostream>
#include"simstack1.t"
using namespace std;
int main() {
    simpleStack<int> einIntStack;    // ein Stack für int-Zahlen
    int i = 100;
    while(!einIntStack.full()) {
        einIntStack.push(i++);       // Stack füllen
    }
    cout << "Anzahl : " << einIntStack.size() << endl;

    // Stack-Methoden aufrufen
    cout << "oberstes Element: "
         << einIntStack.top() << endl;

    cout << "alle Elemente entnehmen und anzeigen: " << endl;
    while(!einIntStack.empty()) {
        i = einIntStack.top();
        einIntStack.pop();
        cout << i << '\t';
    }
    cout << endl;

    // ein Stack für double-Zahlen
    simpleStack<double> einDoubleStack;

    // Stack mit (beliebigen) Werten füllen
    double d = 1.00234;
    while(!einDoubleStack.full()) {
        d = 1.1 * d;
        einDoubleStack.push(d);
        cout << einDoubleStack.top() << '\t';
    }

    // einDoubleStack.push(1099.986); // Fehler, da Stack voll
    cout << "\n4 Elemente des Double-Stacks entnehmen:"
         << endl;
```

### Beispielprogramm (Fortsetzung)

```
    for(i = 0; i < 4; ++i) {
        cout << einDoubleStack.top() << '\t';
        einDoubleStack.pop();
    }
    cout << endl;

    cout << "Restliche Anzahl : "
         << einDoubleStack.size() << endl;

    cout << "clear Stack" << endl;
    einDoubleStack.clear();
    cout << "Anzahl : " << einDoubleStack.size() << endl;

    // einDoubleStack.pop(); // Fehler, da Stack leer
}
```

Die Erzeugung der `simpleStack`-Objekte für verschiedene Datentypen geschieht erst beim Lesen der Definition durch den Compiler, der dann in Kenntnis der Template-Beschreibung in *simstack1.t* einen Stack für `int`- und einen für `double`-Zahlen erzeugt. Die Erzeugung eines Objekts für einen konkreten Datentyp anstelle des Platzhalters T im Template wird *Instanziierung eines Templates* genannt. Ein Stack kann mit Hilfe des Templates für ganz verschiedene Datentypen deklariert werden, zum Beispiel können wir Stacks für rationale Zahlen oder andere beliebige Objekte bauen, zum Beispiel Datumobjekte, falls wir den Typ Datum vorher definiert haben:

```
simpleStack<rational> einStackFuerRationaleZahlen;
simpleStack<Datum> einStackFuerDaten;
```

## 7.3.2 Stack mit statisch festgelegter Größe

Einen kleinen Schönheitsfehler hat der `simpleStack`: seine Größe ist auf `MAX_SIZE` fest eingestellt. Es gäbe natürlich die Lösung, die Größe dem Konstruktor zu übergeben, der den benötigten Platz dynamisch mit `new` beschafft, und den Stack dynamisch je nach Bedarf zu erweitern.

Der Template-Mechanismus bietet jedoch auch eine statische Lösung: Innerhalb der spitzen Klammern < > können *mehrere* Datentypen (Klassen und Grunddatentypen) angegeben werden, die in ihrer Gesamtheit einen neuen Datentyp definieren. Die Größe eines Stacks gehört dann zum Datentyp, wird also zur Compilierzeit festgelegt. Die geringfügigen Änderungen sind

- Streichen der Konstante `MAX_SIZE`,

- Ersatz von `<class T>` durch `<class T, unsigned int MAX_SIZE>` und Anpassung der darauf aufbauenden Definitionen:

### Template-Klasse für einen Stack, 2. Version

```
// cppbuch/k7/stack/simstack2.t    einfaches Stack-Template, 2. Version
#ifndef simstack2_t
#define simstack2_t simstack2_t
#include<cassert>
                        // Parameter MAX_SIZE zur Festlegung der Stackgröße
template<class T, unsigned int MAX_SIZE>
class simpleStack {
    // ... genau wie oben
};

// noch fehlende Implementierungen
template<class T, unsigned int m>     // Parameter m wird nicht benutzt
const T& simpleStack<T, m>::top() const   {
    assert(!empty());
    return array[anzahl-1];
}

template<class T, unsigned int m>     // Parameter m wird nicht benutzt
void simpleStack<T, m>::pop() {
    assert(!empty());
    --anzahl;
}

template<class T, unsigned int m>     // Parameter m wird nicht benutzt
void simpleStack<T, m>::push(const T &x) {
    assert(!full());
    array[anzahl++] = x;
}
#endif      // simstack2_t
```

Nur die Deklarationen in einem Anwendungsprogramm sind ebenfalls zu modifizieren, die Benutzung bleibt sonst gleich:

```
// ein int-Stack mit max. 100 Elementen:
simpleStack<int,100> einIntStack;

// Stack füllen
int i;
while(!einIntStack.full()) {
    cin >> i;
```

```
        einIntStack.push(i);
}
// ein char-Stack mit max. 9 Elementen
simpleStack<char,9> einCharStack;
// ...
```

Weil die Größe `MAX_SIZE` nicht dem Objekt, sondern dem Template übergeben wurde, ist die Größe eines `simpleStack` schon zur Übersetzungszeit bekannt, sodass `simpleStack`-Objekten statisch Speicherplatz zugeteilt wird, also ohne Rückgriff auf den dynamischen Speicher. Daraus ergibt sich ein Laufzeitvorteil.

### 7.3.3 Ökonomische Instanziierung von Templates

In Projekten mit einer großen Anzahl von Dateien gibt es bei der Instanziierung von Templates das Phänomen der Aufblähung der Objektdateien (englisch *code bloat*). Zur Erklärung wird die Existenz der folgenden Template-Klasse angenommen:

```
// meinTyp.h
#ifndef meinTyp_h
#define meinTyp_h meinTyp_h

template<class T>
class meinTyp {
   public:
      meinTyp() {
         // umfangreicher Code für den Konstruktor
      }
      void Funktion() {
         // umfangreicher Code für Funktion()
      }
   private:
      // Attribute weggelassen
};
#endif
```

Das Anwendungsprogramm bestehe aus den 501 Dateien *main.cpp*, *prog001.cpp*, *prog002.cpp* usw. bis *prog500.cpp*. Es sei ferner angenommen, dass in jeder der *prog*-Dateien Objekte der Klassen `meinTyp<int>` und `meinTyp<double>` verwendet werden und deswegen jedesmal die Datei *meinTyp.h* mit `#include` eingeschlossen wird. Die Übersetzung aller cpp-Dateien liefert *main.o*, *prog001.o*, *prog002.o* usw. bis *prog500.o*. Diese Dateien enthalten dann alle den vollständigen Objektcode für die Templateklasse, obwohl er in allen Dateien identisch ist (abgesehen vom Unterschied `int`/`double`)! Damit dauert erstens die Compilation relativ lange, weil der Objektcode jedesmal neu erzeugt wird, und zweitens wird eine Menge an

Massenspeicherplatz verschwendet. Bei großen Projekten kann eine vollständige Compilation durchaus mehrere Stunden dauern. Der Linker hat die Aufgabe, die 499 überflüssigen Duplikate zu entfernen. Mit sehr wenig Mehrarbeit lässt sich das Verhalten entscheidend verbessern. Der Weg führt über die Aufspaltung der Datei *meinTyp.h* in eine gleichnamige Datei, die ausschließlich die Prototypen enthält und eine Datei *meinTyp.cpp* mit der Implementierung:

```
// meinTyp.h, neue Variante
#ifndef meinTyp_h
#define meinTyp_h meinTyp_h

template<class T>
class meinTyp {
   public:
      meinTyp();              // Prototyp
      void Funktion();        // Prototyp
   private:
      // Attribute weggelassen
};
#endif
```

```
// meinTyp.cpp, Implementierungsdatei
#include"meinTyp.h"

template<class T>
meinTyp<T>::meinTyp() {
   // umfangreicher Code
}
template<class T>
void meinTyp<T>::Funktion() {
   // umfangreicher Code
}
```

Dazu wird noch eine kleine Datei benötigt, die die zu instantiierenden Typen enthält. Hier sei die Datei *Instanzen.cpp* genannt, und *nur in ihr* wird die Implementierungsdatei benötigt. Die benötigten Typen werden *explizit instantiiert*:

```
// Instanzen.cpp
#include"meinTyp.cpp"    // Implementierung einlesen (nicht meinTyp.h!)
template class meinTyp<int>;      // explizite Instanziierung
template class meinTyp<double>;   // explizite Instanziierung
// Dateiende
```

Die Datei *Instanzen.cpp* wird dem Projekt einfach hinzugefügt. Da sich nur in ihr der eigentliche Programmcode für das Template befindet, werden alle anderen cpp-Dateien erheblich schneller compiliert, der Platzbedarf für die Objektdateien schrumpft, und auch das Linken geht schneller.

## 7.3.4 Member-Template[1]

Member-Templates sind Templates, die innerhalb einer Klasse deklariert werden. Beispiel:

```
template<class T>
class meinTyp {
   public:
      template<class U>          // Member-Template
      void f(const U& u);
};

class X {
   // Klassendefinition weggelassen
};

class Y {
   // Klassendefinition weggelassen
};
```

Mit diesen Definitionen ist es möglich, die Elementfunktion für ganz verschiedene Typen aufzurufen:

```
X einX;
Y einY;

meinTyp<int> einObjekt;
einObjekt.f(einX);    // meinTyp<int>::f<X>()
einObjekt.f(einY);    // meinTyp<int>::f<Y>()
```

Abschnitt 13.2.1 auf Seite 457 zeigt ein konkretes Anwendungsbeispiel. Member-Templates werden auch in der C++-Standardbibliothek verwendet.

## 7.3.5 Rekursive Templates

Zur Vertiefung des Verständnisses von Templates wird gezeigt, wie der *Compiler* zum Rechnen gebracht werden kann. Das folgende kleine Programm berechnet eine Zweierpotenz, im Beispiel $2^{11}$ = 2048. Der Compiler versucht bei der Übersetzung, `Zweihoch<11>::Wert` zu ermitteln. Die klassenspezifische Aufzählungskonstante `Wert` hat für jeden Typ der Klasse `Zweihoch`, der von n abhängt, einen anderen Wert.

---
[1] Der Rest dieses Kapitels kann beim ersten Lesen übersprungen werden.

## Beispielprogramm: Rekursive Templates

```
// cppbuch/k7/rekursiveTemplates/zweihoch.cpp
#include<iostream>

template<int n>
struct Zweihoch {
  enum { Wert = 2*Zweihoch<n-1>::Wert};
};

template<> struct Zweihoch<0> {
   enum { Wert = 1};
};

int main() {
    std::cout << Zweihoch<11>::Wert << std::endl;
}
```

Bei der Ermittlung stellt der Compiler fest, dass `Zweihoch<11>::Wert` dasselbe wie 2·`Zweihoch<10>::Wert` ist. `Zweihoch<10>::Wert` wiederum ist dasselbe wie 2·`Zweihoch<9>::Wert`, usw.

Die Rekursion bricht bei der Berechnung von `Zweihoch<0>::Wert` ab, weil das Template für diesen Fall spezialisiert und der Wert mit 1 besetzt ist. Der Compiler erzeugt insgesamt 12 Datentypen (0 bis 11), die er zur Auswertung heranzieht. Weil er konstante Ausdrücke zur Compilationszeit kennt und berechnen kann, wird an die Stelle von `Zweihoch<11>::Wert` direkt das Ergebnis 2048 eingetragen, sodass zur Laufzeit des Programms keinerlei Rechnungen mehr nötig sind!

Diese Methode zur Berechnung von Zweierpotenzen schlägt damit jede andere, was die Rechenzeit des Programms angeht. Dieses Verfahren wird mit gutem Erfolg erweitert auf andere Probleme wie zum Beispiel Berechnung der schnellen Fouriertransformation und Optimierung von Vektoroperationen ([Ve95]), stellt aber hohe Anforderungen an die verwendeten Compiler. Insbesondere ist die Tiefe der möglichen Template-Instanziierungen begrenzt.

Als Ergänzung werden im folgenden Beispiel Primzahlen vom *Compiler* berechnet, aber erst zur Laufzeit ausgegeben. Dabei gibt es keinerlei Schleifen oder Funktionsaufrufe, nur die statische, allerdings rekursive Konstruktion von Objekten. Die Spezialisierungen sorgen für den Abbruch der Rekursion. An Stelle der 17 kann eine andere Zahl stehen. Die mögliche Höchstzahl ist abhängig vom verwendeten Compiler. Dieses Programm wurde nach einer Idee von Erwin Unruh geschrieben, der 1994 ein Programm konstruierte, das bei Übersetzung Primzahlen in den Fehlermeldungen des Compilers erzeugte ([CE00]). Für sich genommen, scheinen beide Beispiele eher Kuriositäten zu sein. Als Übung zum Verständnis der angegebenen weiterführenden Literatur [CE00] und [Ve95] bzw. der darauf aufbauenden numerischen Bibliotheken sind sie aber gut geeignet.

## Beispielprogramm: Primzahlen mit Templates berechnen

```cpp
// cppbuch/k7/rekursiveTemplates/primzahl.cpp
#include<iostream>
using namespace std;

template<int p, int i>
struct istPrimzahl {
   enum {prim = (p%i) && istPrimzahl<(i > 2? p:0), i-1>::prim};
};

template<int i>
struct druckePrimzahlenBis {
   druckePrimzahlenBis<i-1> a;
   enum { prime = istPrimzahl<i, i-1>::prim};
   druckePrimzahlenBis() {
      if(prime)
         cout << i << endl;
   }
};

// Spezialisierungen
template<> struct istPrimzahl<0, 0> { enum {prim = 1};};
template<> struct istPrimzahl<0, 1> { enum {prim = 1};};
template<> struct druckePrimzahlenBis<2> { enum {prim = 1}; };

int main() {
   druckePrimzahlenBis<17> a;
}
```

## Übungsaufgaben

**7.1** Schreiben Sie eine Klasse `Format` zum Formatieren von Zahlen. Benutzungsbeispiel:

```
// Konstruktion des Format-Objekts
Format f(12, 3);    // Ausgabe 12 Zeichen breit,
                    // 3 Stellen nach dem Komma
// Benutzung:
cout << f.toString(789.906625) << endl;
cout << f.toString(-123456789.906625) << endl;
```

Das Ergebnis soll ␣␣␣␣␣789,907 im ersten Fall und -123456789,907 im zweiten Fall sein, wobei ␣ hier für ein Leerzeichen steht. Im zweiten Fall reichen

12 Plätze zur Darstellung aller Ziffern nicht aus. Die Weite wird daher automatisch erweitert, um Informationsverlust zu vermeiden.

**7.2** Das folgende Programmfragment soll einen Ausschnitt einer Party simulieren. Das Array `alle` fasst alle Teilnehmer zusammen, mit seiner Hilfe werden ihre Namen und die ihrer Bekannten ausgegeben.

```
int main() {
    Teilnehmer otto("Otto");
    Teilnehmer andrea("Andrea");
    Teilnehmer jens("Jens");
    Teilnehmer silvana("Silvana");
    Teilnehmer miriam("Miriam");
    Teilnehmer paul("Paul");
    Teilnehmer* const alle[] = {&otto, &andrea, &jens,
            &silvana, &miriam, &paul, 0}; // 0 = Endekennung
    andrea.lerntKennen(jens);
    silvana.lerntKennen(otto);
    paul.lerntKennen(otto);
    paul.lerntKennen(silvana);
    miriam.lerntKennen(andrea);
    jens.lerntKennen(miriam);
    jens.lerntKennen(silvana);
    if(jens.kennt(andrea)) {
        cout << "Jens kennt Andrea" << endl;
    }
    int i = 0;
    // Ausgabe aller Teilnehmer mit Angabe, wer wen kennt:
    while(alle[i]) {
        cout << alle[i]->gibNamen() << " kennt: ";
        alle[i]->druckeBekannte();
        ++i;
    }
}
```

Schreiben Sie eine zu diesem Programm passende Klasse `Teilnehmer`. Dabei soll berücksichtigt werden, dass »kennen lernen« als »sich gegenseitig kennen lernen« gemeint ist. Wenn Paul also Silvana kennen lernt, lernt sie ihn umgekehrt auch kennen. Ein Methodenaufruf, der meint, jemand lernt sich selbst kennen (etwa `jens.lerntKennen(jens)`), soll ignoriert werden. Hinweis: Speichern Sie die Bekannten eines Teilnehmers in einem Attribut des Typs `vector<Teilnehmer*>`.

# 8 Vererbung

*Inhalt*: *Ein wichtiges Konzept zur Unterstützung der Wiederverwendbarkeit von Programmcode, wenn auch nicht das wichtigste, wie wir sehen werden, ist die* Vererbung. *Die Vererbung und der damit zusammenhängende Begriff* Polymorphismus *werden dargestellt und an Beispielen erläutert. Eine Klasse kann viele Väter oder Mütter haben – der Abschnitt »Mehrfachvererbung« am Kapitelende geht darauf ein.*

Der Vererbungsmechanismus zeichnet sich durch folgende Punkte aus:

- Eigenschaften, die einer Menge von Dingen gemeinsam sind, können als verallgemeinertes Konzept betrachtet werden, das besonders behandelt wird.
- Es gibt geringe Unterschiede zwischen diesen Dingen.
- Die Vererbung ist hierarchisch organisiert.

Ein Beispiel ist die Klassifizierung von Transportmitteln. Abbildung 8.1 auf der nächsten Seite zeigt sie in der UML-Notation (zur UML siehe Glossar, Seite 720). Die vererbende Klasse heißt *Oberklasse* oder *Basisklasse*, die erbende Klasse heißt *Unterklasse* oder *abgeleitete Klasse*. In der Literatur werden die Begriffe nicht einheitlich gebraucht. Im Falle von nur einer abgeleiteten Klasse ist die Oberklasse gleichzeitig die Basisklasse. Die Vererbung beschreibt eine *ist-ein*-Beziehung. Ein Fahrrad *ist ein* Landtransportmittel, ein Motorboot *ist ein* Wassertransportmittel. Die Vererbung ist eine gerichtete Beziehung, weil die Umkehrung im Allgemeinen nicht gilt: ein Landtransportmittel ist nicht unbedingt ein Fahrrad.

Wie eine Klasse die Abstraktion von ähnlichen Eigenschaften und Verhaltensweisen ähnlicher Objekte ist, ist eine Oberklasse die *Abstraktion* oder *Generalisierung* von ähnlichen Eigenschaften und Verhaltensweisen der Unterklassen. Die Unterklasse fügt zu den allgemeinen Eigenschaften der Oberklasse nur die für diese Unterklasse spezifischen Dinge hinzu oder definiert das von der Oberklasse geerbte Verhalten neu. Die Unterklasse ist eine *Spezialisierung* der Oberklasse. Bei der Klassifikation von Objekten muss also nach Ähnlichkeiten und Unterschieden gefragt werden. Die Unterklasse *erbt* von der Oberklasse

- die Eigenschaften (Attribute, Daten) und
- das Verhalten (die Methoden).

Wenn eine Oberklasse bekannt ist, brauchen in einer zugehörigen Unterklasse nur die *Abweichungen* beschrieben zu werden. Alles andere kann *wieder verwendet* werden, weil es in der Oberklasse bereits vorliegt.

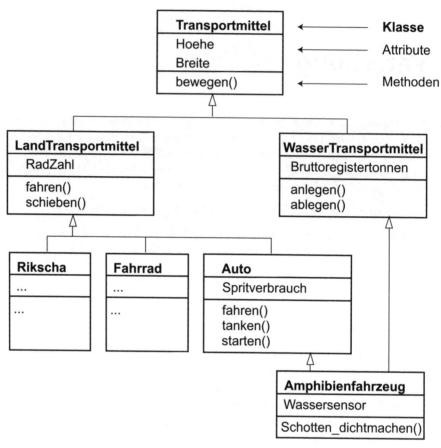

Abbildung 8.1: Vererbung von Daten und Methoden (unvollständige Klassen)

Die Menge der für ein Objekt zur Verfügung stehenden Methoden enthält die Methoden der Oberklasse(n) als Teilmenge. Umgekehrt sind alle Objekte einer Unterklasse (zum Beispiel Fahrräder) Teilmenge der möglichen Objekte einer Oberklasse (Landtransportmittel). Ergänzend zur Abbildung 8.1 soll das Prinzip an der folgenden Formulierung in C++ gezeigt werden. Falls die Vererbung von Eigenschaften und Verhaltensweisen auf mehrere Oberklassen zurückgeführt werden kann, spricht man von Mehrfachvererbung (englisch *multiple inheritance*), hier gezeigt am Amphibienfahrzeug. Syntaktisch wird die Vererbung durch

```
class Klassenname : public Oberklassenname
```

beschrieben. Die Abstraktion wird durch »: public« ausgedrückt, es kann als »ist ein« oder »ist eine Art« gelesen werden.

```cpp
class Transportmittel {
   public:
    void bewegen();
   private:
    double Hoehe, Breite;
};
class LandTransportmittel: public Transportmittel {    // erben
   public:
    void fahren();
    void schieben();
   private:
    int RadZahl;
};
class WasserTransportmittel: public Transportmittel { // erben
   public:
    void anlegen();
    void ablegen();
   private:
    double Bruttoregistertonnen;
};
class Auto: public LandTransportmittel {             // erben
   public:
    void fahren(); // überschreibt LandTransportmittel::fahren()!
    void tanken();
    void starten();
   private:
    double Spritverbrauch;
};
class Amphibienfahrzeug:           // Mehrfachvererbung:
    public Auto, public WasserTransportmittel {
   public:
    void Schotten_dichtmachen();
   private:
    char* Wassersensor;
};
```

Wenn in C++ eine abgeleitete Klasse Abgeleitet von einer Oberklasse Oberklasse *erbt*, ist damit gemeint:

- Jedes Objekt `ObjAbgeleitet` vom Typ `Abgeleitet` enthält ein (anonymes) Objekt vom Typ `Oberklasse`, hier Subobjekt genannt, das entsprechend Speicher belegt. Dieses Subobjekt wird noch vor der Erzeugung von `ObjAbgeleitet` durch impliziten Aufruf des Oberklassenkonstruktors gebildet. Abbildung 8.2 zeigt, wie ein Oberklassenobjekt als Subobjekt in einem Objekt einer abgeleiteten Klasse eingebettet ist. Durch diesen Mechanismus wird erreicht, dass zu einem `Auto`-Objekt nicht nur der `Spritverbrauch`, sondern auch `RadZahl`, `Hoehe` und `Breite` als Attribute gehören.

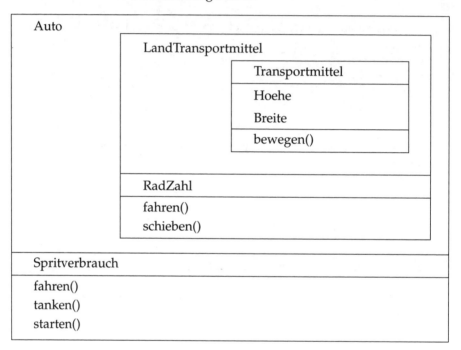

Abbildung 8.2: Einschluss von Subobjekten

- Jede Elementfunktion von `Oberklasse` kann auf ein Objekt des Typs `Abgeleitet` angewendet werden, sofern die Elementfunktion öffentlich zugänglich (`public`) ist. Die Funktion `bewegen()` ist benutzbar für ein Objekt `LandTransportmittel` ebenso wie für ein `Auto`, obwohl sie nicht speziell dort angegeben ist. Der Aufruf einer Operation für ein Objekt lässt nicht erkennen, ob sie der Klasse des Objekts oder einer Oberklasse zugeordnet ist.
- Die Klasse `Abgeleitet` kann Erweiterungen der Daten und zusätzliche Methoden enthalten, die keinen Bezug zur `Oberklasse` haben. Der `Spritverbrauch` ist kennzeichnend für ein Auto. Es muss auch tanken, aber beides gilt nicht allgemein für ein (Land-)Transportmittel.

- Zusätzliche Methoden können in `Abgeleitet` deklariert werden, die in ihrer Signatur mit Elementfunktionen der Oberklasse übereinstimmen. Diese Methoden *überschreiben* die Elementfunktionen der Oberklasse bezüglich aller `Abgeleitet`-Objekte. In der Abbildung ist dies die Methode `fahren()`, die speziell für ein `Auto` entworfen wurde, weil die von `LandTransportmittel` geerbte Methode nicht geeignet ist.

- Eine Klasse ist ein *Datentyp* in C++. Eine abgeleitete Klasse kann als *Subtyp* der Oberklasse aufgefasst werden. Ein Objekt `ObjAbgeleitet` der abgeleiteten Klasse ist zuweisungskompatibel zu einem Objekt `ObjOberklasse` der Oberklasse. Die Zuweisung

    ```
    ObjOberklasse = ObjAbgeleitet;
    ```

    kopiert den Inhalt des in `ObjAbgeleitet` enthaltenen Subobjekts vom Typ `Oberklasse` nach `ObjOberklasse`. Die nur zu `ObjAbgeleitet` gehörenden spezifischen Daten werden nicht kopiert, weil in `ObjOberklasse` dafür kein Platz vorgesehen ist. Die Umkehrung `ObjAbgeleitet = ObjOberklasse` ist *nicht* möglich, weil der `Abgeleitet`-spezifische Teil undefiniert bleiben würde:

    ```
    LandTransportmittel einLandTransportmittel;
    Auto einAuto;
    // ...

    einLandTransportmittel = einAuto;      // ok, aber Datenverlust
    einAuto = einLandTransportmittel;      // Fehler!
    ```

Auf die Subobjekte werden wir noch zurückkommen. In (älteren) Programmierhandbüchern findet man gelegentlich Beispiele, die Vererbung als *hat*-Beziehung einsetzen. Ein Kreis *hat* einen (Mittel-)Punkt, also wird von der Oberklasse Punkt geerbt. Dieses Vorgehen ist fehlerhaft, weil ein Kreis tatsächlich keine Spezialisierung eines Punktes darstellt: ein Kreis *ist kein* Punkt. Obwohl programmtechnisch möglich, sollte eine Vererbungshierarchie nicht *hat*-Beziehungen, auch Aggregation genannt, sondern Ebenen von Verallgemeinerungen darstellen.

Im Folgenden werden wir als einfaches Beispiel die Basisklasse `GraphObj` (graphisches Objekt) verwenden, die in abgeleiteten Klassen (wie Linie, Rechteck, Dreieck) benutzt wird. Das Beispiel wird nach und nach entwickelt, ist also einigen Änderungen unterworfen. Alle möglichen auf dem Bildschirm sichtbaren Dinge sind graphische Objekte. Gemeinsam soll allen Objekten sein, dass jedes Objekt einen Bezugspunkt `Referenzkoordinaten` in Pixelkoordinaten[1] (x, y) hat. Der Bezugspunkt soll nur über die Methode `Bezugspunkt()` veränderbar sein, andererseits sollen die Koordinaten des Bezugspunktes von anderen gelesen werden können.

---

[1] Pixel ist die Abkürzung für *picture element* und bezeichnet einen Punkt auf dem Bildschirm.

## Klassen für graphische Objekte

Die Klasse `GraphObj` ist recht einfach. Das aggregierte Objekt `Referenzkoordinaten` ist vom Typ `Ort`, der auf Seite 164 beschrieben ist. Nach `GraphObj` folgt eine Klasse `Strecke`, die von `GraphObj` erbt.

## Klasse GraphObj, 1. Version

```
// cppbuch/k8/erben/graphobj.h
#ifndef graphobj_h
#define graphobj_h graphobj_h
#include"ort.h"

class GraphObj {                                   // Version 1
  public:
    GraphObj(const Ort &einOrt)                    // allg. Konstruktor
      : Referenzkoordinaten(einOrt) {}

    // Bezugspunkt ermitteln
    const Ort& Bezugspunkt() const {
        return Referenzkoordinaten;
    }
    // alten Bezugspunkt ermitteln und gleichzeitig neuen wählen
    Ort Bezugspunkt(const Ort &nO) {
        Ort temp = Referenzkoordinaten;
        Referenzkoordinaten = nO;
        return temp;
    }
    // Koordinatenabfrage
    int X() const { return Referenzkoordinaten.X(); }
    int Y() const { return Referenzkoordinaten.Y(); }
    // Standardimplementation:
    double Flaeche() const {return 0.0;}
  private:
    Ort Referenzkoordinaten;
};

// Die Entfernung zwischen 2 GraphObj-Objekten ist hier als Entfernung ihrer
// Bezugspunkte (überladene Funktion) definiert.
inline double Entfernung(const GraphObj &g1,
                         const GraphObj &g2) {
    return Entfernung(g1.Bezugspunkt(), g2.Bezugspunkt());
}
#endif    // graphobj_h
```

Alle Methoden sind wegen ihrer Kürze `inline`. Innerhalb der am Ende der Header-Datei definierten globalen Funktion `Entfernung (const GraphObj &g1, const GraphObj &g2)` wird die schon vorher für die Bezugspunkte des Typs `Ort` definierte gleichnamige Funktion aufgerufen. Der Compiler erkennt die richtige Funktion an Anzahl und Typ der Parameter.

Eine kleine Besonderheit besteht darin, dass die Methode `Bezugspunkt()` überladen ist. Wenn sie ohne Parameter aufgerufen wird, gibt sie den Bezugspunkt zurück. Wenn sie mit einem Ort als Parameter aufgerufen wird, setzt sie diesen Ort als neuen Bezugspunkt, gibt aber den vorherigen Bezugspunkt zurück. Diese Technik wird beim Setzen von Attributen häufig verwendet, weil sie einem aufrufenden Programm die Möglichkeit gibt, ein Attribut zu ändern und sich dabei den alten Wert zu merken, um ihn später wieder einzusetzen. Der Rückgabewert kann natürlich auch verworfen werden.

*Tipp*

Die Fläche eines allgemeinen graphischen Objekts ist eigentlich nicht 0, sondern undefiniert. Auf diese Besonderheit wird in Abschnitt 8.6.2 eingegangen. Bis dahin bietet die Funktion `Flaeche()` eine Standardimplementation für abgeleitete Klassen. Damit ist klar, dass diese Funktion in einer abgeleiteten Klasse möglicherweise neu definiert werden muss, nicht in der nachfolgend besprochenen Klasse `Strecke`, wohl aber in einer Klasse `Rechteck`.

## Klasse Strecke

```
// cppbuch/k8/erben/strecke.h
#ifndef strecke_h
#define strecke_h strecke_h
#include"graphobj.h"

class Strecke : public GraphObj {        // erben von GraphObj
    public:
        Strecke(const Ort &Ort1, const Ort &Ort2)
         : GraphObj(Ort1),     // Initialisierung des Subobjekts, siehe 8.1
           Endpunkt(Ort2)      // Initialisierung des Attributs
        { }                    // leerer Code-Block
        double Laenge() const {
            return Entfernung(Bezugspunkt(), Endpunkt);
        }
    private:
        Ort Endpunkt;          // zusätzlich: 2. Punkt der Strecke
};
#endif // strecke_h
```

Eine `Strecke` *ist ein* `GraphObj`. In der Klassendeklaration wird diese Beziehung syntaktisch durch einen Doppelpunkt und den Namen der Oberklasse ausgedrückt. Die Bedeutung von `public` an dieser Stelle wird im folgenden Abschnitt 8.2 näher erläutert.

## 8.1 Vererbung und Initialisierung

Auf Seite 272 wurde darauf hingewiesen, dass jedes Objekt einer abgeleiteten Klasse ein anonymes Subobjekt der Oberklasse enthält. Der Oberklassenkonstruktor kann bei der Initialisierung eines Objekts durch eine Liste (vergleiche Seite 163) explizit aufgerufen werden.

Nur ein Endpunkt der Strecke wird als Attribut angegeben, der andere wird geerbt (`GraphObj::Referenzkoordinaten`). Der Konstruktor benötigt zwei Punkte zur Konstruktion der Strecke. Weil ein Objekt der Klasse `Strecke` ein anonymes Subobjekt der Klasse `GraphObj` enthält, ist der Anfangspunkt bereits durch die Referenzkoordinaten gegeben, und es ist nur noch ein Endpunkt als Attribut notwendig. *Falls* es einen Standardkonstruktor für die Klasse `GraphObj` gäbe, bräuchte man das Subobjekt nicht zu initialisieren und könnte den Konstruktor der Klasse `Strecke` wie folgt schreiben:

```
// nur bei Standardkonstruktor GraphObj() möglich, aber nicht empfehlenswert
Strecke(const Ort &Ort1, const Ort &Ort2) {
     Bezugspunkt(Ort1);      // geerbter Code der Oberklasse
     Endpunkt = Ort2;
}
```

*Tipp* Die Initialisierung mit einer Initialisierungsliste ist generell vorzuziehen, weil das Objekt in *einem* Schritt mit den richtigen Werten initialisiert wird!

Die Initialisierung innerhalb des Blocks {...} ist aufwendiger, weil die Konstruktoren für alle Objektelemente stets *vor* Betreten des Blocks aufgerufen werden und beliebige Daten eintragen, die dann innerhalb des Blocks neu zugewiesen werden müssen. Dasselbe gilt für die Initialisierung von Subobjekten, wie hier für das in einem `Strecke`-Objekt enthaltene Subobjekt des Typs `GraphObj`.

Die Initialisierungsliste darf enthalten:

- Elemente der Klasse selbst, aber keine geerbten Elemente;
- Konstruktoraufrufe der Oberklassen.

Nach dem folgenden Abschnitt über Zugriffsschutz wird das Beispiel wieder aufgegriffen.

## 8.2 Zugriffsschutz

Unter *Zugriffsschutz* ist die Abstufung von Zugriffsrechten auf Daten und Elementfunktionen zu verstehen. Bisher sind zwei Fälle bekannt:

- `public`
  
  Elemente und Methoden unterliegen keiner Zugriffsbeschränkung.

- `private`
  
  Elemente und Methoden sind ausschließlich innerhalb der Klasse zugreifbar, sowie für `friend`-Klassen und -Funktionen.

Die Zugriffsspezifizierer `private` und `public` gelten genauso in einer Vererbungshierarchie. Um abgeleiteten Klassen gegenüber der »Öffentlichkeit« weitgehende Rechte einräumen zu können, ohne den privaten Status mancher Elemente aufzugeben, gibt es einen weiteren Zugriffsspezifizierer:

- `protected`
  
  Elemente und Methoden sind in der eigenen und in allen `public` abgeleiteten Klassen zugreifbar, nicht aber in anderen Klassen oder außerhalb der Klasse.

## Vererbung von Zugriffsrechten

Gegeben sei eine Oberklasse, von der eine weitere Klasse abgeleitet wird. Für die Vererbung der Zugriffsrechte gelten folgende *Regeln*, die weiter unten anhand einiger Beispiele verdeutlicht werden:

| Zugriffsrecht in der Basisklasse | Zugriffsrecht in einer abgeleiteten Klasse |
|---|---|
| private | kein Zugriff |
| protected | protected |
| public | public |

Tabelle 8.1: Zugriffsrechte bei `public`-Vererbung

- `private`-Elemente sind in einer abgeleiteten Klasse nicht zugreifbar.

- In allen anderen Fällen gilt das jeweils restriktivere Zugriffsrecht, bezogen auf die Zugriffsrechte für ein Element und die Zugriffskennung der Vererbung einer Klasse. Beispiel: Ein `protected`-Element einer `private`-vererbten Klasse ist `private` in der abgeleiteten Klasse. Typischerweise werden jedoch Oberklassen `public` vererbt, sodass die Zugriffsrechte von Oberklassenelementen in abgeleiteten Klassen erhalten bleiben.

Tabelle 8.1 zeigt die Vererbung von Zugriffsrechten für den häufigen Fall der `public`-Vererbung. Die `private` und `protected` Vererbung werden wir in Abschnitt 11.3 kennen lernen.

Wenn anstatt `class` das Schlüsselwort `struct` geschrieben wird, ist die Voreinstellung `public`. Im Grunde ist »`struct s {`« nur eine Abkürzung für »`class s {public:`«. Man geht Zugriffskonflikten aus dem Weg, indem man überall `class` durch `struct` ersetzt – dann aber verletzt man das Prinzip der Datenkapselung! Besser ist es, sich genau zu überlegen, auf welche Daten und Funktionen der Oberklasse eine Klasse zugreifen darf, und im Zweifelsfall restriktiver vorzugehen. Das folgende Beispiel zeigt typische Möglichkeiten, die sich aus den Regeln ergeben. Alle Programmzeilen, die einen Zugriffsfehler ergeben, sind markiert und mit einer Begründung versehen.

```
class Oberklasse {
    private:                    // Voreinstellung
        int Oberklasse_priv;
        void private_Funktion_Oberklasse();
    protected:
        int Oberklasse_prot;
    public:
        int Oberklasse_publ;
        void public_Funktion_Oberklasse();
};

// Oberklasse wird mit der Zugriffskennung public vererbt
class abgeleiteteKlasse : public Oberklasse {
        int abgeleiteteKlasse_priv;
    public:
        int abgeleiteteKlasse_publ;
        void public_Funktion_abgeleiteteKlasse() {
            Oberklasse_priv = 1;    // Fehler: nicht zugreifbar
            // in einer abgeleiteten Klasse zugreifbar:
            Oberklasse_prot = 2;
            // generell zugreifbar
            Oberklasse_publ = 3;
        }
};

int main() {
    int m;
    abgeleiteteKlasse Objekt;

    m = Objekt.Oberklasse_publ;
    m = Objekt.Oberklasse_prot;   // Fehler: nicht zugreifbar
    m = Objekt.Oberklasse_priv;   // Fehler: nicht zugreifbar

    m = Objekt.abgeleiteteKlasse_publ;
```

```
        // Fehler: nicht zugreifbar:
        m = Objekt.abgeleiteteKlasse_priv;

        Objekt.public_Funktion_abgeleiteteKlasse();   // ok

        // Aufruf geerbter Funktionen
        Objekt.public_Funktion_Oberklasse();

        // Fehler: nicht zugreifbar:
        Objekt.private_Funktion_Oberklasse();
}
```

## 8.3 Typbeziehung zwischen Ober- und Unterklasse

Eine abgeleitete Klasse kann als *Subtyp* der Oberklasse aufgefasst werden (siehe Seite 273). Daher ist ein Objekt der abgeleiteten Klasse zuweisungskompatibel zu einem Objekt der Oberklasse:

```
GraphObj g(O1);       // O1, O2, O3 = Objekte vom Typ Ort
Strecke  s(O2, O3);
g = s;
```

Eine Strecke wird einem `GraphObj` zugewiesen, explizites Typumwandeln ist zwar möglich, aber nicht notwendig. Die Wirkung ist wie

```
g.Referenzkoordinaten = s.Referenzkoordinaten;
```

Eine direkte Zuweisung wäre natürlich wegen `private` nicht möglich. Der Endpunkt der Strecke wird *nicht* kopiert, da er in einem `GraphObj` nicht vorhanden ist. Es gibt also einen Informationsverlust. Die umgekehrte Zuweisung ist *nicht* möglich, weil dann Informationen undefiniert blieben: Die Zuweisung eines `GraphObj`-Objekts an ein `Strecke`-Objekt würde den zweiten Endpunkt undefiniert lassen. Die Typbeziehung zwischen Basisklasse und abgeleiteter Klasse kann umgangssprachlich am Beispiel verdeutlicht werden: »Alle Tannen sind Bäume, aber das Umgekehrte (alle Bäume sind Tannen) gilt nicht.« Dabei sind die Tannen Exemplare der Unterklasse und Bäume Exemplare der Oberklasse. Für Zeiger und Referenzen gilt entsprechendes:

```
GraphObj &rg = g;         GraphObj *pg;
Strecke  &rs = s;         Strecke  *ps  = &s;
rg = rs;                  pg = ps;    // erlaubte Zuweisungen
```

Zeiger und Referenzen vom Oberklassentyp (`pg`, `rg`) beziehen sich auf das im Objekt s enthaltene anonyme Subobjekt vom Typ `GraphObj`. Aus diesem Grund kann *ohne zusätzlichen Code* die Entfernung der Bezugspunkte zweier Strecken ohne Umweg über die Bezugspunkte berechnet werden.[2] Aufgerufen wird hier die in *graphobj.h* deklarierte globale Funktion

```
double Entfernung(const GraphObj &g1, const GraphObj &g2);
```

## 8.4 Code-Wiederverwendung

In den abgeleiteten Klassen können Methoden der Oberklasse wiederverwendet werden, zum Beispiel die Methoden `Bezugspunkt()` und `Flaeche()`. Eine Folgerung der durch die `public`-Vererbung repräsentierten *ist-ein*-Beziehung besteht darin, dass für eine Klasse alles möglich sein soll, was für die Oberklasse möglich ist, wenn auch vielleicht mit Anpassungen. Der Code der Oberklasse wird dabei wiederverwendet. In Abschnitt 11.3 werden wir andere Fälle kennen lernen, in denen die Wiederverwendung von Programmcode sinnvoll und möglich ist, obwohl keine *ist-ein*-Beziehung zwischen Klassen besteht. Ein kleines Programm zeigt, was mit den bisherigen Deklarationen und Definitionen für die Klassen `GraphObj` und `Strecke` möglich ist.

### Beispielprogramm

```
// cppbuch/k8/erben/main.cpp
#include"strecke.h"
using namespace std;

int main() {
    // Definition zweier graphischer Objekte
    Ort Nullpunkt;          // Standardkonstruktor, Bezugspunkt ist (0, 0)
    GraphObj G0(Nullpunkt);
    Ort einOrt(10, 20);
    GraphObj G1(einOrt);

    // Ausgabe beider Bezugspunkte auf verschiedene Art
    cout << "G0.X() = " <<  G0.X() << endl;
    cout << "G0.Y() = " <<  G0.Y() << endl;
    Ort R1 = G1.Bezugspunkt();

    cout << "R1.X() = " <<  R1.X() << endl;
    cout << "R1.Y() = " <<  R1.Y() << endl;
```

---

[2] In der Parameterliste von `Entfernung()` wurde der Datentyp `GraphObj` per Referenz anstatt per Wert deklariert, weil es i.a. schneller ist und weil manche Compiler die Typumwandlung innerhalb der Parameterliste nur eingeschränkt erlauben.

## Beispielprogramm (Fortsetzung)

```
        // Ausgabe der Entfernung
        cout << "Entfernung = " << Entfernung(G0, G1) << endl;

        cout << "neuer Bezugspunkt für G0:" << endl;
        G0.Bezugspunkt(R1);           // Rückgabewert wird hier ignoriert
        cout << "G0.Bezugspunkt() = ";
        anzeigen(G0.Bezugspunkt()); // ort.h, siehe Seite 164
        cout << "\n Entfernung = " << Entfernung(G0, G1) << endl;

        Ort O;
        Strecke S1(O, R1);

        cout << "Strecke von ";
        anzeigen(O);
        cout << " bis ";
        anzeigen(R1);

        cout << "\n Fläche der Strecke S1 = "
             << S1.Flaeche()          // geerbte Methode
             << endl;

        cout << "Länge der Strecke S1 = "
             << S1.Laenge()           // zusätzliche Methode
             << endl;

        einOrt = Ort(20, 30);         // Neuzuweisung
        Ort O2(100, 50);
        Strecke S2(einOrt, O2);

        cout << "= Entfernung der Bezugspunkte: "
             << Entfernung(S1.Bezugspunkt(), S2.Bezugspunkt())
             << endl;

        cout << "Entfernung der Strecken S1, S2 = "
             << Entfernung(S1, S2) << endl;
        // ...
}
```

Am Ende des Programmfragments wird zur Berechnung der Entfernung einmal

```
double Entfernung(const Ort &p1, const Ort &p2);
```

aus *ort.h* aufgerufen. Anschließend wird die Entfernung noch einmal ausgegeben, wobei jetzt die Strecken direkt als Aufrufparameter dienen. Wie kann das angehen, wo doch bisher keine Funktion zur Entfernungsberechnung mit Strecke-Objekten in der Parameterliste beschrieben wurde? Der Grund liegt in der Typbeziehung zwischen Basisklasse und abgeleiteter Klasse.

## 8.5 Überschreiben von Funktionen in abgeleiteten Klassen

In diesem Abschnitt geht es um das Überschreiben von Funktionen innerhalb einer Vererbungshierarchie. Einen ähnlichen Mechanismus hatten wir bereits in Abschnitt 4.2.5 auf Seite 117 kennen gelernt, der das Überladen von gleichnamigen Funktionen *mit unterschiedlicher Schnittstelle* behandelte. Dieser Abschnitt zeigt die Wirkungsweise für *Elementfunktionen mit derselben Schnittstelle* in abgeleiteten Klassen, die *Überschreiben* genannt wird. Die Methoden `Bezugspunkt()` und `Flaeche()` der Oberklasse `GraphObj` können auch für die abgeleitete Klasse `Strecke` verwendet werden. Falls die gleiche Bedeutung gemeint ist, aber ein anderer Mechanismus zugrunde liegt, können Funktionen überschrieben werden. Um das zu zeigen, führen wir eine Klasse `Rechteck` ein:

### Klasse Rechteck

```cpp
// cppbuch/k8/erben/rechteck.h
#ifndef rechteck_h
#define rechteck_h rechteck_h
#include"graphobj.h"

class Rechteck : public GraphObj {    // von GraphObj erben
    public:
        Rechteck(const Ort &p1, int h, int b)
        : GraphObj(p1), hoehe(h), breite(b)  {}

        double Flaeche() const {   // double, um int-Überlauf vermeiden
            return static_cast<double>(hoehe)
                 * static_cast<double>(breite);
        }
    private:
        int hoehe, breite;
};
#endif // rechteck_h
```

Am Beispiel der Flächenberechnung mit der Funktion `Flaeche()` sehen wir das Prinzip des Überschreibens:

```cpp
Rechteck R0(Ort(0,0), 20, 50);
cout << "R0.Flaeche = "
     <<  R0.Flaeche() << endl;      // 1000
```

Dieses Mal wird nicht wie bei der Klasse `Strecke` als Ergebnis 0 ausgegeben, sondern der Zahlenwert 1000. Die Funktion überschreibt jetzt `GraphObj::Flaeche()`.

Wenn aus irgendwelchen Gründen (in diesem Beispiel nicht sinnvoll) dennoch die Oberklassenfunktion aufgerufen werden soll, müssen der Klassenname und der Bereichsoperator :: angegeben werden:

```
cout << R0.GraphObj::Flaeche();   // null!
```

Im Gegensatz zu den überladenen Funktionen von Abschnitt 4.2.5 (Seite 117) können überschreibende Funktionen in abgeleiteten Klassen die gleiche Signatur haben, weil der Compiler sich die Klasse zusätzlich zur Signatur merkt. Das normale Überladen ist weiterhin möglich.

Es gibt einen weiteren Unterschied: Das Überladen von Nicht-Elementfunktionen funktioniert nur innerhalb desselben Gültigkeitsbereichs (siehe Seite 119), während die überschreibenden Elementfunktionen in verschiedenen Klassen und damit unterschiedlichen Gültigkeitsbereichen sind.

Hinweis: Überschriebene Funktionen sollten grundsätzlich virtuell sein. Was das bedeutet und warum es so sein soll, wird im nächsten Abschnitt erläutert. *Tipp*

## 8.6 Polymorphismus

*Polymorphismus* heißt auf Deutsch Vielgestaltigkeit. Damit ist in der objektorientierten Programmierung die Fähigkeit einer Variable gemeint, zur *Laufzeit* eines Programms auf verschiedene Objekte zu verweisen. Anders formuliert: Erst zur Laufzeit eines Programms wird die zu dem jeweiligen Objekt passende Realisierung einer Operation ermittelt.

In C++ wird die Einschränkung getroffen, dass die Objekte abgeleiteten Klassen zuzuordnen sind. Ein Funktionsaufruf muss irgendwann an eine Folge von auszuführenden Anweisungen gebunden werden. Wenn es erst während der Ausführung des Programms geschieht, wird der Vorgang *dynamisches* oder spätes *Binden* genannt, andernfalls statisches oder frühes Binden. Eine zur Laufzeit ausgewählte Methode heißt *virtuelle Funktion*. Trotz der äußerlichen Ähnlichkeit und der ähnlichen Absicht dahinter sind Überladen und Polymorphismus verschiedene Konzepte. Virtuelle Funktionen haben *dieselbe* Schnittstelle in allen abgeleiteten Klassen, andernfalls würde man sie nicht brauchen.

### 8.6.1 Virtuelle Funktionen

Möglicherweise tritt der Fall ein, dass erst *zur Laufzeit* entschieden werden soll, welches Objekt angesprochen wird. Damit wird auch erst zur Laufzeit bestimmt, welche (Element-)Funktion verwendet werden soll, wie wir schon in Abschnitt 6.8 gesehen haben. In abgeleiteten Klassen können für solche Fälle *virtuelle* Funktionen der Basisklassen überladen werden.

Die überladenden Funktionen *müssen* in diesem Fall die *gleiche Signatur* haben, also den gleichen Namen und eine übereinstimmende Parameterliste, ansonsten werden sie wie normale überladene Funktionen aufgefasst. Der *Rückgabetyp* einer virtuellen Funktion in einer abgeleiteten Klasse muss mit dem Rückgabetyp in der Basisklasse *übereinstimmen* (Spezialisierungen sind dabei möglich, siehe unten).

Die Deklaration einer Funktion als `virtual` bewirkt, dass Objekten indirekt die Information über den Objekttyp mitgegeben wird. Dies wird ohne Zutun des Programmierers realisiert, indem im Speicherbereich eines Objekts zusätzlich zu den Objektattributen ein Zeiger *vptr* auf eine besondere Tabelle *vtbl* (virtual table = Tabelle von Zeigern auf virtuelle Funktionen) eingebaut wird. Die Tabelle gehört zu der Klasse des Objekts und enthält ihrerseits Zeiger auf die virtuellen Funktionen dieser Klasse.

Wenn nun eine virtuelle Funktion über einen Zeiger oder eine Referenz auf dieses Objekt angesprochen wird, weiß das Laufzeitsystem, dass die Funktion über den Zeiger *vptr* in der Tabelle gesucht und angesprochen werden muss. Es wird damit die *zu diesem Objekt* gehörende Funktion aufgerufen. Wenn die Klasse dieses Objekts aber *keine* Funktion mit gleicher Signatur hat, wird die entsprechende Funktion der *Oberklasse* gesucht und aufgerufen.

Um den internen Mechanismus muss man sich nicht kümmern. Es genügt zu wissen, dass Objekte durch den versteckten Zeiger *vptr* etwas größer werden und dass der Zugriff auf virtuelle Funktionen durch den Umweg über die Zeiger geringfügig länger dauert. Oft (nicht immer) kann der Zugriff auf eine virtuelle Funktion bereits statisch aufgelöst werden, sodass der Compiler in der Lage ist, den Zugriff zu optimieren.

Um den Unterschied zwischen virtuellen und nicht-virtuellen Funktionen herauszuarbeiten, stellen wir einen Vergleich an.

### Verhalten einer nicht-virtuellen Funktion

Rufen wir uns die überschriebenen Funktionen `Flaeche()` des obigen Beispiels in Erinnerung[3]:

```
class GraphObj {
    // ....
        double Flaeche() const { return 0.0;}      // nicht virtuell
};
// ...
class Rechteck : public GraphObj {
    // ....
```

---

[3] Die Fläche eines allgemeinen graphischen Objekts ist eigentlich nicht 0, sondern undefiniert. In Abschnitt 8.6.2 wird darauf eingegangen.

```
        double Flaeche() const {            // nicht virtuell
             return static_cast<double>(hoehe)
                  * static_cast<double>(breite);
        }
};
```

Wir definieren ein graphisches Objekt GrO, ein Rechteck R und einen Zeiger GrOptr, den wir auf GrO zeigen lassen:

```
GraphObj GrO(Ort(20,20));
Rechteck R(Ort(100,100), 20,50);    // (x, y), Höhe, Breite
GraphObj *GrOptr;                    // Zeiger auf GraphObj
```

Nun wollen wir uns die Fläche beider Objekte ausgeben lassen. Wir richten den Zeiger auf das graphische Objekt GrO, rufen über GrOptr die Funktion Flaeche() auf, richten dann (zur Programmlaufzeit!) GrOptr auf das Rechteck R und wiederholen den Aufruf. Zum Vergleich geben wir R.Flaeche() aus:

```
GrOptr = &GrO;                       // Zeiger auf GrO richten
cout << "GrOptr->Flaeche() =" << GrOptr->Flaeche() << endl;

GrOptr = &R;                         // Zeiger auf Rechteck richten
cout << "GrOptr->Flaeche() =" << GrOptr->Flaeche() << endl;
cout << "R.Flaeche()       =" << R.Flaeche()       << endl;
```

Was geschieht? Wir erhalten zweimal den Wert 0, und nur im dritten Aufruf den korrekten Wert 1000, obwohl GrOptr auf das Rechteck zeigt. Weil der Zeiger GrOptr vom Typ »Zeiger auf GraphObj« ist und keine Information über das Objekt hat, auf das er verweist, wird im ersten *und im zweiten* Fall GraphObj::Flaeche() aufgerufen. Im zweiten Fall wird das anonyme Subobjekt vom Typ GraphObj angesprochen, das innerhalb des Rechteckobjekts R liegt.

## Verhalten einer virtuellen Funktion

Der Einsatz virtueller Funktionen bewirkt, dass Objekten die Typinformation über sich mitgegeben wird. Um das zu zeigen, erweitern wir das Beispiel um eine *virtuelle* Funktion v_Flaeche():

```
class GraphObj {
        // ....
        virtual double v_Flaeche() const { return 0.0;}
};
// ...
class Rechteck : public GraphObj {
        // ....
        virtual double v_Flaeche() const {
```

```
            return double(hoehe) * breite;
    }
};
```

Virtuelle Funktionen sind auch in allen nachfolgend abgeleiteten Klassen virtuell. Das Schlüsselwort `virtual` muss jedoch nur in der Basisklasse angegeben werden. Zu Dokumentationszwecken sollte es aber besser jeweils hingeschrieben werden.

Das obige Beispiel wird jetzt mit der Funktion `v_Flaeche()` in genau der gleichen Art und Weise wiederholt:

```
GrOptr = &GrO;                              // Zeiger auf GrO richten
cout << "GrOptr->v_Flaeche() =" << GrOptr->v_Flaeche() << endl;

GrOptr = &R;                                // Zeiger auf Rechteck richten
cout << "GrOptr->v_Flaeche() =" << GrOptr->v_Flaeche() << endl;
```

Jetzt erhalten wir als Ergebnis 0 im ersten Fall (wie vorher), aber 1000 *im zweiten Fall*. Zur Laufzeit des Programms wird der Zeiger auf verschiedene Objekte gerichtet, und es wird die zum jeweiligen Objekt passende Funktion aufgerufen, nämlich im zweiten Fall `Rechteck::v_Flaeche()`.

Ein Unterschied im Verhalten eines Objekts durch Aufruf einer virtuellen Funktion im Vergleich zu nichtvirtuellen Funktionen zeigt sich nur, wenn der Aufruf durch *Oberklassenzeiger oder -referenzen* geschieht, statt über den Objektnamen. Im letzteren Fall gibt es ja ohnehin keine Zweifel über den Typ.

Welche Folgen hat es, wenn die Forderung nach der gleichen Signatur nicht eingehalten wird? Dazu nehmen wir an, dass die Deklaration in der Klasse `Rechteck` einen Parameter `int` enthält (die Definition entsprechend; die Bedeutung des Parameters ist beliebig und spielt hier keine Rolle):

```
double v_Flaeche(int z);      // Fehler
```

- Es gibt nun keine Funktion `Rechteck::v_Flaeche()` mehr mit einer passenden Signatur, sodass der Aufruf `GrOptr->v_Flaeche()` im Gegensatz zum obigen Beispiel als `GrOptr->GraphObj::v_Flaeche()` interpretiert wird und daher 0 ergibt – zu wenig für ein 20*50 Rechteck! Weil für das Objekt keine passende Funktion vorhanden ist, wird zur Oberklasse »durchgegriffen«. Im Falle mehrerer Vererbungsebenen wird die Hierarchie in Richtung der Basisklasse so lange durchsucht, bis eine passende Funktion gefunden wird. Dieser Vorgang ist durch den Einsatz interner Tabellen sehr schnell.

- `R.v_Flaeche()` (ohne `int`-Parameter) wäre nicht mehr möglich, weil die Basisklassenfunktion `GraphObj::v_Flaeche()` von `R` nicht mehr zugreifbar ist. `R.v_Flaeche(99)` wäre zulässig.

- `GrOptr->v_Flaeche(100)` wäre auch nicht möglich, weil `v_Flaeche(int)` *keine* virtuelle Funktion ist und damit ausschließlich zur Klasse Rechteck gehört und nicht zu einem `GrOptr` als »Zeiger auf `GraphObj`« passt.

## Eigenschaften virtueller Funktionen

Als wesentliche Merkmale virtueller Funktionen lassen sich zusammenfassen:

- Virtuelle Funktionen dienen zum Überladen bei gleicher Signatur und bei gleichem Rückgabetyp. Erlaubte Erweiterung: Wenn der Rückgabetyp einer virtuellen Funktion eine Referenz auf eine Klasse ist, dann darf der Rückgabetyp der entsprechenden Funktion in der abgeleiteten Klasse eine Referenz auf die abgeleitete Klasse sein. Das Gleiche gilt für Zeiger anstelle von Referenzen.

- Der Aufruf einer nicht-virtuellen Elementfunktion hängt vom Typ des Zeigers ab, über den die Funktion aufgerufen wird, während der Aufruf einer virtuellen Elementfunktion *vom Typ des Objekts* abhängt, auf das der Zeiger verweist. Der Aufruf von virtuellen Funktionen über Basisklassenzeiger oder -referenzen, die auf ein Objekt einer abgeleiteten Klasse zeigen, bezieht sich auf die genau *zu diesem Objekt* passende Funktion.

- Eine in einer Basisklasse als `virtual` deklarierte Funktion definiert eine Schnittstelle für alle abgeleiteten Klassen, auch wenn diese zum Zeitpunkt der Festlegung der Basisklasse noch unbekannt sind. Ein Programm, das Zeiger oder Referenzen auf die Basisklasse benutzt, kann damit sehr leicht um abgeleitete Klassen erweitert werden, weil der Aufruf einer virtuellen Funktion über Zeiger oder Referenzen sicherstellt, dass die zum referenzierten Objekt gehörende Realisierung der Funktion aufgerufen wird (siehe weiteres Beispiel in Abschnitt 8.6.2).

- Der vorstehende Punkt gilt auch für Destruktoren. Wenn es überhaupt virtuelle Funktionen in einer Klasse gibt, sollte der Destruktor als `virtual` deklariert werden. Die Definition der Klasse `GraphObj` muss um die Zeile

    ```
    virtual ~GraphObj() {}
    ```

    erweitert werden. Einzelheiten folgen ab Seite 296.

*Tipp*

Aus diesen Punkten lässt sich eine wichtige Regel ableiten: Nicht-virtuelle Funktionen einer Basisklasse sollen *nicht* in abgeleiteten Klassen überschrieben werden!

Oder anders ausgedrückt: Wenn ein Überschreiben notwendig erscheint, sollte die Funktion in der Basisklasse als `virtual` deklariert werden. Der Grund liegt darin, dass die Bedeutung (= das Verhalten) eines Programms sich nicht ändern sollte, wenn auf eine Methode über den Objektnamen oder über Basisklassenzeiger bzw. -referenzen zugegriffen wird.

Das folgende Programm ist ein erweitertes und erläutertes Beispiel aus [Ell90]. Es zeigt in konzentrierter Form die Eigenschaften virtueller Funktionen. Zum besseren Verständnis sollten wir uns daran erinnern, dass ein Name (englisch *identifier*), der in einem Gültigkeitsbereich (*scope*) definiert wird, alle außerhalb dieses

Bereichs getroffenen Definitionen desselben Namens überdeckt. Diese Regel gilt unabhängig von der `virtual`-Eigenschaft von Funktionen. Namen in einer Basisklasse sind in einem äußeren Gültigkeitsbereich relativ zu Namen in einer abgeleiteten Klasse.

```cpp
class Basisklasse {
  public:
    virtual void vf1();
    virtual void vf2();
    virtual void vf3();
    virtual Basisklasse* vf4();
    virtual Basisklasse& vf5();
    void f();
};

class AbgeleiteteKlasse : public Basisklasse {
  public:
    void vf1();
    void vf2(int);
    char vf3();              // Fehler! falscher Rückgabetyp
    AbgeleiteteKlasse* vf4();
    AbgeleiteteKlasse& vf5();
    void f();
};

int main () {
    AbgeleiteteKlasse d;
    Basisklasse *bp = &d;

    /*In der folgenden Anweisung wird richtig AbgeleiteteKlasse::vf1() aufgerufen, weil vf1() virtuell ist.
    */
    bp->vf1();              // AbgeleiteteKlasse::vf1()

    /*Eine Funktion AbgeleiteteKlasse::vf2(), das heißt ohne Parameter, gibt es nicht. Deshalb wird durch bp->vf2(); die Funktion Basisklasse::vf2() aufgerufen.
    */
    bp->vf2();              // Basisklasse::vf2()

    /*Die Funktion Basisklasse::vf2() ist von d aus nicht mehr zugreifbar. Mit dem int-Parameter gibt es kein Problem, weil vf2(int) in der abgeleiteten Klasse deklariert ist.
    */
    d.vf2();                // Fehler!
    d.vf2(7);               // ok
```

```
    /*Obwohl bp auf ein Objekt der abgeleiteten Klasse zeigt, ist bp->vf2(7) nicht
      möglich, weil eine Funktion mit int-Parameter in der Basisklasse nicht existiert.
    */
    bp->vf2(7);                 // Fehler!

    /*bp->f() ruft Basisklasse::f() für das in d enthaltene Subobjekt auf, weil
      f() nicht virtuell ist.
    */
    bp->f();

    /*Eine Referenz kann als Alias-Name für ein Objekt aufgefasst werden. Weil
      d.vf5() eine Referenz auf AbgeleiteteKlasse zurückgibt, wird der Aufruf
      der Funktion d.vf5().vf1() interpretiert als (d.vf5()).vf1(). Typischer-
      weise wird das (möglicherweise veränderte) Objekt selbst als Referenz zurückge-
      geben. Die Zeile kann dann in zwei Teile zerlegt werden:
      d.vf5();
      d.vf1();
    */
    AbgeleiteteKlasse* dp;
    dp = d.vf4();               // AbgeleiteteKlasse::vf4()
    d.vf5();                    // AbgeleiteteKlasse::vf5()
    d.vf5().vf1();
}   // Ende von main
```

## 8.6.2 Abstrakte Klassen

In vielen Fällen sollte die Basisklasse einer Hierarchie sehr allgemein sein und Code enthalten, der aller Voraussicht nach nicht geändert werden muss. Es ist dann oft nicht notwendig oder gewünscht, dass Objekte dieser Klassen angelegt werden. Diese *abstrakten Klassen* dienen ausschließlich als *Ober- oder Basisklassen*. Objekte werden nur von den abgeleiteten Klassen erzeugt, die dann jeweils ein Subobjekt vom Typ der abstrakten Basisklasse enthalten. Das syntaktische Mittel, um eine Klasse abstrakt zu machen, sind *rein virtuelle* Funktionen (englisch *pure virtual*). Abstrakte Klassen haben mindestens eine rein virtuelle Funktion, die typischerweise *keinen* Definitionsteil hat, aber einen haben kann. Durch die rein virtuelle Funktion wird gewährleistet, dass stets die zum Objekttyp passende Methode aufgerufen wird. Definieren einer abstrakten Klasse heißt also nichts anderes, als ein gemeinsames Protokoll für alle abgeleiteten Klassen zu definieren. Eine rein virtuelle Funktion wird durch Ergänzung von »= 0« deklariert:

```
virtual int rein_virtuelle_func(int) = 0;
```

Unser Beispiel mit den graphischen Objekten ist wie geschaffen zur Anwendung abstrakter Klassen, denn ein graphisches Objekt ist entweder ein Rechteck, ein Polygon, ein Kreis oder was man sich sonst noch ausdenken kann, aber niemals ein graphisches Objekt »an sich«. Ein *allgemeines* graphisches Objekt kann *nicht* gezeichnet werden und hat keine definierte Fläche. Also benötigen wir in einem Programm *keine* Objekte der Klasse GraphObj, außer natürlich als (versteckte) Subobjekte von Rechtecken, Kreisen und so weiter. Wir können die Klasse GraphObj daher als abstrakte Klasse formulieren, indem wir Flaeche() in eine rein virtuelle Funktion umwandeln:

```
virtual double Flaeche() const = 0;
```

Klassen, von denen Objekte erzeugt werden können, nennt man konkrete Klassen, wenn der Unterschied zu abstrakten Klassen betont werden soll. Wenn eine konkrete Klasse von einer abstrakten Klasse erbt, muss sie zu den rein virtuellen vorgegebenen Funktionsprototypen konkrete Implementierungen bereitstellen, zum Beispiel um die Fläche als Produkt von Höhe mal Breite zu berechnen.

Wenn in einer vermeintlich konkreten Klasse eine Implementierung fehlt, zum Beispiel, weil sie vergessen wurde, ist sie tatsächlich nicht konkret, sondern selbst abstrakt. Die Eigenschaft »abstrakt« wird auf Klassen ohne oder mit unvollständiger Implementation vererbt. Falls versucht wird, von einer Klasse dieser Art ein Objekt zu erzeugen, gibt es eine Fehlermeldung des Compilers.

Das unten stehende Beispiel zeigt eine typische Art, abstrakte Klassen und virtuelle Funktionen einzusetzen. Wir erweitern dazu die Klasse GraphObj um eine Funktion zeichnen(), die das Objekt auf dem Bildschirm darstellen soll. Die Funktion sieht natürlich für Kreise und Rechtecke unterschiedlich aus, der Aufruf jedoch beziehungsweise die Schnittstelle ist stets die gleiche. Um das Beispiel nicht mit graphikspezifischen Details zu überfrachten, besteht die einzige Aufgabe der Funktion zeichnen() darin, eine Meldung auf dem Bildschirm auszugeben.

Weitere Besonderheiten des Beispiels sind

- Die Methode Flaeche() ist in der Klasse GraphObj als rein virtuelle Funktion ohne Definition deklariert.

- Im Unterschied dazu stellt die ebenfalls rein virtuelle Methode zeichnen() eine Standarddefinition bereit, die von den abgeleiteten Klassen benutzt wird.

- Die Klasse Quadrat[4] braucht die Funktion Flaeche() nicht neu zu implementieren, weil die Implementierung von der Klasse Rechteck geerbt wird. Dies kann auch für zeichnen() gelten, wenn auf eine Unterscheidung bei der Ausgabe verzichtet werden soll.

- Die while-Schleife im Main-Programm zeigt die Stärke des Polymorphismus. Ohne dass man sich um den Typ der einzelnen Objekte kümmern muss, wird stets die richtige Funktion aufgerufen.

Der Übersichtlichkeit halber und weil später Bezug darauf genommen wird, sind die Dateien mit den Änderungen vollständig wiedergegeben.

---

[4] Zur Diskussion, ob ein Quadrat ein Rechteck im Sinn der objektorientierten Programmierung ist, siehe Seite 299.

## Klasse GraphObj, 2. Version

```
// cppbuch/k8/abstrakt/graphobj.h
#ifndef graphobj_h
#define graphobj_h graphobj_h
#include"ort.h"        // enthält #include<iostream>

class GraphObj {                              // Version 2
  public:
    GraphObj(const Ort &einOrt)               // allg. Konstruktor
      : Referenzkoordinaten(einOrt) {}
    virtual ~GraphObj() {}                    // virtueller Destruktor

    const Ort& Bezugspunkt() const {   // Bezugspunkt ermitteln
        return Referenzkoordinaten;
    }
    // alten Bezugspunkt ermitteln und gleichzeitig neuen wählen
    Ort Bezugspunkt(const Ort &nO) {
        Ort temp = Referenzkoordinaten;
        Referenzkoordinaten = nO;
        return temp;
    }
    // Koordinatenabfrage
    int X() const { return Referenzkoordinaten.X(); }
    int Y() const { return Referenzkoordinaten.Y(); }
    // rein virtuelle Methoden
    virtual double Flaeche() const = 0;
    virtual void zeichnen()  const = 0;
  private:
    Ort Referenzkoordinaten;
};
// Die Standardimplementierung einer rein virtuellen Methode zeichnen()
// muss nach [ISO98] außerhalb der Klassendefinition stehen:
inline void GraphObj::zeichnen()  const {
    std::cout << "Zeichnen: ";
}
// Die Entfernung zwischen 2 GraphObj-Objekten ist hier als Entfernung ihrer
// Bezugspunkte (überladene Funktion) definiert.
inline double Entfernung(const GraphObj &g1,
                         const GraphObj &g2) {
    return Entfernung(g1.Bezugspunkt(), g2.Bezugspunkt());
}
#endif    // graphobj_h
```

Die Klassen Strecke und Rechteck müssen die rein virtuellen Methoden implementieren. Andernfalls wären die Klassen ebenfalls abstrakt, und es könnte keine Instanzen von ihnen geben. Ein Endpunkt der Strecke wird von GraphObj geerbt, der andere ist Attribut der Klasse.

### Klasse Strecke

```
// cppbuch/k8/abstrakt/strecke.h
#ifndef strecke_h
#define strecke_h strecke_h
#include"graphobj.h"

class Strecke : public GraphObj {    // erben von GraphObj
    public:
        // Initialisierung von Subobjekt und Attribut mit Initialisierungsliste
        Strecke(const Ort &Ort1, const Ort &Ort2)
            : GraphObj(Ort1),
              Endpunkt(Ort2) {
        }

        double Laenge() const {
            return Entfernung(Bezugspunkt(), Endpunkt);
        }

        // Definition der rein virtuellen Methoden
        virtual double Flaeche() const {
            return 0.0;
        }

        virtual void zeichnen()  const {
            GraphObj::zeichnen();
            std::cout << "Strecke von ";
            anzeigen(Bezugspunkt());
            std::cout << " bis ";
            anzeigen(Endpunkt);
            std::cout << std::endl;
        }

    private:
        Ort Endpunkt;             // zusätzlich: 2. Punkt der Strecke
};
#endif // strecke_h
```

## Klasse Rechteck

```
// cppbuch/k8/abstrakt/rechteck.h
#ifndef rechteck_h
#define rechteck_h rechteck_h
#include"graphobj.h"

class Rechteck : public GraphObj { // von GraphObj erben
   public:
      Rechteck(const Ort &p1, int h, int b)
       : GraphObj(p1), hoehe(h), breite(b) {
      }

      int Hoehe() const {
         return hoehe;
      }

      int Breite() const {
         return breite;
      }

      // Definition der rein virtuellen Methoden
      virtual double Flaeche() const {
         return static_cast<double>(hoehe)
             * static_cast<double>(breite);
      }

      virtual void zeichnen() const {
         GraphObj::zeichnen();
         std::cout << "Rechteck (h x b = "
                   << hoehe << " x "
                   << breite
                   << ") an der Stelle ";

         anzeigen(Bezugspunkt());
         std::cout << std::endl;
      }

   private:
      int hoehe, breite;
};
#endif // rechteck_h
```

## Klasse Quadrat

```
// cppbuch/k8/abstrakt/quadrat.h
#ifndef quadrat_h
#define quadrat_h quadrat_h
#include"rechteck.h"

class Quadrat : public Rechteck {   // siehe Text
  public:
    Quadrat(const Ort &O, int seite)
    : Rechteck(O, seite, seite) {
    }

    // Definition der rein virtuellen Methoden
    virtual void zeichnen()  const {
        GraphObj::zeichnen();
        std::cout << "Quadrat (Seitenlaenge = "
                  << Hoehe()
                  << ") an der Stelle ";

        anzeigen(Bezugspunkt());
        std::cout << std::endl;
    }

    /*Die Methoden Bezugspunkt(), Flaeche(), Hoehe(), Breite() werden
      geerbt.
    */
};
#endif // quadrat_h
```

Das folgende Beispielprogramm ruft die Methoden der graphischen Objekte polymorph auf. Entscheidend ist nicht der (statische) Typ des Zeigers, den der Compiler sieht, sondern der polymorphe oder dynamische Typ, das heißt, der Typ des Objektes, auf das der Zeiger zur Laufzeit verweist. Die Elemente des Feldes GraphObjZeiger sind alle vom statischen Typ GraphObj*, sie verweisen aber zur Laufzeit auf Objekte von Klassen, die von GraphObj abgeleitet wurden.

Dasselbe gilt für Referenzen. So sind die Referenzen R_Ref, S_Ref und Q_Ref im Programm alle vom Typ der Basisklasse GraphObj. Die Referenzen verweisen aber zur Laufzeit auf Objekte verschiedener Typen, nämlich die Klassen Rechteck, Strecke und Quadrat.

Das Beispiel ist sehr leicht um beliebige graphische Klassen erweiterbar (zum Beispiel Kreis, Ellipse, Polygon...), ohne dass die Anweisung »Zeichnen aller Objekte« überhaupt geändert werden muss.

## Beispiel: Anwendung von Polymorphismus

```cpp
// cppbuch/k8/abstrakt/main.cpp
#include"strecke.h"
#include"quadrat.h"    // schließt rechteck.h ein

int main() {
    // GraphObj G; // Fehler!
                   // Instanzen abstrakter Klassen gibt es nicht
    Rechteck R(Ort(0,0), 20, 50);
    Strecke  S(Ort(1,20), Ort(200,0));
    Quadrat  Q(Ort(122, 99), 88);

    // C-Array mit Basisklassenzeigern, initialisiert mit
    // den Adressen der Objekte und 0 als Endekennung
    GraphObj* GraphObjZeiger[] = {&R, &S, &Q, 0};

    // Ausgabe der Fläche aller Objekte
    int i = 0;
    while(GraphObjZeiger[i]) {
        std::cout << "Fläche = "
                  << GraphObjZeiger[i++]->Flaeche()
                  << std::endl;
    }

    // Zeichnen aller Objekte
    i = 0;
    while(GraphObjZeiger[i]) {
        GraphObjZeiger[i++]->zeichnen();
    }

    // Referenzen statt Zeiger
    std::cout << "Auch Referenzen sind polymorph:\n";

    GraphObj &R_Ref = R,        // Der statische Typ ist derselbe,
             &S_Ref = S,
             &Q_Ref = Q;

    R_Ref.zeichnen();           // der dynamische nicht.
    S_Ref.zeichnen();
    Q_Ref.zeichnen();
}
```

### 8.6.3 Virtuelle Destruktoren
**Beispielprogramm mit virtuellem Destruktor**

```cpp
// cppbuch/k8/virtdest.cpp
#include<iostream>
using namespace std;
#define PRINT(X) cout << (#X) << " = " << (X) << endl

class Basis {
    int bWert;
  public:
    Basis(int b = 0)
    : bWert(b) { }
    virtual ~Basis() {                    // virtueller Destruktor!
        cout << "Objekt " << bWert
             << " Basis-Destruktor aufgerufen!\n";
    }
};
class Abgeleitet : public Basis {
    double aWert;
  public:
    Abgeleitet(int b = 0, double a = 0.0)
    : Basis(b), aWert(a) {}
    ~Abgeleitet() {
        cout <<"Objekt " << aWert
             << " Abgeleitet-Destruktor aufgerufen!\n";
    }
};
int main () {
    Basis *pb = new Basis(1);
    PRINT(sizeof(*pb));
    Abgeleitet *pa = new Abgeleitet(2, 2.2);
    PRINT(sizeof(*pa));
    Basis *pba = new Abgeleitet(3, 3.3);
    PRINT(sizeof(*pba));
    cout << "pb löschen:\n";
    delete pb;                             // ok
    cout << "pa löschen:\n";
    delete pa;                             // ok
    cout << "pba löschen:\n";
    delete pba;                  // ok nur mit virtuellem Destruktor!
}
```

Ein virtueller Destruktor sorgt ähnlich wie virtuelle Funktionen dafür, dass Zeigern die Typinformation über ein Objekt zur Verfügung steht und deshalb die Speicherfreigabe exakt erfolgt. *Virtuelle Destruktoren sollten immer dann verwendet werden, wenn von der betreffenden Klasse abgeleitet wird oder nicht auszuschließen ist, dass von ihr zukünftig durch Ableitung neue Klassen gebildet werden.* Über einen Zeiger px vom Typ »Zeiger auf Basisklasse«, der auf ein Objekt x einer abgeleiteten Klasse zeigt, kann zur Compilierzeit, also statisch, nur die Größe des Subobjekts (vom Typ Basisklasse) von x ermittelt werden. Die Operation delete auf px angewendet, gäbe Platz entsprechend `sizeof(*px)` frei, also zu wenig, sodass langlaufende Programme Speicherprobleme bekommen können. Interessant ist hier aber der *dynamische* Typ, also der Typ des Objekts x, denn für diesen Typ muss der Speicherplatz freigegeben werden.

*Tipp*

Das Beispielprogramm demonstriert die Notwendigkeit für virtuelle Destruktoren. Das verwendete Makro PRINT ist auf Seite 140 erklärt. Die Basisklassenobjekte werden durch eine ganze Zahl, die Objekte der abgeleiteten Klasse durch eine Zahl des Typs double identifiziert. Es werden ein Basisklassenobjekt und zwei Objekte der abgeleiteten Klasse erzeugt.

Das Beispielprogramm liefert die Ausgabe (die Zahlen können auf Ihrem System andere sein):

*sizeof(\*pb) = 8*
*sizeof(\*pa) = 16*
*sizeof(\*pba) = 8*
*pb löschen:*
*Objekt 1 Basis-Destruktor aufgerufen!*
*pa löschen:*
*Objekt 2.2 Abgeleitet-Destruktor aufgerufen!*
*Objekt 2 Basis-Destruktor aufgerufen!*
*pba löschen:*
*Objekt 3.3 Abgeleitet-Destruktor aufgerufen!*
*Objekt 3 Basis-Destruktor aufgerufen!*

`sizeof` gibt die statisch aus dem Typ des Zeigers ermittelbare Objektgröße an. `delete` ruft den korrekten Destruktor auch im letzten Fall auf. *Ohne* das Schlüsselwort `virtual` würde nur jeweils der Destruktor aufgerufen, der zum Typ des Zeigers passt. Ausgabe bei *Fehlen* des Schlüsselworts `virtual`:

*sizeof(\*pb) = 4*          veränderte Werte!
*sizeof(\*pa) = 12*
*sizeof(\*pba) = 4*
... und so weiter wie oben, aber es *fehlt* die Ausgabe
*Objekt 3.3 Abgeleitet-Destruktor aufgerufen!*

Man sieht daran, dass nur der Basisklassenanteil des Objektes 3.3 freigegeben wurde, entsprechend dem Datentyp von pba. Der Rest bleibt im Speicher hängen.

An den nun ausgegebenen, veränderten `sizeof`-Werten ist ferner zu erkennen, dass die Objekte nunmehr *keine* besondere Typinformation enthalten, das heißt in diesem Fall, dass die Tabelle der Zeiger auf virtuelle Funktionen (siehe Seite 284) nicht existiert. Der Effekt ist hier mit `sizeof` natürlich nur deshalb erkennbar, weil es keine weitere virtuelle Funktion gibt (die die Objektgröße verändern würde).

*Tipp* Immer wenn Basisklassenzeiger oder -referenzen auf dynamisch erzeugte Objekte benutzt werden, was normalerweise im Zusammenhang mit der Benutzung virtueller Methoden steht, sollte ein virtueller Destruktor eingesetzt werden. Wenn eine Klasse von anderen per Vererbung genutzt werden kann, kann die Art der zukünftigen Benutzung nicht bekannt sein. Also: Destruktoren immer virtuell, falls vererbt werden könnte!

### Übungsaufgabe

8.1 Auf Seite 281 wurde die Funktion `Flaeche()` für ein Objekt der Klasse `Strecke` aufgerufen. Ist der Aufruf auch dann möglich, wenn `GraphObj` als *abstrakte* Klasse definiert ist?

## 8.7 Vererbung und andere Beziehungen

In diesem Abschnitt soll kurz auf verschiedene Arten von Beziehungen zwischen Objekten eingegangen werden, unter denen die bereits eingeführte Vererbung nur eine von mehreren ist. Die Darstellung dieser Beziehungen mit den Mitteln von C++ wird skizziert.

### 8.7.1 Vererbung

Die Vererbung wurde bereits ausführlich besprochen, weswegen hier hauptsächlich auf Grenzfälle eingegangen wird. Vererbung beschreibt eine *ist-ein* oder *ist-eine-Art* Beziehung zwischen Objekten. Eine abgeleitete Klasse kann als Subtyp der Oberklasse aufgefasst werden. *Ein Objekt einer abgeleiteten Klasse kann damit stets an die Stelle eines Objekts der Oberklasse treten* – es sind ja alle Methoden der Oberklasse vorhanden, wenn auch möglicherweise überschrieben (Liskov'sches Substitutionsprinzip, siehe [Lis88]). Dies erscheint auf den ersten Blick einleuchtend. Dennoch gibt es Fälle, in denen dieser Satz der Konvention oder der menschlichen Erfahrung widerspricht. Ein einfaches Beispiel soll dies erläutern.

Seit Euklid, also seit mehr als 2000 Jahren, ist bekannt, dass ein Quadrat ein Rechteck und ein Kreis eine Ellipse ist. Genauer formuliert, ist ein Quadrat ein Rechteck mit gleichen Seitenlängen, also ein Spezialfall eines Rechtecks. Die Spezialisierung wird in C++ durch `public`-Vererbung ausgedrückt:

```
class Quadrat   : public Rechteck { ...};
```

Nun kann man sich aber eine Klasse Rechteck vorstellen, die es erlaubt, die Seiten ungleichmäßig zu ändern; denken wir nur an einen graphischen Editor, mit dem ein Rechteck in verschiedene Richtungen auseinandergezogen werden kann:

```
class Rechteck {
   public:
      virtual void HoeheAendern(int neu)   { hoehe  = neu;}
      virtual void BreiteAendern(int neu)  { breite = neu;}
      // ...
   private:
      int hoehe;
      int breite;
};
```

Vordergründig ist klar, dass diese Methoden in einer Klasse Quadrat nichts zu suchen haben, wenn die Forderung aufrechterhalten bleiben soll, dass ein Quadrat-Objekt stets an die Stelle eines Rechteck-Objekts treten kann. Die manchmal empfohlene »Lösung«, dass zwischen Quadrat und Rechteck gar keine Vererbungsbeziehung besteht und beide Klassen von einer abstrakten Klasse Viereck erben sollten, ist nicht sinnvoll, weil das Problem nur auf eine andere Ebene verschoben wird: Ein allgemeines Viereck kann man diagonal zu einer Raute verformen, ein Rechteck nicht, wenn es eines bleiben soll.

Um solche Fälle vernünftig darstellen zu können, wird Vererbung gelegentlich benutzt, um *Einschränkungen* (englisch *constraints*) einer Oberklasse zu formulieren (inheritance for restriction). Dennoch sollte man sorgfältig überlegen, ob es nicht andere Wege gibt. *Tipp*

Ein großer Vorteil der Objektorientierung besteht darin, dass die Begriffe der Anwendung weit mehr als in nicht-objektorientierten Programmiersprachen durchgängig von der Analyse zum Code benutzbar sind. Davon sollte man nicht ohne schwerwiegenden Grund abweichen – den es durchaus geben kann. Die Beziehung »ein Quadrat ist ein Rechteck« ist die natürliche Beziehung in einer mathematisch-geometrischen Anwendung, die beibehalten werden sollte. Nur vom Standpunkt der Implementierung her sollte man sich überlegen, ob der zusätzliche Aufwand in Kauf genommen werden soll, Platz für zwei Seitenlängen zu spendieren, obwohl nur eine nötig ist.

In der objektorientierten Programmierung geht es unter anderem um einen *Vertrag* mit dem Benutzer einer Klasse. Der Benutzer muss sich darauf verlassen können, dass die Klasse den Vertrag einhält, das heißt, dass die Seitenlängen im Quadrat untereinander stets gleich bleiben.

Wenn die Klasse Quadrat von der Klasse Rechteck erben soll, lässt sich das Einhalten der Bedingung gleicher Seitenlängen leicht bewerkstelligen:

```
class Quadrat : public Rechteck {     // empfehlenswert?
    public:
        virtual void HoeheAendern(int neu) {
            Rechteck::HoeheAendern(neu);
            Rechteck::BreiteAendern(neu);
        }
        virtual void BreiteAendern(int neu) {
            HoeheAendern(neu);
        }
        // ... (Konstruktor usw.)
};
```

Die vertragliche Einschränkung, dass Höhe und Breite eines Quadrats stets gleich sind, wird an alle von Quadrat abgeleiteten Klassen vererbt. Eine Möglichkeit, ohne Vererbung auszukommen und ohne auf die Funktionen eines Rechtecks zu verzichten, soweit sie angemessen sind, zeigt das folgende Beispiel, in dem ein Quadrat ein Rechteck *benutzt*:

```
class Quadrat {                       // empfehlenswert?
    public:
        Quadrat(const Ort& O, int Seite)
            : R(O, Seite, Seite) {    // privates Rechteck initialisieren
        }
        virtual void SeiteAendern(int neu) {
            R.HoeheAendern(neu);
            R.BreiteAendern(neu);
        }
        // ... viele weitere Funktionen, die Methoden der
        // Klasse Rechteck benutzen
    private:
        Rechteck R;
};
```

Die Methoden des Rechtecks sind für Quadratbenutzer nicht mehr zugreifbar, aber die Klasse Quadrat macht sich die Methoden zunutze, indem es die Aufgaben an das Rechteck R *delegiert*. Der Nachteil dieser Lösung besteht darin, dass Quadrat und Rechteck nicht weiterhin polymorph benutzbar sind. Wenn man Quadrat von der Klasse GraphObj erben ließe, hätte man das Problem, dass der Bezugspunkt doppelt angelegt wäre: im anonymen Subobjekt und im privaten Rechteck-Objekt. Falls Quadrat nur wenige Funktionen von Rechteck benutzt, der Aspekt der Wiederverwendung von Code also keine große Rolle spielt, ist es besser, Quadrat als eigenständige Klasse zu implementieren, die von GraphObj erbt. Problemstellungen dieser Art kommen gelegentlich vor. Ein weiteres Beispiel: Eine sortierte Liste ist doch sicherlich auch eine Liste – oder? Bei näherer Betrachtung stellt man fest, dass die sortierte Reihenfolge zerstört werden kann. Damit darf die Operation, ein beliebiges Element am Anfang einer Liste einzufügen, nicht für eine sortierte Liste gelten.

Die Ursache für das Dilemma liegt im Verständnis des Begriffs Spezialisierung bzw. der *ist-ein*-Relation. Mit der `public`-Vererbung ist stets eine Spezialisierung der Schnittstellen oder eine Erweiterung gemeint, in der Mathematik oder in der Umgangssprache kann es aber auch eine *Einschränkung* oder *Verminderung* der Schnittstellen bedeuten.

*Tipp*

Nur wenn ein Objekt einer abgeleiteten Klasse jederzeit an die Stelle eines Basisklassenobjekts treten kann, ist die `public`-Vererbung sinnvoll, und nur dann kann der Typ der abgeleiteten Klasse als Subtyp der Basisklasse aufgefasst werden. Andernfalls ist die umgangssprachlich in der Modellierung benutzte *ist-ein*-Beziehung auf andere Art darzustellen.

Damit kann `Quadrat` zwar von der oben beschriebenen Klasse `Rechteck` erben. Dies würde jedoch nicht mehr gelten, wenn die Klasse `Rechteck` eine weitere Methode `SeitenverhaeltnisAendern()` hätte, weil sie vom Quadrat nicht ohne Verletzung des Vertrags realisiert werden kann. Die erwähnte sortierte Liste sollte nicht `public` von einer Listenklasse erben.

### 8.7.2 Der Teil und das Ganze

Die »Teil-Ganzes«-Beziehung (englisch *part of*) wird auch »hat«-Beziehung (englisch *has*) oder *Aggregation* genannt. Sie besagt, dass ein Objekt aus mehreren Teilen besteht, die wiederum aus Teilen bestehen können. Beispiel: Eine Tastatur besteht aus einem Gehäuse, 102 Tasten, einem Kabel und anderen Dingen:

```
class Tastatur {
    public:
        // ...
    private:
        Gehaeuse einGehaeuse;
        Kabel einKabel;
        Taste Tastenfeld[102];
};
```

Falls Teile einer Klasse in einer anderen Klasse enthalten sind, wird dadurch allein keine Gemeinsamkeit begründet, die Vererbung rechtfertigen könnte. Die beschriebene Art des »Enthaltenseins« darf nicht mit den Subobjekten verwechselt werden, die durch den Vererbungsmechanismus gebildet werden.

### 8.7.3 Assoziation

Eine Assoziation beschreibt eine Verbindung von einem Objekt zu einem oder mehreren anderen. Gemeinsamkeiten können vorhanden sein, spielen aber keine

Rolle. Einige Programmfragmente dienen als Beispiel:

```cpp
class Person;      // Vorwärtsdeklaration (vgl. Abschnitt 5.9)

class Firma {
   public:
     /*Die Assoziation kann kurzfristig durch die Parameterübergabe eines Objekts be-
       gründet werden, sie kann aber auch länger andauern, indem sie im Objekt regi-
       striert wird, wie die folgende Methode zeigt.
     */
     void einstellen(Person* p) {
        Mitarbeiter.hinzufuegen(p);
        p->findetArbeitBei(*this);          // siehe unten
     }
     // ...
   private:
     Liste<Person*> Mitarbeiter;  // Listen: siehe Abschnitt 11.2
     // ...
};
class Person {
   public:
     // ... Konstruktoren usw.
     void lerntKennen(Person& P) {
           Bekanntenkreis.hinzufuegen(&P);
     }

     const string& wieHeisstDu()  { return Name;}

     void findetArbeitBei(Firma& F) {
           Arbeitgeber = &F;
     }
```

/*Die Parameterübergabe muss per Zeiger oder Referenz geschehen, weil der Bezug zum *Original* und nicht zu einer temporären Kopie hergestellt werden soll. Im Beispiel wird das Objekt F veranlasst, die Einstellung vorzunehmen. Dabei wird ein Zeiger auf die betreffende Person übergeben (this), sodass die Firma über diesen Zeiger ihrerseits public-Methoden der Klasse Person benutzen kann, zum Beispiel um den Namen und die Adresse zu erfragen.
*/

```cpp
     void kuendigt() {
           Arbeitgeber->KuendigungMitteilen(this);
           Arbeitgeber = NULL;
     }
   private:
     string Name;
```

```
    Firma *Arbeitgeber;
    Liste<Person*> Bekanntenkreis;
};

// Anwendung
Firma IS_Bremen_GmbH;
Person Walter, Thomas, Sonja;
// ...
Thomas.kuendigt();           // beim alten Arbeitgeber
Thomas.findetArbeitBei(XWB_GmbH);
Walter.lerntKennen(Sonja);
```

### 8.7.4 Benutzt-Beziehung

Ein Objekt benutzt ein anderes Objekt, um seine Aufgabe zu erfüllen. Ein Heizregler benutzt einen Temperaturmessfühler zum Messen der Temperatur. Wie im vorhergehenden Beispiel sind Zeiger zur Formulierung in C++ geeignet:

```
class Heizregler {
    public:
        // ... Konstruktoren
        bool warmGenug() {
            return dasThermometer->wieWarm() > 20;    // Grad
        }
        // ...
    private:
        Temperaturfuehler *dasThermometer;
};
```

Aus dem C++-Programmcode lässt sich im Allgemeinen nicht eindeutig die Art der Beziehung ablesen, sodass eine zusätzliche Dokumentation unerlässlich ist. Dieser Abschnitt kann nur erste Hinweise geben. Eine ausführliche Beschreibung ist in der Literatur zum objektorientierten Software-Design zu finden, zum Beispiel in [Bal96], [Boo94], [Coa95] und [Rum93].

## 8.8 Mehrfachvererbung[5]

Die Mehrfachvererbung gewährt eine große Flexibilität insbesondere bei der Systemmodellierung, wird jedoch nicht häufig benötigt – je nach Art der Problemstellung. Die Mehrfachvererbung bietet gegenüber der Einfachvererbung bessere Möglichkeiten, Objekte der realen Welt abzubilden.

---

[5] Dieser Abschnitt kann beim ersten Lesen übersprungen werden.

Eine Klasse kann von *mehreren* Basisklassen erben, wie in Abbildung 8.1 auf Seite 270 zu sehen ist. Da hier *nur das Prinzip* der Mehrfachvererbung gezeigt werden soll, betrachten wir im Folgenden ein möglichst einfaches Beispiel, das als C++-Programm ausformuliert wird. Auf einem Graphikbildschirm sollen verschiedene Objekte dargestellt werden, hier ein Rechteck (Rechteck) und ein beschriftetes Rechteck (beschriftetesRechteck). Ein beschriftetes Rechteck *ist ein* beschriftetes graphisches Objekt, und ein beschriftetes graphisches Objekt wiederum *ist ein* graphisches Objekt. Dieser Zusammenhang wird durch die in Abbildung 8.3 dargestellte Vererbungsstruktur gezeigt.

Die Klasse beschriftetesObjekt ist wie GraphObj abstrakt, weil die in der letzteren Klasse deklarierte rein virtuelle Funktion Flaeche() nicht in beschriftetesObjekt definiert ist und daher die Eigenschaft »abstrakt« geerbt wird.

Es ist im Allgemeinen nicht notwendig, dass von einer gemeinsamen Basisklasse geerbt wird. Hier wurde das Beispiel absichtlich so gewählt, weil mit einer gemeinsamen Basisklasse eine spezielle Problematik auftritt, die in Abschnitt 8.8.1 besprochen wird.

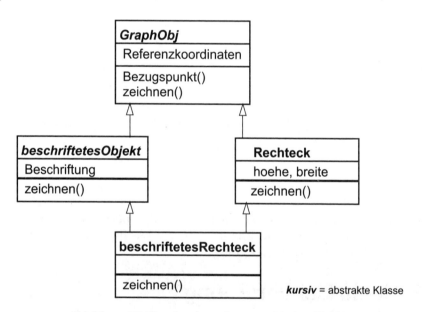

Abbildung 8.3: Vererbungsstruktur graphischer Objekte

Alle graphischen Objekte haben bestimmte gemeinsame Eigenschaften. Zum Beispiel hat jedes Objekt einen bestimmten Ort auf dem Bildschirm, nämlich den Bezugspunkt Referenzkoordinaten. Es folgen die Header-Dateien *.h mit den Deklarationen für beschriftetesObjekt und beschriftetesRechteck. Die anderen Deklarationen sind oben in Abschnitt 8.6.2 ab Seite 291 zu finden.

## Klasse beschriftetesObjekt

```
// cppbuch/k8/mehrfach/konflikt/beschrif.h
#ifndef beschrif_h
#define beschrif_h beschrif_h
#include"graphobj.h"
#include<string>

class beschriftetesObjekt : public GraphObj { //erben
  public:
    beschriftetesObjekt(const Ort &O, const std::string& m)
    : GraphObj(O),
      Beschriftung(m) {
    }

    virtual void zeichnen() const {
        GraphObj::zeichnen();
        std::cout << "Beschriftung bei ";
        anzeigen(Bezugspunkt());
        std::cout << Beschriftung
                  << std::endl;
    }

  private:
    std::string Beschriftung;
};
#endif // beschrif_h
```

Die Klasse `beschriftetesObjekt` enthält ein Objekt `Beschriftung` des Typs `string`. Der Einfachheit halber sind alle Methoden `inline`. Die Klasse `beschriftetesObjekt` benötigt keinen Destruktor, weil der systemerzeugte Destruktor die Destruktoren für alle Elemente einer Klasse aufruft, sodass zum Beispiel der Destruktor von `string` den dynamisch bereitgestellten Platz für die Beschriftung freigibt.

Die zur tatsächlichen Ausgabe auf dem Bildschirm notwendigen Graphikfunktionen sind systemspezifisch, sodass hier nur eine schlichte Textausgabe auf dem Bildschirm erscheinen soll. Der Konstruktor ruft jeweils den Basisklassenkonstruktor zur Initialisierung auf.

Auch ein `beschriftetesRechteck` wird mit den Oberklassenkonstruktoren initialisiert, die ihrerseits den Basisklassenkonstruktor aufrufen. Die Funktion `zeichnen()` ruft die entsprechenden Methoden der Subobjekte auf.

## Klasse beschriftetesRechteck

```
// cppbuch/k8/mehrfach/konflikt/bes_r.h
#ifndef bes_r_h
#define bes_r_h bes_r_h
#include"beschrif.h"
#include"rechteck.h"

// Mehrfachvererbung
class beschriftetesRechteck
   : public beschriftetesObjekt, public Rechteck {
  public:
    beschriftetesRechteck(const Ort &O, int h, int b,
                          const std::string &m)
     : beschriftetesObjekt(O, m),
       Rechteck(O, h, b)
    {}

    // Definition der rein virtuellen Methoden
    virtual double Flaeche() const {
        // Definition ist notwendig, damit die Klasse
        // nicht abstrakt ist (durch Vererbung über
        // beschriftetesObjekt und GraphObj)
        return Rechteck::Flaeche();
    }

    virtual void zeichnen() const {
        Rechteck::zeichnen();
        beschriftetesObjekt::zeichnen();
    }
};
#endif // bes_r_h
```

In einem Hauptprogramm könnten nach diesen Definitionen Anweisungen folgender Art stehen:

```
// cppbuch/k8/mehrfach/konflikt/main.cpp
// Auszug:
   Rechteck R(Ort(0,0), 20, 50);
   beschriftetesRechteck BR(Ort(1,20), 60, 60,
              std::string("Mehrfachvererbung"));

   R.zeichnen();
   BR.zeichnen();

   beschriftetesRechteck *zBR =
              new beschriftetesRechteck(
```

```
                    Ort(100,0), 20, 80,
                    std::string("dynamisches Rechteck"));
   zBR->zeichnen();
```

Das Objekt *zBR muss mit `delete` gelöscht werden, weil es mit `new` erzeugt wurde. Die Anwendung von `delete` auf einen Zeiger auf ein Objekt ruft automatisch dessen Destruktor auf. `new` darf nicht versehentlich durch & ersetzt werden, weil sonst der Konstruktor nur ein temporäres Objekt erzeugt, dessen Speicherbereich sofort wieder freigegeben wird (Absturzgefahr!).

```
   // Fehler!
   beschriftetesRechteck* zBR = &beschriftetesRechteck(......);
```

## 8.8.1 Namenskonflikte

Bei Mehrfachvererbung können Namenskonflikte und Mehrdeutigkeiten auftreten. Zum Beispiel könnte man versuchen, sich die Koordinaten der Objekte ausgeben zu lassen:

```
   std::cout << "Rechteck-Position: ";
   anzeigen(R.Bezugspunkt());
   std::cout << "beschriftetes-Rechteck-Position: ";
   anzeigen(BR.Bezugspunkt());        // Compiler-Fehlermeldung!
```

Vom Rechteck R würde der Bezugspunkt ausgegeben werden, die Ausgabe der Koordinaten des beschrifteten Rechtecks BR führt hingegen zu einer Fehlermeldung des Compilers. Warum? Der Aufruf ist zweideutig. Die Ursache liegt darin, dass GraphObj *zweimal* geerbt wurde. Der Compiler weiß nicht, ob er den Bezug zu GraphObj::Bezugspunkt() über das in beschriftetesObjekt oder das in Rechteck enthaltene Subobjekt vom Basisklassentyp GraphObj konstruieren soll. Durch die Angabe der Basisklasse wird die Zweideutigkeit beseitigt:

```
   anzeigen(BR.Rechteck::Bezugspunkt());   // eindeutig
```

Ferner wird durch verschiedene Bezugspunkte im Konstruktor nachgewiesen, dass beschriftetesRechteck *zwei* GraphObj-Objekte besitzt:

```
// absichtlich veränderter Konstruktor
    beschriftetesRechteck(const Ort &O, int h, int b,
                          const std::string &m)
      : beschriftetesObjekt(O, m),
        Rechteck(Ort(100, 100), h, b) {  // verschiedene Koordinaten!
    }
```

```
// jetzt verschiedene Werte:
anzeigen(BR.Rechteck::Bezugspunkt());
anzeigen(BR.beschriftetesObjekt::Bezugspunkt());
```

Weil zwei Subobjekte vom Typ `GraphObj` vorliegen, ist wegen der Nicht-Eindeutigkeit die Zuweisung eines Zeigers nicht möglich:

```
int main() {
    Rechteck R1(Ort(0,0), 20, 50);
    Rechteck R2(Ort(0,100), 10, 40);
    beschriftetesRechteck BR(Ort(1,20), 60, 60,
                  std::string("Mehrfachvererbung"));
    // Feld mit Basisklassenzeigern, initialisiert mit
    // den Adressen der Objekte, 0 als Endekennung
    GraphObj* GraphObjZeiger[] = {&R1, &R2, 0};      // ok

    // Fehler
    // GraphObj* GraphObjZeiger[] = {&R1, &R2, &BR, 0};

    // Zeichnen aller Objekte im Feld
    int i = 0;
    while(GraphObjZeiger[i])
        GraphObjZeiger[i++]->zeichnen();
}
```

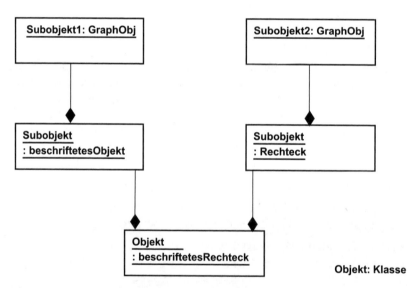

Abbildung 8.4: Zweideutig: *enthält*-Beziehungen bei nicht-virtueller Vererbung

Auf welches Subobjekt soll der Zeiger `GraphObjZeiger[2]` verweisen, wenn die //-Markierung in der Zeile unter dem »Fehler«-Hinweis entfernt würde? Die tatsächliche Objekthierarchie für ein `beschriftetesRechteck`-Objekt BR ergibt sich aus der Abbildung 8.4, wobei die Pfeile hier eine *enthält*-Beziehung symbolisieren, das heißt, das `beschrifteteRechteck BR` *enthält* ein `Rechteck`- und ein `beschriftetesObjekt`-Subobjekt, die beide *je ein* `GraphObj`-Subobjekt *enthalten*, deren Koordinaten nicht notwendigerweise gleich sein müssen. Im nächsten Abschnitt wird gezeigt, wie die Zweideutigkeiten aufgelöst werden.

### 8.8.2 Virtuelle Basisklassen

Wenn bei Mehrfachvererbung nicht erwünscht ist, dass mehrere Basisklassenobjekte erzeugt werden, können *virtuelle Basisklassen* verwendet werden. Von diesen Basisklassen wird nur *ein* Subobjekt erzeugt, auf das über verschiedene Vererbungswege zugegriffen werden kann. Die Mehrdeutigkeit im obigen Beispiel wäre dadurch aufgehoben. Im Folgenden werden *nur* die Deklarationen und die Methoden aus dem vorherigen Abschnitt ganz oder teilweise aufgelistet, die notwendige Änderungen enthalten. Die Änderungen sind hervorgehoben.

```
// Datei rechteck.h:
class Rechteck : virtual public GraphObj {
    // ... Rest wie vorher
};
// Datei beschrif.h:
class beschriftetesObjekt : virtual public GraphObj {
    // ... Rest wie vorher
};
// Datei bes_r.h:
class beschriftetesRechteck
    : public beschriftetesObjekt, public Rechteck {
        // Änderung im Konstruktor
        beschriftetesRechteck(const Ort& O, int h, int b,
                        const std::string& m)
        : GraphObj(O),
          beschriftetesObjekt(O, m),
          Rechteck(O, h, b) {
        }
        // ... Rest wie vorher
};
```

Mit diesen Änderungen sind Aufrufe wie

```
cout << "beschriftetesRechteck-Position: ";
anzeigen(BR.Bezugspunkt());
```

möglich und unproblematisch, weil nun genau *ein* Basisklassensubobjekt für `BR` existiert. Der Konstruktor der Klasse `beschriftetesRechteck` initialisiert jetzt das Basisklassensubobjekt; die Erklärung dafür findet sich im Abschnitt 8.8.3.

Weil nun genau ein Basisklassensubobjekt pro vollständigem Objekt existiert, kann ein Basisklassenzeiger auf ein Objekt gerichtet und damit der Polymorphismus ausgenutzt werden. Unter einem »vollständigen Objekt« wird ein Objekt verstanden, das nicht als Subobjekt dient, also nicht in einem anderen Objekt durch Vererbung enthalten ist. Im folgenden Beispiel sind R1, R2 und BR vollständige Objekte, nicht aber die in ihnen enthaltenen Subobjekte.

```
int main() {                                              // geändert
    Rechteck R1(Ort(0,0), 20, 50);
    Rechteck R2(Ort(0,100), 10, 40);
    beschriftetesRechteck BR(Ort(1,20), 60, 60,
                std::string("virtuelle Mehrfachvererbung"));
    // Feld mit Basisklassenzeigern, initialisiert mit
    // den Adressen der Objekte, 0 als Endekennung
    GraphObj* GraphObjZeiger[] = {&R1, &R2, &BR, 0}; // jetzt ok!
    // Zeichnen aller Objekte
    int i = 0;
    while(GraphObjZeiger[i])
        GraphObjZeiger[i++]->zeichnen();
}
```

### 8.8.3 Virtuelle Basisklassen und Initialisierung

Im Abschnitt 8.1 (Seite 276) wird die Initialisierung von Subobjekten behandelt. Dabei werden Initialisierer in einer Liste angegeben, die noch vor dem Codeblock des Konstruktors abgearbeitet wird. In einer Klassenhierarchie kann es mehrere Initialisierer für eine Basisklasse geben. Falls wir jedoch virtuelle Basisklassen haben, wird *nur ein* Subobjekt dieser Basisklasse in Objekten einer abgeleiteten Klasse angelegt. Dann darf natürlich nur *ein* Initialisierer wirksam werden, damit es keine widersprüchlichen Ergebnisse gibt, wenn einer »Links!«und der andere »Rechts!« sagt.

Um dieses Problem zu lösen, wird in C++ der Basisklasseninitialisierer genommen, *der bei dem Konstruktor eines vollständigen Objekts angegeben ist,* also einem Objekt, das bei der Definition in der Vererbungshierarchie ganz unten steht und das daher nicht als Subobjekt innerhalb eines anderen Objekts dient. Die anderen Basisklasseninitialisierer werden schlicht *ignoriert*. Wenn im Konstruktor *kein* Basisklasseninitialisierer aufgeführt ist, wird der Standardkonstruktor der virtuellen Basisklasse genommen. Das Programm zeigt die Initialisierung von Subobjekten virtueller Basisklassen. Es gibt zweimal *Basis-Standardkonstruktor* aus. Der Basisklasseninitialisierer Basis(a) in der Klasse Rechts wird beim Konstruktor von Unten ignoriert!

### Beispielprogramm: Initialisierung bei virtueller Basisklasse

```cpp
// cppbuch/k8/mehrfach/basinit.cpp
#include<iostream>
using namespace std;
class Basis {
    public:
        Basis() { cout << "Basis-Standardkonstruktor\n"; }
        Basis(char* a)   { cout << a << endl; }
};
class Links : virtual public Basis {
    public:
          Links(char* a)
          // : Basis(a)  // siehe Text unten
          { }
};
class Rechts : virtual public Basis {
    public:
          Rechts(char* a) : Basis(a) {}
};
class Unten: public Links, public Rechts {
    public:
          Unten(char* a) :
          // Basis(a), // siehe Text unten
          Links(a), Rechts(a)   {}
};
int main() {
    Unten x("Unten");
    Links li("Links");
}
```

Stattdessen wird nur der beim Konstruktor von `Unten` direkt angegebene Basisklassenkonstruktor berücksichtigt. Da er hier auskommentiert ist, wird der Standardkonstruktor von Basis genommen. Wenn jedoch die Kommentarzeichen // aus den Initialisierungslisten entfernt werden, ist die Ausgabe

*Unten*
*Links.*

`Rechts::Basis(a)` wird weiterhin ignoriert. Die Regel ist: Der Konstruktor eines vollständigen Objekts ist für die Initialisierung des Basisklassensubobjekts bei virtueller Vererbung verantwortlich. Eine größere beispielhafte Anwendung wird in Abschnitt 11.9 beschrieben.

## Übungsaufgaben

**8.2** Schreiben Sie eine Klasse `Person` mit den zwei Attributen `Nachname` und `Vorname`, sowie eine Klasse `StudentIn` und eine Klasse `ProfessorIn`, die beide von `Person` erben. Die Klasse `StudentIn` soll ein Attribut »Matrikelnummer«, die Klasse `ProfessorIn` ein Attribut »Lehrgebiet« haben. Der Einfachheit halber seien alle Attribute vom Typ `string`. Fügen Sie Methoden zum Lesen der Attribute hinzu, zum Beispiel `const string& getNachname()` bei der Klasse `Person`. Es soll auch eine Methode `toString()` geben, die die vollständigen Informationen liefert, und deren Schnittstelle und eine Standardimplementierung in der Klasse `Person` definiert ist. Die Standardimplementierung soll einen aus Vor- und Nachnamen zusammengesetzten String zurückliefern, die in den Unterklassen zu redefinierenden Implementierungen auch noch den Status (StudentIn/ProfessorIn) und die Matrikelnummer bzw. das Lehrgebiet. Von der Klasse `Person` soll kein Objekt erzeugt werden können, sie sei also abstrakt. Der folgende Programmauszug zeigt die Benutzung der Klassen:

```
vector<Person*> diePersonen;
diePersonen.push_back(
    new StudentIn("Risse", "Felicitas", "635374"));
diePersonen.push_back(
    new ProfessorIn("Philippsen", "Nele", "Datenbanken"));
diePersonen.push_back(
    new StudentIn("Spillner", "Julian", "123429"));

for(size_t i = 0; i < diePersonen.size(); ++i) {
    cout << diePersonen[i]->getVorname() << endl;
}

for(size_t i = 0; i < diePersonen.size(); ++i) {
    cout << diePersonen[i]->toString() << endl;
}
```

Die Ausgabe des Programms sei z.B.:

*Felicitas*
*Nele*
*Julian*
*Student/in Felicitas Risse, Mat.Nr.: 635374*
*Prof. Nele Philippsen, Lehrgebiet: Datenbanken*
*Student/in Julian Spillner, Mat.Nr.: 123429*

**8.3** Wie kann man im obigen Programmauszug auf eine Methode der Klasse `StudentIn` zugreifen, zum Beispiel auf die Methode `getMatrikelnummer()`?

# 9 Überladen von Operatoren

**Inhalt:** *Den vordefinierten Operatorsymbolen in C++ kann man für Klassen neue Bedeutungen zuordnen. Damit können Operationen mit Objekten auf sehr einfache Weise ausgedrückt werden. Am bekannten Beispiel der rationalen Zahlen wird gezeigt, wie die arithmetischen Operatoren, die vorher nur für einige Grunddatentypen definiert waren, zur einfachen Formulierung von Rechenoperationen mit rationalen Zahlen benutzt werden.*

Um wie viel einfacher ist es, in einem Programm mit Matrizen a, b und c

```
matrix a = b + c/2;
```

zu schreiben, anstelle verschachtelter Schleifen unter genauer Beachtung der Randbedingungen wie Zeilen- und Spaltenzahlen! Um dieses Ziel zu erreichen, können in C++ Operatoren *überladen* werden, was nichts anderes bedeutet, als ihnen zusätzliche, problemabhängige Bedeutungen zu geben. Im obigen Fall würde der Operator '+' für eine Klasse matrix die Bedeutung bekommen, die Addition für alle Elemente der Matrix durchzuführen. In C++ selbst wird dieses Prinzip genutzt. Der Operator << ist mehrfach überladen. Er dient nicht nur zum Verschieben von Bits, sondern wird in Verbindung mit cout zur Ausgabe von Daten verschiedenen Typs verwendet, sei es char*, int, double oder was sonst noch in Frage kommt.

Das Überladen von Operatoren funktioniert ähnlich wie das Überladen von Funktionen, wie es bereits in Abschnitt 4.2.5 (Seite 117) beschrieben wurde. Diesem Thema wurde dennoch ein eigenes Kapitel gewidmet, weil das Überladen von Operatoren im Unterschied zu Abschnitt 4.2.5 *Klassen voraussetzt*, die dort noch nicht behandelt wurden. Zudem zeigt die Möglichkeit des Überladens von Operatoren, dass darauf aufbauende Programme viel einfacher geschrieben werden können, wie das Beispiel am Kapitelanfang zeigt. Die Syntax der Operatordefinition ist:

> *ReturnDatentyp* operator⊗ (*Argumentliste*) {*Funktionscode*}

für eine globale Funktion oder

> *ReturnDatentyp Klassenname*::operator⊗ (*Argument*) {*Funktionscode*}

für eine Elementfunktion. ⊗ steht für eines der möglichen C++-Operatorsymbole. Die Tabelle 9.1, auf die noch häufig Bezug genommen wird, zeigt, wie die Verwendung eines Operators vom Compiler in einen *Funktions*aufruf umgewandelt wird (⊗ sei das Operatorsymbol). Für bestimmte Operatoren gibt es nur die Möglichkeit der Umwandlung in eine Elementfunktion.

Ein selbst definierter Operator *ist eine Funktion* in einer syntaktisch ansprechenderen Verkleidung! Einem in C++ vorhandenen Operator wird eine neue, zusätzliche Bedeutung zugewiesen. Welche Bedeutung in einem Programmkontext die richtige ist, ermittelt der Compiler aus den Datentypen der Operanden. Eine Operatorfunktion unterscheidet sich von den bisher bekannten Funktionen nur in zweierlei Hinsicht:

| Element-Funktion | Syntax | Ersetzung durch |
|---|---|---|
| nein | x ⊗ y | operator⊗(x,y) |
|  | ⊗ x | operator⊗(x) |
|  | x ⊗ | operator⊗(x,0) |
| ja | x ⊗ y | x.operator⊗(y) |
|  | ⊗ x | x.operator⊗() |
|  | x ⊗ | x.operator⊗(0) |
|  | x = y | x.operator=(y) |
|  | x(y) | x.operator()(y) |
|  | x[y] | x.operator[](y) |
|  | x->  | (x.operator->())-> |
|  | (T)x | x.operator T() |

T ist Platzhalter für einen Datentyp

Tabelle 9.1: Operator als Funktionsaufruf

1. Der Aufruf wird entsprechend der Tabelle 9.1 in einen Funktionsaufruf umgewandelt. Es macht keinen Unterschied, wenn man die Umwandlung selbst schon vornimmt und zum Beispiel s = operator+(x,y) schreibt statt s = x + y.

2. Der *Funktionsname* einer Operatorfunktion besteht aus dem Schlüsselwort operator und dem angehängten Operatorzeichen.

Aus Tabelle 9.1 wird ersichtlich, dass ein Überladen der unären Operatoren ++ und -- eine Unterscheidung zwischen postfix- und präfix-Notation zulässt. Der Unterschied wird genauer auf Seite 335 beschrieben. Die Anzahl der Argumente ist um eins geringer, wenn der Operator eine Elementfunktion ist – unabhängig davon, ob es sich um einen unären oder binären Operator handelt. Sie ist um eins geringer, weil sich der Operator ohnehin schon auf ein Objekt bezieht. Es gibt einige Restriktionen für Operator-Funktionen:

- Es können die üblichen C++-Operatoren wie =, ==, += usw. überladen werden, nicht jedoch . .* :: ?: und andere Zeichen wie $ usw. Eine Definition von neuen Operatoren ist *nicht* möglich, auch nicht durch Kombination von Zeichen. Die Operatoren new und delete sowie new [] und delete [] können überladen werden.

- Die vorgegebenen Vorrangregeln können nicht verändert werden.

- Wenigstens ein Argument der Operatorfunktion muss ein class-Objekt sein, oder die Operatorfunktion muss eine Elementfunktion sein. Auf diese Weise wird sichergestellt, dass niemand die vorgegebene Bedeutung von Operatoren für Grunddatentypen umdefinieren kann.

## 9.1 Rationale Zahlen – noch einmal

In diesem Abschnitt sollen Operatoren für rationale Zahlen überladen werden, wobei auf das Beispiel in Abschnitt 5.4 (siehe Seite 169 und folgende) Bezug genommen wird. Ziel ist es, dass man anstelle des Aufrufs der Funktionen add(), eingabe() und ausgabe() direkt zum Beispiel

```
rational a,b,c;
cin >> a;             // überladener Operator
cin >> b;             // überladener Operator
c = a + b;            // überladener Operator
cout << c;            // überladener Operator
```

schreiben kann. Ähnliches gilt für die anderen arithmetischen Funktionen.

### 9.1.1 Arithmetische Operatoren

Weil der binäre '+'-Operator symmetrisch ist und die Argumente des Operators selbst nicht verändert werden sollen, empfiehlt sich ein überladener Additionsoperator, der *keine* Elementfunktion der Klasse rational ist. Eine gemischte Verwendung der Datentypen int und rational soll natürlich möglich sein. Es gibt zwei Möglichkeiten in Abhängigkeit vom Vorhandensein des Typumwandlungskonstruktors (siehe die Diskussion in Abschnitt 5.4).

Zunächst muss überlegt werden, welche der möglichen Operatorvarianten aus Tabelle 9.1 ausgewählt werden sollte. Die Addition ist ein binärer Operator, sodass nur die Zeilen eins und vier der Tabelle in Frage kommen. Die Addition ist kommutativ, das heißt, $x + y = y + x$, also eine symmetrische Operation. Zu einer rationalen Zahl sollte auch eine ganze Zahl addiert werden können, die ja nur ein Spezialfall einer rationalen Zahl mit dem Nenner 1 ist. Damit lassen sich drei Fälle beschreiben:

1. Addition zweier rationaler Zahlen: $z = x + y$

   Umformulierung entsprechend Tabelle 9.1:

   A) `z = x.operator+(y)`

   B) `z = operator+(x,y)`

   Der Operator muss ein Objekt vom Typ `rational` zurückgeben, welches z zugewiesen wird. Die Objekte x und y sollen nicht verändert werden. Lösung A) ist nicht zu empfehlen, weil sie auf den ersten Blick eine Änderung von x suggeriert.

2. Addition einer rationalen und einer ganzen Zahl, zum Beispiel $z = x + 3$

   Umformulierung entsprechend Tabelle 9.1:

   A) `z = x.operator+(3)`

   B) `z = operator+(x,3)`

   Beide Lösungen sind zunächst denkbar. Lösung A) ist aus demselben Grund wie oben abzulehnen.

3. Addition einer ganzen und einer rationalen Zahl, zum Beispiel $z = 3 + y$

   Umformulierung entsprechend Tabelle 9.1:

   A) `z = 3.operator+(y); // ?`

   B) `z = operator+(3,y);`

   Lösung A) ist ausgeschlossen, weil der selbst definierte Operator keine Elementfunktion einer ganzen Zahl sein kann! In C++ ist der Grunddatentyp `int` nicht als Klasse implementiert, und selbst wenn es so wäre, könnten wir nicht nachträglich eine neue Elementfunktion hinzufügen.

Aus dem Vergleich ergibt sich, dass die Lösung B) die einzig mögliche ist, wenn man die Symmetrie in der Schreibweise bei verschiedenen Datentypen erhalten will. Wenn entsprechend B) die Operatorfunktion `operator+()` *nicht* als Elementfunktion der Klasse `rational` definiert werden soll, muss noch das Problem gelöst werden, dass die Operatorfunktion lesend auf die internen, privaten Daten von `rational`-Objekten, also Zähler und Nenner, zugreifen darf. Wir benutzen die Methoden `Zaehler()` und `Nenner()`, die wegen ihrere inline-Eigenschaft schnell sind. Eine Alternative ist die Nutzung der Kurzformoperatoren, ähnlich wie schon auf Seite 176 gezeigt.

```
rational operator+(const rational&, const rational&);   // 3. B
```

**Ohne Typumwandlungskonstruktor**

Um gemischte Datentypen zu erlauben, fügen wir zwei Deklarationen hinzu, mit denen Operationen wie $z = x + 3$ oder $z = 3 + y$ bearbeitet werden können:

## 9.1 Rationale Zahlen – noch einmal

```
rational operator+(long, const rational&);
rational operator+(const rational&, long);
```

Die Implementierung könnte wie folgt aussehen:

```
rational operator+(const rational& a, const rational& b) {
    rational t;
    t.zaehler = a.Zaehler()*b.Nenner() + b.Zaehler()*a.Nenner();
    t.nenner  = a.Nenner()*b.Nenner();
    t.kuerzen();
    return t;
}

rational operator+(long a, const rational& b) {
    rational t;
    t.definiere(a, 1);    // t wird zu (a/1)
    return t+b;           // Aufruf von +(rational, rational)
}

rational operator+(const rational& a, long b) {
    return b+a;           // Aufruf von +(long, rational)
                          // durch vertauschte Reihenfolge
}
```

### Mit Typumwandlungskonstruktor

Wenn ein Typumwandlungskonstruktor wie in Abschnitt 5.3.4 vorhanden ist, könnten alle Prototypen und Implementationen des Operators entfallen, die einen `long`-Parameter enthalten.

### Implementierung mit Ausnutzen der Kurzformoperatoren

Mit Hilfe der Kurzformoperatoren lassen sich binäre Operatoren deutlich kürzer formulieren. Dazu muss zunächst `operator+=(const rational &)` in der Klassendeklaration nachgetragen werden. Die Definition dieses Operators sei dem Leser überlassen (siehe Übungsaufgaben Seite 320). `operator+()` kann dann leicht mit Hilfe von `+=` implementiert werden. Weil `operator+()` nicht auf private Daten eines `rational`-Arguments zugreift, muss `operator+()` weder Element- noch `friend`-Funktion sein.

```
rational operator+(const rational& a, const rational& b) {
    rational temp = a;
    return temp += b;     // Rückgabe von temp.operator+=(b)
}
```

oder noch kürzer durch impliziten Aufruf des Kopierkonstruktors

```
rational operator+(const rational& a, const rational& b) {
    return rational(a) += b;
}
```

Der +-Operator ist in allen vorgestellten Formen sehr schnell, sofern der Compiler den Aufruf des Kopierkonstruktors bei der Rückgabe eliminiert, wie in Abschnitt 5.3.3, Seite 167 beschrieben.

### 9.1.2 Ausgabeoperator <<

Um eine rationale Zahl `r` mit einer einfachen Anweisung `cout << r;` ausgeben zu können, wird der Operator `<<` überladen. Aus der Syntax der Anweisung und der Tabelle 9.1 auf Seite 314 sehen wir, dass die Anweisung entweder als a) `cout.operator<<(r);` interpretiert werden würde oder b) als `operator<<(cout, r);`. Der Operator kann also keine Elementfunktion der Klasse `rational` sein, sondern der Interpretation a) folgend höchstens eine der Klasse `ostream`, der `cout` angehört. Aber diese Möglichkeit kommt nicht in Frage, weil die Konstrukteure der Klasse `ostream` nicht jede mögliche Ausgabe einer benutzerdefinierten Klasse vorhersehen und einbauen konnten. Daher bleibt nur die Interpretation b), woraus sich ergibt, dass der Operator `<<` als globale Funktion mit zwei Argumenten formuliert werden muss:

```
std::ostream& operator<<(std::ostream& s, const rational&);
```

Der Operator gibt eine Referenz auf das `ostream`-Objekt `s` zurück, sodass für das Ergebnis der Ausgabe wiederum `s` eingesetzt gedacht werden kann und eine Verkettung mehrerer Ausgaben möglich wird:

```
std::cout << "r = " << r << "r1= " << r1;
```

ist dann identisch mit

```
(((std::cout << "r = ") << r) << "r1= ") << r1;
```

Die Implementierung des Ausgabeoperators ähnelt der vorher benutzten Elementfunktion `ausgabe()`:

```
ostream& operator<<(ostream& ausgabe, const rational& r) {
    ausgabe << r.Zaehler() << '/' << r.Nenner();
    return ausgabe;
}
```

Zum Abschluss wird die Definition der Klasse mit den bisher besprochenen Änderungen gezeigt, jedoch ohne die Implementierung der Methoden und Funktionen (siehe oben sowie Übungsaufgaben). Durch Operatoren ersetzte Elementfunktionen wie `add()` usw. wurden gestrichen.

## Klasse rational mit überladenen Operatoren

```
// cppbuch/k9/rational/ratioop.h
#ifndef ratioop_h
#define ratioop_h ratioop_h
#include<iostream>
class rational {
   public:
      rational() : zaehler(1), nenner(1) {}           // inline
      rational(int z, int n);
      rational(long);         // Typumwandlungskonstruktor

      // Abfragen inline
      long Zaehler() const { return zaehler;}
      long Nenner()  const { return nenner;}

      // arithmetische Methoden
      rational& operator+=(const rational&);
      // weitere arithmetische Methoden weggelassen ...

      // weitere Methoden
      void definiere(long zaehler, long nenner);
      void kehrwert();
      void kuerzen();

   private:
      long zaehler, nenner;
};
// globaler Additionsoperator
rational operator+(const rational&, const rational&);

// globale Funktionen zur Ein- und Ausgabe
std::ostream& operator<<(std::ostream&, const rational&);
std::istream& operator>>(std::istream&, rational&);
#endif          // ratioop_h
```

Die in Abschnitt 2.2.6 verwendete Klasse `complex` der C++-Standardbibliothek ist der Klasse `rational` vergleichbar. Weil die Bestandteile eines `complex`-Objekts, also Real- und Imaginärteil, von einem der Typen `float`, `double` oder `long double` sein können, sind komplexe Zahlen als Klassentemplate realisiert.

## Übungsaufgaben

**9.1** Implementieren Sie den Operator `>>` zur Eingabe von Objekten der Klasse `rational`.

**9.2** Implementieren Sie den Operator += für rationale Zahlen. Überlegen Sie vorher, ob der Operator als Element- oder als friend-Funktion realisiert werden sollte. Der Rückabetyp könnte bei allein stehenden Operationen void sein. Aus dem Programmcode innerhalb operator+() auf Seite 317 ergibt sich aber ein Rückgabetyp rational oder rational&, der in der Klassendefinition oben verwendet wird. Welcher ist sinnvoll und warum?

**9.3** Ersetzen Sie im Beispiel des Abschnitts 5.4 auch die Funktionen sub(), mult() und div() durch überladene Operatoren. Testen nicht vergessen!

**9.4** Implementieren Sie den Operator == zum Vergleich zweier Rationalzahlen.

## 9.2 Eine Klasse für Vektoren

In den folgenden Abschnitten wird eine Klasse Vektor definiert, die ein eindimensionales Array wählbarer Größe bildet. Die Klasse soll zeigen, wie die Klasse vector der C++-Standardbibliothek im Prinzip arbeitet. Die Unterschiede zu einem C-Array sind:

- Der Arrayzugriff über den Index-Operator [ ] ist *sicher* (im Gegensatz zur Klasse vector der C++-Standardbibliothek, die geprüfte Zugriffe über die Methode at() anbietet). Eine Indexüberschreitung wird zur Laufzeit als Fehler gemeldet, es wird keine undefinierte Adresse angesprungen.

- Es wird ein Zuweisungsoperator definiert, sodass v1 = v2; geschrieben werden kann mit dem Ergebnis v1[i] == v2[i] für alle i im Bereich 0 bis (Länge von v2 - 1).

- Die Klasse kann leicht um weitere Funktionen erweitert werden wie Bildung des Skalarprodukts, Finden des größten Elements, Addition zweier Vektoren und andere. Hier wird gezeigt, wie die Größe eines Arrays dynamisch, also zur Laufzeit, geändert werden kann.

Die protected Elemente der Klasse sind ein Zeiger start auf den Beginn eines Arrays der Größe xDim, das aus Objekten des Typs T besteht (Abbildung 9.1).

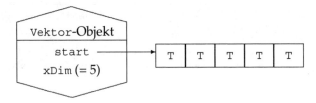

Abbildung 9.1: Ein Objekt der Klasse Vektor

## Template-Klasse Vektor

```
// cppbuch/k9/vektor/vektor.t
// dynamische Vektor-Klasse
#ifndef vektor_t
#define vektor_t vektor_t
#include<cassert>

template<class T>
class Vektor {
  public:
    Vektor(int x = 0);                      // Allg. Konstruktor
    Vektor(const Vektor<T>& v);             // Kopierkonstruktor

    virtual ~Vektor() { delete [] start;}   // Destruktor
    int  Groesse() const {return xDim;}
    void GroesseAendern(int);               // dynamisch ändern

    // Indexoperator inline
    T& operator[](int index) {
         assert(index >= 0  &&  index < xDim);
         return start[index];
    }
    // Indexoperator für konstante Vektoren
    const T& operator[](int index) const  {
         assert(index >= 0  &&  index < xDim);
         return start[index];
    }
     // Zuweisungsoperator
    Vektor<T>& operator=(const Vektor<T>&);

    // Initialisierung des Vektors
    void init(const T&);

    // Zeiger auf Anfang und Position nach dem Ende
    // für nichtkonstante und konstante Vektoren
    T* begin() { return start;}
    T* end()   { return start + xDim;}
    const T* begin() const { return start;}
    const T* end()   const { return start + xDim;}

  protected:   // um Zugriff abgeleiteter Klassen zu ermöglichen
    int  xDim;               // Anzahl der Datenobjekte
    T   *start;              // Zeiger auf Datenobjekte
};
```

Die Elemente des Arrays können beliebige kopierbare Objekte desselben Datentyps sein, zum Beispiel `rational`-Objekte. Die Klassendeklaration enthält auch die Dinge, die erst in den späteren Abschnitten über die verschiedenen Operatoren benötigt werden.

Es ist unmittelbar einsichtig, dass Programme mit Vektoren bei Vorliegen der oben beschriebenen Funktionalität lesbarer und kürzer als mit C-Arrays geschrieben werden können – weswegen in diesem Buch von Anfang an Standardvektoren verwendet werden (siehe Seite 85). Das Prinzip gilt natürlich nicht nur für Vektoren. Die anwendungsbezogene C++-Programmierung wird darauf hinauslaufen, eine Vielfalt vorgefertigter Klassen aus kommerziell erhältlichen und firmenspezifischen Bibliotheken einzusetzen, um die Produktivität der Programmierer und die Qualität ihrer Produkte zu erhöhen.

Die angegebenen Elementfunktionen und Operatoren werden nachfolgend erläutert. Es folgen die Implementationen der Konstruktoren:

```
template<class T>
inline Vektor<T>::Vektor(int x)            // Allg. Konstruktor
  : xDim(x), start(new T[x]) {
}

template<class T>
inline Vektor<T>::Vektor(const Vektor<T> &v) // Kopierkonstruktor
  : xDim(v.xDim), start(new T[xDim]) {
     for(int i = 0; i < xDim; ++i)
         start[i] = v.start[i];
}
```

Der Konstruktor erzeugt zum Beispiel durch `Vektor<rational> vRat(3);` einen `rational`-Vektor `vRat` mit drei Elementen. Der Kopier- oder Initialisierkonstruktor kopiert erst die Größe des Vektors, beschafft die benötigte Menge Speicherplatz und überträgt dann einzeln die Elemente. Weil im Konstruktor mit `new` ein Array angelegt wird, muss im Destruktor `delete` mit eckigen Klammern angegeben werden. Der vom System bereitgestellte Kopierkonstruktor wäre nicht ausreichend, weil ein Kopieren von `start` und `xDim` nicht genügt.

Die Implementierung der Methode zur Initialisierung eines Vektors enthält nur eine einfache Schleife, die jedem Element des Vektors den Initialisierungswert zuweist:

```
template<class T>
inline void Vektor<T>::init(const T& wert) {
     for(int i = 0; i < xDim; ++i)
         start[i] = wert;
}
```

Die Methode `begin()` gibt einen Zeiger auf den Anfang des Vektors zurück; `end()` gibt einen Zeiger auf die Position *nach dem letzten* Vektorelement zurück. Diese Methoden werden erst später benötigt (Abschnitt 11.4).

## 9.2.1 Index-Operator [ ]

Die Deklaration des Indexoperators zeigt, dass nicht ein Objekt, sondern eine *Referenz* auf ein Objekt des Datentyps `T` zurückgegeben wird. Warum? Gesucht ist eigentlich *ein Element* des Vektors. Betrachten wir dazu einfach die beiden Fälle (Rückgabe eines Objekts per Wert – Rückgabe einer Referenz) im Vergleich.

### Rückgabe per Wert

Die Deklaration würde dementsprechend lauten: `T operator[](int index);`. Da die Operatorfunktion eine Funktion wie jede andere ist, die nur einen speziellen Namen hat, gelten die gleichen Mechanismen wie sonst auch bei Funktionen. Das per Wert übergebene Argument `index` wird in die Funktion hineinkopiert und die Anweisung `return irgendwas` bewirkt, dass eine temporäre Kopie von `irgendwas` dem Aufrufer übergeben wird. Das Kopieren wird vom Kopierkonstruktor des Systems oder einem selbst geschriebenen übernommen. Abbildung 9.2 verdeutlicht den Vorgang. Wir müssen dabei zwei verschiedene Fälle unterscheiden, nämlich dass das anzusprechende Element auf der rechten oder auf der linken Seite (als L-Wert oder lvalue) einer Zuweisung stehen kann.

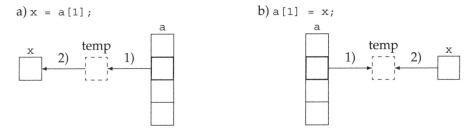

Abbildung 9.2: Zuweisung von Vektorelementen per Wert.
Reihenfolge: 1) Erzeugen einer temporären Kopie, 2) Zuweisung an x bzw. von x

Betrachten wir den ersten Fall, in Abbildung 9.2 mit a) bezeichnet. Im ersten Schritt wird durch den Indexoperator eine temporäre Kopie des Elements Nr. 1 des Vektors a erzeugt. Diese Kopie wird der Variablen x zugewiesen, und anschließend wird die Kopie verworfen – genau wie wir es wünschen. Im zweiten Fall sieht es anders aus! Wie in Abbildung 9.2, Fall b) zu sehen ist, würde auch hier zunächst eine temporäre Kopie erzeugt. Die Variable x würde dann *dieser Kopie* zugewiesen werden, die danach »entsorgt« wird, *das ursprüngliche Vektorelement bliebe unverändert!* Damit wäre der Sinn der Anweisung `a[1] = x;` verfehlt. Glücklicherweise werden wir vom Compiler beim Auftreten dieser Anweisung darauf aufmerksam gemacht, dass der Operator nicht die ihm zugedachte Aufgabe erfüllt.

### Rückgabe per Referenz

Die Deklaration enthält nun den richtigen Rückgabetyp, sodass das richtige Objekt zurückgegeben wird:

```
T& operator[](int index);
```

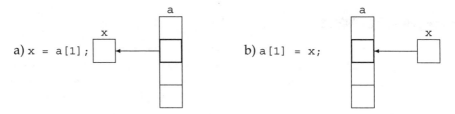

Abbildung 9.3: Zuweisung von Vektorelementen per Referenz

Abbildung 9.3 zeigt in a) und b) die gleichen Fälle wie Abbildung 9.2, nur dass jetzt nicht mit einer temporären Kopie, sondern *direkt mit dem Original* gearbeitet wird. Eine Referenz ist ja nichts anderes als ein anderer Name, eine Alias-Bezeichnung, für ein und dasselbe Objekt. Der Kopierkonstruktor wird bei der Ergebnisrückgabe nicht aufgerufen, weil nichts zu kopieren ist und nur der Verweis auf das Original zurückgegeben wird. Das Ergebnis des Indexoperators ist nun das gewünschte Vektorelement und nicht nur eine temporäre Kopie.

Die Implementierung des Indexoperators wurde `inline` schon in der Klassendeklaration vorgenommen. Dabei wurde der Weg gewählt, dass das Programm sich mit einer Fehlermeldung beendet, wenn der zulässige Bereich für den Index über- oder unterschritten wird (zum `assert()`-Makro siehe Seite 142). Würden dem Aufrufer stattdessen ohne Abbruch irgendwelche Daten zurückgegeben, so arbeitet das Programm anschließend mit falschen Daten! Dadurch entstehende Folgefehler sind oft nur schwer auf die eigentliche Ursache der Indexüberschreitung zurückzuführen. Nach Auslieferung des Programms an einen Kunden sollte das Programm allerdings *weder* abbrechen *noch* mit falschen Daten weiterrechnen (zur Fehlerbehandlung siehe Kapitel 10). Der zweite Indexoperator ist für den Zugriff auf konstante Objekte gedacht. Das erste `const` garantiert, dass ein per Referenz zurückgegebenes Element nicht verändert wird; das zweite `const` erlaubt die Anwendung des Operators auf konstante Arrays ohne Beschwerden des Compilers. Wenn nun der Zugriff auf Arrayelemente ausschließlich über den Indexoperator geschieht,

wird jede Bereichsüberschreitung gemeldet. Die nächsten Zeilen zeigen, wie der Operator in einem Programm eingesetzt wird.
```
Vektor<double> v(5);                        // Vektor mit 5 Elementen
v[0] = 1.00; v[1] = 1.234;  v[2] = 2.22;    // Elemente als Linkswerte
double x = v[2];                            // Element rechts

// Test auf Indexüberschreitung
v[99] = 400.2;
x = v[100];

// Definition und Initialisierung eines anderen Vektors
Vektor<double> vc = v;          // mit Kopierkonstruktor

// Element links und rechts
v[0] = vc[1];
```
Die Schreibweise unterscheidet sich in nichts von der Benutzung eines normalen Arrays. Nach außen hin ist die Wirkung die gleiche, bis auf das sichere Verhalten bei Indexfehlern. Der sichere Zugriff kann natürlich umgangen werden durch Zeigerarithmetik:
```
double *vp = &v[0];
*(vp+100) = 17.9;               // nicht entdeckter Indexfehler!
```
Gegen böswillige Manipulationen kann man sich ohnehin nicht vollständig schützen, aber die konsequente Benutzung eines wie oben definierten Indexoperators anstelle der Zeigerarithmetik trägt erheblich zur Sicherheit und Testbarkeit eines Programms bei.

### 9.2.2 Zuweisungsoperator =

Wenn ein spezieller Zuweisungsoperator nicht definiert ist, wird automatisch vom Compiler ein Zuweisungsoperator bereitgestellt (implizit generiert), der ein Objekt elementweise kopiert. Darunter ist zu verstehen, dass für jedes Element, das selbst wieder Objekt oder aber vom Grunddatentyp sein kann, der zugehörige Zuweisungsoperator aufgerufen wird. Der Zuweisungsoperator für Grunddatentypen bewirkt eine bitweise Kopie. Falls Konstanten oder Referenzen vorhanden sind, geschieht dies jedoch nicht, weil sie nur initialisiert, aber nicht durch Zuweisung verändert werden könnten. In diesen Fällen ist ein besonderer '='-Operator notwendig.

Im folgenden Beispiel sei die Existenz zweier Klasse A und B angenommen, die in der Klasse C benutzt werden:
```
class C : public A {
  public:
    // ...
```

```
    private:
      B einB;
      int x;
};
```

Eine Zuweisung der Art

```
C c1, c2;
c1 = c2;  // d.h. c1.operator=(c2);
```

bewirkt implizit die folgenden Aufrufe, wobei keine Aussage darüber getroffen wird, ob der Zuweisungsoperator vom System generiert oder selbst geschrieben wurde:

```
c1.A::operator=(X);         // Hier ist X ein Platzhalter für das anonyme Subobjekt.
c1.einB.operator=(c2.einB); // benanntes Subobjekt
c1.x = c2.x;                // Grunddatentyp
```

Wenn die Klassen A bzw. B selbst Elemente enthalten, gilt für diese dasselbe Prinzip.

Operatorfunktionen können wie andere Methoden vererbt werden. Die Ausnahme ist der Zuweisungsoperator '='. Der automatisch erzeugte Zuweisungsoperator würde ohnehin einen geerbten Zuweisungsoperator überschreiben. Aus diesem Grund ist ein Vererben des Zuweisungsoperators überflüssig. Typischerweise enthält eine abgeleitete Klasse zusätzliche Datenelemente. Die Restriktion sorgt dafür, dass nicht versehentlich die zusätzlichen Datenelemente beim Kopieren unter den Tisch fallen können.

Falls Zeiger als Elemente in einem Objekt vorhanden sind, werden diese ebenfalls kopiert. Dies kann zu Problemen führen, wenn die Zeiger auf dynamisch zugewiesene Speicherbereiche oder auf Objekte zeigen, weil nur Adressen kopiert werden (siehe dazu Abschnitt 5.3.3 und das Bild auf Seite 249). Wenn ein Objekt A einem Objekt B zugewiesen werden soll, ist folgende Reihenfolge einzuhalten, wie wir bei der Klasse mstring (Abschnitt 7.1) gesehen haben:

- Reservieren von Speicher für B in der Größe von Objekt A

- Inhalt von A in den neuen Speicher kopieren

- Freigabe des vorher belegten Speichers

- Aktualisieren der Verwaltungsinformationen

Im Gegensatz zu Abschnitt 7.1 wird hier optimierend der Fall berücksichtigt, dass ein Vektor *sich selbst* zugewiesen werden kann. Es wird in der if-Abfrage verglichen, ob der zu kopierende Vektor dieselbe Adresse hat. Ein Zuweisungsoperator für Vektoren kann jetzt wie folgt definiert werden:

## 9.2 Eine Klasse für Vektoren

```
template<class T>
inline Vektor<T> &Vektor<T>::operator=(const Vektor<T>& v) {
    if (this != &v) {   // Zuweisung identischer Objekte vermeiden
        T * temp = new T[v.xDim];    // neuen Platz beschaffen
        for (int i = 0; i < v.xDim; ++i)
            temp[i] = v.start[i];
        delete[] start;              // Speicherplatz freigeben
        xDim  = v.xDim;              // Verwaltungsinformation aktualisieren
        start = temp;
    }
    return *this;
}
```

Damit können Vektoren mit *einem* Befehl im Programm zugewiesen werden, zum Beispiel v2 = v. Bisher bestehende Referenzen auf Elemente des linksseitigen Vektors werden bedeutungslos, weil der Adressbereich des Vektors nach der new-Operation ganz woanders liegen kann! Eine syntaktisch mögliche Zuweisung auf sich selbst (zum Beispiel v = v) wird dank der if-Abfrage umgangen. Der Kopierkonstruktor auf Seite 322 ist der '='-Operatorfunktion sehr ähnlich. Der Unterschied liegt hauptsächlich darin, dass kein Speicher freigegeben werden muss.

### Dynamisches Ändern der Vektorgröße

Nachdem die Wirkungsweisen von Kopierkonstruktor und Zuweisungsoperator bekannt sind, macht es nun keine Schwierigkeiten, eine Methode zum Ändern der Größe eines Vektors zu schreiben:

```
template<class T>
void Vektor<T>::GroesseAendern(int neueGroesse) {
    // neuen Speicherplatz besorgen
    T *pTemp = new T[neueGroesse];

    // die richtige Anzahl von Elementen kopieren
    int kleinereZahl = (neueGroesse > xDim) ? xDim : neueGroesse;

    for(int i = 0; i < kleinereZahl; ++i)
        pTemp[i] = start[i];

    // alten Speicherplatz freigeben
    delete [] start;

    // Verwaltungsdaten aktualisieren
    start = pTemp;
    xDim  = neueGroesse;
}
#endif // vektor_t
```

## Übungsaufgaben

**9.5** Schreiben Sie einen Zuweisungsoperator für die Klasse `nummeriertesObjekt` aus Abschnitt 7.2. Überlegen Sie vorher genau, was er eigentlich tun soll.

**9.6** Schreiben Sie für die Klasse `mstring` aus Abschnitt 7.1 Operatoren, die den Methoden `assign()`, `at()` und `ausgabe()` entsprechen.

### 9.2.3 Mathematische Vektoren

Die oben beschriebene Klasse `Vektor` kann beliebige kopierbare Objekte eines vorgegebenen Typs aufnehmen. Nun konstruieren wir uns eine maßgeschneiderte Klasse `mathVektor` für Objekte der Datentypen `int`, `float`, `complex`, `rational`... die alle Eigenschaften der Klasse `Vektor` hat und noch ein paar mehr, nämlich dass mathematische Operationen mit Objekten der Klasse einfach möglich sind. Die Klasse `valarray` der C++-Standardbibliothek ist eine Klasse speziell für numerische Arrays und den mathematischen Operationen dazu, nur ist sie um einiges komplizierter. Sie wird ausführlich ab Seite 594 beschrieben. `mathVektor` *ist ein* `Vektor`, und diese Beziehung drückt sich in C++ durch Vererbung aus. Als Beispiel für mathematische Operatoren sei hier nur der `*=`-Operator gezeigt.

**Klasse für Vektoren mit mathematischen Operationen**

```
// cppbuch/k9/mathvek/mvektor.t
#ifndef mvektor_t
#define mvektor_t mvektor_t
#include"vektor.t"

template<class T>
class mathVektor : public Vektor<T> {
   public:
       mathVektor(int = 0);
       // Operator
       mathVektor& operator*=(const T&);
       // weitere Operatoren und Funktionen ...
};                   // #endif folgt am Dateiende (nach der Implementierung)
```

Die Implementation des Konstruktors ist entsprechend einfach. Der Konstruktor initialisiert nur ein Basisklassensubobjekt vom Typ `Vektor` in der richtigen Größe, sonst ist nichts weiter zu tun.

```
template<class T>
mathVektor<T>::mathVektor(int x)
  : Vektor<T>(x) {
}
```

Weil `mathVektor` keinerlei Attribute außer den geerbten hat, sind weder Destruktor, noch Kopierkonstruktor oder Zuweisungsoperator notwendig! Die vom System implizit generierten Funktionen Destruktor, Kopierkonstruktor und Zuweisungsoperator genügen, weil die entsprechenden Operationen für das Basisklassensubobjekt von der Klasse `Vektor` erledigt werden. Der Indexoperator wird von der Basisklasse geerbt, sodass die Klassendeklaration dadurch sehr einfach wird. *Tipp*

Bei dieser Diskussion wird vorausgesetzt, dass in einem Programm – wie in den Beispielen oben – Methoden über den Namen eines definierten Objekts aufgerufen werden, nicht über Referenzen oder Zeiger. Polymorphismus wird nicht betrachtet. Polymorphes Verhalten ist bei vektorähnlichen Objekten nicht üblich. Sollte es dennoch gewünscht sein, muss der Zuweisungsoperator weiteren Bedingungen genügen, die in Abschnitt 9.3 erläutert werden.

## 9.2.4 Multiplikations-Operator

Dieser Operator soll auf einfache Weise einen Vektor multiplizieren, indem zum Beispiel `v1 *= 1.23;` geschrieben wird. Der Operator muss dafür sorgen, dass alle Elemente von `v1` mit 1.23 multipliziert werden.

```
template<class T>
mathVektor<T>& mathVektor<T>::operator*=(const T& zahl) {
    for(int i = 0; i < this->xDim; ++i)   // xDim privat? this? siehe Text
        this->start[i] *= zahl;           // elementweise Multiplikation
    return *this;
}
```

`this->` hilft dem Compiler, bei Templates ein Element der Oberklasse zu erkennen. *Tipp*
`xDim` und `start` könnten als private Attribute der Oberklasse `Vektor` entworfen worden und deswegen nicht zugreifbar sein. Möglichkeiten der Abhilfe:

1. In der Oberklasse `private` durch `protected` ersetzen, wie bereits auf Seite 321 geschehen. Dann haben alle von `Vektor` abgeleiteten Klassen Zugriff auf diese Variablen.

2. Die zweite Möglichkeit besteht darin, nur geerbte, öffentliche Methoden zu verwenden:

```
template<class T>                                // Version 2
mathVektor<T>& mathVektor<T>::operator*=(const T& zahl) {
    for(int i = 0; i < this->Groesse(); ++i)
        this->operator[](i) *= zahl;    // oder: (*this)[i]
    return *this;
}
```

Diese Möglichkeit ist trotz inlining etwas langsamer, weil der `operator[]()` den Index prüft. Bei 1. geschieht der Zugriff direkt über `start`.

Jetzt kann die Multiplikation eines beliebig großen Vektors sehr einfach geschrieben werden, zum Beispiel:

```
mathVektor<double> v1(100), v2(200);
//...
v1 *= 1.234567;      // alle Elemente von v1 multiplizieren
```

Aber was ist mit Fällen wie

```
v1 = v2 * 1.234567;
```

oder

```
v1 = 1.234567 * v2;
```

in denen drei Beteiligte anstatt nur zwei vorhanden sind? Am Ende des Kapitels 9.1 wurde darauf hingewiesen, dass ein binärer Operator mit Hilfe des Kurzformoperators implementiert werden kann. Dabei müssen die binären Operatoren nicht einmal Elementfunktionen der Klasse sein, sofern sie nicht direkt auf private Daten zugreifen. Die Implementierung für die beiden Fälle ergibt in Analogie zum Vorschlag am Ende von Abschnitt 9.1:

```
// * Operator für den Fall v1 = zahl*v2;
template<class T>
mathVektor<T> operator*(const T& zahl, const mathVektor<T> &v) {
    mathVektor<T> temp = v;
    return temp *= zahl;   // Aufruf von operator*=()
}

// * Operator für den Fall v1 = v2*zahl; (vertauschte Reihenfolge der Argumente)
template<class T>
mathVektor<T> operator*(const mathVektor<T> &v, const T& zahl) {
    return zahl*v;   // Aufruf des obigen operator*()
}
```

Auf die Erweiterung mit zusätzlichen mathematischen oder anderen Operatoren wird nicht weiter eingegangen. Man beachte übrigens, dass sich die Länge eines Vektors durch Zuweisung ändern kann. In dem Beispiel

```
v1 = 1.234567 * v2;
```

spielt die Länge von v1 *vor* der Zuweisung keine Rolle, und nach der Zuweisung haben v1 und v2 dieselbe Anzahl von Elementen. Dafür sorgt der Zuweisungsoperator der Klasse Vektor. Dieser Operator ist nicht vererbbar, er wird hier bei der elementweisen Kopie der Elemente eines mathVektors wirksam, d.h. bei der Kopie des Basisklassensubobjekts.

## 9.3 Zuweisungsoperator und Vererbung[1]

Wenn kein spezieller Zuweisungsoperator definiert ist, wird automatisch vom Compiler ein Zuweisungsoperator bereitgestellt, der ein Objekt elementweise kopiert. Elementweise Kopie meint, dass für jedes Element der zugehörige Zuweisungsoperator aufgerufen wird, sei er nun selbst definiert oder implizit generiert worden. Insbesondere wird bei einem Objekt einer abgeleiteten Klasse das anonyme Subobjekt der Oberklasse in diesem Sinn als Element aufgefasst.

Dies ist alles einfach, wenn Polymorphismus aus dem Spiel bleibt. Der Tipp auf Seite 287 soll sicherstellen, dass sich die Bedeutung eines Methodenaufrufs nicht ändert, wenn auf eine Methode statt über den Objektnamen über Basisklassenzeiger bzw. -referenzen zugegriffen wird. Wie sieht es aus, wenn polymorphe Objekte einander zugewiesen werden sollen? Anhand der Klasse Ober und der abgeleiteten Klasse Unter soll das Problem verdeutlicht werden:

```
// Klassendefinitionen
class Ober {
   public:
      // ....
   private:
      int iO;                  // Daten der Klasse Ober
};
class Unter : public Ober {
   public:
      // ....
   private:
      int iU;                  // Daten der Klasse Unter
};
// main()-Programm:
Unter U1, U2;
U1 = U2;            // kein Problem: Unter::operator=(const Unter&)
// polymorphe Objekte (statischer ≠ dynamischer Typ)
Ober& rO1 = U1;
Ober& rO2 = U2;
```

Falls der Zuweisungsoperator nicht virtuell ist, werden nur die statischen Typen betrachtet:

```
Ober O1, O2;
O1 = O2;      // Ober::operator=(const Ober&) ok
```

Aus der Zuweisung

---
[1] Der Rest dieses Kapitels kann beim ersten Lesen übersprungen werden.

```
rO1 = U2;      // Ober::operator=(const Unter&) ?
```
versucht der Compiler einen Zuweisungsoperator zu finden, den es nicht gibt. Das Ergebnis ist eine Fehlermeldung des Compilers. In einer Oberklasse darf es so einen Operator nicht geben, weil nicht garantiert ist, dass in der Oberklasse Informationen über eine Unterklasse existieren – schließlich kann eine Unterklasse beliebigen Namens von irgendjemand zu einem beliebigen späteren Zeitpunkt geschrieben werden. Um den richtigen Zuweisungsoperator aufzurufen, wenn statischer und dynamischer Typ verschieden sind, muss der Zuweisungsoperator virtuell sein. Weil der implizit generierte niemals virtuell ist, heißt dies, dass sich der Softwareentwickler selbst dieser Mühe unterziehen muss ([Bre01]).

Bei virtuellen Methoden müssen Name und Parameterlisten übereinstimmen, nur der Rückgabetyp darf etwas unterschiedlich sein: Wenn der Rückgabetyp einer virtuellen Funktion eine Referenz auf die Klasse ist, dann darf der Rückgabetyp der entsprechenden Funktion in der abgeleiteten Klasse eine Referenz auf die abgeleitete Klasse sein. Ein Beispiel sind die Funktionen `vf4()` und `vf5()` auf Seite 288.

```
// Annahme: virtueller Zuweisungsoperator
O1  = O2;      // Ober::operator=(const Ober&) wie vorher
U1  = rO2;     // Unter::operator=(const Ober&)
rO1 = U2;      // Unter::operator=(const Ober&)
```

Leider tauchen nun weitere Probleme auf:

```
virtual Unter& Unter::operator=(const Ober& rs) {
                    // rs = rechte Seite der Zuweisung
    // geerbte Attribute der Oberklasse zuweisen:
    iO = rs.iO;       // Fehler! iO ist private.
    // Attribut der Klasse Unter zuweisen:
    iU = rs.iU;       // Fehler! rs.iU ist unbekannt!
    return *this;
}
```

Der erste Fehler kann leicht behoben werden: Wenn die Attribute der Oberklasse `protected` sind, ist die Zuweisung möglich. Nun wird dadurch der Zugriffsschutz aufgeweicht, und deshalb ist es besser, wenn die Oberklasse eine Methode zur lokalen Zuweisung ihrer Attribute bereitstellt, die die privaten Daten kopiert. Der zweite Fehler resultiert aus der Tatsache, dass der Compiler nur eine statische Analyse vornehmen kann: Danach hat das Objekt `rs`, das zur Klasse `Ober` gehört, kein Attribut `iU`. Benötigt wird jedoch zur Laufzeit die Information über den dynamischen Typ von `rs`, der sowohl `Ober` als auch `Unter` sein kann. Nur in letzterem Fall ist eine Zuweisung überhaupt sinnvoll.

Mit den bisher bekannten Mitteln ist dem Problem der Zuweisung bei Polymorphismus nicht beizukommen. Eine brutaler Downcast, also eine Typumwandlung der Art

## 9.3 Zuweisungsoperator und Vererbung

```
      iU = ((Unter&)rs).iU;      // gefährlich
```
verhindert zu erkennen, dass `rs` vielleicht doch den falschen Typ hat. Aus diesem Grund wurde der `dynamic_cast`-Operator eingeführt, der zur Laufzeit eine Typumwandlung vornimmt und dabei prüft, ob diese Typumwandlung erlaubt ist. An dieser Stelle soll nur der Einsatz für das Problem der Zuweisung bei Polymorphismus gezeigt werden, eine ausführliche Besprechung von `dynamic_cast` folgt in Abschnitt 12.5. Es gibt nur zwei funktionierende Strategien:

1. Jede Klasse bekommt einen virtuellen `operator=()` und einen nicht-virtuellen `operator=()`. Bei polymorpher Zuweisung ruft der erste den zweiten auf.

2. Jede Klasse bekommt eine virtuelle Methode `assign()` und einen nicht-virtuellen `operator=()`. Bei polymorpher Zuweisung ruft der Zuweisungsoperator einer Oberklasse `assign()` auf. Weil die Methode virtuell ist, wird sie automatisch passend zum Objekt aufgerufen.

Hier soll nur die zweite Strategie am Beispiel gezeigt werden. Die beiden entsprechend angepassten Klassen sind:

```
// cppbuch/k9/poly/ober.h
#ifndef ober_h
#define ober_h ober_h
class Ober {
  public:
    Ober(int io) : iO(io) { }
    virtual int get() const {return iO;}
    virtual Ober& assign(const Ober& rs) {
       if(this != &rs)
          lokaleZuweisung(rs);
       return *this;
    }
    Ober& operator=(const Ober& rs) { return assign(rs);}
  protected:
    void lokaleZuweisung(const Ober& rs) { iO = rs.iO;}
  private:
    int iO;      // Daten speziell für Ober
},
#endif  // ober_h

// cppbuch/k9/poly/unter.h
#ifndef unter_h
#define unter_h unter_h
#include"ober.h"
```

```cpp
class Unter : public Ober {
  public:
    Unter(int io, int iu) : Ober(io), iU(iu) { }

    virtual int get() const { return (10*Ober::get() + iU);}

    virtual Unter& assign(const Ober& rs) {
       if(this != &rs) {
         Ober::assign(rs);           // Oberklassensubobjekt
         /*Die rechte Seite rs wird hier zur Laufzeit in eine Referenz U mit dem er-
           forderlichen Typ gewandelt. U gehört zur Klasse Unter, sodass der Com-
           piler ab hier keine Typkonflikte mehr hat.
         */
         const Unter& U = dynamic_cast<const Unter&>(rs);
         lokaleZuweisung(U);         // nur lokale Daten
       }
       return *this;
    }
    // um Generierung des impliziten Zuweisungsoperators zu vermeiden,
    // muss Unter& operator=(const Unter&) existieren.
    Unter& operator=(const Unter& rs) { return assign(rs); }
  protected:
    void lokaleZuweisung(const Unter& rs) { iU = rs.iU;}
  private:
    int iU;       // Daten speziell für Unter
};
#endif      // unter_h
```

Aus diesem Abschnitt ergeben sich einige Empfehlungen, hier auf Basis der zweiten Strategie, die beim Einsatz von Vererbung beherzigt werden sollten, es sei denn, Polymorphismus wird per deutlichen Hinweisen und ausführlicher Dokumentation allen Benutzern einer Oberklasse verboten:

- Jede Klasse in einer Vererbungshierarchie soll die Zuweisung all ihrer Attribute *mit Ausnahme der geerbten* in einer eigenen Methode kapseln. Diese Methode, zum Beispiel mit dem Namen `lokaleZuweisung`, kann bei Einfachvererbung privat sein.

- Der statische Zuweisungsoperator muss existieren. Er ruft eine spezielle Methode `assign()` auf, die die Zuweisung erledigt. Beispiel für eine Klasse X:
  `X& operator=(const X& rs) { return assign(rs);}`

- Jede abgeleitete Klasse, egal an welcher Stelle der Vererbungshierarchie, sollte eine (in der obersten Basisklasse deklarierte) virtuelle Methode `assign()`

mit der folgenden zu empfehlenden Struktur haben, wobei hier `Unterklasse` direkt von `direkteOberklasse` abgeleitet sein soll:

```
virtual Unterklasse& assign(const obersteBasisklasse& rs) {
    if(this != &rs) {
      direkteOberklasse::assign(rs);
      lokaleZuweisung(dynamic_cast<const Unterklasse&>(rs));
    }
    return *this;
}
```

Die Methode `assign()` ist verantwortlich für die Zuweisung eines vollständigen Objekts der betreffenden Klasse und hat als Rückgabetyp eine Referenz dieser Klasse. Der Aufruf bewirkt bei dieser Struktur die Zuweisung aller anonymen Subobjekte der Oberklassen bis hin zur (obersten) Basisklasse.

Die Methode für die lokale Zuweisung kann hier `private`, muss aber bei Mehrfachvererbung `protected` sein. Ein mit der Zuweisung vergleichbares Problem tritt beim polymorphen Vergleich zweier Objekte auf. Die Diskussion dazu wird verschoben auf Abschnitt 12.6.2.

## 9.4 Inkrement-Operator ++

Der Inkrement-Operator ++ tritt in der Präfix- oder Postfix-Form auf, je nachdem, ob das Hochzählen vor oder nach der Verwendung einer Variablen geschehen soll. Um nicht nur ein ganz triviales Erhöhen um eins zu zeigen, wird eine Klasse `Datum` vorgestellt, in der das Hochzählen mit ++ das Weiterschalten des Tages auf das nächste Datum bedeutet. Dabei müssen Monatsübergänge, Schaltjahre und mehr berücksichtigt werden.

Nach Tabelle 9.1 (Seite 314) ist eine Unterscheidung von Präfix- und Postfixversion durch ein Argument 0 realisiert. Aus diesem Grund wird der Postfix-Inkrementoperator von der Präfix-Version durch einen zusätzlichen `int`-Parameter im Argument unterschieden, obwohl der Parameter sonst nicht weiter benötigt wird; ein vielleicht nicht besonders eleganter Kunstgriff.

Um bereits *vor* der Konstruktion eines Datums Tag, Monat und Jahr überprüfen zu können, zum Beispiel nach einer Dialogeingabe, wird eine globale Funktion zur Überprüfung bereitgestellt. Die Funktion wird auch innerhalb der Methoden der Klasse benutzt. Sie benutzt die globale Funktion `Schaltjahr()`, die auch von der Methode `Datum::Schaltjahr()` gerufen wird.

## Klasse Datum

```cpp
// cppbuch/k9/datum/datum.h
#ifndef datum_h
#define datum_h datum_h

class Datum {
  public:
    Datum();                              // Standardkonstruktor
    Datum(int t, int m, int j);           // allgemeiner Konstruktor
    void setzeDatum(int t, int m, int j); // Datum setzen
    void aktuell();                       // Systemdatum setzen
    bool Schaltjahr() const;

    Datum& operator++();                  // Tag hochzählen, präfix
    Datum operator++(int);                // Tag hochzählen, postfix
    int Tag()    const;                   // lesende Methoden
    int Monat()  const;
    int Jahr()   const;
  private:
      int tag, monat, jahr;
};
// Prototyp der globalen Schaltjahr-Funktion
bool Schaltjahr(int jahr);  // Implementation s.u.

// inline Methoden
// Um Code-Duplikation zu vermeiden, wird eine Methode aufgerufen
inline Datum::Datum(int t, int m, int j) {
   setzeDatum(t, m, j);
}

inline int Datum::Tag()    const { return tag;   }
inline int Datum::Monat()  const { return monat; }
inline int Datum::Jahr()   const { return jahr;  }
inline bool Datum::Schaltjahr() const {
   return ::Schaltjahr(jahr);
}

// globale Funktionen
bool korrektesDatum(int t, int m, int j);

inline bool Schaltjahr(int jahr) {
    return  jahr % 4 == 0 && jahr % 100 || jahr % 400 == 0;
}
#endif   // datum_h
```

## Implementierung zur Klasse Datum

Die folgend beschriebene Implementierung der Operatormethoden ist in der Datei *cppbuch/k9/datum/datum.cpp* auf der CD-ROM zu finden. Die Header `<ctime>` und `<cassert>` müssen eingebunden werden. Der Standardkonstruktor initialisiert das Datum mit dem Systemdatum:

```
Datum::Datum()   { aktuell();} // siehe unten

// Datum definieren
void Datum::setzeDatum(int t, int m, int j) {
    tag = t;
    monat = m;
    jahr = j;
    // Damit nur korrekte Datum-Objekte möglich sind:
    assert(korrektesDatum(tag, monat, jahr));
}
```

In der Funktion `aktuell()` treten vordefinierte Datentypen und Funktionen auf, die auf jedem C/C++-System zu finden sind (Einzelheiten siehe Seite 635). Die Datentypen und Funktionen `time_t`, `time()`, `tm` und `localtime()` sind in `<ctime>` deklariert, `time_t` beispielsweise als `long`. `time()` liefert die Anzahl der Sekunden, die seit dem 1. Januar 1970 bis zum Aufruf verstrichen sind, als Zahl vom Typ `time_t`. Die Funktion `localtime()` gibt einen Zeiger auf eine statische Struktur des Typs `tm` zurück, die teilweise ausgewertet wird.

```
// Systemdatum eintragen
void Datum::aktuell() {
    time_t now = time(NULL);
    tm *z = localtime(&now);      // Zeiger auf eine vordefinierte
                                  // Struktur des Typs tm
    jahr  = z->tm_year + 1900;
    monat = z->tm_mon + 1;        // localtime liefert 0..11
    tag   = z->tm_mday;
}
```

Die folgende Methode dient dazu, den Tag weiterzuschalten. Falls ein ungültiges Datum wie der 31. April gebildet wird, muss es sich um den Übergang zum nächsten Monat handeln:

```
Datum& Datum::operator++() {    // Präfix (kein int-Argument)
    ++tag;
    // Monatsende erreicht?
    if(!korrektesDatum(tag, monat, jahr)) {
      tag = 1;
      if (++monat > 12) {
         monat = 1;
```

```
            ++jahr;
        }
    }
    return *this;
}
```

Der Postfix-Inkrementierungsoperator folgt einem Muster, das für alle nachgestellten ++-Operatoren gültig ist. Zuerst wird der alte Zustand des Objekts »gerettet«, dann wird das Objekt verändert und der gerettete Wert zurückgegeben:

```
Datum Datum::operator++(int) {   // Datum um 1 Tag erhöhen
                                 // Parameter wird nicht gebraucht
    Datum temp = *this;
    ++*this;                     // Präfix ++ aufrufen
    return temp;
}
```

Anstelle von `++*this;` kann alternativ der Aufruf `operator++();` stehen. Die Angabe eines Variablennamens in der Parameterliste des Postfix-Operators ist nicht notwendig, weil die Variable ohnehin nicht benötigt wird. Die Implementierung des Postfix-Operators ändert den Wert des Objekts mit Hilfe des schon definierten Präfix-Operators, sodass eine Code-Duplikation vermieden wird, gibt aber mit Hilfe der Variablen `temp` den vorherigen Wert zurück, entsprechend der gewünschten Semantik. Der Aufruf in einem Programm wird wie folgt interpretiert:

`++dat1;`      Aufruf wie `dat1.operator++();`
`dat1++;`      Aufruf wie `dat1.operator++(0);`

Damit ist das Rüstzeug zur Implementierung eigener Inkrement-Operatoren vorhanden. Die verzögerte Objektänderung in der Postfix-Form muss allerdings, wie gezeigt, selbst programmiert werden, sie wirkt nicht automatisch. Manchmal ist es von der Semantik her gleichgültig, ob ein Prä- oder Postfix-Operator genommen wird, wie etwa bei einer allein stehenden Anweisung `x++;` für ein beliebiges Objekt x. Jedoch kann eine temporäre Variable beim Postfix-Operator nicht vermieden werden, sodass in solchen Fällen aus Effizienzgründen ein Präfix-Operator vorzuziehen ist, das heißt, `++x;` ist besser. Alles in diesem Abschnitt über den Inkrement-Operator Gesagte gilt entsprechend natürlich auch für den Dekrement-Operator `--`. Zum Schluss folgt der Vollständigkeit halber die globale Funktion zur Überprüfung, ob ein Tag/Monat/Jahr-Tripel ein gültiges Datum darstellt. Die Jahreszahl soll größer als 1582 sein, weil in dem Jahr der bis heute gültige Gregorianische Kalender eingeführt worden war.

*Tipp*

```
bool korrektesDatum(int t, int m, int j) {
    // Tage pro Monat (static vermeidet Neuinitialisierung):
    static int tmp[]={31,28,31,30,31,30,31,31,30,31,30,31};
    tmp[1] = Schaltjahr(j) ? 29 : 28;
```

```
        return (   m >= 1     && m <= 12
               && j >= 1583 && j <= 2399   // oder mehr
               && t >= 1    && t <= tmp[m-1]);
}
```

**Übungsaufgaben**

9.7 Der Rückgabetyp der Präfix-Form des Inkrementoperators ist als Referenz formuliert. Warum?

9.8 Wäre eine Referenz als Rückgabetyp in der Postfix-Form sinnvoll?

9.9 Schreiben Sie einen Ausgabeoperator `<<` zur Ausgabe von Datum-Objekten in der üblichen Schreibweise, d.h. Tag, Monat und Jahr durch einen Punkt getrennt (zum Beispiel 31.12.2007).

9.10 Implementieren Sie die relationalen Operatoren `==`, `!=` und `<` für Objekte der Klasse Datum. Letzterer gibt an, welches Datum von zweien früher liegt.

9.11 Die Differenz zweier Datum-Objekte in Tagen soll durch eine globale Funktion mit der Schnittstelle `int DatumDifferenz(const Datum& a, const Datum& b)` berechnet werden.

9.12 Berechnen Sie, welches maximale Systemdatum auf Ihrem System möglich ist. Hinweis: siehe die obige Methode `aktuell()`.

## 9.5 Typumwandlungsoperator

Erinnern wir uns an die `if`- und die `while`-Anweisung, in deren Bedingung nicht nur ein Ausdruck mit einem arithmetischen Ergebnis, sondern auch ein Zeiger stehen darf. Ein Zeiger muss dann in einen äquivalenten Wert (0 oder 1) umgewandelt werden. Wir wissen, dass der Compiler Typumwandlungen automatisch vornimmt, zum Beispiel wenn einer `float`-Zahl eine `int`-Zahl zugewiesen wird. Bedingung für die Umwandlung ist ein Typumwandlungsoperator, der implizit durch den Compiler oder explizit durch Angabe des Datentyps angewendet werden kann:

```
float f;
int i = 1234;
f = i;                        // implizit
f = static_cast<float>(i);    // explizit
```

Die Typumwandlung mit einem Konstruktor haben wir bereits im Abschnitt 5.3.4 kennen und in Abschnitt 5.4 anwenden gelernt. C++ erlaubt darüber hinaus die Definition von Typumwandlungsoperatoren für selbst geschriebene Klassen, um ein Objekt der Klasse in einen anderen Datentyp abzubilden. *Typumwandlungsoperatoren sind Elementfunktionen und haben weder eine Parameterliste noch einen Rückgabetyp.* Ein Typumwandlungsoperator hat folgende Struktur:

> operator *Datentyp* ();

Um Mehrdeutigkeiten zu vermeiden, sollten Typumwandlungsoperatoren sparsam eingesetzt werden. Hier wird im Folgenden als Beispiel die Umwandlung eines Datum-Objekts in einen String gezeigt, der dann weiterverarbeitet oder ausgegeben werden kann. Die Deklaration in der Klasse Datum sowie die Implementierung lauten:

```
// datum.h
#include<string>

class Datum {
    // .... wie vorher
    operator std::string() const;
};

// in datum.cpp:
Datum::operator std::string() const {
    std::string temp("tt.mm.jjjj");
    temp[0] = tag/10 +'0';    // implizite Umwandlung von int nach char
    temp[1] = tag%10 +'0';
    temp[3] = monat/10 +'0';
    temp[4] = monat%10 +'0';

    int pos = 9;              // letzte Jahresziffer
    int j = jahr;

    while(j > 0) {
        temp[pos] = j % 10 + '0';    // letzte Ziffer
        j = j/10;                     // letzte Ziffer abtrennen
        --pos;
    }
    return temp;
}
```

Es ist sowohl die implizite als auch die explizite Umwandlung möglich, wie die folgenden Zeilen zeigen.

```
using namespace std;
Datum d;
string s1 = d;           // implizit oder
```

```
cout << s1 << endl;        // Ausgabe
string s2 = (string)d;     // explizit
cout << s2 << endl;        // Ausgabe
```

*Empfehlung*: Um die Typprüfung des Compilers nicht unnötig zu umgehen, sollte man Typumwandlungsoperatoren nur in begründeten Fällen einsetzen. Alternativ bieten sich Methoden an. In diesem Beispiel wäre eine Methode namens `toString()` anstelle des Typumwandlungsoperators die bessere Lösung, weil dann eine implizite Typumwandlung von vornherein unmöglich ist.

*Tipp*

### Übungsaufgabe

**9.13** Ersetzen Sie den Typumwandlungsoperator durch eine Methode `toString()`.

## 9.6 Smart-Pointer: Operatoren -> und *

Ein Schlüsselkonzept von C++ ist der Zugriff auf Objekte und deren Elementfunktionen über Zeiger, *Indirektion* genannt. Wer kennt die Fallstricke nicht, die mit der Verwendung von Zeigern einhergehen! Typische Fehler sind die Dereferenzierung von nicht initialisierten Zeigern oder versehentliche Versuche, `delete` mehr als einmal auf einen Zeiger anzuwenden. Andere Fehler sind hängende Zeiger und verwitwete Objekte (siehe Seite 217) – alles Fehler, die manchmal schwer zu finden sind. Gegen diese typische C-Krankheit bietet C++ eine Medizin: »intelligente« Zeiger (englisch *smart pointers*).

Die Vielseitigkeit von C++ erlaubt es, auch die Operatoren -> und * zu überladen, sodass damit eine Klasse von »smart pointers« geschaffen werden kann, mit der Indirektion auf direkte, sichere und effiziente Art darstellbar ist.

Was erwarten wir von einem intelligenten Zeiger?

1. Die Syntax der Benutzung soll möglichst der bekannten Schreibweise von »normalen« Zeigern gleichen.

2. Ein intelligenter Zeiger sollte ohne viel Aufwand für verschiedene Klassen möglich sein, ohne an Typsicherheit einzubüßen.

3. Gegenüber einem normalen Zeiger sollte kein Laufzeitmehrbedarf entstehen.

4. Ein smarter Pointer hat niemals einen undefinierten Wert. Er verweist entweder auf ein Objekt oder definitiv auf nichts, um hängende Zeiger zu vermeiden.

5. Die Dereferenzierung von nicht existenten Objekten soll nicht zu einem Programmabsturz (core dump), sondern zu einer Fehlermeldung zur Laufzeit mit anschließendem Programmabbruch führen.

Wichtig für Objekte, die mit new erzeugt werden:

6. Das Objekt, auf das der Zeiger verweist, soll gelöscht werden, sobald der Zeiger nicht mehr gültig ist, um verwitwete Objekte zu vermeiden.

7. Der Versuch, ein nicht existierendes Objekt zu löschen, soll nicht zum Absturz führen, sondern ignoriert werden.

Des Weiteren sind noch viele Dinge denkbar, die ein intelligenter Zeiger bei der Dereferenzierung erledigen könnte. Beispiele: ein Objekt erst bei Bedarf vom Massenspeicher holen, in Abhängigkeit vom Zugriff auf konstante oder nichtkonstante Objekte unterschiedlich reagieren und anderes mehr. Um das folgende Beispiel nicht zu überfrachten, bleibt es auf die oben angeführten Punkte beschränkt. Ferner sollen Restriktionen gelten:

- Für dynamisch, das heißt, mit new erzeugte Objekte müsste eine andere Klasse zuständig sein als für automatische Objekte, die auf dem Stack abgelegt werden. Der Grund: Einer Objektadresse kann man es nicht ansehen, ob das Objekt auf dem Stack oder auf dem Heap liegt. Diese Information kann allenfalls unter ganz bestimmten Bedingungen das Objekt selbst haben, und sie lässt sich nur über eine Methode des Objekts ermitteln. Um smarte Pointer für alle möglichen Klassen verwenden zu können, dürfen an die Objekte keine Anforderungen dieser Art gestellt werden, sodass nur der Ausweg zweier verschiedener Ausprägungen eines smarten Pointers bleibt.

  Weil Zeiger typischerweise für dynamische Objekte verwendet werden, werden im Folgenden nur smart Pointer für Heap-Objekte betrachtet.

- Die Klasse soll nicht für Zeiger gelten, die auf ein Array von Objekten verweisen. Solche Fälle werden besser mit dem besprochenen Vektor-Template realisiert (Abschnitt 9.2).

- Eine gemischte Verwendung von »intelligenten« mit normalen C-Zeigern ist nicht sinnvoll, weil die Sicherheitsmaßnahmen der Klasse unterlaufen werden können.

Der bisher bekannte Operator -> ist für jede Adresse verwendbar, die vom Typ »Zeiger auf struct oder class« ist. Der überladene Operator verhält sich genauso: Seine Benutzung ist nichts anderes als der Aufruf der Funktion operator->() (siehe Tabelle 9.1, Seite 314), die eben so einen Zeiger zurückgibt – nur dass sie vorher noch etliche andere Dinge erledigen kann! Für Grunddatentypen ist ein Überladen allerdings nicht möglich.

Die Forderung nach Typsicherheit und gleichzeitiger Anwendbarkeit für verschiedene Klassen wird durch ein Klassen-Template erfüllt. Durch inline-Definitionen entsteht verglichen mit einem normalen Zeiger kein zusätzlicher Laufzeitaufwand für die Funktionalität. Nur darüber hinausgehende Extras wie die Überprüfung auf Gültigkeit kosten Laufzeit – nicht alles ist umsonst.

Im folgenden Beispiel wird ein Klassen-Template smartPointer für »intelligente« Zeiger auf *Heap-Objekte* vorgestellt.

## Template für smartPointer

```
// cppbuch/k9/smartptr/smartptr.t
#ifndef smartptr_t
#define smartptr_t smartptr_t
#include<cassert>

template<class T>
class smartPointer {
   public:
      smartPointer(T *p = 0);
      ~smartPointer();              // Vererbung ist nicht geplant
      T* operator->() const;
      T& operator*() const;
      smartPointer& operator=(T *p);
      operator bool() const;
      void loescheObjekt();

   private:                          // Ergänzung siehe unten
      T* ZeigerAufObjekt;
};

// ... hier die unten beschriebenen inline-Implememtierungen einfügen
#endif       // smartptr_t
```

Die Variable ZeigerAufObjekt verweist auf ein Objekt eines beliebigen Typs T. Alle Zugriffe geschehen über die Operatoren -> und *. Der Konstruktor stellt sicher, dass ZeigerAufObjekt den Wert 0 bei Initialisierung erhält, wenn keine Objektadresse übergeben wird. Die Methode loescheObjekt() soll gezielt den Pointer von seinem Objekt »befreien«.

```
template<class T>
inline smartPointer<T>::smartPointer(T *p)
 : ZeigerAufObjekt(p) {
}
template<class T>
inline smartPointer<T>::~smartPointer() {
    loescheObjekt();              // siehe unten
}
```

Der Operator -> gibt einen Zeiger auf das Objekt zurück, wobei im Unterschied zum bisher bekannten Pfeiloperator geprüft wird, ob er auf ein Objekt verweist. Falls nicht, gibt es eine Laufzeitfehlermeldung.

```
template<class T>
inline T* smartPointer<T>::operator->() const {
    assert(ZeigerAufObjekt);
    return ZeigerAufObjekt;
}
```

Der Operator * gibt eine Referenz auf das Objekt zurück, wobei im Unterschied zum bisher bekannten Dereferenzierungsoperator geprüft wird, ob ZeigerAufObjekt tatsächlich auf ein Objekt verweist. Falls nicht, gibt es eine Laufzeitfehlermeldung.

```
template<class T>
inline T& smartPointer<T>::operator*() const {
    assert(ZeigerAufObjekt);
    return *ZeigerAufObjekt;
}
```

Der Zuweisungsoperator dient dazu, einem smartPointer-Objekt die Adresse eines Objekts vom Typ T zuzuweisen. Der Zuweisungsoperator soll nur freien Zeigern etwas zuweisen, damit nicht ein Objekt verloren geht:

```
template<class T>
inline smartPointer<T>& smartPointer<T>::operator=(T* p) {
    assert(ZeigerAufObjekt == 0);
    ZeigerAufObjekt = p;
    return *this;
}
```

Schließlich soll die Abfrage möglich sein, ob ein smart Pointer auf ein Objekt zeigt. Dazu wird ein Typumwandlungsoperator benutzt, sodass Abfragen in `if`- oder `while`-Bedingungen mit der vertrauten Syntax `if(smartPointerObjekt)` ... möglich sind.

```
template<class T>
inline smartPointer<T>::operator bool() const {
    return bool(ZeigerAufObjekt);
}
```

Die Aufgabe, ein Objekt zu löschen, sobald der zugehörige Zeiger nicht mehr gültig ist, übernimmt der Destruktor des smarten Pointers. Vielleicht soll ein Objekt unabhängig davon gelöscht werden können – dann ist eine besondere Methode `loescheObjekt()` sinnvoll, die vom Destruktor benutzt werden kann:

```
template<class T>
inline void smartPointer<T>::loescheObjekt() {
```

```
     delete ZeigerAufObjekt;
     ZeigerAufObjekt = 0;
}
```

Das Nullsetzen des internen Zeigers garantiert, dass ein weiterer versehentlicher Löschversuch ohne Folgen bleibt. Es soll vermieden werden, dass mehrere Zeiger auf dasselbe Objekt verweisen. Bei dynamischen Objekten gäbe es andernfalls das Problem, dass das erste ungültig werdende smartPointer-Objekt das referenzierte Objekt löscht, mit der Folge, dass die anderen nicht mehr darauf zugreifen könnten, obwohl die internen Zeiger (ZeigerAufObjekt-Variablen) ungleich 0 sind.

Es gibt zwar Möglichkeiten, beliebig viele smarte Pointer auf ein Objekt verweisen zu lassen, ohne dass diese Schwierigkeiten auftreten. Sie setzen jedoch eine Buchführung voraus, die mitzählt, wieviel Zeiger auf ein Objekt verweisen. Die Benutzungszählung (englisch *reference counting*) übersteigt den Rahmen dieses einfachen Beispiels, weswegen wir schlicht verbieten, dass mehr als ein smarter Pointer auf ein Objekt verweist. Das geschieht am einfachsten dadurch, dass sowohl der Zuweisungsoperator als auch der Initialisierungs- oder Kopierkonstruktor durch eine private-Deklaration unzugänglich gemacht wird:

```
// Ergänzung der Klassendefinition
private:
  // p1 = p2; verbieten
  void operator=(const smartPointer& );

  // Initialisierung mit smartPointer verbieten
  smartPointer(const smartPointer&);
```

Damit ist zwar nicht jede, aber wenigstens eine weitere Fehlerquelle gestopft.

Eine Parameterübergabe per Wert an eine Funktion ist die Erzeugung und Initialisierung eines Objekts, bei der dem Kopierkonstruktor eine Referenz auf das Original mitgegeben wird.

Ein privater Kopierkonstruktor sorgt dafür, dass eine Übergabe per Wert nicht möglich ist und ein smartPointer nur noch per Referenz übergeben werden kann. Obwohl sich da die Benutzung von smartPointer-Objekten von der normaler Zeiger unterscheidet, ist dies ein erwünschter Effekt, denn: Eine Übergabe per Wert erzeugt eine temporäre Kopie des Parameters, deren Destruktor am Ende der Funktion aufgerufen wird. Der Destruktor würde das zugehörige Objekt löschen, obwohl es im aufrufenden Programm noch gebraucht wird!

Das folgende Programm zeigt einige Anwendungen von smarten Pointern. Es werden Objekte der Klassen A und B erzeugt, auf die mit smarten Pointern zugegriffen wird. Dabei erbt B von A, damit polymorphes Verhalten gezeigt werden kann. Die Destruktoren dokumentieren das Vergehen der Objekte, wenn die Zeiger ungültig werden.

## Beispielprogramm mit smartPointer-Objekten

```cpp
// cppbuch/k9/smartptr/main.cpp
#include"smartptr.t"
#include<iostream>
using namespace std;

class A {
    public:
        virtual void hi() { cout << "hier ist A::hi()" << endl;}
        virtual ~A()      { cout << "A::Destruktor" << endl; }
};

class B : public A {
    public:
        virtual void hi() { cout << "hier ist B::hi()" << endl; }
        virtual ~B()      { cout << "B::Destruktor" <<endl; }
};

// Übergabe per Wert ist hier nicht möglich, wohl aber per Referenz:
template<class T>
void perReferenz(const smartPointer<T>& p) {
    cout << "Aufruf: perReferenz(const smartPointer<T>&):";
    p->hi();      // d.h. (p.operator->())->hi();
}

int main() {
    cout << "Zeiger auf dynamische Objekte:" << endl;
    cout << "Konstruktoraufruf" << endl;
    smartPointer<A> spA(new A);
    cout << "... oder Zuweisung" << endl;
    smartPointer<B> spB;
    spB = new B;

    cout << "Operator ->" << endl;
    spA->hi();
    spB->hi();

    cout << "Operator *" << endl;
    (*spA).hi();
    (*spB).hi();

    cout << "Polymorphismus:" << endl;
    smartPointer<A> spAB;           // Basisklassenzeiger
    spAB = new B;                   // zeigt auf B-Objekt
    spAB->hi();                     // B::hi()
```

## Beispielprogramm (Fortsetzung)

```
        // Parameterübergabe eines smartPointer
        perReferenz(spAB);

        spAB.loescheObjekt();

        // Die Wirkung der Sicherungsmaßnahmen im Vergleich zu einfachen
        // C++-Zeigern zeigen die folgenden Zeilen:

        // nicht-initialisierter Zeiger bewirkt Laufzeitfehler:
        smartPointer<B> spUndef;
        if(!spUndef)               // = if(!(spUndef.operator bool()))
            cout << "undefinierter Zeiger!" << endl;
        spUndef->hi();                  // Laufzeitfehler!
        (*spUndef).hi();                // Laufzeitfehler!

        // alle folgenden Anweisungen bewirken Fehlermeldungen des Compilers!

        // Typkontrolle: ein A ist kein B!
        smartPointer<B> spTyp(new A);       // Fehler!

        // keine Initialisierung mit Kopierkonstruktor
        smartPointer<A> spY = spA;          // Fehler!

        // Zuweisung ist nicht möglich (privater =-Operator):
        smartPointer<A> spA1;
        spA1 = spA;                         // Fehler!
}
```

### 9.6.1 Smart Pointer und die C++-Standardbibliothek

Ein `smartPointer`, wie oben beschrieben, behält ein Objekt so lange, bis es entweder explizit durch `loescheObjekt()` freigegeben oder der Destruktor beim Verlassen des Gültigkeitsbereichs wirksam wird. Die C++-Standardbibliothek enthält eine vordefinierte Klasse für smarte Zeiger namens `auto_ptr`. Diese Klasse hat ein etwas anderes Konzept: Die Eigenschaft »Besitz des Objekts« wird bei Zuweisungen und beim Initialisieren auf das andere Objekt übertragen:

```
auto_ptr<A> apX(new A), apY;
apY = apX;
// Jetzt hält apY das Objekt, nicht mehr apX!
auto_ptr<A> apZ(apY);
// Jetzt hält apZ das Objekt, nicht mehr apY!
```

Kopierkonstruktor und Zuweisungsoperator sind öffentlich. Das hat Konsequenzen: Wenn ein `auto_ptr` versehentlich per Wert übergeben wird, wird das daran hängende Objekt gnadenlos vernichtet:

```
void anscheinendHarmloseFunktion(auto_ptr<A> p) {  // per Wert!
    p->hi();
    // ... und andere Berechnungen
}      // Destruktor zerstört p und damit das daran hängende Objekt
int main() {
    // ...
    auto_ptr<A> pA(new A);
    pA->hi();                   // ok
    anscheinendHarmloseFunktion(pA);
    pA->hi();                   // Fehler! Objekt ist verschwunden!
}
```

Konsequenz: Hier muss man selbst darauf achten, dass man einen `auto_ptr` nicht versehentlich per Wert übergibt, während der private Kopierkonstruktor von `smartPointer` dafür sorgt, dass es eine Fehlermeldung des Compilers gibt. Aber das ist noch nicht alles. Der letzte, wegen des fehlenden Objekts nicht mehr erlaubte Aufruf, ruft nicht einmal eine Laufzeitfehlermeldung hervor. Deswegen sind `auto_ptr` eigentlich nur in speziellen Fällen (siehe Seite 364) geeignet, die allerdings durch die obige smart-Pointer-Klasse auch abgedeckt werden. Container der Standardbibliothek (siehe Kapitel 16, Seite 489) dürfen Zeiger und smart-Pointers enthalten, aber keine `auto_ptr`-Objekte!

## 9.7 Objekte als Funktionen

In einem Ausdruck wird der Aufruf einer Funktion durch das von der Funktion zurückgegebene Ergebnis ersetzt. Die Aufgabe der Funktion kann von einem Objekt übernommen werden, eine Technik, die in den Algorithmen und Klassen der C++-Standardbibliothek (siehe Kapitel 14) häufig eingesetzt wird. Dazu wird der Funktionsoperator `()` mit der Operatorfunktion `operator()()` überladen. Ein Objekt kann dann wie eine Funktion aufgerufen werden. Ein algorithmisches Objekt dieser Art wird *Funktionsobjekt* oder *Funktor* genannt. Eine nützliche Anwendung wird in Abschnitt 11.5 beschrieben.

Funktoren sind Objekte, die sich wie Funktionen verhalten, aber alle Eigenschaften von Objekten haben. Sie können erzeugt, als Parameter übergeben oder in ihrem Zustand verändert werden. Die Zustandsänderung erlaubt einen flexiblen Einsatz, der mit Funktionen nur über zusätzliche Parameter möglich wäre. Wie funktioniert ein Funktor? Betrachten wir dazu eine Klasse, deren Objekte den Sinus eines Winkels berechnen. Den Objekten wird bei der Erzeugung bereits mitgeteilt, in welchen Einheiten der Winkel angegeben wird.

## Klasse für ein Funktionsobjekt

```cpp
// cppbuch/k9/funktor/sinus.h  Beispiel für Funktionsobjekte
#ifndef sinus_h
#define sinus_h sinus_h
#include<cassert>
#include<cmath>        // sin(), Konstante M_PI für π
// manche Compiler stellen Konstante wie M_PI nicht zur verfügung
#ifndef M_PI
 #define M_PI 3.141592654
#endif

class SINUS {
  public:
    enum Modus { Bogenmass, Grad, Neugrad};
    SINUS(Modus M = Bogenmass)
    : Berechnungsart(M) {
    }
    double operator()(double arg) const {
      double erg;
      switch(Berechnungsart) {
        case Bogenmass : erg = std::sin(arg);
                         break;
        case Grad      : erg = std::sin(arg/180.0*std::M_PI);
                         break;
        case Neugrad   : erg = std::sin(arg/200.0*std::M_PI);
                         break;
        default        : assert(false);        // darf nicht vorkommen
      }
      return erg;
    }
  private:
    Modus Berechnungsart;
};
#endif   // sinus_h
```

Das syntaktisch entscheidende Element ist der überladene Klammeroperator operator()(). Durch ihn ist es möglich, dass ein Objekt wie eine Funktion aufgerufen werden kann. Die Algorithmen der C++-Standardbibliothek benutzen häufig Funktionsobjekte. Eein Beispiel dafür ist setprecision zum Festlegen der Anzahl ausgegebener Stellen bei der Ausgabe von Zahlen (siehe Abschnitt 13.3). Eine Anwendung zeigt das Beispielprogramm, in dem Objekte für drei verschiedene Winkeleinheiten angelegt und als Funktionsobjekt benutzt werden. Ferner wird eins von den drei Objekten als Parameter übergeben.

## Beispielprogramm

```
// /cppbuch/k9/funktor/main.cpp
#include<iostream>
#include"sinus.h"
using namespace std;

void SinusAnzeigen(double arg, const SINUS& Funktor) {
   cout << Funktor(arg) << endl;   // = Funktor.operator()(arg);
}
int main() {
   SINUS sinrad;
   SINUS sinGrad(SINUS::Grad);
   SINUS sinNeuGrad(SINUS::Neugrad);

   // Aufruf der Objekte wie eine Funktion
   cout << "sin(" << M_PI/4 <<" rad) = "        // π/4 = 0.785398...
        << sinrad(M_PI/4)    << endl; // = sinrad.operator()(...);
   cout << "sin(0.7854 rad) = " << sinrad(0.7854)    << endl;
   cout << "sin(45 Grad)    = " << sinGrad(45.0)     << endl;
   cout << "sin(50 Neugrad) = " << sinNeuGrad(50.0)  << endl;

   // Übergabe eines Funktors an eine Funktion
   SinusAnzeigen(50.0, sinNeuGrad);
   // ...
}
```

Was unterscheidet Funktionsobjekte von Funktionen?

- Sie erfüllen die Aufgabe einer Funktion, haben aber alle Eigenschaften von Objekten.

- Funktionsobjekte sind flexibler als Funktionen, weil virtuelle Funktionen und Vererbung möglich sind.

- Sie ermöglichen eine einfachere Schnittstelle: Wenn ein Funktionsobjekt per Wert oder per Referenz an eine Funktion übergeben wird, kann es die verschiedensten Daten intern mit sich tragen. Im Beispiel oben ist es die Berechnungsart. Die vergleichbare Übergabe eines Funktionszeigers mit denselben Daten erfordert eine viel breitere Schnittstelle.

Funktionsobjekte sind durchaus nicht auf arithmetische Operationen beschränkt. Ihr Einsatz sollte immer dann überlegt werden, wenn Zeiger auf Funktionen verwendet werden. Eine Anwendung, in der ein Funktor zum Vergleich von Objekten benutzt wird, finden Sie in Abschnitt 11.5 (Seite 393).

# 10 Fehlerbehandlung

**Inhalt:** *Dieses Kapitel skizziert die Möglichkeiten, die C++ bietet, um erwartete Fehlersituationen abzufangen. Nach der Betrachtung einiger Fehlerbehandlungsstrategien werden anschließend die Mechanismen, die C++ zur Fehlerbehandlung zur Verfügung stellt, anhand einiger Beispiele erläutert.*

Oft tritt ein Fehler in einer Funktion auf, der innerhalb der Funktion selbst nicht behoben werden kann. Der Aufrufer der Funktion muss Kenntnis von dem aufgetretenen Fehler bekommen, damit er den Fehler abfangen oder noch weiter »nach oben« melden kann. Ein Programmabbruch in *jedem* Fehlerfall ist benutzerunfreundlich und nicht immer nötig. Eine generelle Fehlerbehebung ist leider nicht möglich; jeder Einzelfall ist gesondert zu überlegen. Mit den bisher behandelten Mitteln lassen sich verschiedene Strategien zur Fehlerbehandlung realisieren. In der Aufzählung wird angenommen, dass der Fehler in einer aufgerufenen Funktion stattfindet.

1. Das programmiertechnisch Einfachste ist der sofortige Programmabbruch innerhalb der Funktion, die einen Fehler feststellt. Wenn keine erläuternden Meldungen über den Abbruch ausgegeben werden, ist die Fehlerdiagnose erschwert.

2. Ein üblicher Mechanismus zur Fehlerbehandlung ist die Übergabe eines Parameters an den Aufrufer der Funktion, der Auskunft über Erfolg oder Misserfolg der Funktion gibt. Der Aufrufer hat den Parameter auszuwerten und entsprechend zu reagieren. Der Parameter ist nach jedem Funktionsaufruf abzufragen.

```
ergebnis1 = f(par1, par2, fehler);
if(fehler) {
   switch (fehler) {
      case 1:  ergebnis1 = -1; break;
      case 2:  ergebnis1 =  0; break;
      default: cout << "nicht behebbarer Fehler in f()!"
                    << endl;
               exit(-2);
   }
}
// ...
ergebnis2 = g(par3, fehler);
```

```
if(fehler)
   exit(-3);
// ... usw.
```

Der Vorteil liegt in in der selektiven Art und Weise, wie der Aufrufer einer Funktion Fehler an der Stelle des Auftretens behandeln kann, sodass vielleicht sogar ein Abbruch nicht nötig ist. Der Nachteil dieser Verfahrensweise besteht darin, dass der Programmcode durch viele eingestreute Prüfungen schwerfällig wirkt und dass die Lesbarkeit leidet. Ein zweiter Nachteil ist, dass sich der Programmierer die Abfragen aus Schreibfaulheit spart in der Hoffnung, dass alles gut gehen wird.

3. Eine Funktion kann im Fehlerfall die in der C-Welt übliche globale Variable errno setzen, die dann wie im vorhergehenden Fall abgefragt wird – oder auch nicht! Globale Variablen sind jedoch grundsätzlich nicht gut geeignet, weil sie die Portabilität von Funktionen beeinträchtigen und weil beim Zusammenwirken mehrerer Programmteile Werte der Variablen möglicherweise nicht mehr eindeutig sind.

4. Eine Funktion, die einen Fehler feststellt, kann eine andere Funktion zur Fehlermeldung und Bearbeitung aufrufen, die gegebenenfalls auch den Programmabbruch herbeiführt. Diese Methode erspart dem Aufrufer die Fehlerabfrage nach Rückkehr aus der Funktion. Es ist in Abhängigkeit von der Art des Fehlers zu überlegen, ob dem Aufrufer die Information des Fehlschlags mitgeteilt werden muss. Dies gilt sicher dann, wenn die Funktion die ihr zugedachte Aufgabe nicht erledigen konnte.

5. Die leider noch anzutreffende »Kopf-in-den-Sand-Methode« ist die, einem Aufrufer trotz eines Fehlers einen gültigen Wert zurückzuliefern und weiter nichts zu tun. Beispiel: den Index-Operator [ ] so zu programmieren, dass bei einer Indexüberschreitung ohne Meldung immer der Wert an der Indexposition 0 zurückgegeben wird. Diese Methode ist besonders tückisch, weil der Fehler sich möglicherweise durch die falschen Daten an einer ganz anderen Stelle und sehr viel später bemerkbar macht und daher schwer zu finden ist. Oder: Einzutragende Daten ohne Meldung verwerfen, wenn die Datei voll ist. Oder ähnlich Schlimmes mehr.

Die Art der Fehlerbehandlung hängt auch davon ab, wie sicherheitskritisch der Einsatz der Software ist. Eine Fehlermeldung *Index-Fehler im Array CONTROL-PARAMETER, Index = 2198, max= 82* ist in einem Textverarbeitungsprogramm noch vertretbar und führt vielleicht zu einem Fehlerbericht an den Hersteller des Programms. Ganz anders kann es sein, wenn diese Fehlermeldung in der Software eines in der Luft befindlichen Flugzeugs auftritt. Es reicht wahrscheinlich nicht aus, die Meldung mit Uhrzeit in einer Log-Datei zu speichern und dann im Programm fortzufahren. Es würde auch nichts helfen, dem Piloten *diese* Fehlermeldung anzuzeigen, weil er damit nichts anfangen kann.

Unter den oben genannten Möglichkeiten sind die zweite und noch mehr die vierte akzeptabel. C++ stellt zusätzlich die Ausnahmebehandlung bereit, mit der Fehler an spezielle Fehlerbehandlungsroutinen des aufrufenden Kontexts übergeben werden können.

## 10.1 Ausnahmebehandlung

Die vierte Fehlerbehandlungsstrategie von Seite 352 hat den Vorteil, dass der Programmcode, der die eigentliche Aufgabe erledigen soll, von vielen eingestreuten Fehlerprüfungen entlastet wird. C++ bietet die *Ausnahmebehandlung* (englisch *exception handling*) an, die ebenfalls den Fehlerbehandlungscode vom »normalen« Programm sauber trennt und die eine spezielle Abfrage von Fehlerparametern an vielen Stellen im Programm überflüssig macht. Zu unterscheiden ist zwischen der *Erkennung* von Fehlern wie zum Beispiel

– Division durch Null,
– Bereichsüberschreitung eines Arrays,
– Syntaxfehler bei Eingaben,
– Zugriff auf eine nichtgeöffnete Datei,
– Fehlschlag der Speicherbeschaffung oder
– Nichteinhaltung der Vorbedingung einer Methode

und der *Behandlung* von Fehlern. Die Erkennung ist in der Regel einfach, die Behandlung schwierig und häufig genug unmöglich, sodass ein Programm gegebenenfalls abgebrochen werden muss. Außer den *vorhersehbaren* Fehlern gibt es natürlich noch andere! Die Fehlerbehandlung sollte einen von zwei Wegen einschlagen:

- Den Fehler beheben und den Programmlauf fortsetzen oder, falls das nicht gelingt, das Programm mit einer aussagefähigen Meldung abbrechen *oder*

- den Fehler an das aufrufende Programm melden, das ihn dann ebenfalls auf eine dieser beiden Arten bearbeiten muss.

Für den Fall, dass Fehler in einer Funktion vom Aufrufer behandelt werden können, stellt C++ alternativ zur vierten Strategie auf Seite 352 die Ausnahmebehandlung zur Verfügung. Der Ablauf lässt sich wie folgt skizzieren:

1. Eine Funktion versucht (englisch *try*) die Erledigung einer Aufgabe.

2. Wenn sie einen Fehler feststellt, den sie nicht beheben kann, wirft (englisch *throw*) sie eine Ausnahme (englisch *exception*) aus.

3. Die Ausnahme wird von einer Fehlerbehandlungsroutine aufgefangen (englisch *catch*), die den Fehler bearbeitet.

## try und catch

Die Funktion kann der Fehlerbehandlungsroutine ein Objekt eines beliebigen Datentyps »zuwerfen«, um Informationen zu übergeben. Im Unterschied zu der oben erwähnten vierten Strategie wird nach der Fehlerbehandlung *nicht* in die Funktion zurückgesprungen. Das Programm wird vielmehr mit dem der Fehlerbehandlung folgenden Code fortgesetzt. Wenn aus einem Block herausgesprungen wird, werden die Destruktoren aller in diesem Block definierten automatischen Objekte aufgerufen. Das folgende Schema zeigt die syntaktische Struktur.

```
try {
    func();
    /*Falls die Funktion func() einen Fehler entdeckt, wirft sie eine Ausnahme aus
      (throw), wobei ein Objekt übergeben werden kann, um die geeignete Fehlerbe-
      handlung anzustoßen. Oder es wird in den Anweisungen ein Fehler festgestellt,
      der zum Auswerfen einer Exception führt, etwa so:
    */
    // weitere Anweisungen ...
    if(EsIstEinFehlerPassiert)
        throw Exception();
}
catch(Datentyp1 e) {    // Syntax für Grunddatentypen, z.B. const char*
    // durch ausgeworfenes Objekt e ausgewählte Fehlerbehandlung
    // ...
}
catch(const Datentyp2& e) {    // Klassenobjekte per Referenz übergeben
    // durch ausgeworfenes Objekt e ausgewählte Fehlerbehandlung
    // ...
}
// gegebenenfalls weitere catch-Blöcke
// Fortsetzung des Programms nach Fehlerbearbeitung an dieser Stelle!
// ...
```

Die Ausnahmebehandlung wird hier ausschließlich als Fehlerbehandlung verstanden. Um die Ausnahmebehandlung am Beispiel zu zeigen, wird davon leicht abgewichen, weil zum Beispiel das Erreichen des Dateiendes kein Fehler, sondern etwas Normales ist. Das Einlesen einer Zahl mit `cin >>` wird mit einer Fehlererkennung versehen, sodass fehlerhafte Eingaben ignoriert werden. Im folgenden Programm soll bei Fehleingaben die Meldung »Syntaxfehler« ausgegeben werden, ehe der Eingabestrom weiter verarbeitet wird. Das Dateiende wird bei Umleiten der Standardeingabe auf Betriebssystemebene erkannt. Die Kennung für ein Dateiende kann über die Tastatur eingegeben werden, falls die Standardeingabe nicht umgeleitet wird, in der Regel mit der Tastenkombination Ctrl +Z oder Ctrl +D (bzw. Strg statt Ctrl).

## Beispielprogramm zur Fehlerbehandlung

```cpp
// cppbuch/k10/stream/exstream.cpp
#include<iostream>
using namespace std;

class DateiEnde : public exception {}; // Hilfsklasse (siehe unten)

int liesZahl(std::istream& ein) {
    int i;
    ein >> i;
    /*Das eof-Bit bewirkt den Auswurf eines Objekts vom Typ DateiEnde, das
      hier durch den Aufruf des systemgenerierten Konstruktors erzeugt wird, an
      den umgebenden Kontext. Die Eingabe von falschen Zeichen setzt das fail-
      Bit, das durch die Funktion fail() abgefragt wird und den Auswurf eines
      const char*-Objekts bewirkt. Jedes throw führt zum Verlassen der Funkti-
      on. Details zu eof(), fail() und bad() siehe Abschnitt 13.4.
    */
    if(ein.eof()) throw DateiEnde();
    if(ein.fail())throw "Syntaxfehler";
    if(ein.bad()) throw;              // nicht behebbarer Fehler
    return i;
} // liesZahl()

void Zahlen_lesen_und_ausgeben() {
    int zahl;
    while(true) {
        cout << "Zahl eingeben:";
        bool erfolgreich = true;
        try{    // Versuchsblock
            // Zahl von der Standardeingabe lesen:
            zahl = liesZahl(cin);
        }
        // Fehlerbehandlung:
        /*Der folgende Ausnahme-Handler wird angesprungen, wenn ein Objekt
          des Typs DateiEnde im try-Block ausgeworfen wurde.
        */
        catch(const DateiEnde& e) {
            cout << "Ende der Datei erreicht!\n"
                 << "e.what() liefert: "
                 << e.what() // von exception geerbte Methode
                 << endl;
            cin.clear();    // Fehlerbits rücksetzen, siehe Abschnitt 13.4
            break;          // Schleife verlassen
        }                                           // ... wird fortgesetzt
```

## Beispielprogramm (Fortsetzung)

```
            /*Der folgende Ausnahme-Handler wird angesprungen, wenn ein Ob-
            jekt des Typs const char* ausgeworfen wurde. Die Funktion
            liesZahl() wirft einen C-String aus, wenn in der Eingabe die Syntax
            von int-Zahlen verletzt wird, zum Beispiel Buchstaben statt Ziffern.
            */
            catch(const char* z) {
                cerr << z << endl;
                erfolgreich = false;
                cin.clear();   // Fehlerbits rücksetzen
                cin.get();     // fehlerhaftes Zeichen entfernen, s. Abschnitt 13.2
            }

            // Fortsetzung des Programms nach der Fehlerbehandlung
            if(erfolgreich)
                    cout << "Zahl =  " << zahl << endl;
        }
    }
    int main() {
        Zahlen_lesen_und_ausgeben();
    }
```

Die Klasse `DateiEnde` kann von der Standardklasse `exception` (Beschreibung folgt) erben und deren Methoden nutzen, wie mit dem Aufruf von `what()` gezeigt wird. Falls `exception`-Methoden nicht benötigt werden, muss `DateiEnde` auch nicht von `exception` erben.

Für schwere Fehler, oben angezeigt durch `bad()`, ist hier keine Fehlerbehandlungsroutine definiert. Sie werden deswegen so lange an die nächsthöhere Ebene weitergereicht, bis sie auf einen geeigneten Ausnahme-Handler treffen. Ist wie hier keiner vorhanden, wird das Programm abgebrochen. Die Ausnahme-Handler werden der Reihe nach abgefragt, sodass einer, der auf alle Fehler passt, am Ende der Liste stehen muss, um die anderen nicht zu verdecken. Das obige Programm könnte entsprechend ergänzt werden. Die Folge von drei Punkten innerhalb der runden Klammern wird *Ellipse* genannt, was so viel wie Auslassung bedeutet. Nichtangabe eines Datentyps durch ... bedeutet »beliebige Anzahl beliebiger Datentypen«.

```
    catch( ... ) {   // Ellipse ... für nicht spezifizierte Fehler
        cerr << "nicht behebbarer Fehler!" << endl;
        throw;       // Weitergabe an nächsthöhere Instanz
    }
```

Der Vorteil der Trennung von Fehlererkennung und -behandlung wird durch einen Verlust an Lokalität erkauft, weil von der fehlerentdeckenden Stelle an eine ganz andere Stelle gesprungen wird, die auch Anlaufpunkt vieler anderer Stellen sein kann. Es lohnt sich daher, sich vor der Programmierung eine angemessene Strategie zur Fehlerbehandlung zu überlegen.

### 10.1.1 Exception-Spezifikation in Deklarationen

Um Ausnahmen, die eine Funktion auswerfen kann, in den Schnittstellen bekannt zu machen, können sie im Funktionsprototyp als sog. Exception-Spezifikation deklariert werden. Dabei sind drei Fälle zu unterscheiden:

1. `void Zahlen_lesen_und_ausgeben();`
   kann beliebige Ausnahmen auswerfen.

2. `void Zahlen_lesen_und_ausgeben() throw();`
   verspricht, *keine* Ausnahmen auszuwerfen.

3. `void Zahlen_lesen_und_ausgeben() throw(DateiEnde, const char*);`
   verspricht, nur die deklarierten Ausnahmen auszuwerfen.

Der Benutzer einer Funktion kennt zwar ihren Prototyp, im Allgemeinen aber nicht die Implementierung der Funktion. Die Angabe der möglichen Ausnahmen im Prototyp ist sinnvoll, damit der Benutzer der Funktion sich darauf einstellen und geeignete Maßnahmen treffen kann.

### 10.1.2 Exception-Hierarchie in C++

In den obigen Beispielen sind eigene Klassen definiert worden, deren Objekte mit `catch()` aufgefangen werden. Eigene Klassen zur Ausnahmebehandlung können sinnvoll sein, C++ stellt aber auch eine Reihe vordefinierter Exception-Klassen zur Verfügung. Dabei erben alle speziellen Exception-Klassen von der Basisklasse `exception`, wie Abbildung 10.1 zeigt. Die Klasse `exception` hat die folgende öffentliche Schnittstelle (Erklärungen zu `namespace` folgen in Abschnitt 12.1):

```
namespace std {
  class exception {
    public:
      exception() throw();
      exception(const exception&) throw();
      exception& operator=(const exception&) throw();
      virtual ~exception() throw();
      virtual const char* what() const throw();
    private:
      // ...
  };
}
```

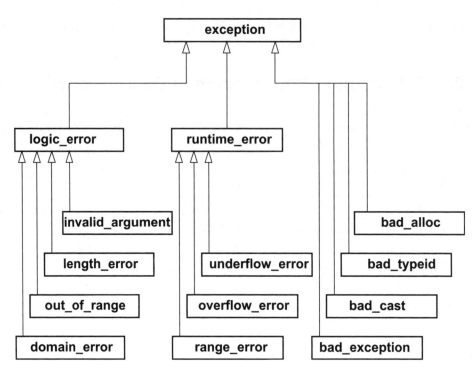

Abbildung 10.1: Exception-Hierarchie in C++

throw() nach den Deklarationen bedeutet, dass die Klasse selbst keine Exception wirft, weil es sonst eine unendliche Folge von Exceptions geben könnte. Die von der Klasse exception geerbte Methode what() gibt einen Zeiger auf char zurück, der auf eine statisch abgelegte Fehlermeldung verweist. Ein string-Objekt wäre ungeeignet, weil die Erzeugung eines Strings dynamisch geschieht und selbst eine Exception hervorrufen könnte. Eigene Exception-Klassen können durch Vererbung die Schnittstelle übernehmen, so wie die Klasse logic_error:

*Tipp*

```
namespace std {
  class logic_error : public exception {
    public:
      explicit logic_error(const string& argument);
        // Zur Erinnerung: explicit verbietet implizite Typumwandlung.
  };
}
```

Dem Konstruktor kann ein string-Objekt mitgegeben werden, das eine Fehlerbeschreibung enthält, die im catch-Block ausgewertet werden kann. Die Tabelle 10.1 zeigt die Zuständigkeit der Exception-Klassen.

| Klasse | Bedeutung | Header |
|---|---|---|
| exception | Basisklasse | <exception> |
| logic_error | theoretisch vermeidbare Fehler, die noch vor der Ausführung des Programms entdeckt werden können, zum Beispiel Verletzung von logischen Vorbedingungen | <stdexcept> |
| invalid_argument | Fehler in Funktionen der Standard-C++-Bibliothek bei ungültigen Argumenten | <stdexcept> |
| length_error | Fehler in Funktionen der Standard-C++-Bibliothek, wenn ein Objekt erzeugt werden soll, das die maximal erlaubte Größe für dieses Objekt überschreitet | <stdexcept> |
| out_of_range | Bereichsüberschreitungsfehler in Funktionen der Standard-C++-Bibliothek | <stdexcept> |
| domain_error | anderer Fehler des Anwendungsbereichs | <stdexcept> |
| runtime_error | nicht vorhersehbare Fehler, deren Gründe außerhalb des Programms liegen, zum Beispiel datenabhängige Fehler | <stdexcept> |
| range_error | Bereichsüberschreitung zur Laufzeit | <stdexcept> |
| overflow_error | arithmetischer Überlauf | <stdexcept> |
| underflow_error | arithmetischer Unterlauf | <stdexcept> |
| bad_alloc | Speicherzuweisungsfehler (Details siehe Abschnitt 10.2) | <new> |
| bad_typeid | falscher Objekttyp (Details siehe Abschnitt 12.6) | <typeinfo> |
| bad_cast | Typumwandlungsfehler (Details siehe Abschnitt 12.5) | <typeinfo> |
| bad_exception | Verletzung der Exception-Spezifikation (siehe unexpected(), Abschnitt 10.1.3) | <exception> |

Tabelle 10.1: Bedeutung der Exception-Klassen

## 10.1.3 Besondere Fehlerbehandlungsfunktionen[1]

Nun kann es sein, dass mitten in einer Fehlerbehandlung selbst wieder Fehler auftreten. Die dann aufgerufenen Funktionen werden in diesem Abschnitt beschrieben. Das hier beschriebene Verhalten wird von zur Zeit erhältlichen Compilern nur bedingt unterstützt. Daher ist es empfehlenswert, die Systemdokumentation zu Rate zu ziehen. Das ganze Thema »Exception Handling« kann hier nicht annähernd vollständig dargestellt werden. Eine ausführliche und gut lesbare Auseinandersetzung damit findet sich in [ScM97a]. Die hier beschriebenen Funktionen sind im Header <exception> deklariert.

**terminate()**

Die Funktion void terminate() wird (unter anderem) aufgerufen, wenn

- der Exception-Mechanismus keine Möglichkeit zur Bearbeitung einer geworfenen Exception findet;
- der vorgegebene unexpected_handler() gerufen wird (siehe unten);
- ein Destruktor während des Aufräumens (englisch *stack unwinding*) eine Exception wirft oder wenn
- ein statisches (nichtlokales) Objekt während der Konstruktion oder Zerstörung eine Exception wirft.

Die Standardimplementierung von terminate() beendet das Programm.

**unexpected()**

Die Funktion void unexpected() wird aufgerufen, wenn eine Funktion ihre Versprechungen nicht einhält und eine Exception wirft, die in der Exception-Spezifikation nicht aufgeführt wird. unexpected() kann nun selbst eine Exception auslösen, die der verletzten Exception-Spezifikation genügt, sodass die Suche nach dem geeigneten Exception-Handler weitergeht. Falls die ausgelöste Exception nicht der Exception-Spezifikation entspricht, sind zwei Fälle zu unterscheiden:

1. Die Exception-Spezifikation führt bad_exception auf: Die geworfene Exception wird durch ein bad_exception-Objekt ersetzt.
2. Die Exception-Spezifikation führt bad_exception *nicht* auf: terminate() wird aufgerufen.

---

[1] Dieser Abschnitt kann beim ersten Lesen übersprungen werden.

## uncaught_exception()

Die Funktion `bool uncaught_exception()` gibt `true` nach der Auswertung einer Exception zurück, bis die Initialisierung im Exception-Handler abgeschlossen ist oder `unexpected()` wegen der Exception aufgerufen wurde. Ferner wird `true` zurückgegeben, wenn `terminate()` aus irgendeinem Grund außer dem direkten Aufruf begonnen wurde.

## Benutzerdefinierte Fehlerbehandlungsfunktionen

Die oben dargestellten Funktionen können bei Bedarf selbst definiert werden, um die vorgegebenen zu ersetzen. Dazu sind standardmäßig zwei Typen für Funktionszeiger definiert:

```
typedef void (*unexpected_handler)();
typedef void (*terminate_handler)();
```

Dazu passend gibt es zwei Funktionen, denen die Zeiger auf die selbst definierten Funktionen dieses Typs übergeben werden, um die vorgegebenen zu ersetzen:

```
unexpected_handler set_unexpected(unexpected_handler f) throw();

terminate_handler set_terminate(terminate_handler f) throw();
```

Übergeben werden Zeiger auf selbst definierte Funktionen, an die bestimmte Anforderungen gestellt werden:

- Ein `unexpected_handler` soll
  - `bad_exception` oder eine der Exception-Spezifikation genügende Exception werfen oder
  - `terminate()` rufen oder
  - das Programm mit `abort()` oder `exit()` beenden. Der Unterschied zwischen den beiden liegt darin, dass `exit()` vor Programmende noch die mit `atexit(void (*f)())` registrierten Funktionen sowie alle Destruktoren statischer Objekte aufruft. Automatische (= Stack-)Objekte werden nicht zerstört.

- Ein `terminate_handler` soll das Programm ohne Rückkehr an den Aufrufer beenden.

## 10.1.4 Erkennen logischer Fehler

Wie können logische Fehler in einer Funktion oder allgemein in einem Programm gefunden werden, insbesondere während der Entwicklung? Dies ist möglich, indem in das Programm eine *Zusicherung* einer logischen Bedingung (englisch *assertion*) eingebaut wird. Das auf Seite 142 beschriebene Makro `assert()` dient diesem

Zweck. Das Argument des Makros nimmt eine logische Annahme auf. Ist die Annahme wahr, passiert nichts, ist sie falsch, wird das Programm mit einer Fehlermeldung abgebrochen. Sämtliche logischen Überprüfungen mit `assert`-Makros werden auf einmal abgeschaltet, wenn die Compilerdirektive `#define NDEBUG` vor dem `assert()`-Makro definiert wurde. Damit entfallen aufwendige Arbeitsvorgänge mit dem Editor für auszuliefernde Software, die keinen Debug-Code mehr enthalten soll.

Der Nachteil dieses Makros besteht in dem erzwungenen Programmabbruch. Wenn an die Stelle eines Abbruchs eine besondere Fehlerbehandlung (mit oder ohne Programmabbruch) treten soll, kann einfach ein eigenes Makro unter Benutzung der Ausnahmebehandlung geschrieben werden, das zum Beispiel in der Datei *assertex.h* abgelegt wird:

### Zusicherungsmakro mit Exception

```
// cppbuch/k10/logik/assertex.h
#ifndef assertex_h
#define assertex_h assertex_h
  #ifdef NDEBUG
    #define Assert(Bedingung, Ausnahme) 0; // Leeranweisung
  #else
    #define Assert(Bedingung, Ausnahme) \
         if(!(Bedingung)) throw Ausnahme
  #endif
#endif // assertex_h
```

Das folgende Programm zeigt beispielhaft, wie das Makro benutzt wird. Wenn 1 eingegeben wird, endet das Programm normal. Wenn 0 eingegeben wird, gibt es zusätzlich eine Fehlermeldung. In allen anderen Fällen wird das Programm mit einer Fehlermeldung abgebrochen. Es wird gezeigt, wie Exception-Objekten Informationen mitgegeben werden können, die innerhalb des Objekts ausgewertet werden. In diesem Fall ist es nur die Entscheidung, ob die übergebene Zahl gleich 0 oder gleich 1 ist.

### Beispielprogramm

```
// cppbuch/k10/logik/main.cpp
#include<iostream>
#include<cstdlib> // exit()
// Abschalten der Zusicherungen mit NDEBUG
// #define NDEBUG
#include"assertex.h"
```

## Beispielprogramm (Fortsetzung)

```cpp
class GleichNull {  // Exception-Klasse ohne Konstruktor-Argument
    public:
        const char* what() const {
            return "Fehler GleichNull entdeckt";
        }
};
class UngleichEins {   // Exception-Klasse mit Konstruktor-Argument
    public:
        UngleichEins(int i) : zahl(i) {}
        const char* what() const {
            return "Fehler UngleichEins entdeckt";
        }
        int wieviel() const { return zahl;}
    private:
        int zahl;
};
using nameapace std;
int main() {
    int i;
    cout << "0         : GleichNull-Fehler\n"
         << "1         : normales Ende\n"
         << "!= 1      : UngleichEins-Fehler\n i = ?";
    cin >> i;
    try {
        Assert(i, GleichNull());            // wirft ggf. Exception
        Assert(i == 1, UngleichEins(i));    // wirft ggf. Exception
    }
    catch(const GleichNull& FehlerObjekt) {
        cerr << FehlerObjekt.what() << endl
             << "keine weitere Fehlerbehandlung\n";
    }
    catch(const UngleichEins& FehlerObjekt) {
        cerr << FehlerObjekt.what()      << endl
             << FehlerObjekt.wieviel()   << '!'
             << "  Abbruch"              << endl;
        exit(1);                         // Programmabbruch
    }
    cout << "normales Programmende mit i = " << i << endl;
}
```

## 10.1.5 Durch Exceptions verursachte Speicherlecks vermeiden

In C++ kann ein Problem auftreten, wenn Speicher in einem Block dynamisch zugewiesen wird:

```
void func() {
    Datum heute;                    // Stack-Objekt
    heute.aktuell();                // irgendeine Berechnung
    Datum *pD = new Datum;          // Heap-Objekt beschaffen
    pD->aktuell();                  // irgendeine Berechnung
    delete pD;                      // Heap-Objekt freigeben
}
```

Wenn die Funktion `aktuell()` eine Ausnahme auswirft, wird der Destruktor von Objekt `heute` gerufen und das Objekt wird vom Stack geräumt. Das Objekt, auf das `pD` zeigt, wird jedoch niemals freigegeben, weil `delete` nicht mehr erreicht wird und `pD` außerhalb des Blocks unbekannt ist:

```
int main() {
    try {
        func();
    }
    catch(...) {
        //...// pD ist hier unbekannt
    }
}
```

Aus diesem Grund sollten ausschließlich Stack-Objekte (automatische Objekte) verwendet werden, wenn Exceptions auftreten. Dies ist immer möglich, wenn man Beschaffung und Freigabe eines dynamischen Objekts innerhalb eines Stack-Objekts versteckt. Das Hilfsmittel dazu kennen wir bereits, nämlich die »intelligenten« Zeiger aus Abschnitt 9.6:

```
void func() {
    smartPointer<Datum> pDsmart(new Datum);  // vgl. Abschnitt 9.6
    pDsmart->aktuell();                       // irgendeine Berechnung
    // Alternative: auto_ptr der Standardbibliothek,
    // vgl. Abschnitt 9.6.1. Header: <memory>
    std::auto_ptr<Datum> pDauto(new Datum);
    pDauto->aktuell();                        // irgendeine Berechnung
}
```

Nun sind sowohl `pDsmart` als auch `pDauto` automatische Objekte. Das Problem ist verschwunden, weil der jeweilige Destruktor den beschafften Speicher freigibt.

## 10.2 Speicherbeschaffung mit new

Eine Möglichkeit, das Fehlschlagen des `new`-Operators festzustellen, war früher die Abfrage, ob ein NULL-Zeiger zurückgegeben wird. Es ist umständlich, nach jedem `new` diese Prüfung durchzuführen. Das C++-Standardkomitee hat sich deshalb entschlossen, dass bei Fehlschlagen der Speicherbeschaffung eine Ausnahme ausgeworfen wird, nämlich ein Objekt vom Typ `bad_alloc`. Die Alternative, einen Nullzeiger zurückzugeben, bleibt bestehen (siehe Ende des Abschnitts).

In C++ gibt es einen Zeiger auf eine Funktion, die vom `new`- oder `new[]`-Operator gerufen wird, wenn die Speicherplatzanforderung nicht erfüllt werden kann. Der Zeiger ist vom Typ `new_handler` mit der Definition

```
typedef void (*new_handler)();
```

Zunächst zeigt `new_handler` auf eine Standardfunktion, die gegebenenfalls eine Ausnahme auswirft:

```
try {
    int *vielSpeicher = new int[30000];
}

catch(bad_alloc) {
    cerr << "kein Speicher vorhanden!" << endl;
    exit(1);
}
// ... normale Forsetzung des Programms
```

Ohne `try`- und `catch`-Blöcke würde das Programm bei Speichermangel mit der Fehlermeldung »abnormal program termination« oder etwas Ähnlichem beendet. Der `new_handler`-Zeiger kann jedoch auf eine selbst definierte Funktion gerichtet werden. Dann wird im Fehlerfall diese Funktion aufgerufen, entsprechend der vierten in der Einführung zu diesem Kapitel genannten Möglichkeit. Der `new`-Operator arbeitet etwa auf folgende Weise:

```
// NULL == 0 in C++, siehe Seite 199
void* Ergebnis;
do {
    Ergebnis = beschaffe_irgendwie_Speicher();
    if(Ergebnis == NULL) {      // d.h. nicht erfolgreich
        if(new_handler == NULL) // d.h. nicht definiert
            throw bad_alloc();
        else
            new_handler();      // Aufruf
    }
} while(Ergebnis == NULL);      // d.h. nicht erfolgreich
return Ergebnis;
```

Die Schleife wird beendet, wenn es entweder gelungen ist, Speicher zu beschaffen, oder wenn kein Rücksprung aus `(*new_handler)()` erfolgt, weil eine Ausnahme ausgeworfen wurde. Im folgenden Programm wird der `new_handler`-Zeiger mit Hilfe der Bibliotheksfunktion `set_new_handler()` auf eine selbst definierte Funktion `Speicherfehler()` gerichtet, wobei `set_new_handler()` einen Zeiger auf die vorher zugewiesene Funktion zurückgibt. Im Verlauf des `main()`-Programms wird ein Array von Zeigern angelegt.

Jedem Zeiger soll in der Schleife ein großer Block zugewiesen werden. Irgendwann ist jedoch der verfügbare Speicherplatz erschöpft. In diesem Moment wird während der Ausführung von `new` die Funktion `(*new_handler)()`, also `Speicherfehler()`, aufgerufen. Die Funktion schafft mit `delete` Platz und deaktiviert sich selbst, weil sie nicht noch mehr Speicher beschaffen kann. Dann kehrt sie nach `new` zurück, wo sofort noch einmal versucht wird, den Speicherplatz zu beschaffen, was dieses Mal gelingt. Die Schleife läuft weiter. Irgendwann stellt sich wieder das Problem des knappen Speichers. Weil `Speicherfehler()` nun eine Ausnahme auswirft, wird das Programm beendet. Falls in `Speicherfehler()` *kein* Platz beschafft werden kann, ist durch Erzeugen einer Ausnahme das Programm abzubrechen, weil es sonst eine unendliche Schleife gibt, indem abwechselnd erfolglos versucht wird, Speicherplatz zu beschaffen und die Fehlerbehandlungsfunktion aufzurufen (siehe Programmbeispiel zur Arbeitsweise von `new` auf Seite 365).

### Beispielprogramm mit new_handler

```cpp
// cppbuch/k10/speicher/newhdl.cpp
#include<iostream>
#include<new>        // set_new_handler() und bad_alloc()
using namespace std;
const unsigned int BLOCKGROESSE = 64000, MAXBLOECKE = 5000;
int* ReserveSpeicher = 0;

void Speicherfehler() {
    cerr <<"Memory erschöpft! Speicherfehler() aufgerufen!\n";
    if(ReserveSpeicher) {
        cerr << "Einmal Platz schaffen!\n";
        delete [] ReserveSpeicher;
        ReserveSpeicher = 0;                    // deaktivieren
    }
    else {
        cerr << "Exception auslösen!\n";
        throw bad_alloc();
    }
}
```

## Beispielprogramm (Fortsetzung)

```
int main() {
    // eigene Fehlerbehandlungsfunktion eintragen
    set_new_handler(Speicherfehler);

    ReserveSpeicher = new int[10*BLOCKGROESSE]; // Speicher belegen
    int* ip[MAXBLOECKE] = {0};
    unsigned int BlockNr = 0;

    try {
        while(BlockNr < MAXBLOECKE) {  // Speicher fressen
            ip[BlockNr] = new int[BLOCKGROESSE];

            cout << "Block "
                 << BlockNr
                 << " beschafft" << endl;
            ++BlockNr;
        }
        if(BlockNr == MAXBLOECKE-1)
            cout << "Block-Array erschöpft" << endl;
    }
    catch(const bad_alloc& X) {
        cerr << ++BlockNr << "Blöcke beschafft\n"
             << "bad_alloc ausgeworfen! Grund: "
             << X.what() << endl;
    }
}
```

Das früher übliche Standardverhalten, dass NULL bei Speichermangel zurückgegeben wird, kann durch ein nothrow-Argument des new-Operators erreicht werden:

```
// p1 ist nie Null, bei Speichermangel wird
// eine bad_alloc-Exception ausgeworfen:
T *p1 = new T;
```

```
// bei Speichermangel wird Null zurückgegeben,
// eine Exception kann nicht erzeugt werden:
T *p2 = new(nothrow) T;
if(!p2) {
    cerr << "zuwenig Speicher!";
}
else    // ...
```

## Übungsaufgabe

**10.1** Die Methode `setzeDatum()` von Seite 336 soll eine von Ihnen geschriebene `UngueltigesDatumException` werfen, wenn das Datum nicht korrekt ist. `UngueltigesDatumException` soll von `runtime_error` erben. Prüfen Sie das Verhalten mit einem Testprogramm, in dem Sie versuchen, ein falsches Datum zu erzeugen, zum Beispiel

```
Datum einDatum;
try {
   einDatum.setzeDatum(30, 2, 2008);
}
catch(const UngueltigesDatumException& e) {
   cout << e.what() << endl;
}
```

Die Ausgabe des Programmfragments soll lauten: »30.02.2006 ist ein ungültiges Datum«. Beachten Sie beim Zusammenbau der Zeichenkette den Tipp auf Seite 358.

# 11 Ein Werkzeugkasten

*Inhalt:* In diesem Kapitel werden verschiedene Klassen vorgestellt, um die bisher gelernten Dinge zu vertiefen und das Spektrum der Anwendungsmöglichkeiten zu verbreitern. Die Klassen sind in vielfältiger Weise verwendbar, sodass sie als Werkzeuge zur Lösung von Anwendungsproblemen eingesetzt werden können. Die Klassen entsprechen in Aufbau und Struktur denen der C++-Standardbibliothek, auf die im nächsten Kapitel eingegangen wird. Eine gute Kenntnis der vorhergehenden Kapitel wird vorausgesetzt, weil die dort besprochenen Grundlagen angewendet werden. Unter anderem werden mehrdimensionale Matrizen, Listen und ein binärer Suchbaum behandelt. Anschließend wird als Anwendung dynamischer Datenstrukturen ein praktisches Hilfsmittel vorgestellt, das es ermöglicht, die Konstruktion und Zerstörung von Objekten in einem Programm automatisch zu protokollieren. Das Werkzeug stellt ferner fest, ob im Programmverlauf versucht wurde, nicht existierende Objekte zu löschen, und prüft, ob am Programmende die Objektbilanz stimmt.

## 11.1 Behälterklassen (Container)

Eine Behälterklasse (englisch *container*) ist eine Datenstruktur zur Speicherung einer Anzahl von Objekten. Es gibt in C/C++ zwei eingebaute Arten von Behälterklassen: Arrays und Strukturen. Arrays bestehen aus einer Anzahl gleichartiger Objekte, Strukturen fassen logisch zusammengehörige Daten zusammen. Unter anderem darauf basierend, gibt es in der C++-Standardbibliothek komplexere, aber komfortablere Behälterklassen. Andere »selbst gebaute« Behälterklassen wie Listen und Bäume werden wir kennenlernen. Container bestehen im Allgemeinen aus einer Ansammlung verschiedener Objekte desselben Typs, wobei die Objekte auch Zeiger auf andere Objekte sein können. Ein Container muss problemabhängig entworfen werden, wobei eine Reihe von Entwurfsentscheidungen zu treffen ist.

### Was soll ein Container enthalten?

Objekte – was sonst! Aber was bedeutet das? Um das näher zu beleuchten, seien zwei Container `c1` und `c2` gegeben. `obj` sei ein Objekt. Die Container haben eine Elementfunktion `einfuegen()` zum Einfügen von Objekten. Die Objekte haben eine Elementfunktion `veraendern()`, die die privaten Daten eines Objekts modifiziert. Wenn nun mit `c1.einfuegen(obj);` das Objekt in den Container gepackt wird, würde dann `obj.veraendern();` auch das Objekt im Container ändern oder ist dort nur eine Kopie abgelegt worden? Würde die Änderung von `obj` nach

```
c1.einfuegen(obj);
c2.einfuegen(obj);
```

nur das Objekt in c1 oder beide ändern? Existiert ein Objekt weiterhin im Container, wenn der Gültigkeitsbereich verlassen wird? Beispiel:

```
Container c;
{
    Object obj;
    c.einfuegen(obj);
}
```

Das Objekt obj wird bei Verlassen des Blocks gelöscht. Es kann nur dann im Container c weiter existieren, wenn eine echte Kopie angelegt und nicht nur eine Referenz gespeichert wurde. Die Referenz wäre nicht mehr gültig, sie entspräche einem »hängenden Zeiger«. Es gibt zwei praktikable Vorgehensweisen:

- Im Container werden stets *Kopien* von Objekten abgelegt. Der Vorteil besteht darin, dass die gleiche Semantik wie beim üblichen Array vorliegt.

- Falls die *Objektidentität* erhalten bleiben soll, ist statt eines Objekts selbst besser ein *Zeiger* auf dieses Objekt in einem oder mehreren Behältern zu deponieren.

Das Speichern von Zeigern oder Referenzen in einem Behälterklassenobjekt (Container) erfordert große Sorgfalt, weil es viele Fehlermöglichkeiten gibt. Ein weiteres Beispiel:

```
int Leck_im_Speicher() {
    Container_fuer_Zeiger cz;
    Object* objPtr = new Object;
    cz.einfuegen(objPtr);
    //..... mehr Programmcode

    return 0;          // Fehler!
}
```

Am Ende der Funktion wird das *lokale* Objekt cz zerstört, *objPtr wird jedoch nicht freigegeben (verwitwetes Objekt), es sei denn, der Destruktor von cz sorgt dafür. Weitere Gefahren lauern beim Speichern lokaler Objekte (siehe oben, c.einfuegen(obj)), oder wenn Verweise auf ein Objekt in mehreren Containern abgelegt sind und das Objekt zerstört werden soll.

## Behälterklassen und Vererbung

Üblicherweise kann eine Behälterklasse als Schablone formuliert werden, wobei der Typ der Objekte als Parameter angegeben wird. Wenn verschiedene Objekte abgespeichert werden sollen, die durch eine Vererbungsbeziehung verbunden sind (zum Beispiel `GraphObj` und `Rechteck` von Seite 304), müssen einige Dinge beachtet werden. Ein Container für Objekte vom Typ `Rechteck` kann keine Objekte vom Typ `GraphObj` speichern. Nehmen wir an, es gäbe einen Container für graphische Objekte. Was geschieht, wenn wir ein `Rechteck`-Objekt in den Container packen? Das Rechteck wird zu einem Punkt (x,y) reduziert, weil bei der Kopie des Rechtecks in ein Objekt der Klasse `GraphObj` die Daten über Höhe und Breite verloren gehen.

In dem Fall sollte der Container besser *Zeiger auf Objekte der Basisklasse* `GraphObj` speichern. Die Zeiger einer Basisklasse können auf Objekte einer abgeleiteten Klasse verweisen (siehe Seite 279 und Beispiele auf den Seiten 285 und 295). Die Zeiger auf die Basisklasse »wissen« natürlich nicht, dass sie möglicherweise auf Objekte einer abgeleiteten Klasse zeigen. Die Anwendung solcher Container setzt deshalb virtuelle Funktionen voraus.

Wegen der generell vergrößerten Fehleranfälligkeit bei der Verwendung von Zeigern und Referenzen sollte eine Behälterklasse nur in begründeten Fällen wie im Beispiel der graphischen Objekte auf Vererbung basieren. Aus diesem Grund wäre es eine schlechte Design-Entscheidung, *einen* »Universalcontainer« für völlig verschiedene Objekte einzuführen, indem eine Klasse `Behaelterobjekt` eingeführt wird, von der alle Klassen erben (damit der »Universalcontainer« die Zeiger auf `Behaelterobjekt` ablegen kann). Normalerweise sind mit Templates entworfene Container vorzuziehen. Dabei ist eine Kombination nicht ausgeschlossen.

*Tipp*

## Zugriff auf Behälterklassenelemente

Zu überlegen ist, wie auf Objekte (in einem Container) des Typs `T` zugegriffen werden soll. Sollte besser etwas vom Typ `T` oder vom Typ `T&` zurückgegeben werden? Gerade bei häufiger Verwendung eines Container-Elements oder komplexen Elementen würde eine Referenz den Kopieraufwand vermeiden helfen. Darüber hinaus wäre eine Änderung des Elements im Container möglich – wenn es gewünscht wird. Andererseits können Referenzen auch leicht missbraucht werden. Ein Beispiel dafür wäre das Ändern des Werts eines Elements in einem Container, in dem alle Elemente aufsteigend sortiert sein sollen.

Ein weiteres Beispiel: Ein Container sei wie ein Array organisiert, sodass `c[i]` eine Referenz auf das Objekt Nr. `i` im Container ist (vergleiche mit dem Indexoperator in Abschnitt 9.2.1). Wenn gelegentlich ein Array-Element `k` eingetragen werden soll, das noch nicht existiert, soll der Container automatisch wachsen, indem neuer Speicher beschafft wird. Alle Elemente bis einschließlich `k` werden in den neuen Speicherbereich kopiert, um einen zusammenhängenden Bereich zu erhalten. Der alte Bereich kann danach freigegeben werden. Dann kann sich die unschuldig aussehende Zuweisung `c[k] = c[i];` möglicherweise katastrophal auswirken. Der Compiler bildet aus `c[i]` die Referenz und merkt sich die Adresse. Dann wird

*Tipp* c[k] evaluiert, was eine Verschiebung des Elements i in einen anderen Speicherbereich zur Folge hat, sodass die ursprüngliche Referenz auf c[i] sich nun auf nichts mehr bezieht! Container, die mit Referenzen arbeiten, sollten also ihre Elemente nicht verschieben.

### Wachstum von Behältern

Wenn ein Container entworfen wird, dessen Größe in kleinen Schritten wachsen kann, ist die Art der Speicherbeschaffung sorgfältig zu überlegen. Wenn im Fall häufiger Operationen sich der Platz pro Löschen oder Einfügen eines Elements nur um den notwendigen Betrag ändert, kann der Aufwand unakzeptabel werden. Eine schnelle, wenn auch schwierigere Methode, den Speicherplatz zu besorgen, besteht in der Anforderung *größerer* Blöcke, sodass neuer Speicher nur gelegentlich beschafft werden muss. Für die Freigabe gilt Entsprechendes.

### Sequenzielles Aufsuchen der Elemente eines Behälters

Wenn von »sequenziell« die Rede ist, muss zunächst eine Reihenfolge definiert sein. Um die interne Struktur zu verbergen, werden dazu am besten Iteratoren verwendet, wie sie in Abschnitt 11.4 beschrieben werden.

### 11.1.1 Container-Arten

Es gibt verschiedene Arten von Containern, die sich durch ihre Funktionalität unterscheiden. Sie lassen sich als abstrakte Datentypen beschreiben. Die wichtigsten sind hier aufgeführt und teilweise weiter unten beschrieben:

- *Stapel* (englisch *stack*)

    Ein Stack kann nur von einer Seite be- und entladen werden.

- *Warteschlange* (englisch *queue*)

    Einer Warteschlange können die Elemente nur in der Reihenfolge entnommen werden, in der sie eingetragen worden sind (FIFO = first in, first out).

- *Deque* (= double ended queue)

    Elemente können von beiden Seiten entnommen und hinzugefügt werden.

- *Menge* (englisch *set*)

    Eine Menge enthält Elemente mit bestimmten gemeinsamen Eigenschaften. Keine zwei Elemente sind untereinander gleich, das heißt, jedes Element kommt in einer Menge nur einmal vor.

- *Map* (deutsch: Abbildung)

    Der Container ähnelt einer Menge, nur dass der Zugriff auf die Elemente über einen Schlüssel geschieht, der nicht selbst Element ist. Dabei sind die Schlüssel einzigartig, nicht aber die Elemente selbst. Ein Wörterbuch ist ein Beispiel dafür: die Schlüssel sind deutsche Wörter, die Elemente sind italienisch.

- *Matrix*

    Eine Matrix kann zwei- oder mehrdimensional sein. Die Elemente sind vom selben Typ, die Adressierung der Elemente geschieht durch Angabe von Reihe und Spalte.

Es gibt natürlich noch mehr Container, zum Beispiel Priority-Queues, in der die Elemente nach Priorität sortiert vorliegen, oder Multi-Sets und Multi-Maps, die auch gleiche Elemente erlauben. Die beschriebenen Abstrakten Datentypen können auf mannigfache Art implementiert werden. Dazu dienen implizite Datenstrukturen: Arrays, lineare Listen, Bäume und andere. Sie werden implizit genannt, weil sie nach außen nicht sichtbar werden. Eine Menge kann zum Beispiel sowohl mit einer Liste als auch mit einem Array realisiert werden, ohne dass sich die Schnittstelle ändert.

Die wichtigsten Containerarten sind in der C++-Standardbibliothek vordefiniert. Ihre Anwendung und Erweiterungsmöglichkeiten werden ausführlich mit den zugehörigen Algorithmen in [Bre99] beschrieben. Eine Auswahl von typischen Containern, die nicht identisch mit denen der C++-Standardbibliothek sind, ist Thema der folgenden Abschnitte, um die innere Struktur und Arbeitsweise kennen zu lernen.

## 11.2 Listen

Im Folgenden wenden wir uns Strukturen zu, die sowohl wachsen als auch abnehmen und nur so viel Speicherplatz verbrauchen, wie tatsächlich benötigt wird. Solche Datenstrukturen heißen *dynamisch*. Eine Liste, bei der das Einfügen eines Elements in konstanter Zeit geschieht, also unabhängig von der Anzahl der schon vorhandenen Elemente, wird zweckmäßigerweise mit einer dynamischen Datenstruktur verwirklicht. Die C++-Standardbibliothek bietet dafür die Klasse `list`. Realisierungen mit statischen Datenstrukturen sind natürlich auch möglich.

Dynamische Datenstrukturen werden erst zur Laufzeit eines Programms aufgebaut, ihre Größe ist zur Zeit der Compilation nicht bekannt. Wir haben schon kennen gelernt, wie mit der Anweisung `new` zur Laufzeit eines Programms Speicherplatz beschafft werden kann. Dieser Platz wird im so genannten Freispeicher reserviert, auch *Heap* (englisch für »Haufen« oder »Halde«) genannt.

## Einfach verkettete Liste

Die bekannteste dynamische Datenstruktur ist die einfach verkettete Liste. Eine verkettete Liste besteht aus Elementen, die miteinander über Zeiger verbunden sind (siehe Abbildung 11.1). Eine Verbindung zwischen zwei Elementen sahen wir bereits in der Abbildung auf Seite 216.

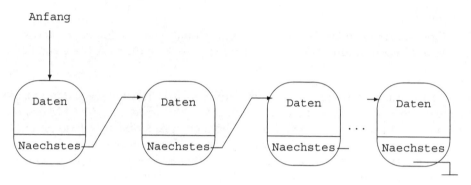

Abbildung 11.1: Einfach verkettete Liste

Ein Element einer einfach verketteten Liste besteht aus Daten, zum Beispiel einer Adresse, und einem Verweis auf das nächste Element. Der Nachteil der einfach verketteten Liste besteht darin, dass man sie nur in Vorwärtsrichtung bearbeiten kann, weil die Information über das Vorgängerelement in den Elementen der Liste nicht vorhanden ist. Es gibt verschiedene Möglichkeiten, auf eine Liste zuzugreifen:

a) Einfügen eines Elements am Anfang

b) Einfügen eines Elements am Ende

c) Einfügen eines Elements dazwischen

d) Lesen und Entfernen eines Elements am Anfang

e) Lesen und Entfernen eines Elements am Ende

und andere mehr. Eine Liste, bei der nur die Operationen a) und e) zugelassen sind, heißt *Warteschlange* (englisch *queue*) und arbeitet nach dem *fifo*-Prinzip (fifo = first in, first out). Falls nur die Operationen a) und d) (beziehungsweise b) und e)) erlaubt sind, heißt die Liste *Stapel* oder Kellerspeicher (englisch *stack*). Auf einen Stapel kann man nur von oben etwas legen oder wegnehmen, er arbeitet nach dem *lifo*-Prinzip (last in, first out). In eine (allgemeine) Liste kann auch mittendrin eingefügt oder entnommen werden.

## Doppelt verkettete Liste

Die Elemente doppelt verketteter Listen enthalten Verweise nicht nur auf den Nachfolger, sondern auch auf den Vorgänger des Elements, wie Abbildung 11.2 zeigt. Es ist dann leicht möglich, die Liste in beiden Richtungen zu durchsuchen. Der Nachteil besteht im zusätzlichen Speicherplatzbedarf für einen Zeiger pro Element, was relativ umso weniger ins Gewicht fällt, je größer die Elemente sind. Der Vorteil besteht in der großen Flexibilität, die in den folgenden Abschnitten zur Bildung einer Stack-Klasse und einer Klasse für Warteschlangen ausgenutzt wird.

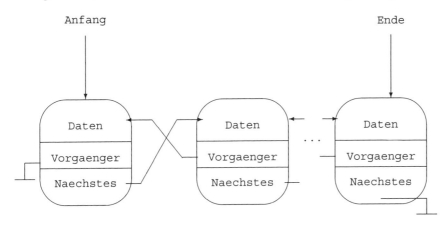

Abbildung 11.2: Doppelt verkettete Liste

Entsprechend der Abbildung 11.2 gestaltet sich die Deklaration des Klassentemplates Liste für Daten eines beliebigen Typs, wobei die Struktur eines Listenelements durch die *geschachtelte* Klasse Listenelement beschrieben wird. Damit die Funktionen der Klasse Liste darauf zugreifen können, wird Liste innerhalb von Listenelement als friend deklariert. Damit wird der Zweck erreicht, Listenelement ausschließlich als *interne* Hilfsklasse verwendbar zu machen. Die Alternative, struct statt class bei der Deklaration der geschachtelten Klasse zu schreiben, würde bedeuten, dass jedes Programm, zum Beispiel main(), Listenelemente erzeugen könnte.

Die englischen Methodennamen entsprechen dem erheblich umfangreicheren Klassentemplate list(Seite 497 ff) der C++-Standardbibliothek, die auf der *Standard Template Library* (STL) von Hewlett-Packard basiert.

Im Template ist T ein Platzhalter für Datentyp eines Listenelements. Die Listenelemente sind hier echte Kopien, keine Verweise (Zeiger) auf Objekte des Typs T. Natürlich kann T selbst ein Zeigertyp sein.

## Klasse Liste

```
// cppbuch/k11/liste/liste.t    Template für doppelt verkettete Liste
#ifndef liste_t
#define liste_t liste_t
#include<cstddef>                   // NULL

template<class T>
class Liste {
    public:
        Liste();
        Liste(const Liste&);
        ~Liste(); // nicht-virtual, weil nicht für Vererbung gedacht
        Liste& operator=(const Liste&);

        bool empty() const { return Anzahl == 0;}
        int  size()  const { return Anzahl;}

        // am Anfang bzw. Ende einfügen
        void push_front(const T&);
        void push_back(const T&);

        // am Anfang bzw. Ende löschen
        void pop_front();
        void pop_back();

        // am Anfang bzw. Ende lesen
        T&       front();
        const T& front() const;
        T&       back();
        const T& back() const;

        // Anwenden der Funktion f() auf alle Elemente
        void anwenden(void(*f)(T&)) const;
    private:
        class Listenelement {
            friend class Liste<T>;
            T Daten;
            Listenelement *Naechstes, *Vorgaenger;
            Listenelement(const T& dat)
                : Daten(dat), Naechstes(NULL), Vorgaenger(NULL) {}
        };

        Listenelement *Ende, *Anfang;
        int Anzahl;
}; // #endif folgt am Ende der Implementierung (Template!)
```

## Implementierung

Die Implementierung der Listenfunktionen ist hier nicht vollständig angegeben (siehe Übungsaufgabe).

```
template<class T>
Liste<T>::Liste()                          // Konstruktor
:Ende(NULL), Anfang(NULL), Anzahl(0) {
}

template<class T>
Liste<T>::Liste(const Liste<T>& L)         // Kopierkonstruktor
:Ende(NULL), Anfang(NULL), Anzahl(0) {
    Listenelement *temp = L.Ende;
    while(temp) {
        push_front(temp->Daten);
        temp = temp->Vorgaenger;
    }
}

template<class T> Liste<T>::~Liste() {    // Destruktor
// siehe Übungsaufgabe!

template<class T>                          // Zuweisungsoperator
Liste<T>& Liste<T>::operator=(const Liste<T>& L) {
    if(this != &L) {
        while(!empty()) {
            pop_front();   // alles löschen
        }
        // ... und neu aufbauen
        Listenelement *temp = L.Ende;
        while(temp) {
            push_front(temp->Daten);
            temp = temp->Vorgaenger;
        }
    }
    return *this;
}
```

Was nun noch fehlt, sind unter anderem die Operationen zum Einfügen und Entnehmen von Elementen sowie die Methode anwenden(), die eine vom Benutzer der Klasse vordefinierte Funktion auf alle Elemente anwenden soll. Hier wird beispielhaft nur das Einfügen am Listenanfang durch die Methode push_front() dargestellt. Die Ziffern in den Programmzeilen korrespondieren mit den entsprechend nummerierten Kreisen der Abbildung 11.3.

```
template<class T>
void Liste<T>::push_front(const T& Dat) {
    Listenelement *temp = new Listenelement(Dat);
    // temp->Vorgaenger = NULL;
    // automatisch durch Konstruktor ①
    temp->Naechstes  = Anfang;           // ②
    if(!Anfang) Ende = temp;             // falls einziges Element
    else Anfang->Vorgaenger = temp;      // ③
    Anfang = temp;                       // ④
    ++Anzahl;
}
```

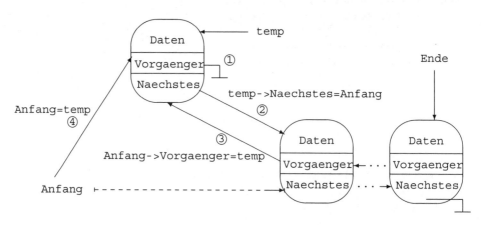

Abbildung 11.3: Einfügen am Listenanfang (push_front())

Zunächst verweist Anfang auf das ehemals erste Element der Liste (gestrichelte Linie), wird dann aber auf das neu eingefügte Element »umgebogen«. Die Reihenfolge der Anweisungen ist wichtig, zum Beispiel darf ④ nicht vorher ausgeführt werden, weil die Information über den ursprünglichen Listenanfang verloren gehen würde. push_back() arbeitet ähnlich. Die Methoden pop_front() und pop_back() entfernen ein Element vom Anfang beziehungsweise vom Ende der Liste, ohne das Element dem Aufrufer mitzuteilen. Dafür sind die Methoden front() und back() zuständig.

```
template<class T> void Liste<T>::push_back(const T& Dat) {
// siehe Übungsaufgabe!
```

```
template<class T> void Liste<T>::pop_front() {
// siehe Übungsaufgabe!
```

```cpp
template<class T>
void Liste<T>::pop_back() {
    if(empty()) throw "pop_back(): Liste ist leer!";
    Listenelement *temp = Ende;
    Ende = temp->Vorgaenger;
    if(!Ende)      // d.h. kein weiteres Element vorhanden
        Anfang = NULL;
    else
        Ende->Naechstes = NULL;
    delete temp;
    --Anzahl;
}
template<class T>
T& Liste<T>::front() {
    if(empty()) throw "front(): Liste ist leer!";
    return Anfang->Daten;
}
template<class T> const T& Liste<T>::front() const {
// siehe Übungsaufgabe!
template<class T> T& Liste<T>::back() {
// siehe Übungsaufgabe!
template<class T> const T& Liste<T>::back() const {
// siehe Übungsaufgabe!

template<class T>
// Funktion f auf alle Elemente anwenden
void Liste<T>::anwenden(void(*f)(T&)) const   {
    Listenelement *temp = Anfang;
    while(temp) {
        f(temp->Daten);
        temp = temp->Naechstes;
    }
}
#endif     // liste_t
```

Das Beispielprogramm auf der nächsten Seite benutzt die Listenklasse, wobei die in der Liste abgelegten Elemente vom Datentyp string sind. Die Liste wird mit drei Elementen gefüllt, die dann der Reihe nach wieder entnommen werden.

## Übungsaufgabe

**11.1** Vervollständigen Sie das Listen-Template durch Implementierung der fehlenden Methoden: Destruktor, push_back(), pop_front(), front() const, back() und back() const. Eine Zeichnung kann sehr hilfreich sein!

### Beispielprogramm

```
// cppbuch/k11/liste/listmain.cpp
// Beispiel zur Liste mit string-Objekten
#include<string>
#include<iostream>
#include"liste.t"
using namespace std;

void drucken(string& s) {  // Das Argument f von anwenden() hat selbst
    cout << s << endl;     //       einen nicht-const Parameter

}
int main() {
    Liste<string> Stringliste;
    Stringliste.push_front( string("eins"));
    Stringliste.push_front( string("zwei"));
    Stringliste.push_front( string("drei"));
    Stringliste.anwenden(drucken);          // Liste anzeigen
    string buf;       // String-Objekt

    while(!Stringliste.empty()) {
        buf = Stringliste.front();
        Stringliste.pop_front();
        cout << "\n Element " << buf << " entnommen";
        cout << "\n noch " << Stringliste.size()
             << " Element(e) vorhanden! Restliste:\n";
        Stringliste.anwenden(drucken);
    }
    cout << "Liste ist leer!" << endl;
}
```

## 11.3 Warteschlangen

Eine Warteschlange (englisch *queue*) zeichnet sich dadurch aus, dass Elemente nur am Anfang eingefügt und nur am Ende entnommen werden können – sie arbeitet nach dem fifo-Prinzip (first in – first out). Weil nun ein Listentemplate zur Verfügung steht, kann eine Klasse Queue sehr einfach durch Wiederverwendung der Listenklasse implementiert werden, wobei der Vorteil der doppelt verketteten Liste im Vergleich zur einfach verketteten besonders beim Lesen eines Elements am Ende wirksam wird, weil nicht die ganze Kette durchlaufen werden muss. Nachdem Sie in diesem Abschnitt Warteschlangen kennen gelernt haben, sollten Sie in Zukunft auf die Klasse queue der Standardbibliothek zugreifen (siehe Seite 494).

## Klasse Queue

```
// queue.t Warteschlangen-Template
#ifndef queue_t
#define queue_t queue_t
#include"liste.t"

template<class T>
class Queue {                              // Version 1
    public:
        bool empty() const     { return L.empty();}
        int  size()  const     { return L.size();}

        // am Ende einfügen
        void push(const T& x)  { L.push_back(x);}

        // am Anfang entnehmen
        void pop()             { L.pop_front();}

        // am Anfang bzw. am Ende lesen
        T&         front()          { return L.front();}
        const T& front() const { return L.front();}
        T&         back()           { return L.back();}
        const T& back()  const { return L.back();}

        // f() auf alle Elemente anwenden
        void anwenden(void(*f)(T&)) const { L.anwenden(f);}
    private:
        Liste<T> L;
};
#endif    // queue_t
```

Die Warteschlange ist wegen der eingeschränkten Funktionalität keine Liste, dennoch können wir den Code der Listenklasse wieder verwenden. Das Prinzip ist einfach: Ein Listenobjekt L wird privat angelegt und die Elementfunktionen der Klasse Queue rufen die öffentlichen Elementfunktionen des Objekts L auf. Die Klasse Queue delegiert damit Aufgaben an die Klasse Liste, weswegen das Prinzip *Delegation* genannt wird.

Bisher sind wir davon ausgegangen, dass man für dynamische Datenstrukturen einen besonderen Kopierkonstruktor benötigt, wie am Beispiel der »flachen« und »tiefen« Kopie auf Seite 248 gezeigt. Wenn ein besonderer Konstruktor notwendig ist, gilt dies meistens auch für einen Destruktor und einen Zuweisungsoperator. Das alles können wir hier vergessen! Durch die Delegation enthält jedes Queue-Objekt ein Objekt vom Typ Liste, und nur dieses enthält eine dynamische Struktur. Weil bei der Kopie oder Zuweisung ein Objekt *elementweise* kopiert wird, wird also das einzige Element der Klasse Queue kopiert (das private Objekt L), indem der

Kopierkonstruktor bzw. Zuweisungsoperator für dieses Objekt aufgerufen wird. Die Klasse `Liste` stellt alle Dienstleistungen bereit, sodass sie nicht besonders programmiert werden müssen, und die Klasse `Queue` wird dadurch zu einem »Datentyp erster Klasse«, der genauso einfach wie die Grunddatentypen zu handhaben ist. Der Zuweisungsoperator jedes Elements (hier nur `L`) wird bei der Zuweisung eines `Queue`-Objekts aufgerufen.

## Private Vererbung[1]

Delegation ist *eine* Möglichkeit zur Wiederverwendung von Code, private Vererbung, auch Implementationsvererbung genannt, ist eine andere. Die Fachwelt zieht die Delegation vor, um mit der Vererbung ausschließlich eine »ist-ein«-Beziehung zwischen Klassen abzubilden (Vererbung der *Schnittstellen*). Aber Sie sollen wenigstens wissen, was private Vererbung bedeutet, wenn auf der nächsten Party die Rede davon ist, um elegant zu einem für eine Party interessanteren Thema wechseln zu können. Die private Vererbung wird hier am Beispiel der Queue gezeigt.

Bei privater Vererbung dürfen öffentliche Methoden der Oberklasse zwar innerhalb der Unterklasse benutzt werden, nicht aber von Objekten der Unterklasse (vgl. Tabelle 8.1 auf Seite 8.1). Es wird nicht mehr die Schnittstelle geerbt, sondern die Implementierung. Sollen einzelne Methoden für Objekte abgeleiteter Klassen nutzbar sein, also für Objekte der Klasse `Queue`, sind sie durch eine Benutzungsdeklaration (englisch *using declaration*) zu kennzeichnen (mehr dazu in Abschnitt 12.1). Die Benutzungsdeklaration besteht nur aus dem Schlüsselwort `using` und dem Namen der Funktion einschließlich der Klassenbezeichnung, aber ohne Parameterliste und Rückgabetyp. Nun ist erreicht, dass wirklich nur die gewünschten Methoden aufgerufen werden können. Falls von `Queue` selbst eine weitere Klasse `public` abgeleitet würde, könnte sie nur die in der öffentlichen Schnittstelle von `Queue` deklarierten Methoden benutzen. Auf diese Art wird der von der `Liste`-Klasse vererbte Methodenumfang der Oberklasse ausgewählt.

```
// queue.t Warteschlangen-Template
#ifndef queue_t
#define queue_t queue_t
#include"liste.t"

template<class T>
class Queue                             // Version 2
    : private Liste<T> {                // mit privater Vererbung
    public:
        using Liste<T>::empty;
        using Liste<T>::size;
```

---

[1] Der Text von hier bis zum Abschnitt 11.4 kann beim ersten Lesen übersprungen werden.

```
        // am Ende einfügen
        void push(const T& x)    { Liste<T>::push_back(x);}

        // am Anfang entnehmen
        void pop()               { Liste<T>::pop_front();}

        // am Anfang bzw. Ende lesen
        using Liste<T>::front;
        using Liste<T>::back;

        using Liste<T>::anwenden;
    };
    #endif     // queue_t
```

Ein privater Teil ist überflüssig, das verborgene Basisklassensubobjekt vom Typ Liste erledigt alles. Die Methoden push() und pop() existieren nicht unter diesem Namen in der Oberklasse und können deshalb nicht per using-Deklaration öffentlich gemacht werden. Konstruktor, Destruktor und Zuweisungsoperator sind nicht notwendig, weil für das anonyme Basisklassensubobjekt vom Typ Liste dasselbe gilt wie für das Objekt L der Delegations-Version des Queue-Templates.

## Übungsaufgabe

**11.2** Schreiben Sie ein Stack-Template unter Verwendung des Listen-Templates.

## Protected Vererbung

Die protected-Vererbung wie etwa

```
class Basis {
  public:
    void f();
  // ...
};

class Abgeleitet : protected Basis {
  public:
    void g();
  // ....
};
```

spielt nur extrem selten eine Rolle. Die Wirkung ist, dass alle public Elemente der Klasse Basis nunmehr protected-Elemente der Klasse Abgeleitet werden. Damit sind sie innerhalb der Klasse Abgeleitet und aller von ihr abgeleiteten Klassen benutzbar, aber nicht von außerhalb. Beispiel:

```
void Abgeleitet::g() {      // Implementierung
    f();                    // ok, f() ist zugreifbar
}

// Benutzung im main-Programm:
Basis einBasisObjekt;
einBasisObjekt.f();         // ok, public

Abgeleitet einAbgeleitetObjekt;
einAbgeleitetObjekt.g();    // ok, public
einAbgeleitetObjekt.f();    // Fehler, nicht zugreifbar
```

## 11.4 Iteratoren

Mit der Methode anwenden() der Klasse Liste kann eine Funktion auf die einzelnen Elemente einer Liste der Reihe nach angewendet werden. Nicht möglich ist bisher, dass wir Elemente der Reihe nach bearbeiten und anhalten können, um beispielsweise die Bearbeitung abzubrechen oder die Art der Bearbeitung zu ändern. Um dies zu erreichen, benötigen wir ein anderes Verfahren. Es sollte den inneren Aufbau der Liste verbergen, um universeller anwendbar zu sein.

Die sequenzielle Bearbeitung einer Datenstruktur, die keine Liste sein muss, durch eine Methode, die nach außen hin *die innere Struktur der Daten verbirgt*, heißt *Kontrollabstraktion*. Das »Durchwandern« der Datenstruktur in einer bestimmten Reihenfolge kann sinnvoll sein, um auf jedes Element eine bestimmte Operation anzuwenden, zum Beispiel Ausdrucken des Inhalts. Der Benutzer soll auf die Elemente der Reihe nach zugreifen können, ohne Kenntnis über die verborgene Implementierung haben zu müssen. Ein Prinzip zur Kontrollabstraktion dieser Art wird *Iterator* genannt.

Ein Iterator ist kein Typ und kein Objekt, sondern ein Konzept, ein Name, der auf eine Menge von Klassen und Typen zutrifft, die bestimmten Anforderungen entsprechen. Ein Iterator kann auf verschiedene Weise mit Grunddatentypen oder Klassenobjekten realisiert werden. Weil ein Iterator dazu dient, auf Elemente eines Containers zuzugreifen, ist er eine Art verallgemeinerter Zeiger. Die Iteratoren der C++-Standardbibliothek sind ab Seite 519 beschrieben. Sehen wir uns ein Beispiel zur Einführung an (nebenstehend).

In diesem Beispiel ist MeinIterator vom Typ int*, also ein schlichter Zeiger. von zeigt auf den Beginn des Arrays, bis zeigt auf die Position *direkt nach dem letzten Array-Element*. Die Funktion anwenden() nimmt die beiden Zeiger sowie einen Funktionszeiger als Argument und ruft die Funktion für jedes Array-Element auf, wobei der Zeiger Anfang bei jedem Schritt um eine Position weitergeschaltet wird. Dasselbe wird am Ende von main() für ein Vektor-Objekt gezeigt.

## Beispielprogramm: Zeiger als Iterator

```cpp
// cppbuch/k11/iter/iter1.cpp  Einfaches Iteratorbeispiel
#include<iostream>
 #include<cstddef> // size_t
#include"../../k9/vektor/vektor.t"     // Vektorklasse von Seite 321
// Nicht std::vector nehmen, siehe Text nach Ende des Programms
using namespace std;

typedef int* MeinIterator;   // noch ein normaler int-Zeiger
typedef void (*Funktion)(int&);

void drucken(int &x) {                       // global
    cout.width(4);
    cout << x ;
}
void anwenden(MeinIterator Anfang,           // global
              MeinIterator Ende, Funktion f) {
    while(Anfang != Ende) f(*Anfang++);
}
int main() {
    const int ANZ = 10;
    int Array[ANZ];
    for(size_t i = 0; i < ANZ; ++i)
        Array[i] = i * i;                    // initialisieren

    MeinIterator von  = Array,               // = &Array[0]
                 bis  = von + ANZ;
    anwenden(von, bis, drucken);
    cout << endl;

    Vektor<int> v(10);
    for (int i = 0; i < v.Groesse(); ++i)
        v[i] = i;                            // initialisieren
    anwenden(v.begin(), v.end(), drucken);
}
```

Hier wird sichtbar, wozu die auf Seite 321 eingeführten Methoden `begin()` und `end()` gut sind: Man muss sich an der Stelle, wo `anwenden()` aufgerufen wird, keine Gedanken über Anfang und Ende des Containers v machen. Anmerkung: Bei der Standardklasse `vector` sollte *nicht* angenommen werden, dass der Iterator ein einfacher Zeiger ist, obwohl es so sein könnte. Das Iteratorkonzept dient ja gerade dazu, von solchen Implementierungsdetails zu abstrahieren. Die Wahl der Namen und die Tatsache, dass `end()` einen Iterator (hier: int-Zeiger) auf die erste Position

*Tipp*

*nach* dem Container liefert, ist natürlich kein Zufall: Die C++-Standardbibliothek stellt für jeden Container Methoden mit diesen Namen und der beschriebenen Bedeutung zur Verfügung, die ein Iterator-Objekt zurückgeben. Die C++-Bibliothek geht in der Allgemeinheit noch weiter, indem Standardalgorithmen als Templates formuliert werden. Die Funktion `anwenden()` entspricht ungefähr dem Template `for_each()` der Bibliothek:

```
template<class Iterator, class Funktion>
Funktion for_each(Iterator Anfang, Iterator Ende, Funktion f) {
    while(Anfang != Ende) f(*Anfang++);
    return f;
}
```

Bei geeigneter Wahl der Iteratoren und der Funktion, die auch durch ein Funktor-Objekt realisiert werden kann, ist es möglich, beliebige Container zu durchlaufen, ohne dass `for_each()` für jeden Container neu formuliert werden muss. Anwendung auf den Vektor v:

```
for_each(v.begin(), v.end(), drucken);
```

Das Template zeigt, welche Operationen für einen Iterator benötigt werden:

- Dereferenzierungsoperator *
- Vergleichsoperator !=
- Inkrementoperator ++

Um flexibel zu sein, sollte der Operator ++ in der Prä- und in der Postfix-Version vorhanden sein, und der Operator == sollte nicht fehlen. Die Operatoren sind für einen Grunddatentyp vorhanden und ausreichend für Array-ähnliche Container wie die Klasse `vector`. Beim Durchlaufen komplexer Datenstrukturen wie Listen oder Bäume muss der Iterator allerdings einiges über den internen Aufbau wissen, weil `operator++()` nicht die nächste Speicheradresse, sondern einen Iterator auf das nächste Element liefern soll. Iteratoren sind somit eine andere Art von intelligenten Zeigern (smart pointer).

### 11.4.1 Iterator für eine Listen-Klasse

Eine kleine Anwendung für den weiter unten beschriebenen Iterator demonstriert den zeigerartigen Charakter, obwohl sich insbesondere hinter der ++-Operation mehr verbirgt als ein lineares Weiterschalten einer Speicheradresse.

Im Beispielprogramm ist `ListIter` ein Iterator, der bei der Konstruktion mit der Liste L verknüpft wird. Sein Typ ist innerhalb der Klasse Liste als geschachtelte Klasse definiert, wie weiter unten zu sehen ist. Nach der Konstruktion wird in `main()` der Zugriff über den Dereferenzierungsoperator * gezeigt, der das aktuelle Element liefert, sowie das Springen auf das nächste Element der Liste mit `operator++()`.

## Beispielprogramm: Iterator für eine Liste

```cpp
// cppbuch/k11/iter/iter2.cpp
#include"liste.t"              // erweitert um Iterator, siehe unten
#include<iostream>
#include<algorithm>  // enthält for_each()
using namespace std;
void drucken(int& x) {         // wie vorher
    cout.width(4);
    cout << x ;
}
int main() {
    int i, x;
    Liste<int> L;              // Liste mit int-Zahlen

    cout << "push_front:\n";
    for(i = 0; i < 10; ++i) {
        x = i*i;
        L.push_front(x);       // mit Quadratzahlen 0..81 füllen
    }

    Liste<int>::Iterator ListIter(L);

    // Schreibweise wie mit Zeigern:
    cout << "*ListIter =" << *ListIter << endl;
    cout << "++ListIter;" << endl;
    ++ListIter;
    cout << "*ListIter =" << *ListIter << endl;

    ListIter = L.begin();
    while(ListIter != L.end()) { // 36 löschen, falls vorhanden
        if(*ListIter == 36) {
            cout << *ListIter << " wird gelöscht\n";
            L.erase(ListIter);
            cout << *ListIter << " an aktueller Position\n";
            break;
        }
        else ++ListIter;
    }
    // Ausgabe
    for_each(L.begin(), L.end(), drucken);
    cout << endl;
} // Ende von main()
```

Die Schreibweisen *ListIter, ++ListIter usw. sind dieselben wie bei Zeigern. Die Einheitlichkeit ist ein großer Vorteil, weil dadurch die Formulierung von Templates wie das bereits beschriebene for_each() für sehr unterschiedliche Container möglich wird. Der Iterator kann auch benutzt werden, um ein Element der Liste zu löschen, auf das er verweist. Die Methoden begin() und end() geben Iteratoren auf den Anfang beziehungsweise die Position nach dem Ende der Liste zurück (Beschreibung weiter unten).

Am Ende des Beispielprogramms werden die Quadratzahlen 81 bis 0 (ohne die gelöschte 36) ausgegeben. Wie funktioniert nun das Ganze? Der Iterator einer Listenklasse muss Kenntnis darüber haben, wie er sich von einem Element zum andern hangeln kann. Er kann als geschachtelte Klasse innerhalb von Liste angelegt werden:

```
template<class T>
class Liste {
    // .. alles wie bisher (Seite 376 f.)
    // am Ende der Deklaration vor der abschließenden
    // Klammer }; einfügen:
public:
  class Iterator {        // öffentlicher Typ!
    public:
      /*Die Klasse Liste ist ein friend von Iterator, damit sie auf dessen interne
        Daten zugreifen kann. Dies ist für die Methode erase() notwendig.
      */
      friend class Liste;

      /*Der erste Konstruktor initialisiert den Iterator mit einem Zeiger auf ein Listenelement. aktuell ist ein privates Datum der Klasse, das auf das jeweils
        aktuelle Element zeigt. Der Konstruktor wird von der Methode begin() benötigt, die den zurückzugebenden Iterator mit dem Zeiger auf das erste Listenelement initialisiert, und von der Methode end(), die den Konstruktor
        ohne Parameter aufruft und damit das Listenende signalisiert. Der zweite
        Konstruktor bindet einen neu erzeugten Iterator an den Anfang der zu bearbeitenden Liste.
      */
      Iterator(Listenelement* Init = NULL)
      : aktuell(Init) {
      }

      Iterator(const Liste& L) {
          *this = L.begin();
      }

      const T& operator*() const {        // Dereferenzierung
          return aktuell->Daten;
      }
```

```
    T& operator*() {                    // Dereferenzierung
        return aktuell->Daten;
    }
```
/*Der Dereferenzierungsoperator wird nicht nur in der const-Variante angeboten, weil der dereferenzierte Wert vielleicht geändert werden soll.
*/
```
    Iterator& operator++() {            // präfix
        if(aktuell)
            aktuell = aktuell->Naechstes;
        return *this;
    }
    Iterator operator++(int) {          // postfix
        Iterator temp = *this;
        ++*this;            // präfix-Aufruf
        return temp;
    }
```
/*Der Inkrement-Operator ++ bewegt sich zum nächsten Knoten in der Liste. Die Wirkungsweise der Postfix-Version wird auf Seite 335 erläutert, wo eine identische Struktur vorliegt.
*/
```
    bool operator==(const Iterator& x) const {
        return aktuell == x.aktuell;
    }
    bool operator!=(const Iterator& x) const {
        return aktuell != x.aktuell;
    }
  private:
    Listenelement* aktuell;    // Zeiger auf aktuelles Element
};  // Ende der Klasse Iterator
```
/*Mit den Vergleichsoperatoren ist die Klassendeklaration beendet. Die Methoden begin() und end() der Klasse Liste sind nun einfach formuliert. begin() gibt einen Iterator auf den Anfang der Liste zurück. end() soll auf eine Position nach dem letzten Element verweisen, also Ende->Naechstes. Bei einer dynamischen Liste ist dies jedoch der Null-Zeiger:
*/
```
Iterator begin() const {
    return Iterator(Anfang);
}
Iterator end() const {
    return Iterator();
}
```

```cpp
    /*Mit Iteratoren lassen sich nun leicht weitere Methoden beschreiben, die in ei-
    ner Listenklasse zur Verfügung stehen sollten. Hier wird nur noch die Methode
    erase() zum Löschen eines Elements gezeigt, die weiter oben benutzt wird. Für
    den Rest sei auf die C++-Standardbibliothek verwiesen.
    */
    void erase(Iterator& pos) {              // Element löschen
      if(pos.aktuell == Anfang) {
        pop_front();
        pos.aktuell = Anfang;       // neuer Anfang
      }
      else if(pos.aktuell == Ende) {
        pop_back();
        pos.aktuell = Ende;
      }
      else   { // zwischen zwei Elementen ausketten
        pos.aktuell->Naechstes->Vorgaenger =
                         pos.aktuell->Vorgaenger;
        pos.aktuell->Vorgaenger->Naechstes =
                         pos.aktuell->Naechstes;
        Listenelement *temp = pos.aktuell;
        pos.aktuell = pos.aktuell->Naechstes;
        delete temp;
        --Anzahl;
      }


    }
}; // Ende der Klassendeklaration Liste
```

Die Methode `erase()` löscht das Objekt, auf das der Iterator verweist. Der Iterator ist danach undefiniert. Um dies zu vermeiden, wird hier der Iterator auf das nachfolgende Element bzw. auf das Ende gesetzt, was dem Benutzer der Funktion `erase()` bekannt sein muss.

### Listen-Cursor oder Iterator?

Alternativ zu einem Iterator kann ein »Cursor« für eine Liste konstruiert werden, ein Zeiger, der *Element der Liste* ist und auf das jeweils aktuelle Element verweist, und der vor- und zurückgeschaltet werden kann, zum Beispiel mit einem Operator `Liste<T>::operator++()` oder `--`. Der Vorteil des Cursorprinzips, das hier nicht weiter dargestellt werden soll, liegt darin, dass keine besondere Klasse dafür notwendig ist. Die Listenklasse ist lediglich um einige Elementfunktionen zu erweitern. Ein Vorteil von Iteratoren ist, dass mehrere Programme je einen Iterator für dieselbe Liste verwenden können, weil sich jeder Iterator seine eigene Position innerhalb der Liste merkt. Auf eine Liste können mehrere Iteratoren angesetzt werden, die die Liste unabhängig voneinander bearbeiten. Das ist mit einem Cursor nicht möglich.

**Übungsaufgaben**

11.3 Entwerfen Sie ein Template für eine globale Funktion `finden(Start, Ende, Wert)` für die Klasse `Liste`, die einen Anfangs- und einen Enditerator als Parameter benötigt und einen Iterator auf die Position des ersten Vorkommens des Wertes in der Liste zurückgibt. Überlegen Sie sich einen sinnvollen Rückgabewert, falls der Wert nicht gefunden wird.

11.4 Schreiben Sie eine Methode `Iterator insert(Iterator pos, const T& W)` für die Klasse `Liste`, die den Wert `W` *vor* der Position `pos` einfügt.

11.5 Der vorgestellte Iterator kann sich nur vorwärts bewegen (++). Ergänzen Sie zunächst die Klasse `Liste` um die Methoden `rbegin()` und `rend()`, die in Analogie zu `begin()` und `end()` einen Iterator auf eine (fiktive) Position vor dem Anfang bzw. einen Iterator auf das letzte Element zurückgeben. Die Klasse `Iterator` soll dann um `operator--()` erweitert werden, sodass eine Liste vom Ende zum Anfang, also rückwärts, durchlaufen werden kann.

## 11.5 Sortierte Listen

Um Daten sortiert in einer Liste abzulegen, ist es am besten, eine Klasse zu verwenden, die das sortierte Einfügen erledigt. Mit Hilfe der Klasse `Liste` ist es sehr einfach, solch eine Klasse `SListe` ( = sortierte Liste) zu entwerfen. Ebenso gut kann man natürlich die Standard-Listenklasse `list` (Seite 497) verwenden, wie im folgenden Beispiel gezeigt. Es sollen nicht alle Methoden der Klasse `list` erlaubt sein. Zum Beispiel ist es nicht sinnvoll, die Methoden `push_front()` oder `push_back()` zu verwenden, weil damit eine vorhandene Sortierreihenfolge zerstört werden kann. Die Klasse ist verantwortlich für den korrekten Zustand der Objekte. Daher erbt `SListe` nicht von `list`, sondern benutzt eine Liste zur Realisierung der gewünschten Funktionen. Die neuen Methoden sind der Konstruktor und die Methode zum sortierten Einfügen von Elementen. Das Sortierkriterium wird ggf. dem Konstruktor der Liste übergeben.

Weil eine Liste und damit ein Iterator der Liste benutzt wird, wird mit `typedef` der Name `Iterator` zur Vereinfachung eingeführt. Dabei wird unterschieden zwischen Iteratoren, die nicht zum Modifizieren der Liste dienen (Typ `constIterator`) können, und denen, die genau das erlauben. Die Klasse `list` stellt beide Arten zur Verfügung. Die Klasse `SListe` stützt sich fast ausschließlich auf die Methoden des privaten Listenobjekts, das nicht direkt von außen zugänglich ist. Alle Methoden gehören zur Standardklasse `list`, die auf Seite 497 beschrieben wird.

## Klasse für eine sortiere Liste

```
// cppbuch/k11/sortlist/sliste.t
// Template für sortiere Liste
#ifndef sliste_t
#define sliste_t sliste_t
#include<list>
using std::list;
#include"vergleich.t"                                     // siehe Text

template<class T>
class SListe {
   public:
      typedef typename list<T>::iterator Iterator;       // siehe Text
      typedef typename list<T>::const_iterator constIterator;
      SListe(const Vergleich<T>& Cmp = Vergleich<T>())
         : Comp(Cmp) {}
      virtual ~SListe() {}
      bool empty() const       { return L.empty();}
      int  size()  const       { return L.size();}
      // am Anfang bzw. Ende entnehmen
      void pop_front()         { L.pop_front();}
      void pop_back()          { L.pop_back();}
      // am Anfang bzw. Ende lesen
      T&         front()       { return L.front();}
      const T&   front() const { return L.front();}
      T&         back()        { return L.back();}
      const T&   back()  const { return L.back();}
      Iterator      begin()       { return L.begin();}
      constIterator begin() const { return L.begin();}
      Iterator      end()         { return L.end();}
      constIterator end()   const { return L.end();}
      void erase(Iterator& pos) { L.erase(pos);}
      Iterator insert(const T& Wert) {    // einfügen (siehe Text)
         Iterator temp(begin());          //       erst Stelle finden
         while(temp != end() && Comp(*temp, Wert)) ++temp;
         return L.insert(temp, Wert);     // dann einfügen
      }
   private:
      list<T> L;
      Vergleich<T> Comp;
};
#endif // sliste_t
```

Um ein Element an der richtigen Stelle einfügen zu können, wird ein Kriterium benötigt, welches die richtige Stelle definiert. Üblicherweise vergleicht man dazu das einzufügende Element der Reihe nach mit den anderen Elementen der Liste, bis man auf eins stößt, dessen Wert nicht größer oder gleich dem Wert des einzufügenden Elements ist. Dazu ist nur ein Vergleichsoperator < notwendig. Auf den zweiten Blick ergeben sich jedoch weitere Gesichtspunkte:

- Wenn eine sortierte Liste für *beliebige* Datentypen gültig sein soll, kann man die Existenz von operator<() nicht unbedingt voraussetzen.

- Möglicherweise soll es unterschiedliche Listen geben, die nach *verschiedenen* Kriterien sortiert sein sollen (aufsteigend, absteigend, ...).

Um diesen Anforderungen gerecht zu werden, benutzt die hier vorgestellte Klasse für sortierte Listen ein spezielles Objekt zum Vergleich, wie das Argument const Vergleich<T>& Comp = Vergleich<T>() des Konstruktors zeigt. Diese Technik wird in der C++-Standardbibliothek angewendet. Falls kein Objekt des Typs Vergleich übergeben wird, wird ein mit dem Standardkonstruktor erzeugtes Vergleich-Objekt als Vorgabeparameter genommen. Ein Vergleich-Objekt ist ein Funktionsobjekt, wie es aus Abschnitt 9.7 bekannt ist. Die Klasse Vergleich muss als Mindesteigenschaft einen überladenen Operator

```
bool operator()(const T&, const T&);
```

besitzen, der mitteilt, ob das erste Argument kleiner ist als das zweite. Die Implementierung von insert() zeigt, wie das Vergleich-Objekt eingesetzt wird. Der Iterator wird solange vom Beginn der Liste ausgehend weitergeschaltet, bis das Funktionsobjekt Comp einen Wahrheitswert false liefert oder die Liste zu Ende ist. Dann wird der Wert an der gefundenen Stelle einsortiert. Falls für den Datentyp T der Listenelemente keine spezielle Vergleich-Klasse vorgesehen ist, wird das mit #include<vergleich.t> eingelesene Standardtemplate verwendet, das einen vorhandenen <-Operator annimmt:

### Funktor-Klasse für Vergleiche

```
// cppbuch/k11/sortlist/vergleich.t
#ifndef vergleich_t
#define vergleich_t vergleich_t
template<class T>
struct Vergleich {                          // öffentliche Klasse
    bool operator()(const T& a, const T& b) const {
        return a < b;
    }
};
#endif
```

Dieses Template setzt für Objekte vom Typ T die Existenz von operator<() voraus. Es kann jedoch für jeden Typ spezialisiert werden, sodass dieses Template nicht benutzt wird. Das folgende Beispielprogramm zeigt, wie eine int-Liste aufsteigend, absteigend oder nach dem *Absolutbetrag* sortiert werden kann. Wie man sieht, kann bei der Erzeugung des Objekts die Sortierart festgelegt werden, und es kann verschiedene »Sortierobjekte« geben.

### Beispielprogramm: Funktor als Sortierkriterium

```cpp
// /cppbuch/k11/sortlist/slistmain.cpp
#include"sliste.t"       // schließt vergleich.t ein
#include<iostream>
#include<cmath>           // sin()
#include<cstdlib>         // abs(int)
#include<algorithm>       // for_each()
using namespace std;
template <> class Vergleich<int> { // Spezialisierung
    public:
        enum Sortierart { aufsteigend, absteigend,
                                    nachAbsolutbetrag};
        Vergleich(Sortierart x = aufsteigend)   // Konstruktor
          : Wie(x) {}
        // Funktor-Operator
        bool operator()(const int& a, const int& b) const {
          bool erg;
          switch(Wie) {
              case aufsteigend:        erg = a < b; break;
              case absteigend:         erg = a > b; break;
              case nachAbsolutbetrag:  erg = abs(a) < abs(b);
                                       break;
              default: throw "Vergleich.operator()(): "
                             "default darf nicht erreicht werden";
          }
          return erg;
        }
    private:
        Sortierart Wie;
};

void drucken(const int& x) {      // global für int-Objekte
    cout.width(6);
    cout << x ;
}
```

## Beispielprogramm (Fortsetzung)

```
int main() {
    // Vergleich-Objekt definieren
    Vergleich<int> absolut(Vergleich<int>::nachAbsolutbetrag);
    SListe<int> SL, SLa(absolut);    // zwei int-Listen

    for(int i = 0; i < 7; ++i) {
        // beliebige Werte mit verschiedenen Vorzeichen erzeugen
        int x = int(100.0 * sin(static_cast<float>(i)));

        // Nun aufsteigend sortiert in SL einfügen. Der Standard-
        // konstruktor von Vergleich wird als Vorgabeparameter benutzt.
        SL.insert(x);

        // nach Absolutbetrag sortiert in SLa einfügen
        SLa.insert(x);
    }
    // Listenausgabe
    cout << "aufsteigend sortiert (default):\n";
    for_each(SL.begin(), SL.end(), drucken);

    cout << "\n\n nach Absolutbetrag sortiert:\n";
    for_each(SLa.begin(), SLa.end(), drucken);//s. Abschnitt 11.4
    cout << endl;
}
```

Im Programm wird der Rückgabewert von `insert()` ignoriert. Der Rückgabewert ist ein Iterator, der eine Referenz auf den eingefügten Wert über den *-Operator liefert.

```
cout << *SL.insert(x) << endl;
```

zeigt direkt den eingefügten Wert x an.

## Übungsaufgabe

**11.6** Schreiben Sie eine Methode

```
Iterator find(const T& Wert);
```

für die Klasse `SListe`, die einen Iterator auf die Position des ersten Vorkommens des Wertes in der Liste zurückgibt. Überlegen Sie sich einen sinnvollen Rückgabewert, falls der Wert nicht gefunden wird.

## 11.6 Binärer Suchbaum

Eine weitere wichtige dynamische Datenstruktur ist der *binäre Baum*. Ein binärer Baum besteht aus der »Wurzel« und aus Knoten, die jeweils Verweise auf *zwei* weitere Knoten besitzen, nämlich auf einen linken und einen rechten. Die Wurzel ist ein Zeiger auf den ersten Knoten. An einem Knoten können keiner, einer oder zwei Teilbäume hängen, sodass man einen Knoten selbst wieder als Baum interpretieren kann. Abbildung 11.4 zeigt einen binären Baum, in dem die Daten der Knoten von links nach rechts sortiert sind.

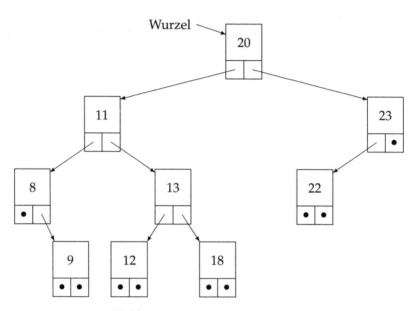

Abbildung 11.4: Sortierter binärer Baum

Ein binärer Baum mit sortierten Knoten wird Suchbaum genannt. Ein Knoten ohne nachfolgenden Teilbaum heißt *Blatt*. Ein binärer Baum wird gern zur sortierten Ablage von Daten genommen, weil die Suchwege von der Wurzel bis zu dem gesuchten Element im Allgemeinen sehr kurz sind, verglichen mit einer Liste. Bei einem ausgeglichenen Baum ist die Suchzeit proportional zur Höhe $h$ des Baums, wobei $h = log_2(N)$ ist, mit $N$ als Zahl der Knoten. Die Suchzeit in einer Liste ist hingegen proportional zu $N$.

Ein dynamischer Container, der einen schnellen Zugriff auf sortierte Elemente erlauben soll, wird besser mit einem Suchbaum als mit einer Liste realisiert. Falls ein Baum nicht ausgeglichen ist, kann er balanciert werden (siehe Übungsaufgabe). Der binäre Suchbaum ist die einfachste und bekannteste Baumart in der Informatik. Sehr ausführlich werden binäre Suchbäume und auch komplexere Bäume und ihre Eigenschaften in dem schon zitierten Buch [CLR90] beschrieben.

Die Klasse `BinBaum` enthält eine geschachtelte Klasse `Knoten`, die außer Verweisen zu dem linken und rechten Nachfolger noch einen Verweis auf den Vorgänger- oder Elternknoten enthält. Damit ist es für Iterator-Objekte auf einfache Art möglich, im Baum zu navigieren. Es wäre sonst sehr zeitraubend, den Nachfolger oder Vorgänger eines Knotens bezüglich der Sortierreihenfolge zu finden. Das Template für einen binären Suchbaum wird aus Platzgründen hier ohne Implementierung dargestellt. Diese ist teilweise im nachfolgenden Text zu finden oder ist Bestandteil der Übungsaufgabe.

## Klasse für einen Binärbaum

```
//cppbuch/k11/baum/binbaum.t
#ifndef binbaum_t
#define binbaum_t binbaum_t
#include<iostream>
 // Typ für Vergleichsobjekt von Seite 393:
#include"../sortlist/vergleich.t"
#include<vector>              // für balance()

template<class T>
class BinBaum {
    public:
        // Sortierkriterium wird ggf. übergeben
        BinBaum(const Vergleich<T>& cmp = Vergleich<T>());
        virtual ~BinBaum();
        BinBaum(const BinBaum<T>&);
        BinBaum<T>& operator=(const BinBaum<T>&);
        bool empty() const { return Anzahl == 0;}
        int size()   const { return Anzahl;}
        void balance();                   // Baum balancieren
    private: // nicht für Anwender interessant, wird aber intern vom
             // Iterator gebraucht.
        struct Knoten {
            Knoten(const T& dat = T())
                : Daten(dat), Elter(NULL),
                  links(NULL), rechts(NULL) {}
            T Daten;
            Knoten *Elter, *links, *rechts;
        };
```

## Klasse für einen Binärbaum (Fortsetzung)

```
          class Iterator {
            public:
              friend class BinBaum<T>;
              Iterator(const Iterator& I);
              Iterator();
            private:     // nur für BinBaum-Methoden
              Iterator(Knoten*);
            public:
              const T& operator*() const;          // Dereferenzierung
              T& operator*();                      // Dereferenzierung
              Iterator& operator++();              // präfix
              Iterator  operator++(int);           // postfix
              bool operator==(const Iterator& x) const;
              bool operator!=(const Iterator& x) const;
            private:
              Knoten* aktuell;         // aktueller Knoten
          }; // Iterator

      public:
        // iteratorbezogene Methoden
        Iterator begin() const;            // 1. Element
        Iterator end()   const;            // Baum-Ende

        Iterator find(const T& Element) const; // Element finden
        void erase(Iterator pos);              // Element löschen
        void erase(const T& el);               // Element löschen
        // Bereich a bis ausschließlich b löschen
        void erase(Iterator a, Iterator b);

        // an der richtigen Stelle einfügen
        Iterator insert(const T& Wert);

        // anzeigen
        void printBaum(ostream& os) const;

      private:
        Knoten *Wurzel,
               *linksaussen;
        Vergleich<T> Comp;
        int Anzahl;
        // ... private Methoden weggelassen (s.u.)
    };
    #endif      // binbaum_t
```

## 11.6 Binärer Suchbaum

`BinBaum` hat als private Daten außer einem Zeiger auf den Wurzelknoten einen Zeiger `linksaussen`, der auf das kleinste Element entsprechend dem gewählten Sortierkriterium verweist. Damit ist die Funktion `begin()` sehr schnell, weil sie nicht suchen muss. Die Funktion `find()` ist sehr viel schneller als die `std`-globale Template-Funktion (siehe Aufgabe Seite 391), weil die Baumstruktur ausgenutzt wird:

```
// inline-Definition
Iterator find(const T& Wert) const {    // Element finden
    Knoten *mitte = Wurzel;
    while(mitte) {
        if(Comp(Wert, mitte->Daten))
            mitte = mitte->links;
        else if(Comp(mitte->Daten, Wert))
            mitte = mitte->rechts;
        else break;
    }
    return Iterator(mitte);
}
```

Von der Wurzel ausgehend wird nachgeschaut, ob der Wert kleiner ist als der an der Wurzel. Falls ja, wird nach links gegangen. Andernfalls wird geprüft, ob der Wert an der Wurzel kleiner ist und gegebenenfalls nach rechts gegangen. Dieses Verfahren wird bei jedem Knoten wiederholt, bis der richtige gefunden wird. Falls der gesuchte Wert nicht vorhanden ist, wird `mitte` irgendwann NULL.

Bemerkenswert bei diesem Verfahren ist, dass kein `operator==()` erforderlich ist. Das zur Einsortierung verwendete `Vergleichs`-Objekt repräsentiert eine <-Relation. Die Gleichheit (genauer: Äquivalenz) zweier Werte $a$ und $b$ wird durch die logische Beziehung

$$\neg(a < b) \wedge \neg(b < a)$$

festgestellt. Wie funktioniert nun das Eintragen im Baum? Die Methode `find()` wurde iterativ mit einer Schleife formuliert. Die Alternative ist eine rekursive Lösung. Die Methode `insert()` erzeugt einen neuen Knoten, dem die Daten zugewiesen werden. Dann wird rekursiv die überladene private Methode `insert()` aufgerufen:

```
// inline-Definitionen
Iterator insert(const T& Wert) {
    Knoten *temp = new Knoten(Wert);
    return Iterator(insert(temp, Wurzel));
}

Knoten* insert(Knoten* Kn, Knoten*& Teilbaum) {
    if(!Teilbaum) {                    // Blatt gefunden
```

```
        Teilbaum = Kn;
        ++Anzahl;
        // linksaussen neu bestimmen, falls nötig
        if(!linksaussen              // d.h. Kn ist Wurzel
           || Comp(Kn->Daten, linksaussen->Daten))
             linksaussen = Kn;
        return Kn;
    }
    else {   // kein Blatt, also rekursiver Aufruf
        Kn->Elter = Teilbaum;
        if(Comp(Kn->Daten, Teilbaum->Daten))
             return insert(Kn, Teilbaum->links);
        else return insert(Kn, Teilbaum->rechts);
    }
}
```

Ein Knoten wird wie ein Teilbaum aufgefasst. Wenn die Daten des Knotens `*Kn` kleiner als die an der aktuellen Stelle des Teilbaums `*Teilbaum` sind, wird die Funktion für den linken Teilbaum aufgerufen, für den sich das Spiel wiederholt. Andernfalls wird nach rechts gegangen. Irgendwann muss die Funktion beim Herabklettern im Baum auf ein Blatt stoßen, das heißt, dass der Aufrufer der Funktion (eine Rekursionsebene vorher) einen NULL-Zeiger als Verweis besitzt, den er als Teilbaum (`Teilbaum->links` oder `Teilbaum->rechts`) übergeben hat. Natürlich ist es möglich, bezüglich des Vergleichs gleiche Daten mehrfach in den Baum einzutragen. Beispiel: Ein Datensatz besteht aus Name und Adresse einer Person, aber nur der Name wird als Sortierkriterium benutzt. Damit können verschiedene Personen gleichen Namens abgespeichert werden.

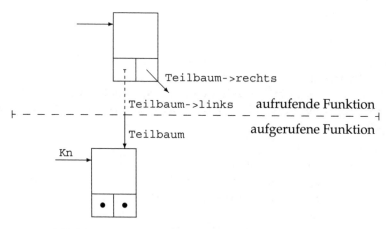

Abbildung 11.5: Sortiertes Einfügen in einen Binärbaum

## 11.6 Binärer Suchbaum

Die Anweisung `Teilbaum = Kn;` bewirkt nun, dass `Teilbaum` auf `*Kn` weist. Weil `Teilbaum` als *Referenz* übergeben wurde, wird die Änderung beim Aufrufer eingetragen. Abbildung 11.5 zeigt den Vorgang mit den Bezeichnern aus der Sicht der aufrufenden und der rekursiv aufgerufenen Funktion.

Abschließend sehen wir uns den `operator++()` des Iterators an, der sich im Baum entsprechend der Sortierung weiterbewegen soll, um auf den Nachfolger des aktuellen Knotens zu verweisen.

Falls ein rechter Teilbaum existiert, ist das nächste Element linksaußen im rechten Teilbaum. Wenn wir uns den Baum in Abbildung 11.4 auf Seite 396 ansehen, wäre das auf 11 folgende Element die 12. Der rechte Teilbaum von 11 beginnt bei 13, und die 12 ist linksaußen in diesem Teilbaum. Falls das Nachfolgeelement keinen linken Teilbaum hat, ist es selbst der Nachfolger, wie die 18 im Baum Nachfolger der 13 ist.

```
Iterator& operator++() {        // präfix
    if(aktuell->rechts) {
        aktuell = aktuell->rechts;
        while(aktuell->links)
            aktuell = aktuell->links;
    }
    /*Andernfalls (wenn kein rechter Teilbaum existiert) ist der Nachfolger der Knoten
      auf dem Weg zur Wurzel, der den vorherigen Knoten auf dem Weg als linken Teil-
      baum hat. Der Nachfolger von 9 ist demnach 11, weil von 9 ausgehend auf dem
      Weg zur Wurzel die 11 den Knoten darstellt, der den vorhergehenden Knoten auf
      dem Weg (nämlich die 8) als linken Teilbaum hat. Die 22 hat als Nachfolger aus
      denselben Gründen die 23.
    */
    else {
        while(aktuell->Elter
              && aktuell != aktuell->Elter->links)
            aktuell = aktuell->Elter;
        aktuell = aktuell->Elter;  // ggf. NULL, d.h.rechtsaußen
    }
    return *this;
}
```

Mit der Abfrage auf `aktuell->Elter` wird festgestellt, ob überhaupt noch ein Vorgänger existiert oder ob schon die Wurzel erreicht worden ist. Falls kein Nachfolger existiert, wird NULL zurückgegeben. So wird von der 23 ausgehend in der Schleife zur Wurzel gegangen und in der `if`-Abfrage anschließend die NULL eingetragen.

Nun sind einige Datenstrukturen bekannt, mit denen verschiedene Container realisiert werden können. Einige Funktionen wie `operator--()` für Iteratoren fehlen noch. In der Standard Template Library, die die Basis für die C++-Standardbibliothek darstellt, werden nicht diese binären Suchbäume verwendet, sondern die aufwendigeren so genannten *red-black-trees* [CLR90], die beim Einfügen und Löschen bereits dafür sorgen, dass ein Baum nicht zu sehr aus der Balance gerät.

**Übungsaufgabe**

11.7 Implementieren Sie die Klasse `BinBaum` vollständig. Hinweis zur Implementierung der Methode `balance()`: Zuerst Verweise auf alle Objekte des Baums sortiert in einem Vektor speichern, dann den Baum neu aufbauen.

## 11.7 Trennung von Schnittstelle und Implementation

Die Trennung von Schnittstelle und Implementation ist ein allgemeines Konzept in der Software-Technik, das auf verschiedene Weisen realisiert werden kann. Zwei übliche Techniken werden vorgestellt.

### 11.7.1 Entkopplung durch abstrakte Basisklassen

Eine Möglichkeit ist die Entkopplung von Implementierung und Benutzung einer Klasse durch eine abstrakte Basisklasse. Im Beispiel soll je nach Anwendung entweder ein auf Schnelligkeit oder ein auf Größe optimierter Container verwendet werden, ohne dass das Anwendungsprogramm *main.cpp* neu übersetzt werden muss.

```
// container.h
class Elementtyp {
    // Methoden und Attribute der Klasse Elementtyp
};

class Container {
    public:
        virtual void einfuegen(const Elementtyp&) = 0;
        // ... weitere Methoden
};   // Ende von container.h

// schnellerContainer.h
#include"container.h"
class schnellerContainer : public Container {
    public:
        virtual void einfuegen(const Elementtyp&);
        // ... weitere Methoden
};   // Ende von schnellerContainer.h
```

## 11.7 Trennung von Schnittstelle und Implementation

```cpp
// grosserContainer.h
#include"container.h"
class grosserContainer : public Container {
    public:
       virtual void einfuegen(const Elementtyp&);
       // ... weitere Methoden

}; // Ende von grosserContainer.h
```

```cpp
// meineKlasse.h
#include"container.h"
class meineKlasse {
    public:
       meineKlasse();
       void eintragen(const Elementtyp&);
    private:
       Container *pC;
};   // Ende von meineKlasse.h
```

Weil in der Klasse `meineKlasse` nur ein Zeiger auf den Container verwendet wird, ist die Information über die Größe eines `Container`-Objekts innerhalb *main.cpp* nicht notwendig. Ein *main.cpp* könnte mit den obigen Deklarationen übersetzt werden:

```cpp
// main.cpp
#include"meineKlasse.h"
int main() {
    meineKlasse einK;
    Elementtyp A;
    einK.eintragen(A);
}
```

Die Implementierung *meineKlasse.cpp* kann nun entweder den großen oder den schnellen Container benutzen, weil der Aufruf polymorph ist.

```cpp
// meineKlasse.cpp
#include"grosserContainer.h"                          //!
#include"meineKlasse.h"
meineKlasse::meineKlasse()
     : pC(new grosserContainer) {                     //!
}

void meineKlasse::eintragen(const Elementtyp& EL) {
     // polymorpher Aufruf
     pC->einfuegen(EL);
}
```

Wesentliches Kennzeichen dieser Technik ist die Tatsache, dass *main.cpp* und *meineKlasse.cpp* völlig unabhängig voneinander übersetzbar sind und dass bei Änderung der Implementierung, indem der schnelle Container statt des großen gewählt wird (siehe mit »!« gekennzeichnete Zeilen), keine Neuübersetzung von *main.cpp* notwendig ist. Rekompilation von *meineKlasse.cpp* und neu linken genügt, weil keine Schnittstelle zur Klasse `meineKlasse` geändert wird. Dem großen Vorteil, die Implementierung einer Klasse ohne Änderung und sogar Neukompilation der Benutzer der Klasse ändern zu können, steht als einziger kleiner Nachteil gegenüber, dass der Zugriff auf das Container-Objekt im Beispiel über einen Zeiger geschieht. Eine Indirektionsebene mehr bedeutet eine geringfügige Erhöhung der Laufzeit.

### 11.7.2 Handles

Handles (englisch für *Griff, Henkel*) dienen dazu, einen Zugriff auf ein Objekt zu ermöglichen, wobei ein Handle einen Zeiger auf ein Objekt darstellt. Die Vor- und Nachteile sind dieselben wie im vorhergehenden Abschnitt beschrieben. Hier soll jedoch gezeigt werden, wie man vorgehen kann, wenn *keine* Vererbungsbeziehung zwischen den Klassen besteht, die zur Implementierung benutzt werden. Das Beispiel benutzt die bekannten Klassen `Liste` und `BinBaum`, wobei sich die zweite durch Sortierung und sehr schnellen Zugriff auszeichnet. Alternative: Wegen der Gemeinsamkeiten könnte man hier eine gemeinsame abstrakte Basisklasse konstruieren. Als einfaches Beispiel sei eine Klasse dargestellt, die nur Namen abspeichern, anzeigen und herausfinden soll, ob ein Name schon eingetragen ist:

**Klasse mit Handle auf Container**

```
//cppbuch/k11/trennung/namenreg.h
#ifndef namenreg_h
#define namenreg_h namenreg_h
#include<string>
class Container;               // Vorausdeklaration

class Namenregister {
   public:
      Namenregister();
      void einfuegen(const std::string&);
      bool istVorhanden(const std::string&) const;
      void anzeigen() const;
   private:
      Container *ContainerHandle;
};
#endif  // namenreg_h
```

Auch hier finden wir die Technik, einen *Zeiger* auf einen Container zu verwenden, dessen Art unbekannt ist! Ein `main()`-Programm kann mit dieser Deklaration übersetzt werden:

## Beispielprogramm

```
//cppbuch/k11/trennung/main.cpp
#include<iostream>
#include"namenreg.h"
using namespace std;

int main() {
    Namenregister einNamenregister;
    einNamenregister.einfuegen("Daniel");
    einNamenregister.einfuegen("Felicitas");
    einNamenregister.einfuegen("Julian");
    einNamenregister.einfuegen("Katharina");
    einNamenregister.einfuegen("Leonard");
    einNamenregister.anzeigen();
    cout << "Name?";
    string neuerName;
    cin >> neuerName;
    if(einNamenregister.istVorhanden(neuerName))
        cout << neuerName << " ist schon vorhanden!\n";
    else if(neuerName.length() > 0) {
        cout << neuerName << " wird eingetragen!\n";
        einNamenregister.einfuegen(neuerName);
        einNamenregister.anzeigen();
    }
    else cout << "Eingabefehler!" << endl;
}
```

Ohne *main.cpp* jemals wieder neu zu übersetzen, können wir die Implementation durch eine Liste oder einen binären Suchbaum wählen. Es muss nur die jeweilige Implementierung übersetzt und mit *main.o* gelinkt werden. Weil `Liste` und `BinBaum` keine gemeinsame abstrakte Basisklasse haben, wird der Umweg über eine Schnittstellenklasse `Container` gegangen, deren Definition durch eine `#define`-Anweisung ausgewählt wird (siehe nächste Seite). Mit einem Template die Art des Containers auszuwählen, zum Beispiel mit

```
typedef BinBaum<std::string> Container;
```

funktioniert hier nicht, weil `Liste` und `BinBaum` nicht dieselben Schnittstellen haben: `Liste` hat keine Methode `find()`.

## Implementierung der Namenregister-Klasse

```cpp
//cppbuch/k11/trennung/namenreg.cpp
#include"namenreg.h"
#include<iostream>
// Auswahl des Containers: Nur eine Zeile auskommentieren!
//#define ListenContainer ListenContainer
#define BaumContainer BaumContainer

#ifdef ListenContainer
#include"../iter/liste.t"
typedef Liste<std::string>::Iterator   CIterator;

class Container {
   public:
      void insert(const std::string& t) {L.push_front(t);}
      CIterator begin() const {return L.begin();}
      CIterator end()   const {return L.end();}
      CIterator find(const std::string& m) const {
         // Liste<T> hat keine Methode find()
         CIterator LI = L.begin();
         while(LI != L.end() && *LI != m) ++LI;
         return LI;
      }
   private:
      Liste<std::string> L;
};
#endif

#ifdef BaumContainer
#include"../baum/binbaum.t"
typedef BinBaum<std::string>::Iterator   CIterator;

class Container {
   public:
      void insert(const std::string& t) { B.insert(t); }
      CIterator begin() const {return B.begin();}
      CIterator end()   const {return B.end();}
      CIterator find(const std::string& m) const {
         return B.find(m);
      }
   private:
      BinBaum<std::string> B;
};
#endif
```

## Implementierung (Fortsetzung)

```
/*Nachdem die Klasse Container entsprechend der gewünschten Implementierung
  ausgewählt wurde, kann sich der Rest von namenreg.cpp darauf beziehen.
*/

Namenregister::Namenregister()
: ContainerHandle(new Container) {
}

void Namenregister::einfuegen(const std::string& text) {
    ContainerHandle->insert(text);
}

bool Namenregister::istVorhanden(const std::string& text)
                                                     const {
    return (ContainerHandle->find(text)
            != ContainerHandle->end());
}

void Namenregister::anzeigen() const {
    CIterator Suche = ContainerHandle->begin();
    while(Suche != ContainerHandle->end()) {
        std::cout << *Suche << std::endl;
        ++Suche;
    }
}
```

## 11.8 Mehrdimensionale Matrizen

Neben eindimensionalen Feldern sind 2- und 3-dimensionale Matrizen in mathematischen Anwendungen verbreitet. Der Sprache C entsprechende ein- und mehrdimensionale Arrays in C++ sind aus den Abschnitten 6.4 und 6.6 bekannt. Mathematische Matrizen sind Spezialfälle von Arrays mit Elementen, die vom Datentyp `int`, `float`, `complex`, `rational` oder ähnlich sind. Die Klasse `mathVektor` (Abschnitt 9.2.3) ist eine eindimensionale Matrix in diesem Sinne, wobei die Klasse im Unterschied zu einem normalen C-Array einen sicheren Zugriff über den Indexoperator erlaubt, wie wir dies auch für zwei- und mehrdimensionale Matrixklassen erwarten. Der Zugriff auf Elemente eines ein- oder mehrdimensionalen Matrixobjekts sollte

- sicher sein durch eine Prüfung aller Indizes und
- über den Indexoperator(bzw. [] [], [] [] [] ...) erfolgen, um die gewohnte Schreibweise beizubehalten.

Das Überladen des Klammeroperators für runde Klammern () wäre alternativ möglich, entspräche aber nicht der üblichen Syntax. Nun kann man sich streiten, ob es ästhetischer ist, `A(5,6)` zu schreiben anstatt `A[5][6]`. Sicherlich ist es bei neu zu schreibenden Programmen gleichgültig, doch wenn man für die Wartung und Pflege von existierenden großen Programmen verantwortlich ist, die die `[]`-Syntax verwenden? Ein weiteres Argument: Eine Matrixklasse soll sich möglichst ähnlich wie ein konventionelles C-Array verhalten ([BrH95]).

Der Verzicht auf die erste Anforderung wird oft mit Effizienzverlusten begründet. Dieses Argument ist in der Regel aus mehreren Gründen nicht stichhaltig:

- Es ist wichtiger, dass ein Programm korrekt anstatt schnell ist. Indexfehler, das zeigt die industrielle Praxis, treten häufig auf. Das Finden der Fehlerquelle ist schwierig, wenn mit falschen Daten weitergerechnet und der eigentliche Fehler erst durch Folgefehler sichtbar wird.

- Der erhöhte Laufzeitbedarf durch einen geprüften Zugriff ist oft durchaus vergleichbar mit den weiteren Operationen, die mit dem Arrayelement verbunden sind, und manchmal vernachlässigbar. Im Bereich der Natur- und Ingenieurwissenschaften gibt es einige Programme, bei denen sich die Indexprüfung deutlich nachteilig auswirkt, andererseits kommt es auf den Einzelfall an. Nur wenn ein Programm *wegen* der Indexprüfung zu langsam ist, sollte man nach gründlichen Tests erwägen, die Prüfung herauszunehmen.

*Tipp* Für rechenzeitoptimierte Vektoren und Matrizen sei auf die Klasse `valarray` verwiesen (Abschnitt 21.4, Seiten 594 ff). Zugunsten starker Optimierungsmöglichkeiten wurden beim Entwurf der Klasse bewusst Einschränkungen bezüglich der Verständlichkeit und leichter Benutzbarkeit hingenommen.

### 11.8.1 Zweidimensionale Matrix

Was ist eine zweidimensionale Matrix, deren Elemente vom Typ `int` sind? Eine int-Matrix *ist ein* Vektor von mathematischen `int`-Vektoren! Diese Betrachtungsweise erlaubt eine wesentlich elegantere Formulierung einer Matrixklasse im Vergleich zur Aussage: die Matrix *hat* beziehungsweise besitzt mathematische `int`-Vektoren. Die Formulierung der *ist-ein*-Relation als Vererbung zeigt die Klasse Matrix, wobei die bereits bekannten Klassen `Vektor` und `mathVektor` eingesetzt werden:

```
//cppbuch/k11/matrix/matrix.t
#ifndef matrix_t
#define matrix_t matrix_t
#include"../../k9/mathvek/mvektor.t"

/*Matrix als Vektor von mathVektoren
*/
```

## 11.8 Mehrdimensionale Matrizen

```
template<class T>
class Matrix : public Vektor<mathVektor<T> > {
  protected:
    int yDim;

  public:
    Matrix(int = 0, int = 0);        // Zeilen, Spalten
    int Zeilen() const {return this->xDim; } // this-> hilft dem
             // Compiler, bei Templates, ein Element der Oberklasse zu erkennen.
    int Spalten() const {return yDim; }
    void init(const T&);

    // mathematische Operatoren und Funktionen
    Matrix<T>& I();      // als Einheitsmatrix initialisieren
    Matrix<T>& operator*=(const T&);
    Matrix<T>& operator*=(const Matrix<T>&);
    // ... weitere Operatoren und Funktionen
};

template<class T>                     // Implementierung des Konstruktors:
inline Matrix<T>::Matrix(int x, int y)
  : Vektor<mathVektor<T> >(x), yDim(y) {
    mathVektor<T> temp(y);
    for(int i = 0; i < x; ++i) this->start[i] = temp;
}
// ... Fortsetzung unten
```

Die Klasse `Matrix` erbt also von der Klasse `Vektor`, wobei jetzt der Datentyp der Vektorelemente durch ein Template beschrieben wird. Der Konstruktor initialisiert ein Basisklassensubobjekt des Typs `Vektor<mathVektor<T> >` mit der richtigen Größe x. Bei der Schreibweise geschachtelter Templates ist darauf zu achten, dass »...T> >« geschrieben wird, also mit Leerzeichen, anstatt »...T>>«, um eine Verwechslung mit dem Shift-Operator zu vermeiden. Weil dem Basisklassensubobjekt in der Initialisierungsliste die zweite Dimension y nicht bekannt ist, legt es xDim eigene Vektorelemente vom Typ `mathVektor<T>` mit der Länge 0 an. Die korrekte Länge yDim aller Vektorelemente wird in der nachfolgenden Schleife durch Zuweisung eines temporären Objekts temp mit der richtigen Länge y erreicht.

`Matrix` hat keinerlei dynamische Daten außerhalb des Basisklassensubobjekts. Deshalb sind weder ein besonderer Destruktor, Kopierkonstruktor, noch ein eigener Zuweisungsoperator notwendig. Die entsprechenden Operationen für das Basisklassensubobjekt werden von der `Vektor`-Klasse erledigt. Der Indexoperator wird geerbt; wie er funktioniert, wird unten beschrieben. Die Initialisierung der Matrix mit Werten (siehe Übungsaufgabe), der Kurzformoperator *= und die Erzeugung einer Einheitsmatrix sind ebenfalls einfach zu implementieren, wobei im *=-Operator geerbter Code wiederverwendet wird:

```
template<class T>                    // Multiplikationsoperator
Matrix<T>& Matrix<T>::operator*=(const T& faktor) {
    for(int i = 0; i < this->xDim; ++i)
        this->start[i] *= faktor;    // mathVektor<T>::operator*=()
    return *this;
}
template<class T>                    // Einheitsmatrix
Matrix<T>& Matrix<T>::I() {          // keine Prüfung auf xDim == yDim
    for(int i = 0; i < this->xDim; ++i)
      for(int j = 0; j < yDim ; ++j)
          this->start[i][j] = (i==j) ? T(1) : T(0);
    return *this;
}
// weitere Funktionen..
#endif         // matrix_t
```

Nach diesem Schema können weitere Operatoren und Funktionen gebaut werden. Nun fragt man sich, wie der Elementzugriff und die Indexprüfung in diesem Fall funktioniert? Betrachten wir folgendes Beispiel:

```
Matrix<float> M2D(100,55);
M2D[3][7] = 1.0162;
```

Der Zugriff ist sehr einfach, beide Indizes werden überprüft. Die Erklärung der Wirkungsweise ist jedoch nicht ganz so einfach. Um zu sehen, was geschieht, schreiben wir `M2D[3][7]` um und lösen dabei die Funktionsaufrufe auf:

```
(M2D.operator[](3)).operator[](7)
```

Der Typ der ersten Operatormethode ist

```
Vektor<mathVektor<float> >::operator[](int)
```

Das anonyme Basisklassensubobjekt ist ein `Vektor`, dessen `[]`-Operator mit dem Argument 3 aufgerufen wird. Die Elemente des Vektors sind vom Typ `mathVektor<float>`; zurückgegeben wird also eine Referenz auf den dritten `mathVektor` des Vektors. Bezeichnen wir den Rückgabewert zur Vereinfachung mit x, dann wird jetzt

```
X.operator[](7)
```

ausgeführt, was nichts anderes bedeutet, als die Indexoperation `operator[]()` für einen `mathVektor<float>` mit dem Ergebnis `float&` – also einer Referenz auf das gesuchte Element – auszuführen. In jedem dieser Aufrufe von Indexoperatoren werden Grenzen auf einheitliche Weise geprüft. Abgesehen von der äquivalenten Definition für konstante Objekte existiert nur eine *einzige* Definition des Indexoperators! Auf eine Funktion `Matrix::GroesseAendern()` sowie die Definition weiterer Operatoren und sinnvoller Elementfunktionen soll nicht eingegangen werden. Der Nutzen von `GroesseAendern()` für Matrizen ist ohnehin fragwürdig.

Um einen Missbrauch der Methode `Vektor::GroesseAendern()` zu verhindern, könnte sie in `Matrix` privat deklariert werden.

## 11.8.2 Dreidimensionale Matrix

Das für zweidimensionale Matrizen benutzte Schema lässt sich nun zwanglos für Matrizen beliebiger Dimension erweitern. Hier sei nur noch abschließend das Beispiel für die dritte Dimension gezeigt. Was ist eine dreidimensionale Matrix, deren Elemente vom Typ `int` sind? Die Frage lässt sich leicht in Analogie zum vorhergehenden Abschnitt beantworten. Eine dreidimensionale `int`-Matrix *ist ein* `Vektor` von mathematischen zweidimensionalen `int`-Matrizen! Die Formulierung der *ist-ein*-Relation als Vererbung zeigt die Klasse `Matrix3D`:

```
template<class T>
class Matrix3D : public Vektor<Matrix<T> > {
  private:
    void GroesseAendern(int); // geerbte Methode verbieten
  protected:
    int yDim, zDim;
  public:
    Matrix3D(int = 0, int = 0, int = 0);
    int xDIM() const { return this->xDim;}
    int yDIM() const { return yDim;}
    int zDIM() const { return zDim;}
    void init(const T&);                    // Initialisierung
    Matrix3D<T>& I();                       // Einheitsmatrix
    // mathematischer Operator:
    Matrix3D<T>& operator*=(const T&);      // Multiplikation
    // weitere Operatoren und Funktionen ...
};

template<class T>                           // Implementierung des Konstruktors
inline Matrix3D<T>::Matrix3D(int x, int y, int z)
  : Vektor<Matrix<T> >(x), yDim(y), zDim(z) {
    Matrix<T> temp(y, z);
    for(int i = 0; i < x; ++i) this->start[i] = temp;
}
```

Der Konstruktor initialisiert ein Basisklassensubobjekt des Datentyps `Vektor< Matrix<T> >` mit der richtigen Größe x. Weil dem Basisklassensubobjekt in der Initialisierungsliste die zweite und dritte Dimension nicht bekannt sind, legt es xDim eigene Elemente vom Typ `Matrix<T>` mit der Größe 0 mal 0 an. Die korrekte Größe aller Subobjekte wird in der nachfolgenden Schleife durch Zuweisung eines temporären Objekts `temp` erreicht. Weil `Matrix3D` (wie `Matrix`) keinerlei dynamische Daten außerhalb des Basisklassensubobjekts hat, ist weder ein besonderer

Destruktor, Kopierkonstruktor noch ein eigener Zuweisungsoperator notwendig. Die entsprechenden Operationen für das Basisklassensubobjekt werden von der Klasse Vektor selbst erledigt. Der Indexoperator wird geerbt. Die Initialisierung, der Kurzformoperator *= und die Erzeugung einer Einheitsmatrix sind ähnlich wie oben beschrieben zu implementieren, wobei im *=-Operator geerbter Code wieder verwendet wird:

```
template<class T>
void Matrix3D<T>::init(const T& Wert)     { // Initialisierung
    for(int i = 0; i < this->xDim; ++i)
        for(int j = 0; j < yDim ; ++j)
            for(int k = 0; k < zDim ; ++k)
                this->start[i][j][k] = Wert;
}

template<class T>                         // Einheitsmatrix
Matrix3D<T>& Matrix3D<T>::I() {    // keine Prüfung auf gleiche Dimensionen
    for(int i = 0 ; i< this->xDim; ++i)
        for(int j = 0 ; j < yDim ; ++j)
            for(int k = 0 ; k < zDim ; ++k)
                this->start[i][j][k] = (i==j && j==k) ? T(1) : T(0);
    return *this;
}

template<class T>                         // Multiplikationsoperator
Matrix3D<T>& Matrix3D<T>::operator*=(const T& faktor) {
    for(int i = 0; i < this->xDim; ++i)
        this->start[i] *= faktor;         // Matrix<T>::operator*=()
    return *this;
}
#endif    // matrix_t
```

Nun können auf einfache Art dreidimensionale Matrizen definiert und benutzt werden, zum Beispiel:

```
Matrix3D<int> M3(3,15,2);
    for(int i = 0 ; i< M3.xDIM(); ++i)
        for(int j = 0 ; j < M3.yDIM() ; ++j)
            for(int k = 0 ; k < M3.zDIM() ; ++k) {
                M3[i][j][k] = was_auch_immer();
                cout << M3[i][j][k];
            }

// Benutzung
M3 *= 1020;
// .... usw.
```

Die Wirkungsweise des Indexoperators ist in Analogie zur Klasse `Matrix` beschreibbar, es gibt nur einen verketteten Operatoraufruf mehr. Formulieren wir zum Beispiel `M3[1][2][3]` um:

`M3.operator[](1).operator[](2).operator[](3)`

Der erste Operator gibt etwas vom Typ `Matrix<int>&` zurück oder, genauer, eine Referenz auf das erste Element des `Vektor`-Subobjekts von `M3` (die dreidimensionale Matrix ist ein Vektor von zweidimensionalen Matrizen). Das zurückgegebene »Etwas« kürzen wir nur der Lesbarkeit halber mit `Z` ab und erhalten

`Z.operator[](2).operator[](3)`

Wir wissen, dass eine Referenz nur ein anderer Name (ein Alias) ist, sodass `Z` letztlich eine Matrix des Typs `Matrix<int>` repräsentiert. Wir sahen bereits, dass eine `Matrix<int>` ein Vektor ist, nämlich ein `Vektor< mathVektor<int> >`, von dem `operator[]()` geerbt wurde. Genau dieser Operator wird nun mit dem Argument 2 aufgerufen und gibt ein Ergebnis vom Typ `mathVektor<int>&` zurück, das hier der Kürze halber `X` heißen soll:

`X.operator[](3)`

Der Rest ist leicht, wenn wir an das Ende des Abschnitts über zweidimensionale Matrizen schauen. Auch hier ist wie bei der Klasse `Matrix` der Zugriff auf ein Element simpler als die darunterliegende Struktur.

## Schlussbemerkung

Die Methode zur Konstruktion der Klassen für mehrdimensionale Matrizen kann leicht verallgemeinert werden: Eine $n$-dimensionale Matrix kann stets als Vektor von $(n-1)$-dimensionalen Matrizen aufgefasst werden. Die Existenz einer Klasse für $(n-1)$-dimensionale Matrizen sei dabei vorausgesetzt. In der Praxis werden jedoch vier- und höherdimensionale Matrizen selten eingesetzt. Indexoperator, Zuweisungsoperator, Kopierkonstruktor und Destruktor brauchen nicht geschrieben zu werden, sie werden von der Klasse `Vektor` zur Verfügung gestellt. Geschrieben werden müssen jedoch der Konstruktor, die Methoden zur Initialisierung und die gewünschten mathematischen Operatoren. Die beschriebenen Klassen zeigen die Kombination von Templates mit Vererbung. Beim Zugriff auf einzelne Matrix-Elemente wird kontrolliert, ob der Index im zulässigen Bereich liegt – das kostet natürlich Laufzeit. Schnellere, ungeprüfte Zugriffe erlauben die Matrizen der Klasse `valarray` (Abschnitt 21.4, Seiten 594 ff).

## Übungsaufgaben

**11.8** Implementieren Sie einen Operator

`Matrix<T>& Matrix::operator*=(const Matrix<T>&)`

zur Multiplikation einer Matrix mit einer anderen.

**11.9** Implementieren Sie einen Operator

```
Matrix<T> operator*(const Matrix<T>&, const Matrix<T>&)
```

zur Multiplikation zweier zweidimensionaler Matrizen:
a) unter der Annahme, dass bereits ein Elementoperator `*=` existiert;
b) ohne dass `Matrix::operator*=()` vorhanden ist.

**11.10** Schreiben Sie eine Methode `void init(const T&)` zur Initialisierung aller Matrixelemente. Sind dabei Methoden der Oberklasse einsetzbar?

## 11.9 Fehlersuche mit trace-Objekten

In C++-Programmen gibt es Konstruktoren, Destruktoren und eine Menge verschiedener Anweisungen, die mit Objekten hantieren. Arbeitet all dies wie geplant zusammen? Normalerweise nicht auf Anhieb, es sei denn, man hat einen sehr überlegten und präzisen Entwurf hergestellt. In diesem Abschnitt wird ein Werkzeug vorgestellt, das es ermöglicht, die Konstruktion und Zerstörung von Objekten in einem Programm zurückzuverfolgen (englisch *trace*). So ein »Spürhund« für Objekte ist ein nützliches Hilfsmittel zur Fehlersuche. Welche Anforderungen sind an ein solches Werkzeug zu stellen?

- Konstruktion und Destruktion von Objekten sind in einer Protokolldatei festzuhalten.

- Zur eindeutigen Identifikation sind die Objekte mit Seriennummern zu versehen. Um die Lesbarkeit der Protokolldatei zu verbessern, werden zusätzlich Klartextnamen für die Klassen aufgeführt.

- Das Einfügen von freiem Text in die Protokolldatei an bestimmten Stellen im zu prüfenden Programm soll möglich sein.

- Versehentliche Versuche, mit `delete` ein Objekt mehr als einmal zu löschen, sollen entdeckt werden.

- Die Objektbilanz am Programmende soll überprüft werden. Alle konstruierten Objekte sollten im Programmverlauf durch Verlassen des Gültigkeitsbereichs oder durch `delete` wieder gelöscht worden sein, sobald das Programm beendet wird. Damit können »verwitwete« Objekte entdeckt werden.

- An ausgewählten Stellen im Programm soll eine Liste der gerade aktiven, das heißt existierenden Objekte ausgegeben werden können.

- Im zu prüfenden Programm sollen möglichst wenig Änderungen notwendig werden.

Wie können die Anforderungen erfüllt werden? Dazu stellen wir ein paar Vorüberlegungen an:

- Wir wissen, dass ein Objekt Subobjekte enthalten kann. Wir könnten daher jedem zu überwachenden Objekt ein Subobjekt mitgeben, das die Überwachung übernimmt. Insbesondere wissen wir, dass bei einer gegebenen Vererbungshierarchie jedes Objekt einer abgeleiteten Klasse ein Subobjekt der Basisklasse enthält beziehungsweise mehrere bei Mehrfachvererbung und nicht-virtuellen Basisklassen. Daraus folgt, dass wir eine Klasse trace entwerfen können, die an die Spitze einer Vererbungshierarchie gestellt wird, indem die bisherige Basisklasse virtual von trace erbt. Jedes erzeugte Objekt dieser Hierarchie enthält dann genau ein Subobjekt vom Typ trace, das die nötigen Verwaltungsinformationen enthält.

- Ein Konstruktor einer abgeleiteten Klasse ruft den Konstruktor der Oberklasse auf. Für die Oberklasse selbst gilt dasselbe und so weiter. Auf jeden Fall wird so der trace-Konstruktor aufgerufen, der damit in die Lage versetzt wird, die Konstruktion eines Objekts zu protokollieren. Für die Destruktoren gilt Entsprechendes.

- Objekte werden am Ende eines Gültigkeitsbereichs in der umgekehrten Reihenfolge gelöscht, wie sie erzeugt wurden. Eine Ausnahme bilden mit new erzeugte Objekte, die explizit mit delete zu löschen sind. Wenn dafür gesorgt wird, dass das erste Objekt in einem Programm *statisch* (also nicht mit new erzeugt wird) deklariert ist, *muss* dieses Objekt auch dasjenige sein, das als *letztes* gelöscht wird – es sei denn, es sind zu wenige oder zu viele delete-Anweisungen vorhanden! Wenn der Destruktor nach Löschen dieses Objekts feststellt, dass noch andere Objekte vorhanden sind, fehlen im Programm delete-Anweisungen. Ferner können mit diesem ersten Objekt die Aktionen Öffnen und Schließen der Protokolldatei verknüpft werden.

- Wenn die Objekte fortlaufende Seriennummern bekommen, kann man diese Nummern in eine Liste eintragen. Stellt ein Destruktor fest, dass die Seriennummer eines zu löschenden Objekts *nicht* in der Liste vorkommt, ist es nie konstruiert oder schon gelöscht worden. Ein fehlerhaftes delete wird damit entdeckt!

- Um die Objekte in einer Liste zu verwalten, wird die Klasse Liste von Seite 376 verwendet. Die Liste ist static, weil sie für alle protokollierten Objekte gilt und nicht jedem einzelnen Objekt zugeordnet ist. Allen Objekten gemeinsam ist ebenfalls die Anzahl der Objekte; die Seriennummern hingegen sind individuell. Diese Eigenschaften hat die Klasse nummeriertesObjekt (Seite 253 und Aufgabe auf Seite 328), sodass von dieser Klasse geerbt wird.

Eine Liste hat natürlich einen Nachteil: Das Suchen in ihr ist langsam, wenn sie viele Objekte enthält. Falls Geschwindigkeit wichtig ist, sollte ein Container auf Basis der Streuspeicherung (englisch *hashing*) verwendet werden, wie es u.a. in [Bre99] beschrieben ist. Für viele Zwecke ist eine Liste ausreichend.

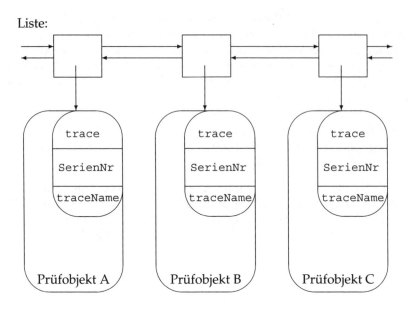

Abbildung 11.6: Liste von trace-Subobjekten

Abbildung 11.6 zeigt die eingebetteten Subobjekte, von denen Verweise in die verkettete Liste eingetragen sind. Die SerienNr wird durch innerhalb der trace-Objekte vorhandene Subobjekte des Typs nummeriertesObjekt realisiert. Nach diesem Bild wurde die im folgenden Abschnitt vorgestellte Klasse trace entworfen.Die Prüfobjekte sollten im Fall der Mehrfachvererbung jeweils nur ein trace-Subobjekt enthalten, sodass die trace-Klasse virtuell zu vererben ist.

### 11.9.1 Klasse trace

Genug der Vorüberlegungen! Die Klasse trace als mögliche Problemlösung wird anschließend auf ein kleines Beispiel angewendet, mit Interpretation der Ergebnisse. Im ausführlichen Kommentar der Header-Datei *trace.h* sind zusätzliche Entwurfsbegründungen und Einzelheiten der Implementation erläutert, die in den obigen Entwurfsüberlegungen nicht enthalten waren und die auch anders hätten gelöst werden können. Erben von der Klasse nummeriertesObjekt sorgt dafür, dass die Anzahl der Objekte automatisch hochgezählt und die Seriennummer vergeben wird. Die Klasse nummeriertesObjekt aus Abschnitt 7.2 wird hier einschließlich der Lösung zur Aufgabe von Seite 328 vorausgesetzt.

## Klasse trace

```cpp
// cppbuch/k11/trace/trace.h
#ifndef trace_h
#define trace_h trace_h
#include"numobj.h"
#include"../iter/liste.t"

class trace : public nummeriertesObjekt {
   public:
      trace(const char* = "");
      trace(const trace&);
      trace& operator=(const trace&);
      virtual ~trace();
      const char* Objektname() const { return traceName;}
      static void druckeObjekte();
      static void TextEinfuegen(const char*);

   private:
      static Liste<trace*> traceListe;
      const char *traceName;
};
#endif     // trace_h
```

Das Argument des allgemeinen Konstruktors ist der Klassenname, auf den die Variable `traceName` verweist. Es sei vorausgesetzt, dass die Klarnamen einer Klasse ausschließlich als Literale im Programm verwendet werden. Damit brauchen die `trace`-Objekte nur die Zeiger mitzuführen, sodass dynamischer Speicher nicht notwendig ist und bei vielen Objekten beträchtlicher Speicherplatz gespart wird.

Ein besonderer Kopierkonstruktor ist notwendig. Es genügt nicht, den vom System generierten Kopierkonstruktor zu nehmen, weil er ein Objekt nur als elementweise Kopie initialisiert. Hier muss aber das neue Objekt in die vorhandene Listenstruktur eingefügt werden, und es braucht auch eine neue Seriennummer. Das Einzige, was tatsächlich von einem `trace`-Objekt kopiert werden darf, ist der Verweis auf den Klartextnamen.

Eine Zuweisung darf die Informationen eines `trace`-Objekts nicht zerstören. Daher ist ein besonderer Zuweisungsoperator notwendig, der definitiv nichts tut.

Die beiden Funktionen `druckeObjekte()` und `TextEinfuegen()` können bei Bedarf in das zu testende Programm eingestreut werden. `druckeObjekte()` schreibt Seriennummer und Namen aller zum Aufrufzeitpunkt existierenden Objekte in die Protokolldatei. `TextEinfuegen()` ermöglicht es, beliebige Kommentare in die Datei einzufügen.

## Implementierung der Klasse trace

```
// cppbuch/k11/trace/trace.cpp
#include"trace.h"
#include<fstream>
#include<iostream>
#include<cstdlib>
static std::ofstream traceDatei;
// Definition der klassenspezifischen (static) Daten:
Liste<trace*> trace::traceListe;

// statische (nicht dynamische) Definition eines ersten trace-Objekts
// und damit gleichzeitig Öffnen der Datei trace.lis
trace s("Startobjekt");

trace::trace(const char* m)                     // Konstruktor
: traceName(m) {
    // Datei öffnen beim ersten trace-Objekt
    if(Anzahl() == 1) {       // Anzahl wird in der Oberklasse gesetzt
        const char* const DATEINAME = "trace.lis";
        traceDatei.open(DATEINAME);
        std::cerr << DATEINAME;

        if(!traceDatei) {
            std::cerr << " kann nicht geöffnet werden!\n";
            exit(1);
        }
        else std::cerr << " wird erzeugt!" << std::endl;
    }
    traceListe.push_front(this);
    traceDatei << '(' << Seriennummer()<< ") "
               << traceName << " erzeugt"
               << std::endl;
}
trace::trace(const trace& original)             // Kopierkonstruktor
: traceName(original.traceName) {
    traceListe.push_front(this);

    traceDatei << '(' << Seriennummer()<< ") "
               << traceName
               << " erzeugt (Kopierkonstruktor)"
               << std::endl;
}
```

## Implementierung der Klasse trace (Fortsetzung)

```cpp
trace::~trace() {                              // Destruktor
    // Verweis aus der Liste entfernen, falls vorhanden
    Liste<trace*>::Iterator position = traceListe.begin();
    while(position != traceListe.end()
          && *position != this)
        ++position;
    if(position == traceListe.end()) {  // nicht gefunden
        traceDatei << "Abbruch! delete auf "
                      "nicht-existentes Objekt!\n";
        traceDatei.close();
        exit(2);
    }
    traceListe.erase(position);
    traceDatei << '(' << Seriennummer()<< ") "
               << traceName << " gelöscht\n";   // protokollieren
    // Die folgende Abfrage setzt die statische Definition eines
    // ersten Objekts voraus (siehe Dateianfang).
    if(Seriennummer() == 1) {
        if(traceListe.size() == 0)
            traceDatei << " Objektbilanz ok."
                          " Ende der Protokollierung\n";
        else {
            traceDatei << "Warnung! Fehlendes 'delete' für ";
            druckeObjekte();
        }
    }
}

void trace::druckeObjekte() {
    if(traceListe.size() == 1)
        traceDatei    << "     1 existierendes Objekt:\n";
    else traceDatei << "    " << traceListe.size()
                    << " existierende Objekte:\n";
    Liste<trace*>::Iterator position = traceListe.begin();
    while(position != traceListe.end()) {
        traceDatei << "      ("
                   << (*position)->Seriennummer() << ") "
                   << (*position)->Objektname() << std::endl;
        ++position;
    }
}
```

## Implementierung der Klasse trace (Fortsetzung)

```
trace& trace::operator=(const trace& ) {
    return *this;                       // nichts tun
}

void trace::TextEinfuegen(const char* s) {
    traceDatei << s << std::endl;
}
```

*Tipp* Die Abfrage `if(traceListe.size() == 0)` darf im Destruktor oben *nicht* durch `if(Anzahl() == 0)` ersetzt werden! Dies gilt auch für alle Funktionen, die aus dem Destruktor heraus aufgerufen werden, wie zum Beispiel die folgende Funktion `druckeObjekte()`. Der Grund liegt darin, dass der Destruktor der Oberklasse `nummeriertesObjekt`, der für das Herunterzählen der Anzahl verantwortlich ist, erst *nach* dem Destruktor der abgeleiteten Klasse `trace` aufgerufen wird (vgl. Seite 184) und somit `Anzahl()` einen Wert zurückliefert, der um 1 zu groß ist.

Normalerweise schließt der `stream`-Destruktor nach Verlassen des Bezugsrahmens automatisch eine Datei, die mit einem `stream`-Objekt verknüpft ist. Wegen der Absturzgefahr nach einem unzulässigen `delete` wird die Datei im obigen Programm jedoch vorher explizit geschlossen, um sicherzustellen, dass die Informationen der Datei erhalten bleiben.

### 11.9.2 Anwendungsbeispiel

Das Anwendungsbeispiel ist so konstruiert, dass die wichtigsten Möglichkeiten der `trace`-Klasse demonstriert werden können. Zunächst ein paar *Benutzungshinweise*: An einigen wenigen Stellen im zu prüfenden Programm müssen Ergänzungen vorgenommen werden. Diese Stellen sind im Programm durch zwei Ausrufezeichen (!!) gekennzeichnet.

- Die zu protokollierenden Objekte erben von der `trace`-Klasse. In einer Vererbungshierarchie genügt es, wenn nur die Basisklasse `virtual` von der `trace`-Klasse abgeleitet wird. Auch wenn keine Mehrfachvererbung benutzt wird, ist das Schlüsselwort `virtual` anzugeben, weil der Klassenname über den Mechanismus eingetragen wird, der zur Initialisierung von Subobjekten virtueller Basisklassen dient (siehe nächster Punkt).

- In die Initialisierungsliste der Konstruktoren abgeleiteter Klassen wird der Initialisierer `trace("`*Klassenbezeichnung*`")` eingefügt (zur Begründung siehe Abschnitt 8.8.3 auf Seite 310). Die Benutzung der Typinformation zur Laufzeit (Abschnitt 12.6) ist hier nicht möglich, weil sie erst nach Konstruktion des vollständigen Objekts vorliegt.

- An geeigneten Stellen im Programm können die Aufrufe der Funktionen `trace::druckeObjekte()` oder `trace::TextEinfuegen("freier Kommentar")` eingefügt werden.

Das ist alles! Bei statischen Objektdefinitionen, bei der Erzeugung mit `new` oder dem Löschen mit `delete` braucht nichts weiter angegeben zu werden, wenn nur die Objekte von `trace` erben. Nach dem Programmlauf kann die Protokolldatei studiert werden, zum Beispiel *trace.lis*.

## Beispielprogramm

```
// cppbuch/k11/trace/main.cpp
#include"trace.h"                                   //!!

class BasisklasseA
        : virtual public trace {                    //!!
    public:
        BasisklasseA()
        : trace("BasisklasseA") {                   //!!
        }
};

class BasisklasseB
        : virtual public trace {                    //!!
    public:
        BasisklasseB()
        : trace("BasisklasseB") {                   //!!
        }
};

class Subklasse : public BasisklasseA, public BasisklasseB {
    public:
        Subklasse()
        : trace("Subklasse") {                      //!!
        }
};

/*Um genau sehen zu können, welche Ausgaben in die Protokolldatei geschrieben
  werden, ist die Dateiausgabe in schräg gestellter Schrift in das Programmlisting
  eingefügt worden. Dabei wird das statische trace-Objekt schon vor Beginn von
  main() erzeugt:
*/
                                        (1) Startobjekt erzeugt
```

## Beispielprogramm (Fortsetzung)

```
int main() {
    BasisklasseA A1;
                                        (2) BasisklasseA erzeugt
    {   trace::TextEinfuegen("neuer Block"); // Testfall: neuer Block
                                        neuer Block
        BasisklasseA A2;
                                        (3) BasisklasseA erzeugt
        trace::TextEinfuegen("Block wird jetzt verlassen");
                                        Block wird jetzt verlassen
    }
                                        (3) BasisklasseA gelöscht
    BasisklasseB* BPtr = new BasisklasseB;
                                        (4) BasisklasseB erzeugt
    Subklasse S1;
                                        (5) Subklasse erzeugt
    Subklasse* APtr   = new Subklasse;
                                        (6) Subklasse erzeugt
    delete APtr;
                                        (6) Subklasse gelöscht
 // delete APtr; // Fehler! (siehe unten)
    trace::druckeObjekte();
                                        4 existierende Objekte:
                                        (5) Subklasse
                                        (4) BasisklasseB
                                        (2) BasisklasseA
                                        (1) Startobjekt
}         // Ende von main()
                                        (5) Subklasse gelöscht
                                        (2) BasisklasseA gelöscht
                                        (1) Startobjekt gelöscht
                            Warnung! Fehlendes 'delete' für 1 existierendes Objekt:
                                        (4) BasisklasseB
```

Die Warnung ist klar: Objekt 4 (= *BPtr) ist mit new erzeugt worden, ein delete BPtr fehlt im Programm! Wenn Sie die Anweisung delete APtr fälschlicherweise verdoppeln, bekommen Sie die Fehlermeldung *Abbruch! delete-Versuch auf nichtexistentes Objekt!*, weil *APtr gerade vorher gelöscht worden ist. Das Programm bricht dann ab. Aber es könnte ja sein, dass alles »in Butter« ist! In diesem Fall wird die Datei mit der Meldung *Objektbilanz ok. Ende der Protokollierung* geschlossen. Falls die Protokolldatei mit *keiner* dieser drei Möglichkeiten endet, wurde das Programm abnormal beendet, zum Beispiel über einen Fehlerausgang mit exit().

# 12 Vermischtes

**Inhalt**: *Dieses Kapitel beschreibt Teile von C++, die sich in die bisherigen Kapitel nicht einordnen lassen und vom Umfang und der Bedeutung kein eigenes Kapitel für sich rechtfertigen. Dazu gehören Standard-Typumwandlungsoperatoren, die Typabfrage von Objekten zur Laufzeit (englisch* run time type identification*) und Namensräume. Netzwerk-Programmierung und grafische Benutzungsoberflächen werden kurz angesprochen.*

## 12.1 Namensräume

Ein Namensraum[1] (englisch *namespace*) ist dasselbe wie ein Sichtbarkeitsbereich (scope). Namespaces sind eingeführt worden, damit verschiedene Programmteile zusammenarbeiten können, die vorher (ohne Namespaces) aufgrund von Namenskonflikten im globalen Gültigkeitsbereich nicht zusammen verwendet werden konnten. Beispiel:

```
// ABC.h (nützliche Funktionen der ABC-GmbH)
    int print(const char*);
    void func(double);
    ...
```

```
// XYZ.h (nützliche Funktionen der XYZ Enterprises Ltd.)
    int print(const char*);
    void func();
    ...
```

```
// main.cpp
#include"ABC.h"
#include"XYZ.h"
int main() {
    print("hello world!");      // welches print()?
    func(1524.926);             // ok, überladen
    func();                     // ok, überladen
}
```

Es ist offensichtlich nicht möglich, die Funktionsbibliotheken beider Firmen gleich-

---

[1] Die englische Bezeichnung Namespace wird im Folgenden beibehalten, weil `namespace` ein Schlüsselwort ist.

zeitig zu benutzen. Eine häufig benutzte Abhilfe besteht in der Verwendung von Namenszusätzen:

```
// ABC.h (nützliche Funktionen der ABC-GmbH)
    int ABC_print(const char*);
    void ABC_func(double);
    ...

// XYZ.h (nützliche Funktionen der XYZ Enterprises Ltd.)
    int XYZ_print(const char*);
    void XYZ_func();
    ...

// main.cpp
#include"ABC.h"
#include"XYZ.h"
int main() {
    ABC_print("hello world!");   // eindeutig
}
```

Dieser Weg ist jedoch unelegant bei den vielen existierenden Bibliotheken. Die Lösung besteht in der Einführung von zusätzlichen, übergeordneten Gültigkeitsbereichen, den Namespaces. Die Deklaration von Namespaces ähnelt der von Klassen:

```
namespace ABC {
    int print(const char*);
}   // ; ist nicht notwendig
```

Klassen und Funktionen werden durch *Using-Direktiven* nutzbar gemacht:

```
// ABC.h (nützliche Funktionen der ABC-GmbH)
namespace ABC {
    int print(const char*);
    void func(double);
    ...
}

// XYZ.h (nützliche Funktionen der XYZ Enterprises Ltd.)
    ...

// main.cpp
#include"ABC.h"
#include"XYZ.h"
int main() {                       // Using-Direktive:
    using namespace ABC;           // alle Namen aus ABC zugänglich machen
    print("hello world!");         // = ABC::print()
    // usw.
}
```

Eine andere Möglichkeit ist der gezielte Zugriff auf Teile eines Namespace durch eine Using-Deklaration oder einen qualifizierten Namen, der die Funktion oder Klasse über den Bereichsoperator :: anspricht.

```
int main() {
    ABC::print("hello world!");    // qualifizierter Name
    using ABC::print;              // Using-Deklaration: lokales Synonym einführen
    print("hello world!");         // = ABC::print()
        ...
}
```

Alle Klassen und Funktionen der C++-Standardbibliothek (Kapitel 14) sind im Namespace std. Aus diesem Grund wird in den Programmen dieses Buchs häufig using namespace std; benutzt. Alternativ möglich, aber umständlicher ist der Zugriff über einen qualifizierten Namen, zum Beispiel

```
std::cout << "keine using-Deklaration notwendig!";
```

Bei sehr langen Namen besteht die Möglichkeit der Abkürzung:

```
namespace SpecialSoftwareGmbH_KlassenBibliothek {
    //....
}
// Abkürzung
namespace SSKB = SpecialSoftwareGmbH_KlassenBibliothek;
using namespace SSKB;   // Benutzung der Abkürzung
```

Ein Namespace ist ein Gültigkeitsbereich (englisch *scope*) ähnlich wie der einer Klasse, der ebenfalls einen Namen hat. Die Using-Deklaration ist für Klassenmethoden erlaubt, um in einer abgeleiteten Klasse den gezielten Zugriff auf eine Basisklassenmethode zu ermöglichen:

```
class Basis {
    protected:
        void f(int);
};
class Abgeleitet : public Basis {
    public:
        using Basis::f;
        int h();
};
```

Mit dieser Using-Deklaration ist Abgeleitet::f() ein *öffentliches* Synonym für Basis::f():

```
Basis einBasisObjekt;
einBasisObjekt.f(0);    // Fehler! f() ist nicht public.
```

```
Abgeleitet einAbgeleitetObjekt;
einAbgeleitetObjekt.f(0);    // ok
```

Private Methoden der Klasse `Basis` können auf diese Art nicht öffentlich gemacht werden.

## 12.2 C++-Header

Programme erhalten Zugriff zu Standardfunktionen und Klassen über das Einschließen der passenden Header mit `#include`. Diesen Headern können (müssen aber nicht) Dateien mit demselben oder ähnlichen Namen entsprechen. Die Namen der Header sind vom C++-Standard vorgeschrieben, die Implementierung durch die Compilerhersteller nicht. Alle Funktionsprototypen der C-Include-Dateien, deren Dateiname auf ».h« endet, gehören zur Sprache C und zum *globalen* Namensraum. Dieselben Funktionen werden auch unter C++ zur Verfügung gestellt, aber unter neuen Dateinamen, die sich durch ein vorangestelltes »c« und das Fehlen der Datei-Extension ».h« unterscheiden. Die Funktionen sind dann im Namespace `std` definiert. Die Möglichkeit, Funktionen mit der Datei-Extension ».h« einzubinden, bleibt unberührt. Eine C-Header-Datei *name.h* eines C++-Systems enthält den zugehörigen Header `<cname>`:

```
// name.h
#ifndef name_h
#define name_h name_h
#include<cname>

using namespace std;  // Namen global sichtbar machen
#endif

// cname
#ifndef cname
#define cname cname

namespace std {
    extern "C" void func();   // ein C-Prototyp, siehe Seite 428
    // ...
}
#endif
```

Die Beispiele zeigen die verschiedenen Möglichkeiten für `#include`:

```
// Beispiel 1: C-Funktionen, globaler Namensraum
#include<string.h>                     // strlen()
#include<iostream>

int main() {
    char Text[] = "Hello";
```

```
        std::cout << "Die Länge von " << Text
                 << " ist " << strlen(Text) << std::endl;
}
// Beispiel 2: C++, dieselbe Funktion, Namespace std
#include<cstring>
#include<iostream>
using namespace std;
int main() {
    char Text[] = "Hello";
    cout << "Die Länge von " << Text
         << " ist " << strlen(Text) << endl;
}
```

Ohne `using namespace std;` hätte in Beispiel 2 `std::strlen(Text)`, `std::cout` und `std::endl` geschrieben werden müssen. Außer den C-Funktionen gibt es natürlich zusätzlich Standard-Header für die Klassen der C++-Standardbibliothek:

```
// Beispiel 3: C++, String-Klasse
#include<string>                        // ohne .h-Extension
#include<iostream>
int main() {
    using namespace std;
    string Text("Hello");
    cout << "Die Länge von " << Text
         << " ist " << Text.length() << endl;
}
// Beispiel 4: C++, String-Klasse
#include<string>
#include<iostream>
int main() {
    using std::cout;               // begrenzte Auswahl
    using std::endl;
    using std::string;
    string Text("Hello");
    cout << "Die Länge von " << Text
         << " ist " << Text.length() << endl;
}
```

Um Namenskonflikte zu vermeiden, ist es grundsätzlich empfehlenswert, für ein Projekt (oder Teilprojekte) Namespaces zu definieren und zu benutzen. Besonders wichtig ist dies beim Schreiben von Bibliotheken. Bei der Benutzung sollte die selektive Auswahl wie etwa bei `std::cout` oder wie in Beispiel 4 bevorzugt werden. In Header- und Implementierungsdateien für Klassen sollte `using` namespace std; vermieden werden, damit Benutzer dieser Klassen nicht gezwungenermaßen std »erben«. In main()-Dateien ist die Verwendung hingegen unproblematisch.

## 12.3 Einbinden von C-Funktionen[2]

Das Einbinden von C-Funktionen wird mit #include bewerkstelligt. C-Prototypen werden in der Header-Datei mit

```
extern "C" {
    // .. hier folgen die C-Prototypen
}
```

eingebunden. Der Grund dafür liegt in der unterschiedlichen Behandlung von Funktionsnamen durch den C++-Compiler im Vergleich zu einem C-Compiler. Die korrekte Einbindung in C++-Header-Dateien wird in den C++-Header-Dateien über die Abfrage des Makros __cplusplus gesteuert. Das Makro wird bei einer C++-Compilation automatisch gesetzt:

```
#ifdef __cplusplus
extern "C" {
#endif
    // .. hier folgen die C-Prototypen
#ifdef __cplusplus
}
#endif
```

Anstelle der Prototypen kann eine weitere #include-Anweisung stehen.

## 12.4 Standard-Typumwandlungen

*Vorsicht!* Standard-Typumwandlungen sind implizite Typumwandlungen für eingebaute Typen. Implizit heißt, dass der Compiler keine Fehlermeldung bei Typumwandlungen dieser Art gibt. Es kann auch eine Folge von hintereinandergeschalteten Standard-Typumwandlungen geben. In diesem Abschnitt werden die wichtigsten Möglichkeiten beschrieben. Im Einzelfall kann Informationsverlust durch die ungleiche Bitzahl für die jeweiligen Typen auftreten. Dies wird in den folgenden Fällen nicht weiter ausgeführt.

---

[2] Dieser Abschnitt kann beim ersten Lesen übersprungen werden.

## Typumwandlung integraler Typen nach int

Jeder R-Wert[3] des Typs char, signed char, unsigned char, short int oder unsigned short int kann in einen int-Wert umgewandelt werden (englisch *integral promotion*).

## Typumwandlung integraler Typen untereinander

Integrale Typen sind untereinander konvertierbar. Im C++-Standard werden alle Fälle, die nicht zur obigen »integral promotion« gehören, *integral conversion* genannt. Sonderfälle sind die Typen bool (siehe Seite 53) und enum (siehe Seite 84).

## float-Typumwandlungen

Jeder R-Wert des Typs float kann in einen double-Wert oder einen Integer-Wert umgewandelt werden und umgekehrt. Für bool gilt ähnlich wie im int-Fall: true wird 1.0, false wird 0.0, 0.0 wird false und ein float- bzw. double-Ausdruck ungleich 0 wird true.

## Zeiger

Ein integraler Ausdruck, der 0 ergibt, kann zu einem Zeiger auf ein Objekt eines beliebigen Typs T konvertiert werden: T* ptr = 0; (Null-Zeiger).

Jeder Zeiger ist nach bool konvertierbar. Dabei wird ein Null-Zeiger stets zu false und ein anderer Zeiger stets zu true ausgewertet.

Jeder Zeiger auf ein Objekt eines beliebigen Typs T kann in einen Zeiger auf void konvertiert werden: T* ptr; void* vptr = ptr;. Anmerkung: Die in Abschnitt 6.9 beschriebenen Zeiger auf Elementfunktionen und -daten sind keine Zeiger auf Objekte und können nicht nach void* gewandelt werden.

Arrays können zu Zeigern konvertiert werden. Beispiel:

```
char dasArray[]="ABC";
const char* cpc = dasArray;    // Array → Zeiger
char* cp = dasArray;           // Array → Zeiger
```

Jeder Zeiger auf ein Objekt einer Klasse B kann in einen Zeiger auf Klasse A umgewandelt werden, wenn A eine Oberklasse von B ist und (bei Mehrfachvererbung) eindeutig ermittelt werden kann.

---

[3] Rechts-Wert, (englisch *rvalue*), vgl. Seite 61

### Funktionszeiger

Eine Funktion kann in einen Zeiger auf eine Funktion oder umgekehrt umgewandelt werden. Ein Beispiel verdeutlicht die beiden Fälle:

```
void drucke(int x) { cout << x << endl;}     // Funktion

int main() {
   void (*f1)(int) = &drucke;     // keine Umwandlung
   void (*f2)(int) = drucke;      // Funktion → Zeiger
   f1(3);                         // Zeiger → Funktion
   (*f1)(3);                      // explizit: Zeiger→ Funktion
}
```

Hinweis: Bei Zeigern auf Elementfunktionen ist keine implizite Typumwandlung vorgesehen. In der Zeile

```
      int (Ort::*fp)() const = &Ort::X;
```

des Beispielprogramms auf Seite 240 darf also der Adressoperator & nicht weggelassen werden.

## 12.5 Standard-Typumwandlungsoperatoren

Meistens sind zunächst scheinbar notwendige Typumwandlungen nur ein Zeichen für schlechtes Design und sollten daher zum Nachdenken anregen. Die Typumwandlung (cast) im C-Stil umgeht die Typkontrolle durch den Compiler und ist deshalb gefährlich. Die syntaktische Notation nur durch Klammern kann leicht übersehen werden und ist auch mit Werkzeugen oder automatisierter Suche mit dem Editor schwierig, wenn man alle Casts verschiedener Datentypen finden will.

Andererseits sind Typumwandlungen für spezielle Zwecke notwendig, wie unter anderem in Abschnitt 12.6 gezeigt wird. Um die Nachteile der Casts im C-Stil zu umgehen, wurden neue Typumwandlungsoperatoren entworfen, die die vorherigen Casts überflüssig machen. Sie haben einige Vorteile:

- Sie sind durch ihre Namen optisch und syntaktisch leicht zu erkennen.

- Sie sind spezialisiert, sodass nur der erwünschte Effekt eintritt – also nicht mehr ein Cast für alles.

Die Syntax ist bis auf den Operatornamen für alle Typumwandlungs-Operatoren gleich:

   *Operatorname<T> (Ausdruck)*

Das Ergebnis des Ausdrucks soll in den Typ *T* gewandelt werden.

## Der static_cast-Operator

Der `static_cast`-Operator ist dazu gedacht, implizit erlaubte Standard-Typumwandlungen durchzuführen oder rückgängig zu machen (vergleiche Beispiel auf Seite 85):

```
enum Wochentag {sonntag, montag, dienstag, mittwoch,
                donnerstag, freitag, samstag
               } heute = dienstag;

int i = dienstag;          // implizite Umwandlung nach int
heute = i;                 // Fehler, Datentyp inkompatibel
heute = static_cast<Wochentag>(i);   // erlaubt!
```

Falls die Variable `i` einen Wert hat, der nicht einem der Werte des Aufzählungstyps entspricht, ist der Wert der Variablen `heute` undefiniert. *Vorsicht!*

Die implizite Typumwandlung in einer Klassenhierarchie, die auf Seite 279 beschrieben wird, lässt sich ebenfalls invertieren, sodass zum Beispiel Wandlungen wie `Basis*` zu `Abgeleitet*` vorgenommen werden können:

```
GraphObj g;
Strecke s;      // Strecke ist von GraphObj abgeleitet
GraphObj *pg;
Strecke *ps = &s;
pg = ps;                              // bekannte implizite Konversion
ps = pg;                              // verboten!
ps = (Strecke*) pg;                   // gefährlicher C-Stil!
ps = static_cast<Strecke*> (pg);      // richtig (falls pg auf ein
                                      // Strecke-Objekt zeigt)
```

Der `static_cast`-Operator ist nur dann geeignet, wenn zur Compilierzeit bereits feststeht, dass der Basisklassenzeiger (`pg`) auf ein Objekt einer abgeleiteten Klasse zeigt. Anstelle von Zeigern sind Referenzen möglich. Die Typumwandlung von einer Basisklasse zur abgeleiteten Klasse wird *downcast* genannt und ist nicht erlaubt, wenn die Basisklasse virtuell ist. Die `const`-Eigenschaft von Objekten kann nicht mit dem `static_cast` eliminiert werden.

## Der dynamic_cast-Operator

Der Operator `dynamic_cast<T>(e)` wirkt ähnlich wie der `static_cast`-Operator, jedoch mit folgenden Unterschieden:

- Die Typprüfung findet *zur Laufzeit* statt, falls das Ergebnis nicht schon zur Compilierzeit bestimmt werden kann. Dann verhält sich `dynamic_cast` wie ein `static_cast`. Weitere Möglichkeiten zur Typprüfung zur Laufzeit siehe Abschnitt 12.6.

- Typ *T* muss ein Zeiger oder eine Referenz auf eine Klasse sein.

- Falls das Argument *e* ein Zeiger ist, der nicht auf ein Objekt vom Typ *T* oder abgeleitet von *T* zeigt, wird als Ergebnis der Typumwandlung ein Null-Zeiger auf den Ergebnistyp, d.h. `(T*)0` zurückgegeben.

- Falls das Argument *e* eine Referenz ist, die nicht auf ein Objekt vom Typ *T* (oder abgeleitet von *T*) verweist, wird eine Ausnahme oder Exception vom Typ `bad_cast` ausgeworfen.

Die wesentlichen Varianten sind im Beispiel dargestellt:

```
class Basis {
    virtual void f() {}
};

class Abgeleitet : public Basis {
    virtual void f() {}
};

Abgeleitet* g(Basis *pB) {           // g() benutzt f()
    Abgeleitet *pA = dynamic_cast<Abgeleitet*>(pB);
    if(pA)
       pA->f();
    return static_cast<Abgeleitet*>(pB);
}

int main() {
    Basis einB;
    Abgeleitet einA;
    Basis *pBB = & einB;
    Basis *pBA = & einA;
    Abgeleitet *pErgebnis;
```

/*Durch den folgenden Aufruf von g() wird Abgeleitet::f() ausgeführt, weil pBA auf ein Abgeleitet-Objekt zeigt. pErgebnis zeigt auf einA:
*/

```
    pErgebnis = g(pBA);
```

/*Abgeleitet::f() wird unten *nicht* ausgeführt, weil pB in g() auf ein Basis-Objekt zeigt. pErgebnis ist undefiniert(!), weil der static_cast ungeeignet ist: Der dynamische Typ des per Zeiger übergebenen Objekts ist nicht vom Typ Abgeleitet.
*/

```
    pErgebnis = g(pBB);
} // Ende von main()
```

## Übungsaufgabe

**12.1** Lösen Sie die Aufgabe 8.3 auf Seite 312 mit dem `dynamic_cast<>()`-Operator. Geben Sie die Matrikelnummern aller Personen aus, sofern diese eine haben.

### Der const_cast-Operator

Dieser Operator ist der einzige, der die `const`-Eigenschaft eines Objekts beseitigen kann. Dementsprechend sollte er möglichst nicht eingesetzt werden, zumal ein verändernder Zugriff auf ein konstantes Objekt über `const_cast` zu einem unerwarteten Verhalten eines Programms führen kann.

```
const int I = 100;
const int *ip = &I;
*ip = 0;                          // geht nicht
int *iq = const_cast<int*>(&I);   // explizite Typumwandlung
*iq = 0;                          // Wert von I wird geändert!
```

Der Operator `const_cast<T>(Obj)` entfernt nur die `const`-Eigenschaft des Objektes `Obj`. Der Datentyp von `Obj` muss `const T` (oder `T`) sein. Der `const_cast`-Operator ersetzt die früher übliche Form `(T) Obj`, die eine erzwungene Typumwandlung eines *beliebigen* Datentyps nach `T` bewirkt. Die Typumwandlung sollte nur in begründeten Ausnahmefällen vorgenommen werden; schließlich hat eine `const`-Deklaration ihren Sinn.

### Der reinterpret_cast-Operator

Dieser Operator kann die `const`-Eigenschaft eines Objekts nicht ändern, aber ansonsten ist jede Typumwandlung möglich. Die Typumwandlung findet zur Compilierzeit statt. Ein Objekt wird im Sinne des gewünschten Datentyps »re-interpretiert«. Weil ganz verschiedene Datentypen ineinander gewandelt werden können, ist das Ergebnis meistens implementationsabhängig. Dieser Operator sollte nur in den ganz seltenen Fällen benutzt werden, in denen die Anwendung der vorher beschriebenen Typumwandlungsoperatoren nicht möglich ist, zum Beispiel wenn es nur um die reinen Bits geht wie bei der binären Ein-/Ausgabe in Abschnitt 6.7.

## 12.6 Typinformationen zur Laufzeit

Der in Abschnitt 12.5 beschriebene `dynamic_cast`-Operator wandelt den Typ eines Objekts zur Laufzeit und führt dabei gleichzeitig eine Prüfung durch. In den meisten Fällen ist dies ausreichend – eben nur in den meisten. Zur Begründung wird im Folgenden ein Beispiel vorgestellt, das ohne Typinformationen zur Laufzeit (englisch *run time type information* = *RTTI*) kaum elegant dargestellt werden kann.

## 12.6.1 Typidentifizierung mit typeid()

Das Ergebnis eines `typeid()`-Ausdrucks ist vom vordefinierten Typ `type_info&` (siehe Kapitel 23). Wenn das Argument von `typeid()` ein polymorpher Typ ist, bezieht sich das Ergebnis von `typeid()` auf das zugehörige vollständige Objekt. Mit »polymorpher Typ« ist gemeint, dass das Argument eine Referenz vom Basisklassentyp ist, die auf ein Objekt einer abgeleiteten Klasse verweist. Die Dereferenzierung eines Zeigers durch ein vorangestelltes '*' liefert ebenfalls eine Referenz:

```
#include<typeinfo>
#include<iostream>
using namespace std;

class Basis { ... };
class Abgeleitet: public Basis { ... };

Basis einBasisObjekt;
Abgeleitet Objekt1, Objekt2;
Basis *p     = &Objekt1, *pNull = 0;

if(typeid(Objekt2) == typeid(*p))     // *p ist polymorph
    cout << "true";
else cout << "false";

if(typeid(Objekt1) == typeid(einBasisObjekt))
    cout << "true";
else cout << "false";

if(typeid(Objekt1) == typeid(*pNull))
// ...
```

Im Programm wird nacheinander *true* und *false* ausgegeben, bevor in der letzten if-Anweisung eine `bad_typeid`-Ausnahme ausgeworfen wird, weil `pNull` ein NULL-Zeiger ist. Der Vergleichsoperator vergleicht die von `typeid()` zurückgegebenen `type_info`-Objekte. Anstelle eines Objekts kann der Klassenname verwendet werden, die beiden Abfragen

```
if(typeid(Objekt2) == typeid(*p))    { ... }
if(typeid(Abgeleitet) == typeid(*p))  { ... }
```

haben dieselbe Wirkung. Der Typ eines Objekts (Klassenname) kann als compilerabhängiger Wert vom Typ `const char*` erhalten werden:

```
cout << typeid(Objekt1).name();     // Ausgabe: Abgeleitet
```

## 12.6.2 Anwendung: Eine Menge graphischer Objekte

Eine Menge (englisch *set*) besteht aus Elementen, wobei keine zwei Elemente gleich sind. Im folgenden Beispielprogramm wird eine Menge betrachtet, die zur Verwaltung von graphischen Objekten dient, die alle von der Klasse GraphObj abgeleitet sind (siehe Kapitel 8). Die Elemente der Menge seien Zeiger auf die graphischen Objekte.

**Beispielprogramm mit typeid**

```cpp
// cppbuch/k12/main.cpp
#include"menge.t"       // siehe unten
#include"rechteck.h"    // siehe unten
#include"kreis.h"       // siehe unten
int main() {
    Rechteck R1(Ort(0,100), 10, 50);  // Bezugspunkt, Höhe, Breite
    Kreis    K1(Ort(20, 20), 33);     // Bezugspunkt, Radius
    Kreis    K2(Ort(20, 30), 50);     // Bezugspunkt, Radius
    //..

    Menge<GraphObj*> M;
    // Einfügen mit überladenem Kommaoperator
    // Das Einfügen gleicher Elemente wird ignoriert!
    M += &R1, &K1, &K1, &R1, &R1, &K2;
    // Ausgabe (nur R1, K1, K2)
    Menge<GraphObj*>::iterator I = M.begin();
    /*Der Iterator I zeigt auf das »erste« Element der Menge, die Zeiger vom Typ
      GraphObj* sind. *I bezeichnet damit einen Zeiger, und **I ein Objekt vom
      Typ GraphObj. In einer Menge im mathematischen Sinn existiert keine Ordnungsrelation;
      der Begriff »erstes Element« bezieht sich auf die Implementierung,
      die alle Elemente »der Reihe nach« zugreifbar machen will.
    */
    while(I != M.end()) {
        std::cout << typeid(**I).name()
             << " an der Stelle "
             << (*I)->Bezugspunkt() << std::endl;
        ++I;
    }
}    // main
```

Der Schwerpunkt dieses Beispiels liegt nicht auf den graphischen Objekten, die nur verwendet werden, weil sie schon bekannt sind. Es soll vielmehr gezeigt werden, dass die Typinformation zur Laufzeit in manchen Fällen, wie hier der Prüfung verschiedenartiger Objekte auf Gleichheit, eine softwaretechnisch bessere Programmstruktur ermöglicht. Wenn weitere Elemente, also Zeiger auf graphische Objekte, zur Menge hinzugefügt werden sollen, muss die Methode zum Hinzufügen darauf achten, dass keine gleichen Objekte aufgenommen werden. Die Methode ist hier mit den Operatoren `operator+=()` und `operator,()` realisiert. Der Kommaoperator hat die niedrigste Priorität, sodass zuerst die Zuweisung `+=` ausgeführt wird, ehe die weiteren Elemente hinzugefügt werden.

Ob zwei Objekte gleich sind, kann mit dem Gleichheitsoperator `operator==()` ermittelt werden, der ein Objekt elementweise vergleicht. Elementweiser Vergleich meint, dass für die Oberklasse (sofern existent) und für jedes Attribut der zugehörige Gleichheitsoperator aufgerufen wird, sei er nun selbst definiert oder implizit vorhanden (nur bei Grunddatentypen und Zeigern).

Für jede Klasse hier muss ein eigener Gleichheitsoperator existieren, weil ja nicht Objekte ungleichen Typs (Kreise und Rechtecke) verglichen werden können. Um einen polymorphen Zugriff über Zeiger vom Basisklassentyp zu erlauben, muss der Gleichheitsoperator `virtual` sein.

Die nachfolgend beschriebenen Klassen entsprechen denen aus Kapitel 8, soweit sie dort vorkommen, sind aber um alle Methoden gekürzt, die hier nicht benötigt werden, und um Gleichheitsoperatoren ergänzt worden. Die Datei *ort.h* der unten eingebundenen Klasse `Ort` von Seite 164 ist um zwei globale Funktionen erweitert worden:

```
// Auszug aus cppbuch/include/ort.h

// Gleichheitsoperator
inline bool operator==(const Ort &Ort1, const Ort &Ort2) {
  return   Ort1.X() == Ort2.X()
        && Ort1.Y() == Ort2.Y();
}
// Überladen des Ausgabeoperators zur Ausgabe eines Ortes
inline std::ostream& operator<<(std::ostream &os,
                                const Ort &einOrt) {
    os << " (" << einOrt.X() << ", " << einOrt.Y() << ')';
    return os;
}
```

Ein Objekt vom Typ `Ort` ist in jedem `GraphObj`-Subobjekt enthalten. Weil von `Ort` nicht abgeleitet wird, braucht die Klasse keinen virtuellen `operator==()`, im Gegensatz zur Klasse `GraphObj` (nebenstehend).

Nun fehlen nur noch die Klassen für Rechtecke, Kreise und die Menge. Der Gleichheitsoperator hat als virtuelle Methode in jeder Stufe der Vererbungshierarchie dieselbe Schnittstelle, nämlich ein Argument vom Typ `const GraphObj&`.

## Klasse GraphObj

```
// cppbuch/k12/graphobj.h
#ifndef graphobj_h
#define graphobj_h graphobj_h
#include"ort.h"

class GraphObj {
  public:

     GraphObj(const Ort &einOrt)      // allg. Konstruktor
     : Referenzkoordinaten(einOrt) {}

     // Bezugspunkt ermitteln
     const Ort& Bezugspunkt() const {
        return Referenzkoordinaten;
     }

     virtual bool operator==(const GraphObj &G) const = 0; // neu
     // ... weitere Methoden weggelassen
  private:
     Ort Referenzkoordinaten;
};
#endif     // graphobj_h
```

## Klasse Rechteck

```
// cppbuch/k12/rechteck.h
#ifndef rechteck_h
#define rechteck_h rechteck_h
#include"graphobj.h"

class Rechteck : public GraphObj { // von GraphObj erben
   public:
     Rechteck(const Ort &einOrt, int h, int b)
     : GraphObj(einOrt), hoehe(h), breite(b)  {}

     // neu
     virtual bool operator==(const GraphObj&) const;

     // ... weitere Methoden weggelassen
     private:
        int hoehe, breite;
};
#endif     // rechteck_h
```

Obwohl das Argument von operator==() vom Typ const GraphObj& ist, kann sinnvoll nur zwischen Objekten vom selben Typ verglichen werden. Dies kann als Vorbedingung für den Aufruf des Operators aufgefasst werden.

### Implementierung von Rechteck::operator==()

```cpp
// cppbuch/k12/rechteck.cpp
#include"rechteck.h"
#include<typeinfo>  // bad_cast

bool Rechteck::operator==(const GraphObj& G) const {
    try {
       const Rechteck &R = dynamic_cast<const Rechteck&>(G);
       return    Bezugspunkt()  == R.Bezugspunkt()
                                  // Anwendung von Ort::operator==()
              && hoehe          == R.hoehe
              && breite         == R.breite;
    }
    catch(std::bad_cast) {
       return false;         // sowieso ungleich
    }
}
```

### Klasse Kreis

```cpp
// cppbuch/k12/kreis.h
#ifndef kreis_h
#define kreis_h kreis_h
#include"graphobj.h"

class Kreis : public GraphObj {   // erben von GraphObj
   public:
      Kreis(const Ort &einOrt, int r)
      : GraphObj(einOrt), radius(r) {
      }

      virtual bool operator==(const GraphObj&) const;
      // ... weitere Methoden weggelassen
   private:
       int radius;
};
#endif  // kreis_h
```

Innerhalb des Operators muss daher eine Wandlung vom Argumenttyp zum Typ der Klasse vorgenommen werden. Falls diese Wandlung fehlschlägt, kann keine Gleichheit vorliegen, und es wird in den abgeleiteten Klassen eine Exception ausgeworfen. Für Objekte vom Typ Kreis gilt dieselbe Argumentation wie für Rechtecke, sodass die Struktur ähnlich ist, nur dass beim Vergleich der Radius anstatt der Höhe und der Breite verglichen wird.

**Implementierung von Kreis::operator==()**

```
// cppbuch/k12/kreis.cpp
#include"kreis.h"
#include<typeinfo> // bad_cast

bool Kreis::operator==(const GraphObj& G) const {
    try {
        const Kreis &K = dynamic_cast<const Kreis&>(G);
        return Bezugspunkt() == K.Bezugspunkt()
            && radius        == K.radius;
    }
    catch(std::bad_cast) { return false;}   // sowieso ungleich
}
```

Die Klasse für die Menge wird als Template formuliert, weil sie für die verschiedensten Datentypen geeignet sein soll. Die Menge nimmt Zeiger(!) auf Objekte vom Typ *T auf. Die Klasse ist unvollständig, weil sie nur für das Beispiel ausgelegt ist (z.B. kein Löschen von Elementen, keine const-Iteratoren, u.a.).

**Klasse Menge**

```
// cppbuch/k12/menge.t
#ifndef menge_t
#define menge_t menge_t
#include<vector>
#include<typeinfo>

template<class T>
class Menge {                   // T - Zeigertyp!
    public:
        // Implementierung mit Vektor
        typedef std::vector<T> Container;
        typedef std::vector<T>::iterator iterator;
        int Anzahl() { return Array.size();}    // Fortsetzung folgt
```

**Klasse Menge (Fortsetzung)**

```
      Menge& operator+=(const T&);
      Menge& operator,(const T& el);
      iterator begin() { return Array.begin();}
      iterator end()   { return Array.end();}
      // ... weitere Methoden weggelassen
   private:
      Container Array;
}; // Deklaration

// Die Einfügeoperation prüft, ob gleiche Elemente
// schon vorhanden sind. Wenn ja, wird nicht eingefügt.
template<class T>
Menge<T>& Menge<T>::operator+=(const T& el) {
   bool vorhanden = false;

   for(unsigned int i = 0; i < Array.size()
                  && !vorhanden; ++i) {
      // Objektvergleich ist nur bei Typgleichheit sinnvoll!
      if  (typeid(*Array[i]) == typeid(*el)          // RTTI
         && *Array[i] == *el)                        // operator==()
            vorhanden = true;
   }

   if(!vorhanden)
       Array.push_back(el);
   return *this;
}

// Der Kommaoperator wirkt wie operator+=()
template<class T>
Menge<T>& Menge<T>::operator,(const T& el) {
   return operator+=(el);
}
#endif    // menge_t
```

### 12.6.3 Vor- und Nachteile der Laufzeittyp-Information

Der Nachteil besteht ganz klar darin, dass möglicherweise erst zur Laufzeit ein Fehler festgestellt wird. Eine Typprüfung zur Compilierzeit ist generell vorzuziehen. Manchmal gibt es Fälle, in denen die Laufzeittypprüfung elegantere Lösungen erlaubt, wie im vorhergehenden Abschnitt. Außerdem ist nicht jede Verwendung der zur Laufzeit ermittelten Typinformation unsicher: In der Klasse `Menge` kann der Vergleichsoperator gar nicht mit Objekten falschen Typs aufgerufen werden.

Die Vorteile werden klar, wenn man sich überlegt, was eigentlich notwendig wäre, das Beispiel aus Abschnitt 12.6.2 ohne `typeid()` und `dynamic_cast` zu realisieren. Es wäre eine eigene Typverwaltung notwendig. Die Nachteile gegenüber der Lösung aus Abschnitt 12.6.2 sind hier zusammengefasst:

- Alle Objekttypen müssten *vorher* bekannt sein. Insbesondere wäre eine Erweiterung um weitere von `GraphObj` abgeleitete Klassen nur bei Erweitern eines Aufzählungstyps `Objekttyp`, der zur Typverwaltung benutzt werden könnte, möglich.

- Der Operator `operator==()` müsste bei jeder Erweiterung um weitere Klassen geändert werden.

- Das Anwendungsprogramm (hier `main()`) müsste bei jeder Erweiterung um weitere Klassen möglicherweise an vielen Stellen geändert werden.

Die Erweiterung um weitere von `GraphObj` abgeleitete Klassen zieht also Änderungen an vielen Stellen nach sich und birgt damit die Gefahr von Inkonsistenzen. Die Typprüfung zur Laufzeit macht all dies unnötig.

Die einzige Voraussetzung, die bei Verwendung der RTTI an weitere abgeleitete Klassen gestellt wird, ist die Einhaltung der Schnittstelle für den virtuellen Vergleichsoperator `operator==(const GraphObj&)`.

Die Laufzeit-Typinformation kann für alle Methoden benutzt werden, die als Argument den Klassentyp selbst haben und polymorph benutzt werden sollen. Ein weiterer typischer Kandidat ist der Zuweisungsoperator, wie in Abschnitt 9.3 zu sehen, wo der Operator `dynamic_cast` zur Laufzeit den Typ prüft.

**Übungsaufgabe**

12.2 Lösen Sie die Aufgabe 8.3 auf Seite 312 mit dem `typeid()`-Operator. Geben Sie die Matrikelnummern aller Personen aus, sofern diese eine haben.

## 12.7 Unions

Unions sind Strukturen (Seite 93), in denen verschiedene Elemente *denselben* Speicherplatz bezeichnen. Daher sind Unions nur in Sonderfällen einzusetzen. Im folgenden Beispiel werden eine `int`-Zahl und ein `char`-Array überlagert. Eine Variable vom Typ `char` belegt genau ein Byte. Das Array hat hier also genau so viele Elemente, wie eine `int`-Zahl Bytes hat. Der gesamte Speicherplatz einer Variablen vom Typ `union` ist identisch mit dem Speicherplatzbedarf des jeweils größten internen Elements, in diesem Beispiel also `sizeof(int)`.

```
#include<iostream>
using namespace std;

union HiLo {
    int zahl;
    unsigned char c[sizeof(int)];
};

int main() {
    HiLo was;
    do {
        cout << " Zahl eingeben (0 = Ende):";
        cin >> was.zahl;

        cout << "Byte-weise Darstellung von "
             << was.zahl << endl;

        for(int i = sizeof(int)-1; i >= 0; --i)
            cout << "Byte Nr. " << i << " = "
                 << static_cast<int>(was.c[i])   << endl;
    } while(was.zahl);
}
```

Das `char`-Array `c` belegt denselben Platz wie `zahl`. Die Bezeichnungen `was.zahl` und `was.c[]` beziehen sich auf denselben Bereich im Speicher, nur dass die Interpretation verschieden ist. Das Programmbeispiel gibt die interne Repräsentation einer `int`-Zahl Byte für Byte aus.

## 12.8 Bitfelder

Gerade in der Hardware-nahen oder Systemprogrammierung ist es oft wünschenswert, Bitfelder verschiedener Länge anzulegen, in denen die einzelnen Bitpositionen verschiedene Bedeutungen haben. Die Deklaration eines Bitfelds in C++ hat die Syntax *Datentyp Name* :*Konstante*;, wobei *Datentyp* `char`, `int`, `long` (mit den vorzeichenlosen `unsigned`-Varianten) oder ein Aufzählungstyp sein kann. Beispiel: `int Bitfeld : 13;`

Es dürfen keine Annahmen darüber getroffen werden, wo die 13 Bits innerhalb eines 16- oder 32-Bit-Worts angeordnet sind – dies kann je nach Implementation verschieden sein. Es gibt keine Zeiger oder Referenzen auf ein Bitfeld. Bitfelder sollten nicht zum Sparen von Speicher benutzt werden, weil der Aufwand des Zugriffs auf einzelne Bits beträchtlich sein kann, und nicht einmal sicher ist, ob wirklich Speicher gespart wird: es *könnte* sein, dass eine Implementation jedes Bitfeld auch der Länge 1 stets an einer 32-Bit Wortgrenze beginnen lässt. Üblich ist allerdings, dass aufeinanderfolgende Bitfelder aneinandergereiht werden. Beispielprogramm zum Zugriff auf Bitfelder:

```
struct Bitfeld {
    unsigned int a : 4;
    unsigned int b : 3;
};

int main() {
    Bitfeld x;
    x.a = 06;
    x.b = x.a | 03;
    // Umwandlung in unsigned und Ausgabe
    cout << x.b << endl;
}
```

## 12.9 GUI-Programmierung

C++ kennt keine Elemente für grafische Benutzungsoberflächen (englisch *graphical user interfaces*) (GUI). Deshalb und auch aus Platzgründen ist die GUI-Programmierung nicht Gegenstand dieses Buchs. Die entsprechenden Komponenten finden sich in verschiedenen Bibliotheken. Sehr bekannt sind die Microsoft Foundation Classes (MFC) bzw. ihre Nachfolger in .NET für Windows-Betriebssysteme und die portable Qt-Bibliothek für Windows- und Unix-Betriebssysteme. Qt ist für Open-Source-Programmierung im Unix-Bereich kostenfrei.

Abbildung 12.1 zeigt ein Fenster mit »Quit«-Button, einem Zahlenfeld, das an LCD-Ziffern erinnert, und einen Schieberegler (englisch *slider*), mit dem der Zahlenwert eingestellt wird. Das alles wird durch das nebenstehende kleine Qt-Programm bewerkstelligt.

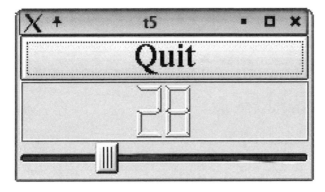

Abbildung 12.1: Beispiel 5 aus dem Qt-Tutorial

Das allgemeine Aussehen wird vom aktuellen System übernommen, das heißt, unter Windows würde die Abbildung 12.1 wie ein typisches Windows-Fenster aussehen. Qt ist über *http://www.trolltech.com* erhältlich. Eine Einführung in die GUI-Programmierung mit Qt geben [Bor02] und [He02].

### Beispielprogramm mit Qt

```
// Quelle: Qt-Tutorial, Beispiel 5
#include <qapplication.h>
#include <qpushbutton.h>
#include <qslider.h>
#include <qlcdnumber.h>
#include <qfont.h>
#include <qvbox.h>
class MyWidget : public QVBox {
  public:
    MyWidget(QWidget *parent = 0, const char *name = 0);
};
MyWidget::MyWidget(QWidget *parent, const char *name)
       : QVBox(parent, name ) {
  QPushButton *quit = new QPushButton("Quit", this, "quit");
  quit->setFont(QFont("Times", 18, QFont::Bold ) );
  connect(quit, SIGNAL(clicked()), qApp, SLOT(quit()));
  QLCDNumber *lcd  = new QLCDNumber(2, this, "lcd" );
  QSlider * slider = new QSlider(Horizontal, this, "slider");
  slider->setRange(0, 99);
  slider->setValue(0);
  connect(slider, SIGNAL(valueChanged(int)), lcd,
                              SLOT(display(int)));
}

int main(int argc, char **argv) {
    QApplication a(argc, argv);
    MyWidget w;
    a.setMainWidget(&w);
    w.show();
    return a.exec();
}
```

GTK+ (= the GIMP Toolkit) ist eine weitere Bibliothek zur Erstellung graphischer Benutzungsoberflächen. GTK+ wurde ursprünglich für GIMP, ein mächtiges Bildbearbeitungsprogramm, entwickelt. GTK+ wird zur Entwicklung des GNOME-Desktops benutzt. GNOME ist eine Benutzungsoberflächen, die auf vielen Linux-

Systemen zu finden ist. GTK+ gibt es für verschiedene Betriebssysteme und es ist nicht lizenzpflichtig, auch dann nicht, wenn kommerzielle Software damit entwickelt wird. Die Homepage von GTK+ ist *http://www.gtk.org*.

## 12.10 Netzwerk-Programmierung

Netzwerk-Programmierung sowohl für interne als auch externe Netze wie etwa dem Internet ist kein Bestandteil der Programmiersprache C++ und daher nicht Gegenstand dieses Buchs. Aber selbstverständlich ist die Programmierung für Netzwerke möglich. Die notwendigen Funktionen sind in entsprechenden Bibliotheken »versteckt«. Hier sei nur ein kleines Beispiel gezeigt.

**Beispiel zur Netzwerkprogrammierung**

```
// cppbuch/k12/netzwerk/ihost.cpp
#include<netdb.h>
#include<iostream>
using namespace std;

int main(int argc, char* argv[]) {
 hostent* host;
 if(argc == 1)
   cout << "Gebrauch: ihost Rechnername\n";
 else {
   host = gethostbyname(argv[1]);
   if(host) {
     const char* const ADRESSKOMPONENTE = host->h_addr_list[0];
     for(int i = 0; i < 4; ++i) {
       cout    << (int)(unsigned char) ADRESSKOMPONENTE[i];
       if(i < 3) cout << '.';
       else cout << endl;
     }
   }
   else cout << argv[1]
             << " kann nicht ermittelt werden" << endl;
 }
}
```

Die Internet-Adresse eines Rechners, wegen des Internet-Protokolls (IP) auch IP-Adresse genannt, ist eine Liste von Zahlen, getrennt durch Punkte. Das Beispielprogramm `ihost` erwartet die Eingabe eines Rechnernamens und gibt die IP-Adresse aus, vorausgesetzt, die Verbindung des Rechners zum Internet ist hergestellt. Der Aufruf `ihost www.hs-bremen.de` zeigt 194.94.24.4 auf dem Bildschirm an. Das Programm leistet ähnliches wie das Unix-Kommando *host*. Einzelheiten zur verwendeten Funktion `gethostbyname()` erhält man auf einem Unix-System mit der Abfrage `man gethostbyname`. Eine ausführliche Anleitung zur Netzwerk-Programmierung liefert zum Beispiel [Ste98].

# 13 Dateien und Ströme

**Inhalt:** *In Kapitel 3 wurde beschrieben, wie Daten von der Tastatur eingelesen und auf dem Bildschirm ausgegeben werden können, ebenso die Ein- und Ausgabe mit Dateien. In diesem Kapitel wird dieses Thema vertieft, indem weitere nützliche Funktionen und Operatoren angegeben werden, die Formatierung von Daten besprochen und auf die Fehlerbehandlung eingegangen wird.*

Die Ein- und Ausgabe ist selbst nicht Element der Sprache, sie ist aber in C++ implementiert und Teil der Ein-/Ausgabebibliothek von C++. Die Elemente dieser Bibliothek stellen die notwendigen Mechanismen für die Ein- und Ausgabe von Grunddatentypen zur Verfügung, erlauben aber auch die Konstruktion eigener Ein- und Ausgabefunktionen für selbst definierte Objekte. Auf der untersten Ebene wird ein *stream* als Strom oder Folge von Bytes aufgefasst.

Das Byte ist die Dateneinheit des Stroms, andere Datentypen wie int, char* oder vector erhalten erst durch die Bündelung und Interpretation von Bytesequenzen auf höherer Ebene ihre Bedeutung. Die Basisklasse heißt ios_base; aus ihr werden die anderen Klassen abgeleitet, wie Abbildung 13.1 zeigt.

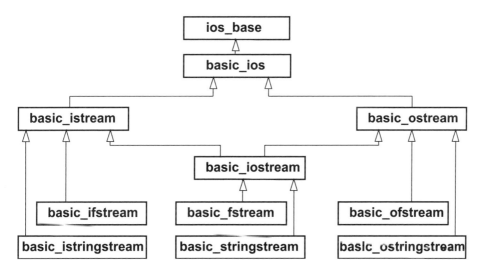

Abbildung 13.1: Hierarchie der Klassentemplates für die Ein- und Ausgabe (Auszug)

Die mit dem Wort `basic` beginnenden Klassen der Abbildung 13.1 sind Templates, die für beliebige Zeichentypen geeignet sind, zum Beispiel Unicode-Zeichen oder andere »Wide Characters«, die auf Seite 49 erwähnt werden. Für den am häufigsten benötigten Datentyp `char` sind die Klassen durch Typdefinitionen wie

```
typedef basic_ofstream<char> ofstream;
```

spezialisiert worden, wie Abbildung 13.2 zeigt.

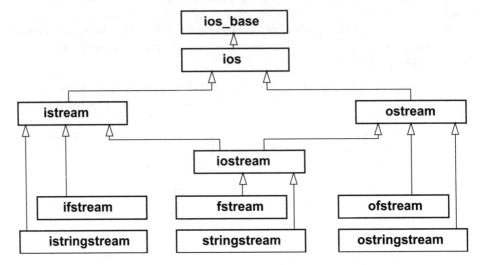

Abbildung 13.2: Spezialisierte Klassen für `char`

Im Folgenden wird nicht die Hierarchie im Einzelnen dargestellt, der Schwerpunkt liegt vielmehr auf der Benutzung der Klassen. Die im Header `<iostream>` deklarierten Standardstreams sind Objekte dieser Klassen:

```
// Auszug aus <iostream>
namespace std {
    extern istream cin;         // Standardeingabe
    extern ostream cout;        // Standardausgabe
    extern ostream cerr;        // Standardfehlerausgabe
    extern ostream clog;        // gepufferte Standardfehlerausgabe
}
```

## 13.1 Ausgabe

Die Klasse `ostream` umfasst überladene Operatoren für eingebaute Datentypen. Der Operator `<<` dient dazu, ein Objekt eines internen Datentyps in eine Folge von ASCII-Zeichen zu verwandeln.

```
ostream& operator<<(const char*);   // C-Strings
ostream& operator<<(char);
ostream& operator<<(int);
ostream& operator<<(float);
ostream& operator<<(double);
//... usw.
```

Der Rückgabetyp des Operators ist eine *Referenz* auf ostream. Das Ergebnis des Operators ist das ostream-Objekt selbst, sodass ein weiterer Operator darauf angewendet werden kann. Damit ist die Hintereinanderschaltung von Ausgabeoperatoren möglich:

```
cerr << "x= " << x;
```

wird interpretiert als

```
(cerr.operator<<("x= ")).operator<<(x);
```

## Ausgabe benutzerdefinierter Typen

In C++ können Operatoren überladen werden. Das ermöglicht die Ausgabe beliebiger Objekte benutzerdefinierter Klassen. Ein ausführliches Beispiel dazu wird auf den Seiten 318 ff. gezeigt, wo es darum geht, Objekte der Klasse rational auszugeben. Nach diesem Muster sind eigenen Kreationen des <<-Operators keine Grenzen gesetzt.

## Ausgabefunktionen

In der Klasse ostream sind weitere Elementfunktionen für ostream-Objekte definiert:

```
ostream& put(char);
```

gibt ein Zeichen aus. Wir haben put() bereits in Abschnitt 3.2 kennen gelernt, wo die Funktion in einem Beispielprogramm zum Kopieren von Dateien eingesetzt wird. Die Funktion

```
ostream& write(const char*, size_t);
```

wird in Abschnitt 6.7 zur binären Ausgabe verwendet. Es gibt eine Menge zusätzlicher Funktionen, zum Beispiel zum Positionieren des Ausgabestroms auf eine bestimmte Stelle, zum Herausfinden der aktuellen Stelle, und weitere, auf die hier zum Teil eingegangen werden soll. Die Deklarationen dieser Funktionen finden Sie im Header <iostream> und die Erläuterungen dazu in Ihrem Systemhandbuch (hoffentlich). Eine ausführliche Beschreibung findet sich in dem englischsprachigen Buch [KL00].

### 13.1.1 Formatierung der Ausgabe

Oft ist es notwendig, die Ausgabe besonders aufzubereiten, sei es als Tabelle, in der alle Spalten die gleiche Breite haben müssen, oder sei es, dass spezielle Zahlenformate verlangt werden. Die wichtigsten Möglichkeiten zur Formatierung der Ausgabe werden in diesem Abschnitt vorgestellt.

**Weite und Füllzeichen**

Die Methode width() bestimmt die Weite der unmittelbar folgenden Zahlen- oder C-Stringausgabe. Dabei entstehende Leerplätze werden mit Leerzeichen aufgefüllt. Anstelle der Leerzeichen können mittels der Funktion fill() andere Füllzeichen definiert werden. Das Programmstück

```
cout.width(6);
cout.fill('0');
cout << 12 << '(' << 34 << ')';
```

erzeugt die Ausgabe *000012(34)*. Die Weite wurde auf 6 gesetzt, mit 0 als Füllzeichen. Weil die Weite aber bei jeder Ausgabe auf 0 zurückgesetzt wird, erscheint *(34)* ohne Füllzeichen. Es ist erkennbar, dass mindestens die notwendige Weite genommen wird, dass also eine zu kleine Angabe für die Weite die Ausgabe nicht beschränkt:

```
cout.width(4);
cout << 123456;
```

ergibt *123456*, und nicht etwa *1234* oder ****. Manche Systeme implementieren die Ausgabe für Zeichen des Typs char auf andere Weise, weil auf Basis von ([Str00], Seite 366) angenommen wurde, dass width() nur für die jeweils nächste Ausgabe von Zahlen oder C-Strings (Typ char*) wirksam ist.

```
cout << '*';
cout.width(6);
cout.fill('_');
cout << '(' << 12 << ')';
```

erzeugt danach *\*(\_ \_ \_ \_ 12)*. Die Ausgabe von Daten des Typs char, hier die Klammer '(', wird also *nicht* von der Funktion width() beeinflusst.

**Steuerung der Ausgabe über Flags**

Ein *Flag* (englisch für *Flagge, Fahne*) ist ein Zeichen für ein Merkmal, das entweder vorhanden (Flag ist gesetzt) oder nicht vorhanden ist (Flag ist nicht gesetzt). Zur Formatsteuerung sind in der Klasse ios Flags des (compilerabhängigen) Datentyps ios_base::fmtflags definiert, der als Bitmaske benutzt wird. Eine Aufstellung zeigt Tabelle 13.1.

Weil die Klasse `ios` von `ios_base` erbt und im Folgenden nur die auf den Typ `char` spezialisierten Klassen der Ein- und Ausgabe betrachtet werden, wie die Abbildung 13.2 zeigt, können alle öffentlichen Attribute und Methoden auf die Klasse `ios` bezogen werden. `ios::fmtflags` ist dasselbe wie `ios_base::fmtflags`, weil `ios_base` kein Template ist. Statt `ios_base` wird im Folgenden nur noch `ios` geschrieben. Dieses Vorgehen hat den Vorteil der weitgehenden Kompatibilität mit früheren C++-Versionen und der einfacheren Schreibweise.

| Name | Bedeutung |
| --- | --- |
| boolalpha | true/false alphabetisch ausgeben oder lesen |
| skipws | Zwischenraumzeichen ignorieren |
| left | linksbündige Ausgabe |
| right | rechtsbündige Ausgabe |
| internal | zwischen Vorzeichen und Wert auffüllen |
| dec | dezimal |
| oct | oktal |
| hex | hexadezimal |
| showbase | Basis anzeigen |
| showpoint | nachfolgende Nullen ausgeben |
| uppercase | E,X statt e,x |
| showpos | + bei positiven Zahlen anzeigen |
| scientific | Exponential-Format |
| fixed | Gleitkomma-Format |
|  | Puffer leeren (flush): |
| unitbuf | nach jeder Ausgabeoperation |
| stdio | nach jedem Textzeichen |

Tabelle 13.1: Formateinstellungen für die Ausgabe

Im folgenden Programmbeispiel wird gezeigt, wie die Flags gelesen und gesetzt werden können. Die typische Voreinstellung mit Zweierpotenzen im Typ `fmtflags` definiert eine Bitleiste, deren einzelne Bits durch Oder-Operationen gesetzt werden. Die Funktion `flags()` dient zum Lesen und Setzen *aller* Flags, und `setf()` wird zum Setzen *eines* Flags verwendet.

```
ostream Ausgabe;

ios::fmtflags altesFormat;
ios::fmtflags neuesFormat =
            ios::left|ios::oct|ios::showpoint|ios::fixed;
```

```
// gleichzeitiges Lesen und Setzen aller Flags
altesFormat = Ausgabe.flags(neuesFormat);

// Setzen eines Flags
Ausgabe.setf(ios::hex);           // ungünstig, siehe unten

// gleichwertig damit ist:
Ausgabe.flags(Ausgabe.flags() | ios::hex);

// Zurücksetzen eines Flags
Ausgabe.unsetf(ios::hex);
```

Wenn ein Flag gesetzt werden soll, ist es besser, sicherheitshalber möglicherweise kollidierende Flags zurückzusetzen. Die Funktion `setf()` mit *zwei* Parametern sorgt dafür:

```
Ausgabe.setf(dieFlags, Maske);
```

bewirkt, dass zuerst alle Bits der Maske zurückgesetzt und danach die Flags gesetzt werden. Es gibt drei vordefinierte Masken für diesen Zweck, die in der Tabelle 13.2 zusammengefasst sind. Wenn die hexadezimale Ausgabe eingestellt werden soll, ist es daher besser,

```
Ausgabe.setf(ios::hex, ios::basefield);
```

zu schreiben, um gleichzeitig die möglicherweise gesetzten Flags oct oder dec zurückzusetzen.

| Name | Wert |
| --- | --- |
| adjustfield | left \| right \| internal |
| basefield | oct \| dec \| hex |
| floatfield | fixed \| scientific |

Tabelle 13.2: Vordefinierte Bitmasken

*Tipp* Wenn in Ihrem System gelegentlich die Ausgabe nicht zum erwarteten Zeitpunkt geschieht, liegt es wahrscheinlich daran, dass `unitbuf` nicht voreingestellt ist. Manchmal ist es sinnvoll, den Benutzer eines Programms auf eine Wartezeit vorzubereiten:

```
// unitbuf zu Demonstrationszwecken zurücksetzen
cout.unsetf(ios::unitbuf);
cout << "langwierige Berechnung, bitte warten..\n";
// ... hier folgt die Berechnung
cout << "Ende der Berechnung" << endl;
```

Falls `unitbuf` nicht gesetzt ist, wie im Beispiel erzwungen, schlummert die Aufforderung zum Warten im Ausgabepuffer und erscheint erst *nach dem Ende* der Berechnung. `endl` bewirkt ein Leeren des Ausgabepuffers so wie ein direkter Aufruf von `cout.flush()`. Das gewünschte Verhalten einer nicht gepufferten Ausgabe wird mit `cout.setf(ios::unitbuf)` erreicht.

## Weite von Fließkommazahlen

Die Weite von Fließkommazahlen wird mit der Funktion `precision()` gesteuert, die die Anzahl der Ziffern bei Fließkomma-Ausgabe festlegt, sofern `fixed` oder `scientific` nicht gesetzt sind. Andernfalls legt `precision` die Anzahl der Nachkommastellen fest. Die eingestellte Anzahl ist gültig bis zum nächsten `precision()`-Aufruf. Mit dieser Funktion kann auch die aktuell eingestellte Ziffernzahl festgestellt werden. Das Programm

```
int vorherigeAnzahlDerZiffern = cout.precision();
cout.precision(8);
cout << 1234.56789 << endl;
cout << 1234.56789 << endl;      // precision bleibt erhalten
cout.precision(4);
cout << 1234.56789 << endl;
cout.precision(vorherigeAnzahlDerZiffern); // Wiederherstellung
```

erzeugt die Ausgaben (mit automatischer Rundung)

*1234.5679*
*1234.5679*
*1235*

Falls die Anzahl der Ziffern vor dem Komma den Wert von `precision` überschreitet, wird auf die wissenschaftliche Notation, also Ausgabe mit Exponent, umgeschaltet.

## Anzahl der Nachkommastellen festlegen

Falls `fixed` oder `scientific` gesetzt ist, legt `precision()` die Anzahl der Nachkommastellen fest. Das Beispiel spricht für sich:

```
double f = 1234.123456789012345;
cout.setf(ios::scientific, ios::floatfield);
cout.precision(4);
cout << f << endl;              // 1.2341e+03
cout.setf(ios::fixed, ios::floatfield);
cout.precision(8);
cout << f << endl;              // 1234.12345679
```

Abschließend soll eine Tabelle von Sinus- und Kosinuswerten formatiert ausgegeben werden. Durch das `fixed`-Bit wird die Darstellung mit Dezimalpunkt erreicht, und mit `precision(6)` wird die Anzahl der Nachkommastellen auf 6 festgelegt. Um ein gleichmäßiges Bild zu erzeugen, werden nachfolgende Nullen ausgegeben (`showpoint` wirkt nur in Verbindung mit `fixed`):

### Beispielprogramm: formatierte Ausgabe

```cpp
// cppbuch/k13/tabelle.cpp
#include<iostream>
#include<cmath>     // sin(), Konstante M_PI für π
using namespace std;

int main() {
   cout << "Grad      sin(x)       cos(x)\n";
   cout.setf(ios::showpoint|ios::fixed, ios::floatfield);
   cout.precision(6);

   for(int Grad = 0; Grad <= 90; Grad += 10) {
                               // Grad in Bogenmaß umwandeln
      double rad = static_cast<double>(Grad)/180.0*M_PI;
      cout.width(4);   cout << Grad;
      cout.width(12);  cout << sin(rad);
      cout.width(12);  cout << cos(rad) << endl;
   }
}
```

Das Programm gibt aus:

| Grad | sin(x) | cos(x) |
|---|---|---|
| 0 | 0.000000 | 1.000000 |
| 10 | 0.173648 | 0.984808 |
| 20 | 0.342020 | 0.939693 |
| 30 | 0.500000 | 0.866025 |
| ... | usw. | |

## 13.2 Eingabe

Die Klasse `istream` enthält Operatoren für die in C++ eingebauten Grunddatentypen, die für eine Umwandlung der eingelesenen Zeichen in den richtigen Datentyp sorgen:

```cpp
istream& operator>>(char*);           // C-Strings
istream& operator>>(char&);
```

```
istream& operator>>(float&);
istream& operator>>(int&);
//... usw.
```

Der Operator `>>` ist als überladener Operator definiert, wie wir ihn im Prinzip schon kennen gelernt haben. Für einen Datentyp `T` (`T` steht für einen der Grunddatentypen) sei hier das Schema der Definition gezeigt:

```
istream& istream::operator>>(T& var) {
    // überspringe Zwischenraumzeichen
    // lies die Variable var des Typs T aus dem istream ein
    return *this;
}
```

Wie bei der Ausgabe bewirkt die Rückgabe einer Referenz auf `istream`, dass mehrere Eingaben verkettet werden können:

```
cin >> a >> b;                      // ist gleichbedeutend mit
(cin >> a) >> b;                    // und wird interpretiert als
(cin.operator>>(a)).operator>>(b);
```

Falls Zeichen oder Bytes eingelesen und Zwischenraumzeichen *nicht* ignoriert werden sollen, kann die Elementfunktion `istream& get()` genommen werden, die in mehreren überladenen Versionen bereitsteht, von denen eine ein einzelnes Zeichen einliest, wie das Beispiel zeigt. Zur Auswertung der `while`-Bedingung siehe Abschnitt 13.5.

```
// zeichenweises Kopieren der Standardeingabe
char c;
while(cin.get(c))
    cout << c;
// ebenfalls möglich ist:
while(cin.get(c))
    cout.put(c);
```

Zum sicheren Einlesen einer Zeichenkette in einen Pufferbereich wird einer anderen überladenen Version von `get()` der Zeiger auf den Pufferbereich und die Puffergröße mitgegeben, die wegen des abschließenden '\0'-Zeichens um eins größer als die Anzahl der maximal einzulesenden Elemente sein muss. Die Deklaration im Header `<iostream>` lautet `istream& get( char* p, int n, char t='\n');`. Die Zeichenkette wird bis zu einem festzulegenden Zeichen `t` übernommen (`t` steht für »Terminator«), wobei das Terminatorzeichen im Eingabestrom verbleibt. Es ist mit der Zeilenendekennung vorbesetzt. Beispiel:

```
// Zeile einlesen (max. n-1 Zeichen):
const int N = 100;
char buf[N];
cin >> buf;                  // unsicher
```

```
cin.get(buf, N);           // sicher wegen Längenbegrenzung auf N-1 Zeichen
// ... hier ggf. Terminatorzeichen lesen
```

Wegen der Vorbesetzung des Terminatorzeichens ist der Aufruf gleichbedeutend mit `cin.get(buf, N, '\n');`. Als letztes Zeichen trägt `get()` in `buf[]` die Stringendekennung `'\0'` ein. Darüber hinaus gibt es einige weitere `istream`-Funktionen, von denen ein kleiner Teil hier aufgeführt ist:

```
istream& getline(char* p, unsigned int n, char t='\n');
```

Diese Funktion wirkt wie `get()`, aber das Terminatorzeichen wird gelesen (jedoch nicht mit in den Puffer übernommen).

```
istream& ignore(int n, int t = EOF);
```

Diese Funktion liest und verwirft alle Zeichen des Eingabestroms, bis entweder das Terminatorzeichen oder n andere Zeichen gelesen worden sind. Das Terminatorzeichen verbleibt nicht im `istream`. EOF ist ein vordefiniertes Makro, das das Dateiende (englisch *end of file*) kennzeichnet und das häufig durch den Wert −1 repräsentiert wird. Beispiel: `cin.ignore( max_Zeilenlaenge, '\n');`

```
istream& putback(char c);
```

Diese Funktion gibt ein Zeichen c an den `istream` zurück. Die Funktion

```
int get();
```

holt das nächste Zeichen und gibt es als `int`-Wert entsprechend seiner Position in der ASCII-Tabelle zurück. Bei EOF wird −1 zurückgegeben. Man kann die Standardeingabe daher auf folgende Art kopieren:

```
int i;
while( (i = cin.get()) != EOF)
    cout.put(static_cast<char>(i));
```

Eine andere Möglichkeit wäre die Abfrage mit `eof()`, eine Funktion, die am Dateiende `true` zurückgibt:

```
char c;
while(!cin.eof()) {
    cin.get(c);
    cout.put(c);
}
```

Eine Vorschau auf das nächste Zeichen im Eingabestrom wird durch die Funktion

```
int peek();
```

erlaubt. Die Wirkung von `c = cin.peek()` ist wie die Hintereinanderschaltung der Anweisungen (mit impliziter Typumwandlung)

```
c = cin.get(); cin.putback(c);
```

## 13.2.1 Eingabe von Leerdaten mit Return

Wie in Abschnitt 3.1 auf Seite 98 beschrieben, ist es manchmal wünschenswert, mit ausschließlicher Eingabe von RETURN einen leeren String einzugeben oder damit festzulegen, dass eine einzugebende Zahl den Wert 0 erhält. Da der Operator istream::operator>>() alle führenden Zwischenraumzeichen einschließlich '\n' ignoriert, schreibt man sich zur Lösung dieses Problems am besten eine Klasse, die alle Eigenschaften von istream nutzt, aber in operator>>() das Zeichen '\n' speziell behandelt. Es wird ausgenutzt, dass der vordefinierte Konstruktor T() eines Typs T für string-Objekte einen leeren String und für Zahlen (int, double usw.) eine 0 erzeugt.

**Klasse für Leereingabe und Istream**

```
// cppbuch/k13/returnBeruecksichtigenderIstream.h
#ifndef returnBeruecksichtigenderIstream_h
#define returnBeruecksichtigenderIstream_h
#include<iostream>
#include<cctype>

class returnBeruecksichtigenderIstream {
  public:
    returnBeruecksichtigenderIstream(std::istream& IS=std::cin)
    : is(IS) {}
    template<class T>
    returnBeruecksichtigenderIstream& operator>>(T& s) {
      char c;
      // Zwischenraumzeichen entfernen, ggf. bis einschließlich \n
      while(isspace(c = is.get()) && c != '\n');
      if(c == '\n')
         s  =  T();  // leerer String, bzw. 0 bei Zahlen
      else {
         is.putback(c);          // letztes Zeichen zurückgeben
         is >> s;                // normal einlesen (Delegation an is)
         // Zwischenraumzeichen entfernen, ggf. bis einschließlich \n
         while(isspace(c = is.get()) && c !='\n');
      }
      return *this;
    }
  private:
    std::istream& is;
};
#endif // returnBeruecksichtigenderIstream_h
```

Ein Objekt der Klasse `returnBeruecksichtigenderIstream` wird mit `cin` initialisiert, wenn nicht anders angegeben. Der Eingabeoperator `operator>>()` ist als (Member-)Template formuliert, um den Operator nicht für alle vorkommenden relevanten Datentypen schreiben zu müssen. Die folgende Anwendung zeigt zum Vergleich das Einlesen einer Zeichenkette mit dem herkömmlichen Eingabeoperator und anschließend die Eingabe eines Strings und zweier Zahlen mit dem neuen Operator. Bei Eingabe von RETURN wird ein leerer String bzw. 0 zurückgeliefert.

### Beispielprogramm: Leereingabe bei Return

```
// cppbuch/k13/leereingabe.cpp
#include<string>
#include"returnBeruecksichtigenderIstream.h" // enthält <iostream>
using namespace std;

returnBeruecksichtigenderIstream   retCin;

int main() {
  cout << "Zum Vergleich: Eingabe eines Strings mit cin >> "
          "(führendes Whitespace inkl. Return wird "
          "ignoriert):";
  string ein;
  cin >> ein;
  cout << ein << " wurde eingegeben\n";
  // Rest bis einschließlich Schluss-Return löschen
  cin.ignore(1000, '\n');

  cout << "Eingabe eines Strings mit retCin >> (führendes"
          "  Return wird NICHT ignoriert):";
  retCin >> ein;
  if(ein == "")
     cout << "Es wurde nichts eingegeben\n";
  else
     cout << ein << " wurde eingegeben\n";
  // ignore(1000, '\n') wie oben ist bei retCin nicht mehr notwendig
  cout << "Eingabe zweier Zahlen mit retCin >> (führende"
          "  Returns werden NICHT ignoriert):";
  int z1,z2;
  retCin >> z1 >> z2;
  cout << "z1=" << z1  << "    z2=" << z2 << endl;
}
```

## 13.3 Manipulatoren

Manipulatoren sind Operationen, die direkt in die Ausgabe oder Eingabe zur Erledigung bestimmter Funktionen, zum Beispiel zur Formatierung, eingefügt werden. In diesem Abschnitt werden Manipulatoren nur für die Ausgabe beschrieben, das Prinzip lässt sich jedoch gleichermaßen auch für die Eingabe anwenden. Um eine `int`-Zahl oktal auszugeben, schreibt man

```
cout << oct << zahl << endl;
```

Die Wirkung ist genau so, als ob ein Flag zur Formatänderung gesetzt worden wäre:

```
cout.setf(ios::oct, ios::basefield);
cout << zahl << endl;
```

Sowohl `oct` als auch `endl` sind Manipulatoren. `endl` haben wir bereits kennen gelernt. Wie funktioniert so ein Manipulator? Es gibt spezielle überladene Formen des Ausgabeoperators und verschiedene Funktionen, zum Beispiel `oct()` und `endl()`:

```
// Funktionen zur Klasse ostream
ostream& operator<<(ostream& (*fp)(ostream&));
ostream& operator<<(ios& (*fp)(ios&));
//.......
ostream& endl(ostream&);
// Funktion zur Klasse ios
ios& oct(ios&);
```

Der überladene Operator erwartet ein Argument vom Typ »Zeiger auf eine Funktion, die eine Referenz auf einen `ostream` als Parameter hat und eine Referenz auf einen `ostream` als Ergebnis zurückliefert«. Die Funktion `endl()` erfüllt genau dieses Kriterium, und die Funktion `oct()` entsprechend für die Klasse `ios`. Es werden in der einfachen Schreibweise `cout << oct << zahl << endl;` Funktionsnamen, also Zeiger auf eine Funktion, übergeben. Der Operator führt diese Funktionen aus, sodass die Einstellung auf die oktale Zahlenbasis beziehungsweise die Ausgabe einer neuen Zeile bewirkt werden. Die uns nicht vorliegende Implementierung zum Beispiel von `endl()` könnte wie folgt aussehen:

```
ostream& endl(ostream& os) {
   os.put('\n');
   os.flush();
   return os;
}
```

Der Ausgabeoperator ruft die übergebene Funktion auf:

```
ostream& ostream::operator<<(ostream& (*fp)(ostream&)) {
   *fp(*this);                    // Funktionsaufruf
```

```
        return *this;
}
```
Die Anweisung

```
cout << zahl << endl;
```

wird ausgewertet zu

```
(cout.operator<<(zahl)).operator<<(endl);
```

In Kenntnis dieses Mechanismus können Sie nun selbst die tollsten Manipulatoren schreiben! Aber ehe Sie loslegen, schauen Sie sich erst die bereits vorhandenen an (Tabellen 13.3 bis 13.5), von denen einige in den Headern `<ios>` und `<iostream>` deklariert sind, andere (die mit Argumenten) jedoch in `<iomanip>` (iomanip = input output manipulator). Einschließen von `<iostream>` impliziert automatisch Inkludieren von `<ios>`.

| Name | Bedeutung |
|---|---|
| `resetiosflags(ios::fmtflags M)` | Flags entsprechend der Bitmaske M zurücksetzen |
| `setiosflags(ios::fmtflags M)` | Flags entsprechend M setzen |
| `setbase(int B)` | Basis 8, 10 oder 16 definieren |
| `setfill(char c)` | Füllzeichen festlegen |
| `setprecision(int n)` | Fließkommaformat (siehe Seite 453) |
| `setw(int w)` | Weite setzen (entspricht `width()`) |

Tabelle 13.3: `iomanip`-Manipulatoren

Manipulatoren sind sehr einfach anzuwenden – auch wenn die Erklärung ihrer Wirkungsweise vielleicht nicht so einfach wie die Anwendung ist. Die Beispiele mit `cout.setw()` und `cout.precision()` können umgeschrieben werden:

```
cout << setw(6) << setfill('0') << 999 << ' ';
cout << setprecision(8) << 1234.56789 << endl;
```

Das Ergebnis ist: *000999 1234.5679*

Ist Ihnen etwas aufgefallen? Wie die Syntax zeigt, ist ein Manipulator *mit* Argument(en) kein Zeiger auf eine Funktion, sondern ein Funktionsaufruf. Die Autoren der *iostream*-Bibliothek konnten den Operator `<<` nicht für alle nur denkbaren Fälle von Funktionen mit Parametern überladen. Daher wurde folgender Ausweg gewählt: Die aufgerufene Funktion muss ein Objekt einer (compilerspezifischen) Klasse, zum Beispiel `omanip` genannt, zurückgeben, das vom Ausgabeoperator verarbeitet werden kann. Im Header `<iomanip>` ist die Klasse `omanip` und ein `friend`-Operator `<<` etwa der folgenden oder einer ähnlichen Art zu finden:

| Name | Bedeutung |
|---|---|
| boolalpha | true/false alphabetisch ausgeben oder lesen |
| noboolalpha | true/false numerisch (1/0) ausgeben oder lesen |
| showbase | Basis anzeigen |
| noshowbase | keine Basis anzeigen |
| showpoint | nachfolgende Nullen ausgeben |
| noshowpoint | keine nachfolgenden Nullen ausgeben |
| showpos | + bei positiven Zahlen anzeigen |
| nowshowpos | kein + bei positiven Zahlen anzeigen |
| skipws | Zwischenraumzeichen ignorieren |
| noskipws | Zwischenraumzeichen berücksichtigen |
| uppercase | E,X statt e,x |
| nouppercase | e,x statt E,X |
| unitbuf | Puffer nach jeder Ausgabe leeren |
| nounitbuf | Ausgabe puffern |
| adjustfield: | |
| internal | zwischen Vorzeichen und Wert auffüllen |
| left | linksbündige Ausgabe |
| right | rechtsbündige Ausgabe |
| basefield: | |
| dec | dezimal |
| oct | oktal |
| hex | hexadezimal |
| floatfield: | |
| fixed | Gleitkomma-Format |
| scientific | Exponential-Format |

Tabelle 13.4: ios-Manipulatoren

| Name | Bedeutung | Typ |
|---|---|---|
| endl | neue Zeile ausgeben | ostream& |
| ends | Nullzeichen ('\0') ausgeben | ostream& |
| flush | Puffer leeren | ostream& |
| ws | Zwischenraumzeichen aus der Eingabe entfernen | istream& |

Tabelle 13.5: iostream-Manipulatoren

```
template<class T>
class omanip {
    ostream& (*funktPtr)(ostream&, T);
    T arg;
  public:
    omanip(ostream& (*f)(ostream &, T), T obj)
       : funktPtr(f),
         arg(obj) {
    }
    friend ostream& operator<<(ostream&, omanip<T>&);
};

template<class T>
ostream & operator<<(ostream & s, omanip<T>& fobj) {
    return(*fobj.funktPtr)(s, fobj.arg);
}
```

Ein `omanip`-Objekt hat zwei private Variable: `funktPtr` ist ein Zeiger auf eine Funktion, die eine Referenz auf einen `ostream` zurückgibt und einen Parameter des Typs `ostream&` sowie ein Objekt des Template-Typs `T` erwartet. In der Regel wird das Objekt vom Typ `int` sein. Die zweite Variable `arg` enthält das Objekt vom Typ `T`.

Der Konstruktor initialisiert beide Variable, die ihm als Parameter übergeben werden. Ferner finden Sie in `<iomanip>` eine Funktion (zum Beispiel) `setprecision()`. Die Funktion `setprecision()` gibt ein Objekt vom Typ `omanip` zurück:

```
std::omanip<int> setprecision(int p) {
    return omanip<int>(precision, p);
}
```

`<int>` rührt daher, dass die Klasse `omanip` als Template deklariert ist, um Manipulatorfunktionen mit verschiedenen Parametertypen zu erlauben. Dem Konstruktor eines `omanip`-Objekts wird die Adresse einer Funktion (`precision`) und der Wert p übergeben. Bei der Konstruktion dieses Objekts anlässlich der `return`-Anweisung werden diese Daten als Elementdaten abgelegt. Der Operator `<<` ruft die im `omanip`-Objekt referenzierte Funktion auf, die wiederum die `ostream`-Elementfunktion `precision()` aufruft, die uns ja schon bekannt ist (Seite 453). Solcherart Objekte werden auch *Funktionsobjekte* genannt, eine Variante der in Abschnitt 9.7 beschriebenen Funktoren. Grund: Über den Weg der Erzeugung eines Objekts wird eine Funktion aufgerufen, wenn auch nicht mit `operator()()`, sondern innerhalb `operator«()` über einen Funktionszeiger.

Entsprechend zu der Klasse `omanip` für die Ausgabe gibt es die Klasse `imanip` für die Eingabe und die Klasse `smanip` für `ios`-Funktionen. Diese Namen werden jedoch nicht vom C++-Standard vorgeschrieben.

## 13.3.1 Eigene Manipulatoren

**Eigene Manipulatoren ohne Parameter**

Dies ist der einfachste Fall. Es muss nur eine Funktion mit der passenden Schnittstelle geschrieben werden. Der Manipulator `endl` von Seite 459 ist ein gutes Beispiel dafür.

**Eigene Manipulatoren mit Parametern**

Es gibt zwei Wege, eigene Manipulatoren zu schreiben. Der eine Weg führt über den beschriebenen Ansatz: Funktionen, die ein `omanip`-Objekt zurückgeben und sich auf den dazugehörenden Ausgabeoperator verlassen. Dieser Weg hat den gravierenden Nachteil, dass man sich auf nicht standardisierte Klassennamen verlassen muss. Deswegen wird hier nur der zweite Weg, die Realisierung mit einem Funktor, vorgeschlagen. Die Header-Datei enthält die Definition des Manipulators:

**Manipulator-Klasse Leerzeilen**

```cpp
// cppbuch/k13/manipula.h
#ifndef manipula_h
#define manipula_h manipula_h
#include<iostream>

class Leerzeilen {
  public:
    Leerzeilen(int i = 1) : Anzahl(i) {}
    std::ostream& operator()(std::ostream& os) const {
       for(int i = 0; i < Anzahl; ++i)
         os << '\n';
       os.flush();
       return os;
    }

  private:
    int Anzahl;
};
inline std::ostream& operator<<(std::ostream& os,
                                const Leerzeilen& L) {
    return L(os);        // Funktoraufruf
}
#endif    // manipula_h
```

Ein Funktor ist ein Objekt, das wie eine Funktion behandelt werden kann, wie auf Seite 348 gezeigt. Das Objekt kann beliebige Daten mit sich tragen. Dazu benötigt man nur noch einen mit der Klasse des Funktors überladenen Ausgabeoperator. Dies soll an dem einfachen Beispiel eines Manipulators `Leerzeilen(int z)`, der z Leerzeilen ausgibt, gezeigt werden. Eine mögliche Anwendung:

```
// cppbuch/k13/manipula.cpp
#include"manipula.h"
int main() {
   std::cout << Leerzeilen(25)              // Konstruktoraufruf!
             << "Ende" << std::endl;
}
```

würde den Bildschirm durch Ausgabe von 25 Leerzeilen löschen und dann den Text *Ende* ausgeben. Der Ablauf im `main()`-Program umfasst mehrere Schritte:

1. Zunächst wird ein Objekt vom Typ `Leerzeilen` konstruiert, das mit 25 als Parameter initialisiert wird.

2. Der Ausdruck `cout << Leerzeilen(25)` wird vom Compiler in die Langform `operator<<(cout, Leerzeilen(25))` umgewandelt. Daran ist zu sehen, dass das erzeugte Objekt als Parameter an den überladenen Operator weitergereicht wird.

3. Innerhalb des Ausgabeoperators wird der Funktionsoperator der Klasse `Leerzeilen` aufgerufen. `L(os)` wird vom Compiler zu `L.operator()(os)` umgewandelt. Damit ist der Ausgabestrom (hier `cout`) innerhalb der Operatorfunktion bekannt, und es kann die gewünschte Zahl von Leerzeilen ausgegeben werden.

4. Durch das per Referenz zurückgegebene `ostream`-Objekt ist eine Verkettung mit weiteren Operatoren möglich.

Der Vorteil des Einsatzes von Funktoren liegt in der Einfachheit und darin, dass bei entsprechender Gestaltung eine beliebige Zahl von Parametern möglich ist.

## 13.4 Fehlerbehandlung

Bei der Ein- und Ausgabe können natürlich Fehler auftreten. Zur Erkennung und Behandlung von Fehlern stehen verschiedene Funktionen zur Verfügung. Ein Fehler wird durch das Setzen eines Status-Bits markiert, das durch den Aufzählungstyp `iostate` der Klasse `ios_base` (und damit auch `ios`) definiert wird. Die tatsächlichen Bitwerte sind implementationsabhängig.

```
enum iostate {
    goodbit    = 0x00,    // alles ok
```

```
        eofbit      = 0x01,      // Ende des Streams
        failbit     = 0x02,      // letzte Ein-/Ausgabe war fehlerhaft
        badbit      = 0x04       // ungültige Operation, grober Fehler
};
```

Der Stream ist nicht mehr benutzbar, falls `badbit` gesetzt ist. Tabelle 13.6 (nächste Seite) zeigt die Elementfunktionen, die auf die Statusbits zugreifen. Das folgende Demonstrationsprogramm zeigt die Anwendung der Funktionen zur Diagnose und Behebung von Syntaxfehlern beim Einlesen von `int`-Zahlen. Es wird dabei angenommen, dass beliebig oft `int`-Zahlen i eingelesen und angezeigt werden sollen, wobei vorher auftretende falsche Zeichen zu ignorieren sind.

## Beispielprogramm: Status eines Istream abfragen

```
// cppbuch/k13/iostate.cpp
#include<iostream>

using namespace std;

int main() {
    int i;
    ios::iostate status;

    while(true) {                   // Schleifenabbruch mit break
        cout << "Zahl (Ctrl+D oder Ctrl+Z = Ende):";
        cin >> i;
        status = cin.rdstate();
        // Ausgabe der Statusbits
        cout << "status = " << status << endl;
        cout << "good() = " << cin.good() << endl;
        cout << "eof()  = " << cin.eof()  << endl;
        cout << "fail() = " << cin.fail() << endl;
        cout << "bad()  = " << cin.bad()  << endl;
        if(cin.eof())
            break;                  // Abbruch

        // Fehlerbehandlung bzw. Ausgabe
        if(status) {
            cin.clear();            // Fehlerbits zurücksetzen
            cin.get();              // ggf. fehlerhaftes Zeichen entfernen
        }
        else cout << "*** " << i << endl;
    }
}
```

| Funktion | Ergebnis |
|---|---|
| `iostate rdstate()` | aktueller Status |
| `bool good()` | wahr, falls »gut« |
| `bool eof()` | wahr, falls Dateiende |
| `bool fail()` | wahr, falls `failbit` oder `badbit` gesetzt |
| `bool bad()` | wahr, falls `badbit` gesetzt |
| `void clear()` | Status auf `goodbit` setzen |
| `void clear(iostate S)` | Status auf `S` setzen |
| `void setstate(iostate)` | einzelne Statusbits setzen |

Tabelle 13.6: Abfrage des Ein-/Ausgabestatus

Die Funktion `void clear(iostate statuswort = goodbit)` erlaubt es, den Status zu setzen. Beispielsweise kann das `badbit` bei Erhaltung der anderen Bits mit `cin.clear(ios::badbit | cin.rdstate())` gesetzt werden. Durch Eingabe von Buchstaben ist die Syntax von `int`-Zahlen nicht erfüllt, wie mit `fail()` angezeigt wird. Die Tastenkombination Ctrl+Z oder Ctrl+D liefert einen Wert ungleich 0 für `eof()` und führt zum Verlassen der Schleife.

## 13.5 Typumwandlung von Dateiobjekten nach bool

Die Abfrage, ob eine Datei geöffnet werden kann, wird über eine `if`-Abfrage etwa der folgenden Art gelöst:

```
ifstream quellfile;
quellfile.open("text.dat");
if(!quellfile) {
    cerr << "Datei kann nicht geöffnet werden!";
    exit(-1);
}
```

Ob das Ende einer Datei erreicht worden ist, kann in einer Bedingung wie folgt festgestellt werden:

```
while(quellfile.get(c)) zielfile.put(c);
```

Wie funktioniert dieser geheimnisvolle Mechanismus? Erinnern wir uns daran, dass der Compiler automatisch versucht, einen nicht ganz passenden Datentyp in einen passenden umzuwandeln, wenn es nötig sein sollte; der Versuch gelingt nicht immer. Dazu kann er Typumwandlungskonstruktoren (siehe Seite 167) und eingebaute oder selbst definierte Typumwandlungsoperatoren (siehe Seite 339) benutzen. Zur Klasse `ios` gibt es einen vordefinierten Typumwandlungsoperator, der ein Dateiobjekt oder eine Referenz darauf in einen Wert vom Typ `void*` umwandelt. Zusätzlich wird der Negationsoperator überladen. Diese Operatoren werden vom Compiler benutzt, um die Bedingung auswerten zu können. Sie benutzen die Funktion `fail()` zum Lesen des Dateistatus und sind etwa wie folgt implementiert:

```
// Konversion eines Objekts in einen void-Zeiger
ios::operator void *() const {
    if(fail())  return static_cast<void*>(0);
    else        return static_cast<void*>(this);
}

// überladener Negationsoperator
bool ios::operator!() const { return fail();}
```

Die Anweisung `while(cin) cin.get(c);` wird interpretiert als
  `while(cin.operator void*()) cin.get(c);`

und die Anweisung `if(!cin.get(c)) {...}` entspricht
  `if((cin.get(c)).operator!()) {...}`

## 13.6 Arbeit mit Dateien

Die Arbeit mit Dateien ist teilweise aus Kapitel 3 bekannt. In diesem Abschnitt finden sich einige Ergänzungen. Zum Öffnen einer Datei wird ein bestimmter Modus angegeben (englisch *openmode*) wie zum Beispiel `ios::binary`. Die Tabelle 13.7 zeigt die möglichen Werte. Bestimmte Werte sind Stream-abhängig voreingestellt. Zum Beispiel ist bei einem `ifstream`-Objekt `ios::in` voreingestellt. Die Angabe eines Modus überschreibt den vorgegebenen Modus! Deswegen sollte `ios::binary` bei `ifstream`-Objekten mit `ios::in` gekoppelt werden, d.h. Modus = `ios::binary|ios::in` (`ofstream` entsprechend mit `ios::out`). *Tipp*

| Modus  | Bedeutung |
|--------|-----------|
| app    | beim Schreiben Daten an die Datei anhängen |
| ate    | nach dem Öffnen an das Dateiende springen |
| binary | keine Umwandlung verschiedener Zeilenendekennungen |
| in     | zur Eingabe öffnen |
| out    | zur Ausgabe öffnen |
| trunc  | vorherigen Inhalt der Datei löschen |

Tabelle 13.7: `ios_base`-Öffnungsarten für Ströme

Die verschiedenen Öffnungsarten können durch Verknüpfung mit dem Oder-Operator kombiniert werden, zum Beispiel:

```
// nur am Ende schreiben
ofstream Ausgabestrom("Ausgabe.dat", ios::out | ios::app);
```

```
// Lesen und Schreiben (Beispiel folgt auf Seite 470):
fstream EinAusgabestrom("Datei.txt", ios::in | ios::out);
```

Tabelle 13.8 zeigt die sinnvollen möglichen Kombinationen:

| binary | in | out | trunc | app / ate |
|:---:|:---:|:---:|:---:|:---:|
|  | • |  |  |  |
|  | • | • |  |  |
|  | • | • |  | • |
|  |  | • |  |  |
|  |  | • |  | • |
|  |  | • | • |  |
| • | • |  |  |  |
| • | • | • |  |  |
| • | • | • |  | • |
| • |  | • |  |  |
| • |  | • |  | • |
| • |  | • | • |  |

Tabelle 13.8: Kombinationen der Dateiöffnungsarten

## 13.6.1 Positionierung in Dateien

Manchmal ist es wünschenswert, eine Datei nicht nur sequenziell zu lesen oder zu schreiben, sondern die Position frei zu bestimmen. Dazu gehört auch, die aktuelle Position zu ermitteln. Die Tabelle 13.9 zeigt die vorhandenen Funktionen. Die Endung »g« steht für »get« (= zu lesende Datei) und »p« steht für »put« (= zu schreibende Datei).

Die Bezugsposition `Bezug` in Tabelle 13.9 kann einen von drei möglichen Werten annehmen:

`ios::beg` : relativ zum Dateianfang
`ios::cur` : relativ zur aktuellen (englisch *current*) Position
`ios::end` : relativ zum Dateiende

| Rückgabetyp | Funktion | Bedeutung |
|---|---|---|
| ios::pos_type | tellg() | aktuelle Leseposition |
| ios::pos_type | tellp() | aktuelle Schreibposition |
| istream& | seekg(p) | absolute Position p aufsuchen |
| istream& | seekg(r, Bezug) | relative Position r aufsuchen (zur Bezugsposition siehe Text) |
| ostream& | seekp(p) | absolute Position p aufsuchen |
| ostream& | seekp(r, Bezug) | relative Position r aufsuchen |

Tabelle 13.9: Ermitteln und Suchen von Dateipositionen

Das folgende Programmfragment zeigt eine Anwendung:

```
// Auszug aus cppbuch/k13/seektell.cpp
ifstream IS;
IS.seekg(9);            // absolute Leseposition 9 suchen
char c;
IS.get(c);              // an Pos. 9 lesen, get schaltet Position um 1 weiter
IS.seekg(2, ios::cur);                  // 2 Positionen weitergehen
ios::pos_type Position = IS.tellg();    // aktuelle Position merken
// ...
IS.seekg(-4, ios::end);                 // 4 Positionen vor dem Ende
// ...
IS.seekg(Position, ios::beg);           // zur gemerkten Position gehen
```

Daraus ergibt sich, dass die relative Positionierung zum Dateianfang redundant ist, d. h. `seekg(x, ios::beg)` ist dasselbe wie `seekg(x);`.

## 13.6.2 Lesen und Schreiben in derselben Datei

Wenn eine Datei als Datenbasis genutzt wird, ist es interessant, Daten zu lesen und geänderte Daten in *derselben* Datei zu aktualisieren. Für diesen Zweck gibt es die Klasse `fstream`, die von der Klasse `iostream` erbt, die wiederum von den Klassen `istream` und `ostream` abgeleitet ist. Damit hat `fstream` die Eigenschaft, sowohl für die Ein- als auch für die Ausgabe geeignet zu sein. Alle Klassen, die mit Dateien arbeiten, benutzen Puffer. In `fstream` wird derselbe Pufferspeicher zum Lesen und zum Schreiben benutzt. Ein einfaches Programm zeigt die Nutzung eines `fstream`s, bei dem die Funktionen zum Aufsuchen von Positionen naturgemäß eine starke Rolle spielen.

## Beispielprogramm: Lesen/Schreiben derselben Datei

```cpp
// cppbuch/k13/fstream2.cpp
#include<fstream>
#include<iostream>

using namespace std;

int main() {      // Lesen und Schreiben derselben Datei

    // Datei anlegen
    fstream FS("fstream2.dat", ios::out | ios::trunc);
    FS.close();                 // leere Datei existiert jetzt
    int i;                      // Hilfsvariable

    // Datei zum Lesen und Schreiben öffnen
    FS.open("fstream2.dat", ios::in | ios::out);

    // schreiben
    for(i = 0; i < 20; ++i)
        FS << i << ' ';
    FS << endl;

    // lesen
    FS.seekg(0);                // Anfang suchen
    while(!FS.eof()) {
        FS >> i;                // lesen
        if(!FS.eof())
            cout << i << ' ';   // Kontrollausgabe
    }
    cout << endl;               // Ergebnis:
                    //   0 1 2 3 4 5 6 7 8 9 10 11 12 13 14 15 16 17 18 19

    FS.clear();                 // EOF-Status löschen

    // Inhalt teilweise überschreiben
    FS.seekp(5);                // Position 5 suchen
    FS << "neuer Text ";        // ab Pos. 5 überschreiben
    FS.seekg(0);                // Anfang suchen
    char buf[100];
    FS.getline(buf,100);        // Zeile lesen
    cout << buf << endl;        // Kontrollausgabe. Ergebnis:
                    //   0 1 2 neuer Text 9 10 11 12 13 14 15 16 17 18 19
}
```

## 13.7 Eingabe benutzerdefinierter Typen

C++ ermöglicht die Eingabe benutzerdefinierter Datentypen, indem der Eingabeoperator `>>` überladen wird. Ebenso wie beim Überladen des Ausgabeoperators muss das erste Argument eine Referenz auf den Stream (hier also `istream`) sein, um eine Hintereinanderschaltung zu erlauben. Die Analogie zum auf Seite 318 behandelten Ausgabeoperator `<<` liegt auf der Hand. An dieser Stelle wird ein Eingabeoperator für die uns schon bekannte Klasse `Datum` angegeben. Es soll möglich sein, ein Datum im Format Tag◇Monat◇Jahr einzugeben, wobei das Trennzeichen ◇ entweder ein Punkt (».«) oder ein Schrägstrich (»/«) sein darf:

```
// Anwendung des Eingabe-Operators für Datumswerte:
Datum dat1, dat2;
cout << "Eingabe zweier Daten: ";
cin >> dat1 >> dat2;       // Verkettung von >>
cout << dat1 << endl    // Lösung der Aufgaben von Seite 339 vorausgesetzt
     << dat2 << endl;

cout << "Eingabe von Daten bis zum Fehler\n";
while(cin) {
  try {
    cout << "Datum ?";
    cin >> dat1;
    cout << dat1 << endl;
  } catch(const char* e) {
    cout << e << " Abbruch!" << endl;
  }
}
```

Um das Programm zu realisieren, wird dazu in der aus Kapitel 9 bekannten Datei *datum.h* der `>>`-Operator als globale Funktion deklariert. Die unten gezeigte zugehörige Implementation muss in der Datei *datum.cpp* nachgetragen werden. Ferner sollte der Typumwandlungsoperator durch eine Methode `toString()` ersetzt werden, damit der Compiler nicht versucht, `operator>>(istream&, string&)` zu benutzen.

```
// Erweiterung von cppbuch/k9/datum/datum.h
std::istream& operator>>(std::istream&, Datum&);

// Erweiterung von cppbuch/k13/datum/datum.cpp
std::istream& operator>>(std::istream &eingabe, Datum &d) {
// Einlese-Operator für ein Datum
// erlaubte Formate: Tag.Monat.Jahr oder Tag/Monat/Jahr
    char c = '\0';
    int Tag, Monat, Jahr;
    eingabe >> Tag >> c;            // Tag und 1. Trennzeichen
```

```
        if(c !='.' && c !='/')
            eingabe.setstate(ios::failbit); // Syntaxfehler
        else {
            eingabe >> Monat >> c;          // Monat und 2. Trennzeichen
            if(c !='.' && c !='/')
                eingabe.setstate(ios::failbit);   // Syntaxfehler
            else
                eingabe >> Jahr;

            if(Jahr < 100)
               Jahr += 2000;

            // Datum gültig?
            if(korrektesDatum(Tag, Monat, Jahr)) // nur dann
                d.setzeDatum(Tag, Monat, Jahr);
            else
                // Syntax korrekt, aber sonst falsch
                eingabe.setstate(ios::failbit);
        }
        if(!eingabe.good())
            throw "kein gültiges Datum!";   // ggf. Laufzeitfehlermeldung
        return eingabe;
}
```

Die Variable c wird mit 0 initialisiert, damit sie nicht zufällig einen der erlaubten Werte annimmt, wenn die Eingabe von Tag fehlschlagen sollte. Ein Eingabefehler beim Einlesen von Tag, Monat oder Jahr bewegt das C++-Laufzeitsystem zum Setzen des failbit, weil es sich um int-Werte handelt. Ein anderer Eingabefehler führt im überladenen Operator ebenfalls zu einen failbit-Fehler, sodass die obige Abfrage while(cin) bei Fehlern trotz der catch-Klausel zum Schleifenabbruch führt.

## 13.8 Umleitung auf Strings

Die Ausgabe kann mit Hilfe von ostringstream-Objekten (output string stream) auf Strings umgeleitet werden. Dies ist dann sinnvoll, wenn die Ausgabe nicht unmittelbar erfolgen soll. Ähnliches gilt auch für das Lesen aus Strings anstelle einer Datei (istringstream). stringstream-Klassen sind im Header <sstream> deklariert. Hier sei beispielhaft nur die Ausgabe behandelt. Es ist eine Funktion ZahlToString() angegeben, die eine Zahl in einen formatierten String umwandelt. Der String kann anschließend anderweitig ausgewertet oder ausgegeben werden.

Die Funktion ist für verschiedene Typen von Zahlen geeignet. Die Parameter zur Formatierung können weggelassen werden, wenn das vorgegebenen Format ausreicht. Ein Beispiel zeigt Anwendung und Funktionsweise:

## Beispielprogramm: Stream-Ausgabe in String umleiten

```cpp
// cppbuch/k13/strstrea.cpp
#include<sstream>
#include<string>
using namespace std;

// ======= Prototypen =======
string ZahlToString(double d,
    unsigned int Weite = 0,
    unsigned int Format = 2,        // 0: fix, 1: scientific
                                    // sonst: automatisch
    unsigned int AnzahlNachkommastellen = 4);   // nur Format 0/1

// ganze Zahlen:
string ZahlToString(long i,             unsigned int Weite = 0);
string ZahlToString(int i,              unsigned int Weite = 0);
string ZahlToString(unsigned long i,    unsigned int Weite = 0);
string ZahlToString(unsigned int i,     unsigned int Weite = 0);

// ======= Hauptprogramm =======
int main() {                            // Anwendung
    double xd = 73.1635435363;          // Ausgabe:
    cout << ZahlToString(xd) << endl;          //73.1635
    cout << ZahlToString(xd,12) << endl;       //      73.1635
    cout << ZahlToString(xd,12,1) << endl;     //   7.3164e+01
    cout << ZahlToString(xd,12,1,3) << endl;   //    7.316e+01
    cout << ZahlToString(xd,12,0,3) << endl;   //       73.164

    int xi = 1234567;
    cout << ZahlToString(xi) << endl;          //1234567
    cout << ZahlToString(xi,14) << endl;       //       1234567

    float xf = 1234.567;
    cout << ZahlToString(xf) << endl;          //1234.57
    unsigned long xl = 123456789L;
    cout << ZahlToString(xl) << endl;          //123456789
}                                   //  Implementierung siehe nächste Seite
```

Das ostringstream-Objekt wandler in der folgenden Funktion ZahlToString( double, unsigned int, unsigned int, unsigned int) stellt dynamisch Platz bereit, ohne dass man sich besonders darum kümmern muss. Der Aufruf

```
wandler.str();
```

gibt alle in den Stringstream geschriebenen Ausgaben als String zurück.

## Beispielprogramm (Fortsetzung)

```
// ========= Implementierung ==========

string ZahlToString(double d, unsigned int Weite,
         unsigned int Format,    // 0: fix, 1: scientific
                                 // sonst: automatisch
         unsigned int AnzahlNachkommastellen ) {  // nur Format 0/1
   ostringstream wandler;

   if(Format == 0) {
      wandler.setf(ios::fixed, ios::floatfield);
      if(AnzahlNachkommastellen > 0)
         wandler.setf(ios::showpoint);
   }
   else {
      if(Format == 1)
         wandler.setf(ios::scientific, ios::floatfield);
   }

   if(Format == 0 || Format == 1)
      wandler.precision(AnzahlNachkommastellen);

   if(Weite > 0)
      wandler.width(Weite);

   // Zahl und abschließendes Nullzeichen in den Strom einfügen
   wandler << d << ends;
   return wandler.str();
}
string ZahlToString(long i, unsigned int Weite) {
   return ZahlToString(static_cast<double>(i), Weite, 0, 0);
}
string ZahlToString(int i, unsigned int Weite) {
   return ZahlToString(static_cast<double>(i), Weite, 0, 0);
}
string ZahlToString(unsigned long i, unsigned int Weite) {
   return ZahlToString(static_cast<double>(i), Weite, 0, 0);
}
string ZahlToString(unsigned int i, unsigned int Weite) {
   return ZahlToString(static_cast<double>(i), Weite, 0, 0);
}
```

Mit einem `istringstream`-Objekt kann aus einem String gelesen werden, ein `stringstream`-Objekt erlaubt Lesen und Schreiben.

# Teil II
# Die C++-Standardbibliothek

# 14 Aufbau und Übersicht

**Inhalt:** *Dieser Teil des Buchs ist als* Nachschlagewerk, *nicht als Einführung für die wichtigsten Elemente der C++-Standardbibliothek gedacht, sofern sie in den vorangegangenen Kapiteln noch nicht ausreichend beschrieben werden. Ein gutes C++-Verständnis (möglicherweise erworben durch den ersten Teil) wird bei der Lektüre dieses zweiten Teils vorausgesetzt. Allein der sehr dichte, teilweise nur für Fachleute verständliche Text des Standarddokuments [ISO98] umfasst über 700 DIN-A4-Seiten. Sämtliche technischen Details hier aufzuführen, würde ebenso wie der Versuch, alle Bestandteile der Bibliothek zu erläutern, den Rahmen dieses Buchs sprengen. Der Schwerpunkt liegt daher auf den Informationen, die für den Anwender wesentlich sind. Auf Dinge, an denen eher die Hersteller von Compilern interessiert sind, wird verzichtet. Den an weitergehenden Einzelheiten interessierten Leserinnen und Lesern sei als Ergänzung [Bre99], [KL00] und [Str00] empfohlen. Die Standarddokumente [ISO98] und [ISO90] selbst kann man natürlich auch zu Rate ziehen.*

Hinweis: Es wird eine Weile dauern, bis alle Compilerhersteller Produkte liefern, die alle hier beschriebenen Teile der C++-Standardbibliothek enthalten. Falls das von Ihnen verwendete Produkt dieses oder jenes Feature nicht beherrscht, bleibt Ihnen nichts anderes übrig, als entweder zu warten oder das Problem zu umgehen. *Tipp*

Zu jedem Compiler gibt es eine Bibliothek mit nützlichen Klassen und Routinen. Die C++-Standardbibliothek (englisch *standard library*) stellt ein erweiterbares Rahmenwerk mit folgenden Komponenten zur Verfügung: Diagnose, Strings, Container, Algorithmen, komplexe Zahlen, numerische Algorithmen, Anpassung an nationale Zeichensätze, Ein-/Ausgabe und anderes mehr.

Sie basiert zum Teil auf der *Standard Template Library* (STL), die von Hewlett-Packard (HP) entwickelt wurde. Einige der verwendeten Konzepte werden bei der Listenklasse beschrieben (Abschnitt 11.2).

Die C++-Standardbibliothek ist systematisch nach Schwerpunkten aufgebaut, denen verschiedene Header zum Einbinden zugeordnet sind. Die Tabellen 14.1 und 14.2 geben eine Übersicht über die Header und über die Seitenzahl, wo sie ggf. beschrieben werden. Dabei kann es sein, dass dort kaum Informationen stehen, nämlich dann, wenn es sich um aus der Programmiersprache C kommende Header handelt, die durch C++ überflüssig geworden sind (Einzelheiten über Auslassungen folgen auf Seite 479). Alle Datentypen, Klassen und Funktionen sind im Namespace std, sodass diese Tatsache des Weiteren nicht mehr erwähnt werden muss. In den Tabellen 14.1 und 14.2 sind Doppelnennungen vermieden worden, wie zum Beispiel <cmath> auch bei »Numerisches« aufzuführen.

| Schwerpunkt | Header | Seite |
|---|---|---|
| Hilfsfunktionen und -klassen | `<utility>` <br> `<functional>` | 483 <br> 484 |
| Container | `<bitset>` <br> `<deque>` <br> `<list>` <br> `<map>` <br> `<queue>` <br> `<set>` <br> `<stack>` <br> `<vector>` | 491 <br> 494 <br> 497 <br> 500 <br> 504 <br> 507 <br> 511 <br> 512 |
| Iteratoren | `<iterator>` | 519 |
| Algorithmen | `<algorithm>` | 527 |
| Ein-/Ausgabe | `<fstream>` <br> `<iomanip>` <br> `<ios>` <br> `<iosfwd>` <br> `<iostream>` <br> `<istream>` <br> `<ostream>` <br> `<sstream>` <br> `<streambuf>` | detaillierte Verweise auf Seite 567 |
| Nationale Besonderheiten | `<locale>` | 571 |
| Numerisches | `<complex>` <br> `<limits>` <br> `<numerics>` <br> `<valarray>` | 587 <br> 588 <br> 590 <br> 594 |
| String | `<string>` | 611 |
| Laufzeittyperkennung | `<typeinfo>` | 621 |
| Fehlerbehandlung | `<exception>` <br> `<stdexcept>` | 351, 359 <br> 351, 359 |
| Speicher | `<memory>` <br> `<new>` | 624 <br> 623 |

Tabelle 14.1: Aufbau der Standardbibliothek (ohne C-Header)

Container, Iteratoren und Algorithmen werden in [Bre99] besonders im Hinblick auf die Anwendung und Konstruktion eigener Komponenten diskutiert. Aus hi-

| Schwerpunkt | Header | Seite |
|---|---|---|
| C-Header | `<cassert>` | 627 |
| | `<cctype>` | 627 |
| | `<cerrno>` | 628 |
| | `<cfloat>` | 628 |
| | `<ciso646>` | 628 |
| | `<climits>` | 629 |
| | `<clocale>` | 629 |
| | `<cmath>` | 629 |
| | `<csetjmp>` | 629 |
| | `<csignal>` | 629 |
| | `<cstdarg>` | 630 |
| | `<cstddef>` | 629 |
| | `<cstdio>` | 631 |
| | `<cstdlib>` | 631 |
| | `<cstring>` | 632 |
| | `<ctime>` | 635 |
| | `<cwchar>` | |
| | `<cwctype>` | |

Tabelle 14.2: C-Header der Standardbibliothek

storischen Gründen sind manche Dinge nicht dort zu finden, wo man sie erwartet. Zum Beispiel ist die Funktion `fabs()` (Absolutbetrag von `float`-Zahlen) sinnvollerweise im Header `<cmath>` enthalten, die Funktion `abs()` (Absolutbetrag von `int`-Zahlen) jedoch im Header `<cstdlib>`.

Um Wiederholungen zu vermeiden, sind allgemeine Informationen, die für viele Abschnitte gelten, nur einmal am Anfang aufgeführt. Wenn zum Beispiel etwas über Vektoren nachgeschlagen werden soll (Abschnitt 16.9), ist es daher empfehlenswert, auch im Abschnitt über Container (16) nachzusehen.

*Tipp*

## 14.1 Auslassungen

Einige von der Programmiersprache C herrührende Header sind in diesem Buch zwar erwähnt, aber nicht beschrieben, weil sie durch C++ überflüssig geworden sind. Dazu gehört zum Beispiel der Header `<cstdio>` für die Ein- und Ausgabe, dessen Funktionen wegen der `iostream`-Bibliothek nicht mehr notwendig sind. Ferner werden die C-Header für Wide-Character- und Multibyte-Zeichen weggelassen, zumal die Unterstützung durch die String-Klasse gewährleistet ist. Hilfsmittel für eine eigene Speicherverwaltung werden nur in aller Kürze gestreift.

Der einfacheren Lesbarkeit wegen werden manche Templates auf Zeichen des Typs `char` bezogen, sodass zum Beispiel die beiden Deklarationen (aus der Klasse `bitset`)

```
template <class charT, class traits, class Allocator>
basic_string<charT, traits, Allocator> to_string() const;

template <class charT, class traits, size_t N>
basic_ostream<charT, traits>&
operator<<(basic_ostream<charT, traits>& os, const bitset<N>& x);
```

vereinfacht werden zu

```
string to_string() const;

template <size_t N>
  ostream& operator<<(ostream& os, const bitset<N>& x);
```

Die Standardbibliothek stellt einen Standard-Allokator (Klasse `allocator`) zur Speicherbeschaffung zur Verfügung. Die Speicherverwaltung mit eigenen Allokatoren ist möglich, aber relativ speziell und nur in seltenen Fällen notwendig, sodass hier stets vom Standard-Allokator ausgegangen wird. Daher werden im Folgenden nur die vereinfachten Deklarationen verwendet, wie gezeigt:

```
// vollständige Deklaration
template<class T, class Allocator = allocator<T> > class vector;
// vereinfachte Deklaration
template<class T> class vector;
```

Es ergeben sich keinerlei Probleme dadurch, weil der Vorgabeparameter für den Allokator stets zuletzt kommt und deswegen bei Bedarf eingefügt werden kann.

## 14.2 Beispiele des Buchs und die C++-Standardbibliothek

*Tipp*

Der Sinn dieses Buchs ist es, eine Einführung in die Sprache C++ zu geben. Dazu gehört die Vermittlung des Verständnisses, wie Templates, Strings, Container, smarte Pointer und anderes funktionieren und zusammenwirken. Wenn die vereinfachten Beispiele verstanden sind, ist es jedoch sinnvoll, sie nicht weiter zu entwickeln, sondern die vorgefertigten Komponenten der Standardbibliothek zu benutzen, weil Letztere mehr bieten und zudem durch die Compilerhersteller gepflegt werden.

Ein ebenso wichtiger Aspekt ist die Wartbarkeit von Programmen: standardkonforme Programme können durch andere mit weniger Aufwand gepflegt werden, weil sich niemand in Spezialbibliotheken einarbeiten muss, wobei die Kenntnis des Standards natürlich vorausgesetzt wird. Aus diesem Grund sind in der Tabelle 14.3 die Beispielklassen dieses Buchs den in etwa vergleichbaren Komponenten der C++-Standardbibliothek gegenübergestellt.

| Beispielklasse dieses Buchs | Abschnitt, Seite | vergleichbare Standardkomponente | Standard-Header | siehe Seite |
|---|---|---|---|---|
| mstring | 7.1, 245 | string | <string> | 611 |
| Liste | 11.2, 376 | list | <list> | 497 |
| Menge | 12.6.2, 435 | set | <set> | 507 |
| Queue | 11.3, 380 | queue | <queue> | 504 |
| Stack | 7.3.2, 261 und A.2 Lsg. 11.2 | stack | <stack> | 511 |
| smartPointer | 9.6, 341 | auto_ptr | <memory> | 624 |
| Vektor | 9.2, 320 | vector | <vector> | 512 |

Tabelle 14.3: Beispielklassen und die Standardbibliothek

Die Vergleichbarkeit ist nicht nur beschränkt durch die umfangreichere und teilweise etwas andere Funktionalität der Standardbibliothek. Insbesondere wird in den Klassen der Standardbibliothek aus Geschwindigkeitsgründen häufig auf Prüfungen zur Laufzeit verzichtet. Zum Beispiel gibt es keinen Laufzeitfehler bei der Klasse auto_ptr, wenn ein nichtinitialisierter Zeiger dereferenziert werden soll. Es gibt auch keinen Laufzeitfehler, wenn ein außerhalb des zulässigen Bereichs liegender Index beim Zugriff auf ein vector-Objekt verwendet wird. Es steht dem Benutzer der Bibliothek jedoch frei, Erweiterungen vorzunehmen. Man könnte eine Klasse checked_vector entwerfen, die von vector erbt und zusätzlich Indexprüfungen vornimmt.

## Beispiele auf der CD-ROM

Auf der dem Buch beiliegenden CD-ROM finden sich etliche Beispiele zu den folgenden Kapiteln, die im Buch aus Platzgründen nicht abgedruckt sind, die Ihnen aber eine konkrete Anwendung exemplarisch zeigen können. Wenn Sie Beispiele zum Kapitel 18 suchen, sehen Sie auf der CD-ROM im Verzeichnis *cppbuch/k18* nach usw.

*Tipp*

# 15 Hilfsfunktionen und -klassen

Der Header `<utility>` deklariert verschiedene Templates von Hilfsfunktionen und -klassen, die in der ganzen Bibliothek benutzt werden.

## 15.1 Paare

Das Template `pair` erlaubt die Kombination heterogener Wertepaare:

```
template <class T1, class T2>
struct pair {
  typedef T1 first_type;
  typedef T2 second_type;
  T1 first;
  T2 second;

  pair();
  pair(const T1& x, const T2& y);
  template<class U, class V> pair(const pair< U, V> & p);
};
```

Der Standardkonstruktor initialisiert die Bestandteile mit ihrem jeweiligen Standardkonstruktor. Gleichheit und der Vergleich sind ebenfalls definiert:

```
// gibt x.first == y.first && x.second == y.second zurück
template <class T1, class T2>
bool operator==(const pair<T1, T2>& x,
                const pair<T1, T2>& y);

template <class T1, class T2>
bool operator<(const pair<T1, T2>& x,
               const pair<T1, T2>& y);
```

Rückgabewert:
true: falls `x.first < y.first`
false: falls `y.first < x.first`
Falls beide Bedingungen nicht zutreffen, wird `x.second < y.second` zurückgegeben. Die Hilfsfunktion

```
template <class T1, class T2>
pair<T1, T2> make_pair(const T1& x, const T2& y);
```

erzeugt ein Paar aus den Parametern. Die beteiligten Typen werden aus den Parametern abgeleitet. Zum Beispiel gibt der Aufruf

```
return make_pair(1, 2.782);
```

ein `pair<int, double>`-Objekt zurück.

### 15.1.1 Relationale Operatoren

Außer den Paaren definiert `<utility>` im Namespace `rel_ops`, der innerhalb des Namespace `std` definiert ist, relationale Operatoren. Voraussetzung für die Anwendung der Operatoren ist, dass die beteiligten Typen selbst den `==`-Operator im ersten Fall und den `<`-Operator in den anderen Fällen zur Verfügung stellen.

```
namespace rel_ops {                                 // Rückgabe:
  template<class T>
    bool operator!=(const T& x, const T& y);  // !(x == y)
  template<class T>
    bool operator>(const T& x, const T& y);   // y < x
  template<class T>
    bool operator<=(const T& x, const T& y);  // !(y < x)
  template<class T>
    bool operator>=(const T& x, const T& y);  // !(x < y)
}
```

Aus den obigen relationalen Operatoren für Paare werden die folgenden weiteren auf dieselbe Art abgeleitet:

```
template <class T1, class T2>
  bool operator==(const pair<T1,T2>&, const pair<T1,T2>&);
template <class T1, class T2>
  bool operator<  (const pair<T1,T2>&, const pair<T1,T2>&);
template <class T1, class T2>
  bool operator!=(const pair<T1,T2>&, const pair<T1,T2>&);
template <class T1, class T2>
  bool operator>  (const pair<T1,T2>&, const pair<T1,T2>&);
template <class T1, class T2>
  bool operator>=(const pair<T1,T2>&, const pair<T1,T2>&);
template <class T1, class T2>
  bool operator<=(const pair<T1,T2>&, const pair<T1,T2>&);
```

## 15.2 Funktionsobjekte

Im Header `<functional>` sind Klassen definiert, die dem Erzeugen verschiedener Funktionsobjekte dienen. Funktionsobjekte haben alle einen `operator()()`

und werden ausführlich ab Seite 348 beschrieben. Um Namenskonventionen für Argument- und Ergebnistypen einzuführen, erben die Klassen dieses Headers von einer der Klassen

```
template <class Arg, class Result>
struct unary_function {
  typedef Arg argument_type;
  typedef Result result_type;
};

template <class Arg1, class Arg2, class Result>
struct binary_function {
  typedef Arg1 first_argument_type;
  typedef Arg2 second_argument_type;
  typedef Result result_type;
};
```

in Abhängigkeit davon, ob es sich um unäre oder binäre Operationen handelt. Beispiel:

```
template <class T>
struct plus : binary_function<T,T,T> {
  T operator()(const T& x, const T& y) const;
};
```

## 15.2.1 Arithmetische, vergleichende und logische Operationen

In der Rückgabespalte der folgenden Klassen für Funktionsobjekte meint x das erste und y das zweite Argument.

```
                                         // Rückgabe:
// arithmetische Operationen:
template <class T> struct plus;          // x + y
template <class T> struct minus;         // x - y
template <class T> struct multiplies;    // x * y
template <class T> struct divides;       // x / y
template <class T> struct modulus;       // x % y
template <class T> struct negate;        // -x

// Vergleiche:
template <class T> struct equal_to;      // x == y
template <class T> struct not_equal_to;  // x != y
template <class T> struct greater;       // x > y
template <class T> struct less;          // x < y
```

```
template <class T> struct greater_equal;  // x >= y
template <class T> struct less_equal;     // x <= y
```

// logische Operationen:
```
template <class T> struct logical_and;    // x && y
template <class T> struct logical_or;     // x || y
template <class T> struct logical_not;    // !x
```

## 15.2.2  Funktionsobjekte zum Negieren logischer Prädikate

not1() und not2() sind Funktionen, die ein Funktionsobjekt zurückgeben, dessen Aufruf ein Prädikat negiert. Das Prädikat kann einen (not1()) oder zwei (not2()) Parameter haben. Die zurückgegebenen Funktionsobjekte sind vom Typ unary_negate bzw. binary_negate:

```
template <class Predicate>
class unary_negate
: public unary_function<typename Predicate::argument_type,
                       bool> {
  public:
    explicit unary_negate(const Predicate& pred)
    : P(pred)
    {}
    bool operator()(
        const typename Predicate::argument_type& x) const {
      return !P(x);
    }
  protected:
    Predicate P;
};

template <class Predicate>
class binary_negate
: public binary_function<
           typename Predicate::first_argument_type,
           typename Predicate::second_argument_type,
           bool> {
  public:
    explicit binary_negate(const Predicate& pred)
    : P(pred) {
    }
    bool operator()(
        const typename Predicate::first_argument_type& x,
```

```
            const typename Predicate::second_argument_type& y
                 ) const {
      return !P(x, y);
    }
  protected:
    Predicate P;
};
```

Wenn P ein Prädikat des Typs Predicate ist, gibt der Aufruf not1(P) das Objekt unary_negate<Predicate>(P) zurück. not2(P) liefert dementsprechend das Objekt binary_negate<Predicate>(P). Eine mögliche Anwendung sei hier am Beispiel einer Sortierfunktion gezeigt, die ein Funktionsobjekt zum Vergleich der int-Elemente der Tabelle benötigt:

```
sortieren(Tabelle, Anzahl, less<int>());
// umgekehrte Reihenfolge:
sortieren(Tabelle, Anzahl, not2(less<int>()));
```

### 15.2.3  Binden von Argumentwerten

Diese Funktionen wandeln binäre in unäre Funktionsobjekte um, indem eines der beiden Argumente an einen Wert gebunden wird. Sie akzeptieren ein Funktionsobjekt mit zwei Argumenten und einen Wert x. Sie liefern ein unäres Funktionsobjekt zurück, dessen erstes bzw. zweites Argument an den Wert x gebunden ist. Zum Beispiel vergleicht der bekannte Funktor less zwei Werte miteinander und gibt true zurück, wenn der erste Wert kleiner ist. Wenn der zweite Wert festgelegt ist, zum Beispiel auf 5, genügt ein unäres Funktionsobjekt, das mit bind2nd erzeugt wird. Beispiel:

```
// findet die erste Zahl > 5 in v
find_if(v.begin(), v.end(), bind2nd(greater<int>(), 5));
// findet die erste Zahl < 5 in v
find_if(v.begin(), v.end(), bind1st(greater<int>(), 5));
```

Der Algorithmus find_if() wird weiter unten in Abschnitt 18 beschrieben.

### 15.2.4  Zeiger auf Funktionen in Objekte umwandeln

Die Funktion ptr_fun() wandelt einen Zeiger auf eine Funktion in ein Funktionsobjekt um. Die Funktion kann ein oder zwei Parameter haben. Beispiel:

```
double (*fp)(double) = sin;      // Funktionszeiger auf Sinusfunktion
                                 // Aufruf:
cout << fp(3.1415926);           // als Funktion
cout << ptr_fun(fp)(3.1415926);  // als Funktionsobjekt, dessen
                                 // operator()() gerufen wird.
```

Die Umwandlung von Zeigern auf Elementfunktionen einer Klasse (siehe dazu Seite 240) in Funktionsobjekte ist auch möglich. Die Elementfunktionen können keinen oder einen Parameter haben. Beispiel:

```
class X {
  public:
    double fD(double);
    int fV();
    // ... Rest weggelassen
};
// Zeiger auf Elementfunktion fD() der Klasse X:
double (X::*fpa)(double) = X::fD;
X einX;                              // Objekt erzeugen
X* pX = &einX;                       // Zeiger auf Objekt
                                     // Aufruf:
cout << (einX.*fpa)(3.14);           // als Funktion
cout << mem_fun(fpa)(pX, 3.14);      // als Funktionsobjekt, dessen
                                     // operator()() gerufen wird.
```

In Analogie dazu gibt es die Funktion mem_fun_ref(), deren operator()() mit einer Referenz auf das Objekt arbeitet:

```
int (X::*fpb)() = X::fV;             // Funktion ohne Argument
                                     // Aufruf:
cout << (einX.*fpb)();               // als Funktion
cout << mem_fun_ref(fpb)(einX);      // als Funktionsobjekt, dessen
                                     // operator()() gerufen wird.
```

## Übungsaufgabe

**15.1** Eine Folge von int-Pseudo-Zufallszahlen sei wie folgt definiert:

$r_0 = 1$
$r_n = (125 r_{n-1}) \bmod 8192 \quad \text{für } n > 0$

Schreiben Sie eine Klasse zufall so, dass ein Objekt der Klasse als Funktionsobjekt benutzt werden kann. Beim Aufruf mit dem Argument X soll eine int-Pseudo-Zufallszahl zwischen 0 und X-1 zurückgegeben werden. Berechnen Sie den Mittelwert einer Folge von 100000 Pseudo-Zufallszahlen zwischen 0 und 1000.

# 16 Container

Ein Container ist ein Objekt, das zum Verwalten von anderen Objekten dient, die hier Elemente des Containers genannt werden. Die Algorithmen, die mit Containern arbeiten, verlassen sich auf eine definierte Schnittstelle von Datentypen und Methoden, die eingehalten werden muss, wenn das einwandfreie Funktionieren der Algorithmen gewährleistet sein soll. Tabelle 16.1 zeigt die von selbst gebauten Containern zu fordernden und von den Containern der C++-Standardbibliothek zur Verfügung gestellten Datentypen eines Containers. Dabei sei X der Datentyp des Containers, zum Beispiel `vector<int>`, und T der Datentyp eines Container-Elements, zum Beispiel int. Der Typ `vector<int>::value_type` ist also identisch mit int.

| Datentyp | Bedeutung |
|---|---|
| `X::value_type` | T |
| `X::reference` | Referenz auf Container-Element |
| `X::const_reference` | dito, aber nur lesend verwendbar |
| `X::iterator` | Iterator |
| `X::const_iterator` | nur lesend verwendbarer Iterator |
| `X::difference_type` | vorzeichenbehafteter integraler Typ |
| `X::size_type` | integraler Typ ohne Vorzeichen für Größenangaben |

Tabelle 16.1: Container-Datentypen

Diese Datentypen sind in allen Containerklassen der Standardbibliothek wie zum Beispiel `vector`, `list` und `deque` enthalten und werden deshalb bei der Beschreibung der einzelnen Container nicht mehr wiederholt. Mit `const_reference` und `const_iterator` können Containerelemente nicht verändert werden, nur ein lesender Zugriff ist möglich.

Jeder Container stellt einen öffentlichen Satz von Methoden zur Verfügung, die in einem Programm eingesetzt werden können. Die Methoden `begin()` und `end()` für Vektoren wurden bereits erwähnt (Seite 321).

Tabelle 16.2 zeigt die von den Containern der C++-Standardbibliothek zur Verfügung gestellten Methoden. X sei wieder die Bezeichnung des Containertyps. Diese Methoden sind in allen Containerklassen der Standardbibliothek enthalten und werden deshalb bei der Beschreibung der einzelnen Container nicht wiederholt.

| Rückgabetyp Methode | Bedeutung |
|---|---|
| `X()` | Standardkonstruktor; erzeugt leeren Container |
| `X(const X&)` | Kopierkonstruktor |
| `~X()` | Destruktor; ruft die Destruktoren für alle Elemente des Containers auf |
| `iterator begin()` | Anfang des Containers |
| `const_iterator begin()` | Anfang des Containers |
| `iterator end()` | Position *nach* dem letzten Element |
| `const_iterator end()` | dito, aber nur lesend verwendbar |
| `size_type max_size()` | maximal mögliche Größe des Containers (siehe Text) |
| `size_type size()` | aktuelle Größe des Containers (siehe Text) |
| `bool empty()` | `size() == 0` bzw. `begin() == end()` |
| `void swap(X&)` | Vertauschen mit Argument-Container |
| `X& operator=(const X&)` | Zuweisungsoperator |
| `bool operator==(const X&)` | Operator `==` |
| `bool operator!=(const X&)` | Operator `!=` |
| `bool operator<(const X&)` | Operator `<` |
| `bool operator>(const X&)` | Operator `>` |
| `bool operator<=(const X&)` | Operator `<=` |
| `bool operator>=(const X&)` | Operator `>=` |

Tabelle 16.2: Container-Methoden

## 16.1 Notation für Iteratoren und Bereiche

Dieser Abschnitt beschreibt einige Konventionen, die für alle folgenden Containerbeschreibungen gelten.

Oft müssen Bereiche angegeben werden. Dafür wird die in der Mathematik übliche Notation für Intervalle verwendet. Eckige Klammern bezeichnen dabei Intervalle einschließlich der Grenzwerte, runde Klammern Intervalle ausschließlich der Grenzwerte. Im folgenden Text ist `[i, j)` also ein Intervall einschließlich `i` und ausschließlich `j`.

`i` und `j` sind vom Typ eines Input-Iterators. Mit `InputIterator` ist ein Iterator gemeint, der zum Lesen verwendet wird und der zu einem anderen Container, auch unterschiedlichen Typs, gehört. Aus diesem Grund sind Input-Iteratoren benutzende Funktionen oder Konstruktoren Member-Templates (siehe Seite 265).

`p` und `q` sind dereferenzierbare Iteratoren desselben Containers (Typ `iterator`).

Ein Parameter n ist von dem integralen Typ size_type des Containers. Ein Argument t ist ein Element des Container-Typs value_type, der oft identisch mit dem Template-Parameter T ist.

## 16.2 Bitset

Der Header `<bitset>` definiert eine Template-Klasse und zugehörige Funktionen zur Darstellung und Bearbeitung von Bitfolgen fester Größe. Die Deklaration der Klasse ist

```
template<size_t N> class bitset;
```

Wie bei dem Beispiels eines Stacks mit statisch festgelegter Größe in Abschnitt 7.3.2 ab Seite 261 ist N die Anzahl der zu speichernden Bits. Es gibt die folgenden std-globalen Operatoren, die den Bitoperationen mit int-Zahlen entsprechen:

```
template <size_t N>
  bitset<N> operator&(const bitset<N>&, const bitset<N>&);
template <size_t N>
  bitset<N> operator|(const bitset<N>&, const bitset<N>&);
template <size_t N>
  bitset<N> operator^(const bitset<N>&, const bitset<N>&);
```

Dazu kommen Operatoren zur Ein- und Ausgabe:

```
template <size_t N>
  istream& operator>>(istream& is, bitset<N>& x);
template <size_t N>
  ostream& operator<<(ostream& os, const bitset<N>& x);
```

Die beiden letzten Deklarationen sorgen dafür, dass die Ein- und Ausgabe mit Streams auf die bekannte einfache Art möglich ist, etwa:

```
bitset<13817> B;    // 13817 Bits
cin >> B;           // Eingabe
cout << B;          // Ausgabe
```

Die Klasse bitset stellt den internen öffentlichen Datentyp reference für Manipulationen an einzelnen Bits bereit:

```
class reference {
    friend class bitset;
    reference();
  public:
    ~reference();
    reference& operator=(bool x);            // für b[i] = x;
    reference& operator=(const reference&);  // für b[i] = b[j];
```

```
    bool operator~() const;              // negiert das Bit
    operator bool() const;                // für x = b[i];
    reference& flip();                    // für b[i].flip();
};
```

Die Klasse `bitset` kennt die folgenden Konstruktoren und Methoden:

- `bitset()`

    Standardkonstruktor. Alle Bits werden zu 0 initialisiert.

- `bitset(unsigned long val)`

    Dieser Konstruktor initialisiert die ersten $m$ Positionen entsprechend der Bitwerte im Parameter `val`. $m$ ist $8 \cdot$ `sizeof(unsigned long)`, falls ein Byte 8 Bits entspricht. Falls $m <$ N ist, werden die restlichen Bits zu 0 initialisiert. Falls $m >$ N ist, werden nur N Positionen initialisiert.

- `bitset(const string& str, size_t pos = 0,`
  `        size_t n = string::npos)`

    Der Bitset wird mit dem String `str`, beginnend an der Position `pos`, initialisiert. Der String darf nur aus den Zeichen '0' und '1' bestehen. Der Parameter `n` bestimmt die maximale Anzahl der auszuwertenden Zeichen. Auch hier werden restliche Positionen zu 0 gesetzt, und es werden insgesamt nicht mehr als N Positionen initialisiert.

- `bitset<N>& operator&=(const bitset<N>& B)`

    löscht jedes Bit, dessen Entsprechung im Bitset B nicht gesetzt ist. Die anderen Bits bleiben unverändert. Es wird das aufrufende Objekt zurückgegeben (`*this`).

- `bitset<N>& operator|=(const bitset<N>& B)`

    setzt jedes Bit, dessen Entsprechung im Bitset B gesetzt ist. Die anderen Bits bleiben unverändert. Es wird `*this` zurückgegeben.

- `bitset<N>& operator^=(const bitset<N>& B)`

    negiert jedes Bit, dessen Entsprechung im Bitset B gesetzt ist. Die anderen Bits bleiben unverändert. Es wird `*this` zurückgegeben.

- `bitset<N>& operator<<=(size_t n)`

    verschiebt alle Bits um n Positionen nach links. Dabei werden von rechts Null-Bits nachgezogen. Es wird `*this` zurückgegeben.

- `bitset<N> operator<<(size_t n) const`

    gibt einen Bitset zurück, in dem relativ zum aufrufenden Objekt alle Bits um n Positionen nach links verschoben sind. Im zurückgegebenen Ergebnis sind n Bits rechts auf Null gesetzt.

- `bitset<N>& operator>>=(size_t n)`

  verschiebt alle Bits um n Positionen nach rechts. Dabei werden von rechts Null-Bits nachgezogen. Es wird *this zurückgegeben.

- `bitset<N> operator>>(size_t n) const`

  gibt einen Bitset zurück, in dem relativ zum aufrufenden Objekt alle Bits um n Positionen nach rechts verschoben sind. Im zurückgegebenen Ergebnis sind n Bits links auf Null gesetzt.

- `bitset<N>& set()`

  setzt alle Bits. Es wird *this zurückgegeben.

- `bitset<N>& set(size_t n, int val = 1)`

  setzt das Bit an der Position n, falls val nicht angegeben wird oder ungleich Null ist. Ist val gleich 0, wird das Bit auf 0 zurückgesetzt. Es wird *this zurückgegeben.

- `bitset<N>& reset()`

  löscht alle Bits. Es wird *this zurückgegeben.

- `bitset<N>& reset(size_t n)`

  löscht das Bit an der Position n. Es wird *this zurückgegeben.

- `bitset<N>& flip()`

  negiert alle Bits. Es wird *this zurückgegeben.

- `bitset<N>& flip(size_t n)`

  negiert das Bit an der Position n. Es wird *this zurückgegeben.

- `bitset<N> operator~() const`

  gibt eine Kopie des aufrufenden Objekts zurück, in der alle Bits negiert sind.

- `reference operator[](size_t n)`

  gibt das Bit Nr. n als Objekt der Klasse `bitset<N>::reference` zurück (siehe Seite 491).

- `unsigned long to_ulong() const`

  gibt das aufrufende `bitset`-Objekt als `unsigned long`-Zahl zurück. Dabei darf N nicht größer als die Anzahl der Bits sein, die eine `unsigned long`-Zahl aufnehmen kann.

- `string to_string() const`

  gibt das aufrufende `bitset`-Objekt als String, bestehend aus Nullen und Einsen, zurück. Das erste Zeichen des Strings (Position 0) entspricht dem höchstwertigen Bit.

- `size_t count() const`

  gibt die Anzahl der gesetzten Bits zurück.

- `size_t size() const`

  gibt die Anzahl aller Bits (d.h. N) zurück.

- `bool operator==(const bitset<N>& B) const`

  gibt zurück, ob alle Bits mit denen von B übereinstimmen.

- `bool operator!=(const bitset<N>& B) const`

  gibt zurück, ob wenigstens ein Bit mit denen von B nicht übereinstimmt.

- `bool test(size_t n) const`

  gibt zurück, ob das Bit n gesetzt ist.

- `bool any() const`

  gibt zurück, ob wenigstens ein Bit gesetzt ist.

- `bool none() const`

  gibt zurück, ob alle Bits 0 sind.

## 16.3 Deque

Der Name Deque ist die Abkürzung für *double ended queue*, also eine Warteschlange, die das Hinzufügen und Entnehmen von Elementen sowohl am Anfang als auch am Ende erlaubt. Eine deque, eingebunden durch den Header `<deque>`, stellt die öffentlichen Typen und Methoden des Abschnitts 16 ab Seite 489 zur Verfügung. Eine Deque hat noch weitere öffentliche Datentypen, die in der Tabelle 16.3 aufgelistet sind.

| Datentyp | Bedeutung |
|---|---|
| `pointer` | Zeiger auf Deque-Element |
| `const_pointer` | dito, aber nur lesend verwendbar |
| `reverse_iterator` | Iterator für Durchlauf vom Ende zum Anfang (vgl. Beispiel S. 523) |
| `const_reverse_iterator` | dito, aber nur lesend verwendbar |

Tabelle 16.3: Zusätzliche Datentypen für `deque`

Die Deklaration der Klasse ist

## 16.3 Deque

```
template<class T> class deque;
```
Die folgende Aufstellung zeigt die Methoden einer Deque, die zusätzlich zu denen von Seite 490 benutzbar sind.

- `deque(size_type n, const T& t)`

  erzeugt eine Deque mit n Kopien von t.

- `template<class InputIterator>`
  `deque(InputIterator i, InputIterator j)`

  erzeugt eine Deque, wobei die Elemente aus dem Bereich [i, j) eines anderen Containers in die Deque kopiert werden.

- `void assign(size_type n, const T& t = T())`

  Deque löschen und anschließendes Einfügen von n Elementen, die mit t initialisiert werden.

- `template<class InputIterator>`
  `void assign(InputIterator i, InputIterator j)`

  Deque löschen und anschließendes Einfügen der Elemente aus dem Bereich [i, j).

- `const_reference front() const` und
  `reference front()`

  liefern eine Referenz auf das erste Element einer Deque.

- `const_reference back() const` und
  `reference back()`

  liefern eine Referenz auf das letzte Element einer Deque.

- `const_reference operator[](size_type n) const,`
  `reference operator[](size_type n),`
  `const_reference at(size_type n) const` und
  `reference at(size_type n)`

  geben eine Referenz auf das n-te Element zurück.

- `void push_front(const T& t)`

  fügt t am Anfang ein.

- `void push_back(const T& t)`

  fügt t am Ende ein.

- `void pop_front()`

  löscht das erste Element.

- `void pop_back()`

  löscht das letzte Element.

- `iterator insert(iterator p, const T& t)`

  fügt eine Kopie von `t` vor die Stelle `p` ein. Der Rückgabewert zeigt auf die eingefügte Kopie.

- `void insert(iterator p, size_type n, const T& t)`

  fügt n Kopien von `t` vor die Stelle `p` ein.

- `template<class InputIterator>`
  `void insert(iterator p, InputIterator i, InputIterator j)`

  fügt die Elemente im Bereich [i, j) vor die Stelle p ein. Voraussetzung: i, j zeigen nicht in die Deque, für die `insert()` aufgerufen wird.

- `iterator erase(iterator q)`

  löscht das Element, auf das q zeigt. Der zurückgegebene Iterator verweist auf das Element, das q vor dem Löschvorgang unmittelbar folgt, sofern es existiert. Andernfalls wird `end()` zurückgegeben.

- `iterator erase(iterator q1, iterator q2)`

  löscht die Elemente im Bereich [q1, q2). Der zurückgegebene Iterator zeigt auf das Element, auf das q2 unmittelbar vor dem Löschvorgang gezeigt hat, sofern es existiert. Andernfalls wird `end()` zurückgegeben.

- `void clear()`

  löscht alle Elemente; entspricht `erase(begin(), end())`.

- `void resize(size_type n, T t = T())`

  Dequegröße ändern. Dabei werden n - `size()` Elemente t am Ende hinzugefügt bzw. `size()` - n Elemente am Ende gelöscht, je nachdem, ob n kleiner oder größer als die aktuelle Größe ist.

- `const_reverse_iterator rbegin() const` und
  `reverse_iterator rbegin()`

  geben einen Reverse-Iterator zurück, der auf das letzte Element zeigt.

- `const_reverse_iterator rend() const` und
  `reverse_iterator rend()`

  geben einen Reverse-Iterator zurück, der auf eine fiktive Position vor dem ersten Element zeigt. Anwendungsbeispiel:

  ```
  deque<int> d(10);
  for(size_t i = 0; i < d.size(); ++i)
  ```

```
    d[i] = i;    // Deque mit Daten füllen
// Mit Hilfe eines Iterators Daten ausgeben, dabei am Ende beginnen:
deque<int>::reverse_iterator I = d.rbegin();
while(I != d.rend()) {
  cout << (*I) << endl;
  ++I;
}
```

## 16.4 List

Die Liste dieses Abschnitts ist eine doppelt-verkettete Liste, die das Hinzufügen und Entnehmen von Elementen sowohl am Anfang als auch am Ende erlaubt. Die Liste des Typs list, eingebunden durch den Header <list>, stellt die öffentlichen Typen und Methoden des Abschnitts 16 ab Seite 489 zur Verfügung. Eine Liste hat noch weitere öffentliche Datentypen, die in der Tabelle 16.4 aufgelistet sind. Die Deklaration der Klasse ist

```
template<class T> class list;
```

| Datentyp | Bedeutung |
|---|---|
| pointer | Zeiger auf Listenelement |
| const_pointer | nur lesend verwendbarer Zeiger |
| reverse_iterator | Iterator für Durchlauf vom Ende zum Anfang |
| const_reverse_iterator | nur lesend verwendbarer Iterator |

Tabelle 16.4: Zusätzliche Datentypen für list

Die folgende Aufstellung zeigt die Methoden einer Liste, die zusätzlich zu denen auf Seite 490 benutzbar sind.

- list(size_type n, const T& t)

  erzeugt eine Liste mit n Kopien von t. Die Elemente t sind vom Typ T.

- template<class InputIterator>
  list(InputIterator i, InputIterator j)

  erzeugt eine Liste, wobei die Elemente aus dem Bereich [i, j) in die Liste kopiert werden.

- void assign(size_type n, const T& t = T())

  Liste löschen und anschließendes Einfügen von n Kopien von t bzw. T().

- `template<class InputIterator>`
  `void assign(InputIterator i, InputIterator j)`

  Liste löschen und anschließendes Einfügen der Elemente aus dem Bereich [i, j).

- `const_reference front() const` und
  `reference front()`

  liefern eine Referenz auf das erste Element einer Liste.

- `const_reference back() const` und
  `reference back()`

  liefern eine Referenz auf das letzte Element einer Liste.

- `void push_front(const T& t)`

  fügt t am Anfang ein.

- `void push_back(const T& t)`

  fügt t am Ende ein.

- `void pop_front()`

  löscht das erste Element.

- `void pop_back()`

  löscht das letzte Element.

- `iterator insert(iterator p, const T& t)`

  fügt eine Kopie von t vor die Stelle p ein. Der Rückgabewert zeigt auf die eingefügte Kopie.

- `void insert(iterator p, size_type n, const T& t)`

  fügt n Kopien von t vor die Stelle p ein.

- `template<class InputIterator>`
  `void insert(iterator p, InputIterator i, InputIterator j)`

  fügt die Elemente im Bereich [i, j) vor die Stelle p ein. i, j zeigen nicht in die Liste, für die `insert()` aufgerufen wird.

- `iterator erase(iterator q)`

  löscht das Element, auf das q zeigt. Der zurückgegebene Iterator verweist auf das Element, das q vor dem Löschvorgang unmittelbar folgt, sofern es existiert. Andernfalls wird `end()` zurückgegeben.

- `iterator erase(iterator q1, iterator q2)`

  löscht die Elemente im Bereich [q1, q2). Der zurückgegebene Iterator zeigt auf das Element, auf das q2 unmittelbar vor dem Löschvorgang gezeigt hat, sofern es existiert. Andernfalls wird end() zurückgegeben.

- `void remove(const T& t)`

  entfernt alle Elemente, die gleich dem übergebenen Element t sind.

- `template<class Praedikat> void remove_if(Praedikat P)`

  entfernt alle Elemente, auf die das Prädikat zutrifft.

- `void clear()`

  löscht alle Elemente; entspricht erase(begin(), end()).

- `void resize(size_type n, T t = T())`

  Listengröße ändern. Dabei werden n - size() Elemente t am Ende hinzugefügt bzw. size() - n Elemente am Ende gelöscht, je nachdem, ob n kleiner oder größer als die aktuelle Größe ist.

- `const_reverse_iterator rbegin() const` und
   `reverse_iterator rbegin()`

  geben einen Reverse-Iterator zurück, der auf das letzte Element zeigt.

- `const_reverse_iterator rend() const` und
   `reverse_iterator rend()`

  geben einen Reverse-Iterator zurück, der auf eine fiktive Position vor dem ersten Element zeigt (Beispiel siehe Seite 496).

- `void reverse()`

  kehrt die Reihenfolge der Elemente in der Liste um (Zeitkomplexität $O(n)$).

- `void sort()`

  sortiert die Elemente in der Liste um. Die Zeitkomplexität ist $O(n \log n)$. Sortierkriterium ist der für die Elemente definierte Operator <.

- `template<class Compare> void sort(Compare cmp)`

  wie sort(), aber mit dem Sortierkriterium des Compare-Objekts cmp. Das Compare-Objekt ist ein Funktionsobjekt (siehe Seite 348).

- `void unique()`

  löscht gleiche aufeinanderfolgende Elemente bis auf das erste (Aufwand $O(n)$). Anwendung auf eine sortierte Liste bedeutet, dass danach kein Element mehrfach auftritt.

- `template<class binaeresPraedikat>`
  `void unique(binaeresPraedikat P)`

  dito, nur dass statt des Gleichheitskriteriums ein anderes binäres Prädikat genommen wird.

- `void merge(list& L)`

  Verschmelzen zweier sortierter Listen. Die aufgerufene Liste L ist anschließend leer, die aufrufende enthält nachher alle Elemente.

- `template<class Compare> void merge(list& L, Compare cmp)`

  wie vorher, aber für den Vergleich von Elementen wird ein Compare-Objekt genommen.

- `void splice(iterator pos, list& x)`

  fügt den Inhalt von Liste x vor pos ein. x ist anschließend leer.

- `void splice(iterator p, list&x, iterator i)`

  Fügt Element *i aus x vor p ein und entfernt *i aus x.

- `void splice(iterator pos, list& x,`
  `             iterator first, iterator last)`

  fügt Elemente im Bereich [first, last) aus x vor pos ein und entfernt sie aus x. Bei dem Aufruf für dasselbe Objekt (das heißt &x == this) wird konstante Zeit benötigt, ansonsten ist der Aufwand von der Ordnung $O(n)$. pos darf nicht im Bereich [first, last) liegen.

## 16.5 Map

Die Klasse map<Key, T>, eingebunden durch den Header <map>, speichert *Paare* von Schlüsseln und zugehörigen Daten. Dabei ist der Schlüssel eindeutig, es kann also keine zwei Datensätze zu demselben Schlüssel geben. map ist ein assoziativer Container: die Daten werden durch direkte Angabe des Schlüssels gefunden. Damit ist ein map-Objekt eine Abbildung der enthaltenen Schlüssel auf die zugehörigen Daten. Obwohl für den assoziativen Zugriff die Schlüssel nicht sortiert sein müssen, liegen sie in der Klasse map sortiert vor. Das ergibt den Vorteil der sortierten Ausgabe zum Beispiel beim Durchwandern vom ersten bis zum letzten Element. Dem steht der Nachteil einer längeren Zugriffszeit im Vergleich zu Datenstrukturen gegenüber, die auf der gestreuten Speicherung basieren (sog. Hash-Maps, siehe z. B. [Bre99]). Der Typ eines map-Elements ist pair<const Key, T>. Die Konstanz des Schlüssels ist notwendig, damit ein Schlüssel, der ja dank der Sortierung einer Position im Container entspricht, nicht geändert werden kann – dies würde die Sortierung zerstören. Die Deklaration der Klasse ist

## 16.5 Map

```
template<class Key,                    // Schlüssel
         class T,                      // Daten
         class Compare = less<Key> >   // Standardvergleich für Sortierung
class map;
```

Mit der map-Klasse lässt sich leicht ein Wörterbuch realisieren:

```
map<string, string> Woerterbuch;

// Eintrag aufnehmen
Woerterbuch.insert(pair<string,string>("Buch","book"));
// hier lässt sich auch make_pair von Seite 483 einsetzen:
Woerterbuch.insert(make_pair("Ziffer","digit"));
// .. weitere Einträge aufnehmen

// assoziativer Zugriff auf einen Eintrag:
cout << Woerterbuch["Buch"] << endl;        // book

// sortierte Ausgabe des ganzen Wörterbuchs
map<string, string>::iterator I = Woerterbuch.begin();
while(I != Woerterbuch.end()) {
  cout << (*I).first << " " << (*I).second << endl;
  ++I;
}
```

Falls die Sortierung nicht mit dem <-Operator (das heißt less<Key>) hergestellt werden soll, kann eine Klasse für Funktionsobjekte angegeben werden:

```
class Vergleich { ....};    // Klasse für Funktionsobjekt

// Funktionsobjekt Vergleich():
map<string, string, Vergleich> Woerterbuch;

Vergleich einVergleich;
// Funktionsobjekt einVergleich:
map<string, string, Vergleich> Woerterbuch(einVergleich);
```

Ein map-Container stellt die öffentlichen Datentypen und Methoden des Abschnitts 16 ab Seite 489 zur Verfügung. Es gibt weitere öffentliche Datentypen, die in der Tabelle 16.5 aufgelistet sind. Die Aufstellung zeigt die Methoden, die zusätzlich zu denen auf Seite 490 benutzbar sind.

- map(const Compare& cmp = Compare())

  Konstruktor, der ein Compare-Objekt akzeptieren kann. Falls keins angegeben wird, wird less<Key> genommen.

| Datentyp | Bedeutung |
|---|---|
| `pointer` | Zeiger auf Map-Element |
| `const_pointer` | nur lesend verwendbarer Zeiger |
| `reverse_iterator` | Iterator für Durchlauf vom Ende zum Anfang |
| `const_reverse_iterator` | dito, aber nur lesend verwendbar |
| `key_type` | entspricht `Key` |
| `value_type` | entspricht `pair<const Key, T>` |
| `mapped_type` | entspricht `T` |
| `key_compare` | `Compare` |
| `value_compare` | Klasse für Funktionsobjekte, siehe Funktion `value_comp()` auf Seite 503 |

Tabelle 16.5: Zusätzliche Datentypen für `map<Key, T, Compare>`

- ```
  template<class InputIterator>
  map(InputIterator first, InputIterator last,
      const Compare& cmp = Compare())
  ```
  Eine Map kann mit Daten initialisiert werden, wenn dem Konstruktor der Datenbereich in Form von Iteratoren übergeben wird.

- `T& operator[](const key_type& x)`

  gibt eine Referenz auf die zum Schlüssel x gehörenden Daten zurück.

- `const_reverse_iterator rbegin() const` und
  `reverse_iterator rbegin()`

  geben einen Reverse-Iterator zurück, der auf das letzte Element zeigt.

- `const_reverse_iterator rend() const` und
  `reverse_iterator rend()`

  geben einen Reverse-Iterator zurück, der auf eine fiktive Position vor dem ersten Element zeigt (Beispiel siehe Seite 496).

- `pair<iterator, bool> insert(x)`

  fügt das Schlüssel/Daten-Paar x ein, sofern ein Element mit dem entsprechenden Schlüssel noch nicht vorhanden ist. Der Iterator des zurückgegebenen Paares zeigt auf das eingefügte Element bzw. auf das Element mit demselben Schlüssel wie x. Der Wahrheitswert zeigt, ob überhaupt ein Einfügen stattgefunden hat – es könnte ja sein, dass der Schlüssel bereits existiert.

- `void insert(i,j)`

  fügt die Elemente aus dem Iteratorbereich `[i, j)` ein.
  ```

- `iterator insert(iterator p,x)`

  wie `insert(x)`, wobei der Iterator p ein Hinweis sein soll, wo die Suche zum Einfügen beginnen soll. Der zurückgegebene Iterator zeigt auf das eingefügte Element bzw. auf das mit demselben Schlüssel wie x.

- `void erase(p)`

  das Element löschen, auf das der Iterator p zeigt.

- `size_type erase(k)`

  alle Elemente mit einem Schlüssel gleich k löschen. Es wird die Anzahl der gelöschten Elemente (hier: 0 oder 1) zurückgegeben.

- `void erase(p, q)`

  alle Elemente im Iteratorbereich [p, q) löschen.

- `void clear()`

  löscht alle Elemente; entspricht `erase(begin(), end())`.

- `key_compare key_comp() const`

  gibt eine Kopie des Vergleichsobjekts zurück, das zur Konstruktion der Map benutzt wurde.

- `value_compare value_comp() const`

  gibt ein Funktionsobjekt zurück, das zum Vergleich von Objekten des Typs `value_type` (also Paaren) benutzt werden kann. Dieses Funktionsobjekt vergleicht zwei Paare auf der Basis ihrer Schlüssel und des Vergleichsobjekts, das zur Konstruktion der map benutzt wurde.

- `const_iterator find(k) const` und
  `iterator find(k)`

  geben einen Iterator auf ein Element mit dem Schlüssel k zurück, falls vorhanden. Andernfalls wird `end()` zurückgegeben.

- `size_type count(k) const`

  gibt die Anzahl der Elemente (hier: 0 oder 1) mit dem Schlüssel k zurück.

- `const_iterator lower_bound(k) const` und
  `iterator lower_bound(k)`

  zeigen auf das erste Element, dessen Schlüssel nicht kleiner als k ist.

- `const_iterator upper_bound(k) const` und
  `iterator upper_bound(k)`

  geben einen Iterator auf das erste Element zurück, dessen Schlüssel größer als k ist.

- `pair<const_iterator, const_iterator> equal_range(k) const` und
  `pair<iterator, iterator> equal_range(k)`

  geben ein Paar von Iteratoren zurück, zwischen denen die Schlüssel gleich `k` sind.

Für die `map`-Klasse gibt es außerdem die `std`-globalen relationalen Operatoren

```
template <class Key, class T, class Compare>
  bool operator==(const map<Key, T, Compare>& x,
                  const map<Key, T, Compare>& y);
template <class Key, class T, class Compare>
  bool operator<  (const map<Key, T, Compare>& x,
                   const map<Key, T, Compare>& y);
template <class Key, class T, class Compare>
  bool operator!=(const map<Key, T, Compare>& x,
                  const map<Key, T, Compare>& y);
template <class Key, class T, class Compare>
  bool operator>  (const map<Key, T, Compare>& x,
                   const map<Key, T, Compare>& y);
template <class Key, class T, class Compare>
  bool operator>=(const map<Key, T, Compare>& x,
                  const map<Key, T, Compare>& y);
template <class Key, class T, class Compare>
  bool operator<=(const map<Key, T, Compare>& x,
                  const map<Key, T, Compare>& y);
```

### 16.5.1 Multimap

Die Klasse `multimap` unterscheidet sich von der Klasse `map` dadurch, dass *mehrfache* Einträge von Elementen mit identischem Schlüssel möglich sind. Die Datentypen und Methoden entsprechen denen der Klasse `map` mit folgenden wenigen Unterschieden:

- Es gibt keinen Index-Operator `T& operator[](const key_type& x)`.

- `iterator insert(x)`

  fügt das Schlüssel/Daten-Paar x ein, auch wenn ein Element mit dem entsprechenden Schlüssel schon vorhanden ist. Der zurückgegebene Iterator zeigt auf das eingefügte Element.

## 16.6 Queue

Eine Queue (`<queue>`) oder Warteschlange erlaubt die Ablage von Objekten auf einer Seite und ihre Entnahme von der anderen Seite. Die Objekte an den Enden der Queue können ohne Entnahme gelesen werden. Sowohl `list` als auch `deque` sind geeignete Datentypen zur Implementierung. Falls nichts anderes angegeben wird, wird eine Deque (siehe Seite 494) verwendet.

```
// mit deque realisierte Queue
queue<double> Queue1;
// mit list realisierte Queue
queue<double, list<double> > Queue2;
```

Die Deklaration der Klasse ist

```
template<class T, class Container = deque<T> > class queue;
```

| Datentyp | Bedeutung |
|---|---|
| value_type | Typ der Elemente |
| size_type | integraler Typ ohne Vorzeichen für Größenangaben |
| container_type | Typ des Containers |

Tabelle 16.6: Queue-Datentypen

Eine Queue stellt die in Tabelle 16.6 gezeigten Datentypen und die folgenden Methoden zur Verfügung.

- `queue(const Container& = Container())`

  Konstruktor. Eine Queue kann mit einem bereits vorhandenen Container initialisiert werden. `Container` ist der Typ des Containers.

- `bool empty() const`

  gibt zurück, ob die Queue leer ist.

- `size_type size() const`

  gibt die Anzahl der in der Queue befindlichen Elemente zurück.

- `const value_type& front() const` und
  `value_type& front()`

  geben das erste Element zurück.

- `const value_type& back() const` und
  `value_type& back()`

  geben das letzte Element zurück.

- `void push(const value_type& x)`

  fügt das Element x am Ende der Queue ein.

- void pop()

    entfernt das erste Element der Queue.

Für die `queue`-Klasse gibt es außerdem die `std`-globalen relationalen Operatoren

```
template <class T, class Container>
  bool operator==(const queue<T, Container>& x,
                  const queue<T, Container>& y);
template <class T, class Container>
  bool operator<  (const queue<T, Container>& x,
                   const queue<T, Container>& y);
template <class T, class Container>
  bool operator!=(const queue<T, Container>& x,
                  const queue<T, Container>& y);
template <class T, class Container>
  bool operator>  (const queue<T, Container>& x,
                   const queue<T, Container>& y);
template <class T, class Container>
  bool operator>=(const queue<T, Container>& x,
                  const queue<T, Container>& y);
template <class T, class Container>
  bool operator<=(const queue<T, Container>& x,
                  const queue<T, Container>& y);
```

### 16.6.1 Priority-Queue

Eine Priority-Queue ist eine prioritätsgesteuerte Warteschlange. Jedem Element ist eine Priorität zugeordnet, die den Platz innerhalb der Priority-Queue schon beim Einfügen bestimmt. Die relative Priorität wird durch Vergleich jeweils zweier Elemente bestimmt, indem entweder der <-Operator oder wahlweise ein Funktionsobjekt zum Vergleich herangezogen wird. Sowohl `vector` als auch `deque` sind geeignete Datentypen zur Implementierung. Falls nichts anderes angegeben wird, wird `deque` (Seite 494) verwendet. Die Deklaration der Klasse ist

```
template<class T, class Container = deque<T>,
         class Compare = less<typename Container::value_type> >
class priority_queue;
```

Eine Priority-Queue stellt dieselben Datentypen wie die Queue und die folgenden Methoden zur Verfügung.

- priority_queue(const Compare& cmp = Compare(),
                 const Container& = Container())

    Konstruktor. Eine Priority_Queue kann mit einem bereits vorhandenen Container initialisiert werden. `Container` ist der Typ des Containers. `cmp` ist das

Funktionsobjekt, mit dem verglichen wird. Falls kein Funktionsobjekt angegeben wird, wird `less<Container::value_type>` angenommen.

- ```
  template<class InputIterator>
  priority_queue(InputIterator first, InputIterator last,
                 const Compare& cmp = Compare()),
                 const Container& = Container())
  ```

  Dieser Konstruktor unterscheidet sich von dem vorhergehenden, indem die Elemente im Bereich (`first`, `last`] eines anderen Containers bei der Konstruktion zusätzlich eingefügt werden.

- `bool empty() const`

  gibt zurück, ob die Priority-Queue leer ist.

- `size_type size() const`

  gibt die Anzahl der in der Priority_Queue befindlichen Elemente zurück.

- `const value_type& top() const`

  gibt das erste Element zurück, d.h. das mit der größten Priorität.

- `void push(const value_type& x)`

  fügt das Element x ein.

- `void pop()`

  entfernt das erste Element der Priority_Queue.

Für die `priority_queue`-Klasse gibt es keine relationalen Operatoren.

## 16.7 Set

Die Klasse `set<Key, T>` für Mengen, eingebunden durch den Header `<set>`, entspricht der Klasse `map` (siehe Seite 500), nur dass Schlüssel und Daten zusammenfallen, das heißt, es werden nur Schlüssel gespeichert. Dabei ist der Schlüssel eindeutig, es kann also keine zwei Datensätze zu demselben Schlüssel geben. `set` ist ein assoziativer Container: die direkte Angabe des Schlüssels sagt, ob er vorhanden ist oder nicht. Obwohl für den assoziativen Zugriff die Schlüssel nicht sortiert sein müssen, liegen sie in der Klasse `set` sortiert vor. Das ergibt den Vorteil der sortierten Ausgabe zum Beispiel beim Durchwandern vom ersten bis zum letzten Element. Dem steht der Nachteil einer längeren Zugriffszeit im Vergleich zu Datenstrukturen gegenüber, die auf der gestreuten Speicherung basieren (sog. Hash-Sets, siehe [Bre99]). Die Deklaration der Klasse ist
  ```

```
template<class Key,                      // Schlüssel
         class Compare = less<Key> >     // Standardvergleich für Sortierung
class set;
```

Falls die Sortierung nicht mit dem <-Operator (das heißt `less<Key>`) hergestellt werden soll, kann eine Klasse für Funktionsobjekte angegeben werden:

```
class Vergleich { ....};    // Klasse für Funktionsobjekt

// Funktionsobjekt Vergleich():
set<string, Vergleich> Woertermenge;

Vergleich einVergleich;     // Funktionsobjekt
set<string, Vergleich> Woertermenge(einVergleich);
```

Ein `set`-Container stellt die öffentlichen Datentypen und Methoden des Abschnitts 16 ab Seite 489 zur Verfügung. Es gibt weitere öffentliche Datentypen, die in der Tabelle 16.7 aufgelistet sind. Die Aufstellung zeigt die Methoden, die zusätzlich zu denen auf Seite 490 benutzbar sind.

| Datentyp | Bedeutung |
| --- | --- |
| `pointer` | Zeiger auf Set-Element |
| `const_pointer` | dito, aber nur lesend verwendbar |
| `reverse_iterator` | Iterator für Durchlauf vom Ende zum Anfang |
| `const_reverse_iterator` | dito, aber nur lesend verwendbar |
| `key_type` | entspricht `Key` |
| `value_type` | entspricht `Key` (im Gegensatz zur `map`) |
| `key_compare` | `Compare` |
| `value_compare` | `Compare` (im Gegensatz zur `map`) |

Tabelle 16.7: Zusätzliche Datentypen für `set<Key, T, Compare>`

- `set(const Compare& cmp = Compare())`

  Konstruktor, der ein Compare-Objekt akzeptieren kann. Falls keines angegeben wird, wird `less<Key>` genommen.

- ```
  template<class InputIterator>
  set(InputIterator first, InputIterator last,
      const Compare& cmp = Compare())
  ```

  Ein Set kann mit Daten initialisiert werden, wenn dem Konstruktor der Datenbereich in Form von Iteratoren übergeben wird.
  ```

- `const_reverse_iterator rbegin() const` und
    `reverse_iterator rbegin()`

    geben einen Reverse-Iterator zurück, der auf das letzte Element zeigt.

- `const_reverse_iterator rend() const` und
    `reverse_iterator rend()`

    geben einen Reverse-Iterator zurück, der auf eine fiktive Position vor dem ersten Element zeigt (Beispiel siehe Seite 496).

- `pair<iterator, bool> insert(x)`

    fügt den Schlüssel x ein, sofern er noch nicht vorhanden ist. Der Iterator des zurückgegebenen Paares zeigt auf den eingefügten Schlüssel bzw. auf den schon vorhandenen Schlüssel mit demselben Wert wie x. Der Wahrheitswert zeigt, ob überhaupt ein Einfügen stattgefunden hat – es könnte ja sein, dass der Schlüssel bereits existiert.

- `iterator insert(iterator p,x)`

    wie `insert(x)`, wobei der Iterator p ein Hinweis sein soll, wo die Suche zum Einfügen beginnen soll. Der zurückgegebene Iterator zeigt auf das eingefügte Element bzw. auf das schon vorhandene.

- `void insert(i,j)`

    fügt die Elemente aus dem Iteratorbereich [i, j) ein.

- `void erase(p)`

    löscht das Element, auf das der Iterator p zeigt.

- `size_type erase(k)`

    alle Schlüssel gleich k löschen. Es wird die Anzahl der gelöschten Elemente (hier: 0 oder 1) zurückgegeben.

- `void erase(p, q)`

    alle Elemente im Iteratorbereich [p, q) löschen.

- `void clear()`

    löscht alle Elemente; entspricht `erase(begin(), end())`.

- `key_compare key_comp() const`

    gibt eine Kopie des Vergleichsobjekts zurück, das zur Konstruktion des Sets benutzt wurde.

- `value_compare value_comp() const`

    dasselbe wie `key_comp()`. Diese Funktion ist nur der Vollständigkeit halber aufgeführt, weil sie auch in der Klasse map vorkommt, dort aber mit anderer Bedeutung.

- `const_iterator find(k) const` und
    `iterator find(k)`

    geben einen Iterator auf den Schlüssel k zurück, falls vorhanden. Andernfalls wird `end()` zurückgegeben.

- `size_type count(k) const`

    gibt die Anzahl der Elemente (hier: 0 oder 1) mit dem Schlüssel k zurück.

- `const_iterator lower_bound(k) const` und
    `iterator lower_bound(k)`

    zeigen auf den ersten Schlüssel, der nicht kleiner als k ist.

- `const_iterator upper_bound(k) const` und
    `iterator upper_bound(k)`

    geben einen Iterator auf das erste Element zurück, dessen Wert größer als k ist.

- `pair<const_iterator, const_iterator> equal_range(k) const` und
    `pair<iterator, iterator> equal_range(k)`

    gibt ein Paar von Iteratoren zurück, zwischen denen die Schlüssel gleich k sind.

Für die `set`-Klasse gibt es außerdem die `std`-globalen relationalen Operatoren

```
template <class Key, class T, class Compare>
 bool operator==(const set<Key, T, Compare>& x,
                 const set<Key, T, Compare>& y);
template <class Key, class T, class Compare>
 bool operator< (const set<Key, T, Compare>& x,
                 const set<Key, T, Compare>& y);
template <class Key, class T, class Compare>
 bool operator!=(const set<Key, T, Compare>& x,
                 const set<Key, T, Compare>& y);
template <class Key, class T, class Compare>
 bool operator> (const set<Key, T, Compare>& x,
                 const set<Key, T, Compare>& y);
template <class Key, class T, class Compare>
 bool operator>=(const set<Key, T, Compare>& x,
                 const set<Key, T, Compare>& y);
template <class Key, class T, class Compare>
 bool operator<=(const set<Key, T, Compare>& x,
                 const set<Key, T, Compare>& y);
```

## 16.7.1 Multiset

Die Klasse `multiset` unterscheidet sich von der Klasse `set` dadurch, dass *mehrfache* Einträge identischer Schlüssel möglich sind. Die Datentypen und Methoden entsprechen denen der Klasse `set` mit folgender Ausnahme:

- `iterator insert(x)`

  fügt den Schlüssel x ein, auch wenn er schon vorhanden ist. Der zurückgegebene Iterator zeigt auf das eingefügte Element.

## 16.8 Stack

Ein Stack (`<stack>`) ist ein Container, der Ablage und Entnahme nur von einer Seite erlaubt. Zuerst abgelegte Objekte werden zuletzt entnommen. Ein Stack benutzt intern einen anderen Container, der die Operationen `back()`, `push_back()` und `pop_back()` unterstützt. Falls nichts anderes angegeben wird, wird eine Deque (siehe Seite 494) verwendet.

```
// mit deque realisierter Stack
stack<double> Stack1;
// mit vector realisierter Stack
stack<double, vector<double> > Stack2;
```

Die Deklaration der Klasse ist

```
template<class T, class Container = deque<T> > class stack;
```

Ein Stack stellt die in Tabelle 16.8 gezeigten Datentypen und die folgenden Methoden zur Verfügung.

| Datentyp | Bedeutung |
| --- | --- |
| `value_type` | Typ der Elemente |
| `size_type` | integraler Typ ohne Vorzeichen für Größenangaben |
| `container_type` | Typ des Containers |

Tabelle 16.8: Stack-Datentypen

- `stack(const Container& = Container())`

  Konstruktor. Ein Stack kann mit einem bereits vorhandenen Container initialisiert werden. `Container` ist der Typ des Containers.

- `bool empty() const`

  gibt zurück, ob der Stack leer ist.

- `size_type size() const`

  gibt die Anzahl der im Stack befindlichen Elemente zurück.

- `const value_type& top() const` und
  `value_type& top()`

  geben das oberste Element zurück.

- `void push(const value_type& x)`

  legt das Element x auf dem Stack ab.

- `void pop()`

  entfernt das oberste Element vom Stack.

Für die `stack`-Klasse gibt es außerdem die `std`-globalen relationalen Operatoren

```
template <class T, class Container>
 bool operator==(const stack<T, Container>& x,
                 const stack<T, Container>& y);
template <class T, class Container>
 bool operator<  (const stack<T, Container>& x,
                 const stack<T, Container>& y);
template <class T, class Container>
 bool operator!=(const stack<T, Container>& x,
                 const stack<T, Container>& y);
template <class T, class Container>
 bool operator>  (const stack<T, Container>& x,
                 const stack<T, Container>& y);
template <class T, class Container>
 bool operator>=(const stack<T, Container>& x,
                 const stack<T, Container>& y);
template <class T, class Container>
 bool operator<=(const stack<T, Container>& x,
                 const stack<T, Container>& y);
```

## 16.9 Vector

Ein `vector`, eingebunden durch den Header `<vector>`, stellt die öffentlichen Typen und Methoden des Abschnitts 16 ab Seite 489 zur Verfügung. Ein Vektor hat noch weitere öffentliche Datentypen, die in der Tabelle 16.9 aufgelistet sind. Die Deklaration der Klasse ist

```
template<class T> class vector;
```

Die folgende Aufstellung zeigt die Methoden eines Vektors, die zusätzlich zu denen auf Seite 490 benutzbar sind.

| Datentyp | Bedeutung |
|---|---|
| `pointer` | Zeiger auf Vektor-Element |
| `const_pointer` | dito, aber nur lesend verwendbar |
| `reverse_iterator` | Iterator für Durchlauf vom Ende zum Anfang |
| `const_reverse_iterator` | dito, aber nur lesend verwendbar |

Tabelle 16.9: Zusätzliche Datentypen für `vector`

- `vector(size_type n, const T& t = T())`
  
  erzeugt einen Vektor mit n Kopien von t.

- `template<class InputIterator>`
  `vector(InputIterator i, InputIterator j)`
  
  erzeugt einen Vektor, wobei die Elemente aus dem Bereich [i, j) in den Vektor kopiert werden.

- `void assign(size_type n, const T& t = T())`
  
  Vektor löschen und anschließendes Einfügen von n Kopien von t.

- `template<class InputIterator>`
  `void assign(InputIterator i, InputIterator j)`
  
  Vektor löschen und anschließendes Einfügen der Elemente aus dem Bereich [i, j).

- `const_reference front() const` und
  `reference front()`
  
  liefern eine Referenz auf das erste Element eines Vektors.

- `const_reference back() const` und
  `reference back()`
  
  liefern eine Referenz auf das letzte Element eines Vektors.

- `const_reference operator[](size_type n) const,`
  `reference operator[](size_type n),`
  `const_reference at(size_type n) const` und
  `reference at(size_type n)`
  
  geben eine Referenz auf das n-te Element zurück.

- `void push_back(const T& t)`
  
  fügt t am Ende ein.

- `void pop_back()`

  löscht das letzte Element.

- `iterator insert(iterator p, const T& t)`

  fügt eine Kopie von `t` vor die Stelle `p` ein. Der Rückgabewert zeigt auf die eingefügte Kopie.

- `void insert(iterator p, size_type n, const T& t)`

  fügt `n` Kopien von `t` vor die Stelle `p` ein.

- `template<class InputIterator>`
  `void insert(iterator p, InputIterator i, InputIterator j)`

  fügt die Elemente im Bereich `[i, j)` vor die Stelle `p` ein. Voraussetzung: `i`, `j` zeigen nicht in den Vektor, für den `insert()` aufgerufen wird.

- `iterator erase(iterator q)`

  löscht das Element, auf das `q` zeigt. Der zurückgegebene Iterator verweist auf das Element, das `q` vor dem Löschvorgang unmittelbar folgt, sofern es existiert. Andernfalls wird `end()` zurückgegeben.

- `iterator erase(iterator q1, iterator q2)` löscht die Elemente im Bereich `[q1, q2)`. Der zurückgegebene Iterator zeigt auf das Element, auf das `q2` unmittelbar vor dem Löschvorgang gezeigt hat, sofern es existiert. Andernfalls wird `end()` zurückgegeben.

- `void clear()`

  löscht alle Elemente; entspricht `erase(begin(), end())`.

- `const_reverse_iterator rbegin() const` und
  `reverse_iterator rbegin()`

  geben einen Reverse-Iterator zurück, der auf das letzte Element zeigt.

- `const_reverse_iterator rend() const` und
  `reverse_iterator rend()`

  geben einen Reverse-Iterator zurück, der auf eine fiktive Position vor dem ersten Element zeigt (Beispiel siehe Seite 496).

- `void resize(size_type n, T t = T())`

  Vektorgröße ändern. Dabei werden `n - size()` Elemente `t` am Ende hinzugefügt bzw. `size() - n` Elemente am Ende gelöscht, je nachdem, ob n kleiner oder größer als die aktuelle Größe ist.

- `void reserve(size_type n)`

    Speicherplatz reservieren, sodass der verfügbare Platz (Kapazität) größer als der aktuell benötigte ist. Zweck: Vermeiden von Speicherbeschaffungsoperationen während der Benutzung des Vektors.

- `size_type capacity() const`

    gibt den Wert der Kapazität zurück (siehe `reserve()`). `size()` ist immer kleiner oder gleich `capacity()`.

Für die `vector`-Klasse gibt es außerdem die `std`-globalen relationalen Operatoren

```
template <class T>
 bool operator==(const vector<T>& x, const vector<T>& y);
template <class T>
 bool operator< (const vector<T>& x, const vector<T>& y);
template <class T>
 bool operator!=(const vector<T>& x, const vector<T>& y);
template <class T>
 bool operator> (const vector<T>& x, const vector<T>& y);
template <class T>
 bool operator>=(const vector<T>& x, const vector<T>& y);
template <class T>
 bool operator<=(const vector<T>& x, const vector<T>& y);
```

### 16.9.1 vector<bool>

Ein Bitset alloziert festen Speicher, ein Vektor kann seinen Speicher dynamisch ändern. Falls dies auch für die Speicherung von Bits gewünscht ist und gleichzeitig nicht ein Byte pro Bit verschwendet werden soll, bietet sich eine Spezialisierung der Klasse `vector` an, die Klasse `vector<bool>`. Sie hat dieselben öffentlichen Datentypen wie die Vektor-Klasse (siehe Seite 513) mit Ausnahme des Datentyps `reference`, der für Manipulationen an einzelnen Bits gedacht ist.

```
// Typ vector<bool>::reference
class reference  {
    friend class vector;
    reference();
 public:
   ~reference();
    reference& operator=(const bool x);       // für b[i] = x;
    reference& operator=(const reference&);   // für b[i] = b[j];
    operator bool() const;                    // für x = b[i];
    void flip();                              // für b[i].flip();
};
```

Die folgende Aufstellung zeigt die Methoden eines `bool`-Vektors, die zusätzlich zu denen auf Seite 490 benutzbar sind.

- `vector(size_type n, const bool& val = bool())`

  erzeugt einen Vektor mit `n` Kopien von `val`.

- `template<class InputIterator>`
  `vector(InputIterator i, InputIterator j)`

  erzeugt einen Vektor, wobei die Elemente aus dem Bereich `[i, j)` in den Vektor kopiert werden.

- `void assign(size_type n, const bool& val)`

  Vektor löschen und anschließendes Einfügen von `n` Kopien von `val`.

- `template<class InputIterator>`
  `void assign(InputIterator i, InputIterator j)`

  Vektor löschen und anschließendes Einfügen der Elemente aus dem Bereich `[i, j)`.

- `const_reference front() const` und
  `reference front()`

  liefern eine Referenz auf das erste Element eines Vektors.

- `const_reference back() const` und
  `reference back()`

  liefern eine Referenz auf das letzte Element eines Vektors.

- `const_reference operator[](size_type n) const,`
  `reference operator[](size_type n),`
  `const_reference at(size_type n) const` und
  `reference at(size_type n)`

  geben eine Referenz auf das n-te Element zurück.

- `void push_back(const bool& t)`

  fügt `t` am Ende ein.

- `void pop_back()`

  löscht das letzte Element.

- `iterator insert(iterator p, const bool& t)`

  fügt eine Kopie von `t` vor die Stelle `p` ein. Der Rückgabewert zeigt auf die eingefügte Kopie.

- `void insert(iterator p, size_type n, const bool& t)`

  fügt n Kopien von t vor die Stelle p ein.

- `template<class InputIterator>`
  `void insert(iterator p, InputIterator i, InputIterator j)`

  fügt die Elemente im Bereich [i, j) vor die Stelle p ein. i, j zeigen nicht in den Vektor, für den `insert()` aufgerufen wird.

- `iterator erase(iterator q)`

  löscht das Element, auf das q zeigt. Der zurückgegebene Iterator verweist auf das Element, das q vor dem Löschvorgang unmittelbar folgt, sofern es existiert. Andernfalls wird `end()` zurückgegeben.

- `iterator erase(iterator q1, iterator q2)`

  löscht die Elemente im Bereich [q1, q2). Der zurückgegebene Iterator zeigt auf das Element, auf das q2 unmittelbar vor dem Löschvorgang gezeigt hat, sofern es existiert. Andernfalls wird `end()` zurückgegeben.

- `void clear()`

  löscht alle Elemente; entspricht `erase(begin(), end())`.

- `void flip()`

  negiert alle Elemente.

- `const_reverse_iterator rbegin() const` und
  `reverse_iterator rbegin()`

  geben einen Reverse-Iterator zurück, der auf das letzte Element zeigt.

- `const_reverse_iterator rend() const` und
  `reverse_iterator rend()`

  geben einen Reverse-Iterator zurück, der auf eine fiktive Position vor dem ersten Element zeigt (Beispiel siehe Seite 496).

- `void resize(size_type n, bool t = false)`

  Vektorgröße ändern. Dabei werden n - `size()` Elemente t am Ende hinzugefügt bzw. n - `size()` Elemente am Ende gelöscht, je nachdem, ob n kleiner oder größer als die aktuelle Größe ist.

- `void reserve(size_type n)`

  Speicherplatz reservieren, sodass der verfügbare Platz (Kapazität) größer als der aktuell benötigte ist. Zweck: Vermeiden von Speicherbeschaffungsoperationen während der Benutzung des Vektors.

- `size_type capacity() const`

  gibt den Wert der Kapazität zurück (siehe `reserve()`). `size()` ist immer kleiner oder gleich `capacity()`.

Für die `vector<bool>`-Klasse gibt es außerdem die entsprechenden `std`-globalen relationalen Operatoren wie bei der Klasse `vector`.

## Übungsaufgaben

**16.1** Wenn eine Funktion aufgerufen wird, werden die lokalen Variablen auf dem C++-Laufzeitstack abgelegt. Nach Rückkehr der Funktion werden die Variablen wieder vom Stack geholt und damit wird die Umgebung des Aufrufers wieder hergestellt. Daraus ergibt sich, dass jeder Funktionsaufruf auch mit Hilfe eines eigenen Stacks simuliert werden kann: 1. lokale Variablen auf dem Stack sichern, 2. Code mit Variablen der Funktion ausführen, 3. lokale Variablen restaurieren. Also lassen sich auch jegliche rekursive Aufrufe einer Funktion simulieren und damit ersetzen. Aufgabe: Eliminieren Sie die noch verbliebene Rekursion in der Lösung zu Aufgabe 4.11, indem Sie ein Objekt der Klasse `stack` zur Verwaltung der aktuellen Variablen verwenden.

**16.2** Tragen Sie Prominente als Rang/Name-Kombination[1] in eine Priority-Queue `promis` ein, etwa

```
promis.push(make_pair(8, "Peter Jackson"));         // oder
promis.push(pair<int, string>(10, "Tina Turner"));
// ... usw.
```

Die Zahl soll den Rang oder die vermutete Wichtigkeit des jeweiligen Stars in den einschlägigen Illustrierten bedeuten: je größer, desto wichtiger. Leeren Sie die Queue und zeigen Sie dabei die Prominenten auf dem Bildschirm an, geordnet nach ihrem Rang, die Wichtigsten zuerst.

**16.3** Wie muss die Deklaration der Priority-Queue `promis` lauten, wenn zuerst die weniger wichtigen ausgegeben werden sollen?

**16.4** Lösen Sie das Problem der beiden vorstehenden Aufgaben, indem Sie an Stelle einer Priority-Queue ein Objekt der Klasse `multimap` verwenden.

---

[1] Zu `pair` und `make_pair()` siehe Abschnitt 15.1.

# 17 Iteratoren

Iteratoren werden in Abschnitt 11.4 besprochen und an Beispielen gezeigt. Hier geht es um die vordefinierten Iteratortypen im Header <iterator> der C++-Standardbibliothek, die wie die Standard-Container als Templates realisiert sind und über `traits`-Klassen (traits, dt. etwa Charakter, Eigentümlichkeit) bestimmte öffentliche Typnamen zur Verfügung stellen. Natürlich könnten Typnamen auch direkt von einer Iteratorklasse veröffentlicht werden, man geht aber einen anderen Weg, weil die Algorithmen der C++-Standardbibliothek nicht nur auf Containern, die Typnamen bereitstellen, sondern auch auf einfachen C-Arrays arbeiten können sollen. Die damit arbeitenden Iteratoren sind aber nichts anderes als Zeiger, möglicherweise auf Grunddatentypen wie `int`. Ein Iterator des Typs `int*` kann sicher keine Tynamen zur Verfügung stellen. Aus diesem Grund gibt es eine Spezialisierung der `traits`-Klassen speziell für Zeiger.

```cpp
// vom Iterator abgeleitete öffentliche Typen:
template<class Iterator>
struct iterator_traits {
  typedef typename Iterator::difference_type difference_type;
  typedef typename Iterator::value_type value_type;
  typedef typename Iterator::pointer pointer;
  typedef typename Iterator::reference reference;
  typedef typename Iterator::iterator_category iterator_category;
};
```

Damit ein Algorithmus, der mit Zeigern arbeitet, die üblichen Typnamen verwenden kann, wird das obige Template für Zeiger spezialisiert:

```cpp
// partielle Spezialisierung (für Zeiger)
template<class T>
struct iterator_traits<T*> {
  typedef ptrdiff_t difference_type;
  typedef T value_type;
  typedef T* pointer;
  typedef T& reference;
  typedef random_access_iterator_tag iterator_category;
};
```

Die Iterator-Kategorie wird im nächsten Abschnitt erläutert. In der C++-Standardbibliothek wird ein Standarddatentyp für Iteratoren angegeben, von dem jeder benutzerdefinierte Iterator erben kann:

```
namespace std {
  template<class Category, class T, class Distance = ptrdiff_t,
           class Pointer = T*, class Reference = T&>
  struct iterator {
    typedef Distance difference_type;
    typedef T value_type;
    typedef Pointer pointer;
    typedef Reference reference;
    typedef Category iterator_category; // siehe Abschnitt 17.1
  };
}
```

Durch `public`-Vererbung sind diese Namen in allen abgeleiteten Klassen sicht- und verwendbar.

## 17.1  Iterator-Kategorien

Es gibt verschiedene Kategorien von Iteratoren in einer hierarchischen Anordnung.

- Input-Iterator

    Ein Input-Iterator ist zum sequenziellen Lesen von Daten gedacht, zum Beispiel aus einem Container oder aus einer Datei. Ein Zurückspringen an eine schon gelesene Stelle ist nicht möglich (der `--`-Operator ist nicht definiert).

- Output-Iterator

    Ein Output-Iterator kann sequenziell in einen Container oder in eine Datei schreiben, wobei der Dereferenzierungsoperator verwendet wird. Beispiel:

    ```
    // »Ausgabe« ist ein Output-Iterator
    *Ausgabe++ = Wert;    // in die Ausgabe schreiben und weiterschalten
    ```

- Forward-Iterator

    Wie Input- und Output-Iterator kann der Forward-Iterator sich vorwärts bewegen. Im Unterschied zu den vorgenannten Iteratoren können jedoch Werte des Iterators gespeichert werden, um ein Element des Containers wiederzufinden. Damit ist ein mehrfacher Durchlauf in eine Richtung möglich, zum Beispiel durch eine einfach verkettete Liste, wenn man sich den Anfang gemerkt hat.

- Bidirectional-Iterator

    Ein Bidirectional-Iterator kann all das, was ein Forward-Iterator kann. Darüber hinaus kann er noch mit dem `--`-Operator *rückwärts* gehen, sodass er zum Beispiel für eine doppelt verkettete Liste geeignet ist.

- Random-Access-Iterator

    Ein Random-Access-Iterator kann alles, was ein Bidirectional-Iterator kann. Zusätzlich ist ein wahlfreier Zugriff möglich, wie er für einen Vektor benötigt wird. Der wahlfreie Zugriff wird durch den Indexoperator `operator[]()` realisiert.

Um einen Iterator mit einer Marke (englisch *tag*) zu versehen, gibt es die folgenden Markierungsklassen::

```
struct input_iterator_tag {};

struct output_iterator_tag {};

struct forward_iterator_tag
 : public input_iterator_tag {};

struct bidirectional_iterator_tag
 : public forward_iterator_tag {};

struct random_access_iterator_tag
 : public bidirectional_iterator_tag {};
```

Tabelle 17.1 zeigt eine Übersicht über die in einer Kategorie möglichen Operationen.

| Operation | Input | Output | Forward | Bidirectional | Random Access |
|---|---|---|---|---|---|
| = | • | | • | • | • |
| == | • | | • | • | • |
| != | • | | • | • | • |
| * | 1) | 2) | • | • | • |
| -> | • | | • | • | • |
| ++ | • | • | • | • | • |
| -- | | | | • | • |
| [ ] | | | | | 3) |
| arithmetisch | | | | | 4) |
| relational | | | | | 5) |

1) Dereferenzierung ist nur lesend möglich.
2) Dereferenzierung ist nur auf der linken Seite einer Zuweisung möglich.
3) `I[n]` bedeutet `*(I+n)` für einen Iterator `I`
4) `+` `+=` `-` `-=` in Analogie zur Zeigerarithmetik
5) `<` `>` `<=` `>=` relationale Operatoren

Tabelle 17.1: Fähigkeiten der Iterator-Kategorien

## 17.2 distance() und advance()

Weil nur Random-Access-Iteratoren die Operationen + und - erlauben, gibt es die Funktionen `distance()` zum Ermitteln eines Iteratorabstands und `advance()` zum Weiterschalten. Diese Funktionen benutzen intern + und - für Random-Access-Iteratoren und in anderen Fällen ++ bzw. --. Die Deklarationen sind:

```
// schaltet i um n Positionen vor bzw. zurück, falls n < 0
template <class InputIterator, class Distance>
void advance(InputIterator& i, Distance n);
```

```
// gibt den Abstand zwischen zwei Iteratoren zurück. Dabei muss
// last von first aus erreichbar sein.
template <class InputIterator>
typename iterator_traits<InputIterator>::difference_type
distance(InputIterator first, InputIterator last);
```

## 17.3 Reverse-Iteratoren

Ein Reverse-Iterator ist bei einem bidirektionalen Iterator immer möglich. Ein Reverse-Iterator durchläuft einen Container *rückwärts* mit der ++-Operation. Beginn und Ende eines Containers für Reverse-Iteratoren werden durch `rbegin()` und `rend()` markiert. Dabei verweist `rbegin()` auf das letzte Element des Containers und `rend()` auf die (ggf. fiktive) Position *vor* dem ersten Element. Einige Container stellen in Abhängigkeit von ihrem Typ Reverse-Iteratoren zur Verfügung. Diese Iteratoren werden mit der vordefinierten Klasse

```
template<class Iterator> class reverse_iterator;
```

realisiert. Ein Objekt dieser Klasse wird mit einem bidirektionalen oder einem Random-Access-Iterator initialisiert, entsprechend dem Typ des Template-Parameters. Ein Reverse-Iterator arbeitet intern mit diesem Iterator und legt eine Schale (englisch *wrapper*) mit bestimmten zusätzlichen Operationen um ihn herum. Für einen existierenden Iterator wird eine neue Schnittstelle geschaffen, um sich verschiedenen Gegebenheiten anpassen (englisch *to adapt*) zu können. Aus diesem Grund werden Klassen, die eine Klasse in eine andere umwandeln, *Adapter* genannt. Beispiel:

```
// cppbuch/k17/reverse.cpp
#include<vector>
#include<iostream>
#include<iterator>
using namespace std;
```

```cpp
int main() {
  vector<int> v(10);
  for(size_t i = 0; i < v.size(); ++i)
    v[i] = i;

  reverse_iterator<vector<int>::iterator> RI(v.rbegin());
  // Alternativ: vector<int>::reverse_iterator RI(v.rbegin());

  // Zahlen verdoppelt in umgekehrter Folge ausgeben
  while(RI != v.rend()) {
    *RI *= 2;                    // Wert über den Iterator ändern
    cout << *RI++ << ' ';        // nur lesender Zugriff
  }
  cout << endl;
  /*Falls Werte NICHT geändert werden sollen, kann der von der Klasse vector bereit-
    gestellte Typ const_reverse_iterator verwendet werden. Eine eigene Klasse
    const_reverse_iterator gibt es nicht [ISO98].
  */
  vector<int>::const_reverse_iterator CRI = v.rbegin(),
                                      CRIEnd(v.rend());
  while(CRI != CRIEnd) {
    cout << *CRI++ << ' ';
  }
}
```

Zu den in der Tabelle 17.1 angegebenen Operationen für bidirektionale oder Random-Access-Iteratoren, je nach Initialisierungsobjekt, gibt es noch die Methode `base()`, die den gekapselten Iterator zurückgibt (`I` im Beispiel).

## 17.4 Insert-Iteratoren

Mit normalen Iteratoren bewirkt der Code

```cpp
while(first != last) *result++ = *first++;
```

das Kopieren des Bereichs [first, last) an die Stelle result, wobei der vorherige Inhalt an der Stelle *überschrieben* wird. Derselbe Code bewirkt jedoch das *Einfügen* in einen Container, wenn result ein Insert-Iterator ist. Je nach gewünschter Position zum Einfügen gibt es drei Varianten:

1. `front_insert_iterator`

   Dieser Insert-Iterator fügt etwas am Anfang eines Containers ein. Der Container muss die Methode `push_front()` zur Verfügung stellen. Anwendungsbeispiel:

```
list<int> dieListe;
// ....
front_insert_iterator<list<int> > FI(dieListe);
int i = 1;
while(i < 5)
   *FI++ = i++;              // Zahlen vorn einfügen
```

`front_inserter()` ist eine Funktion, die einen `front_insert_iterator` zurückgibt. Die Anwendung wird dadurch manchmal einfacher. Ein Beispiel mit dem Standardalgorithmus `copy()`:

```
// Einfügen aller Elemente im Bereich [a,b] am Anfang von dieListe.
// a und b sind Iteratoren eines anderen Containers.
copy(a, b, front_inserter(dieListe));
```

2. `back_insert_iterator`

Dieser Insert-Iterator fügt etwas am Ende eines Containers ein. Der Container muss die Methode `push_back()` zur Verfügung stellen. Anwendungsbeispiel:

```
list<int> dieListe;
// ....
back_insert_iterator<list<int> > FI(dieListe);
int i = 1;
while(i < 5)
   *FI++ = i++;              // Zahlen anhängen
```

`back_inserter()` ist eine Funktion, die einen `back_insert_iterator` zurückgibt. Die Anwendung wird dadurch manchmal einfacher. Ein Beispiel mit dem Standardalgorithmus `copy()`:

```
// Anhängen aller Elemente im Bereich [a,b] an das Ende von dieListe.
// a und b sind Iteratoren eines anderen Containers.
copy(a, b, back_inserter(dieListe));
```

3. `insert_iterator`

Dieser Insert-Iterator fügt etwas an einer ausgewählten Position in den Container ein. Der Container muss die Methode `insert()` zur Verfügung stellen. Die Anwendung ist ähnlich wie vorher, nur dass dem Insert-Iterator die gewünschte Einfügeposition mitgegeben werden muss:

```
list<int> dieListe;
list<int>::iterator Pos;
// .... hier Pos an die gewünschte Stelle bringen

insert_iterator<list<int> > I(dieListe, Pos);
```

```
    int i = 1;
    while(i < 5)
       *I++ = i++;          // Zahlen bei Pos einfügen
```

`inserter()` ist eine Funktion, die einen `insert_iterator` zurückgibt. Die Anwendung wird dadurch manchmal einfacher. Ein Beispiel mit dem Standardalgorithmus `copy()` von Seite 533:

```
// Einfügen aller Elemente im Bereich [a,b) an die Stelle Pos von dieListe.
// a und b sind Iteratoren eines anderen Containers.
copy(a, b, inserter(dieListe, Pos));
```

## 17.5 Stream-Iteratoren

Stream-Iteratoren dienen zum sequenziellen Lesen und Schreiben von Strömen mit den bekannten Operatoren << und >>. Der Istream-Iterator ist ein Input-Iterator, der Ostream-Iterator ein Output-Iterator. Beispiele:

```
// Anzeige aller durch Zwischenraumzeichen getrennten Zeichenfolgen:
ifstream Quelle("Datei.txt");
istream_iterator<string> Pos(Quelle), Ende;
while(Pos != Ende)
   cout << *Pos << endl;
```

Die Dereferenzierung von `Pos` in der Schleife gibt nicht nur den gelesenen Wert zurück, sondern bewirkt auch das Weitergehen im Strom zum nächsten String. Durch Erben von der Klasse `istream_iterator` und Redefinieren einiger Methoden lassen sich eigene Istream-Iteratoren mit besonderen Eigenschaften schreiben. Dem Konstruktor eines OStream-Iterators kann wahlweise eine Zeichenkette zur Trennung von Elementen mitgegeben werden.

```
// Anzeige aller durch Zwischenraumzeichen getrennten Zeichenfolgen,
// wobei in der Ausgabe jede Zeile mit einem * versehen wird:
ifstream Quelle("Datei.txt");
ofstream Ziel("Ergebnis.txt");

istream_iterator<string> iPos(Quelle), Ende;
ostream_iterator<string> oPos(Ziel, "*\n");

while(iPos != Ende) *oPos++ = *iPos++;
```

# 18 Algorithmen

Alle im Header <algorithm> vorhandenen Algorithmen sind unabhängig von der speziellen Implementierung der Container, auf denen sie arbeiten. Sie kennen nur Iteratoren, über die auf die Datenstrukturen in Containern zugegriffen werden kann. Die Iteratoren müssen nur wenigen Kriterien genügen (siehe Kapitel 11.4). Dadurch bedingt können Iteratoren sowohl komplexe Objekte als auch einfache Zeiger sein. Bei der Übergabe zweier Iteratoren gilt die übliche, in Abschnitt 16.1 auf Seite 490 beschriebene Definition für Intervalle.

Manche Algorithmen tragen denselben Namen wie Container-Methoden. Letztere sind speziell auf die Container zugeschnitten und daher zu bevorzugen.

## 18.1 for_each

Der Algorithmus for_each bewirkt, dass auf jedem Element eines Containers eine Funktion ausgeführt wird. Die Deklaration ist:

```
template <class InputIterator, class Function>
Function for_each(InputIterator first,
                  InputIterator last, Function f);
```

f kann sowohl eine Funktion als auch ein Funktionsobjekt sein und wird nach Gebrauch zurückgegeben. Beispiel:

```
template<class T>
void Anzeige(const T& x) { cout << x << endl;}

// Anzeige aller Elemente eines Containers C mit
// Elementen, für die operator<<() definiert ist:
for_each(C.begin(), C.end(), Anzeige);
```

## 18.2 find und find_if

Der Algorithmus find() tritt in zwei Arten auf: mit und ohne erforderliches Prädikat (als find_if()). Es wird die Position in einem Container, er sei hier C genannt, gesucht, an der ein bestimmtes Element zu finden ist. Das Ergebnis ist ein Iterator, der auf die gefundene Stelle zeigt oder gleich mit C.end() ist. Die Prototypen sind:

```
template <class InputIterator, class T>
InputIterator find(InputIterator first,
```

```
                      InputIterator last,
                      const T& value);

template <class InputIterator, class Predicate>
InputIterator find_if(InputIterator first,
                      InputIterator last,
                      Predicate pred);
```

Beispiel

```
// erste ungerade Zahl im Vektor v suchen:
vector<int>::iterator iter
    = find_if(v.begin(), v.end(), bind2nd(modulus<int>(),2));
```

## 18.3 find_end

Der Algorithmus findet eine Subsequenz innerhalb einer Sequenz. Die Prototypen sind:

```
template<class ForwardIterator1, class ForwardIterator2>
ForwardIterator1 find_end(ForwardIterator1 first1,
                          ForwardIterator1 last1,
                          ForwardIterator2 first2,
                          ForwardIterator2 last2);

template<class ForwardIterator1, class ForwardIterator2>
ForwardIterator1 find_end(ForwardIterator1 first1,
                          ForwardIterator1 last1,
                          ForwardIterator2 first2,
                          ForwardIterator2 last2,
                          BinaryPredicate pred);
```

Das Intervall [first1, last1) ist der zu durchsuchende Bereich, das Intervall [first2, last2) beschreibt die zu suchende Folge. Zurückgegeben wird der letzte Iterator im zu durchsuchenden Bereich, der auf den Beginn der Subsequenz zeigt. Falls die Subsequenz nicht gefunden wird, gibt der Algorithmus last1 zurück. Falls der zurückgegebene Iterator mit i bezeichnet wird, gilt

```
*(i+n) == *(first2+n)           beziehungsweise
pred(*(i+n), *(first2+n)) == true
```

für alle n im Bereich 0 bis (last2-first2). Die Komplexität ist $O(N_2(N_1 - N_2))$, wenn $N_1$ und $N_2$ die Länge des zu durchsuchenden Bereichs bzw. der zu suchenden Teilfolge sind.

## 18.4 find_first_of

Der Algorithmus findet ein Element einer Subsequenz innerhalb einer Sequenz. Die Prototypen sind:

```
template<class ForwardIterator1, class ForwardIterator2>
ForwardIterator1 find_first_of(ForwardIterator1 first1,
                               ForwardIterator1 last1,
                               ForwardIterator2 first2,
                               ForwardIterator2 last2);

template<class ForwardIterator1, ForwardIterator2>
ForwardIterator1 find_first_of(ForwardIterator1 first1,
                               ForwardIterator1 last1,
                               ForwardIterator2 first2,
                               ForwardIterator2 last2,
                               BinaryPredicate pred);
```

Das Intervall [first1, last1) ist der zu durchsuchende Bereich, das Intervall [first2, last2) beschreibt einen Bereich mit zu suchenden Elementen. Zurückgegeben wird der erste Iterator i im zu durchsuchenden Bereich, der auf ein Element zeigt, das auch im zweiten Bereich vorhanden ist. Es sei angenommen, dass ein Iterator j auf das Element im zweiten Bereich zeigt. Dann gilt

```
*i == *j          beziehungsweise
pred(*i, *j) == true.
```

Falls kein Element aus dem ersten Bereich im zweiten Bereich gefunden wird, gibt der Algorithmus last1 zurück. Die Komplexität ist $O(N_1 * N_2)$, wenn $N_1$ und $N_2$ die Längen der Bereiche sind.

## 18.5 adjacent_find

Zwei gleiche, direkt benachbarte (englisch *adjacent*) Elemente werden mit der Funktion adjacent_find() gefunden. Es gibt auch hier zwei überladene Varianten – eine ohne und eine mit binärem Prädikat. Die erste Variante vergleicht die Elemente mit dem Gleichheitsoperator ==, die zweite benutzt das Prädikat. Die Prototypen sind:

```
template <class ForwardIterator>
ForwardIterator adjacent_find(ForwardIterator first,
                              ForwardIterator last);

template <class ForwardIterator, class BinaryPredicate>
ForwardIterator adjacent_find(ForwardIterator first,
                              ForwardIterator last,
                              BinaryPredicate binary_pred);
```

Der zurückgegebene Iterator zeigt auf das erste der beiden Elemente, sofern ein entsprechendes Paar gefunden wird. Beispiel:

```
// gleiche Nachbarn im Vektor v finden
vector<int>::iterator iter = adjacent_find(v.begin(), v.end());

if(iter != v.end()) {
  cout << "die ersten gleichen benachbarten Zahlen ("
       << *iter  << ") wurden an Position "
       << (iter - v.begin())
       << " gefunden" << endl;
}
else
  cout << "keine gleichen benachbarten Zahlen gefunden" << endl;
```

## 18.6 count und count_if

Dieser Algorithmus gibt die Anzahl zurück, wie viele Elemente gleich einem bestimmten Wert `value` sind, bzw. wie viele Elemente ein bestimmtes Prädikat erfüllen. Die Prototypen sind:

```
template <class InputIterator, class T>
iterator_traits<InputIterator>::difference_type
count(InputIterator first, InputIterator last, const T& value);

template <class InputIterator, class Predicate>
iterator_traits<InputIterator>::difference_type
count_if(InputIterator first, InputIterator last,
         Predicate pred);
```

Das Programmfragment zeigt die Anwendung, wobei auf einen Vektor v Bezug genommen wird.

```
cout << "Es sind "
     << count(v.begin(), v.end(), 99)
     << " Elemente mit dem Wert 99 vorhanden."
     << endl;
```

## 18.7 mismatch

`mismatch()` überprüft zwei Container auf Übereinstimmung ihres Inhalts, wobei eine Variante ein binäres Prädikat benutzt. Die Prototypen sind:

```
template <class InputIterator1, class InputIterator2>
pair<InputIterator1, InputIterator2> mismatch(
```

```
                InputIterator1 first1,
                InputIterator1 last1,
                InputIterator2 first2);
template <class InputIterator1, class InputIterator2,
          class BinaryPredicate>
pair<InputIterator1, InputIterator2> mismatch(
                InputIterator1 first1,
                InputIterator1 last1,
                InputIterator2 first2,
                BinaryPredicate binary_pred);
```

Der Algorithmus gibt ein Paar von Iteratoren zurück, die auf die erste Stelle der Nichtübereinstimmung in den jeweiligen korrespondierenden Containern zeigen. Falls beide Container übereinstimmen, ist der erste Iterator des zurückgegebenen Paares gleich `last1`. Die Container müssen nicht vom selben Typ sein. In dem Beispiel wird ein Vektor `v` mit einer Liste `L` verglichen:

```
// Vergleich auf Übereinstimmung mit Iteratorpaar where
pair<vector<int>::iterator, list<int>::iterator>
            where = mismatch(v.begin(), v.end(), L.begin());
if(where.first == v.end())
   cout << "Übereinstimmung gefunden" << endl;
else
   cout << "Die erste Ungleichheit ("
        << *where.first << " != "
        << *where.second
        << ") wurde an der Stelle "
        << (where.first - v.begin())
        << " gefunden"
        << endl;
```

Eine indexartige Position ist in einer Liste nicht definiert, deswegen ist ein Ausdruck der Art `(where.second - L.begin())` ungültig. Zwar zeigt `where.second` auf die Stelle der Nichtübereinstimmung in `L`, aber die Arithmetik ist nicht erlaubt. Wenn man die relative Nummer bezüglich des ersten Elements in `L` unbedingt benötigen sollte, kann man `distance()` verwenden.

## 18.8 equal

`equal()` überprüft zwei Container auf Übereinstimmung ihres Inhalts, wobei eine Variante ein binäres Prädikat benutzt. Im Unterschied zu `mismatch()` wird jedoch kein Hinweis auf die Position gegeben. Wie am Rückgabetyp `bool` erkennbar, wird nur festgestellt, ob die Übereinstimmung besteht oder nicht. Die Prototypen sind:

```
template <class InputIterator1, class InputIterator2>
bool equal(InputIterator1 first1,
           InputIterator1 last1,
           InputIterator2 first2);

template <class InputIterator1, class InputIterator2,
          class BinaryPredicate>
bool equal(InputIterator1 first1,
           InputIterator1 last1,
           InputIterator2 first2,
           BinaryPredicate binary_pred);
```

## 18.9 search

Der Algorithmus `search()` durchsucht eine Sequenz, ob eine zweite Sequenz in ihr enthalten ist. Es wird ein Iterator auf die Position innerhalb der ersten Sequenz zurückgegeben, an der die zweite Sequenz beginnt, sofern sie in der ersten enthalten ist. Andernfalls wird ein Iterator auf die `last1`-Position der ersten Sequenz zurückgegeben. Die Prototypen sind:

```
template <class ForwardIterator1, class ForwardIterator2>
ForwardIterator1 search(ForwardIterator1 first1,
                        ForwardIterator1 last1,
                        ForwardIterator2 first2,
                        ForwardIterator2 last2);

template <class ForwardIterator1, class ForwardIterator2,
          class BinaryPredicate>
ForwardIterator1 search(ForwardIterator1 first1,
                        ForwardIterator1 last1,
                        ForwardIterator2 first2,
                        ForwardIterator2 last2,
                        BinaryPredicate binary_pred);
```

```
// Beispiel: Substruktur v2 in v1 suchen
vector<int>::iterator where
         = search(v1.begin(), v1.end(),
                  v2.begin(), v2.end());
```

## 18.10 search_n

Der Algorithmus `search_n()` durchsucht eine Sequenz daraufhin, ob eine Folge von gleichen Werten in ihr enthalten ist. Die Prototypen sind:

```
template <class ForwardIterator, class Size, class T>
ForwardIterator search_n(ForwardIterator first,
                         ForwardIterator last,
                         Size count,
                         const T& value);
template <class ForwardIterator, class Size, class T,
          class BinaryPredicate>
ForwardIterator search_n(ForwardIterator first,
                         ForwardIterator last,
                         Size count,
                         const T& value,
                         BinaryPredicate binary_pred);
```

Zurückgegeben wird von der ersten Funktion der Iterator auf den Beginn der ersten Folge mit wenigstens `count` Werten, die gleich `value` sind. Falls eine derartige Folge nicht gefunden wird, gibt die Funktion `last` zurück. Die zweite Funktion prüft nicht auf Gleichheit, sondern wertet das binäre Prädikat aus. Im Erfolgsfall muss für wenigstens `count` aufeinanderfolgende Werte X das Prädikat `binary_pred(X, value)` gelten.

## 18.11  copy und copy_backward

Der Algorithmus `copy()` kopiert die Elemente eines Quellbereichs in den Zielbereich, wobei das Kopieren am Anfang oder am Ende der Bereiche (mit `copy_backward()`) beginnen kann. Falls der Zielbereich nicht überschrieben, sondern in ihn eingefügt werden soll, ist als Output-Iterator ein Iterator zum Einfügen (Insert-Iterator) zu nehmen. Der Algorithmus `copy()` ist immer dann zu nehmen, wenn Ziel- und Quellbereich sich nicht oder so überlappen, dass der Anfang des Quellbereichs im Zielbereich liegt. `result` muss anfangs auf den Anfang des Zielbereichs zeigen.

```
template <class InputIterator, class OutputIterator>
OutputIterator copy(InputIterator first,
                    InputIterator last,
                    OutputIterator result);
```

Der Algorithmus `copy_backward()` ist immer dann zu nehmen, wenn Ziel- und Quellbereich sich so überlappen, dass der Anfang des Zielbereichs im Quellbereich liegt. `result` muss anfangs auf das Ende des Zielbereichs zeigen.

```
template <class BidirectionalIterator1,
          class BidirectionalIterator2>
BidirectionalIterator2 copy_backward(
                   BidirectionalIterator1 first,
```

```
              BidirectionalIterator1 last,
              BidirectionalIterator2 result);
```

Auch hier gilt wie allgemein in der C++-Standardbibliothek, dass `last` nicht die Position des letzten Elements bezeichnet, sondern die Position nach dem letzten Element. `result` darf niemals zwischen `first` und `last` liegen.

```
// Beispiele:
// v1 nach v2 kopieren
copy(v1.begin(), v1.end(), v2.begin());

// v1 nach cout kopieren, Separator *
ostream_iterator<int> Output(cout, "*");
copy(v1.begin(), v1.end(), Output);
```

## 18.12   swap, iter_swap und swap_ranges

Der Algorithmus `swap()` vertauscht Elemente von Containern oder Container selbst. Er tritt in vier Varianten auf:

- `swap()` vertauscht zwei einzelne Elemente. Die beiden Elemente können in verschiedenen, in demselben oder in keinem Container sein.

  ```
  template <class T>
  void swap(T& a, T& b);
  ```

- `iter_swap()` nimmt zwei Iteratoren und vertauscht die dazugehörenden Elemente. Die beiden Iteratoren können zu verschiedenen oder zu demselben Container gehören.

  ```
  template <class ForwardIterator1, class ForwardIterator2>
  void iter_swap(ForwardIterator1 a, ForwardIterator2 b);

  // erstes und letztes Element per Iterator vertauschen:
  vector<int>::iterator first = v.begin(),
                        last  = v.end();
  --last;
  iter_swap(first, last);                    // Tausch
  ```

- `swap_ranges()` vertauscht zwei Bereiche.

  ```
  template <class ForwardIterator1, class ForwardIterator2>
  ForwardIterator2 swap_ranges(ForwardIterator1 first1,
                               ForwardIterator1 last1,
                               ForwardIterator2 first2);
  ```

`first1` zeigt auf den Anfang des ersten Bereichs, `last1` auf die Position nach dem letzten Element des ersten Bereichs. Der Anfang des zweiten Bereichs wird durch `first2` gegeben. Die Anzahl der auszutauschenden Elemente wird durch die Größe des ersten Bereichs gegeben. Die Bereiche können in demselben Container sein, dürfen sich jedoch nicht überlappen. `swap_ranges()` gibt einen Iterator auf das Ende des zweiten Bereichs zurück.

```
// Vertauschen der beiden Hälften eines Vektors v
// mit einer geradzahligen Anzahl von Elementen
vector<double>::iterator Mitte = v.begin()+v.size()/2;
swap_ranges(v.begin(), Mitte, Mitte);
```

- `swap()` ist spezialisiert für diejenigen Container, die eine Methode `swap()` zum Vertauschen bereitstellen, also `deque`, `list`, `vector`, `set`, `map`, `multiset` und `multimap`. Diese Methoden sind sehr schnell ($O(1)$), weil nur Verwaltungsinformationen ausgetauscht werden. `swap()` ruft intern die Methoden der Container auf.

## 18.13 transform

Wenn es darum geht, nicht nur etwas zu kopieren, sondern dabei gleich umzuwandeln, ist `transform()` der richtige Algorithmus. Die Umwandlung kann sich auf nur ein Element oder auf zwei Elemente gleichzeitig beziehen. Dementsprechend gibt es zwei überladene Formen:

```
template <class InputIterator, class OutputIterator,
          class UnaryOperation>
OutputIterator transform(InputIterator first,
                         InputIterator last,
                         OutputIterator result,
                         UnaryOperation op);
```

Hier wird auf jedes Element des Bereichs von `first` bis ausschließlich `last` die Operation `op` angewendet und das Ergebnis in den mit `result` beginnenden Bereich kopiert. `result` darf identisch mit `first` sein, wobei dann die Elemente durch die transformierten ersetzt werden. Der Rückgabewert ist ein Iterator auf die Position nach dem Ende des Zielbereichs. Im Beispiel

```
string S("ABC123");
transform(S.begin(), S.end(), S.begin(),tolower);
```

werden alle Großbuchstaben eines Strings in Kleinbuchstaben umgewandelt. Die Funktion `tolower()` ist im Header `<cctype>` deklariert.

```
template <class InputIterator1, class InputIterator2,
          class OutputIterator, class BinaryOperation>
OutputIterator transform(InputIterator1 first1,
```

```
                     InputIterator1 last1,
                     InputIterator2 first2,
                     OutputIterator result,
                     BinaryOperation bin_op);
```

In der zweiten Form werden zwei Bereiche betrachtet. Der erste ist das Intervall [first1, last1), der zweite das Intervall [first2, first2 + last1 - first1), das heißt, der zweite Bereich ist genauso groß wie der erste. Die Operation bin_op nimmt jeweils ein Element aus jedem der zwei Bereiche und legt ihr Ergebnis in result ab. result darf identisch mit first1 oder first2 sein, wobei dann die Elemente durch die transformierten ersetzt werden. Der Rückgabewert ist ein Iterator auf die Position nach dem Ende des Zielbereichs.

## 18.14 replace und Varianten

Der Algorithmus replace() ersetzt in einer Sequenz jeden vorkommenden Wert old_value durch new_value. Alternativ ist mit replace_if() eine bedingungsgesteuerte Ersetzung mit einem unären Prädikat möglich:

```
template <class ForwardIterator, class T>
void replace(ForwardIterator first,
             ForwardIterator last,
             const T& old_value,
             const T& new_value);

template <class ForwardIterator, class Predicate, class T>
void replace_if(ForwardIterator first,
                ForwardIterator last,
                Predicate pred,
                const T& new_value);
```

Erstmalig treten nun auch kopierende Varianten von Algorithmen auf:

```
template <class InputIterator, class OutputIterator, class T>
OutputIterator replace_copy(InputIterator first,
                            InputIterator last,
                            OutputIterator result,
                            const T& old_value,
                            const T& new_value);

template <class Iterator, class OutputIterator,
          class Predicate, class T>
OutputIterator replace_copy_if(Iterator first,
                               Iterator last,
                               OutputIterator result,
```

```
                    Predicate pred,
                    const T& new_value);
```

Die kopierenden Varianten unterscheiden sich im Namen durch ein hinzugefügtes `_copy`.

## 18.15  fill und fill_n

Wenn eine Sequenz ganz oder teilweise mit immer gleichen Werten, nämlich Kopien von `value`, vorbesetzt werden soll, eignen sich die Algorithmen `fill()` oder `fill_n()`:

```
template <class ForwardIterator, class T>
void fill(ForwardIterator first, ForwardIterator last,
          const T& value);

// Beispiel: alle Werte eines Vektors v mit 0.45 besetzen
fill(v.begin(), v.end(), 0.45);

template <class OutputIterator, class Size, class T>
OutputIterator fill_n(OutputIterator first, Size n,
                      const T& value);
```

Im Unterschied zu `fill()` erwartet `fill_n()` die Angabe n, wie viele Elemente der Sequenz, auf die `first` verweist, mit `value` vorbesetzt werden sollen. Zurückgegeben wird ein Iterator auf das Ende des modifizierten Bereichs.

```
// Beispiel: die erste Hälfte eines Vektors v mit 0.45 besetzen
fill_n(v.begin(), v.size()/2, 0.45);
```

## 18.16  generate und generate_n

Ein Generator im Algorithmus `generate()` ist ein Funktionsobjekt oder eine Funktion, die ohne Parameter aufgerufen und deren Ergebnis den Elementen der Sequenz der Reihe nach zugewiesen wird. Wie bei `fill()` gibt es eine Variante, die ein Iteratorpaar erwartet, und eine Variante, die den Anfangsiterator und eine Stückzahl benötigt:

```
template <class ForwardIterator, class Generator>
void generate(ForwardIterator first,
              ForwardIterator last,
              Generator gen);

template <class OutputIterator, class Size, class Generator>
OutputIterator generate_n(OutputIterator first,
```

```
                        Size n,
                        Generator gen);
```

Das Beispiel zeigt die erste Variante, wobei der Generator als temporäres Funktionsobjekt zur Generierung von Zweierpotenzen auftritt.

```
#include<vector>
#include<iostream>
#include<algorithm>

class Zweierpotenz {
  public:
    Zweierpotenz(): start(1){}
    unsigned long operator()() {
      return (start <<= 1);
    }
  private:
    unsigned long start;
};
int main() {
  vector<long> v(10);
  generate(v.begin(), v.end(), Zweierpotenz());
  for(size_t i = 0; i < v.size();++i)
      cout << v[i] << ' '; // 2 4 8 16 32 64 128 256 512 1024
}
```

## 18.17 remove und Varianten

Der Algorithmus entfernt alle Elemente aus einer Sequenz, die gleich einem Wert `value` sind bzw. einem Prädikat `pred` genügen. Hier sind die Prototypen einschließlich der kopierenden Varianten aufgeführt:

```
template <class ForwardIterator, class T>
ForwardIterator remove(ForwardIterator first,
            ForwardIterator last,
            const T& value);

template <class ForwardIterator, class Predicate>
ForwardIterator remove_if(ForwardIterator first,
            ForwardIterator last,
            Predicate pred);

template <class InputIterator, class OutputIterator, class T>
OutputIterator remove_copy(InputIterator first,
            InputIterator last,
```

```
                         OutputIterator result,
                         const T& value);

template <class InputIterator, class OutputIterator,
        class Predicate>
OutputIterator remove_copy_if(InputIterator first,
                              InputIterator last,
                              OutputIterator result,
                              Predicate pred);
```

»Entfernen eines Elements« bedeutet in Wirklichkeit, dass alle nachfolgenden Elemente um eine Position nach links rücken. Das letzte Element wird bei Entfernen eines einzigen Elements verdoppelt, weil eine Kopie davon dem vorhergehenden Platz zugewiesen wird. `remove()` gibt einen Iterator auf das nunmehr verkürzte Ende der Sequenz zurück.

Dabei ist zu beachten, dass die gesamte Länge der Sequenz sich nicht ändert! Es wird keine Neuordnung des Speicherplatzes vorgenommen. Falls nicht kopiert wird, enthält der Bereich zwischen dem zurückgegebenen Iterator und `last` nur noch bedeutungslos gewordene Elemente.

## 18.18 unique

Der Algorithmus `unique()` löscht gleiche aufeinanderfolgende Elemente bis auf eins und ist bereits als Elementfunktion von Containern bekannt. Er wird außerdem als globale Funktion mit einer zusätzlichen kopierenden Variante zur Verfügung gestellt:

```
template <class ForwardIterator>
ForwardIterator unique(ForwardIterator first,
                       ForwardIterator last);

template <class ForwardIterator, class BinaryPredicate>
ForwardIterator unique(ForwardIterator first,
                       ForwardIterator last,
                       BinaryPredicate binary_pred);

template <class InputIterator, class OutputIterator>
OutputIterator unique_copy(InputIterator first,
                           InputIterator last,
                           OutputIterator result);

template <class InputIterator, class OutputIterator,
         class BinaryPredicate>
OutputIterator unique_copy(InputIterator first,
                           InputIterator last,
```

```
                        OutputIterator result,
                        BinaryPredicate binary_pred);
```

Im folgenden Beispiel werden überzählige gleiche Elemente eines Vektors entfernt, sodass im Ergebnis kein Element doppelt auftritt.

```
vector<int> v(100);
// hier Vektor mit Daten bestücken ...

// Vektor sortieren, siehe Seite 543
sort(v.begin(), v.end());

// Dubletten beseitigen
vector<int>::iterator last = unique(v.begin(), v.end());

// bedeutungslos gewordene Elemente entfernen
v.erase(last, v.end());
```

Die beiden letzten Schritte können zusammengefasst werden:

```
// Dubletten beseitigen und Vektor entsprechend kürzen
v.erase(unique(v.begin(), v.end()), v.end());
```

## 18.19 reverse

reverse() dreht die Reihenfolge der Elemente einer Sequenz um: Die ersten werden die letzten sein – und umgekehrt. Weil das erste Element mit dem letzten vertauscht wird, das zweite mit dem zweitletzten usw., ist ein bidirektionaler Iterator erforderlich, der die Sequenz beidseitig beginnend bearbeiten kann.

```
template <class BidirectionalIterator>
void reverse(BidirectionalIterator first,
             BidirectionalIterator last);

template <class BidirectionalIterator, class OutputIterator>
OutputIterator reverse_copy(BidirectionalIterator first,
                            BidirectionalIterator last,
                            OutputIterator result);
```

```
// Beispiel: Reihenfolge aller Zeichen im String S umkehren
reverse(S.begin(), S.end());
```

## 18.20 rotate

Dieser Algorithmus verschiebt die Elemente einer Sequenz nach links, wobei die vorne herausfallenden am Ende wieder eingefügt werden.

```
template <class ForwardIterator>
void rotate(ForwardIterator first,
            ForwardIterator middle,
            ForwardIterator last);
template <class ForwardIterator, class OutputIterator>
OutputIterator rotate_copy(ForwardIterator first,
                           ForwardIterator middle,
                           ForwardIterator last,
                           OutputIterator result);
```

Es handelt sich um eine Linksrotation. `first` und `last` geben den Bereich an, in dem rotiert werden soll. Der Iterator `middle` zeigt auf das Element, das nach der Rotation am Anfang der Sequenz stehen soll. Das Beispiel zeigt eine Rotation in einem Vektor V um ein Element.

```
rotate(V.begin(), V.begin() + 1, V.end());
```

## 18.21 random_shuffle

Dieser Algorithmus dient zum Mischen der Elemente einer Sequenz, also zur zufälligen Änderung ihrer Reihenfolge. Die Sequenz muss Random-Access-Iteratoren zur Verfügung stellen, zum Beispiel `vector` oder `deque`. Der Algorithmus ist in zwei Varianten vorhanden:

```
template <class RandomAccessIterator>
void random_shuffle(RandomAccessIterator first,
                    RandomAccessIterator last);
template <class RandomAccessIterator,
          class RandomNumberGenerator>
void random_shuffle(RandomAccessIterator first,
                    RandomAccessIterator last,
                    RandomNumberGenerator& rand);
```

Die Mischung der Elemente soll gleichverteilt sein; dies hängt natürlich vom verwendeten Zufallszahlengenerator ab. Die erste Variante benutzt eine interne, d.h. nicht in [ISO98] spezifizierte Zufallsfunktion.

Vom Zufallszahlengenerator oder der Zufallsfunktion wird erwartet, dass ein positives Argument n vom Distanztyp des verwendeten Random-Access-Iterators genommen und ein Wert zwischen 0 und (n−1) zurückgegeben wird.

Im Beispiel ist ein Zufallszahlengenerator namens RAND angegeben, der den Vorteil hat, sehr einfach und von Systemfunktionen unabhängig zu sein. Der Nachteil ist die kurze Periode. In vielen Fällen spielt dies keine Rolle.

```cpp
// rand.h
#ifndef RAND_H
#define RAND_H

class RAND {
    public:
        RAND() : r(1) {}

        // gibt eine int-Pseudo-Zufallszahl zwischen 0 und X-1 zurück
        // Periode: 2048
        int operator()(int X) {
            r = (125 * r) % 8192;
            return int(double(r)/8192.0*(X));
        }

    private:
        long int r;
};
#endif
```

```cpp
// rshuffle.cpp
#include<algorithm>
#include<vector>
#include"rand.h"
using namespace std;

int main() {
    vector<int> v(12);
    for(size_t i = 0; i < v.size(); ++i)
        v[i] = i;        // 0 1 2 3 4 5 6 7 8 9 10 11

    random_shuffle(v.begin(), v.end());   // 4 8 5 11 7 1 3 9 6 2 10 0

    random_shuffle(v.begin(), v.end(), RAND());
                                          // 8 1 2 6 11 0 5 4 10 3 9 7
}
```

## 18.22 partition

Eine Sequenz kann mit partition() so in zwei Bereiche zerlegt werden, dass alle Elemente, die einem bestimmten Kriterium pred genügen, anschließend vor allen anderen liegen. Es wird ein Iterator zurückgegeben, der auf den Anfang des zweiten Bereichs zeigt. Alle vor diesem Iterator liegenden Elemente genügen dem Prädikat. Eine typische Anwendung für eine derartige Zerlegung findet sich im bekannten Quicksort-Algorithmus.

Die zweite Variante `stable_partition()` garantiert darüber hinaus, dass die relative Ordnung der Elemente innerhalb eines Bereichs erhalten bleibt. Diese zweite Variante ist von der Funktion her ausreichend, sodass man die erste normalerweise nicht benötigt. Bei knappem Speicher benötigt die zweite Variante jedoch geringfügig mehr Laufzeit ($O(N \log N)$ statt $O(N)$, $N = last - first$), sodass es beide Varianten gibt. Die Prototypen sind:

```
template <class BidirectionalIterator, class Predicate>
BidirectionalIterator partition(BidirectionalIterator first,
                                BidirectionalIterator last,
                                Predicate pred);

template <class BidirectionalIterator, class Predicate>
BidirectionalIterator stable_partition(
                                BidirectionalIterator first,
                                BidirectionalIterator last,
                                Predicate pred);

// Beispiel: Zerlegung eines int-Vektors v in einer Weise,
// dass zuerst alle negativen Zahlen kommen
partition(v.begin(), v.end(), bind2nd(less<int>(),0));
```

## 18.23 sort

Der Algorithmus `sort()` sortiert zwischen den Iteratoren `first` und `last`. Er ist nur für Container mit Random-Access-Iteratoren geeignet, wie zum Beispiel `vector` oder `deque`. Ein wahlfreier Zugriff auf Elemente einer Liste ist nicht möglich, deshalb ist für eine Liste vom Typ `list` die dafür definierte Elementfunktion `list::sort()` zu nehmen.

```
template <class RandomAccessIterator>
void sort(RandomAccessIterator first, RandomAccessIterator last);

template <class RandomAccessIterator, class Compare>
void sort(RandomAccessIterator first, RandomAccessIterator last,
          Compare comp);
```

Die Sortierung ist nicht stabil, das heißt, dass verschiedene Elemente, die jedoch denselben Sortierschlüssel haben, in der sortierten Folge nicht unbedingt dieselbe Reihenfolge untereinander wie vorher in der unsortierten Folge haben. Der Aufwand ist im Mittel $O(N \log N)$ mit $N = $ `last - first`. Über das Verhalten im schlechtesten Fall (englisch *worst case*) wird keine Aufwandsschätzung gegeben. Falls das Worst-case-Verhalten wichtig ist, wird jedoch empfohlen, lieber `stable_sort()` zu verwenden.

```
template <class RandomAccessIterator>
void stable_sort(RandomAccessIterator first,
                 RandomAccessIterator last);

template <class RandomAccessIterator, class Compare>
void stable_sort(RandomAccessIterator first,
                 RandomAccessIterator last,
                 Compare comp);
```

Die Komplexität von `stable_sort()` ist auch im schlechtesten Fall $O(N \log N)$, falls genug Speicher zur Verfügung steht. Andernfalls ist der Aufwand höchstens $O(N(\log N)^2)$. Der Algorithmus basiert intern auf dem Sortieren durch Verschmelzen (*merge sort*, siehe mehr dazu auf Seite 550), das im Durchschnitt um einen konstanten Faktor von etwa 1,4 mehr Zeit als Quicksort benötigt. Dem zeitlichen Mehraufwand von 40 % stehen das sehr gute Verhalten im schlechtesten Fall und die Stabilität von `stable_sort()` gegenüber.

Der Zufallsgenerator im Beispiel wird aus einem vorhergehenden Beispiel übernommen. Die Anwendung eines Funktionsobjekts anstelle des Operators < wird ebenfalls gezeigt, wobei im Sortierkriterium `Absolutbetrag` das Vorzeichen ignoriert wird.

```
#include<vector>
#include<iostream>
#include<algorithm>
#include<cstdlib>      // für abs()
#include<rand.h>       // siehe Seite 542
using namespace std;

struct Absolutbetrag {
  bool operator()(int x, int y) {
    return abs(x) < abs(y);
  }
};

int main() {
   vector<int> v(12);
   RAND Zufall;
   // Vektor mit Zufallswerten initialisieren, wobei
   // es auch negative Werte gibt:
   for(size_t i = 0; i < v.size(); ++i)
      v[i] = Zufall(1000) - 400;

   // nach Größe sortieren
   sort(v.begin(), v.end());
   // ...
```

```
    // nach Absolutbetrag sortieren
    sort(v.begin(), v.end(), Absolutbetrag());
    // ...
}
```

## 18.23.1 partial_sort

Teilweises Sortieren bringt die $M$ kleinsten Elemente nach vorn, der Rest bleibt unsortiert. Der Algorithmus verlangt jedoch nicht die Zahl $M$, sondern einen Iterator `middle` auf die entsprechende Position, sodass $M$ = `middle - first` gilt. Die Prototypen sind:

```
template <class RandomAccessIterator>
void partial_sort(RandomAccessIterator first,
                  RandomAccessIterator middle,
                  RandomAccessIterator last);

template <class RandomAccessIterator, class Compare>
void partial_sort(RandomAccessIterator first,
                  RandomAccessIterator middle,
                  RandomAccessIterator last,
                  Compare comp);
```

Die Komplexität ist etwa $O(N \log M)$. Der Programmauszug für einen Vektor v zeigt die teilweise Sortierung. Im Ergebnis sind in der ersten Hälfte alle Elemente kleiner als in der zweiten. In der ersten Hälfte sind sie darüber hinaus sortiert, in der zweiten jedoch nicht.

```
        partial_sort(v.begin(), v.begin() + v.size()/2, v.end());
```

Beide Varianten gibt es auch in einer kopierenden Form, wobei `result_first` bzw. `result_last` sich auf den Zielcontainer beziehen. Die Anzahl der sortierten Elemente ergibt sich aus der kleineren der beiden Differenzen `result_last - result_first` bzw. `last - first`.

```
template <class InputIterator, class RandomAccessIterator>
RandomAccessIterator partial_sort_copy(
                  InputIterator first,
                  InputIterator last,
                  RandomAccessIterator result_first,
                  RandomAccessIterator result_last);

template <class InputIterator, class RandomAccessIterator,
          class Compare>
RandomAccessIterator partial_sort_copy(
                  InputIterator first,
                  InputIterator last,
```

```
                    RandomAccessIterator result_first,
                    RandomAccessIterator result_last,
                    Compare comp);
```

Der zurückgegebene Random-Access-Iterator zeigt auf das Ende des beschriebenen Bereichs, also auf `result_last` oder auf `result_first + (last - first)`, je nachdem, welcher Wert kleiner ist.

## 18.24  nth_element

Das $n$.-größte oder $n$.-kleinste Element einer Sequenz mit Random-Access-Iteratoren kann mit `nth_element()` gefunden werden.

```
template <class RandomAccessIterator>
void nth_element(RandomAccessIterator first,
                 RandomAccessIterator nth,
                 RandomAccessIterator last);

template <class RandomAccessIterator, class Compare>
void nth_element(RandomAccessIterator first,
                 RandomAccessIterator nth,
                 RandomAccessIterator last,
                 Compare comp);
```

*Tipp*  Der Iterator `nth` wird auf die gewünschte Stelle gesetzt, zum Beispiel auf den Beginn des Containers. Nach Aufruf von `nth_element()` ist das kleinste Element an diese Stelle gerutscht. Die Reihenfolge der Elemente im Container wird also *geändert*. Falls `nth` vor Aufruf zum Beispiel auf die Position `v.begin() + 6` zeigt, steht dort anschließend das siebtkleinste Element.

Nach Aufruf des Algorithmus stehen links von `nth` nur Elemente, die kleiner oder gleich `(*nth)` und allen Elementen rechts davon sind.

Der Aufwand des Algorithmus ist im Durchschnitt linear ($O(N)$). Der Aufwand in der vorliegenden Implementierung ist im schlechtesten, wenn auch seltenen Fall $O(N^2)$, weil ein Quicksort-ähnlicher Zerlegungsmechanismus verwendet wird.

```
// Beispiel: Medianwert in einer Deque d ermitteln
// Annahme: d.size() ist ungerade
deque<int>::iterator nth = d.begin() + d.size()/2;
nth_element(d.begin(), nth, d.end());

cout << "Medianwert :"
     << (*nth)
     << endl;
```

## 18.25 Binäre Suche

Alle Algorithmen dieses Abschnitts sind Variationen der binären Suche. Wenn ein wahlfreier Zugriff mit einem Random-Access-Iterator auf eine sortierte Folge mit $n$ Elementen möglich ist, ist die binäre Suche sehr schnell. Es werden maximal $1 + \log_2 n$ Zugriffe benötigt, um das Element zu finden oder festzustellen, dass es nicht vorhanden ist.

Falls ein wahlfreier Zugriff nicht möglich ist, wie zum Beispiel bei einer Liste, in der man sich von Element zu Element hangeln muss, um ein bestimmtes Element zu finden, ist die Zugriffszeit von der Ordnung $O(n)$.

Die C++-Standardbibliothek stellt vier Algorithmen bereit, die im Zusammenhang mit dem Suchen und Einfügen in sortierte Folgen sinnvoll sind und sich algorithmisch sehr ähneln:

### 18.25.1 binary_search

```
template <class ForwardIterator, class T>
bool binary_search(ForwardIterator first, ForwardIterator last,
                   const T& value);

template <class ForwardIterator, class T, class Compare>
bool binary_search(ForwardIterator first, ForwardIterator last,
                   const T& value,
                   Compare comp);
```

Dies ist die eigentliche binäre Suche. Hier und in den folgenden drei (beziehungsweise sechs bei Mitzählen der `Compare`-Variante) Algorithmen kann der Forward-Iterator durch einen Random-Access-Iterator ersetzt werden, sofern der Container es erlaubt. Die Funktion gibt `true` zurück, falls der Wert `value` gefunden wird.

Dabei wird nur der Operator `<` benutzt, indem in der ersten Variante die Beziehung `(!(*i < value) && !(value < *i))` betrachtet wird (Äquivalenz). `i` ist ein Iterator im Bereich `[first, last)`. In der zweiten Variante wird entsprechend `(!comp(*i, value) && !comp(value, *i))` ausgewertet. Ein Beispiel wird nach Vorstellung der nächsten drei Algorithmen gezeigt.

### 18.25.2 lower_bound

Dieser Algorithmus findet die erste Stelle, an der ein Wert `value` eingefügt werden kann, ohne die Sortierung zu stören. Der zurückgegebene Iterator, er sei hier `i` genannt, zeigt auf diese Stelle, sodass ein Einfügen ohne weitere Suchvorgänge mit `insert(i, value)` möglich ist. Für alle Iteratoren `j` im Bereich `[first, i)` gilt, dass `*j < value` ist bzw. `comp(*j, value) == true`. Die Prototypen sind:

```
template <class ForwardIterator, class T>
ForwardIterator lower_bound(ForwardIterator first,
                            ForwardIterator last,
                            const T& value);

template <class ForwardIterator, class T, class Compare>
ForwardIterator lower_bound(ForwardIterator first,
                            ForwardIterator last,
                            const T& value,
                            Compare comp);
```

### 18.25.3  upper_bound

Dieser Algorithmus findet die *letzte* Stelle, an der ein Wert `value` eingefügt werden kann, ohne die Sortierung zu stören. Der zurückgegebene Iterator `i` zeigt auf diese Stelle, sodass ein schnelles Einfügen mit `insert(i, value)` möglich ist. Die Prototypen sind:

```
template <class ForwardIterator, class T>
ForwardIterator upper_bound(ForwardIterator first,
                            ForwardIterator last,
                            const T& value);

template <class ForwardIterator, class T, class Compare>
ForwardIterator upper_bound(ForwardIterator first,
                            ForwardIterator last,
                            const T& value,
                            Compare comp);
```

### 18.25.4  equal_range

Dieser Algorithmus ermittelt den größtmöglichen Bereich, innerhalb dessen an jeder beliebigen Stelle ein Wert `value` eingefügt werden kann, ohne die Sortierung zu stören. Bezüglich der Sortierung enthält dieser Bereich also äquivalente Werte. Die Elemente `p.first` und `p.second` des zurückgegebenen Iteratorpaars, hier `p` genannt, begrenzen den Bereich. Für jeden Iterator `k`, der die Bedingung `p.first` ≤ `k` < `p.second` erfüllt, ist schnelles Einfügen mit `insert(k, value)` möglich. Die Prototypen sind:

```
template <class ForwardIterator, class T>
pair<ForwardIterator, ForwardIterator>
```

## 18.25 Binäre Suche

```
equal_range(ForwardIterator first,
            ForwardIterator last,
            const T& value);

template <class ForwardIterator, class T, class Compare>
pair<ForwardIterator, ForwardIterator>
equal_range(ForwardIterator first, ForwardIterator last,
            const T& value, Compare comp);
```

Die beschriebenen Algorithmen werden anhand eines Beispielprogramms demonstriert, wobei `upper_bound()` wegen seiner Ähnlichkeit mit `lower_bound()` nicht aufgeführt ist. Die Sortierung des Containers muss gewährleistet sein, weil alle Algorithmen dieses Abschnitts dies voraussetzen.  *Tipp*

```cpp
// binarysearch.cpp
// Beispiel für binary_search und verwandte Algorithmen
#include<algorithm>
#include<list>
#include<string>
using namespace std;
int main() {
    list<string> dieStaedte;
    dieStaedte.push_front("Bremen");
    dieStaedte.push_front("Paris");
    dieStaedte.push_front("Mailand");
    dieStaedte.push_front("Hamburg");
    dieStaedte.sort();                    // wichtige Vorbedingung

    string Stadt;
    cout << "welche Stadt suchen/einfügen? ";
    cin >> Stadt;

    if(binary_search(dieStaedte.begin(), dieStaedte.end(), Stadt))
        cout << Stadt << " ist vorhanden\n";
    else
        cout << Stadt << " ist noch nicht vorhanden\n";

    // Einfügen an der richtigen Stelle
    cout << Stadt << " wird eingefügt:\n";
    list<string>::iterator i =
        lower_bound(dieStaedte.begin(), dieStaedte.end(), Stadt);
    dieStaedte.insert(i, Stadt);

    // Bereich gleicher Werte
    pair<list<string>::iterator, list<string>::iterator>
     p = equal_range(dieStaedte.begin(), dieStaedte.end(), Stadt);
```

```
    // Die zwei Iteratoren des Paares p begrenzen den Bereich,
    // in dem Stadt vorkommt:
    list<string>::difference_type n =
                        distance(p.first, p.second);
    cout << Stadt << " ist " << n
         << " mal in der Liste vorhanden\n";
}
```

## 18.26  Verschmelzen (Mischen)

Verschmelzen, auch Mischen genannt, ist ein Verfahren, zwei sortierte Sequenzen zu einer zu vereinigen. Dabei werden schrittweise die jeweils ersten Elemente beider Sequenzen verglichen, und es wird das kleinere (oder größere, je nach Sortierkriterium) Element in die Ausgabesequenz gepackt. Die Prototypen sind:

```
template <class InputIterator1, class InputIterator2,
          class OutputIterator>
OutputIterator merge(InputIterator1 first1,
                     InputIterator1 last1,
                     InputIterator2 first2,
                     InputIterator2 last2,
                     OutputIterator result);
template <class InputIterator1, class InputIterator2,
          class OutputIterator, class Compare>
OutputIterator merge(InputIterator1 first1,
                     InputIterator1 last1,
                     InputIterator2 first2,
                     InputIterator2 last2,
                     OutputIterator result,
                     Compare comp);
```

`merge()` setzt eine vorhandene Ausgabesequenz voraus. Falls eine der beiden Eingangssequenzen erschöpft ist, wird der Rest der anderen in die Ausgabe kopiert. Ein kleines Programmfragment soll dies zeigen:

```
// Verschmelzen zweier Folgen v1 und v2, Ablage in result
merge(v1.begin(), v1.end(), v2.begin(), v2.end(), result.begin());
```

Vom Prinzip her erlaubt das Verschmelzen sehr schnelles Sortieren der Komplexität $O(N \log N)$ nach dem rekursiven Schema

1. Teile die Liste in zwei Hälften

2. Falls die Hälften mehr als ein Element haben, sortiere beide Hälften mit *diesem Verfahren* (Rekursion)

3. Beide Hälften zur Ergebnisliste verschmelzen.

Eine nichtrekursive Variante ist natürlich möglich. Die Sortierung ist stabil. Der Nachteil besteht im notwendigen zusätzlichen Speicher für das Ergebnis. Zum Vergleich mit dem obigen Schema sei der Merge-Sort genannte Algorithmus mit den Mitteln der C++-Standardbibliothek formuliert (ohne dass er selbst dazugehört!):

```cpp
template<class InputIterator, class OutputIterator>
void mergesort(InputIterator first,
               InputIterator last,
               OutputIterator result) {
    iterator_traits<InputIterator>::difference_type
                 n    = distance(first, last),
                 Half = n/2;
    InputIterator Middle = first;
    advance(Middle, Half);

    if(Half > 1)              // ggf. linke Hälfte sortieren
        mergesort(first, Middle, result);   // Rekursion
    if(n - Half > 1) {        // ggf. rechte Hälfte sortieren
        OutputIterator result2 = result;
        advance(result2, Half);
        mergesort(Middle, last, result2);   // Rekursion
    }
    // beide Hälften verschmelzen und Ergebnis zurückkopieren
    OutputIterator End =
        merge(first, Middle, Middle, last, result);
    copy(result, End, first);
}
```

Die letzten beiden Zeilen der Funktion können auf Kosten der Lesbarkeit zusammengefasst werden, wie es oft in der Implementierung der C++-Standardbibliothek zu finden ist:

```cpp
// Beide Hälften verschmelzen und Ergebnis zurückkopieren
copy(result, merge(first, Middle, Middle, last, result), first);
```

Der Vorteil des hier beschriebenen Algorithmus gegenüber `stable_sort()` besteht darin, dass nicht nur Container, die mit Random-Access-Iteratoren zusammenarbeiten, sortiert werden können. Es genügen bidirektionale Iteratoren, sodass `v` im obigen Programm auch eine Liste sein kann. Sie kann mit `push_front()` gefüllt werden. Voraussetzung ist nur, dass eine Liste `puffer` vorhanden ist, die mindestens so viele Elemente wie `v` hat.

```cpp
// Anwendung von Merge-Sort auf Liste
list<int> L;
// hier Liste mit Daten füllen ...
```

```
// Neue Liste mit genauso viel Platz schaffen:
list<int> buffer = L;
// Liste L sortieren und Ergebnis in buffer ablegen:
mergesort(v.begin(), v.end(), buffer.begin());
```

### 18.26.1 Verschmelzen an Ort und Stelle

Wenn Sequenzen an Ort und Stelle gemischt werden sollen, muss der Weg über einen Pufferspeicher gehen. Die Funktion `inplace_merge()` mischt Sequenzen so, dass das Ergebnis an die Stelle der Eingangssequenzen tritt. Die Prototypen sind:

```
template <class BidirectionalIterator>
void inplace_merge(BidirectionalIterator first,
                   BidirectionalIterator middle,
                   BidirectionalIterator last);

template <class BidirectionalIterator, class Compare>
void inplace_merge(BidirectionalIterator first,
                   BidirectionalIterator middle,
                   BidirectionalIterator last,
                   Compare comp);
```

Der Pufferspeicher wird intern und implementationsabhängig bereitgestellt.

```
// cppbuch/k18/merge1.cpp
#include<algorithm>
#include<showseq.h>    // showSequence()
#include<vector>
using namespace std;
int main() {
    vector<int> v(16);                        // gerade Anzahl
    int middle = v.size()/2;
    for(int i = 0; i < middle; ++i) {
        v[i]          = 2*i;                  // gerade
        v[middle + i] = 2*i + 1;              // ungerade
    }
    showSequence(v); // zeigt den Inhalt eines Containers an,
                     // siehe cppbuch/include/showseq.h
    inplace_merge(v.begin(), v.begin() + middle, v.end());
}
```

Die erste Hälfte eines Vektors wird hier mit geraden Zahlen belegt, die zweite mit ungeraden. Nach dem Verschmelzen enthält derselbe Vektor alle Zahlen, ohne dass explizit ein Ergebnisbereich angegeben werden muss:

*0 2 4 6 8 10 12 14 1 3 5 7 9 11 13 15*   vorher
*0 1 2 3 4 5 6 7 8 9 10 11 12 13 14 15*   nachher

## 18.27 Mengenoperationen auf sortierten Strukturen

Die folgenden Algorithmen beschreiben die grundlegenden Mengenoperationen wie Vereinigung, Durchschnitt usw. auf *sortierten* Strukturen. In der C++-Standardbibliothek basiert ja auch die Klasse `set` auf sortierten Strukturen (siehe Abschnitt 16.7). Die Komplexität der Algorithmen ist $O(N_1 + N_2)$, wobei $N_1$ und $N_2$ die jeweilige Anzahl der Elemente der beteiligten Mengen sind.

Mengenoperationen auf sortierten Strukturen sind nur unter bestimmten Bedingungen sinnvoll und es sind Randbedingungen zu beachten.

- Standard-Container aus Kapitel 16: `vector`, `list`, `deque`
  - Der Ergebniscontainer bietet ausreichend Platz. Nachteil: Nach dem Ende der Ergebnissequenz stehen noch alte Werte im Container, falls der Platz mehr als genau ausreichend ist.
  - Der Output-Iterator darf nicht identisch mit `v1.begin()` oder `v2.begin()` sein. `v1` und `v2` sind die zu verknüpfenden Mengen.
  - Der Ergebniscontainer ist leer. In diesem Fall ist ein Insert-Iterator als Output-Iterator zu nehmen. *Tipp*

- Assoziative Container: `set`, `map`

  Grundsätzlich ist ein Insert-Iterator zu nehmen. Der Inhalt eines Elements darf nicht direkt, das heißt über eine Referenz auf das Element, geändert werden. So würde sich ein nicht einfügender Output-Iterator verhalten, und die Sortierung innerhalb des Containers und damit seine Integrität würde verletzt.

### 18.27.1 includes

Die Funktion `includes` gibt an, ob jedes Element einer zweiten sortierten Struktur $S_2$ in der ersten Struktur $S_1$ enthalten ist. Sie prüft also, ob die zweite Struktur eine Teilmenge der ersten ist. Der Rückgabewert ist `true`, falls $S_2 \subseteq S_1$ gilt, ansonsten `false`. Die Prototypen sind:

```
template <class InputIterator1, class InputIterator2>
  bool includes(InputIterator1 first1, InputIterator1 last1,
                InputIterator2 first2, InputIterator2 last2);
```

```
template <class InputIterator1, class InputIterator2,
          class Compare>
bool includes(InputIterator1 first1, InputIterator1 last1,
              InputIterator2 first2, InputIterator2 last2,
              Compare comp);
```

Das folgende Beispiel initialisiert einige set-Objekte als sortierte Strukturen. Man kann an deren Stelle natürlich auch schlichte Vektoren nehmen, vorausgesetzt, sie sind sortiert. Weil das Beispiel in den weiteren Abschnitten aufgegriffen wird, enthält es bereits hier mehr, als für includes() notwendig ist.

```
#include<algorithm>
#include<set>
using namespace std;

int main () {
    int v1[] = {1, 2, 3, 4};
    int v2[] = {0, 1, 2, 3, 4, 5, 7, 99, 13};
    int v3[] = {-2, 5, 12, 7, 33};

    // Sets mit den Vektorinhalten initialisieren
    // voreingestelltes Vergleichsobjekt: less<int>()
    // (implizite automatische Sortierung)

    set<int> s1(v1, v1 + 4);
    set<int> s2(v2, v2 + 8);
    set<int> s3(v3, v3 + 5);  // siehe nächster Abschnitt

    if(includes(s2.begin(), s2.end(), s1.begin(), s1.end()))
        cout << " s1 ist Teilmenge von s2";
}
```

### 18.27.2 set_union

Die Funktion set_union bildet eine sortierte Struktur, in der alle Elemente enthalten sind, die in wenigstens einer von zwei anderen sortierten Strukturen $S_1$ und $S_2$ vorkommen. Es wird die Vereinigung beider Strukturen gebildet:

$$S = S_1 \cup S_2$$

Voraussetzung ist, dass die aufnehmende Struktur genügend Platz bietet, oder dass sie leer ist und ein Insert-Iterator als Output-Iterator verwendet wird. Die Prototypen sind:

```
template <class InputIterator1, class InputIterator2,
          class OutputIterator>
OutputIterator set_union(InputIterator1 first1,
```

```
                         InputIterator1 last1,
                         InputIterator2 first2,
                         InputIterator2 last2,
                         OutputIterator result);
template <class InputIterator1, class InputIterator2,
          class OutputIterator, class Compare>
OutputIterator set_union(InputIterator1 first1,
                         InputIterator1 last1,
                         InputIterator2 first2,
                         InputIterator2 last2,
                         OutputIterator result,
                         Compare comp);
```

Die Ergebnismenge `Result` (siehe unten) ist anfangs leer. Im nachfolgenden Beispiel muss der Output-Iterator ein Insert-Iterator sein. Dazu wird die Funktion `inserter()`, die auf Seite 525 beschrieben ist, in der Parameterliste aufgeführt. Sie gibt einen Insert-Iterator zurück. Nur `Result.begin()` als Output-Iterator zu verwenden, führt zu Fehlern.

```
set<int> Result;         // leere Menge (s1, s2, s3 seien wie oben)

set_union(s1.begin(), s1.end(),
          s3.begin(), s3.end(),
          inserter(Result, Result.begin()));

ostream_iterator<int> Output(cout, " ");
copy(s1.begin(), s1.end(), Output); // 1 2 3 4
cout << " vereinigt mit ";
copy(s3.begin(), s1.end(), Output); // -2 5 7 12 33
cout << "ergibt ";
copy(Result.begin(), Result.end(), Output);
                         // -2 1 2 3 4 5 7 12 33
```

## 18.27.3  set_intersection

Die Funktion `set_intersection` bildet eine sortierte Struktur, in der alle Elemente enthalten sind, die sowohl in der einen als auch in der anderen von zwei sortierten Strukturen $S_1$ und $S_2$ vorkommen. Es wird der Durchschnitt beider Strukturen gebildet:

$$S = S_1 \cap S_2$$

Die Prototypen sind:

```
template <class InputIterator1, class InputIterator2,
          class OutputIterator>
```

```
OutputIterator set_intersection(InputIterator1 first1,
                                InputIterator1 last1,
                                InputIterator2 first2,
                                InputIterator2 last2,
                                OutputIterator result);
template <class InputIterator1, class InputIterator2,
          class OutputIterator, class Compare>
OutputIterator set_intersection(InputIterator1 first1,
                                InputIterator1 last1,
                                InputIterator2 first2,
                                InputIterator2 last2,
                                OutputIterator result,
                                Compare comp);
```

Um die alten Ergebnisse zu löschen, wird `clear()` aufgerufen. Andernfalls würden sie mit ausgegeben.

```
// Fortsetzung des Beispiels von oben
Result.clear();                          // Menge leeren

set_intersection(s2.begin(), s2.end(),
                 s3.begin(), s3.end(),
         inserter(Result, Result.begin()));

copy(s2.begin(), s2.end(), Output);     // 0 1 2 3 4 5 7 9 9
cout << " geschnitten mit ";
copy(s3.begin(), s1.end(), Output);     // -2 5 7 12 33
cout << "ergibt ";
copy(Result.begin(), Result.end(), Output);  // 5 7
```

### 18.27.4 set_difference

Die Funktion `set_difference` bildet eine sortierte Struktur, in der alle Elemente enthalten sind, die in der ersten Struktur $S_1$, aber nicht in einer zweiten sortierten Struktur $S_2$ vorkommen. Es wird die Differenz $S_1 - S_2$ beider Strukturen gebildet, auch als $S_1 \setminus S_2$ geschrieben. Die Prototypen sind:

```
template <class InputIterator1, class InputIterator2,
          class OutputIterator>
OutputIterator set_difference(InputIterator1 first1,
                              InputIterator1 last1,
                              InputIterator2 first2,
                              InputIterator2 last2,
                              OutputIterator result);
```

```
template <class InputIterator1, class InputIterator2,
          class OutputIterator, class Compare>
OutputIterator set_difference(InputIterator1 first1,
                              InputIterator1 last1,
                              InputIterator2 first2,
                              InputIterator2 last2,
                              OutputIterator result,
                              Compare comp);
```

Das Beispiel folgt dem obigen Muster:

```
Result.clear();
set_difference(s2.begin(), s2.end(),
               s1.begin(), s1.end(),
               inserter(Result, Result.begin()));

copy(s2.begin(), s2.end(), Output);        // 0 1 2 3 4 5 7 9 9
cout << "  abzüglich ";
copy(s1.begin(), s1.end(), Output);        // 1 2 3 4
cout << "ergibt ";
copy(Result.begin(), Result.end(), Output); // 0 5 7 9 9
```

### 18.27.5 set_symmetric_difference

Die Funktion `set_symmetric_difference` bildet eine sortierte Struktur, in der alle Elemente enthalten sind, die entweder in der ersten Struktur $S_1$ oder in einer zweiten sortierten Struktur $S_2$ vorkommen, aber nicht in beiden. Es wird die symmetrische Differenz beider Strukturen gebildet, auch als Exklusiv-Oder bezeichnet. Mit den vorangegangenen Operationen kann die symmetrische Differenz ausgedrückt werden:

$$S = (S_1 - S_2) \cup (S_2 - S_1) \qquad \text{oder}$$

$$S = (S_1 \cup S_2) - (S_2 \cap S_1)$$

Die Prototypen sind:

```
template <class InputIterator1, class InputIterator2,
          class OutputIterator>
OutputIterator set_symmetric_difference(
                    InputIterator1 first1,
                    InputIterator1 last1,
                    InputIterator2 first2,
                    InputIterator2 last2,
                    OutputIterator result);
```

```
template <class InputIterator1, class InputIterator2,
          class OutputIterator, class Compare>
OutputIterator set_symmetric_difference(
                      InputIterator1 first1,
                      InputIterator1 last1,
                      InputIterator2 first2,
                      InputIterator2 last2,
                      OutputIterator result,
                      Compare comp);
```

Das letzte Beispiel dieser Art zeigt die symmetrische Differenz:

```
Result.clear();

set_symmetric_difference(s2.begin(), s2.end(),
                         s3.begin(), s3.end(),
            inserter(Result, Result.begin()));

copy(s2.begin(), s2.end(), Output);    // 0 1 2 3 4 5 7 9 9
cout << "  exklusiv oder ";
copy(s3.begin(), s3.end(), Output);    // -2 5 7 12 33
cout << "ergibt ";
copy(Result.begin(), Result.end(), Output);  // -2 0 1 2 3 4 12 33 99
```

## 18.28 Heap-Algorithmen

Die in Abschnitt 16.6.1 beschriebene Priority-Queue basiert auf einem binären Heap (englisch für Haufen oder Halde). Vor der Beschreibung der Heap-Algorithmen seien kurz die wichtigsten Eigenschaften eines Heaps charakterisiert:

- Die $N$ Elemente eines Heaps liegen in einem kontinuierlichen Array auf den Positionen 0 bis $N-1$. Es wird vorausgesetzt, dass ein wahlfreier Zugriff möglich ist (Random-Access-Iterator).

- Die Art der Anordnung der Elemente im Array entspricht einem vollständigen binären Baum, bei dem alle Ebenen mit Elementen besetzt sind. Die einzig mögliche Ausnahme bildet die unterste Ebene, in der alle Elemente auf der linken Seite erscheinen. Abbildung 18.1 zeigt die Array-Repräsentation eines Heaps $H$ mit 14 Elementen, wobei die Zahlen in den Kreisen die Array-Indizes darstellen (*nicht* die Elementwerte).

  Das Element $H[0]$ ist also stets die Wurzel, und jedes Element $H[j], (j > 0)$ hat einen Elternknoten $H[(j-1)/2]$.

- Jedem Element $H[j]$ ist eine Priorität zugeordnet, die größer oder gleich der Priorität der Kindknoten $H[2j+1]$ und $H[2j+2]$ ist. Hier und im Folgenden sei

## 18.28 Heap-Algorithmen

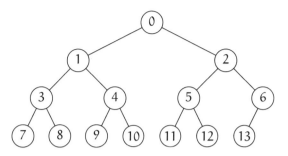

Abbildung 18.1: Array-Repräsentation eines Heaps (Zahl = Array-Index)

zur Vereinfachung angenommen, dass große Zahlen hohe Prioritäten bedeuten. Im Allgemeinen kann es auch umgekehrt sein, oder es können gänzlich andere Kriterien die Priorität bestimmen. Abbildung 18.2 zeigt beispielhafte *Elementwerte* eines Heaps: $H[0]$ ist gleich 99 usw.

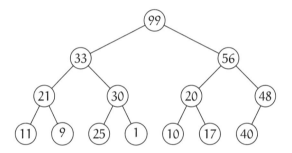

Abbildung 18.2: Array-Repräsentation eines Heaps (Zahl = Elementwert)

Beachten Sie, dass der Heap nicht vollständig sortiert ist, sondern dass es nur auf die Prioritätsrelation zwischen Eltern- und zugehörigen Kindknoten ankommt. *Tipp*

Ein Array $H$ mit $N$ Elementen ist genau dann ein Heap, wenn $H[(j-1)/2] \geq H[j]$ für $1 \leq j < N$ gilt. Daraus folgt automatisch, dass $H[0]$ das größte Element ist. Eine Priority-Queue entnimmt einfach immer das oberste Element eines Heaps, anschließend wird er restrukturiert, das heißt, das nächstgrößte Element wandert an die Spitze. Bezogen auf die Abbildungen 18.1 und 18.2 wäre dies das Element Nr. 2 mit dem Wert 56.

Die C++-Standardbibliothek bietet vier Heap-Algorithmen an, die auf alle Container, auf die mit Random-Access-Iteratoren zugegriffen werden kann, anwendbar sind.

- `pop_heap()` entfernt das Element mit der höchsten Priorität.

- `push_heap()` fügt ein Element einem vorhandenen Heap hinzu.
- `make_heap()` arrangiert alle Elemente innerhalb eines Bereichs, sodass dieser Bereich einen Heap darstellt.
- `sort_heap()` verwandelt einen Heap in eine sortierte Folge.

Diese Algorithmen müssen keine Einzelheiten über die Container wissen. Ihnen werden lediglich zwei Iteratoren übergeben, die den zu bearbeitenden Bereich markieren. Zwar ist `less<T>` als Prioritätskriterium vorgegeben, aber vielleicht wird ein anderes Kriterium gewünscht. Daher gibt es für jeden Algorithmus eine überladene Variante, welche die Übergabe eines Vergleichsobjekts erlaubt.

### 18.28.1 pop_heap

Die Funktion `pop_heap()` entnimmt ein Element aus einem Heap. Der Bereich [first, last) sei dabei ein gültiger Heap. Die Prototypen sind:

```
template <class RandomAccessIterator>
void pop_heap(RandomAccessIterator first,
              RandomAccessIterator last);

template <class RandomAccessIterator, class Compare>
void pop_heap(RandomAccessIterator first,
              RandomAccessIterator last,
              Compare comp);
```

Die Entnahme besteht nur darin, dass der Wert mit der höchsten Priorität, der an der Stelle `first` steht, mit dem Wert an der Stelle (`last -1`) vertauscht wird. Anschließend wird der Bereich [first, last-1) in einen Heap verwandelt. Die Komplexität von `pop_heap()` ist $O(\log(last - first))$. Anwendung für einen Vektor v:

```
// gültigen Heap erzeugen
make_heap(v.begin(), v.end()); // Seite 561
```

```
// die beiden Zahlen mit der höchsten
// Priorität anzeigen und entnehmen:
vector<int>::iterator last = v.end();
cout << *v.begin() << endl;
pop_heap(v.begin(), last--);

cout << *v.begin() << endl;
pop_heap(v.begin(), last--);
```

Hier ist zu beachten, dass nicht mehr `v.end()` das Heap-Ende anzeigt, sondern der Iterator `last`. Der Bereich dazwischen ist bezüglich der Heap-Eigenschaften von v *undefiniert*.

## 18.28.2 push_heap

Die Funktion `push_heap()` fügt ein Element einem vorhandenen Heap hinzu. Wie die Prototypen zeigen, werden der Funktion nur zwei Iteratoren und gegebenenfalls ein Vergleichsobjekt übergeben. Das einzufügende Element tritt hier nicht auf:

```
template <class RandomAccessIterator>
void push_heap(RandomAccessIterator first,
               RandomAccessIterator last);

template <class RandomAccessIterator, class Compare>
void push_heap(RandomAccessIterator first,
               RandomAccessIterator last,
               Compare comp);
```

Es muss die Vorbedingung gelten, dass der Bereich [first, last-1) ein gültiger Heap ist. `push_heap()` kümmert sich nicht selbst um den einzutragenden Wert. An die Stelle (last) wird deshalb *vorher* der auf den Heap abzulegende Wert eingetragen. Der anschließende Aufruf von `push_heap(first, ++last)` sorgt dafür, dass nach dem Aufruf der Bereich [first, last) ein Heap ist. Die Funktion ist etwas umständlich zu bedienen, aber sie ist auch nur als Hilfsfunktion gedacht und sehr schnell. Die Komplexität von `push_heap()` ist $O(\log(last - first))$. In den Beispiel-Heap werden nun zwei Zahlen wie beschrieben eingefügt (das vorhergehende Beispiel wird fortgesetzt):

```
// eine »wichtige Zahl« (99) eintragen
*last = 99;
push_heap(v.begin(), ++last);

// eine »unwichtige Zahl« (-1) eintragen
*last = -1;
push_heap(v.begin(), ++last);
```

Beim Einfügen muss beachtet werden, dass last nicht über v.end() hinausläuft. *Vorsicht!*
Durch die Tatsache, dass bei der Entnahme immer der Wert mit der höchsten Priorität an die Spitze gesetzt wird, ist die Ausgabe sortiert:

```
// Ausgabe aller Zahlen der Priorität nach:
while(last != v.begin()) {
   cout << *v.begin() << ' ';
   pop_heap(v.begin(), last--);
}
```

## 18.28.3 make_heap

`make_heap()` sorgt dafür, dass die Heap-Bedingung für alle Elemente innerhalb eines Bereichs gilt. Die Prototypen sind:

```
template <class RandomAccessIterator>
void make_heap(RandomAccessIterator first,
               RandomAccessIterator last);

template <class RandomAccessIterator, class Compare>
void make_heap(RandomAccessIterator first,
               RandomAccessIterator last,
               Compare comp);
```

Die Komplexität ist proportional zur Anzahl der Elemente zwischen `first` und `last`. Das Beispiel von oben zeigt die Anwendung auf einem Vektor als Container:

```
make_heap(v.begin(), v.end());
```

### 18.28.4 sort_heap

`sort_heap()` verwandelt einen Heap in eine sortierte Sequenz. Die Sortierung ist nicht stabil, die Komplexität ist $O(N \log N)$, wenn $N$ die Anzahl der zu sortierenden Elemente ist. Die Prototypen sind:

```
template <class RandomAccessIterator>
void sort_heap(RandomAccessIterator first,
               RandomAccessIterator last);

template <class RandomAccessIterator, class Compare>
void sort_heap(RandomAccessIterator first,
               RandomAccessIterator last,
               Compare comp);
```

Die Sequenz ist *aufsteigend* sortiert. Damit ist gemeint, dass die Elemente hoher Priorität *an das Ende* der Sequenz kommen:

```
// neuen gültigen Heap aus allen Elementen erzeugen
make_heap(v.begin(), v.end());
```

```
// und sortieren
sort_heap(v.begin(), v.end());
```

## 18.29 Minimum und Maximum

Die inline-Templates `min()` und `max()` geben jeweils das kleinere (bzw. das größere) von zwei Elementen zurück. Bei Gleichheit wird das erste Element zurückgegeben. Die Prototypen sind:

```
template <class T>
const T& min(const T& a, const T& b);
```

```
template <class T, class Compare>
const T& min(const T& a, const T& b, Compare comp);

template <class T>
const T& max(const T& a, const T& b);

template <class T, class Compare>
const T& max(const T& a, const T& b, Compare comp);
```

Die Templates `min_element()` und `max_element()` geben jeweils einen Iterator auf das kleinste (bzw. das größte) Element in einem Intervall [first, last) zurück. Bei Gleichheit der Iteratoren wird der erste zurückgegeben. Die Komplexität ist linear. Die Proptotypen sind:

```
template <class ForwardIterator>
ForwardIterator min_element(ForwardIterator first,
                            ForwardIterator last);

template <class ForwardIterator, class Compare>
ForwardIterator min_element(ForwardIterator first,
                            ForwardIterator last,
                            Compare comp);

template <class ForwardIterator>
ForwardIterator max_element(ForwardIterator first,
                            ForwardIterator last);

template <class ForwardIterator, class Compare>
ForwardIterator max_element(ForwardIterator first,
                            ForwardIterator last,
                            Compare comp);
```

## 18.30 Lexikographischer Vergleich

Der lexikographische Vergleich dient zum Vergleich zweier Sequenzen, die durchaus verschiedene Längen haben können. Die Funktion gibt `true` zurück, wenn die erste Sequenz lexikographisch kleiner ist. Dabei wird Element für Element der beiden Sequenzen verglichen, bis der Algorithmus auf zwei verschiedene Elemente stößt. Ist das Element der ersten Sequenz kleiner als das entsprechende der zweiten, wird `true` zurückgegeben.

Falls eine der beiden Sequenzen bereits vollständig durchsucht ist, ehe ein unterschiedliches Element gefunden wurde, gilt die kürzere Sequenz als kleiner. Die Prototypen sind:

```
template <class InputIterator1, class InputIterator2>
bool lexicographical_compare(InputIterator1 first1,
```

```
                           InputIterator1 last1,
                           InputIterator2 first2,
                           InputIterator2 last2);
template <class InputIterator1, class InputIterator2,
          class Compare>
bool lexicographical_compare(InputIterator1 first1,
                             InputIterator1 last1,
                             InputIterator2 first2,
                             InputIterator2 last2,
                             Compare comp);
```

Damit können z.B. Zeichenketten alphabetisch sortiert werden.

## 18.31 Permutationen

Eine Permutation entsteht aus einer Sequenz durch Vertauschung zweier Elemente. (0, 2, 1) ist eine Permutation, die aus (0, 1, 2) entstanden ist. Für eine Sequenz mit $N$ Elementen gibt es $N! = N(N-1)(N-2)...2 \cdot 1$ Permutationen, das heißt $3 \cdot 2 \cdot 1 = 6$ im obigen Beispiel:

(0, 1, 2), (0, 2, 1), (1, 0, 2), (1, 2, 0), (2, 0, 1), (2, 1, 0)

Man kann sich die Menge aller $N!$ Permutationen einer Sequenz wie oben geordnet vorstellen, sei es, dass die Ordnung mit dem <-Operator oder mit einem Vergleichsobjekt comp hergestellt wurde.

Aus der Ordnung ergibt sich eine eindeutige Reihenfolge, sodass die nächste oder die vorhergehende Permutation eindeutig bestimmt ist. Dabei wird die Folge zyklisch betrachtet, das heißt, die auf (2, 1, 0) folgende Permutation ist (0, 1, 2). Die Algorithmen prev_permutation() und nextprev_permutation() verwandeln eine Sequenz in die jeweils vorhergehende bzw. nächste Permutation:

```
template <class BidirectionalIterator>
bool prev_permutation(BidirectionalIterator first,
                      BidirectionalIterator last);

template <class BidirectionalIterator,
          class Compare>
bool prev_permutation(BidirectionalIterator first,
                      BidirectionalIterator last
                      Compare comp);

template <class BidirectionalIterator>
bool next_permutation(BidirectionalIterator first,
                      BidirectionalIterator last);
```

```
template <class BidirectionalIterator,
          class Compare>
bool next_permutation(BidirectionalIterator first,
                      BidirectionalIterator last
                      Compare comp);
```

Wenn eine Permutation gefunden wird, ist der Rückgabewert `true`. Andernfalls handelt es sich um das Ende eines Zyklus. Dann wird `false` zurückgegeben und die Sequenz in die kleinstmögliche (bei `next_permutation()`) beziehungsweise die größtmögliche (bei `prev_permutation()`) entsprechend dem Sortierkriterium verwandelt. Ein Beispiel:

```
long factorial(unsigned n) { // Fakultät n! berechnen
    long fak = 1;
    while(n > 1) {
        fak *= n--;
    }
    return fak;
}
int main() {
    vector<int> v(4);
    for(size_t i = 0; i < v.size(); ++i) {
        v[i] = i; //0123
    }
    long fak = factorial(v.size());
    for(int i = 0; i < fak; ++i) {
        if(!prev_permutation(v.begin(), v.end())) {
           cout << "Zyklusbeginn:\n";
        }
        for(size_t i = 0; i < v.size(); ++i) {
           cout << v[i] << ' ';
        }
        cout << endl;
    }
}
```

Dieses Beispiel produziert zuerst die Meldung »Zyklusbeginn«, weil die Vorbesetzung des Vektors mit (0, 1, 2, 3) die Bestimmung einer *vorherigen* Permutation nicht ohne Zyklusüberschreitung erlaubt. Deswegen wird die nach der Sortierung größte Sequenz, nämlich (3, 2, 1, 0), als Nächstes gebildet. Die Meldung »Zyklusbeginn« entfiele, wenn im Beispiel `prev_permutation()` durch `next_permutation()` ersetzt oder wenn alternativ ein Vergleichsobjekt `greater<int>()` als dritter Parameter übergeben würde.

## Übungsaufgaben

**18.1** Erweitern Sie die Lösung zu Aufgabe 16.4, indem Sie mit dem Algorithmus `count_if` ermitteln, wieviele Personen eines bestimmten Rangs vorhanden sind.

**18.2** Erweitern Sie die Lösung zu Aufgabe 16.4, indem Sie mit Hilfe des Algorithmus `equal_range` alle Personen eines bestimmten Rangs anzeigen.

**18.3** Gegeben sei die Template-Klasse `Heap` mit den folgenden Schnittstellen:

```
template<class T, class Compare = std::less<T> >
class Heap {
 public:
    Heap(const Compare& cmp = Compare());
    void push(const T& t);
    void pop();
    const T& top() const;
    bool empty() const;
    vector<T> toSortedVector() const;
};
```

Die letzte Methode gibt den Heap-Inhalt als sortierten Vektor zurück. Implementieren Sie die Klasse unter Verwendung einiger Algorithmen des Abschnitts 18.28. Testen Sie die Klasse, indem Sie das `priority_queue`-Objekt in der Lösung von Aufgabe 16.2 durch ein gleichnamiges `Heap`-Objekt ersetzen.

# 19 Ein- und Ausgabe

Die Ein- und Ausgabe wird ausführlich in den Kapiteln 3 und 13 behandelt, mit Ausnahme der Wide-Character- und Multibyte-Zeichen. Für diese gelten aber dieselben Mechanismen, sodass auf eine spezielle Beschreibung verzichtet wird. Dieses Kapitel liefert nur noch bisher nicht behandelte Ergänzungen und eine Referenz von den Header-Dateien der C++-Standardbibliothek zu den entsprechenden Seitenzahlen des Buchs (siehe Tabelle 19.1).

| Beschreibung | Header | Kapitel | ab Seite |
|---|---|---|---|
| Standard-Ein- und -Ausgabe | `<iostream>` | 3 | 95 |
| Datei- Ein- und -Ausgabe | `<fstream>` | 3.2, 6.7, 13.6 | 98, 231, 467 |
| Iostream-Basisklassen bibliotheksinterne Vorwärtsdeklarationen | `<ios>` `<iosfwd>` | 13 | 447 |
| Ausgabe und Formatierung | `<ostream>` | 13.1 | 448 |
| Eingabe | `<istream>` | 13.2, 13.7 | 454, 471 |
| Manipulatoren | `<iomanip>` | 13.3 | 459 |
| Schreiben in Strings und Lesen aus Strings | `<sstream>` | 13.8 | 472 |
| gepufferte Ein- und Ausgabe | `<streambuf>` | siehe unten | |
| Ergänzungen | | 19.1 | 568 |

Tabelle 19.1: Ein- und Ausgabe in diesem Buch

## Gepufferte Ein- und Ausgabe

Die Ein- und Ausgabe ist gepuffert, das heißt, dass alle eingelesenen bzw. geschriebenen Zeichen zwischengespeichert werden, um die Geschwindigkeit zu erhöhen. `flush()` (Seite 453) ist eine pufferbezogene Funktion, und `unitbuf` beeinflusst die Art der Pufferung (Tabelle Seite 451 und Beispiel Seite 452). `<streambuf>` enthält Klassen und Methoden, um eigene IO-Kanäle gepuffert betreiben zu können. Abgesehen von dieser eher seltenen betriebssystemnahen Aufgabe werden streambuf-Objekte und die darauf arbeitenden streambuf-Iteratoren in der Regel nur von Programmierern der C++-Compilerhersteller benutzt, um istream- und ostream-Klassen usw. zu implementieren. Deshalb wird hier auf eine detaillierte Wiedergabe verzichtet und auf [ISO98] und [Str00] verwiesen.

## 19.1 Ergänzungen

### 19.1.1 Streams verbinden mit tie()

Die Funktion tie() der Klasse basic_ios verbindet und löst Verbindungen zwischen einem istream und einem ostream. Wenn das Programmfragment

```
cout << "Zahl eingeben: ";
cin >> Zahl;
```

gegeben ist, dann ist nicht sichergestellt, dass die Bildschirmausgabe *vor* der Eingabeoperation erscheint, weil der Ausgabepuffer noch nicht voll ist. Auf Seite 452 wird das Problem mit dem Setzen von ios::unitbuf gelöst, eine andere Möglichkeit ist das Verbinden der Streams:

```
cin.tie(&cout);        // Verbindung herstellen
cout << "Zahl eingeben: ";
cin >> Zahl;           // Diese Zeile verursacht jetzt cout.flush()

// Abfrage der Verbindung
if(cin.tie() == &cout)
   cout << "Streams cin und cout sind verbunden" << endl;

cin.tie(0);            // Verbindung lösen
```

### 19.1.2 locale-Objekt ermitteln

Das für einen Stream gültige locale-Objekt (locale siehe Seite 571 ff). für die Sprachumgebung kann mit der Funktion getloc() ermittelt werden:

```
locale Lok = cout.getloc();
```

### 19.1.3 sentry

Es gibt sowohl die Klasse basic_istream::sentry als auch die Klasse basic_ostream::sentry. sentry-Objekte sorgen für eine sichere Umgebung bei Ein- bzw. Ausgabeoperationen. Der Konstruktor enthält Code, der vorher ausgeführt werden soll (Präfix-Code), zum Beispiel den Puffer eines mit tie() verbundenen Streams schreibend zu leeren (flush()). Der bool-Operator gibt an, ob der Stream in einem guten Zustand ist. Der Destruktor enthält Code, der nach der Operation ausgeführt werden soll (Suffix-Code), zum Beispiel das Werfen einer Exception, wenn der Stream in einen Fehlerzustand gelangt ist. Ein typisches Anwendungsmuster ist:

```
// Beispiel für istream::sentry
void f(istream& is) {
   istream::sentry s(is);   // Präfix-Code
   if(s) {                  // ok? (bool sentry::operator())
      // irgendetwas mit is tun
   }
}                           // Suffix-Code (Destruktor)
```

Anwendungsbeispiele sind auf den Seiten 581 und 582 zu finden.

# 20 Nationale Besonderheiten

Die Klasse `locale` (Header `<locale>`) bestimmt die nationalen Besonderheiten von Zeichensätzen. Dazu gehören Sonderzeichen wie die deutschen Umlaute oder Zeichen mit Akzent wie in den Worten señor und garçon. Die Ordnung zum Vergleich von Zeichenketten wird dadurch definiert, das heißt zum Beispiel, ob ä unter a oder unter ae einsortiert wird, und das Erscheinungsbild für die Ein- und Ausgabe numerischer Größen (Dezimalpunkt oder -komma?) und Datumsangaben (31.1.2003 oder 1/31/2003). Die verschiedenen Kategorien werden in Facetten (engl. facets) unterteilt. Dieses Kapitel konzentriert sich auf die häufigsten Anwendungen. Es ist möglich, eigene Facetten, die von den vorhandenen abgeleitet sind, zu schreiben. Dies wird wohl nur für Hersteller von Compilern von Interesse sein. Weitere Details sind [ISO98] und [KL00] zu entnehmen.

## 20.1 Sprachumgebungen festlegen und ändern

Ein `locale`-Objekt wird von der Iostream-Bibliothek benutzt, damit die üblichen nationalen Gepflogenheiten bei der Ein- und Ausgabe eingehalten werden. Wenn von der deutschen Schreibweise von Zahlen auf die angloamerikanische umgeschaltet werden soll, wird das `locale`-Objekt des Ein- oder Ausgabestroms entsprechend ausgewechselt. Das geschieht mit der Funktion `imbue()`, der als Parameter ein `locale`-Objekt übergeben wird. Das englische Wort imbue bedeutet etwa »erfüllen (mit)« oder »inspirieren (mit)«.

```
using namespace std;   // auch locale ist in std
// Beispiele zur Änderung der Sprachumgebung
locale eineSprachumgebung("POSIX");
cin.imbue(eineSprachumgebung);

// global Deutsch als Sprachumgebung setzen, dabei vorherige
// globale Sprachumgebung merken:
locale Deutsch("de_DE");
locale vorherigeSprachumgebung = locale::global(Deutsch);
// ...
cout.imbue(locale("de_DE"));   // Ausgabe deutsch formatieren
```

Das Setzen der globalen Sprachumgebung, die normalerweise durch Abfrage der Betriebssystemumgebungsvariablen `LANG` voreingestellt wird, wirkt sich nicht auf existierende Streams wie `cin` oder `cout` aus, nur auf neu erzeugte. Falls LANG nicht definiert ist, wird automatisch die C-Sprachumgebung gesetzt, auch `classic` genannt (siehe Beispiel unten). POSIX (= Portable Operating System Interface for uniX) ist eine Familie von Standards für Betriebssystemschnittstellen. Anstatt POSIX kann eine von vielen anderen Umgebungen gewählt werden, von denen einige hier aufgelistet sind:

| | |
|---|---|
| de_DE | = Deutsch für Deutschland |
| de_CH | = Deutsch für die Schweiz |
| en_GB | = Englisch für Großbritannien |
| en_CA | = Englisch für Kanada |
| en_US | = amerikanisches Englisch |
| es_SV | = Spanisch für El Salvador |
| ... | |

Auf manchen Linux-Systemen sind die Locales (mehr als 70) im Verzeichnis */usr/share/i18n/locales* zu finden. Das Wort i18n bedeutet »internationalization«, also ein 'i' und ein 'n' und 18 Buchstaben dazwischen.

```
cout.imbue(locale::classic());
```

setzt die Standardausgabe auf die C-Sprachumgebung zurück.

### 20.1.1 locale-Elementfunktionen

- `locale()`

    Konstruktor, der eine Kopie des aktuellen globalen `locale`-Objekts erzeugt.

- `locale(const char*)`

    Konstruktor. Die übergebene Zeichenkette ist zum Beipiel `de_DE`.

- `locale(const locale& other, const char* name, category c)`

    Der Konstruktor kopiert `other` mit Ausnahme der Facetten, die in `c` definiert sind. Diese werden entsprechend `name` gewählt. Zum Typ `category` siehe Abschnitt 20.3.

- `locale(const locale& loc1, const locale& loc2, category cats)`

    Der Konstruktor kopiert `other` mit Ausnahme der Facetten, die in `loc2` definiert sind. Diese werden entsprechend `cats` gewählt.

- `template<class Facet> locale(const locale& other, Facet *f)`

    Der Konstruktor kopiert `other`. Falls `f` ungleich 0 ist, wird aber die Facette `Facet` durch `*f` definiert.

- `template <class Facet> locale combine(const locale& other)`

  gibt eine Kopie von *this zurück, wobei aber die Facette Facet durch die entsprechende von other ersetzt wird.

- `string name() const`

  gibt den Namen des locale-Objekts zurück, falls definiert. Andernfalls wird string("*") zurückgegeben.

- `bool operator==(const locale& other) const`
  `bool operator!=(const locale& other) const`

  Vergleichsoperatoren

- `bool operator()(const string& s1, const string& s2) const`

  gibt s1 < s2 zurück. Damit kann leicht zum Beispiel ein Vektor v entsprechend den nationalen Zeichenvergleichsregeln, die in einem locale-Objekt loc festgelegt sind, sortiert werden.

  ```
  std::sort(v.begin(), v.end(), loc);
  ```

- `static locale global(const locale& loc)`

  setzt das globale locale-Objekt. Der vorherige Wert wird zurückgegeben.

- `static const locale& classic()`

  gibt ein locale-Objekt für die C-Sprachumgebung zurück (entspricht locale("C")).

## 20.1.2 Namespace std-globale Funktionen

- `template<class Facet> const Facet& use_facet(const locale& loc)`

  gibt die Referenz der Facette des Typs Facet des locale-Objekts loc zurück. Falls eine Facette dieses Typs nicht in loc existiert, wird eine bad_cast-Exception ausgeworfen.

- `template<class Facet> bool has_facet(const locale& loc)`

  gibt zurück, ob eine Facette des Typs Facet in loc existiert.

# 20.2 Zeichenklassifizierung und -umwandlung

Die Definition, ob zum Beispiel ein spezielles Zeichen ein Buchstabe oder etwas anderes ist, hängt von der Sprache ab. Aus diesem Grund gibt es die Funktionen der

Tabellen 25.2 und 25.1 (Seite 628 f.) in einer sprachumgebungsabhängigen Variante für verschiedene Zeichentypen `charT`:

```
// Zeichenklassifizierung
template <class charT> bool isspace (charT c, const locale& loc);
template <class charT> bool isprint (charT c, const locale& loc);
template <class charT> bool iscntrl (charT c, const locale& loc);
template <class charT> bool isupper (charT c, const locale& loc);
template <class charT> bool islower (charT c, const locale& loc);
template <class charT> bool isalpha (charT c, const locale& loc);
template <class charT> bool isdigit (charT c, const locale& loc);
template <class charT> bool ispunct (charT c, const locale& loc);
template <class charT> bool isxdigit(charT c, const locale& loc);
template <class charT> bool isalnum (charT c, const locale& loc);
template <class charT> bool isgraph (charT c, const locale& loc);

// Zeichenumwandlung
template <class charT> charT toupper(charT c, const locale& loc);
template <class charT> charT tolower(charT c, const locale& loc);
```

## 20.3 Kategorien

Locale-Sprachumgebungen enthalten verschiedene Kategorien, die in Facetten unterteilt sind. Das abfragbare Datum `locale::category` ist eine `int`-Bitmaske, die die Oder-Verknüpfung aller oder eines Teils der folgenden Konstanten ist: `none`, `ctype`, `monetary`, `numeric`, `time` und `messages`. Jede dieser Kategorien definiert eine Menge lokaler Facetten, wie die Tabelle 20.1 zeigt.

Die Facetten sind Template-Klassen, die als Argument den Typ `char` oder `wchar_t` für wide characters haben können.

### 20.3.1 collate

Die Klasse `template<class charT> class collate` ist eine Facette, die die Funktionen für Vergleiche von Zeichenketten kapselt. Sie besitzt die folgenden öffentlichen Elementfunktionen:

- `int compare(const charT* low1, const charT* high1,`
  `             const charT* low2, const charT* high2) const`

  Diese Funktion vergleicht zwei Zeichenketten, die durch die Intervalle [low1, high1) und [low2, high2) definiert werden (zur Definition von Intervallen siehe Abschnitt 16.1 auf Seite 490). Es wird 1 zurückgegeben, falls die erste Zeichenkette größer als die zweite ist, –1 im umgekehrten Fall und 0 bei Gleichheit. Der Operator `locale::operator()()` von Seite 573 ruft diese Funktion auf.

| Kategorie | Facetten | Zweck |
|---|---|---|
| `collate` | `collate<char>` | Zeichenvergleich |
| `ctype` | `ctype<char>`<br>`codecvt<char,`<br>`char, mbstate_t>` | Zeichenklassifizierung<br>Zeichenkonvertierung |
| `numeric` | `numpunct<char>`<br>`num_get<char>`<br>`num_put<char>` | Zahlenformatierung<br>Eingaben<br>Ausgaben |
| `monetary` | `moneypunct<char,`<br>`Intl = false>`<br>`money_get<char>`<br>`money_put<char>` | Währungsformatierung (`Intl = true` für internationale Festlegungen)<br>Eingaben<br>Ausgaben |
| `time` | `time_get<char>`<br>`time_put<char>` | Zeiteingaben<br>Zeitausgaben |
| `messages` | `messages<char>` | Strings aus Message-Katalogen holen |

Tabelle 20.1: Kategorien und Facetten (ohne `wchar_t`-Templates)

- `basic_string<charT> transform(const charT* low,`
  `                              const charT* high) const`

  gibt das String-Äquivalent des Bereichs zurück, wobei die Ordnungsrelationen erhalten bleiben, d.h. ein Vergleich zweier erzeugter Strings mit dem Algorithmus `lexicographical_compare` (siehe Seite 563) muss zum selben Ergebnis wie `compare()` führen.

- `long hash(const charT* low, const charT* high) const`

  gibt einen Hash-Wert für den übergebenen Bereich zurück. Dabei ist gewährleistet, dass der Hash-Wert auch bei unterschiedlichen Werten im Bereich stets derselbe ist, wenn nur `compare()` die Bereiche als gleich ansieht, d.h. 0 zurückgibt. Ein Beispiel dafür könnte sein, dass ä und ae bei einer Sortierung gleich behandelt werden sollen.

## 20.3.2 ctype

Die Klasse `template<class charT> class ctype` kapselt die Funktionen für Zeichenklassifizierung und -umwandlung. So gibt zum Beispiel der Aufruf der Funktion `toupper(c, loc)` von Seite 574 für Zeichen des Typs `char` nichts anderes als `use_facet<ctype<char> >(loc).toupper(c)` zurück. `ctype` erbt von der Basisklasse `ctype_base`, die eine Maske `mask` für Klassifizierungszwecke etwa wie folgt definiert:

```
enum mask  {
   space = 1<<0, print = 1<<1, cntrl = 1<<2,
   upper = 1<<3, lower = 1<<4, alpha = 1<<5,
   digit = 1<<6, punct = 1<<7, xdigit = 1<<8,
   alnum = alpha|digit, graph = alnum|punct
};
```

Die öffentliche Schnittstelle enthält die folgenden Methoden:

- `bool is(mask m, charT c) const`

  gibt zurück, ob `c` zur Klassifizierung `m` passt.

- `const charT* is(const charT* low, const charT* high, mask* vec) const`

  Diese Funktion berechnet einen Wert M vom Typ `ctype_base::mask` für jedes der Zeichen im Intervall `[low, high)` und legt das Ergebnis im Array `vec` beginnend an der Stelle `vec[0]` ab. `high` wird zurückgegeben.

- `const charT* scan_is(mask m, const charT* low,`
                       `const charT* high) const`

  gibt einen Zeiger auf das erste Zeichen im Intervall `[low, high)` zurück, das der Klassifizierung `m` genügt. Existiert kein solches Zeichen, wird `high` zurückgegeben.

- `const charT* scan_not(mask m, const charT* low,`
                        `const charT* high) const`

  gibt einen Zeiger auf das erste Zeichen im Intervall `[low, high)` zurück, das *nicht* der Klassifizierung `m` genügt. Existiert kein solches Zeichen, wird `high` zurückgegeben.

- `charT toupper(charT c) const`

  gibt den entsprechenden Großbuchstaben zurück, sofern ein solcher existiert. Andernfalls wird das Argument zurückgegeben.

- `const charT* toupper(charT* low, const charT* high) const`

  verwandelt alle Zeichen im Bereich `[low, high)` in Großbuchstaben, sofern solche existieren. Es wird `high` zurückgegeben.

- `charT tolower(charT c) const`

  gibt den entsprechenden Kleinbuchstaben zurück, sofern ein solcher existiert. Andernfalls wird das Argument zurückgegeben.

- `const charT* tolower(charT* low, const charT* high) const`

  verwandelt alle Zeichen im Bereich [low, high) in Kleinbuchstaben, sofern solche existieren. Es wird high zurückgegeben.

- `charT widen(char c) const`

  wandelt c in eine entsprechende Repräsentation des Typs charT um (z.B. wide character wchar_t).

- `const char* widen(const char* low, const char* high,`
  `                  charT* to) const`

  wandelt jedes Zeichen im Intervall [low, high) in eine entsprechende Repräsentation des Typs charT um und legt das Ergebnis in to ab. Der Rückgabewert ist high.

- `char narrow(charT c, char dfault) const`

  wandelt c in eine entsprechende Repräsentation des Typs char um, falls eine solche existiert. Andernfalls wird dfault zurückgegeben.

- `const charT* narrow(const charT* low, const charT*,`
  `                   char dfault, char* to) const`

  wandelt jedes Zeichen im Intervall [low, high) in eine entsprechende Repräsentation des Typs char um, falls eine solche existiert. Andernfalls wird dfault genommen. Das Ergebnis wird in to abgelegt. Der Rückgabewert ist high.

Es existiert eine Spezialisierung ctype<char>.

### codecvt- Zeichensatzkonvertierung

Die Klasse template<class internT, class externT, class stateT> class codecvt dient zur Konvertierung von Zeichensätzen, zum Beispiel von Multibyte-Zeichen nach Unicode. Standardmäßig ist die Implementierung codecvt<wchar_t, char, mbstate_t> zur Konvertierung zwischen dem char-Zeichensatz und dem Zeichensatz für Wide Characters vorgesehen. Die Interna der Template-Klasse stateT bzw. mbstate_t sind dem jeweiligen Hersteller der C++-Standardbibliothek vorbehalten. Einzelheiten siehe [ISO98].

## 20.3.3 numeric

Die Template-Klassen num_get und num_put wickeln das formatierte Einlesen bzw. die formatierte Ausgabe ab. Sie werden intern von den Standard-Iostreams benutzt, um Zahlen mit national bedingten Dezimal- und Tausendermarkierungen richtig zu bearbeiten, und sind für normale Benutzer/innen wohl kaum von Bedeutung, da sie versteckt innerhalb des <<- bzw. >>-Operators Anwendung finden, wie das folgende Beispiel zeigt:

```
#include <iostream>
#include <locale>
using namespace std;

int main() {
  cin.imbue(locale("de_DE"));
  cout.imbue(locale("en_US"));
  double f;
  while (cin >> f)          // implizite Nutzung von num_get
    cout << f << endl;      // implizite Nutzung von num_put
}
```

Mit den gegebenen `locale`-Objekten würde die Eingabe 3.456,78 die Ausgabe 3456.78 bewirken. Die Abfrage der Markierungen und anderer Dinge mit der Klasse numpunct mag vielleicht noch interessant sein und wird deswegen angegeben:

## numpunct

Die Facette `template<class charT> class numpunct` hat die folgende öffentliche Schnittstelle:

- `charT decimal_point() const`

  gibt den verwendeten Dezimalpunkt zurück (z. B. einen Punkt für en_US oder ein Komma für de_DE).

- `charT thousands_sep() const`

  gibt das Trennzeichen zwischen Tausender-Gruppen zurück.

- `string grouping() const`

  Die Zeichen des zurückgegebenen Strings, im Folgenden s genannt, sind als *ganzzahlige* Zahlen zu interpretieren, die die Anzahl der Ziffern in der Gruppe angeben, beginnend mit Position 0 als am weitesten rechts stehende Gruppe. Wenn `s.size() <= i` für eine Position i gilt, ist die Zahl dieselbe wie die für Position i-1. Zum Beispiel wird die Anzahl der Ziffern einer Tausendergruppe gleich 3 sein, d.h. `s == "\003"`. Negative Zahlen charakterisieren unbegrenzte Gruppen wie etwa Zahlen ganz ohne Markierung der Tausender.

- `basic_string<charT> truename() const`
  `basic_string<charT> falsename() const`

  geben den verwendeten Namen (`true` bzw. `false`) für die Ausgabe zurück, sofern `boolalpha == true` ist (vgl. Abschnitt 13.1.1, Seite 450).

Die Klasse kann für ein bestimmtes `locale`-Objekt wie folgt benutzt werden:

```
locale loc;        // Kopie des aktuellen globalen locale-Objekts
char dezPunkt = use_facet<numpunct<char> >(loc).decimal_point();
// oder
string wahr = use_facet<numpunct<char> >(loc).truename();
cout << wahr;                   // Ausgabe: true
```

### 20.3.4 monetary

Diese Kategorie enthält alles, was für die formatierte Ein- und Ausgabe von Geldbeträgen einschließlich der Währungsangaben gebraucht wird.

#### moneypunct

Die Facette `template<class charT> class moneypunct` definiert Währungssymbole und die Formatierung. Sie erbt von der Klasse `money_base`, die die öffentlichen Elemente

```
enum part { none, space, symbol, sign, value};
struct pattern { char field[4]};
```

bereitstellt. Ein monetäres Format wird durch eine Folge von vier Komponenten spezifiziert, die in einem `pattern`-Objekt p zusammengefasst werden. Das Element `static_cast<part>(p.field[i])` bestimmt die i-te Komponente des Formats. Aus Effizienzgründen ist `field` vom Typ `char` anstatt vom Typ `part`. Im Feld eines `pattern`-Objekts kann eines der Elemente von `part` genau einmal vorkommen. Die Klasse `money_punct` hat die folgende öffentliche Schnittstelle:

- `charT decimal_point() const`

  gibt den verwendeten Dezimalpunkt zurück.

- `charT thousands_sep() const`

  gibt das Trennzeichen zwischen Tausender-Gruppen zurück.

- `string grouping() const`

  Die Funktion hat dieselbe Bedeutung wie die gleichnamige Funktion der Klasse `numpunct` (Seite 578).

- `basic_string<charT> curr_symbol() const`

  gibt das Währungssymbol zurück, z.B. $. Für internationale Instanziierungen (vgl. Tabelle 20.1, Seite 575) werden i.a. drei Buchstaben und ein Leerzeichen zurückgegeben, z.B. »USD «.

- `basic_string<charT> positive_sign() const` und
  `basic_string<charT> negative_sign() const`

  geben das Zeichen für einen positiven Wert ('+' oder Leerzeichen) bzw. einen negativen Wert (meistens '-') zurück.

- `int frac_digits() const`

  gibt die Ziffern nach dem Dezimalpunkt an, i.a. zwei.

- `pattern pos_format() const` und
  `pattern pos_format() const`

  geben das benutzte Formatierungsmuster zurück. Das Standardmuster ist {symbol, sign, none, value}.

Die Klasse kann für ein bestimmtes `locale`-Objekt wie folgt benutzt werden:

```
locale loc;            // Kopie des aktuellen globalen locale-Objekts
char dezPunkt = use_facet<moneypunct<char> >(loc).decimal_point();
```

## money_get

Die Template-Klasse `template<class charT> class money_get` wickelt das formatierte Einlesen von Geldbeträgen, ggf. mit Währungsangaben, ab. Sie hat zwei öffentliche Methoden

- `iter_type get(iter_type s, iter_type end, bool intl,`
  `              ios_base& f, ios_base::iostate& err,`
  `              long double& units) const`

- `iter_type get(iter_type s, iter_type end, bool intl,`
  `              ios_base& f, ios_base::iostate& err,`
  `              string_type& units) const`

`iter_type` ist eine öffentliche in der Klasse definierte Typbezeichnung für einen Input-Iterator, dessen Typ mit `istreambuf_iterator<charT>` vorgegeben ist. Dieser Typ wird aus den auf Seite 567 genannten Gründen nicht weiter beschrieben. Seine genaue Kenntnis ist nicht notwendig, weil erstens der Typ über den Namen `money_get::iter_type` benutzbar ist und zweitens i.a. nicht benötigt wird, wie das Beispiel unten zeigt. `string_type` ist der in der Klasse definierte Name für den Typ `basic_string<charT>`. Diese Methoden lesen einen Geldbetrag als `double`-Zahl bzw. einen String ein, wobei der Dezimalpunkt eliminiert wird. Sie können in einer benutzerdefinierten Klasse zur Implementierung des Eingabeoperators (>>) verwendet werden. Zurückgegeben wird ein Iterator, der auf das unmittelbar nach dem letzten gültigen Zeichen eines Geldbetrags folgende Zeichen verweist. Im folgenden Beispiel sei angenommen, dass eine Klasse `Geld` existiert, die ein privates `long double`-Attribut `Betrag` und einen entsprechenden Konstruktor enthält.

Ein Ausschnitt der Datei *Geld.cpp* könnte dann wie folgt aussehen (*Geld.h* enthält die notwendigen Deklarationen):

```
// Auszug aus der Datei Geld.cpp
#include"Geld.h"
#include<locale>
std::istream& operator>>(std::istream& is, Geld& G) {
  std::istream::sentry s(is);   // sentry siehe Seite 568
  if(s) {
    std::ios_base::iostate Fehler = is.rdstate();
    is.setf(ios::showbase);   // damit die Währung ausgewertet wird
    long double Wieviel = 0.0;
    std::use_facet<money_get<char> >(is.getloc())
       .get(is, 0, false, is, Fehler, Wieviel);
    is.setstate(Fehler);
    if(!Fehler)
       G = Geld(Wieviel);
    else std::cerr << "fehlerhafte Eingabe!\n";
  }
  return is;
}
```

Das Beispiel zeigt, dass der Istream `is` an die Stelle des verlangten Input-Iterators treten kann. Der Grund liegt darin, dass die Klasse `istreambuf_iterator<charT>` einen Konstruktor hat, der ein `istream`-Objekt als Parameter nimmt. Der vierte Parameter von `get()` nutzt aus, dass die Klasse `istream` von der Klasse `ios_base` erbt. Er dient dazu, intern über `getloc()` auf die Facette `moneypunct` zuzugreifen. Das folgende Programmfragment zeigt eine Anwendung:

```
Geld Dollars;
cin.imbue(locale("en_US"));
cin >> Dollars;
```

Eine Zeichenfolge `"1056.23"` im Eingabestrom führt zu dem Ergebnis `Dollars.Betrag == 105623`.

### money_put

Die Template-Klasse `template<class charT> class money_put` wickelt die formatierte Ausgabe von Geldbeträgen, ggf. mit Währungsangaben, ab. Sie hat zwei öffentliche Methoden:

- `iter_type put(iter_type s, bool intl, ios_base& f,`
  `charT fill, long double& units) const`

- `iter_type put(iter_type s, bool intl, ios_base& f,`
  `charT fill, string_type& digits) const`

Die Typbezeichnungen entsprechen denen der Klasse `money_get`, wobei der Typ `iter_type` natürlich ein Output-Iterator ist. Anwendungsmöglichkeiten ergeben sich in Analogie zur Klasse `money_get`, zum Beispiel der Ausgabeoperator für die obige Klasse `Geld`:

// Auszug aus der Datei *Geld.cpp*
// .. Fortsetzung von oben

```
std::ostream& operator<<(std::ostream& os, const Geld& G) {
  ostream::sentry s(os);
  os.setf(ios::showbase); // damit die Währung angezeigt wird
  if(s) {
    std::use_facet<money_put<char> >(os.getloc())
      .put(os, true, os, ' ', G.getBetrag());
  }
  return os;
}
```

## 20.3.5  time

Diese Kategorie enthält zwei Klassen, die für die formatierte Ein- und Ausgabe von Zeiten und Datumsangaben gebraucht werden können.

### time_get

Die Template-Klasse `template<class charT> class time_get` wickelt das formatierte Einlesen von Datumsangaben und Zeiten ab. Die Klasse erbt von der Klasse `time_base`, die den öffentlichen Typ `dateorder` zur Verfügung stellt:

```
enum dateorder { no_order, dmy, mdy, ymd, ydm}
```

Dieser Typ spezifiziert die möglichen Ordnungen (dmy = day month year usw.). Die Klasse `time_get` deklariert den Typ `iter_type` für einen Input-Iterator, dessen Typ mit `istreambuf_iterator<charT>` vorgegeben ist. Wie bei der Klasse `money_get` ist auch hier die genaue Typkenntnis nicht notwendig (siehe Beispiel unten). Die öffentlichen Methoden der Klasse `time_get` sind:

- `dateorder date_order() const`

  liefert die verwendete Reihenfolge von Tag, Monat und Jahr.

- `iter_type get_time(iter_type s, iter_type end, ios_base& f,`
  `                   ios_base::iostate& err, tm* t) const`

- `iter_type get_date(iter_type s, iter_type end, ios_base& f,`
  `                   ios_base::iostate& err, tm* t) const`

- `iter_type get_weekday(iter_type s, iter_type end, ios_base& f,`
  `                     ios_base::iostate& err, tm* t) const`
- `iter_type get_monthname(iter_type s, iter_type end,`
  `                       ios_base& f, ios_base::iostate& err,`
  `                       tm* t) const`
- `iter_type get_year(iter_type s, iter_type end, ios_base& f,`
  `                   ios_base::iostate& err, tm* t) const`

Alle `get`-Methoden unten ermitteln über den Parameter `f` die verwendete Sprachumgebung und das Format. Der Typ `tm` ist auf Seite 635 beschrieben. Die Methoden lesen ab Position `s` alle Zeichen, die notwendig sind, die Struktur `*t` bezüglich der gewünschten Information (Zeit, Datum, Wochentag, Monatsname, Jahr) zu füllen bzw. bis ein Fehler auftritt. Zurückgegeben wird ein Iterator auf die Position direkt nach dem letzten Zeichen, das noch zu der gelesenen Information gehört. Das Beispiel zeigt, wie der Eingabeoperator für die Klasse `Datum` aus Abschnitt 9.4, Seite 335, realisiert werden kann.

```cpp
// Erweiterung der Datei datum.cpp
#include"datum.h"       // Deklarationen dort nachtragen
#include<iostream>
#include<locale>
using namespace std;

istream& operator>>(istream& is, Datum& d) {
  istream::sentry s(is);
  if(s) {
    ios_base::iostate err = goodbit;
    struct tm t;
    use_facet<time_get<char> >(is.getloc())
         .get_date(is, 0, is, err, &t);
    if (!err)
       d = Datum(t.tm_day, t.tm_mon + 1, t.tm_year + 1900);
    is.setstate(err);
  }
   return s;
}
```

## time_put

Die Template-Klasse `template<class charT> class time_put` wickelt die formatierte Ausgabe von Datumsangaben und Zeiten ab. Die Klasse hat den öffentlichen Typ `iter_type` für einen Output-Iterator und die folgenden öffentlichen Methoden:

- `iter_type put(iter_type s, ios_base& f, charT fill,`
  `const tm* tmb, const charT* pat, const charT* pat_end) const`

  Diese Methode gibt die in der Struktur `tmb` liegende Zeit entsprechend einem Muster aus, das im Formatstring von `pat` bis `pat_end` vorliegt. Das Muster entspricht den für `strftime()` (Seite 636) üblichen Konventionen. `fill` ist ein Füllzeichen, zum Beispiel das Leerzeichen.

- `iter_type put(iter_type s, ios_base& f, charT fill,`
  `const tm* tmb, char format, char modifier = 0) const;`

  Diese Methode gibt die in der Struktur `tmb` liegende Zeit entsprechend einem Muster aus, das im Zeichen `format` definiert ist. Dieses Zeichen ist eins der möglichen, die nach dem '%'-Zeichen im `strftime()`-Format vorkommen können. Der Parameter `modifier` ist implementationsabhängig.

Das folgende Beispiel zeigt, wie der Ausgabeoperator (vgl. Aufgabe auf Seite 339) und die Methode `toString()` (vgl. Aufgabe auf Seite 341) realisiert werden können.

```
// Erweiterung der Datei datum.cpp
#include"datum.h"           // Deklarationen dort nachtragen
#include<iostream>
#include<locale>
#include<sstream>
using namespace std;

ostream& operator<<(ostream& s, const Datum& d) {
   ios_base::iostate err = goodbit;
   struct tm t;
   t.tm_day  = d.Tag();
   t.tm_mon  = d.Monat()-1;
   t.tm_year = d.Jahr()-1900;

   use_facet<time_get<char> >(s.getloc())
         .put(s, s, ' ', t, 'x');

   s.setstate(err);
   return s;
}

string toString(const locale& loc = locale()) const {
   ostringstream S;       // siehe Seite 472
   S.imbue(loc);
   S << *this;            // Benutzung des obigen operator<<()
   return S.str();
}
```

## 20.3.6 messages

Die Klasse `template<class charT> class messages` implementiert das Holen von Meldungen aus Katalogen. Wie ein Katalog realisiert ist, ob zum Beispiel als Datei oder Teil einer Datenbank, ist implementationsabhängig. Der Typ `catalog`, ein `int`-Typ, steht für eine Katalognummer. Es gibt die folgenden Elementfunktionen:

- `catalog open(const string& fn, const locale&) const`

  eröffnet den Katalog, der durch den String `fn` identifiziert wird, und gibt eine Identifizierungszahl, die bis zum folgenden `close()` zu dem Katalog gehört, zurück. Falls diese Zahl negativ ist, kann der Katalog nicht geöffnet werden.

- `void close(catalog c)`

  schließt den Katalog c.

- `basic_string<charT> get(catalog c, int set, int msgid, const basic_string<charT>& dfault ) const`

  Es wird die durch die Argumente `set`, `msgid` und `dfault` identifizierte Meldung zurückgegeben. Falls keine Meldung gefunden wird, ist `dfault` das Ergebnis.

## 20.4 Konstruktion eigener Facetten

Man kann vorhandene Facetten durch eigene ersetzen. Dazu muss man wissen, dass zu allen Methoden der oben beschriebenen Facetten zusätzliche virtuelle Methoden mit exakt denselben Schnittstellen existieren, die ein vorangestelltes `do_` im Namen haben und `protected` sind. Diese Methoden werden von den oben beschriebenen aufgerufen. Ferner gibt es Klassen, die von den beschriebenen Facetten nur die `protected`-Schnittstelle erben und im Namen ein nachgestelltes `_byname` tragen, um auszudrücken, dass Namen für die Facetten vergeben werden können. Von diesen Klassen können eigene Klassen abgeleitet und die Methoden überschrieben werden. Das folgende Beispiel zeigt, wie in einer englischen Sprachumgebung das internationale Symbol für US-Dollar USD durch das Symbol für €, nämlich EUR ersetzt wird.

```
#include <iostream>
#include <locale>
#include <string>
#include"Geld.h"
using namespace std;

namespace MeinEuro {
  typedef moneypunct_byname<char,true> // true für Internationalisierung
    meinMoneypunct;
```

```cpp
  class meinWaehrungsformat : public meinMoneypunct  {
    protected:
      /*Überschreiben der virtuellen Funktion do_curr_symbol(), die von der
        public-Funktion curr_symbol() der Basisklasse moneypunct gerufen wird:
      */
      string do_curr_symbol() const { return Wsymbol; }

      ~meinWaehrungsformat() {}
    public:
      meinWaehrungsformat(const char* loc, const char* ws)
        : meinMoneypunct(loc), Wsymbol(ws) {}
    private:
      const char* Wsymbol;
  };
}

int main() {
  locale loc1(locale("en_US"));
  cout.imbue(loc1);
  Geld derBetrag(0.0);    // in Cents!
  cout << "Eingabe in Cents, z.B. 123456:?";
  cin >> derBetrag;
  cout << "Es wurde " << derBetrag << " eingegeben.\n"
       << "Ausgabe Währungssymbol EUR und Komma/Punkt vertauscht:"
       << endl;
  MeinEuro::meinWaehrungsformat* pFac
         = new MeinEuro::meinWaehrungsformat("de_DE", "EUR ");
  cout.imbue(locale(locale("de_DE"), pFac));
  cout << derBetrag << endl;
}
```

# 21 Numerisches

Es gibt dazu in der C++-Standardbibliothek verschiedene Aspekte, die sich auf mehrere Header aufteilen:

- Die aus der Programmiersprache C kommenden mathematischen Operatoren sind größtenteils im Header `<cmath>` zu finden (siehe Abschnitt 25.8, ab Seite 629). Der andere Teil findet sich im Header `<cstdlib>` (siehe Abschnitt 25.14, Seite 631).
- Komplexe Zahlen sind als eigenständige Klasse definiert und im Header `<complex>` angesiedelt (Abschnitt 21.1 unten).
- Halbnumerische Algorithmen, die auf Containern arbeiten, sind unten beschrieben (Abschnitt 21.3, ab Seite 590).
- Die numerischen Grenzen für die verschiedenen Zahlentypen sind in spezialisierten Templates der Klasse `numeric_limits` definiert (Abschnitt 21.2, ab Seite 588). Die aus der Programmiersprache C stammenden Definitionen bleiben erhalten (Header `<climits>`), ihre Benutzung wird nicht mehr empfohlen.
- Die Konstruktion von Arrays und Matrizen hat in C große Schwächen, wobei die naive Kapselung in einer C++-Klasse zwar komfortabel nutzbar, aber leider wenig effizient ist. Aus dem Grund wurde die Klasse `valarray` der Bibliothek hinzugefügt (Abschnitt 21.4, ab Seite 594).

## 21.1 Komplexe Zahlen

Die in Abschnitt 2.2.6 schon besprochenen komplexen Zahlen werden im Header `<complex>` durch spezialisierte Templates für die Typen `float`, `double` und `long double` realisiert. Mit komplexen Zahlen kann wie mit reellen Zahlen gerechnet werden. Insbesondere sind alle arithmetischen Operatoren der Tabelle 2.2 auf Seite 46 auf komplexe Zahlen anwendbar, weswegen sie hier nicht gesondert aufgeführt werden. Auch die Prüfung auf Gleichheit (`==`) oder Ungleichheit (`!=`) ist möglich. Die anderen Vergleichsoperatoren ergeben bei komplexen Zahlen keinen Sinn und sind deswegen nicht möglich. Gemischte Operationen wie zum Beispiel

```
complex<float> c(1.0, -1.0);
c *= 161.83;              // complex<float>::operator*=(float)
```

werden unterstützt. Die Tabelle 21.1 zeigt die Funktionen, die mit Zahlen des Typs `complex` möglich sind.

| Schnittstelle | mathematische Entsprechung |
|---|---|
| `T real(const C& x)` | Realteil von $x$ |
| `T imag(const C& x)` | Imaginärteil von $x$ |
| `T abs(const C& x)` | Betrag von $x$ |
| `T arg(const C& x)` | Phasenwinkel von $x$ in rad |
| `T norm(const C& x)` | Betragsquadrat von $x$ |
| `C conj(const C& x)` | zu $x$ konjugiert-komplexe Zahl |
| `C polar(const T& rho, const T& theta)` | dem Betrag `rho` und der Phase `theta` entsprechende Zahl |
| `C cos(const C& x)` | $\cos x$ |
| `C cosh(const C& x)` | $\cosh x$ |
| `C exp(const C& x)` | $e^x$ |
| `C log(const C& x)` | $\ln x$ |
| `C log10(const C& x)` | $\log_{10} x$ |
| `C pow(const C& x, int y)` | $x^y$ |
| `C pow(const C& x, const T& y)` | $x^y$ |
| `C pow(const T& x, const C& y)` | $x^y$ |
| `C pow(const C& x, const C& y)` | $x^y$ |
| `C sin(const C& x)` | $\sin x$ |
| `C sinh(const C& x)` | $\sinh x$ |
| `C sqrt(const C& x)` | $+\sqrt[2]{x}$ |
| `C tan(const C& x)` | $\tan x$ |
| `C tanh(const C& x)` | $\tanh x$ |

Abkürzungen:
`T` = einer der Typen `float`, `double` oder `long double`
`C` = `complex<T>`

Tabelle 21.1: Mathematische Funktionen für `complex`-Zahlen

## 21.2 Grenzwerte von Zahltypen

Im Header `<limits>` wird die Template-Klasse `numeric_limits` definiert. Sie hat Spezialisierungen für die ganzzahligen Grunddatentypen `bool`, `char`, `signed char`, `unsigned char`, `short`, `unsigned short`, `int`, `unsigned int`, `long`, `unsigned long`, sowie für die Gleitkommazahltypen `float`, `double` und `long double`. Für diese Grunddatentypen beschreiben die Spezialisierungen verschiedene implementationsabhängige Funktionen und Eigenschaften, die alle `public` sind und von denen die wichtigsten in den Tabellen 21.2 und 21.3 aufgelistet sind. Eine Anwendung wird in Abschnitt 2.2.2 (Seite 39) gezeigt.

| Schnittstelle | Bedeutung |
|---|---|
| bool is_specialized | true nur für Grunddatentypen, für die eine Spezialisierung vorliegt, false für alle anderen |
| T min() | minimal möglicher Wert |
| T max() | maximal möglicher Wert |
| int radix | Zahlenbasis, normal 2 (Ausnahme z.B. BCD-Zahlen) |
| int digits | Ganzzahlen: Anzahl der Bits (ohne Vorzeichen-Bit). Gleitkommazahlen: Anzahl der Bits in der Mantisse. Annahme: radix == 2 |
| int digits10 | Anzahl signifikanter Dezimalziffern bei Gleitkommazahlen, z.B. 6 bei float, 10 bei double |
| bool is_signed | true bei vorzeichenbehafteten Zahlen |
| bool is_integer | true bei Ganzzahltypen |
| bool is_exact | true bei exakten Zahlen (z.B. ganze Zahlen, rationale Zahlen – nicht aber Gleitkommazahlen) |
| T epsilon() | kleinster positiver Wert $x$, für den die Maschine die Differenz zwischen 1.0 und $(1.0+x)$ noch unterscheidet |
| T round_error() | maximaler Rundungsfehler |
| int min_exponent | kleinster negativer Exponent für Gleitkommazahlen |
| int min_exponent10 | kleinster negativer 10er-Exponent für Gleitkommazahlen ($\leq -37$) |
| int max_exponent | größtmöglicher Exponent für Gleitkommazahlen |
| int max_exponent10 | größtmöglicher 10er-Exponent für Gleitkommazahlen ($\geq +37$) |
| bool has_infinity | true, falls der Zahltyp eine Repräsentation für $+\infty$ hat |
| T infinity() | Repräsentation von $+\infty$, falls vorhanden |
| T quiet_NaN() | Repräsentation einer ruhigen NaN, falls vorhanden |
| T signaling_NaN() | Repräsentation einer signalisierenden NaN, falls vorhanden |

Abkürzungen: NaN = not a number, T = Typ der Zahl

Tabelle 21.2: <limits>: Attribute und Funktionen (wird fortgesetzt)

| Schnittstelle | Bedeutung |
|---|---|
| `bool has_quiet_NaN` | `true`, falls der Zahltyp eine nichtsignalisierende Repräsentation für NaN (= not a number) hat |
| `bool has_signaling_NaN` | `true`, falls der Zahltyp eine signalisierende Repräsentation für NaN hat |
| `bool is_iec559` | `true`, falls der Zahltyp dem IEC 559(= IEEE 754)-Standard genügt. |
| `bool is_bounded` | `true` für alle Grunddatentypen, `false` wenn die Menge der darstellbaren Werte unbegrenzt ist, z.B. bei Typen mit beliebiger Genauigkeit. |
| `bool is_modulo` | `true`, falls bereichsüberschreitende Operationen wieder eine gültige Zahl ergeben. Z.B. ergibt die Addition einer Zahl auf die größtmögliche Integerzahl bei den meisten Maschinen wieder eine Integerzahl, die kleiner als die größtmögliche ist. Dies gilt i.a. nicht für Gleitkommazahlen. |
| `round_style` | Art der Rundung<br>Ganzzahlen: `round_toward_zero` (=0)<br>Gleitkommazahlen: `round_to_nearest` (=1) |

Tabelle 21.3: Fortsetzung von Tabelle 21.2

## 21.3 Halbnumerische Algorithmen

Diese Algorithmen beschreiben allgemeine numerische Operationen auf Containern. Der Zugriff auf die Algorithmen ist mit dem Header `<numeric>` möglich.

### 21.3.1 accumulate

Der Algorithmus addiert auf einen Startwert alle Werte `*i` eines Iterators `i` von `first` bis `last`. Falls anstelle der Addition eine andere Operation treten soll, existiert eine überladenen Variante, der die Operation als letzter Parameter übergeben wird. Die Prototypen sind:

```
template<class InputIterator, class T>
T accumulate(InputIterator first, InputIterator last, T init);

template<class InputIterator, class T,
         class binaryOperation>
T accumulate(InputIterator first, InputIterator last, T init,
             binaryOperation binOp);
```

Das folgende Beispiel berechnet für einen Vektor die Summe und das Produkt aller Elemente. In diesen Fällen sind 0 bzw. 1 als Startwerte für init zu nehmen. Weil der Vektor im Beispiel mit der Folge der natürlichen Zahlen initialisiert wird, ist das Produkt gleich der Fakultät von 10. Der Funktor multiplies ist auf Seite 485 beschrieben.

```
int main() {
    vector<int> v(10);
    for(size_t i = 0; i < v.size(); ++i)
        v[i] = i;

    cout << "Summe = "                             // init + ∑ᵢvᵢ
         << accumulate(v.begin(), v.end(), 0)      // 55
         << endl;

    cout << "Produkt = "
         << accumulate(v.begin(), v.end(), 1L,     // init · ∏ᵢvᵢ
                       multiplies<long>()).        // 3628800
         << endl;
}
```

## 21.3.2 inner_product

Der Algorithmus addiert das Skalarprodukt zweier Container $u$ und $v$, die meistens Vektoren sein werden, auf den Anfangswert init:

$\quad$ Ergebnis = init + $\sum_i v_i \cdot u_i$

Anstelle der Addition und Multiplikation können auch andere Operationen gewählt werden. Die Prototypen sind:

```
template<class InputIterator1, class InputIterator2, class T>
T inner_product(InputIterator1 first1,
                InputIterator1 last1,
                InputIterator2 first2,
                T init);

template<class InputIterator1, class InputIterator2, class T,
         class binaryOperation1, class binaryOperation2>
T inner_product(InputIterator1 first1,
                InputIterator1 last1,
                InputIterator2 first2,
                T init,
                binaryOperation1 binOp1,
                binaryOperation2 binOp2);
```

In einem euklidischen n-dimensionalen Raum $R^n$ ist die Länge eines Vektors durch die Wurzel aus dem Skalarprodukt des Vektors mit sich selbst definiert. Das Beispiel berechnet die Länge eines Vektors (1, 1, 1, 1) im $R^4$. Der Wert für `init` muss 0 sein.

```
int main() {
    int Dimension = 4;
    vector<int> v(Dimension,1);

    cout << "Länge des Vektors v = "
         << sqrt((double) inner_product(v.begin(),
                                        v.end(),
                                        v.begin(),
                                        0))
         << endl;
```

### 21.3.3 partial_sum

Die Partialsummenbildung funktioniert ähnlich wie `accumulate()`, nur dass das Ergebnis eines jeden Schritts in einem Ergebniscontainer abgelegt wird, der durch den Iterator `result` gegeben ist, und dass es keinen `init`-Wert gibt. Die Prototypen sind:

```
template<class InputIterator, class OutputIterator>
OutputIterator partial_sum(InputIterator first,
                           InputIterator last,
                           OutputIterator result);

template<class InputIterator, class OutputIterator,
        class binaryOperation>
OutputIterator partial_sum(InputIterator first,
                           InputIterator last,
                           OutputIterator result,
                           binaryOperation binOp);
```

Das Beispiel zeigt beide Varianten. Die jeweils letzte Zahl einer Folge korrespondiert mit dem Ergebnis von `accumulate()` aus dem obigen Beispiel.

```
int main() {
    vector<long> v(10), ps(10);
    for(size_t i = 0; i < v.size(); ++i)
        v[i] = i+1;                  // natürliche Zahlen

    partial_sum(v.begin(), v.end(), ps.begin());
    cout << "Partialsummen   = ";
    for(size_t i = 0; i < v.size(); ++i)
        cout << v[i] << ' ';         // 1 3 6 10 15 21 28 36 45 55
```

```
    // Folge der Fakultäten
    cout << "Partialprodukte = ";
    partial_sum(v.begin(), v.end(), v.begin(),
                multiplies<long>());
    for(size_t i = 0; i < v.size(); ++i)
        cout << v[i] << ' ';
            // 1 2 6 24 120 720 5040 40320 362880 3628800
}
```

## 21.3.4 adjacent_difference

Dieser Algorithmus berechnet die Differenz zweier aufeinanderfolgender Elemente eines Containers $v$ und schreibt das Ergebnis in einen Ergebniscontainer $e$, auf den vom Iterator `result` verwiesen wird. Da es genau einen Differenzwert weniger als Elemente gibt, bleibt das erste Element erhalten. Wenn das erste Element den Index 0 trägt, gilt also:

$e_0 = v_0$
$e_i = v_i - v_{i-1}, \quad i > 0$

Außer der Differenzbildung sind andere Operationen möglich. Die Prototypen sind:

```
template<class InputIterator, class OutputIterator>
OutputIterator adjacent_difference(InputIterator first,
                                   InputIterator last,
                                   OutputIterator result);

template<class InputIterator, class OutputIterator,
         class binaryOperation>
OutputIterator adjacent_difference(InputIterator first,
                                   InputIterator last,
                                   OutputIterator result,
                                   binaryOperation binOp);
```

Das Beispiel zeigt beide Varianten. In der ersten werden Differenzwerte berechnet, in der zweiten eine Folge von Fibonacci[1]-Zahlen.

```
int main() {
    vector<long> v(10), ad(10);
    for(size_t i = 0; i < v.size(); ++i)
        v[i] = i;                    // 0 1 2 3 4 5 6 7 8 9

    cout << "Differenzen   = ";
    adjacent_difference(v.begin(), v.end(), ad.begin());
```

---
[1] Leonardo von Pisa, genannt Fibonacci, italienischer Mathematiker, ca. 1180–1240

```
        for(size_t i = 0; i < ad.size(); ++i)
            cout << ad[i] << ' ';    // 0 1 1 1 1 1 1 1 1 1
    // Fibonacci-Zahlen
    vector<int> fib(16);
    fib[0] = 1;                                  // Startwert
    /*Ein Startwert genügt hier, weil der erste Wert an Position 1 eingetragen wird (For-
      mel $e_i = v_i - v_{i-1}$ oben) und damit sich der zweite Wert von selbst ergibt (beachte
      den um 1 verschobenen result-Iterator in der Parameterliste).
    */
    cout << "Fibonacci-Zahlen  = ";
    adjacent_difference(fib.begin(), fib.end()-1,
                        (fib.begin()+1), plus<int>());

    for(size_t i = 0; i < fib.size(); ++i)
        cout << fib[i] << ' ';
    // 1 1 2 3 5 8 13 21 34 55 89 144 233 377 610 987
}
```

Wenn anstatt der Differenz die Summe der beiden Vorgänger genommen wird, füllt sich der Ergebniscontainer mit einer Folge der Fibonacci-Zahlen. Fibonacci fragte sich, wie viele Kaninchen-Pärchen es wohl nach $n$ Jahren gibt, wenn jedes Pärchen ab dem zweiten Jahr pro Jahr ein weiteres Pärchen erzeugt. Dass Kaninchen irgendwann sterben, wurde bei der Fragestellung ignoriert. Die Antwort auf diese Frage ist, dass die Anzahl der Kaninchen im Jahre $n$ gleich der Summe der Jahre $n-1$ und $n-2$ ist. Die Fibonacci-Zahlen spielen in der Informatik eine Rolle ([CLR90]). Man beachte, dass bei der Erzeugung der Folge der Iterator result zu Beginn gleich fib.begin()+1 sein muss.

## 21.4 Optimierte numerische Arrays (valarray)

Der Header <valarray> schließt die Template-Klasse valarray ein, die für mathematische Vektor-Operationen gedacht ist. Ein Objekt der Klasse vector ist ein Container zur bequemen und flexiblen Verwaltung von Objekten, die ganz verschiedenen Typen angehören können. Ein valarray-Objekt hingegen ist ein für numerische Berechnungen optimierter Vektor – mit der Auswirkung, dass er für den Benutzer etwas umständlicher zu benutzen ist, um den Compiler-Herstellern möglichst viele Freiheiten bei der Optimierung zu ermöglichen. Im Header <valarray> sind auch die Klassen slice und gslice definiert, mit denen ein Ausschnitt aus einem Valarray bzw. die Struktur einer Matrix abgebildet werden kann, sowie weitere Template-Hilfsklassen (siehe Seite 602 ff.). Anwendungsbeispiele zur Klasse valarray finden sich auf der CD-ROM im Verzeichnis ../cppbuch/k21/valarray.

## 21.4.1 Konstruktoren

Die Konstruktoren ähneln teilweise denen der `vector`-Klasse, *jedoch ist die Reihenfolge der Argumente bei Konstruktoren mit zwei Argumenten verkehrt.* Es kommt erst der Wert und dann die Anzahl. *Tipp*

- `valarray()`

  konstruiert ein Valarray der Größe 0.

- `explicit valarray(size_t n)`

  erzeugt ein Valarray mit `n` Elementen, die alle zu 0 initialisiert werden.

- `valarray(const T& val, size_t n)`

  erzeugt ein Valarray mit `n` Elementen, die alle zu `val` initialisiert werden.

- `valarray(const T* ptr, size_t n)`

  erzeugt ein Valarray mit `n` Elementen. Die Elemente werden mit den ersten `n` Werten initialisiert, auf die `ptr` zeigt. Dieser Konstruktor eignet sich daher gut zur Umwandlung eines C-Arrays in ein Valarray. Beispiel:

  ```
  double a[] = {2.2, 3.3, 4.4, 9.9};
  valarray<double> w(a, 4);
  ```

- `valarray(const valarray<T>&)`     Kopierkonstruktor

- `valarray(const slice_array<T>&)`
  `valarray(const gslice_array<T>&)`
  `valarray(const mask_array<T>&)`
  `valarray(const indirect_array<T>&)`

  Die Argumente dieser Konstruktoren werden in den Abschnitten 21.4.6 bis 21.4.10 beschrieben (Seiten 603 – 608).

## 21.4.2 Elementfunktionen

- `valarray<T>& operator=(const valarray<T>& rhs)`

  Voraussetzung für die Zuweisung ist, dass die Größe des Arguments `rhs` mit der Größe des aufrufenden Valarrays übereinstimmt, andernfalls ist das Verhalten undefiniert.

- `valarray<T>& operator=(const T& t)`

  Jedem Element des Valarrays wird `t` zugewiesen. Beispiel:

  ```
  valarray<double> vd(4);
  vd = 100.123;
  ```

- valarray<T>& operator=(const slice_array<T>&)
  valarray<T>& operator=(const gslice_array<T>&)
  valarray<T>& operator=(const mask_array<T>&)
  valarray<T>& operator=(const indirect_array<T>&)

  Die Wirkungsweise dieser Zuweisungsperatoren wird in den Abschnitten 21.4.6 bis 21.4.10 beschrieben (Seiten 603 – 608).

- T operator[](size_t n) const
  T& operator[](size_t n)

  Der Indexoperator verhält sich wie üblich: Eine Überprüfung auf Einhaltung des Bereichs findet nicht statt.

- Mit den folgenden Indexoperatoren können definierte Untermengen aus einem Valarray erzeugt werden:

  ```
  valarray<T> operator[](slice) const;
  slice_array<T> operator[](slice);
  valarray<T> operator[](const gslice&) const;
  gslice_array<T> operator[](const gslice&);
  valarray<T> operator[](const valarray<bool>&) const;
  mask_array<T> operator[](const valarray<bool>&);
  valarray<T> operator[](const valarray<size_t>&) const;
  indirect_array<T> operator[](const valarray<size_t>&);
  ```

  Die Wirkungsweise dieser Indexoperatoren wird in den Abschnitten 21.4.5 bis 21.4.10 beschrieben (Seiten 602 – 608).

- valarray<T> operator+() const
  valarray<T> operator-() const
  valarray<T> operator~() const
  valarray<bool> operator!() const

  Diese unären Operatoren existieren nur, sofern sie für den Typ der Elemente sinnvoll anwendbar sind. Anwendungsbeispiel:

  ```
  v = -u;   // v und u sind Valarrays.
  ```

- valarray<T>& operator*=(const valarray<T>&)
  valarray<T>& operator/=(const valarray<T>&)
  valarray<T>& operator%=(const valarray<T>&)
  valarray<T>& operator+=(const valarray<T>&)
  valarray<T>& operator-=(const valarray<T>&)
  valarray<T>& operator^=(const valarray<T>&)
  valarray<T>& operator&=(const valarray<T>&)
  valarray<T>& operator|=(const valarray<T>&)

```
valarray<T>& operator<<=(const valarray<T>&)
valarray<T>& operator>>=(const valarray<T>&)
```

Diese Kurzformoperatoren bewirken, dass die jeweilige Operation mit den entsprechenden Elementen ausgeführt wird, d.h. `u += v;` ist dasselbe wie `u[i] += v[i];` für alle i.

- ```
  valarray<T>& operator*=(const T&)
  valarray<T>& operator/=(const T&)
  valarray<T>& operator%=(const T&)
  valarray<T>& operator+=(const T&)
  valarray<T>& operator-=(const T&)
  valarray<T>& operator^=(const T&)
  valarray<T>& operator&=(const T&)
  valarray<T>& operator|=(const T&)
  valarray<T>& operator<<=(const T&)
  valarray<T>& operator>>=(const T&)
  ```

  Diese Kurzformoperatoren bewirken, dass die jeweilige Operation mit allen Elementen ausgeführt wird, d.h. `u += t;` ist dasselbe wie `u[i] += t;` für alle i.

- `size_t size() const`

  gibt die Anzahl der Elemente zurück.

- `T sum() const`

  gibt die Summe aller Elemente zurück. Das Valarray muss mindestens ein Element besitzen.

- `T min() const`

  gibt das kleinste Element zurück.

- `T max() const`

  gibt das größte Element zurück.

- `valarray<T> shift(int n) const`

  gibt ein Valarray der Länge `size()` zurück, dessen Elemente um n Positionen verschoben sind. Anwendungsbeispiele:

  ```
  u = v.shift(2);
  // Ergebnis: u[i] = v[i+2] für 0 ≤ i < size()-2, sowie
  // u[size()-2] = u[size()-1] = T(), d.h. 0.

  u = v.shift(-2);
  // Ergebnis: u[i] = v[i-2] für 1 < i < size(), sowie
  // u[0] = u[1] = T(), d.h. 0.
  ```
  ```

- `valarray<T> cshift(int n) const`

  gibt ein Valarray der Länge `size()` zurück, dessen Elemente um n Positionen verschoben sind. Im Unterschied zu `shift()` werden die Elemente rotiert, d.h. durch das Verschieben herausfallende Elemente werden am anderen Ende eingefügt. Beispiel:

  ```
  int n = ...        // irgendeine Zahl
  u = v.cshift(n);   // Ergebnis: u[i] = v[(i+n)%size()]
  ```

- `valarray<T> apply(T func(T)) const` und
  `valarray<T> apply(T func(const T&)) const`

  geben ein Valarray der Länge `size()` zurück, wobei die Elemente aus den Ergebnissen der Funktion `func()` angewendet auf die entsprechenden Elemente des aufrufenden Valarrays bestehen:

  ```
  u = v.apply(f);    // Ergebnis: u[i] = f(v[i]) für alle i
  ```

  Leider lassen sich nur (Zeiger auf) Funktionen übergeben, keine Funktionsobjekte!

- `void resize(size_t sz, T c = T())`

  Die Funktion ändert die Größe eines Valarrays und initialisiert alle Elemente. Nach dem Aufruf gilt `size() == sz` und `operator[](i) == c` für alle `i`.

### 21.4.3 Binäre Valarray-Operatoren

Zunächst werden alle binären Operatoren und Funktionen beschrieben, ehe auf Elementfunktionen und die Hilfsklassen eingegangen wird.

**Binäre arithmetische Valarray-Operatoren**

Für `valarray`-Objekte sind die folgenden arithmetischen Operationen definiert, sofern sie mit dem Typ der Elemente verträglich sind (zum Beispiel existiert der Operator '`%`' nicht für `float`-Zahlen): `*`, `/`, `%`, `+` und `-`. Alle Operatoren treten in drei überladenen Varianten auf, hier gezeigt am Beispiel des Multiplikationsoperators:

```
template<class T>
valarray<T> operator*(const valarray<T>& v, const valarray<T>& w);
// Anwendung zum Beispiel:
valarray<double> u = v*w;   // Ergebnis: u[i] = v[i]*w[i] für alle i

template<class T>
valarray<T> operator*(const valarray<T>& v, const T& t);
// Anwendung zum Beispiel:
```

```
valarray<double> u = v*t;    // Ergebnis: u[i] = v[i]*t für alle i

template<class T>
valarray<T> operator*(const T& t, const valarray<T>& v);
// Anwendung zum Beispiel:
valarray<double> u = t*v;    // Ergebnis: u[i] = t*v[i] für alle i
```

## Binäre bitweise Valarray-Operatoren

Für valarray-Objekte sind die folgenden binären Bit-Operationen definiert, sofern sie mit dem Typ der Elemente verträglich sind: ^, &, |, << und >>. Auch hier treten die Operatoren in drei überladenen Varianten auf, gezeigt am Beispiel des Und-Operators:

```
template<class T>
valarray<T> operator&(const valarray<T>& v, const valarray<T>& w);
// Anwendung zum Beispiel:
valarray<int> u = v&w;    // Ergebnis: u[i] = v[i]&w[i] für alle i

template<class T>
valarray<T> operator&(const valarray<T>& v, const T& t);
// Anwendung zum Beispiel:
valarray<int> u = v&t;    // Ergebnis: u[i] = v[i]&t für alle i

template<class T>
valarray<T> operator&(const T& t, const valarray<T>& v);
// Anwendung zum Beispiel:
valarray<int> u = t&v;    // Ergebnis: u[i] = t&v[i] für alle i
```

## Binäre logische Valarray-Operatoren

Für valarray-Objekte sind die folgenden binären logischen Operationen definiert: && und ||. Auch hier treten die Operatoren in drei überladenen Varianten auf, gezeigt am Beispiel des logischen Und-Operators:

```
template<class T>
valarray<bool> operator&&(const valarray<T>& v,
                          const valarray<T>& w);
// Anwendung zum Beispiel:
valarray<bool> u = v&&w;    // Ergebnis: u[i] = v[i]&&w[i] für alle i

template<class T>
valarray<bool> operator&&(const valarray<T>& v, const T& t);
// Anwendung zum Beispiel:
```

```
valarray<bool> u = v&&t;   // Ergebnis: u[i] = v[i]&&t für alle i

template<class T>
valarray<bool> operator&&(const T& t, const valarray<T>& v);
// Anwendung zum Beispiel:
valarray<bool> u = t&&v;   // Ergebnis: u[i] = t&&v[i] für alle i
```

**Relationale Valarray-Operatoren**

Für `valarray`-Objekte sind die folgenden binären Operationen definiert, sofern sie mit dem Typ der Elemente verträglich sind: ==, !=, <, >, <= und >=. Auch hier treten die Operatoren in drei überladenen Varianten auf, gezeigt am Beispiel des Gleichheitsoperators:

```
template<class T>
valarray<bool> operator==(const valarray<T>& v,
                          const valarray<T>& w);
// Anwendung zum Beispiel:
valarray<bool> u = v==w;   // Ergebnis: u[i] = (v[i] == w[i]) für alle i

template<class T>
valarray<bool> operator==(const valarray<T>& v, const T& t);
// Anwendung zum Beispiel:
valarray<bool> u = v==t;   // Ergebnis: u[i] = (v[i] == t) für alle i

template<class T>
valarray<bool> operator==(const T& t, const valarray<T>& v);
// Anwendung zum Beispiel:
valarray<bool> u = t==v;   // Ergebnis: u[i] = (t == v[i]) für alle i
```

### 21.4.4 Mathematische Funktionen

Es gibt die folgenden mathematischen Funktionen, die ein Valarray als Argument nehmen und ein Valarray mit dem Ergebnis zurückgeben:

```
template<class T> valarray<T> abs   (const valarray<T>&);
template<class T> valarray<T> acos  (const valarray<T>&);
template<class T> valarray<T> asin  (const valarray<T>&);
template<class T> valarray<T> atan  (const valarray<T>&);
template<class T> valarray<T> cos   (const valarray<T>&);
template<class T> valarray<T> cosh  (const valarray<T>&);
template<class T> valarray<T> exp   (const valarray<T>&);
template<class T> valarray<T> log   (const valarray<T>&);
template<class T> valarray<T> log10 (const valarray<T>&);
```

```
template<class T> valarray<T> sin   (const valarray<T>&);
template<class T> valarray<T> sinh  (const valarray<T>&);
template<class T> valarray<T> sqrt  (const valarray<T>&);
template<class T> valarray<T> tan   (const valarray<T>&);
template<class T> valarray<T> tanh  (const valarray<T>&);
```

Als Anwendung sei hier die Sinusfunktion gezeigt:

```
valarray<double> dieWinkel(100);   // 100 Werte
// ... Berechnung der Winkel fehlt hier
// Berechnung der Sinuswerte:
valarray<double> dieSinusWerte = sin(dieWinkel);
// Ergebnis: dieSinusWerte[i] = sin(dieWinkel[i]) für alle i
```

Die Funktionen `atan2()` und `pow()` treten in überladenen Variationen auf:

```
template<class T>
valarray<T> atan2(const valarray<T>& v, const valarray<T>& w);
// Beispielanwendung mit dem Ergebnis u[i] = atan(v[i]/w[i]) für alle i:
valarray<double> u = atan2(v, w);

template<class T>
valarray<T> atan2(const valarray<T>& v, const T& t);
// Beispielanwendung mit dem Ergebnis u[i] = atan(v[i]/t) für alle i:
valarray<double> u = atan2(v, t);

template<class T>
valarray<T> atan2(const T& t, const valarray<T>& v);
// Beispielanwendung mit dem Ergebnis u[i] = atan(t/v[i]) für alle i:
valarray<double> u = atan2(t, v);

template<class T>
valarray<T> pow(const valarray<T>& v, const valarray<T>& w);
// Beispielanwendung mit dem Ergebnis u[i] = v[i]^{w[i]} für alle i:
valarray<double> u = pow(v, w);

template<class T>
valarray<T> pow(const valarray<T>& v, const T& t);
// Beispielanwendung mit dem Ergebnis u[i] = v[i]^t für alle i:
valarray<double> u = pow(v, t);

template<class T>
valarray<T> pow(const T& t, const valarray<T>& v);
// Beispielanwendung mit dem Ergebnis u[i] = t^{v[i]} für alle i:
valarray<double> u = pow(t, v);
```

## 21.4.5 slice

Die Klasse `slice` (dt. Scheibe, Querschnitt, Teil) ist eine Abstraktion, die es erlaubt, jede Zeile oder Spalte eines Valarrays, das als Matrix interpretiert wird, zu beschreiben oder andere Teilmengen eines Valarrays anzusprechen. Die Klasse ist wie folgt definiert:

```
class slice {
  public:
    slice();
    slice(size_t start, size_t size, size_t stride);
    size_t start() const;    // Index des ersten Elements
    size_t size() const;     // Anzahl der Elemente
    size_t stride() const;   // Schrittweite N
  private:
    size_t start_, size_, stride_;
};
```

Ein `slice`-Objekt definiert eine Folge von Zahlen, die die Position eines jeden N-ten Elements eines Valarrays angeben, indem die Zahlen *Index des ersten Elements* und *Schrittweite* auf die Position im Valarray abgebildet werden. Zum Beispiel definiert `slice(3,8,2)` die Folge 3, 5, 7, 9, 11, 13, 15, 17. Damit lassen sich Untermengen einer Matrix definieren, zum Beispiel Zeilen, Spalten oder Untermatrizen. Im folgenden Beispiel werden die Indizes aller Zeilen und aller Spalten einer Matrix mit 3 Zeilen und 4 Spalten mit Hilfe von `slice`-Objekten ausgegeben.

```
void printIndizes(slice s) {
  for(size_t i = 0; i < s.size(); ++i)
    cout << s.start()+i*s.stride() << ' ';
  cout << endl;
}

int main() {
  const size_t CROW = 3, CCOL = 4;
  for(size_t row = 0; row < 3; ++row) {
    cout << "Zeile " << row << ": ";
    printIndizes(slice(row * CCOL, CCOL, 1));
  }
  cout << endl;
  for(size_t column = 0; column < 4; ++column) {
    cout << "Spalte " << column << ": ";
    printIndizes(slice(column, CROW, CCOL));
  }
}
```

Das Ergebnis dieses Programms ist:

```
Zeile   0:   0   1    2    3
Zeile   1:   4   5    6    7
Zeile   2:   8   9   10   11

Spalte  0:   0   4    8
Spalte  1:   1   5    9
Spalte  2:   2   6   10
Spalte  3:   3   7   11
```

Der Indexoperator `valarray<T>::operator[](slice)` tritt in zwei Varianten auf:

```
valarray<T>     valarray<T>::operator[](slice) const
slice_array<T>  valarray<T>::operator[](slice)
```

Er erlaubt es, eine mit einem `slice`-Objekt definierte Untermenge zu extrahieren und zu verändern:

```
const size_t CROW = 3, CCOL = 4;
valarray<double> v(CROW*CCOL);  // Platz für 3x4-Matrix
// ... (hier Werte zuweisen)
// Zeile 1 (Zählung ab 0) als Valarray extrahieren:
slice z1(4,4,1);   // Zeile 1 einer 3x4 Matrix definieren
valarray<double> Zeile1 = v[z1];
```

Das Valarray `Zeile1` besteht aus 4 Elementen, die Kopien der Elemente `v[4]` bis `v[7]` sind. Veränderungen einer Valarray-Untermenge sind auf folgende Art möglich:

```
v[z1] = 0.0;     // Wirkung: v[4] = v[5] = v[6] = v[7] = 0.0
```

```
// auf Zeile 2 die oben erzeugte Zeile1 addieren, d.h
// v[8] += Zeile1[0] usw. bis v[11] += Zeile1[3]:
v[slice(2*4,4,1)] += Zeile1;
```

Der auf der linken Seite eines binären Operators stehende Indexoperator liefert ein `slice_array` zurück, für das der binäre Operator aufgerufen wird. Die möglichen Operatoren sind im folgenden Abschnitt 21.4.6 aufgelistet. Die Klasse `slice_array` tritt im obigen Beispiel nicht explizit auf. Man muss sie nicht selbst kennen, sondern nur ihre Operatoren, die verändernd auf Untermengen von Valarrays wirken.

## 21.4.6  slice_array

Ein `slice_array` ist eine Hilfsklasse, die eine Referenz auf ein Valarray und ein `slice`-Objekt zur Definition einer Untermenge für dieses Valarray enthält. Die Klasse beschreibt also nur eine Untermenge, und sie ermöglicht für diese Untermenge die in der Klassendefinition beschriebenen Operationen:

```cpp
template <class T>
class slice_array {
  public:
    typedef T value_type;
    void operator= (const valarray<T>&) const;
    void operator*= (const valarray<T>&) const;
    void operator/= (const valarray<T>&) const;
    void operator%= (const valarray<T>&) const;
    void operator+= (const valarray<T>&) const;
    void operator-= (const valarray<T>&) const;
    void operator^= (const valarray<T>&) const;
    void operator&= (const valarray<T>&) const;
    void operator|= (const valarray<T>&) const;
    void operator<<=(const valarray<T>&) const;
    void operator>>=(const valarray<T>&) const;
    void operator=(const T&);
  private:
    // ...
};
```

### 21.4.7 gslice

Ein `slice`-Objekt kann eine Zeile oder Spalte einer Matrix beschreiben. Manchmal wird aber eine Untermatrix benötigt, im allgemeinsten Fall eine m-dimensionale Untermatrix einer n-dimensionalen Matrix (m ≤ n). Dazu dienen `gslice`-Objekte. Die Klasse `gslice` (Abk. für generalized slice) enthält alle dafür notwendigen Informationen, nämlich die `slice`-Werte für Anzahl und Schrittweite, gespeichert in Valarrays, und den gemeinsamen Startpunkt:

```cpp
class gslice {
  public:
    gslice();
    gslice(size_t start,
           valarray<size_t>& lengths,
           valarray<size_t>& strides);
    size_t start() const;
    valarray<size_t> size() const;
    valarray<size_t> stride() const;
  private:
    size_t start_;
    valarray<size_t> sizes_, strides_;
};
```

Die Wirkung soll an einer 4x5-Matrix gezeigt werden, zu der die Indizes von Submatrizen ausgegeben werden. Dazu werden zunächst zwei Hilfsfunktionen definiert, die in main() benutzt werden:

```cpp
// mit einem gslice definierte Indizes ausgeben
void printIndizes(const gslice& gs) {
   for(size_t r = 0; r < gs.size()[0]; ++r) {     // rows
      for(size_t c = 0; c < gs.size()[1]; ++c)    // columns
         cout << '\t'
              << gs.start()
                 + r * gs.stride()[0]
                 + c * gs.stride()[1];
      cout << endl;
   }
}

// gslice einer zweidimensionalen Untermatrix aus einer durch gs
// definierten zweidimensionalen Matrix zurückgeben
gslice submatrix_gslice(const gslice& gs,        // 2-D Matrix
                        size_t position,          // Startposition
                        size_t rows,              // Zeilen
                        size_t cols) {            // Spalten
   size_t sz[]  = {rows, cols};
   size_t str[] = {gs.size()[1], 1};
   valarray<size_t> sizes(sz,2);
   valarray<size_t> strides(str,2);
   return gslice(position, sizes, strides);
}

int main() {
   const size_t CROW = 4, CCOL = 5;   // 4x5 Matrix
   valarray<size_t> sizes(2);          // 2 Dimensionen
   valarray<size_t> strides(2);
   sizes  [0] = CROW; sizes  [1] = CCOL;
   strides[0] = CCOL; strides[1] = 1;
   // gslice in der Ecke oben links konstruieren
   gslice G(0, sizes, strides);
   cout << endl << "Indizes der 4x5 Matrix:\n";
   printIndizes(G);
```

Ergebnis:
```
         0        1        2        3        4
         5        6        7        8        9
        10       11       12       13       14
        15       16       17       18       19
```

Die Indizes einer 3x4 Untermatrix, die an Position 1 beginnt, werden mit

```
printIndizes(submatrix_gslice(G, 1,3,4));
```
ausgegeben und führen zu dem Ergebnis

```
    1       2       3       4
    6       7       8       9
   11      12      13      14
```

Ähnlich wie bei der `slice`-Klasse lassen sich Untermengen eines als Matrix interpretierten Valarrays verändern und extrahieren. Der Indexoperator `valarray<T>::operator[](const gslice&)` dient zum Ermitteln der Untermenge und tritt in zwei Varianten auf:

```
valarray<T>        valarray<T>::operator[](const gslice&) const
gslice_array<T>    valarray<T>::operator[](const gslice&)
```

Die folgende Fortsetzung des `main()`-Programms zeigt die mögliche Anwendung:

```
// 4x5 Matrix erzeugen und initialisieren
valarray<double> v(CROW*CCOL);
for(size_t i = 0; i < v.size(); ++i)
    v[i] = i;                         // Wert = Index

// gslice für 2x3 Untermatrix an Position 6 erzeugen
gslice GS(submatrix_gslice(G, 6, 2, 3));

// Kopie der Untermatrix erzeugen
valarray<double> sub = v[GS];
```

Das Valarray `sub` enthält die folgenden Elemente:

```
    6       7       8
   11      12      13
```

Mit verschiedenen Operatoren kann eine Untermatrix innerhalb der Matrix verändert werden. Die möglichen Operatoren sind im folgenden Abschnitt 21.4.8 aufgelistet. Hier wird das Nullsetzen der durch `GS` definierten Untermatrix gezeigt:

```
// Untermatrix = 0 setzen
v[GS] = 0.0;
```

Nach dieser Anweisung enthält Matrix v folgende Werte:

```
    0       1       2       3       4
    5       0       0       0       9
   10       0       0       0      14
   15      16      17      18      19
```

Die mathematischen Operationen setzen ein Valarray als Argument voraus, zum Beispiel

```
v1[GS] *= v2;     // v1 und v2 sind Valarrays
```

Die Wirkung dieser Anweisung besteht darin, dass diejenigen Elemente von v1, die durch das gslice-Objekt GS indiziert werden, mit den entsprechenden Elementen von v2 multipliziert werden. Bei der oben gegebenen Definition von GS ist die Wirkung

```
// Wirkung der Anweisung v1[GS] *= v2;
v1[6]  *= v2[0];
v1[7]  *= v2[1];
v1[8]  *= v2[2];
v1[11] *= v2[3];
v1[12] *= v2[4];
v1[13] *= v2[5];
```

## 21.4.8 gslice_array

Ein gslice_array ist eine Hilfsklasse, die eine Referenz auf ein Valarray und ein gslice-Objekt zur Definition einer Untermenge für dieses Valarray enthält. Die Klasse gslice_array ermöglicht für diese Untermenge dieselben Operationen wie die Klasse slice_array, also = für ein const T&-Argument und *=, /=, %=, +=, -=, $\hat{=}$, &=, |=, <<=, >>=, = für Valarray-Argumente.

## 21.4.9 mask_array

Ein mask_array spielt eine ähnliche Rolle für Operationen auf Untermengen von Valarrays wie ein slice_array. Der Unterschied besteht in der Auswahl der Untermenge, die hier durch ein Valarray mit bool-Elementen geschieht. Die Untermenge besteht aus denjenigen Elementen eines Valarrays, für die das entsprechende Element des bool-Arrays den Wert true hat. Der Indexoperator valarray<T>::operator[](const valarray<bool>&) dient zum Ermitteln der Untermenge und tritt in zwei Varianten auf:

```
valarray<T>    valarray<T>::operator[](const valarray<bool>&) const
mask_array<T>  valarray<T>::operator[](const valarray<bool>&)
```

Die zweite Variante wird implizit benutzt, wenn die durch das bool-Array ausgewählte Untermenge geändert werden soll. Wie die Klassen slice_array und gslice_array tritt die Klasse mask_array nicht direkt in Erscheinung, man muss nur die möglichen Operationen kennen. Beispiele:

```
// Valarray anlegen und initialisieren
valarray<double> v(12);
for(size_t i = 0; i < v.size(); ++i)
   v[i] = i;

// bool-Array mit einer Größe ≤ v.size() anlegen.
valarray<bool> Maske(10);
```

```
// Jedes 3. Element = true setzen
for(size_t i = 0; i < Maske.size(); i+= 3)
  Maske[i] = true;

// Untermenge auswählen
const valarray<double> u(v[Maske]);
// Ergebnis: u = 0 3 6 9

// Elementen der Untermenge einen Wert zuweisen
v[Maske] = 20;
// Ergebnis: v = 20 1 2 20 4 5 20 7 8 20 10 11

// Zweites Valarray vmult erzeugen
valarray<double> vmult(8); //vmult.size() ≥ Anzahl der trues in Maske
for(size_t i = 0; i < vmult.size(); ++i)
  vmult[i] = 0.1*i;   // 0 0.1 0.2 ... 0.7

// Untermenge mit allen Elementen von vmult multiplizieren
v[Maske] *= vmult;
// Ergebnis: v = 0 1 2 2 4 5 4 7 8 6 10 11,
// d.h. 20*0.0, 1, 2, 20*0.1, 4, 5, 20*0.2, 7, 8, 20*0.3, 10, 11
```

Die Klasse mask_array ermöglicht für die durch das boolesche Array ausgewählte Untermenge dieselben Operationen wie die Klasse slice_array, also = für ein const T&-Argument und *=, /=, %=, +=, -=, ≙, &=, |=, <<=, >>=, = für Valarray-Argumente.

## 21.4.10 indirect_array

Ein indirect_array spielt eine ähnliche Rolle für Operationen auf Untermengen von Valarrays wie ein slice_array. Der Unterschied besteht in der Auswahl der Untermenge, die hier durch ein Index-Array geschieht (indirekte Adressierung). Ein Index-Array ist ein Valarray mit Elementen vom Typ size_t, die Indizes, also Adressen von Array-Elementen, darstellen. Die Untermenge besteht aus denjenigen Elementen eines Valarrays, auf die das entsprechende Element des Index-Arrays verweist. Der Indexoperator valarray<T>::operator[] (const valarray<size_t>&) dient zum Ermitteln der Untermenge und tritt in zwei Varianten auf:

```
valarray<T> valarray<T>::operator[](const valarray<size_t>&) const
indirect_array<T> valarray<T>::operator[](const valarray<size_t>&)
```

Die zweite Variante wird implizit benutzt, wenn die durch das Index-Array ausgewählte Untermenge geändert werden soll. Wie die Klassen slice_array und gslice_array tritt die Klasse indirect_array nicht direkt in Erscheinung, man muss nur die möglichen Operationen kennen. Beispiele:

## 21.4 Optimierte numerische Arrays (valarray)

```
// Valarray anlegen und initialisieren
valarray<double> v(10);
for(size_t i = 0; i < v.size(); ++i)
  v[i] = 0.1 * i;     // .0 .1 .2 .3 .4 .5 .6 .7 .8 .9

// indirektes Valarray (Index-Array) anlegen und initialisieren
valarray<size_t> i_arr(v.size()-4);
for(size_t i = 0; i < i_arr.size(); ++i)
  i_arr[i]= i_arr.size() - i -1;   // 8 7 6 5 4 3
```

Für ein Index-Array müssen zwei Bedingungen gelten, hier formuliert mit den beiden Valarrays v und i_arr:

i_arr.size() $\leq$ v.size() und
i_arr[i] < v.size(), $0 \leq i <$ i_arr.size()

Andernfalls ist das Verhalten des Programms undefiniert. Eine Untermenge kann wie folgt erzeugt werden:

```
const valarray<double> u(v[i_arr]);  // 0.8 0.7 0.6 0.5 0.4 0.3
```

Es gilt u[i_arr[i]] == v[i] für alle i im Bereich $0 \leq i <$ i_arr.size(). Die Klasse indirect_array ermöglicht für die durch das Index-Array ausgewählte Untermenge dieselben Operationen wie die Klasse slice_array, also = für ein const T&-Argument und *=, /=, %=, +=, -=, $\triangleq$, &=, |=, <<=, >>=, = für Valarray-Argumente. Beispiele:

```
v[i1_arr] = 20;
// Ergebnis: v =  .0 .1 .2 20 20 20 20 20 20 .9

valarray<double> vb(10);
for(size_t i = 0; i < vb.size(); ++i)
   vb[i] = 0.01*i;    // 0 .01 .02 .03 .04 .05 .06 .07 .08 .09

v[i1_arr] = vb;
// Ergebnis: v =  0 0.1 0.2 0.05 0.04 0.03 0.02 0.01 0 0.9

v[i1_arr] *= vb;
// Ergebnis: v =  0 0.1 0.2 0.0025 0.0016 0.0009 0.0004 0.0001 0 0.9
```

Für solche Operationen gilt v[i_arr[i]] *= vb[i], hier also

```
v[8] *= vb[0];    v[7] *= vb[1];    v[6] *= vb[2];
v[5] *= vb[3];    v[4] *= vb[4];    v[3] *= vb[5];
```

# 22 String

Die C++-Stringklasse (Header `<string>`) kann in den meisten Fällen die C-Strings ersetzen. Sie ist nicht nur verständlicher in der Anwendung für Neulinge, sondern auch erheblich komfortabler. Der in der Standardbibliothek definierte Typ `basic_string` ist ein Template und ermöglicht das Arbeiten mit verschiedenen Arten von Zeichen, also auch mit »wide characters« (Typ `wchar_t`). `wstring` ist die Spezialisierung für `wchar_t`. Der Typ `string` ist die Spezialisierung von `basic_string` für den Datentyp `char`:

```
typedef basic_string<char> string;
```

Die im Folgenden beschriebene Schnittstelle der Klasse `basic_string` bezieht sich der Kürze wegen nur auf die Spezialisierung `string`. Die von `string` bereitgestellten öffentlichen Datentypen korrespondieren mit denen der Tabelle 16.1 auf Seite 489.

Zunächst folgen die Konstruktoren sowie diejenigen Methoden, die in ähnlicher Form auch in anderen Containern der C++-Standardbibliothek auftreten.

- `string()`

  Standardkonstruktor; erzeugt leeren String

- `string(const string& s, size_type pos = 0,`
  `       size_type n = string::npos)`

  Der Kopierkonstruktor erzeugt einen String, wobei s ab Position pos bis zum Ende kopiert wird. Dabei gilt die Einschränkung, dass maximal n Zeichen kopiert werden. `string::npos` ist eine –1 konvertiert zum Typ von `size_type`, in der Regel also die größtmögliche `unsigned`-Zahl.

- `string(const char* s, size_type n)`

  Bei der Erzeugung des Strings werden n Zeichen aus dem bei s beginnenden Array kopiert.

- `string(const char* s)`

  erzeugt String aus dem C-String s.

- `string(size_type n, char c)`

  erzeugt String mit n Kopien von c.

- `template<InputIterator>`
  `string(InputIterator a, InputIterator b)`

  Falls `InputIterator` ein integraler Typ ist, entspricht dieser Konstruktor dem vorhergehenden (`string(size_type n, char c)`), wobei a und b in die entsprechenden Typen `size_type` und `char` umgewandelt werden. Andernfalls wird der String aus den Zeichen im Intervall [a,b) gebildet.

- `~string()`

  Destruktor

- `const_iterator begin() const` und
  `iterator begin()`

  geben den Anfang des Strings zurück.

- `const_iterator end() const` und
  `iterator end()`

  geben die Position *nach* dem letzten Zeichen zurück.

- `const_iterator rbegin() const` und
  `iterator rbegin()`

  geben einen Iterator zurück, der auf das letzte Zeichen zeigt.

- `const_iterator rend() const` und
  `iterator rend()`

  geben einen Iterator zurück, der auf die Position vor dem Anfang zeigt.

- `size_type size() const`

  gibt die aktuelle Größe des Strings zurück (Anzahl der Zeichen).

- `resize(size_type n, char c = '\0')`

  Der String wird durch eine auf n Zeichen verkürzte Kopie ersetzt, falls n ≤ `size()` ist. Andernfalls wird der String durch eine auf n Zeichen vergrößerte Kopie ersetzt, wobei die restlichen Elemente mit c initialisiert werden.

- `void reserve(size_type n = 0)`

  Speicherplatz reservieren, sodass der verfügbare Platz (Kapazität) größer als der aktuell benötigte ist. Zweck: Vermeiden von Speicherbeschaffungsoperationen während der Benutzung des Strings.

- `size_type capacity() const`

  gibt die Größe des dem String zugewiesenen Speichers zurück. Der Wert ist größer oder gleich dem Argument von `reserve()`, falls `reserve()` vorher aufgerufen wurde.

- `void clear()`

  löscht den Inhalt des Strings; entspricht `erase(begin(), end())`.

- `bool empty() const`

  gibt `size() == 0` bzw. `begin() == end()` zurück.

- `const_reference operator[](size_type n) const` und
  `reference operator[](size_type n)`

  geben eine Referenz auf das n-te Element zurück.

- `const_reference at(size_type n) const` und
  `reference at(size_type n)`

  geben eine Referenz auf das n-te Element zurück, wobei die Gültigkeit des Arguments geprüft wird. Es wird eine `out_of_range`-Exception geworfen, falls $n \geq \text{size()}$ ist.

Interessanter sind die Methoden, die in anderen Containern nicht vertreten und speziell zur Bearbeitung von Zeichenketten geeignet sind, zum Beispiel Finden eines Substrings. Die wichtigsten sind hier aufgelistet:

- `size_type length() const`

  dasselbe wie `size()`

- `string& append(const string& s)`
  `string& append(const char* s)`
  `string& append(char c)`
  `string& operator+=(const string& s)`
  `string& operator+=(const char* s)`
  `string& operator+=(char c)`

  verlängern den String um den C-String oder String `s` bzw. das Zeichen `c`.

- `string& append(const string& s, size_type pos, size_type n)`

  Von der Position `pos` des Strings `s` bis zum Ende wird alles an den String angehängt, aber nicht mehr als `n` Zeichen.

- `string& append(const char* s, size_type n)`

  verlängert den String um `string(s,n)`.

- `string& append(size_type n, char c)`

  verlängert den String um `string(n,c)`.

- `string& assign(const string& s)`
  `string& assign(const char* s)`
  `string& assign(char c)`
  `string& operator=(const string& s)`
  `string& operator=(const char* s)`
  `string& operator=(char c)`

  weisen dem String den C-String oder String s bzw. das Zeichen c zu.

- `string& assign(const string& s, size_type pos, size_type n)`

  Dem String wird der String s von der Position pos des Strings s an bis zum Ende zugewiesen, aber nicht mehr als n Zeichen. Die vorher beschriebene Funktion `assign(s)` entspricht `assign(s, 0, string::npos)`.

- `string& insert(size_type pos, const char* s)`
  `string& insert(size_type pos, const string& s)`

  C-String bzw. String s vor der Stelle pos einfügen (das heißt am Anfang, falls pos gleich 0).

- `string& insert(size_type pos1, const string& s,`
  `               size_type pos2, size_type n)`

  Vor die Stelle pos1 wird der String s eingefügt, wobei an der Position pos2 von s begonnen wird und insgesamt nicht mehr als n Zeichen kopiert werden.

- `string& insert(size_type pos, const char* s, size_type n)`

  wirkt wie `insert(pos, string(s,n))`.

- `string& insert(size_type pos, size_type n, char c)`

  wirkt wie `insert(pos, string(n,c))`.

- `template<InputIterator>`
  `void insert(iterator p, InputIterator first, InputIterator last)`

  p ist ein Iterator des Strings selbst, first und last sind Iteratoren eines anderen Strings oder Containers. Die Funktion bewirkt das Einfügen der Zeichen im Bereich [first, last) vor der Stelle p.

- `iterator insert(iterator p, char c)`

  p ist ein Iterator des Strings selbst. c wird vor der Stelle p eingefügt.

- `iterator insert(iterator p, size_type n, char c)`

  p ist ein Iterator des Strings selbst. n Kopien von c werden vor der Stelle p eingefügt.

- `iterator erase(iterator p)`
  Zeichen an der Stelle p löschen. Zurückgegeben wird die Position direkt vorher, sofern sie existiert (andernfalls `end()`).

- `iterator erase(iterator p, iterator q)`
  Zeichen im Bereich p bis ausschließlich q löschen.

- `string& erase(size_type pos = 0, size_type n = string::npos)`
  löscht alle Zeichen ab der Stelle pos, aber nicht mehr als n Zeichen.

- `string& replace(size_type pos1, size_type n1, const string& s,`
  `                size_type pos2, size_type n2)`
  Alle Zeichen des Strings ab der Stelle pos1, aber maximal n1 Zeichen, werden entfernt. An dieser Stelle werden alle Zeichen des Strings s ab der Stelle pos2, aber maximal n2 Zeichen, eingefügt.

- `string& replace(size_type pos, size_type n, const string& s)`
  `string& replace(size_type pos, size_type n, const char* s)`
  Alle Zeichen des Strings ab der Stelle pos, aber maximal n Zeichen, werden entfernt. An dieser Stelle werden alle Zeichen des Strings bzw. C-Strings s eingefügt.

- `string& replace(size_type pos, size_type n1, const char* s,`
  `                size_type n2)`
  wirkt wie `replace(pos, n1, string(s, n2))`.

- `string& replace(size_type pos, size_type n1, size_type n2,`
  `                char c)`
  wirkt wie `replace(pos, n1, string(n2, c))`.

- `string& replace(iterator p, iterator q, const string& s)`
  `string& replace(iterator p, iterator q, const char* s)`
  Bereich zwischen p und ausschließlich q durch s ersetzen.

- `string& replace(iterator p, iterator q, const char* s,`
  `                size_type n)`
  wirkt wie `replace(p, q, string(s, n))`.

- `string& replace(iterator p, iterator q, size_type n, char c)`
  wirkt wie `replace(p, q, string(n, c))`.

- `template<class InputIterator>`
  `string& replace(iterator i1, iterator i2, InputIterator j1,`
  `                InputIterator j2)`
  wirkt wie `replace(i1, i2, string(j1, j2))`.

- `size_type copy(char* z, size_type n, size_type pos = 0) const`

    überschreibt das Array z ab pos mit den Zeichen des Strings, aber maximal n. Das Stringendezeichen wird nicht kopiert. Es wird vorausgesetzt, das z auf einen Bereich mit genug Platz verweist. Die Methode gibt die Anzahl der kopierten Zeichen zurück.

- `void swap(const string& s)`

    vertauscht den Inhalt der beiden Strings.

- `const char* c_str()`

    gibt den Zeiger auf ein Array zurück, dessen Elemente dem Stringinhalt entsprechen und das mit einem Nullbyte abschließt.

- `const char* data()`

    gibt den Zeiger auf ein Array zurück, dessen Elemente dem Stringinhalt entsprechen. Es kann mit einem Nullbyte abschließen. In der Regel werden `c_str()` und `data()` einen Zeiger auf das erste der intern gespeicherten Zeichen des Strings liefern. Die Funktionen werden unterschiedlich formuliert, weil nicht vorgeschrieben ist, dass die string-Klasse intern ein abschließendes Nullbyte verwendet.

- `size_type find(const string& s, size_type pos = 0) const`

    gibt die Position zurück, an der der Substring s gefunden wird, andernfalls wird `string::npos` zurückgegeben. Gesucht wird ab pos. `find()` findet die erste Position bei mehrfachem Vorkommen von s.

- `size_type find(const char* s, size_type pos, size_type n) const`

    gibt `find(string(s, n), pos)` zurück.

- `size_type find(const char* s, size_type pos = 0) const`

    gibt `find(string(s), pos)` zurück.

- `size_type find(char c, size_type pos = 0) const`

    gibt `find(string(1,c), pos)` zurück.

- `size_type rfind(const string& s, size_type pos = string::npos) const`

    Gibt die Position zurück, an der der Substring s gefunden wird, andernfalls wird `string::npos` zurückgegeben. Gesucht wird ab pos. `rfind()` die letzte Position bei mehrfachem Vorkommen von s.

- `size_type rfind(const char* s, size_type pos, size_type n) const`

    gibt `rfind(string(s, n), pos)` zurück.

- `size_type rfind(const char* s, size_type pos = string::npos) const`

  gibt `rfind(string(s), pos)` zurück.

- `size_type rfind(char c, size_type pos = string::npos) const`

  gibt `rfind(string(1,c), pos)` zurück.

- `size_type find_first_of(const string& s, size_type pos=0) const`

  und

  `size_type find_first_of(const char* s, size_type pos = 0) const`

  geben die erste Position zurück, an der ein Zeichen gefunden wird, das auch im String bzw. C-String s vorhanden ist, andernfalls wird `string::npos` zurückgegeben. Gesucht wird ab `pos`.

- `size_type find_first_of(const char* s, size_type pos,`
  `                        size_type n) const`

  gibt `find_first_of(string(s,n), pos)` zurück.

- `size_type find_first_of(char c, size_type pos = 0) const`

  gibt `find_first_of(string(1,c), pos)` zurück.

- `size_type find_last_of(const string& s,`
  `                       size_type pos = string::npos) const`
  `size_type find_last_of(const char* s,`
  `                       size_type pos = string::npos) const`
  `size_type find_last_of(const char* s, size_type pos,`
  `                       size_type n) const`
  `size_type find_last_of(char c,`
  `                       size_type pos = string::npos) const`

  Diese Funktionen entsprechen `find_first_of()` mit dem Unterschied, dass jeweils die letzte gefundene Postion zurückgegeben wird.

- `size_type find_first_not_of(const string& s,`
  `                            size_type pos = 0) const`
  `size_type find_first_not_of(const char* s,`
  `                            size_type pos = 0) const`
  `size_type find_first_not_of(const char* s, size_type pos,`
  `                            size_type n) const`
  `size_type find_first_not_of(char c, size_type pos = 0) const`

  Diese Funktionen entsprechen `find_first_of()` mit dem Unterschied, dass jeweils die erste Position zurückgegeben wird, an der ein Zeichen steht, das *nicht* in s vorkommt bzw. das nicht c entspricht. Wenn so eine Position nicht gefunden wird, wird `string::npos` zurückgegeben.

- `size_type find_last_not_of(const string& s,`
  `                          size_type pos = string::npos) const`
  `size_type find_last_not_of(const char* s,`
  `                          size_type pos = string::npos) const`
  `size_type find_last_not_of(const char* s, size_type pos,`
  `                          size_type n) const`
  `size_type find_last_not_of(char c, size_type pos=string::npos)`
  `const`

  Diese Funktionen entsprechen `find_first_not_of()` mit dem Unterschied, dass jeweils die letzte gefundene Postion zurückgegeben wird.

- `string substr(size_type pos = 0, size_type n = string::npos)`
  `const`

  Gibt den Substring zurück, der ab `pos` beginnt. Die Anzahl der Zeichen im Substring wird durch das Ende des Strings bestimmt, kann aber nicht größer als n werden.

- `int compare(const string& s) const`

  vergleicht zeichenweise die Strings `*this` und s. Es wird 0 zurückgegeben, wenn keinerlei Unterschied festgestellt wird. Falls das erste unterschiedliche Zeichen von `*this` kleiner als das entsprechende in s ist, wird eine negative Zahl zurückgegeben, andernfalls eine positive. Falls bei unterschiedlicher Länge bis zum Ende eines der Strings keine verschiedenen Zeichen gefunden werden, wird eine negative Zahl zurückgegeben, falls `size() < s.size()` ist, andernfalls eine positive Zahl.

- `int compare(size_type pos, size_type n, const string& s) const`

  gibt `string(*this,pos,n).compare(s)` zurück. Das heißt: Es werden nur die Zeichen ab Position `pos` in `*this` berücksichtigt, aber maximal n.

- `int compare(size_type pos1, size_type n1, const string& s,`
  `            size_type pos2, size_type n2) const`

  gibt `string(*this,pos1,n1).compare(string(s,pos2,n2))` zurück, Das heißt, es werden nur die Zeichen ab Position `pos1` in `*this` berücksichtigt, aber maximal n1. In s werden nur die Zeichen ab Position `pos2` berücksichtigt, aber maximal n2.

Darüber hinaus gibt es einige Funktionen, die mit Strings arbeiten, aber *keine* Elementfunktionen sind:

- `string operator+(const string&, const string&)`
  `string operator+(const string&, const char*)`
  `string operator+(const char*, const string&)`

Diese Operatoren verketten zwei Strings (bzw. einen String und einen C-String oder umgekehrt) und geben das Ergebnis zurück.

- ```
  string operator+(const string&, char)
  string operator+(char, const string&)
  ```

  Diese Operatoren verketten einen String mit einem Zeichen und geben das Ergebnis zurück.

- ```
  bool operator==(X, Y)
  bool operator!=(X, Y)
  bool operator<=(X, Y)
  bool operator>=(X, Y)
  bool operator<(X, Y)
  bool operator>(X, Y)
  ```

  sind die relationalen Operatoren zum Vergleichen von Strings. X und Y stehen hier für jeweils einen der Typen `const string&` oder `const char*`. Es sind drei Kombinationen für X und Y möglich:

  ```
  const string&, const string&
  const char*, const string&
  const string&, const char*
  ```

- ```
  istream& operator>>(istream&, string&)
  ```

  Dieser Operator erlaubt das Einlesen von Strings auf bequeme Weise. Die üblichen Eigenschaften des >>-Operators werden beibehalten (vgl. Seite 95).

- ```
  ostream& operator<<(ostream&, string&)
  ```

  Ausgabeoperator für Strings.

- ```
  istream& getline(istream& is, string& s, char Ende ='\n')
  ```

  Liest Zeichen für Zeichen aus der Eingabe `is` in den String `s`, bis das Zeichen `Ende` gelesen wird. `Ende` wird zwar gelesen, aber *nicht* an den String angehängt (vergleiche `getline()` auf Seite 456).
  ```

# 23 Typerkennung zur Laufzeit

Zur Laufzeittyperkennung gehört die Umwandlung von Typen zur Laufzeit mit dem ab Seite 431 beschriebenen `dynamic_cast`-Operator und die Typerkennung mit der Funktion `typeid()` (Seite 434). Eine ausführliche Darstellung des Themas gibt es in Abschnitt 12.6 ab Seite 433. Der Header `<typeinfo>` enthält die Klassen `type_info`, `bad_cast` und `bad_typeid`.

## type_info

Die Klasse `type_info` beschreibt zur Laufzeit verschiedene Informationen über Datentypen. Objekte dieser Klasse enthalten einen Zeiger auf einen Typnamen und Werte zum Vergleich von Typen. Die Klasse hat die folgende Schnittstelle:

```
namespace std {
  class type_info {
    public:
      virtual ~type_info();
      bool operator==(const type_info& rhs) const;
      bool operator!=(const type_info& rhs) const;
      bool before(const type_info& rhs) const;
      const char* name() const;
    private:
      //..
  };
}
```

Zuweisungsoperator und Kopierkonstruktor sind privat. Die Funktion `typeid()` liefert eine `const`-Referenz auf ein `type_info`-Objekt, wenn als Argument ein Objekt eines polymorphen Typs oder der Typ selbst übergeben wird. Es gilt

```
class X {};
X einX;
typeid(X) == typeid(einX);
typeid(X) == typeid(const X);
typeid(X) == typeid(const X&);
```

Die Elementfunktion `name()` liefert den einen implementationsabhängigen Namen des Typs, ein Beispiel findet sich auf Seite 434.

Die Methode `before()` erlaubt eine Sortierung, wobei aber *keine* Beziehung zwischen der durch `before()` definierten Beziehung und der Vererbungshierarchie besteht.

```
// Beispiel für before()
class B{};

class A : public B {};

if(typeid(A).before(typeid(B)))
// ... Ergebnis hat nichts mit Vererbungsbeziehung zu tun!
```

Falls Vererbungsbeziehungen geprüft werden sollen, ist `dynamic_cast` zu verwenden.

## bad_cast

Ein Objekt der Klasse wird ausgeworfen, wenn der `dynamic_cast`-Operator fehlschlägt (Seite 432). Die Methode `what()` der Klasse liefert einen C-String (`const char*`), dessen Inhalt implementationsabhängig ist.

## bad_typeid

Ein Objekt der Klasse wird ausgeworfen, wenn `typeid()` fehlschlägt, weil ein Null-Zeiger als Argument übergeben wurde (Seite 434). Die Methode `what()` der Klasse liefert einen C-String (`const char*`), dessen Inhalt implementationsabhängig ist.

# 24 Speichermanagement

## 24.1 <new>

Der Header <new> enthält die Operatoren new, new[], delete und delete[], die in Abschnitt 6.4 ab Seite 213 beschrieben werden. Die Darstellung des Funktionszeigers new_handler und der zugehörigen Funktion set_new_handler zur Fehlerbehandlung sowie die Klasse bad_alloc finden sich in Abschnitt 10.2 ab Seite 365. Hier wird deshalb nur eine im Header <new> vorhandene weitere Form des new-Operators beschrieben, die »Placement-Form«.

```cpp
// Placement-Form für new
void* operator new   (std::size_t size, void *ptr) throw();
void* operator new[](std::size_t size, void *ptr) throw();
```

Zurückgegeben wird ptr. Die Placement-Operatoren dürfen nicht durch eigene mit derselben Signatur ersetzt werden. Die Placement-Form ist nützlich, wenn die Adresse, an der ein Objekt abgelegt werden soll, schon vorher bekannt ist. Bei vielen Objekten kann dies durchaus Zeit sparen, weil das normale new erst das Betriebssystem um Speicher ersucht.

Die entsprechenden delete-Operatoren existieren nur der Vollständigkeit halber. Sie bewirken nichts, weil ja durch new kein neuer Speicher zugewiesen wird, sondern nur Objekte in einem vorhandenen Speicher angelegt werden. Am besten ignoriert man das Placement-delete, zumal es in einigen Compilern nicht implementiert ist. Ein Beispiel für das Placement-new:

```cpp
// cppbuch/k24/placement.cpp
#include<iostream>
#include<new>
using namespace std;

class Irgendwas {
  public:
    Irgendwas() : id(12345) {}
    void machwas() const { cout << "Id  = " << id  << endl;}
  private:
    long int id;
};
```

```
int main() {
  char vielPlatz[1000*sizeof(Irgendwas)] = {0};
  // Ein Objekt in vielPlatz anlegen:
  Irgendwas* p = new (vielPlatz) Irgendwas;
  p->machwas();

  // Weitere 10 Objekte mit new[]-Operator anlegen:
  char* naechsteAdresse = (char*)p + sizeof(Irgendwas);
  new (naechsteAdresse) Irgendwas[10];

  // Alle 11 Objekte abfragen
  for(int i = 0; i < 11; ++i) {
     cout << i << ": ";
     p++->machwas();
  }
}
```

Die nächste Position darf nicht belegt sein, das heißt, ein nachfolgender Aufruf `p->machwas()` gibt 0 aus, weil das Feld `vielPlatz` mit 0 initialisiert wurde.

## 24.2 <memory>

Im Header `<memory>` sind die folgenden Klassen und Funktionen vertreten:

- `template<class T> class allocator`

  Die `allocator`-Klasse stellt die Dienstleistungen bereit, die zur Beschaffung von Speicherplatz notwendig sind. In Abhängigkeit vom Memory-Modell wird ein passender Allokator vom System bereitgestellt, sodass sich ein Anwender nicht darum kümmern muss, es sei denn, er möchte selbst spezielle Memory-Funktionen realisieren, zum Beispiel eine Speicherverwaltung mit garbage collection. Solche Aufgabenstellungen sind sehr speziell, sodass auf eine Beschreibung hier verzichtet wird.

- `template<class OutputIterator, class T>`
  `class raw_storage_iterator`

  Die Klasse ermöglicht es, Daten in nichtinitialisierten Speicher zu schreiben. Es wird auf die Beschreibung in [ISO98] verwiesen.

- `template<class T>`
  `pair<T*, ptrdiff_t> get_temporary_buffer(ptrdiff_t n)`

  Diese Funktion beschafft temporären Speicher. Zurückgegeben wird ein Paar, das die Speicheradresse und den verfügbaren Platz in Einheiten von `sizeof(T)` enthält, das heißt, n bei Erfolg und 0, falls die Speicherbeschaffung nicht gelingt.

- `template<class T> void return_temporary_buffer(T* p)`

  Diese Funktion gibt einen mit `get_temporary_buffer()` an der Stelle `p` beschafften Speicher wieder frei.

- `template<class InputIterator, class ForwardIterator>`
  `ForwardIterator uninitialized_copy(InputIterator first,`
  `InputIterator last, ForwardIterator result)`

  Diese Funktion kopiert alle Werte des Bereichs [`first`, `last`) nach `result`. Beispiel:

  ```
  #include<vector>
  #include<memory>

  vector<int> V1(100), V2(100);
  // ... hier V1 mit Daten füllen

  // Jetzt V1 nach V2 kopieren:
  uninitialized_copy(V1.begin(), V1.end(),V2.begin());
  ```

- `template<class ForwardIterator, class T>`
  `void uninitialized_fill(ForwardIterator first, ForwardIterator last, const T& x)`

  Diese Funktion füllt alle Positionen im Bereich [`first`, `last`) mit Kopien von x. Beispiel mit dem Vektor V1 von oben:

  ```
  int Wert = 17;
  uninitialized_fill(V1.begin(), V1.end(), Wert);
  ```

- `template <class ForwardIterator, class Size, class T>`
  `void uninitialized_fill_n(ForwardIterator first, Size n,`
  `const T& x)`

  Diese Funktion füllt n Positionen ab Position `first` mit Kopien von x. Im Beispiel mit dem Vektor V1 und dem Wert von oben werden 20 Werte eingetragen:

  ```
  uninitialized_fill_n(V1.begin(), 20, Wert);
  ```

- `template<class X> class auto_ptr`

  Abschnitt 9.6.1 (Seite 347) enthält das Wichtigste zu `auto_ptr`-Objekten.

# 25 C-Header

Dieser Abschnitt zeigt die von der Programmiersprache C übernommenen Header, soweit sie nicht obsolet sind. Der Inhalt ist derselbe wie in der C-Standard Library ([ISO90]). Die Dateinamen ergeben sich aus den Header-Namen nach den üblichen Konventionen. Die Datei zum Header <cmath> heißt dementsprechend *math.h*. Viele der C-Header sind gut und mit Beispielen in [He96] beschrieben.

## 25.1 <cassert>

Zusicherungen (englisch *assertions*) werden mit dem Header <cassert> eingebunden. Einzelheiten siehe Abschnitt 4.3.5 auf Seite 142.

## 25.2 <cctype>

Der Header <cctype> enthält die in den Tabellen 25.1 und 25.2 aufgeführten C-Funktionen zum Klassifizieren und Umwandeln von Zeichen. Weil in C sowohl Zeichen als auch Wahrheitswerte vom Datentyp int sind, sind die Parameter und Rückgabewerte der Funktionen in Tabelle 25.1 vom Typ int. Der C++-Compiler nimmt die Umwandlung nach bool bzw. von oder nach char automatisch vor.

| Schnittstelle | Bedeutung |
|---|---|
| tolower(z) | gibt z als Kleinbuchstaben zurück |
| toupper(z) | gibt z als Großbuchstaben zurück |

Tabelle 25.1: Umwandlungsfunktionen aus <cctype>

Nicht darstellbare Zeichen der Tabelle 25.1 sind in Hexadezimalnotation geschrieben (vergleiche mit der ASCII-Tabelle auf Seite 709 f.). Die beiden Funktionen der Tabelle 25.2 geben ihr Argument unverändert zurück, wenn sich eine Umwandlung erübrigt. Unter dem Header <cwctype> finden sich die entsprechenden Funktionen für wide-character Zeichen. isalnum() heißt dort iswalnum() und Entsprechendes gilt für die anderen Funktionen.

| Schnittstelle | wahr, wenn z == | Bereich |
|---|---|---|
| `isalnum(z)` | Buchstabe oder Ziffer | A..Z, a..z, 0..9 |
| `isalpha(z)` | Buchstabe | A..Z, a..z |
| `iscntrl(z)` | Steuerzeichen | 0x00..0x1f, 0x7f |
| `isdigit(z)` | Ziffer | 0..9 |
| `isgraph(z)` | druckbares Zeichen (ohne ' ') | 0x21..0x7e |
| `islower(z)` | Kleinbuchstabe | a..z |
| `isprint(z)` | druckbares Zeichen (mit ' ') | 0x20..0x7e |
| `ispunct(z)` | druckbar, aber weder ' ' noch alphanumerisch | 0x21..0x2f, 0x3a..0x40 und 0x5b..0x7e |
| `isspace(z)` | Zwischenraumzeichen | 0x09..0x0d |
| `isupper(z)` | Großbuchstabe | A..Z |
| `isxdigit(z)` | hexadezimale Ziffer | 0..9, A..F, a..f |

Tabelle 25.2: Klassifizierungsfunktionen aus `<cctype>`

## 25.3  `<cerrno>`

Im Header `<cerrno>` wird eine globale Variable `errno` deklariert, deren Wert von vielen Systemfunktionen im Fehlerfall gesetzt wird. Der zugehörige Fehlertext wird als `char*` von der Funktion `strerror(int)` (Header `<cstring>`) zurückgegeben. Beispiel: `cout << strerror(errno);`. Der Verwendung der globalen Variablen `errno` ist die in Kapitel 10 beschriebene Ausnahmebehandlung vorzuziehen.

## 25.4  `<cfloat>`

Wegen des Headers `<limits>` (siehe Seite 588) ist die Verwendung von `<cfloat>` nicht mehr notwendig.

## 25.5  `<ciso646>`

Der Header `<ciso646>` existiert nur aus Gründen der Kompatibilität zu C. *iso646.h* definiert Makros für nationale Tastaturen, die bestimmte Sonderzeichen nicht zur Verfügung haben. Zum Beispiel ist `and` ein Makro für `&&`. Die C-Makros sind Schlüsselwörter in C++ (siehe Tabelle auf Seite 708), weswegen `<ciso646>` nicht mehr gebraucht wird – und die Makros auch nicht mehr enthält.

## 25.6 <climits>

Wegen des Headers <limits> (siehe Seite 588) ist die Verwendung von <climits>, der Grenzwerte für ganzzahlige Datentypen festlegt, nicht mehr notwendig.

## 25.7 <clocale>

Wegen des Headers <locale> (siehe Seite 571) ist die Verwendung von <clocale> nicht mehr notwendig.

## 25.8 <cmath>

Die mathematischen Funktionen der folgenden Tabelle 25.3 sind im Header <cmath> für Grunddatentypen zu finden. Es gibt einige Ausnahmen: Die Funktionen abs() für Ganzzahlen, div(), rand() und srand() sind aus historischen Gründen unter dem Header <cstdlib> (siehe unten) abgelegt.

Hinweis: Manche Funktionen, die laut Text eine Ganzzahl zurückliefern sollen, liefern den Wert dieser Zahl als *Gleitkommazahl* zurück (Beispiel: ceil()).

*Tipp*

## 25.9 <csetjmp>

Mit den Funktionen setjmp() und longjmp() des Headers <csetjmp> lassen sich Sprünge über Funktionsgrenzen realisieren, mit denen Fehlersituationen in den Funktionen abgefangen werden. Die Funktionen sind dank des in Kapitel 10 beschriebenen Exception-Handlings von C++ nicht mehr notwendig.

## 25.10 <csignal>

Im Header <csignal> sind Signale und die zugehörigen Funktionen zur Behandlung deklariert. Signale sind Unterbrechungen (englisch *interrupts*), die durch Soft- oder Hardware erzeugt werden, wenn besondere Ausnahmesituationen auftreten, wie zum Beispiel Division durch Null. Signale werden zum Großteil wegen des in Kapitel 10 beschriebenen Exception-Handlings von C++ nicht mehr benötigt. Eine ausführliche Beschreibung ist in [He96] zu finden.

## 25.11 <cstddef>

Der Header <cstddef> enthält Standarddefinitionen des jeweiligen Systems (siehe Tabelle 25.4).

| Schnittstelle | mathematische Entsprechung |
|---|---|
| F abs(F x) | $\lvert x \rvert$ |
| F acos(F x) | arccos $x$ |
| F asin(F x) | arcsin $x$ |
| F atan(F x) | arctan $x$ |
| F atan2(F x, F y) | arctan $(x/y)$ |
| F ceil(F x) | kleinste Ganzzahl größer oder gleich $x$ |
| F cos(F x) | cos $x$ |
| F cosh(F x) | cosh $x$ |
| F exp(F x) | $e^x$ |
| F fabs(F x) | $\lvert x \rvert$ |
| F floor(F x) | größte Ganzzahl kleiner oder gleich $x$ |
| F fmod(F x, F y) | Rest der Division $x/y$ |
| F frexp(F x, int* pn) | zerlegt eine Zahl $x$ in die Mantisse $m$ und den Exponent $n$. pn ist ein Zeiger auf den Exponenten $n$, d.h. $n = $ *pn. Es gilt $0.5 \le m < 1$ und $x = m2^n$. |
| F ldexp(F x, int n) | $x2^n$ |
| F log(F x) | ln $x$ |
| F log10(F x) | $\log_{10} x$ |
| F modf(F x, F* i) | zerlegt $x$ in einen ganzzahligen Anteil und den Rest. Dabei ist *i der ganzzahlige Anteil von $x$. Der restliche Bruchteil wird zurückgegeben. |
| F pow(F x, F y) | $x^y$ |
| F pow(F x, int y) | $x^y$ |
| F sin(F x) | sin $x$ |
| F sinh(F x) | sinh $x$ |
| F sqrt(F x) | $+\sqrt[2]{x}$ |
| F tan(F x) | tan $x$ |
| F tanh(F x) | tanh $x$ |

Abkürzung: F = einer der Typen float, double oder long double

Tabelle 25.3: Mathematische Funktionen

## 25.12 ‹cstdarg›

Funktionen mit Argumentlisten variabler Länge enthalten eine Ellipse (drei Punkte als Auslassungszeichen) in der Parameterliste, etwa (int, ...). Die Funktionen benötigen die Datentypen und Makros des Headers ‹cstdarg›. Ein Beispiel für eine Ellipse in der Parameterliste ist die C-Funktion printf(), ein anderes ist auf Seite 356 zu finden. Von Funktionen dieser Art wird grundsätzlich abgeraten, weil die Typprüfung der Aufrufparameter durch den Compiler außer Kraft gesetzt ist.

| Name | Bedeutung |
|---|---|
| size_t | vorzeichenloser Ganzzahltyp für das Ergebnis von sizeof |
| ptrdiff_t | ganzzahliger Typ mit Vorzeichen zur Subtraktion von Zeigern |
| wchar_t | Typ für die auf Seite 49 erwähnten »wide characters« |
| offsetof | Abstand eines Strukturelements vom Strukturanfang in Bytes |
| NULL | Null-Zeiger (dasselbe wie 0 oder 0L in C++) |

Tabelle 25.4: Standarddefinitionen aus <cstddef>

## 25.13 <cstdio>

Die im Header <cstdio> abgelegten Ein- und Ausgabefunktionen sind wegen der iostream-Bibliothek nicht mehr notwendig.

## 25.14 <cstdlib>

Zunächst seien in Tabelle 25.5 die in Tabelle 25.3 fehlenden mathematischen Funktionen aufgeführt, die aus historischen Gründen zum Header <cstdlib> gehören.

| Schnittstelle | mathematische Entsprechung |
|---|---|
| int abs(int x) | $\lvert x \rvert$ |
| long abs(long x) | $\lvert x \rvert$ |
| long labs(long x) | $\lvert x \rvert$ |
| div_t div(int z, int n) | Struktur div_t (siehe Text) |
| ldiv_t div(long z, long n) | Struktur ldiv_t (siehe Text) |
| ldiv_t ldiv(long z, long n) | Struktur ldiv_t (siehe Text) |
| int rand() | Pseudozufallszahl zwischen 0 und RAND_MAX. RAND_MAX ist die größtmögliche Pseudozufallszahl. |
| void srand(unsigned seed) | initialisiert den Zufallszahlengenerator |

Tabelle 25.5: Mathematische Funktionen aus <cstdlib>

div_t ist eine vordefinierte Struktur, die das Divisionsergebnis und den Rest enthält:

```
struct div_t {
   int     quot;          // Quotient
```

```
    int     rem;        // Rest (remainder)
};
```

Die `long`-Variante dieser Struktur ist `ldiv_t`. Die wichtigsten anderen Funktionen zeigt Tabelle 25.6. Die Speicherverwaltungsfunktionen sind weggelassen worden, weil sie wegen `new` und `delete` nicht mehr notwendig sind.

| Schnittstelle | Bedeutung |
|---|---|
| `void abort()` | Programmabbruch |
| `void atexit(void (*f)())` | trägt die Funktion `f` in eine Liste von Funktionen ein, die vor dem normalen Programmende aufgerufen werden (siehe Seite 361). |
| `void exit(int status)` | normales Programmende. Der Status wird an das Betriebssystem gemeldet. |
| `int system(const char* B)` | Befehl `B` an den Kommandointerpreter des Betriebssystems geben |
| `char* getenv(const char* E)` | Wert der Environmentvariablen `E` |
| `int atoi(const char* s)` | interpretiert den C-String `s` als `int`-Zahl |
| `long int atol(const char*s)` | interpretiert den C-String `s` als `long`-Zahl |
| `double atof(const char* s)` | interpretiert den C-String `s` als `double`-Zahl |
| `void* bsearch(const void* key, const void* base, size_t n, size_t size, int (*cmp)(const void*, const void*))` | binäre Suche. `key` zeigt auf den Schlüssel, der im Feld `base` mit `n` Elementen gesucht wird. Die Größe der Feldelemente ist `size`, die Vergleichsfunktion ist `cmp`. |
| `void qsort(void*, size_t, size_t, int (*)(const void*, const void*))` | Quicksort(siehe Seite 236) |

Tabelle 25.6: Ausgewählte Funktionen aus `<cstdlib>`

## 25.15 ‹cstring›

Obwohl die C++-String-Klasse existiert, verwenden doch viele noch die auf `char*` basierenden C-Strings, weswegen die wichtigsten Funktionen des Headers `<cstring>` hier beschrieben werden. Außer Funktionen für C-Strings sind Funktionen für Bytefelder enthalten, die nicht mit '\0' abgeschlossen sein müssen.

## 25.15.1 Abweichung vom C-Standard

In Abweichung vom C-Standard treten manche Prototypen doppelt auf, siehe zum Beispiel strchr(), aber auch viele andere. Der Grund liegt in der gewünschten besseren Typsicherheit. So möchte man evtl. mit strchr() die Adresse eines Zeichens in einer konstanten Zeichenkette ermitteln. Ein Rückgabetyp char* statt const char* würde die const-Eigenschaft beseitigen, und der Compiler würde sich beschweren. Andererseits möchte man evtl. mit strchr() die Adresse eines Zeichens in einer Zeichenkette ermitteln, die anschließend modifiziert werden soll. Dann wäre der Typ const char* ungeeignet. Das Vorhandensein beider Varianten gestattet es dem Compiler, die zum Typ des Parameters passende auszusuchen.

## 25.15.2 Funktionen für C-Strings

- char* strcat(char* s1, const char* s2)

  kopiert die Zeichenkette s2 an das Ende von s1 und liefert s1 zurück. Das Nullbyte am Ende von s1 wird überschrieben. Die Zeichenketten dürfen sich nicht überlappen.

- const char* strchr(const char* s, int c) und
  char* strchr(       char* s, int c)

  geben die Adresse des Zeichens c zurück, falls es im Feld s einschließlich '\0' gefunden wurde, ansonsten ist das Ergebnis NULL.

- int strcmp(const char* s1, const char* s2)

  vergleicht die Speicherbereiche s1 und s2. Es wird 0 zurückgegeben, wenn kein Unterschied festgestellt wird. Falls das erste unterschiedliche Zeichen von s1 kleiner als das entsprechende in s2 ist, wird eine negative Zahl zurückgegeben, falls es größer ist, eine positive Zahl.

- char* strcpy(char* z, const char* q)

  kopiert alle Bytes bis einschließlich des Nullbytes von der Quelle q zum Ziel z. Die Zieladresse wird zurückgegeben. Quell- und Zielbereich dürfen sich nicht überlappen.

- int strcspn(const char* s1, const char* s2)

  gibt die Länge einer Zeichenkette vom Anfang bis zu der Position in s1 an, bis zu der kein in der Zeichenkette s2 vorhandenes Zeichen gefunden wird.

- char* strerror(int N)

  liefert den Text der Systemfehlermeldung mit der Nummer N als C-String (vergleiche errno auf Seite 628).

- `size_t strlen(const char* s)`

    gibt die Anzahl der Zeichen im C-String s zurück. Das abschließende Nullbyte wird nicht mitgezählt.

- `const char *strpbrk(const char* s1, const char* s2)` und
  `char *strpbrk(      char* s1, const char* s2)`

    liefern die Position in s1, an der erstmalig ein Zeichen aus s2 gefunden wird. Falls nichts gefunden wird, ist das Funktionsergebnis NULL.

- `const char* strrchr(const char* s, int c)` und
  `char* strrchr(      char* s, int c)`

    liefern die Position in s, an der letztmalig das Zeichen c gefunden wird. Falls nichts gefunden wird, ist das Funktionsergebnis NULL.

- `const char *strstr(const char* s1, const char* s2)` und
  `char *strstr(      char* s1, const char* s2)`

    liefern die Position in s1, an der erstmalig die Zeichenkette s2 (ohne '\0') gefunden wird. Falls nichts gefunden wird, ist das Funktionsergebnis NULL.

- `char* strtok(char* s, const char* trenn)`

    Die Zeichenkette s wird in sog. Token zerlegt, wobei die möglichen Trennzeichen, durch die die Token getrennt sind, durch die Zeichenkette trenn definiert sind. Die Funktion gibt in aufeinanderfolgenden Aufrufen jeweils die Adresse des nächsten Tokens an, sofern eins gefunden wird. Der C-String s wird dabei modifiziert, indem die Trennzeichen mit '\0' überschrieben werden.

### 25.15.3  Funktionen für C-Strings maximaler Länge

- `char* strncat(char* s1, const char* s2, size_t n)`

    kopiert die Zeichenkette s2 an das Ende von s1 und liefert s1 zurück. Das Nullbyte am Ende von s1 wird überschrieben. Es werden maximal n Zeichen geschrieben. Die Zeichenketten dürfen sich nicht überlappen.

- `int strncmp(const char* s1, const char* s2, size_t n)`

    vergleicht maximal n Zeichen der Speicherbereiche s1 und s2. Es wird 0 zurückgegeben, wenn kein Unterschied festgestellt wird. Falls das erste unterschiedliche Zeichen von s1 kleiner als das entsprechende in s2 ist, wird eine negative Zahl zurückgegeben, falls es größer ist, eine positive Zahl.

- `char* strncpy(char* z, const char* q, size_t n)`

    kopiert die Bytes bis einschließlich des Nullbytes, aber maximal n, von der Quelle q zum Ziel z. Die Zieladresse wird zurückgegeben. Quell- und Zielbereich dürfen sich nicht überlappen.

## 25.15.4 Funktionen für Bytefelder

- `const void* memchr(const void* s, int c, size_t n)` und
  `void* memchr(      void* s, int c, size_t n)`

  geben die Adresse des Bytes `c` zurück, falls es in den ersten `n` Positionen des Feldes `s` gefunden wurde, ansonsten ist das Ergebnis NULL.

- `int memcmp(const void* s1, const void* s2, size_t n)`

  vergleicht maximal `n` Positionen der Speicherbereiche `s1` und `s2`. Es wird 0 zurückgegeben, wenn kein Unterschied festgestellt wird. Falls das erste unterschiedliche Byte von `s1` kleiner als das entsprechende in `s2` ist, wird eine negative Zahl zurückgegeben, falls es größer ist, eine positive Zahl.

- `void* memcpy(void* z, const void* q, size_t n)`

  kopiert `n` Bytes von der Quelle `q` zum Ziel `z`. Die Zieladresse wird zurückgegeben. Quell- und Zielbereich dürfen sich nicht überlappen.

- `void* memmove(void* z, const void* q, size_t n)`

  kopiert `n` Bytes von der Quelle `q` zum Ziel `z`. Die Zieladresse wird zurückgegeben. Quell- und Zielbereich dürfen sich überlappen.

- `void* memset(void* s, int c, size_t n)`

  initialisiert die ersten `n` Positionen des Feldes `s` mit dem Byte `c`. Die Adresse `s` wird zurückgegeben.

## 25.16 &lt;ctime&gt;

Der Header `<ctime>` enthält verschiedene Funktionen zur Bearbeitung und Auswertung der Systemzeitinformation. Ein Anwendungsbeispiel ist auf Seite 337 dargestellt.

### 25.16.1 Datentypen

Neben den bekannten Typen NULL und `size_t` sind die folgenden Datentypen definiert:

`clock_t`: Datentyp für CPU-Zeiten

`time_t`: Datentyp für Datums- und Zeitangaben

`struct tm`: Struktur mit mindestens folgenden Elementen:

| | | |
|---|---|---|
| int | tm_sec | Sekunden 0 .. 59 |
| int | tm_min | Minuten 0 .. 59 |
| int | tm_hour | Stunden 0 .. 23 |
| int | tm_mday | Monatstag 1 .. 31 |
| int | tm_mon | Monat 0 ..11 |
| int | tm_year | Jahr seit 1900 |
| int | tm_wday | Wochentag seit Sonntag 0 .. 6 |
| int | tm_yday | Tag seit 1. Januar 0 .. 365 |
| int | tm_isdst | *is daylight saving time*, Werte: Sommerzeit ($> 0$), Winterzeit (0), undefiniert (-1) |

### 25.16.2 Funktionen

- `char* asctime(const tm*)`
  `char* ctime(const time_t*)`

  Die Funktionen wandeln die im `tm`-Format oder `time_t`-Format vorliegende Zeit in einen formatierten C-String um.

- `clock_t clock()`

  gibt die seit Programmstart verstrichene CPU-Zeit in »Ticks« zurück. Die Ticks können in Sekunden umgerechnet werden, wenn durch die vordefinierte Konstante `CLOCKS_PER_SEC` dividiert wird.

- `double difftime(time_t t1, time_t t2)`

  ermittelt die Differenz beider Zeiten in Sekunden.

- `size_t strftime(char* buf, size_t max,`
  `                const char* format, const tm* z)`

  Die Funktion wandelt die im `tm`-Format vorliegende Zeit in einen formatierten C-String um, wobei das Ergebnis im Puffer `buf` abgelegt wird und `format` einen C-String mit Formatvorgaben darstellt. Die Anzahl der in den Puffer geschriebenen Zeichen wird zurückgegeben, falls sie < `max` ist, ansonsten ist das Ergebnis der Funktion 0. Die im Unixsystem möglichen Formate können in der Shell mit `man strftime` erfragt werden. Beispiele für übliche Formate: "%j" gibt den Tag des Jahres aus, "%c" Datum und Uhrzeit, "%x" nur das Datum. Die Formate können im Formatstring aneinandergehängt werden. Nicht als Format interpretierte Zeichen werden direkt übertragen.

- `tm* gmtime(const time_t* z)`
  `tm* localtime(const time_t* z)`

  Beide Funktionen wandeln die in `*z` vorliegende Zeit in die Struktur `tm` um. Dabei gibt `localtime()` die lokale Ortszeit unter Berücksichtigung von Sommer- und Winterzeit zurück, während `gmtime()` die UTC (Universal Time

Coordinated, entspricht GMT (Greenwich Mean Time)) zurückgibt. Die UTC in einem Unixsystem basiert auf der Zahl der seit dem 1.1.1970 verstrichenen Sekunden.

- `time_t mktime(const tm*)`

  wandelt eine Zeit im `tm`-Format in das `time_t`-Format um.

- `time_t time(time_t* z)`

  gibt die momentane Kalenderzeit zurück bzw. −1 bei Fehler. Falls $z \neq$ NULL ist, wird der Rückgabewert an der Stelle z hinterlegt.

# 26 Nachwort

Nun haben Sie viel über C++ erfahren. Um objektorientiert zu denken und zu programmieren, ist dieses Buch ein Anfang. An dieser Stelle werden einige Hinweise gegeben, wie Sie Ihre Kenntnisse ausbauen und sich auf dem Laufenden halten können. Und wenn Sie Programmierprobleme oder Fragen haben, wird Ihnen gezeigt, wie Sie Hilfe bekommen können, auch wenn Sie in einem sehr kleinen Dorf in Ostfriesland, Oberbayern oder irgendwo dazwischen wohnen.

Um das Verständnis zu vertiefen, wird folgende Literatur empfohlen (aufgrund der Fülle vorhandener Literatur beschränke ich mich auf eine *kleine* Auswahl):

Zu C++:

> Stroustrup, B: *The C++ Programming Language*, Addison-Wesley 1999. Das Standardwerk vom Erfinder der Programmiersprache C++. Das Buch ist auch in deutscher Übersetzung erhältlich.
>
> Breymann, U.: *Komponenten entwerfen mit der C++ STL*. Addison Wesley Longman 2000. Konzepte der generischen Algorithmen und Datenstrukturen, die in die C++-Standardbibliothek eingeflossen sind. Sehr gut als Vertiefung der Kapitel 16 bis 18 dieses Buchs geeignet und als PDF-Datei auf der Begleit-CD-ROM vorhanden.
>
> Coplien, J.: *Advanced C++ – Programming Styles And Idioms*, AT&T 1992
> Meyers, S.: *Effektiv C++ programmieren*, Addison-Wesley 1997
> Meyers, S.: *Mehr Effektiv C++ programmieren*, Addison-Wesley 1997
> Stroustrup, B.: *The Design and Evolution of C++*, Addison-Wesley 1994

Eine ausführliche Behandlung der Programmierung mit Templates findet sich in [CE00], sowie in dem Buch von Alexandrescu, A.: *Modern C++ Design*, Addison-Wesley 2000. Nur für sehr Fortgeschrittene.

Zur Objektorientierten Softwareentwicklung:

> Helmut Balzert: *Lehrbuch der Softwaretechnik*, Band 1, Spektrum Akademischer Verlag. Balzert hat erfolgreich den Versuch unternommen, den Stand der Kunst in einem Lehrbuch zusammenzufassen. Die Objektorientierung nimmt dabei einen großen Raum ein. Empfehlenswert!

Bertrand Meyer: *Object Oriented Software Construction*, Prentice Hall 1997. Meyer beschreibt auf sehr klare Weise die Grundlagen der objektorientierten Softwarekonstruktion. Er geht dabei stark auf die von ihm entwickelte Sprache *Eiffel* ein. Empfehlenswert!

Grady Booch: *Objektorientierte Analyse und Design. Mit praktischen Anwendungsbeispielen*, Addison-Wesley 1994. Die Konzepte des objektorientierten Designs werden ausführlich beschrieben. Daran schließen sich zahlreiche Beispiele in C++ an.

Peter Coad et al.: *Object Models – Strategies, Patterns, & Applications*, Yourdon Press 1995. Die Konzepte des objektorientierten Programmentwurfs werden an sehr vielen, verständlichen Beispielen dargestellt. Ausführliche, leicht lesbare Einführung.

Bernd Oestereich: *Objektorientierte Softwareentwicklung*, Oldenbourg 2004. Ein sehr gut lesbares Buch, das sich auf die wesentlichen Dinge konzentriert. Sehr empfehlenswert für Einsteiger.

Andreas Spillner, Tilo Linz: *Basiswissen Softwaretest*, Dpunkt 2003. Testen von Software ist unerlässlich, kann aber im vorliegenden Buch nur gestreift werden. Daher empfehle ich als Einführung das Buch von Spillner und Linz.

Eine deutsche Zeitschrift, die das ganze Spektrum objektorientierter Technologien abdeckt, ist *OBJEKTspektrum*.

Was tun, wenn Sie Fragen haben oder nicht mehr weiter wissen? Am besten ist es natürlich, Sie diskutieren mit einem erfahrenen Freund oder Kollegen oder nehmen Literatur zu Hilfe. Nicht immer ist jedoch ein Kollege in Reichweite oder die Ihnen verfügbare Literatur gibt gerade über Ihr aktuelles Problem keine Auskunft. Auf Dauer können Sie diese Situation verbessern, indem Sie elektronische Diskussionsforen (englisch *newsgroups*) nutzen. Eine Auswahl:

```
comp.lang.c++     Newsgroup zu C++
comp.std.c++      Diskussionen zum C++-Standard
comp.object       Objektorientierte Programmierung
```

Von diesen Gruppen ist `comp.lang.c++` die ergiebigste. Sie können Ihre Fragen elektronisch ans Brett hängen und einige Tage später finden Sie dort die Antworten (hoffentlich). Ferner können Sie von allen möglichen anderen Teilnehmern Fragen und Antworten lesen. In regelmäßigen Abständen werden so genannte FAQ's (frequently asked questions) mit den zugehörigen Antworten veröffentlicht – interessant für Anfänger.

# A Anhang

## A.1 Programmierhinweise

Im Text sind Tips und Hinweise zur Programmierung vorhanden, von denen einige hier in zusammengefasster Darstellung erscheinen.

1. **Programme werden für Menschen geschrieben!**

   Nur lesbare und verständliche Programme sind wartbar. Ein Programm wird nur einmal geschrieben, aber mehrfach gelesen. Schwer verständliche Programme bergen überdies die Gefahr einer erhöhten Fehlerwahrscheinlichkeit. Die Bedeutung von Kommentaren und der Strukturierung des Programmcodes sollte man nicht unterschätzen! Außerdem sollte es bei etwas größeren Programmen getrennt vom Code eine problembezogene (objektorientierte Analyse) und eine programmbezogene (objektorientierter Entwurf) Dokumentation geben.

2. **Trennung von Schnittstellen und Implementation**

   Die Trennung von Schnittstellen und Implementation ist ein wichtiges Mittel, um Software wartbar und wieder verwendbar zu gestalten. Drei Methoden sind üblich:

   (a) Trennung von Funktionsprototyp und Funktionsdefinition
   (b) Definition einer gemeinsamen Schnittstelle für Klassen mit Hilfe einer abstrakten Klasse
   (c) Definition einer gemeinsamen Schnittstelle für Klassen mit Hilfe einer Handle-Klasse

3. **Konstruktion von Schnittstellen**

   Empfehlungen zur Konstruktion von Schnittstellen sind im Abschnitt 5.6 auf Seite 180 f. zusammengefasst. Falls nicht ausgeschlossen ist, dass von einer Klasse geerbt wird, müssen alle Methoden, die dabei überschrieben werden könnten, `virtual` sein. Siehe dazu auch Punkt 12 unten.

4. **Datenkapselung**

   Der Zugriff auf die Daten von Objekten sollte restriktiv gehandhabt werden. Die Erleichterung des Zugriffs mit `friend` oder `public`-Datenbereichen muss begründet sein. Verzichten Sie nach Möglichkeit auf globale Daten und Funktionen.

5. **One Definition Rule**

   Jede Variable, Funktion, Struktur, Konstante und so weiter in einem Programm hat *genau eine* Definition.

6. **Zeiger in Klassen**

   Zeiger in einer Klasse, die auf dynamisch erzeugte Objekte verweisen, erfordern für die Klasse in der Regel je einen besonderen Kopierkonstruktor, Zuweisungsoperator und Destruktor.

7. **Kopierkonstruktor, Zuweisungsoperator, Destruktor**

   Wenn einer der drei für eine Klasse X geschrieben werden muss, sind meistens auch die anderen beiden notwendig.

   (a) Der Zuweisungsoperator sollte `*this` als Referenz (X&) zurückgeben, damit die Verkettung von Zuweisungen möglich ist.

   (b) Zuweisungsoperator und Kopierkonstruktor sollten das zu kopierende Objekt nicht verändern und es daher als konstante Referenz übergeben:

   ```
   X& X::operator=(const X&);      // Zuweisungsoperator
   X::X(const X&);                 // Kopierkonstruktor
   ```

   (c) Der Zuweisungsoperator sollte eine Prüfung der Zuweisung des Objekts auf sich selbst enthalten, um nicht unnötige oder gefährliche Anweisungen (zum Beispiel `delete`) auszuführen:

   ```
   X& X::operator=(const X& obj) {
       if(this != &obj) {
           //... Anweisungen (Ausführung nur bei Nicht-Identität)
       }
       return *this;
   }
   ```

   Der Vergleich der Adressen mit Hilfe des `this`-Zeigers ist die einfachste und eine ausreichende Prüfung der Identität, solange nur »vollständige« Objekte im Spiel sind (Definition siehe Seite 310). Alternativ kann man jedem Objekt eine eindeutige Identifikationsnummer zuordnen, die zum Vergleich dient.

8. **Referenzen oder Zeiger?**

   Alles was mit Referenzen getan werden kann, ist im Prinzip auch mit Zeigern möglich. In manchen Fällen sind Referenzen jedoch vorzuziehen.

   Referenzen sind bei der Übergabe in und aus Funktionen sinnvoll, weil sie innerhalb der Funktion syntaktisch wie ein Objektname verwendet werden können. Der Compiler löst die Referenz auf, während beim Zeiger stets vom Programmierer dereferenziert werden muss. Eine Referenz bezieht sich immer auf ein existierendes Objekt, sie kann nie NULL sein.

9. **Wann wird** delete [ ] **benötigt?**

    delete [ ] ist genau dann erforderlich, wenn das zu löschende Objekt mit new [ ] erzeugt wurde. Der Compiler weiß (leider) nicht, ob ein Objekt mit new [ ] erzeugt wurde, und prüft daher auch nicht, ob es mit delete [ ] freigegeben wird.

10. **Speicherbeschaffung und -freigabe kapseln**

    Die Operatoren new und delete sind stets paarweise zu verwenden. Um Speicherfehler zu vermeiden, empfiehlt sich das »Verpacken« dieser Operationen in Konstruktor und Destruktor wie bei der Beispielklasse mstring (Seite 245) oder bei der Verwendung der »Smart Pointer« von Seite 341. Ein weiterer Vorteil ist die korrekte Speicherfreigabe bei Exceptions (siehe Seite 364).

11. **Wird ein virtueller Destruktor benötigt?**

    Das Vorhandensein virtueller Funktionen ist ein Indiz für die Notwendigkeit eines virtuellen Destruktors. Er wird genau dann benötigt, wenn delete auf einen Basisklassenzeiger angewendet wird, der auf ein dynamisch erzeugtes Objekt einer abgeleiteten Klasse verweist. Virtuelle Destruktoren sollten immer dann verwendet werden, wenn von der betreffenden Klasse abgeleitet wird oder nicht auszuschließen ist, dass von ihr zukünftig durch Ableitung neue Klassen gebildet werden.

12. **Nur virtuelle Funktionen überschreiben!**

    Nichtvirtuelle Funktionen einer Basisklasse sollten *nicht* in abgeleiteten Klassen überschrieben werden. Der Grund liegt darin, dass das Verhalten eines Programms sich nicht ändern sollte, wenn auf eine Methode über den Objektnamen oder über Basisklassenzeiger bzw. -referenzen zugegriffen wird.

13. **Initialisierung von Objekten**

    Objekte sollten aus Effizienzgründen über Initialisierungslisten anstatt mit Zuweisungen im Codeblock des Konstruktors initialisiert werden. Die Initialisierung von Objektkonstanten ist ohnehin nur über eine Liste möglich.

14. **Konstanz von Objekten**

    Nutzen Sie die Prüfungsmöglichkeiten des Compilers! Alle Modifikationsversuche unveränderlicher Objekte werden schon vom Compiler zurückgewiesen, wenn sie als const deklariert sind.

    Ein (konstantes oder veränderliches) Objekt einer Klasse X, das durch einen Funktionsaufruf *nicht* verändert werden soll, ist an eine Funktion per Wert (int func(X Obj)), per konstanter Referenz (int func(const X& Obj)) oder per Zeiger auf konstantes Objekt (int func(const X* ZeigerAuf-Objekt)) zu übergeben. Bei größeren Objekten empfiehlt sich eine der beiden letzten Möglichkeiten.

15. **Makros**

    Verwenden Sie nur wirklich notwendige Makros. Meistens gibt es eine alternative Lösung in C++.

16. **inline**

    Funktionen sollten nur dann `inline` deklariert werden, wenn sie sehr kurz sind und/oder die Laufzeit deutlich verbessert wird.

## A.2 Lösungen zu den Übungsaufgaben

Die in diesem Abschnitt enthaltenen Lösungen sind nur als Vorschlag aufzufassen. Oft gibt es mehrere Lösungen, auch wenn nur eine angegeben ist. Alle Programme sind auch auf der CD-ROM zu finden, Verzeichnis *cppbuch/loesungen*.

### Kapitel 2

**2.1**
```
#include<iostream>
using namespace std;

int main() {
    unsigned int ui = 0;
    unsigned long int uli = 0;
    cout << "max. unsigned int      = "<< ~ui       << endl;
    cout << "max. unsigned long int= "<< ~uli      << endl;
    cout << "max. int               = "<< (~ui>>1)  << endl;
    cout << "max. long int          = "<< (~uli>>1) << endl;
}
```

**2.2**
```
#include<complex>                    // oben einfügen
...  // Programm wie im Text
{    // else-Zweig
    complex<double> Ergebnis(-p/2, sqrt(-Diskriminante));
    cout << "x1 = " << Ergebnis << endl;
    cout << "x2 = " << conj(Ergebnis) << endl;
}
```

**2.3**
```
#include <iostream>
#include <cmath>
using namespace std;
```

```
int main() {
    cout << "Quadratische Gleichung a*x*x+b*x+c = 0\n";
    cout << "Koeffizienten a, b, c durch Leerzeichen "
            "getrennt eingeben:";
    double a, b, c;
    cin >> a >> b >> c;
    if(a == 0.0 && b == 0.0) {
        cout << "Gleichung ist nicht lösbar." << endl;
    }
    else if(a == 0.0) {
        cout << "a == 0: Reduktion auf Geradengleichung." << endl
             << "x = " << -c/b << endl;
    }
    else {   // Lösungsformel: x = (-b +- sqrt(b*b-4*a*c))/(2a)
        double Diskriminante = b*b - 4.0*a*c;

        cout << "Lösung :\n";
        if (Diskriminante >= 0) {
            double x1 = (-b + sqrt(Diskriminante))/(2.0*a);
            double x2 = (-b - sqrt(Diskriminante))/(2.0*a);
            cout << "x1= " << x1 << "    x2= " << x2 <<endl;
        }
        else {
            double real     = -b/(2.0*a);
            double imaginaer = sqrt(-Diskriminante)/(2.0*a);;
            cout << "x1= " << real << " + " << imaginaer <<" i\n";
            cout << "x2= " << real << " - " << imaginaer <<" i\n";
        }
    }
}
```

**2.4** 
```
// Maximum dreier Zahlen ausgeben
#include<iostream>
using namespace std;

int main() {
    cout << "Maximum dreier Zahlen! Eingabe: ";
    int a, b, c;
    cin >> a >> b >> c;
    cout <<" Maximum = ";
    if(a > b) {
        if(a > c) cout << a;
        else      cout << c;
    }
```

```
        else {
           if(b > c) cout << b;
           else      cout << c;
        }
        cout << endl;
    }
```

**2.5**
```
int zahl = 17;                              // gegebene Zahl
int anzahlDerBytes = 2;                     // 2? (siehe unten)
int anzahlDerBits = 8 * anzahlDerBytes;
for(int k = anzahlDerBits-1; k >= 0 ; --k)
    if(zahl & (1 << k))                     // 1L? (siehe unten)
         cout << "1";
    else
         cout << "0";
cout << endl;
```
Bemerkung: Besser ist `int anzahlDerBytes = sizeof(zahl)`, da in Ihrem System vielleicht 4 Byte pro `int` vorhanden sind (zu `sizeof()` siehe S. 203). Die 1 in der `if(...)`-Bedingung ist vom Typ `int`. Sie muss durch mindestens so viele Bits wie `zahl` repräsentiert werden. Wenn `zahl` als `long` deklariert werden soll, ist daher `1L` zu schreiben.

**2.6** a) Unendliche Schleife, falls der Startwert `i > 0` ist, weil `i` nicht verändert wird.
b) Unendliche Schleife, falls `i<0` oder `i` ungerade ist. In allen anderen Fällen ist die Schleife nicht besonders sinnvoll, da das Ergebnis stets `i == 0` ist.
c) Die Schleife terminiert nur, falls zu Beginn `i < 0` (bei beliebigem n) ist.

**2.7** a) Es wird die Summe der Zahlen 2...101 gebildet. Abhilfe: Anweisungen im Block vertauschen.
b) Die geschweiften Klammern fehlen. Das Ergebnis ist 101.
c) Korrekte Lösung. Ohne Schleife geht es auch!
d) `sum` wird innerhalb der Schleife stets auf 0 gesetzt.
e) Durch die vorangestellte 0 ist 0100 eine *Oktalzahl* mit dem Dezimalwert 64 (siehe auch Seite 40).

**2.8**
```
#include<iostream>
using namespace std;

int main() {
    char c;
    bool zuEnde = false;
    while(!zuEnde) {
        cout << "Wählen Sie: a, b, x = Ende : ";
        cin >> c;
```

```
            switch(c) {
               case 'a': cout << "Programm a\n"; break;
               case 'b': cout << "Programm b\n"; break;
               case 'x': zuEnde = true;          break;
               default : cout << "Falsche Eingabe! "
                                "Bitte wiederholen!\n";
            }
         }
         cout << "\n Programmende\n";
      }
```

**2.9**
```
   #include<iostream>
   using namespace std;

   int main() {
      int n1, n2;
      bool ungueltig;
      do {
         cout << "Natürliche Zahlen n1 und n2 "
              << "eingeben (n1 <= n2):";
         cin >> n1 >> n2;
         ungueltig = n1 < 0 || n2 < 0 || n1 > n2;
         if(ungueltig) {
            cout << "Eingabefehler!" << endl;
         }
      } while(ungueltig);

      /*Berechne die Summe beider Zahlen
      */
        int summe = 0;
      cout << "a) Summe mit for-Schleife berechnet: ";
      for(int i = n1; i <= n2; ++i)
         summe += i;
      cout << summe << endl;

      cout << "b) Summe mit while-Schleife berechnet: ";
      summe = 0;
      int i = n1;
      while(i <= n2) {
         summe += i++;
      }
      cout << summe << endl;

      cout << "c) Summe mit do while-Schleife berechnet: ";
      summe = 0;
```

```
        i = n1;
        do {
            summe += i++;
        } while(i <= n2);
        cout << summe << endl;

        cout << "d) Summe ohne Schleife berechnet: ";
        summe = n2*(n2+1)/2 - (n1-1)*n1/2 ;
        cout << summe << endl;
        return 0;
    }
```

**2.10**
```
#include<iostream>
using namespace std;

int main() {
    string str = "17462309";  // aus Aufgabentext
    long int Z = 0;
    for(unsigned int i = 0; i < str.size(); ++i) {
        Z *= 10;
        Z += (int)str.at(i) - (int)'0';
    }
    cout << "Z = " << Z;
    int quersumme = 0;
    while(Z > 0) {
        quersumme += Z % 10;
        Z /= 10;
    }
    cout << "   Quersumme = " << quersumme << endl;
    return 0;
}
```

**2.11**
```
#include<iostream>
using namespace std;

int main() {
    cout << "Umwandlung einer natürlichen Dezimalzahl in "
            "eine römische Zahl.\n Dezimalzahl eingeben:";
    int dezimalzahl;
    cin >> dezimalzahl;
    // Position 0123456
    const string ZEICHENVORRAT("IVXLCDM");
    int zehner = 1000, n = 6;   // Start mit M=1000 (Pos. 6)
    string ergebnis;
```

```cpp
      while (dezimalzahl != 0) { // Ziffern sukzessive abtrennen
         int ziffer = dezimalzahl / zehner;

         if (ziffer > 3 && zehner == 1000      // Tausender
             ||    ziffer <= 3) {              // oder 0,1,2,3
            for (int i=1; i<=ziffer; i++)
               ergebnis += ZEICHENVORRAT.at(n);
         }
         else if (ziffer <= 4)   {             // 4
            ergebnis += ZEICHENVORRAT.at(n);
            ergebnis += ZEICHENVORRAT.at(n+1);
         }
         else if (ziffer <= 8) {               // 5,6,7,8
            ergebnis += ZEICHENVORRAT.at(n+1);
            for (int i=1; i<=ziffer-5; i++)
               ergebnis += ZEICHENVORRAT.at(n);
         }
         else {
            ergebnis += ZEICHENVORRAT.at(n);    // 9
            ergebnis += ZEICHENVORRAT.at(n+2);
         }
         n -= 2;
         dezimalzahl %= zehner;
         zehner /= 10;
      }
      cout << "Ergebnis: " << ergebnis << endl;
   }
```

**2.12**
```cpp
   #include<iostream>
   #include<vector>
   using namespace std;

int main() {
   const int MINIMUM = -99;
   const int MAXIMUM = 100;
   const int INTERVALLZAHL = 10;
   const int INTERVALLBREITE
                = (MAXIMUM-MINIMUM+1)/INTERVALLZAHL;
   int eingabe;
   vector<int> Intervalle(INTERVALLZAHL);

   cout << "Bitte Zahlen im Bereich " << MINIMUM
        << " bis " << MAXIMUM << " eingeben:\n";
   cin >> eingabe;
```

```cpp
        while(eingabe >= MINIMUM && eingabe <= MAXIMUM) {
           Intervalle[ (eingabe-MINIMUM) /INTERVALLBREITE]++;
           cin >> eingabe;
        }
        for(int i = 0; i < INTERVALLZAHL; i++) {
           cout << "Intervall "
                << i*INTERVALLBREITE + MINIMUM << " .. "
                << (i+1)*INTERVALLBREITE + MINIMUM -1 << ": "
                << Intervalle[i] << endl;
        }
    }
```

# Kapitel 3

**3.1** 
```cpp
// Datei-Statistik
#include<iostream>
#include<cstdlib>  // für exit()
#include<fstream>
#include<string>
using namespace std;

int main() {
    ifstream quelle;
    cout << "Dateiname :";
    string Quelldateiname;
    cin >> Quelldateiname;
    quelle.open(Quelldateiname.c_str());
    if(!quelle) {          // muss existieren
        cerr << Quelldateiname
             << " kann nicht geöffnet werden!\n";
        exit(-1);
    }

    char c;
    unsigned long zeichenzahl = 0, wortzahl = 0,
                  zeilenzahl = 0;
    bool wort = false;

    while(quelle.get(c)) {
        if(c == '\n')   ++zeilenzahl;
        else            ++zeichenzahl;
        // Anpassung auf Umlaute fehlt noch!
        if(c >= 'A' && c <= 'Z' || c >= 'a' && c <= 'z')
```

## A.2 Lösungen zu den Übungsaufgaben

```
                    wort = true;  // Wortanfang, oder c ist in einem Wort
                else {
                    if(wort)
                       ++wortzahl;  // Wortende überschritten
                    wort = false;
                }
            }
        cout << "Anzahl der Zeichen = " << zeichenzahl << endl;
        cout << "Anzahl der Worte   = " << wortzahl    << endl;
        cout << "Anzahl der Zeilen  = " << zeilenzahl  << endl;
    }
```

**3.2**
```
// Datei hexadezimal ausgeben
#include<iostream>
#include<cstdlib>  // für exit()
#include<string>
#include<fstream>
using namespace std;

int main() {
    ifstream quelle;
    cout << "Dateiname :";
    string Quelldateiname;
    cin >> Quelldateiname;
    quelle.open(Quelldateiname.c_str(), ios::binary|ios::in);
    if(!quelle) {        // muss existieren
        cerr << Quelldateiname
             << " kann nicht geöffnet werden!\n";
        exit(-1);
    }

    unsigned char c;                          // unsigned!
    unsigned int count = 0, low, hi;

    char cc; // Hilfsvariable, falls get(unsigned) nicht implementiert ist.
    while(quelle.get(cc)) {
        c = cc;
        low = int(c) & 15;
        hi  = int(c) >> 4;
        // Umsetzung der Werte 0..15 auf ASCII-Zeichen:
        if(low < 10)   low += 48;        // '0'...'9'
        else           low += 55;        // 'A'...'F'
        if(hi  < 10)   hi  += 48;
        else           hi  += 55;
```

```
            cout << char(hi) << char(low) << ' ';
            if(++count%20 == 0)   cout << endl;
        }
        cout << endl;
    }
```

**3.3** Die Erweiterung kann gelöst werden, wenn das Ergebnis zeilenweise in zwei `string`-Variablen zwischengespeichert wird. Im Folgenden ist nur der veränderte Programmteil nach der Deklaration `char cc;` wiedergegeben.

```
// Anfang wie oben
    const int ZEILENLAENGE = 16;
    string buchstaben, hexcodes;
    while (quelle.get(cc)) {
        c = cc;
        low = int(c) & 15;
        hi  = int(c) >> 4;
        // Umsetzung der Werte 0..15 auf ASCII-Zeichen:
        if (low < 10)    low += 48;        // '0'...'9'
        else             low += 55;        // 'A'...'F'
        if (hi < 10)     hi  += 48;
        else             hi  += 55;
        hexcodes += char(hi);
        hexcodes += char(low);
        hexcodes += ' ';
        if(c < ' ') { // nicht druckbares Zeichen
            c = '.';
        }
        buchstaben += c;
        count = ++count % ZEILENLAENGE;
        if (count == 0) {
            cout << buchstaben << "   " << hexcodes << endl;
            buchstaben = "";    // zurücksetzen
            hexcodes = "";
        }
    }
    if (count != 0) { // Rest ausgeben
        cout << buchstaben;
        for(size_t i=0; i < (ZEILENLAENGE-count); ++i)
            cout << ' ';
        cout << "   " << hexcodes << endl;
    }
    cout << endl;
}
```

**3.4**
```
#include <iostream>
#include<string>
#include <fstream>
using namespace std;

int main() {
    // Eingabe der notwendigen Daten
    cout << "Tilgungsplan berechnen" << endl;
    double rate, zinssatz, zinsen, schulden;
    int startmonat, startjahr, laufzeit;
    // Um das Programm kurz zu halten, werden fehlerhafte Eingaben bis auf die
    // Höhe der Rate hier NICHT abgefangen und es gibt KEINE Fehlerbehandlung
    // der Dateiausgabe!
    cout << "Kreditsumme:";
    cin >> schulden;
    cout << "Zinssatz in %:";
    cin >> zinssatz;
    cout << "Anfangsmonat (1..12):";
    cin >> startmonat;
    cout << "Anfangsjahr (jjjj):";
    cin >> startjahr;
    cout << "Laufzeit in Jahren:";
    cin >> laufzeit;
    int mindestrateInCent = (int)(schulden*zinssatz/12.0+1.0);
    double mindestrate = 0.01*mindestrateInCent;
    do {
        cout << "monatliche Rate (mindestens "
             << mindestrate << "):";
        cin >> rate;
        if(rate < mindestrate)
            cout << "Falsche Eingabe";
    } while(rate < mindestrate);

    // Berechnung und Ausgabe
    ofstream ausgabe("tilgungsplan.txt");
    ausgabe << "Tilgungsplan" << endl;

    // Formatierungshilfen
    ausgabe.setf(ios::showpoint|ios::fixed, ios::floatfield);
    ausgabe.precision(2); // Nachkommastellen

    ausgabe << "Anfangsschulden  : " << schulden << endl;
    ausgabe << "Zinssatz nominal : " << zinssatz << " %"
            << endl << endl;
```

```
double summeBezahlt = 0.0;
double summeTilgung = 0.0;
double summeZinsen = 0.0;
double gesamtSummeBezahlt = 0.0;
double gesamtSummeTilgung = 0.0;
double gesamtSummeZinsen = 0.0;
int monat = startmonat;
int jahr = startjahr;
// Zinssatz ab hier nicht mehr in Prozent!
zinssatz *= 0.01;
do {
   if(monat == 1
      || (monat == startmonat && jahr ==startjahr))
         ausgabe << "Zahlmonat    Rate     Zinsen    Tilgung"
         "       Rest" << endl;
   zinsen = schulden*zinssatz/12.;
   // kaufmännische Rundung:
   zinsen = 100.0*zinsen + 0.5;
   long temp = (long)zinsen; // Nachkommateil abhacken
   zinsen = (double)temp / 100.0;

   // letzte Rate reduzieren, falls genug abbezahlt worden ist
   if(rate > schulden + zinsen) {
      rate = schulden + zinsen;
   }
   double tilgung = rate - zinsen;
   schulden -= tilgung;
   summeBezahlt += rate;
   summeTilgung += tilgung;
   summeZinsen += zinsen;

   if(monat < 10) {
      ausgabe << " ";
   }
   ausgabe << " " <<  monat << "." << jahr;
   ausgabe.width(10); ausgabe <<   rate;
   ausgabe.width(10); ausgabe <<   zinsen;
   ausgabe.width(10); ausgabe <<   tilgung;
   ausgabe.width(10); ausgabe <<   schulden;
   ausgabe << endl;
   if(monat == 12 || schulden < 0.001) {
      ausgabe << "Summen: ";
      ausgabe.width(10); ausgabe <<   summeBezahlt;
      ausgabe.width(10); ausgabe <<   summeZinsen;
```

```
                ausgabe.width(10); ausgabe <<  summeTilgung;
                ausgabe << "  pro Jahr" << endl << endl;
                gesamtSummeBezahlt += summeBezahlt;
                gesamtSummeTilgung += summeTilgung;
                gesamtSummeZinsen += summeZinsen;
                summeBezahlt = 0.0;
                summeTilgung = 0.0;
                summeZinsen = 0.0;
            }
            monat++;
            if(monat==13) {
                ++jahr;
                monat = 1;
            }
        } while(schulden > 0.0001);

        ausgabe << "Gesamt: ";
        ausgabe.width(10); ausgabe <<  gesamtSummeBezahlt;
        ausgabe.width(10); ausgabe <<  gesamtSummeZinsen;
        ausgabe.width(10); ausgabe <<  gesamtSummeTilgung;
        ausgabe << endl;
        ausgabe.close();
    }
```

## Kapitel 4

**4.1**
```
    double power(double x, int y) {
        double ergebnis = 1;
        bool negativ = false;
        if(y < 0) {
            y = -y;
            negativ = true;
        }
        for(int i=0; i < y; ++i)
            ergebnis *= x;
        if(negativ)
            ergebnis = 1.0/ergebnis;
        return ergebnis;
    }
```

Die Funktion `power()` entspricht der Funktion `pow()` der C++-Bibliothek (`<cmath>`).

**4.2** 
```
void str_umkehr(string& s) {   // dreht die Reihenfolge der Zeichen um
    int links = 0, rechts = s.length() - 1;
    while(links < rechts) {
        char temp = s[links];
        s[links++] = s[rechts];
        s[rechts--] = temp;
    }
}
```

**4.3** Das folgende Programm zeigt sich selbst auf der Standardausgabe an, ohne auf die Datei mit dem Programmtext zuzugreifen:

```
/*dieses Programm listet sich selbst*/
#include<string>
#include<iostream>
using namespace std;
char AS = 34;           // Anführungsstriche
char BS = 92;           // Backslash
char NZ = 10;           // neue Zeile
void c(const string& t) {
  cout << t << AS;
  unsigned int i = 0;
  while(i < t.length()) {
     if(t[i] == NZ) cout << BS << 'n' <<AS<< t[i] << AS;
     else cout << t[i];
     ++i;
  }
  cout<<AS<<')'<<';'<<'c'<<'('<<'s'<<')'<<';'<<'}'<<NZ;
}
int main(){ string s("/*dieses Programm listet sich selbst*/\n"
"#include<string>\n"
"#include<iostream>\n"
"using namespace std;\n"
"char AS = 34;           // Anführungsstriche\n"
"char BS = 92;           // Backslash\n"
"char NZ = 10;           // neue Zeile\n"
"void c(const string& t) {\n"
"  cout << t << AS;\n"
"  unsigned int i = 0;\n"
"  while(i < t.length()) {\n"
"     if(t[i] == NZ) cout << BS << 'n'<< AS<< t[i] << AS;\n"
"     else cout << t[i];\n"
"     ++i;\n"
"  }\n"
"  cout<<AS<<')'<<';'<<'c'<<'('<<'s'<<')'<<';'<<'}'<<NZ;\n"
"}\n"
"int main(){ string s(");c(s);}
```

**4.5**
```
double ehoch(double x) {
   int vorzeichen = 1;
   if(x < 0.0) {
      x =- x;
      vorzeichen = -1;
   }
   double Summand = 1.0, Summe = 1.0, alteSumme;
   int i = 0;
   do {
      alteSumme = Summe;
      Summand *= x/++i;
      Summe += Summand;
   } while(Summe != alteSumme);
   if(vorzeichen == -1)
      Summe = 1.0/Summe;
   return Summe;
}
```

**4.6** Die Lösung ist einfach, wenn wir bedenken, dass es sich um eine bloße *Textersetzung* handelt. QUAD(x+1) würde *ohne* die Klammern x+1*x+1 und damit ein falsches arithmetisches Ergebnis liefern. *Mit* Klammern gibt es in diesem Fall keine Probleme: ((x+1)*(x+1)) (siehe jedoch Seite 138). Die äußeren Klammern sind wichtig, damit QUAD(x) in einem zusammengesetzten Ausdruck verwendet werden kann.

**4.7** Um die Wiederholung von Programmtext zu vermeiden, ist hier keine Lösung abgedruckt, sie liegt aber im Verzeichnis *cppbuch/loesungen/k4/4_7* der CD-ROM vor.

**4.8**
```
#ifndef gettype_t
#define gettype_t
#include<string>
using std::string;

// Template-Funktion
template<class T>
string gettype(T t) { return "unbekannter Typ";}

// Template-Spezialisierungen
template<> string gettype(int t)       { return "int";}
template<> string gettype(unsigned int t) {
      return "unsigned int";
}
template<> string gettype(double t) { return "double";}
template<> string gettype(char t)   { return "char";}
```

```
       template<> string gettype(bool t)   { return "boolean";}
       // ... usw.
       #endif
```

**4.9**
```
   #ifndef betrag_t
   #define betrag_t
   #include<iostream>
   #include<cstdlib>   // für exit()
   using std::cerr;
   using std::endl;

   // Template
   template<class T>
   T betrag(T t) {
       return (t < 0) ? -t : t;
   }

   // Template-Spezialisierung
   template<> char betrag(char c) {
       cerr << "Betrag von 'char' ist undefiniert" << endl;
       exit(1);
       return c;
   }
   // Template-Spezialisierung
   template<> bool betrag(bool b) {
       cerr << "Betrag von 'bool' ist undefiniert" << endl;
       exit(1);
       return b;
   }
   #endif
```

**4.10** Der erste Fehler steckt in der Anweisung `temp = feld[0];`, weil diese Anweisung die Existenz von mindestens einem Vektorelement voraussetzt. Die Funktion würde bei einem *leeren* Vektor versagen und möglicherweise »crashen«.

Der zweite Fehler ist nicht ganz so leicht zu finden. Die Funktion sortiert einwandfrei, wenn alle Elemente verschieden sind, nicht aber, wenn es gleiche Elemente gibt und die auch noch die größten sind. Zum Beispiel wird die Folge 1200, 1200, 38, 1, 0 3, 99, 1010, 4 nicht korrekt sortiert. Der Algorithmus verwendet die Überlegung: Nur *eine* Vertauschung ändert schon `temp`, weswegen es als Indikator genommen werden kann. Der Fehler: Dies gilt nicht, wenn nach der letzten Vertauschung `temp` genau den Wert hat, den auch `feld[0]` hat (größtes Element). Die Behauptung im Quellcode »// keine Vertauschung mehr« und auch die Argumentation im Aufgabentext sind also falsch.

**4.11**
```
void bewegen(int n, int a, int b, int c) {
    while (n > 0) {
        bewegen(n - 1, a, c, b);
        cout << "Bringe eine Scheibe von " << a
             << " nach " << b << endl;
        --n;
        int t = a; a = c; c = t;
    }
}
```

**4.12** Der folgende Algorithmus gibt auch die Nummer der gerade zu bewegenden Scheibe aus. Eine Scheibe macht entweder einen einfachen oder einen doppelten Schritt im Zyklus 1231.., abhängig von der Parität von (n+scheibe). Der doppelte Schritt kann bei drei zyklisch angeordneten Stäben auch als ein Schritt rückwärts angesehen werden bzw. entgegen der Uhrzeigerrichtung. Jedes zweite Mal wird die erste Scheibe bewegt. Jedes andere zweite Mal kann es nur eine mögliche Bewegung geben, nämlich die kleinere der beiden anderen obenliegenden Scheiben auf die größere zu legen.

```
void bewegen(int n, int quell, int arbeit, int ziel) {
    vector<int> stab(3);
    stab[0] = quell;
    stab[1] = ziel;
    stab[2] = arbeit;
    size_t gesamtZahlDerBewegungen = (1 << n) -1 ;  // 2^n - 1

    for(size_t bewegung = 1;
            bewegung <= gesamtZahlDerBewegungen;
            ++bewegung) {
        int k = bewegung;
        // Die zu bewegende Scheibe ist 1 + die höchste Potenz von 2,
        // die bewegung teilt.
        int scheibe = 1;
        while ((k & 1) == 0) {      // gerade
            k >>= 1;                 // /2
            ++scheibe;
        }

        int bewegungenDerScheibe = k / 2;
        int schritt = 2 - (n + scheibe) % 2;
        int von = (bewegungenDerScheibe * schritt) % 3;
        int nach = (von + schritt) % 3;
        cout << "Bringe Scheibe " << scheibe << " von "
             << stab[von] << " nach " << stab[nach] << endl;
```

```
      }
}
```
Eine Internet-Recherche ergab eine Variante [Rho00], die die Nummer der gerade zu bewegenden Scheibe nicht ermittelt, aber sehr kompakt ist. Außerdem sind bei ungeradem n im Vergleich zur obigen Funktion in der Ausgabe die Rollen des Arbeits- und Zielstapels vertauscht, weswegen hier am Anfang eine Korrektur eingebaut wurde.

```
void bewegen(int n) {
   vector<int> stab(3);
   stab[0] = 1;
   // Paritätskorrektur:
   stab[1] = (n % 2 == 0) ? 2 : 3;
   stab[2] = (n % 2 == 0) ? 3 : 2;

   size_t gesamtZahlDerBewegungen = (1 << n) -1 ;  // 2^n − 1
   for (size_t i=1; i <= gesamtZahlDerBewegungen; ++i) {
      cout << "Bringe Scheibe von " <<  stab[(i&i-1)%3]
           << " nach " << stab[(((i|i-1)+1)%3]   << endl;
   }
}
```

**4.13**
```
#include<iostream>
#include<vector>
using namespace std;

double polynom(const vector<double>& koeff, double x) {
   // Berechnung von
```
$k_n x^n + k_{n-1} x^{n-1} + \cdots k_1 x + k_0$
```
   int n = koeff.size()-1;
   double ergebnis = koeff[n];
   for(int i = n-1; i >= 0 ; --i) {
      ergebnis *= x;
      ergebnis += koeff[i];
   }
   return ergebnis;
}

int main() {
   vector<double> koeffizienten(3);
   koeffizienten[0] = 1.1;
   koeffizienten[1] = 2.22;
   koeffizienten[2] = 13.0;

   // Anwendungen
   double funktionswert = polynom(koeffizienten, -129.00);
```

```
        cout << polynom(koeffizienten, 2.04) << endl;
        cout << polynom(koeffizienten, 3.033) << endl;
}
```

# Kapitel 5

5.1
```
rational add(long a, const rational& b) {
    rational r;
    r.definiere(a,1);
    r.add(b);
    return r;
}
rational add(const rational& a, long b) {
  return add(b, a);    // Aufruf von add(long, const rational&)
}
```

5.2
```
void ausgabeEinerRationalzahl(const rational& r) {
    std::cout << r.Zaehler() << "/" << r.Nenner();
    std::cout << std::endl;
}
```

5.3 Lösungsbeispiel

- *IntMenge.h*:

```
#ifndef IntMenge_h
#define IntMenge_h
#include<vector>

class IntMenge {
 public:
    IntMenge();
    void hinzufuegen(int el);
    void entfernen(int el);
    bool istMitglied(int el) const;
    size_t size() const;
    void anzeigen() const;
    void loeschen();      // alle Elemente löschen
    int getMax() const;   // größtes Element
    int getMin() const;   // kleinstes Element
 private:
    size_t anzahl;
    std::vector<int> vec;
    int finden(int el) const;  // -1 bedeutet nicht vorhanden
```

```
};
#endif
```

Die private Hilfsfunktion `finden(int el)` gibt die Position des Elements `el` zurück. Sie wird intern zur Vermeidung von Code-Duplizierung verwendet (siehe unten). Wenn es sie nicht gäbe, müssten `entfernen()` und `istMitglied()` mit einer Schleife versehen werden.

- *IntMenge.cpp*:

```
#include"IntMenge.h"
#include<iostream>
#include<cassert>

IntMenge::IntMenge()
    : anzahl(0) {
}
```

Die folgende Methode `hinzufuegen()` nutzt aus, dass ein `vector` dynamisch mit `push_back()` vegrößerbar ist. Die Variable `anzahl` gibt die tatsächliche Anzahl der gespeicherten Elemente an. Sie kann kleiner als die Größe des Vektors sein, nämlich dann, wenn Elemente gelöscht worden sind.

```
void IntMenge::hinzufuegen(int el) {
    if(!istMitglied(el)) {   // ansonsten ignorieren
        if(anzahl < vec.size()) {
            vec[anzahl] = el;
        }
        else {   // Platz reicht nicht
            vec.push_back(el);
        }
        ++anzahl;
    }
}
```

Ein Element wirklich zu löschen, hieße den Vektor zu verkleinern – eine zeitaufwändige Operation. Da die Reihenfolge der Elemente in einer Menge nicht sortiert sein muss, bietet sich stattdessen an, das letzte Element an die Stelle des zu löschenden zu kopieren. Wenn dann noch `anzahl` um eins heruntergezählt wird, ist das vorherige letzte Element nicht mehr erreichbar, denn alle Schleifen in den folgenden Methoden haben `anzahl` als Grenze. Der freigewordene Platz steht für `hinzufuegen()` zur Verfügung. Nach dieser Logik ist auch das Löschen aller Elemente denkbar schnell und einfach: `anzahl` wird auf 0 gesetzt (siehe Methode `loeschen()`).

```cpp
void IntMenge::entfernen(int el) {
   int wo = finden(el);
   if(wo > -1) {
      vec[wo] = vec[--anzahl]; // letztes Element umkopieren
   }
}

bool IntMenge::istMitglied(int el) const {
   return finden(el) > -1;
}

size_t IntMenge::size() const {
   return anzahl;
}

void IntMenge::anzeigen() const {
   for(size_t i=0; i < anzahl; ++i) {
      std::cout << vec[i]   << " ";
   }
   std::cout << std::endl;
}

void IntMenge::loeschen() {
   anzahl = 0;
}

int IntMenge::finden(int el) const {
   for(size_t i=0; i < anzahl; ++i) {
      if(vec[i] == el)
         return i;
   }
   return -1;   // nicht gefunden
}

int IntMenge::getMin() const {
   assert(anzahl > 0);
   int erg = vec[0];
   for(size_t i=1; i < anzahl; ++i) {
      if(vec[i] < erg)
         erg = vec[i];
   }
   return erg;
}

int IntMenge::getMax() const {
   assert(anzahl > 0);
```

```
        int erg = vec[0];
        for(size_t i=1; i < anzahl; ++i) {
           if(vec[i] > erg)
              erg = vec[i];
        }
        return erg;
}
```

Man kann sich noch einige Optimierungen vorstellen. Zum Beispiel könnte der erste Aufruf von `getMin()` oder `getMax()` sowohl Minimum als auch Maximum ermitteln und die Werte könnten in entsprechenden Attributen gespeichert werden (Cache). Eine zweite Abfrage würde dann einen gespeicherten Wert zurückgeben und wäre damit sehr schnell. Ein erneutes Durchlaufen der Schleife wäre nur beim Hinzufügen oder Entfernen fällig, und auch nur, wenn Minimum oder Maximum betroffen wären. Auch kann man sich überlegen, dass die Schleifen überhaupt zu aufwändig sind – dann bräuchte man allerdings eine andere Datenstruktur. Die Klasse `set` der C++-Bibliothek verwendet deshalb eine Variante des binären Suchbaums.

## 5.4 Lösungsbeispiel

- *main.cpp* siehe Seite 192

- *person.h*:

```
// Klassendeklaration zur Simulation eines
// Getränkeautomaten. Alle Methoden sind inline, weil sie sehr kurz sind.

#ifndef person_h
#define person_h person_h
#include<iostream>
#include<string>
#include"automat.h"

class Person {
  public:
    Person(int anfaenglicheGeldmenge)            // Konstruktor
      : Geld(anfaenglicheGeldmenge) {
        std::cout << "\n Eine Person mit "
            << Geld << " Euro kommt." << std::endl;
    }

    ~Person() {                                  // Destruktor
        std::cout << " Eine Person geht mit "
            << Geld << " Euro." << std::endl;
    }
```

```
    bool genugGeld(int Preis) const {
        return  Preis <= Geld;
    }

    int wievielGeld() const  {    return Geld; }

    void sagt(const std::string& text) const {
        std::cout << text << std::endl;
    }

    void trinkt() const {   sagt(" gluckgluck... aaaah!"); }

    void DoseEntnehmen(GetraenkeAutomat& A) const {
        A.DoseFreigeben();
    }

    void GeldEntnehmen(int Muenzen) {
        Geld += Muenzen;
    }

    void GeldEinwerfen(GetraenkeAutomat& A, int Muenzen) {
        Geld -= Muenzen;        // eigenes Geld wird weniger
        A.MuenzenAkzeptieren(Muenzen);
    }

    void KnopfDruecken(GetraenkeAutomat& A) const {
        A.GeldPruefenUndDoseHerausgeben();
    }

  private:
    int Geld;    // Die wichtigste Eigenschaft von Kunden:
                 // sie müssen privates Geld haben ...
};
#endif   // person_h
```

- *automat.h*:

Auf für den Aufsteller eines Automaten wichtige Methoden, wie etwa zum Entnehmen der Einnahmen, wird verzichtet, weil sie im Kontext der Aufgabenstellung keine Rolle spielen.

```
#ifndef automat_h
#define automat_h   automat_h

class GetraenkeAutomat {
    public:
      GetraenkeAutomat(int Anzahl, int Dosenpreis);
```

```cpp
        bool istGesperrt() const    { return gesperrt;}

        bool RueckgeldVorhanden() const { return Rueckgeld > 0;}

        bool DoseHerausgegeben() const { return DoseInAusgabe;}

        int  GetraenkePreis() const { return PreisProDose;}

        void DoseFreigeben() { DoseInAusgabe = false;}

        void GeldPruefenUndDoseHerausgeben();

        void MuenzenAkzeptieren(int M);

        int GeldRueckGabe();

    private:
        int AnzahlDosen;
        int PreisProDose;
        int Einnahmen;
        int eingeworfeneMuenzen;
        int Rueckgeld;
        bool DoseInAusgabe;
        bool gesperrt;

        // Übergabe per Wert verbieten:
        GetraenkeAutomat(const GetraenkeAutomat &);
};
#endif     // automat_h
```

- *automat.cpp*:

```cpp
#include"automat.h"
#include<iostream>
using namespace std;

GetraenkeAutomat::GetraenkeAutomat( int Anzahl, int Dosenpreis)
  : AnzahlDosen(Anzahl), PreisProDose(Dosenpreis),
    Einnahmen(0), eingeworfeneMuenzen(0),
    Rueckgeld(0), DoseInAusgabe(false),
    gesperrt(Anzahl <= 0) {
}

void GetraenkeAutomat::GeldPruefenUndDoseHerausgeben() {
    if(gesperrt) {
        cout << " Automat leer/gesperrt!" << endl;
```

```
                Rueckgeld = eingeworfeneMuenzen;
        }
        else {
            if(eingeworfeneMuenzen < PreisProDose) {
                cout << " Geld reicht nicht!" << endl;
                Rueckgeld = eingeworfeneMuenzen;
            }
            else {
                Einnahmen += PreisProDose;
                Rueckgeld = eingeworfeneMuenzen - PreisProDose;
                cout << " Dose fällt in Ausgabe! (rumpel)"
                    << endl;
                DoseInAusgabe = true;
                if(--AnzahlDosen == 0)
                    gesperrt = true;
            }
        }
        eingeworfeneMuenzen = 0;   // weitere Nutzung verhindern
}

void GetraenkeAutomat::MuenzenAkzeptieren(int M) {
        eingeworfeneMuenzen = M;
        cout << " " << M << " Euro eingeworfen" << endl;
}

int GetraenkeAutomat::GeldRueckGabe() {
    int temp = Rueckgeld;
    Rueckgeld = 0;

    cout << " Geldrückgabe: " << temp << " Euro" << endl;
    return temp;
}
// Ende von automat.cpp
```

# Kapitel 6

**6.1** Ja. Aus der Gleichheit von (kosten+i) und (i+kosten) und aus der Kenntnis, dass der Compiler *stets* die Umwandlung in die Zeigerdarstellung von [ ] vornimmt, folgt, dass man genausogut i[kosten] statt kosten[i] formulieren kann. Es ist jedoch absolut unüblich und erschwert die Lesbarkeit des Programms.

**6.2** `sizeof(int)*dim1*dim2 = 24`, Bytenummer = `(i*dim2+j)*sizeof(int)`. Daraus ergibt sich, dass `dim1` nur zur Berechnung des Speicherplatzes gebraucht wird, aber nicht zur Adressberechnung, zu der jedoch alle weiteren Dimensionen benötigt werden.

**6.3** Es muss m = p, r = n und s = q gelten, damit die Matrizenmultiplikation definiert ist. Daher benötigt man nur noch drei Konstanten.

```
int main() {
    // Initialisierung (Beispiel)
    const int N = 2, M = 3, Q = 4;
    int a[N][M] = {{1,2,3}, {4,5,6}};
    int b[M][Q] = {{1,2,3,0},{4,1,1,5},{1,7,1,4}};
    int c[N][Q];

    // Multiplikation
    for(int i = 0; i < N; ++i)
        for(int j = 0; j < Q; ++j) {
            c[i][j] = 0;
            for(int k = 0; k < M; ++k)
                c[i][j] += a[i][k] * b[k][j];
        }

    // Ergebnis ausgeben oder weiterrechnen
    .......
}
```

**6.4** Da eine echte dreidimensionale Ausgabe in der Ebene nicht möglich ist, werden n `DIM2xDIM3`-Matrizen ausgegeben.

```
template<typename Feldtyp>
void Tabellenausgabe3D(Feldtyp T, size_t n) {
    const size_t DIM2 = sizeof T[0] /sizeof T[0][0];
    const size_t DIM3 = sizeof T[0][0] /sizeof T[0][0][0];
    for(size_t i = 0; i < n; ++i) {
        for(size_t j = 0; j < DIM2; ++j) {
            for(size_t k = 0; k < DIM3; ++k)
                cout << T[i][j][k] << ' ';
            cout << endl;
        }
        cout << endl;
    }
    cout << endl;
}
```

**6.5** // Lesen von Matrizen einer ASCII- und einer binären Datei
```cpp
#include<cstdlib>
#include<fstream>
#include<iostream>
using namespace std;

int main() {
    const int ZEILEN  = 10;
    const int SPALTEN =  8;
    // mit Nullen initialisiertes Feld anlegen :
    double matrix[ZEILEN][SPALTEN] = {{0},{0}};

    // Lesen aus ASCII-Datei
    ifstream quelle;
    quelle.open("matrix.asc");
    if(!quelle) {
        cerr << "Datei kann nicht geöffnet werden!\n";
        exit(-1);
    }

    // Kenntnis des Formats wird vorausgesetzt
    for(int i = 0; i < ZEILEN; ++i)
        for(int j = 0; j < SPALTEN; ++j)
            quelle >> matrix[i][j];

    // Datei schließen, damit quelle wieder verwendet werden kann:
    quelle.close();

    // zur Kontrolle: Ausgabe auf dem Bildschirm:
    cout << "Inhalt der ASCII-Datei:\n";
    for(int i = 0; i < ZEILEN; ++i) {
        for(int j = 0; j < SPALTEN; ++j)
            cout << matrix[i][j] << '\t';
        cout << endl;
    }

    cin.get();    // weiter mit RETURN
    // zum Nachweis des erneuten Einlesens Matrix wieder mit Nullen füllen
    cout << "Inhalt der genullten Matrix:\n";
    for(int i = 0; i < ZEILEN; ++i) {
        for(int j = 0; j < SPALTEN; ++j) {
            matrix[i][j] = 0.0;
            cout << matrix[i][j] << '\t';
        }
```

```
            cout << endl;
    }

    cin.get();     // weiter mit RETURN

    // Lesen aus binärer Datei
    quelle.open("matrix.bin", ios::binary|ios::in);
    if(!quelle) {
        cerr << "Datei kann nicht geöffnet werden!\n";
        exit(-1);
    }
    quelle.read(reinterpret_cast<char*>
                            (matrix), sizeof(matrix));

    // zur Kontrolle: Ausgabe auf dem Bildschirm:
    cout << "Inhalt der Binärdatei:\n";
    for(int i = 0; i < ZEILEN; ++i) {
        for(int j = 0; j < SPALTEN; ++j)
            // Trennung mit Tabulator
            cout << matrix[i][j] << '\t';
        cout << endl;
    }
}   // automatisches close()
```

**6.6** Die Funktion entspricht der Funktion `strcpy()` der C++-Standardbibliothek.

```
void strcopy(char *ziel, const char *quelle) {
// kopiert den Inhalt von quelle in den String ziel (und
// überschreibt den vorherigen Inhalt von ziel dabei).
    while(*ziel++ = *quelle++);
}
```

**6.7** Die Funktion entspricht der Funktion `strdup()` der C++-Standardbibliothek.

```
#include<cstring>
// ...
char *strduplikat(const char *s) {
// liefert einen Zeiger auf den neu erzeugten String.
    char* neu = new char[strlen(s)+1];
    strcpy(neu,s);    // wie strcopy() aus voriger Aufgabe
    return neu;
}
```

**6.8** `int scmp(const void *a, const void *b) {`
        `// Vergleichsfunktion für String-Array-Elemente`

A.2 Lösungen zu den Übungsaufgaben        671

```
      // Umwandlung in einen const-Zeiger auf einen C-String,
      // dh. auf (const char *)
      const char *pa = *static_cast<const char* const*>(a);
      const char *pb = *static_cast<const char* const*>(b);
      return strcmp(pa,pb);
}
```

Quicksort wird ähnlich wie im Textbeispiel aufgerufen. Da wir ein Feld von Zeigern vor uns haben, wird als Elementgröße die Größe eines Zeigers auf char übergeben: `qsort(sfeld, size, sizeof(char*), scmp);`

**6.9**
```
void leerzeichenEntfernen(char* s) {
    char* q = s;
    do {
        if(*s != ' ') {
            *q++ = *s;
        }
    } while(*s++);
}
```

**6.10**
```
#include<iostream>
#include<fstream>
using namespace std;

int main( int argc, char* argv[]) {
    cout << "Dateien ausgeben" << endl;
    if(argc == 1) {
        cout << "Keine Dateinamen in der Kommandozeile "
                "gefunden." << endl
             << "Gebrauch: " << argv[0]      // Programmname
             << " datei1 datei2 usw." << endl;
        return 0;
    }
    int nr = 0;
    while(argv[++nr] != 0) {
        ifstream Quelle;
        Quelle.open(argv[nr], ios::binary|ios::in);
        cout << "Datei " << argv[nr];
        if(!Quelle) {                          // Fehlerabfrage
            cout << " nicht gefunden." << endl;
            continue;                          // weiter bei while
        }
        cout << ":" << endl;
        char ch;
```

```cpp
            while(Quelle.get(ch)) {
                cout << ch;                         // zeichenweise ausgeben
            }
            Quelle.close();
        }
    }
```

**6.11**
```cpp
    #include<iostream>
    #include<fstream>
    using namespace std;

    bool istBuchstabe(char c) {
        return c >= 'A' && c <= 'Z'
            || c >= 'a' && c <= 'z'
            || c == '_';
    }

    bool istAlphanumerisch(char c) {
        return c >= '0' && c <= '9'
            || istBuchstabe(c);
    }

    int main(int argc, char* argv[]) {
        if(argc == 1) {
            cout << "Kein Dateiname in der Kommandozeile gefunden.\n"
                "Gebrauch: " << argv[0]         // Programmname
                    << " dateiname" << endl;
            return 0;
        }

        ifstream Quelle(argv[1]);
        if(!Quelle) {                           // Fehlerabfrage
            cout << "Datei " << argv[1]
                    << " nicht gefunden." << endl;
            return 0;
        }

        char ch;
        bool namengefunden = false;
        while(Quelle.get(ch)) {
            if(istBuchstabe(ch)) {
                cout << ch;
                namengefunden = true;
            }
```

```
        else if(namengefunden && istAlphanumerisch(ch)) {
           cout << ch;
        }
        else if(namengefunden) {
           namengefunden = false;
           cout << endl;
        }
     }
     Quelle.close();
}
```

# Kapitel 7

**7.1** • *format.h*:

```
#ifndef format_h
#define format_h
#include<string>
using std::string;

class Format {
 public:
    Format(int weite, int nachk);
    string toString(double d) const;
 private:
    int weite;
    int nachkommastellen;
};
#endif
```

• *format.cpp*:

```
#include"format.h"
#include<iostream>
using namespace std;

Format::Format(int w, int nk)
    : weite(w), nachkommastellen(nk) {
    if(nk < 0) nk = 0;
    if(nk > 16) nk = 16;
    if(w < nk)  w  = nk+1;
}

string Format::toString(double d) const {
    string ergebnis;
```

```
bool negativ = false;
if(d < 0.0) {
   negativ = true;
   d = -d;
}

// Rundung
double rund = 0.5;
for(int i=0; i < nachkommastellen; ++i)
   rund /= 10.0;
d += rund;
```

// Mit der folgenden Normierung (d.h. Zahl beginnt mit 0,..) wird erreicht, dass die
// Anzahl der Stellen vor dem Komma bekannt ist (Stellenwert).
```
   int stellenwert = 0;
   // Zahl normieren, falls >=1
   while(d >= 1.0) {
      ++stellenwert;
      d /= 10.0;
   }
   if(stellenwert == 0) {
      ergebnis += '0';  // wenigstens eine 0 vor dem Komma
   }
```

// Die Zahl wird sukzessive mit 10 multipliziert, die jeweils erste Ziffer zunächst
// ermittelt (zif), dann abgetrennt und an den Ergebnis-String gehängt usw.
```
   do {       // Zahl abarbeiten
      if(stellenwert == 0) {
         ergebnis += ',';                        // Komma
      }
      d *= 10.0;
      int zif = (int)d;
      d -= zif;
      ergebnis += (char)zif + (int)'0';
      --stellenwert;
   } while(nachkommastellen + stellenwert > 0);

   if(negativ)
      ergebnis = '-' + ergebnis;;

   int diff = weite - ergebnis.length();
   for(int i=0; i < diff; ++i) {
      ergebnis = " " + ergebnis;
   }
```

```
        return ergebnis;
    }
```

**7.2** • *teilnehmer.h*:

```
#ifndef teilnehmer_h
#define teilnehmer_h
#include<string>
#include<vector>
using std::string;
using std::vector;

class Teilnehmer {
 public:
    Teilnehmer(const string& name);
    void lerntKennen(Teilnehmer& tn);
    bool kennt(const Teilnehmer& tn) const;
    void druckeBekannte() const;
    const string& gibNamen() const;
 private:
    string name;
    vector<Teilnehmer*> dieBekannten;
};
#endif
```

• *teilnehmer.cpp*:

```
#include"teilnehmer.h"
#include<iostream>
using std::cout;
using std::endl;

Teilnehmer::Teilnehmer(const string& n)
    : name(n) {
}

void Teilnehmer::lerntKennen(Teilnehmer& tn) {
    if(&tn != this // 'sich selbst kennenlernen' ignorieren
       && !kennt(tn)  ) { // wenn noch unbekannt, eintragen
        dieBekannten.push_back(&tn);
        tn.lerntKennen(*this); // wechselseitig kennenlernen
    }
}
```

```
bool Teilnehmer::kennt(const Teilnehmer& tn) const {
    bool erg = false;
    for(size_t i = 0; i < dieBekannten.size(); ++i) {
        if(&tn == dieBekannten.at(i)) {
            erg = true;
            break;
        }
    }
    return erg;
}

void Teilnehmer::druckeBekannte() const {
    for(size_t i = 0; i < dieBekannten.size(); ++i) {
        cout << "  " << dieBekannten.at(i)->gibNamen();
    }
    cout << endl;
}

const string& Teilnehmer::gibNamen() const {
    return name;
}
```

# Kapitel 8

**8.1** Nein. Die Funktion kann nicht mehr von `GraphObj` geerbt werden, ohne dass `Strecke` abstrakt wird. Für die Klasse `Strecke` muss eine überladene Elementfunktion `Flaeche()` mit dem Rückgabewert 0 geschrieben werden.

**8.2** • *person.h*:

```
#ifndef person_h
#define person_h
#include<string>
using std::string;

class Person {
 public:
    Person(const string& nachname, const string& vorname)
        : Nachname(nachname), Vorname(vorname) {
    }
    const string& getNachname() const { return Nachname; }
    const string& getVorname() const { return Vorname; }
    virtual string toString() const = 0;
    virtual ~Person() { }
```

```
 private:
    string Nachname;
    string Vorname;
};

// Die Standardimplementierung einer rein virtuellen Methode
// muss nach [ISO98] außerhalb der Klassendefinition stehen:
inline string Person::toString() const {
      return Vorname + " " + Nachname;
}
#endif
```

- *student.h*:

```
#ifndef student_h
#define student_h
#include"person.h"
#include<string>
using std::string;

class StudentIn : public Person {
 public:
    StudentIn(const string& name, const string& vorname,
              const string& matnr)
       : Person(name, vorname), Matrikelnummer(matnr) {
    }
    const string& getMatrikelnummer() const {
       return Matrikelnummer;
    }
    virtual string toString() const {
       return "Student/in " + Person::toString()
          + ", Mat.Nr.: " + Matrikelnummer;
    }
    virtual ~StudentIn(){}
 private:
    string Matrikelnummer;
};
#endif
```

- *prof.h*:

```
#ifndef prof_h
#define prof_h
#include"person.h"
```

```
#include<string>
using std::string;

class ProfessorIn : public Person {
 public:
    ProfessorIn(const string& nachname, const string& vorname,
                const string& lb)
      : Person(nachname, vorname), Lehrgebiet(lb) {
    }
    const string& getLehrgebiet() const {
        return Lehrgebiet;
    }
    virtual string toString() const {
        return "Prof. " + Person::toString()
           + ", Lehrgebiet: " + Lehrgebiet;
    }
    virtual ~ProfessorIn(){}
 private:
    string Lehrgebiet;
};
#endif
```

8.3 Da im obigen Programm Zeiger auf `Person` verwendet werden, erfordert ein Zugriff auf Methoden, die nicht in `Person` deklariert sind, eine Typumwandlung. Beispiel:

```
cout << "Die Matrikelnummer von "
     << diePersonen[0]->getNachname() << " ist "
     << ((StudentIn*)diePersonen[0])->getMatrikelnummer() //!
     << endl;
```

Die Typumwandlung in den Typ `StudentIn*` funktioniert natürlich nur, wenn man genau weiß, dass der Zeiger an der Stelle [0] auf ein Objekt des dynamischen Typs `StudentIn` verweist. Was aber, wenn man es nicht genau weiß? Dazu geben die Abschnitte 12.5 und 12.6 Auskunft.

## Kapitel 9

9.1 Die Referenz auf den `rational`-Parameter in der Deklaration darf nicht `const` sein, weil das Objekt verändert wird:

```
// Deklaration als globale Funktion
std::istream& operator>>(std::istream&, rational&);
```

```
// Implementation
std::istream& operator>>(std::istream& eingabe, rational& r) {
    // cerr wird gewählt, damit die Abfragen auch dann
    // auf dem Bildschirm erscheinen, wenn die Standard-
    // ausgabe in eine Datei zur Dokumentation geleitet wird.
    int Z, N;
    std::cerr << "Zähler :";
    eingabe >> Z;
    std::cerr << "Nenner :";
    eingabe >> N;
    assert(N != 0);    // nicht sehr benutzungsfreundlich...
    r.definiere(Z, N);
    r.kuerzen();
    return eingabe;
}
```

Anmerkung: Hier wurde die Methode `eingabe()` mit dem Operator nachgebildet. Der bessere Programmierstil ist, die Funktionen der Ein- und Ausgabe zu trennen, sodass die Aufforderung zur Zahleneingabe nicht Bestandteil des Eingabeoperators ist.

**9.2** Der Operator `+=` verändert das Objekt selbst, denn `a += b;` ist nur eine Abkürzung für `a = a+b;`. Daher kann er, vordergründig betrachtet, als Elementfunktion mit nur einem Argument und Rückgabetyp `void` deklariert werden:

```
void operator+=(rational);.
```

Die Implementierung könnte wie folgt aussehen:

```
void rational::operator+=(rational b) {   // nicht optimal
    zaehler = zaehler*b.nenner + b.zaehler*nenner;
    nenner  = nenner*b.nenner;
    kuerzen();
}
```

Um Verkettungen wie `c = a += b;`, die zu `c = a.operator+=(b)` aufgelöst werden, zu erlauben, sowie die Verwendung innerhalb des binären `operator+()`, muss ein Objekt des passenden Datentyps zurückgegeben werden, also ein Objekt der Klasse `rational` (statt `void` wie vorher). Um die Konstruktion von temporären Objekten durch den Kopierkonstruktor bei der Ergebnisrückgabe zu vermeiden, wird die Referenz auf das Zielobjekt zurückgegeben. Die Referenz auf `const` in der Parameterliste erspart die Kopie beim Eintritt in die Funktion.

```
rational& rational::operator+=(const rational& b) {
    zaehler = zaehler*b.nenner + b.zaehler*nenner;
```

```
            nenner  = nenner*b.nenner;
            kuerzen();
            return *this;
        }
```

**9.3** // Deklaration in *ratioop.h* als Elementfunktion:
```
        rational& operator-=(const rational&);
        rational& operator*=(const rational&);
        rational& operator/=(const rational&);
```

```
        // Deklaration in ratioop.h als globale Funktion:
        rational operator-(const rational&, const rational&);
        rational operator*(const rational&, const rational&);
        rational operator/(const rational&, const rational&);
```

```
        // Definition in ratioop.cpp
        rational& rational::operator-=(const rational& b) {
            zaehler = zaehler*b.nenner - b.zaehler*nenner;
            nenner  = nenner*b.nenner;
            kuerzen();
            return *this;
        }

        rational& rational::operator*=(const rational& b) {
            zaehler *= b.zaehler;
            nenner  *= b.nenner;
            kuerzen();
            return *this;
        }

        rational& rational::operator/=(const rational& b) {
            zaehler *= b.nenner;
            nenner  *= b.zaehler;
            kuerzen();
            return *this;
        }

        rational operator-(const rational& a, const rational& b) {
            return rational(a) -= b;
        }

        rational operator*(const rational& a, const rational& b) {
            return rational(a) *= b;
        }
```

```
rational operator/(const rational& a, const rational& b) {
    return rational(a) /= b;
}
```

**9.4** 
```
// Deklaration in ratioop.h als globale Funktion
bool operator==(const rational&, const rational&);

// Definition in ratioop.cpp
bool operator==(const rational& a, const rational& b) {
    return   a.Zaehler() == b.Zaehler()
          && a.Nenner()  == b.Nenner();
}
```

Es wird hier angenommen, dass beide Zahlen in der gekürzten Darstellung vorliegen, weil dies durch die Elementfunktionen erzwungen wird. Andernfalls müssten beide Argumente vor dem Vergleich gekürzt werden.

**9.5** operator=() darf *nichts* tun. Schließlich darf die SerienNr als Konstante eines Objekts nicht verändert werden. Der Sinn des Operators besteht nur darin, Zuweisungsoperationen im Programm zu erlauben, ohne dass der Compiler meckert. Dies ist wichtig, wenn von der Klasse nummeriertesObjekt geerbt wird, weil bei der Zuweisung eines Objekts der abgeleiteten Klasse die Zuweisungsoperatoren der Elemente der Klasse inklusive der anonymen Subobjekte aufgerufen werden.

```
nummeriertesObjekt& operator=(const nummeriertesObjekt&) {
    return *this;
}
```

**9.6** Deklaration in *mstring.h* als Elementfunktion der Klasse:

```
mstring& operator=(const mstring&);// Zuweisung eines mstring
mstring& operator=(const char*);   // Zuweisung eines char*
const char& operator[](size_t) const; // Index-Operator
char& operator[](size_t);             // Index-Operator

// Ausgabeoperator
std::ostream& operator<<(std::ostream&, const mstring&);
```

Implementierung in *mstring.cpp*:

Der Programmcode wurde direkt aus assign() usw. übernommen, damit vorherige Methoden (zum Beispiel assign()) entfernt werden können. Ansonsten hätte man einige der Methoden innerhalb der Operatorfunktionen aufrufen können.

```cpp
// Zuweisung eines mstring
mstring& mstring::operator=(const mstring& m)  {
    char *p = new char[m.len+1];  // neuen Platz beschaffen
    copy(p, m.start);
    delete [] start;    // alten Platz freigeben
    len   = m.len;      // Verwaltungsinformation aktualisieren
    start = p;
    return *this;
}

mstring& mstring::operator=(const char* s)  {
    size_t L = laenge(s);
    char *p = new char[L+1];
    copy(p, s);
    delete [] start;    // alten Platz freigeben
    len   = L;          // Verwaltungsinformation aktualisieren
    start = p;
    return *this;
}

// Index-Operator zum Lesen
const char& mstring::operator[](size_t pos) const  {
    assert(pos >= 0 && pos<= len);  // Nullbyte lesen ist erlaubt
    return start[pos];
}

// Index-Operator für änderenden Zugriff
char& mstring::operator[](size_t pos)  {
    // potenziell gefährlich (siehe unten)
    assert(pos >= 0 && pos <= len);
    return start[pos];
}
```

In Analogie zum C++-Standard-Entwurf ist das Lesen des Nullbytes erlaubt, anders als bei der Funktion at(). Weil für nichtkonstante mstring-Objekte die nichtkonstante Variante von operator[]() genommen wird, ergibt sich aus der Tatsache, dass auch eine Referenz auf das Nullbyte zurückgegeben werden kann, ein Schönheitsfehler: operator[]() erlaubt das Beschreiben des Nullbytes. at() kann deshalb nicht ohne Weiteres durch char& operator[](int) ersetzt werden, wenn nicht schreibend auf das Nullbyte zugegriffen werden darf. operator[]() entsprechend auch für diese Fälle abzusichern, ist mit wenig Aufwand nur möglich, wenn jede andere Methode das Nullbyte auf Veränderung prüft, was etwas Laufzeit kostet:

```cpp
assert(start[len-1] == '\0').
```

```
// Ausgabeoperator (keine Elementfunktion)
std::ostream& operator<<(std::ostream &os, const mstring &m) {
    os << m.c_str();
    return os;
}
```

**9.7** Ein Rückgabetyp `Datum&` erspart den impliziten Aufruf des Kopierkonstruktors.

**9.8** *Nein!* Die lokale Variable `temp` ist nach Verlassen der Operatorfunktion nicht mehr existent. Wenn weitere Erläuterungen nötig sein sollten: Schlagen Sie sie auf Seite 115 nach. In der vorhergehenden Aufgabe wird ein schon *vor* dem Eintritt in die Operatorfunktion existierendes Objekt zurückgegeben.

**9.9**
```
// Die folgenden Operatoren sind in datum.h zu deklarieren.
// Die Implementierung gehört nach datum.cpp.
#include<iostream>  // nicht vergessen

std::ostream& operator<<(std::ostream& os, const Datum& d) {
    os << d.Tag() << '.' << d.Monat() << '.' << d.Jahr();
    return os;
}
```

**9.10**
```
bool operator==(const Datum& a, const Datum& b) {
    return    a.Tag()   == b.Tag()
           && a.Monat() == b.Monat()
           && a.Jahr()  == b.Jahr();
}

bool operator!=(const Datum& a, const Datum& b) {
    return !(a == b);
}

bool operator<(const Datum& a, const Datum& b) {
    return    a.Jahr() < b.Jahr()
           || a.Jahr() == b.Jahr() && a.Monat() < b.Monat()
           || a.Jahr() == b.Jahr()
              && a.Monat() == b.Monat() && a.Tag() < b.Tag();
}
```

**9.11**
```
int DatumDifferenz(const Datum& a, const Datum& b) {
    if (a == b)              // kurzer Prozess bei Gleichheit
        return 0;
    bool richtigeReihenfolge = a < b;
    // Dies ist ein Aufruf von operator<() (s.o.).
```

```
        Datum frueher = a, spaeter = b;
        if(!richtigeReihenfolge)    { // ggf. vertauschen
            frueher = b; spaeter = a;
        }
        int Differenz = 0;
        // Achtung! nicht optimiert! (tageweises Hochzählen)
        while(frueher != spaeter) {
            ++Differenz;
            ++frueher;
        }
        if(richtigeReihenfolge)    return Differenz;
        else                       return -Differenz;
}
```

**9.12**
```
#include<limits>    // nicht vergessen

    void Datum::maxDatum() {   // maximales Systemdatum ermitteln
        time_t maxSekunden = std::numeric_limits<time_t>::max();
        tm *z = localtime(&maxSekunden);
        jahr  = z->tm_year + 1900;
        monat = z->tm_mon+1;                        // localtime liefert 0..11
        tag   = z->tm_mday;
    }
```

Das Ergebnis ist der 19.1.2038 (2147483647 Sekunden seit dem 1.1.1970), falls `time_t` einem 32-Bit-`int` entspricht. Dies ist auf vielen Unix-Systemen der Fall.

**9.13**
```
std::string Datum::toString() const {
        std::string temp("tt.mm.jjjj");
                    // implizite Umwandlung in char
        temp[0] = tag/10 +'0';
        temp[1] = tag%10 +'0';
        temp[3] = monat/10 +'0';
        temp[4] = monat%10 +'0';
        int pos = 9;                    // letzte Jahresziffer
        int j = jahr;
        while(j > 0) {
            temp[pos] = j % 10 + '0';   // letzte Ziffer
            j = j/10;                   // letzte Ziffer abtrennen
            --pos;
        }
        return temp;
}
```

# Kapitel 10

**10.1** • *ungueltigesdatumexception.h*:

```
#ifndef ungueltigesdatumexception_h
#define ungueltigesdatumexception_h
#include<stdexcept>

static char buf[] = "tt.mm.jjjj ist ein ungültiges Datum!";

class UngueltigesDatumException : public std::runtime_error {
 public:
   UngueltigesDatumException(int t, int m, int j)
      : std::runtime_error(toCString(t, m, j)) {
   }
 private:
   static const char * toCString(int tag, int monat,
                                 int jahr) {
      buf[0] = tag/10 +'0';    buf[1] = tag%10 +'0';
      buf[3] = monat/10 +'0';  buf[4] = monat%10 +'0';
      int pos = 9;                 // letzte Jahresziffer
      int j = jahr;
      while(j > 0) {
         buf[pos--] = j % 10 + '0';   // letzte Ziffer
         j = j/10;                    // letzte Ziffer abtrennen
      }
      return buf;
   }
};
#endif
```

• Deklaration der Methode `setzeDatum()` in *datum.h*:

```
void setzeDatum(int t, int m, int j)
         throw(UngueltigesDatumException);
```

Die `throw`-Spezifikation ist hier optional, vgl. Abschnitt 10.1.1 auf Seite 357.

• Methode `setzeDatum()` in *datum.cpp*:

```
void Datum::setzeDatum(int t, int m, int j)
         throw(UngueltigesDatumException) {
   tag = t;
   monat = m;
   jahr = j;
```

```
        if(!korrektesDatum(tag, monat, jahr)) {
            throw UngueltigesDatumException(tag, monat, jahr);
        }
    }
```

# Kapitel 11

**11.1**
```
template<class T>
    inline Liste<T>::~Liste() {    // Destruktor
        while(!empty()) pop_front();
    }

    template<class T>
    inline void Liste<T>::push_back(const T& Dat) {
        Listenelement *temp = new Listenelement(Dat);
        temp->Vorgaenger = Ende;
        temp->Naechstes = NULL;
        if (!Ende) Anfang = temp;           // einziges Element
        else temp->Vorgaenger->Naechstes = temp;
        Ende = temp;
        Anzahl++;
    }

    template<class T>
    inline void Liste<T>::pop_front() {
        if(empty()) throw "pop(): Liste ist leer!";
        Listenelement *temp = Anfang;
        Anfang = temp->Naechstes;
        if (!Anfang) // d.h. kein weiteres Element vorhanden
            Ende = NULL;
        else Anfang->Vorgaenger = NULL;
        delete temp;
        --Anzahl;
    }

    template<class T>
    inline const T& Liste<T>::front() const {
        if(empty()) throw "front() const: Liste ist leer!";
        return Anfang->Daten;
    }

    template<class T>
    inline T& Liste<T>::back() {
        if(empty()) throw "back(): Liste ist leer!";
```

```
        return Ende->Daten;
    }

    template<class T>
    inline const T& Liste<T>::back() const {
        if(empty()) throw "back() const: Liste ist leer!";
        return Ende->Daten;
    }
```

**11.2** Die Operation `front()` wird beim Stack häufig `top()` genannt.

```
// stack.t : Stack-Template
#ifndef stack_t
#define stack_t
#include"liste.t"

template<class T>
class Stack {
    public:
        bool empty() const     { return L.empty();}
        int  size()  const     { return L.size();}
        // am Anfang einfügen und entnehmen
        void push(const T& x)  { L.push_front(x);}
        void pop()             { L.pop_front();}
        // am Anfang lesen
        T&       top()         { return L.front();}
        const T& top() const   { return L.front();}
    private:
        Liste<T> L;
};
#endif
```

**11.3**
```
template<class Iterator, class T>
Iterator finden(Iterator Anfang, Iterator Ende,const T& Wert) {
    while(Anfang != Ende && *Anfang != Wert)
        ++Anfang;
    return Anfang;
}
```

Der Rückgabewert ist der Iterator Ende, falls kein Eintrag gefunden wird. Die Lösung entspricht der Funktion `std::find()` der C++-Standardbibliothek.

**11.4**
```
// inline-Formulierung
Iterator insert(Iterator pos, const T& Wert) {
    if(pos == begin()) {
```

```
        push_front(Wert);
        return Iterator(Anfang);
    }
    if(pos == end()) {
        push_back(Wert);
        return Iterator(Ende);
    }

    // zwischen 2 Elementen einketten
    Listenelement *temp = new Listenelement;
    temp->Daten = Wert;
    temp->Naechstes = pos.aktuell;
    temp->Vorgaenger = pos.aktuell->Vorgaenger;
    pos.aktuell->Vorgaenger->Naechstes = temp;
    pos.aktuell->Vorgaenger = temp;
    ++Anzahl;
    return Iterator(temp);
}
```

**11.5** Ergänzung der Klasse `Liste`:

```
Iterator rbegin() const {
    return Iterator();   // NULL-Iterator
}

Iterator rend() const {
    return Iterator(Ende);
}
```

Ergänzung der Klasse `Iterator`:

```
Iterator& operator--() {        // prefix
   if(aktuell)
       aktuell = aktuell->Vorgaenger;
   return *this;
}

Iterator operator--(int)     // postfix
{  Iterator temp = *this;
   --*this;
   return temp;
}
```

Anwendungsbeispiel:

```
        cout << "Liste rückwärts durchlaufen:" << endl;
        Liste<int>::Iterator iterR(L.rend());
        while(iterR != L.rbegin()) {
           cout << "  " << *iterR--;
        }
        cout << endl;
```

**11.6** 
```
    Iterator find(const T& Wert) {
        // Siehe Anmerkung zu 11.3 oben.
          return std::find(begin(), end(), Wert);
    }
```

**11.7** Das Template ist hier bis auf einige im Text besprochenen Teile vollständig wiedergegeben, um den Zusammenhang herzustellen.

```
// cppbuch/k11/baum/binbaum.t
// binbaum.t Template für binären Suchbaum, mit Eltern-Verweis
#ifndef binbaum_t
#define binbaum_t
#include<iostream>
#include"../sortlist/vergleich.t"
#include<vector>              // Hilfsvektor nur für balance

template<class T>
class BinBaum {
  public:
    BinBaum()
     : Wurzel(NULL), linksaussen(NULL), Anzahl(0) {
    }

    virtual ~BinBaum() {
        TeilbaumLoeschen(Wurzel);
    }

    BinBaum(const BinBaum<T>&);
    BinBaum<T>& operator=(const BinBaum<T>&);

    bool empty() const { return Anzahl == 0;}
    int size()   const { return Anzahl;}

    struct Knoten {
       Knoten()
        : Elter(NULL), links(NULL), rechts(NULL) {
       }
       T     Daten;
```

```
        Knoten *Elter, *links, *rechts;
};
```

Die Methode `balance()` ergibt einen vollständig ausgeglichenen Binärbaum. Der Aufwand ist proportional zur Anzahl der Knoten, daher ist der Aufruf nach jedem Einfügen/Löschen nicht sinnvoll. Der zusätzliche Platzbedarf ist gering (Hilfsvektor HV), da nur Zeiger auf die Knoten zwischengespeichert werden. Ein Algorithmus, der einen *nahezu* ausgeglichenen Baum (red-black-tree) mit nur log(n) Operationen pro Einfügen/Löschen erzeugt, ist in Standardlehrbüchern (z.B. [CLR90]) zu finden.

```
void balance() {                     // Baum balancieren
   std::vector<typename BinBaum<T>::Knoten*>
                                   HV(Anzahl);  // Hilfsvektor
   // Baum traversieren, dabei Knoten in sortierter Folge eintragen
   int index = 0;
   Iterator It(linksaussen);
   while(It != end())
      HV[index++] = (It++).aktuell;
   for(int i = 0; i < Anzahl; ++i)  { // alte Verweise löschen
      HV[i]->links  = NULL;
      HV[i]->rechts = NULL;
   }

   VerzeigerungAufbauen(HV, 0, Anzahl/2, Anzahl-1);
   Wurzel = HV[Anzahl/2];
   Wurzel->Elter = NULL;
} // Ende von balance()

class Iterator;
friend class Iterator;

class Iterator {
 public:
   friend class BinBaum<T>;

   Iterator(const Iterator& I)
    : aktuell(I.aktuell) {
   }

   Iterator(Knoten* K = NULL)
    : aktuell(K) {
   }

   const T& operator*() const {        // Dereferenzierung
      assert(aktuell);
```

```cpp
            return aktuell->Daten;
         }

         T& operator*() {                            // Dereferenzierung
            assert(aktuell);
            return aktuell->Daten;
         }

         Iterator& operator++() {         // präfix
            // ... siehe Seite 401
         }

         Iterator operator++(int) {       // postfix
            Iterator temp = *this;
            ++*this;
            return temp;
         }

         bool operator==(const Iterator& x) const {
            return aktuell == x.aktuell;
         }

         bool operator!=(const Iterator& x) const {
            return aktuell != x.aktuell;
         }

      private:
         Knoten* aktuell;          // aktueller Knoten
   }; // Iterator

public:
   // iteratorbezogene Methoden
   Iterator begin() const { return Iterator(linksaussen);}
   Iterator end()   const { return Iterator();}

   Iterator find(const T& Wert,                    // Element finden
      const Vergleich<T>& Comp = Vergleich<T>()) const {
      // ... siehe Seite 399
   }

   // Element löschen
   void erase(Iterator It) {
      if(It != end()) {
         Knoten *temp = It.aktuell;
```

```
            if(temp->rechts == NULL) {
               // Es gibt nur einen linken Teilbaum, der
               // statt temp beim Vorgänger eingetragen wird,
               // sofern ein Vorgänger existiert
               // (d.h. die Wurzel hat keinen Vorgänger)
               if(temp != Wurzel) {
                  if(temp->Elter->links == temp)
                     temp->Elter->links  = temp->links;
                  else temp->Elter->rechts = temp->links;
               }
               else Wurzel = temp->links;
               // neuen Vorgänger eintragen
               if(temp->links)
                  temp->links->Elter = temp->Elter;
            }
            else
            if(temp->links == NULL) {
               // Es gibt nur einen rechten Teilbaum, der
               // statt temp beim Vorgänger eingetragen wird.
               if(temp != Wurzel) {
                  if(temp->Elter->links == temp)
                     temp->Elter->links = temp->rechts;
                  else temp->Elter->rechts = temp->rechts;
               }
               else Wurzel = temp->rechts;
               // neuen Vorgänger eintragen
               if(temp->rechts)
                  temp->rechts->Elter = temp->Elter;
            }
            else {  // Beide Teilbäume sind vorhanden.
               // Das größte Element (d.h. äußerst rechts)
               // des linken Teilbaums finden:
               Knoten *Aktuell = temp;
               temp = temp->links;
               while(temp->rechts)
                  temp = temp->rechts;
```

temp kann als Rechtsaußen nur einen linken oder keinen Teilbaum haben, dessen Verweis beim Vorgänger vor dem Löschen von temp eingetragen wird:

```
               // kein Rechtsabzweig gefunden?
               if(Aktuell->links == temp)
                  temp->Elter->links = temp->links;
               else temp->Elter->rechts = temp->links;
```

```
            if(temp->links)
                temp->links->Elter = temp->Elter;
            // Daten an die Stelle von Aktuell packen:
```

Es wäre möglich, die Daten an die Stelle von Aktuell zu packen (zum Beispiel `Aktuell->Daten = temp->Daten;`) und `temp` danach zu löschen (siehe [CLR90]). Dies würde aber einen Iterator auf Aktuell ungültig werden lassen. Daher mühseliges Einhängen von `temp` an die Stelle von Aktuell, sodass nur der Iterator auf ein gelöschtes Element ungültig wird:

```
            // temp aktualisieren:
            temp->rechts = Aktuell->rechts;
            temp->links = Aktuell->links;
            temp->Elter = Aktuell->Elter;
            // Nachfolger von Aktuell informieren, soweit
            // vohanden und nicht mit temp identisch
            if(Aktuell->links && Aktuell->links != temp)
                Aktuell->links->Elter = temp;
            if(Aktuell->rechts && Aktuell->rechts != temp)
                Aktuell->rechts->Elter = temp;
            // den Vorgänger von Aktuell informieren
            if(Aktuell->Elter)
                if(Aktuell->Elter->rechts == Aktuell)
                    Aktuell->Elter->rechts = temp;
                else Aktuell->Elter->links = temp;
            if(!temp->Elter) Wurzel = temp;  // neue Wurzel?
            temp = Aktuell; // wg. delete unten
        }
        if(linksaussen == It.aktuell) {   // neu ermitteln
            linksaussen = Wurzel;
            while(Wurzel && linksaussen->links)
                linksaussen = linksaussen->links;
        }
        delete temp;
        --Anzahl;
    }
}

void erase(const T& el)   { erase(find(el)); }

// Bereich a bis ausschließlich b löschen
void erase(Iterator a, Iterator b) {
    while(a != b) erase(a++);
}
```

```cpp
    // an der richtigen Stelle einfügen
    Iterator insert(const T& Wert,
            const Vergleich<T>& Comp = Vergleich<T>()) {
        // .. siehe Seite 399
    }

    void printBaum(std::ostream& os) const {
        printBaum(os, Wurzel, 0);
    }
private:
    Knoten *Wurzel, *linksaussen;
    int Anzahl;

    // rekursive Funktionen zur Unterstützung der Methoden
    void printBaum(std::ostream& os, Knoten* K, int ebene)
                    const {
        ++ebene;
        if(K->links) printBaum(os, K->links, ebene);
        os.width(ebene * 6 + 10);
        os << K->Daten << std::endl;
        if(K->rechts) printBaum(os, K->rechts, ebene);
        --ebene;
    }

    Knoten* insert(Knoten* Kn, Knoten*& Teilbaum,
            const Vergleich<T>& Comp) {
        // .. siehe Seite 399 f.
    }

    void BaumKopieren(Knoten* Vorgaenger,
                    Knoten*& Ziel,         // Referenz
                    Knoten* Quelle) {
        if(Quelle) {
            Ziel = new Knoten;
            Ziel->Daten = Quelle->Daten;
            Ziel->Elter = Vorgaenger;
            ++Anzahl;
            // ggf. Teilbäume kopieren
            if(Quelle->links)
                BaumKopieren(Ziel, Ziel->links, Quelle->links);
            if(Quelle->rechts)
                BaumKopieren(Ziel, Ziel->rechts, Quelle->rechts);
        }
    }
```

```cpp
        void TeilbaumLoeschen(Knoten*& K) {
            if(K) {
                // erst Teilbäume löschen
                TeilbaumLoeschen(K->links);
                TeilbaumLoeschen(K->rechts);
                if(K == linksaussen)
                    linksaussen = K->Elter;
                // jetzt Knoten selbst löschen
                Knoten *temp = K;
                K = NULL;           // eintragen beim Vorgänger links/rechts
                delete temp;
                --Anzahl;
            }
        }

        void VerzeigerungAufbauen(
                std::vector<BinBaum<T>::Knoten*>& HV,
                int links, int mitte, int rechts) {
            if(links < rechts) {
                int dl =  (mitte-links+1)/2;
                int dr =  (rechts-mitte+1)/2;
                if(dl && !HV[mitte]->links) {
                    HV[mitte]->links    = HV[mitte-dl];
                    HV[mitte-dl]->Elter = HV[mitte];
                }
                if(dr && !HV[mitte]->rechts) {
                    HV[mitte]->rechts   = HV[mitte+dr];
                    HV[mitte+dr]->Elter = HV[mitte];
                }
                VerzeigerungAufbauen(HV, links,   mitte-dl, mitte-1);
                VerzeigerungAufbauen(HV, mitte+1, mitte+dr, rechts);
            }
        }
};

// ========= Implementierung der Baum-Methoden ===========//
// soweit nicht schon oben geschehen.

template<class T>
BinBaum<T>::BinBaum(const BinBaum<T>& B) {
    Wurzel = NULL;
    Anzahl = 0;
    BaumKopieren(NULL, Wurzel, B.Wurzel);
    linksaussen = Wurzel;                  // neu bestimmen
```

```
            while(Wurzel && linksaussen->links)
                linksaussen = linksaussen->links;
    }

    template<class T>
    BinBaum<T>& BinBaum<T>::operator=(const BinBaum<T>& einBaum) {
        if(this != &einBaum) {
            TeilbaumLoeschen(Wurzel);
            BaumKopieren(NULL, Wurzel, einBaum.Wurzel);
            linksaussen = Wurzel;              // neu bestimmen
            while(Wurzel && linksaussen->links)
                linksaussen = linksaussen->links;
        }
        return *this;
    }
    #endif
```

**11.8**
```
    template<class T>
    Matrix<T>& Matrix<T>::operator*=(const Matrix<T>& b) {
        if(Spalten() != b.Zeilen())
            throw "Falsche Dimension in Matrix*= !";
        Matrix<T> erg(Zeilen(), b.Spalten());
        for(int i = 0; i < Zeilen(); ++i)
            for(int j = 0; j < b.Spalten(); ++j) {
                erg[i][j] = T(0);
                for(int k = 0; k < Spalten(); ++k)
                    erg[i][j] += start[i][k] * b[k][j];
            }
        *this = erg;
        return *this;
    }
```

**11.9** a) Innerhalb des Operators wird der vorhandene Kurzform-Operator für die Multiplikation aufgerufen.

```
    template<class T>
    Matrix<T> operator*(const Matrix<T>& a, const Matrix<T>& b) {
        Matrix<T> erg = a;
        return erg *= b;
    }
```

b)

```
    template<class T>
    Matrix<T> operator*(const Matrix<T>& a, const Matrix<T>& b) {
```

```
        if(a.Spalten() != b.Zeilen())
            throw "Falsche Dimension in Matrix*= !";
        Matrix<T> erg(a.Zeilen(), b.Spalten());

        for(int i = 0; i < a.Zeilen(); ++i)
            for(int j = 0; j < b.Spalten(); ++j) {
                erg[i][j] = T(0);
                for(int k = 0; k < a.Spalten(); ++k)
                    erg[i][j] += a[i][k] * b[k][j];
            }
        return erg;
}
```

Manche mögen wegen des Aufwandes den Aufruf des Kopierkonstruktors bei der Rückgabe von erg bemängeln. Techniken, um diesen Aufwand zu verringern, überschreiten den Rahmen dieses Buchs. Andererseits ist bei genauer Betrachtung der Aufwand gegenüber dem Gesamtaufwand der Multiplikation für sehr große Matrizen tatsächlich vernachlässigbar: Falls wir der Einfachheit halber große quadratische Matrizen mit $n$ Zeilen und $n$ Spalten betrachten, ist der Aufwand für den Kopierkonstruktor $\propto n^2$, der Aufwand zur Multiplikation jedoch $\propto n^3$.

**11.10** Die hier vorgestellte Lösung benutzt keine Schleife, die Frage kann also mit »ja« beantwortet werden. Im Lösungsvorschlag werden die Matrixelemente, die ja vom Typ mathVektor<T> sind, mit v, einem mathVektor<T> initialisiert. v wiederum wird beim Aufruf v.init(Wert); durch Vektor<T>::init (const T&) initialisiert.

```
template<class T>
void Matrix<T>::init(const T& Wert) {
    // Hilfsvektor v definieren und initialisieren

    mathVektor<T> v(Spalten());
    v.init(Wert);

    // Die Matrix ist ein Vektor (von Vektoren), dessen
    // Elemente nun initialisiert werden.
    Vektor<mathVektor<T> >::init(v);
}
```

Eine konzeptionell einfachere und vermutlich verständlichere Lösung wäre eine geschachtelte Schleife über alle Elemente. Ein Laufzeitnachteil ergibt sich nicht, weil die Schleife in der vorgestellten Lösung ebenfalls vorhanden ist, wenn auch versteckt. Überdies erspart sie die Erzeugung des temporären Vektors v.

## Kapitel 12

**12.1**
```cpp
cout << "Die Matrikelnummern mit dynamic_cast: " << endl;
for(size_t i = 0; i < diePersonen.size(); ++i) {
    cout << diePersonen[i]->getVorname() << ": ";
    StudentIn* ps = dynamic_cast<StudentIn*>(diePersonen[i]);
    if(ps) {
        cout << ps->getMatrikelnummer() << endl;
    }
    else {
        cout << " hat keine Matrikelnummer." << endl;
    }
}
```

**12.2**
```cpp
cout << endl << "Die Matrikelnummern mit typeid: " << endl;
for(size_t i = 0; i < diePersonen.size(); ++i) {
    cout << diePersonen[i]->getVorname();
    if(typeid(StudentIn) == typeid(*diePersonen[i])) {
        cout << ": "
            << ((StudentIn*)(diePersonen[i]))->getMatrikelnummer()
            << endl;
    }
    else {
        cout << " (interner Typ: "
            << typeid(*diePersonen[i]).name()
            << ") hat keine Matrikelnummer." << endl;
    }
}
```

## Kapitel 15

**15.1**
```cpp
#ifndef zufall_h
#define zufall_h

class Zufall {
    public:
        Zufall() : r(1) {}
        int operator()(int X) {
            // gibt eine int-Pseudo-Zufallszahl zwischen 0 und X-1 zurück
            // Periode: 2048
            r = (125 * r) % 8192;
            return int(double(r)/8192.0*X);
        }
```

```
      private:
         long int r;
};
#endif
```

Anwendungsbeispiel:

```
Zufall derZufall;
const int ANZAHL = 100000;
const int MAX = 1000;
double mittelwert = 0.0;

for(int i = 0; i < ANZAHL; ++i) {
   int z = derZufall(MAX+1);
   cout << z << endl;
   mittelwert += z;
}
mittelwert /= ANZAHL;
cout << "Mittelwert der " << ANZAHL
     << " Zufallszahlen zwischen 0 und " << MAX
     << ": " << mittelwert << endl;
```

# Kapitel 16

16.1
```
#include<iostream>
#include<stack>
using namespace std;

void bewegen(int n, int a, int b, int c) {
   stack<int> s;
   int t;                    // zum Vertauschen der Werte
   // ersten Aufruf transformieren
   while (n > 0) {
      // aktuelle Daten sichern
      s.push(n); s.push(a); s.push(b); s.push(c);
      // Aufruf mit neuen Daten simulieren
      --n; t = b; b = c; c = t;
   }

   // Haupt-Schleife
   while (!s.empty()) {
      c = s.top(); s.pop();   // Daten wieder herstellen
      b = s.top(); s.pop();
      a = s.top(); s.pop();
```

```
            n = s.top(); s.pop();
            cout << "Bringe eine Scheibe von " << a
                 << " nach " << b << endl;
            --n; t = a; a = c; c = t;

            while (n > 0) {
                // aktuelle Daten sichern
                s.push(n); s.push(a); s.push(b); s.push(c);
                // Aufruf mit neuen Daten simulieren
                --n; t = b; b = c; c = t;
            }
        }
    }
}

int main() {
    cout << "Türme von Hanoi! Anzahl der Scheiben: ";
    int scheiben;
    cin >> scheiben;
    bewegen(scheiben, 1, 2 ,3);
}
```

**16.2**
```
#include<iostream>
#include<utility>
#include<queue>
#include<string>
using namespace std;

int main() {
    priority_queue<pair<int, string> > promis;
    promis.push(make_pair(7, "Jack Nicholson"));
    promis.push(make_pair(10, "Bill Clinton"));
    promis.push(make_pair(7, "Thomas Gottschalk"));
    promis.push(make_pair(8, "Brad Pitt"));
    promis.push(make_pair(8, "Peter Jackson"));
    promis.push(pair<int, string>(10, "Tina Turner"));
    while(!promis.empty()) {
        cout << promis.top().second << ", Priorität "
             << promis.top().first << endl;
        promis.pop();
    }
}
```

**16.3** `priority_queue<pair<int, string>, deque<pair<int, string> >,`
             `greater<pair<int, string> > > promis;`

**16.4**
```
#include<iostream>
#include<utility>
#include<map>
#include<string>
using namespace std;

int main() {
   multimap<int, string, greater<int> > promis;
   // multimap<int, string> promis; // umgekehrte Sortierung
   promis.insert(make_pair(7, "Jack Nicholson"));
   promis.insert(make_pair(10, "Bill Clinton"));
   promis.insert(make_pair(7, "Thomas Gottschalk"));
   promis.insert(make_pair(8, "Brad Pitt"));
   promis.insert(make_pair(8, "Peter Jackson"));
   promis.insert(pair<int, string>(10, "Tina Turner"));
   for(multimap<int, string>::iterator iter = promis.begin();
       iter != promis.end(); ++iter) {
      cout << (*iter).second << ", Priorität "
           << (*iter).first << endl;
   }
}
```

# Kapitel 18

**18.1** count() würde nicht funktionieren, weil es ein pair-Objekt als Parameter verlangt, es aber in der Aufgabe nur um den Rang, also nur einen Teil der Paar-Kombination geht. Mit count_if(), das ein Prädikat verlangt (vgl. Seite 530), ist das Problem zu lösen, weil das Prädikat beliebig gestaltet werden kann. Das Prädikat ist ein Funktionsobjekt und vergleicht nur, ob der Rang der gewünschte ist – der Name wird ignoriert:

- *gleicherrang.h*:

```
#ifndef gleicherrang_h
#define gleicherrang_h
#include<utility>
#include<string>

class GleicherRang {
 public:
   GleicherRang(int r) : rang(r) {
   }
```

```
        bool operator()(const std::pair<int, std::string>& p) {
            return p.first == rang;
        }

    private:
        int rang;
};
#endif
```

Abgesehen von `#include"gleicherrang.h"` wird das Programm der Lösung 16.4 nur noch um folgendes Stück erweitert:

```
int gesucht = 8;
cout << "Es gibt "
    << count_if(promis.begin(), promis.end(),
                GleicherRang(gesucht))
    << " Einträge mit Rang " << gesucht << endl;
```

**18.2** `equal_range()` arbeitet nur auf sortierten Containern und braucht daher die Information, welches von zwei Elementen das größere ist. In diesem speziellen Fall wird dabei nur der Rang verglichen. Aus den selben Gründen wie in der vorhergehenden Lösung benötigt `equal_range()` ein Funktionsobjekt, das den Vergleich erledigt:

- *rangvergleich.h*:

```
#ifndef rangvergleich_h
#define rangvergleich_h
#include<utility>
#include<string>

class Rangvergleich {
public:
    bool operator()(const std::pair<int, std::string>& p1,
                    const std::pair<int, std::string>& p2) {
        return p1.first > p2.first;
    }
};
#endif
```

Abgesehen vom Inkludieren der Header-Datei wird das Programm der Lösung 16.4 nur noch um folgendes Stück erweitert:

```
// nur der Rang interessiert, siehe rangvergleich.h
pair<int, string> gesuchtesPaar(8, "Dummy");
```

```
cout << "Es gibt folgende Einträge mit Rang "
     << gesuchtesPaar.first << ":" << endl;

pair<multimap<int, string, greater<int> >::iterator,
     multimap<int, string, greater<int> >::iterator>
  bereich = equal_range(promis.begin(), promis.end(),
                        gesuchtesPaar, Rangvergleich());

for(multimap<int, string>::iterator iter = bereich.first;
    iter != bereich.second; ++iter) {
  cout << (*iter).second << endl;
}
```

**18.3** • *heap.t*:

```
#ifndef heap_t
#define heap_t
#include<algorithm>
#include<vector>
#include<utility>
using std::vector;

template<class T, class Compare = std::less<T> >
class Heap {
 public:
   Heap(const Compare& cmp = Compare())
       : anz(0), comp(cmp), v(vector<T>(1)) {
     last = v.begin();
   }

   void push(const T& t) {
      if(anz == v.size()) {
         v.resize(anz+100);
         last = v.begin() + anz;  // neu bestimmen
      }
      *last = t;
      push_heap(v.begin(), ++last, comp);
      ++anz;
   }

   void pop() {
      pop_heap(v.begin(), last--, comp);
      --anz;
   }
```

```cpp
      const T& top() const {
         return *v.begin();
      }

      bool empty() const {
         return anz == 0;
      }

      size_t size() const {
         return anz;
      }

      vector<T> toSortedVector() const {
         vector<T> temp(anz);
         for(size_t i = 0; i < anz; ++i) {
            temp[i] = v[i];
         }
         sort_heap(temp.begin(), temp.end(), comp);
         return temp;
      }

   private:
      size_t anz;
      Compare comp;
      vector<T> v;
      typename vector<T>::iterator last;
};
#endif
```

- Anwendungsbeispiel:

```cpp
#include<iostream>
#include"heap.t"
using namespace std;

int main() {
   Heap<pair<int, string> > promis;
   promis.push(make_pair(7, "Jack Nicholson"));
   promis.push(make_pair(10, "Bill Clinton"));
   promis.push(make_pair(7, "Thomas Gottschalk"));
   promis.push(make_pair(8, "Brad Pitt"));
   promis.push(make_pair(8, "Peter Jackson"));
   promis.push(pair<int, string>(10, "Tina Turner"));

   cout << "Sortiert:" << endl;
   vector<pair<int, string> > vs = promis.toSortedVector();
```

```
        for(size_t i=0; i < vs.size(); ++i) {
            cout << vs[i].second << ", Priorität "
                 << vs[i].first  << endl;
        }

        cout << "Leeren:" << endl;
        while(!promis.empty()) {
            cout << promis.top().second << ", Rang "
                 << promis.top().first
                 << " size=" << promis.size()
                 << endl;
            promis.pop();
        }
    }
```

## A.3 Compilerbefehle

Hier finden Sie die wichtigsten Befehle für den GNU C++-Compiler, die auch von vielen anderen Compilern verstanden werden. In der Windows-Welt ist die Endung .exe für ausführbare Dateien vorgesehen, in der Unix-Welt ist der Name frei wählbar, zum Beispiel könnte die Datei einfach *summe* heißen. Wenn der Name nicht vordefiniert wird, heißt die ausführbare Datei a.out.

| | |
|---|---|
| `g++ --help` | die wichtigsten Optionen anzeigen |
| `g++ --version` | Compiler-Version anzeigen |
| `g++ -c summe.cpp` | nur compilieren (*summe.o* wird erzeugt) |
| `g++ -o summe summe.o` | linken |
| `g++ summe.cpp` | compilieren und linken |

Mehrere Dateien:

| | |
|---|---|
| `g++ a1.cpp main.cpp` | compilieren und linken |

oder einzeln:

| | |
|---|---|
| `g++ -c a1.cpp` | compilieren |
| `g++ -c main.cpp` | compilieren |
| `g++ a1.o main.o` | linken, Ergebnis *a.out* |
| `g++ -o main.e a1.o main.o` | linken, Ergebnis *main.e* |

Überall kann die Option `-Wall` dazugenommen werden. W steht für »Warnung«, all für »alle«. Diese Option ist empfehlenswert, weil der Compiler nicht nur Fehler, sondern auch Warnungen ausgibt, die auf syntaktisch richtigen, aber vermutlich falschen Programmcode deuten.

Eigene Include-Verzeichnisse werden mit der Option `-I` voreingestellt. Einzelheiten sind auf Seite 136 zu finden.

Eine für ein spezielles Gebiet vorübersetzte und gepackte Bibliothek (englisch *library*) hat in der Regel einen Namen, der mit *lib* anfängt und mit *.a* aufhört. So kann eine Bibliothek zur Komprimierung von Bilddaten *libjpeg.a* heißen. Solche Bibliotheken werden mit der Option -l eingebunden, wobei *lib* und *.a* weggelassen werden. Beispiel:

```
g++   -o main.e a1.o main.o -ljpeg
```

Die Option -g fügt dem Ergebnis Informationen für den Debugger gdb zu. Der Debugger ist ein mächtiges Werkzeug zum Aufspüren von Fehlern, wenn alles Nachdenken versagt hat. Weitere Informationen zum Compiler oder zum Debugger erhalten Sie auf Ihrem Unix-System durch Eingabe von info g++ oder info gdb bzw. man g++ und man gdb.

## A.4 Make-Dateien

Make-Dateien sind Dateien, die Abläufe von Dienstprogrammen des Betriebssystems steuern. Dabei wird auf Datum und Uhrzeit der beteiligten Dateien geachtet, sodass überflüssige Operationen vermieden werden, zum Beispiel die Compilation einer längst übersetzten Datei, die nicht geändert wurde. Hier kann der Make-Mechanismus nur kurz skizziert werden.

Eine Make-Datei hat einen speziellen syntaktischen Aufbau:

```
# Kommentar
Ziel1: Abhängigkeiten1
[Tab] Aktion1

Ziel2: Abhängigkeiten2
[Tab] Aktion2
```

und so weiter.

Die durch [Tab] angedeuteten Tabulatorzeichen können in manchen Systemen durch Leerzeichen ersetzt werden. Das Ziel kann (muss aber nicht) eine Datei sein, die erzeugt werden soll. Unter Abhängigkeiten werden die Dateien aufgelistet, von denen das Ziel abhängt. Die Abhängigkeit bezieht sich auf Datum und Uhrzeit der Dateien: Nur wenn eine der Dateien in der Liste *neuer* ist als das Ziel, wird die Aktion ausgeführt.

Ferner gibt es die Möglichkeit, zur Abkürzung Makros einzuführen, die anschließend expandiert werden. Abschließend sei eine beispielhafte Make-Datei erläutert. Die Basis ist das GNU-make-Programm, das sich bei dem Compiler auf der CD-ROM befindet.

## A.4.1 Programmerzeugung für ein Projekt

Hier sei angenommen, dass sich alle Dateien zu diesem Projekt (aber keine anderen *.cpp-Dateien!) im aktuellen Verzeichnis befinden. Die folgende Make-Datei ist unter dem Namen *makefile* im Verzeichnis *cppbuch/make* auf der CD-ROM vorhanden. Es wird über die Datei *makeit*, die sich im Pfad befinden muss, aufgerufen. Der Inhalt von *makeit* ist:

```
#! /bin/sh
make --file=~/cppbuch/make/makefile $1

# makefile   (Linux-Version)
# Mit # beginnende Zeilen sind Kommentare
# $(HOME) bedeutet, die Umgebungsvariable HOME zu expandieren,
# d.h. durch ihren Inhalt zu ersetzen, z.B. /home/users/meyer
EXAMPLE_DIR = $(HOME)/cppbuch
# Compiler festlegen
CC=g++
INCLUDE= -I$(EXAMPLE_DIR)/include
CFLAGS=-g -Wall -c
LFLAGS=-g

# Die wildcard-Funktion sammelt alle *.cpp-Dateinamen.
# patsubst ersetzt .cpp durch .o
OBJS=$(patsubst %.cpp,%.o,$(wildcard *.cpp))

# Die wildcard-Funktion sammelt alle *.h-Dateinamen.
HEADERS=$(wildcard *.h)

# a.out wird neu erzeugt, wenn sich in OBJS etwas geändert hat
a.out: $(OBJS)
# Aktion: Linken
 Tab   $(CC) -o a.out $(OBJS) $(LFLAGS)

# Eine .o-Datei wird neu erzeugt, wenn sich etwas in der
# zugehörigen .cpp-Datei oder in irgendeinem(!) der Header
# geändert hat.
# Regel, aus einer .cpp-Datei eine .o-Datei zu erzeugen:
# Aktion: compilieren
# $< = aktuelle .cpp-Datei
# -o $@ = Ausgabe auf Datei mit dem aktuellen Namen
# mit der Endung .o (Target)
$(OBJS): %.o : %.cpp $(HEADERS)
 Tab   $(CC) $(CFLAGS) $(INCLUDE) $< -o $@
# erzeugte Dateien werden mit make clean gelöscht
clean:
 Tab   rm *.o
 Tab   rm a.out
```

Make-Dateien sind keine Eigenschaft der Programmiersprache C++, weswegen hier nicht ausführlich darauf eingegangen wird, sondern eine Eigenschaft eines C- oder C++-Entwicklungssystems. Entsprechend sind Make-Dateien nicht standardisiert, sondern nur ähnlich. Details finden Sie im Handbuch Ihres C++-Systems, in der Online-Dokumentation Ihres Systems, wenn es Linux ist (*man make* oder *info make* eingeben), oder in [He94].

## A.5 Die wichtigsten C++-Schlüsselwörter

Die Bezeichner in Tabelle A.1 sind reserviert für den Gebrauch als Schlüsselwort und sollen nicht anderweitig benutzt werden.

| | | | | |
|---|---|---|---|---|
| and        | continue     | if        | register        | typedef  |
| and_eq     | default      | inline    | reinterpret_cast| typeid   |
| asm        | delete       | int       | return          | typename |
| auto       | do           | long      | short           | union    |
| bitand     | double       | mutable   | signed          | unsigned |
| bitor      | dynamic_cast | namespace | sizeof          | using    |
| bool       | else         | new       | static          | virtual  |
| break      | enum         | not       | static_cast     | void     |
| case       | explicit     | not_eq    | struct          | volatile |
| catch      | extern       | operator  | switch          | wchar_t  |
| char       | false        | or        | template        | while    |
| class      | float        | or_eq     | this            | xor      |
| compl      | for          | private   | throw           | xor_eq   |
| const      | friend       | protected | true            |          |
| const_cast | goto         | public    | try             |          |

Tabelle A.1: C++ -Schlüsselwörter

## A.6 ASCII-Tabelle

ASCII ist die Abkürzung für *American Standard Code for Information Interchange*. Es gibt auch einen ISO-Code (ISO = *International Standards Organization*), der teilweise nationale Symbole erlaubt. ASCII ist jedoch weiter verbreitet. Er ist ein 7-Bit-Code und besteht aus 128 Zeichen, die in nichtdruckbare und druckbare Zeichen unterteilt werden. Die ersteren werden Steuerzeichen (englisch *control characters*) genannt. Die Zeichen sind in den folgenden Tabellen A.2 und A.3 dargestellt.

Der Piepton »bell« der ersten Tabelle könnte natürlich als \x07 anstatt als \a geschrieben werden, dasselbe gilt entsprechend für \0, \t, \v und \r. Anstelle der Hex-Darstellung \x.. ist auch die oktale Darstellung möglich (siehe Seite 40). Die Zeichen mit den Nummern 34, 39 und 92 haben eine besondere Bedeutung in C++, weswegen sie in einem Programm durch einen vorangestellten Backslash (\) gekennzeichnet werden müssen, wenn nur das Zeichen selbst gemeint ist.

| Nr. | hex | Abkürzung | Name | C++ |
|---|---|---|---|---|
| 0 | 0x00 | NUL | null | \0 |
| 1 | 0x01 | SOH | start of heading | \x01 |
| 2 | 0x02 | STX | start of text | \x02 |
| 3 | 0x03 | ETX | end of text | \x03 |
| 4 | 0x04 | EOT | end of transmission | \x04 |
| 5 | 0x05 | ENQ | enquiry | \x05 |
| 6 | 0x06 | ACK | acknowledge | \x06 |
| 7 | 0x07 | BEL | bell | \a |
| 8 | 0x08 | BS | backspace | \b |
| 9 | 0x09 | HT | horizontal tab | \t |
| 10 | 0x0A | LF | line feed | \n |
| 11 | 0x0B | VT | vertical tab | \v |
| 12 | 0x0C | FF | form feed | \f |
| 13 | 0x0D | CR | carriage return | \r |
| 14 | 0x0E | SO | shift out | \x0E |
| 15 | 0x0F | SI | shift in | \x0F |
| 16 | 0x10 | DLE | data link escape | \x10 |
| 17 | 0x11 | DC1 | device control 1 | \x11 |
| 18 | 0x12 | DC2 | device control 2 | \x12 |
| 19 | 0x13 | DC3 | device control 3 | \x13 |
| 20 | 0x14 | DC4 | device control 4 | \x14 |
| 21 | 0x15 | NAK | negative acknowledge | \x15 |
| 22 | 0x16 | SYN | synchronous idle | \x16 |
| 23 | 0x17 | ETB | end of transmission block | \x17 |
| 24 | 0x18 | CAN | cancel | \x18 |
| 25 | 0x19 | EM | end of medium | \x19 |
| 26 | 0x1A | SUB | substitute | \x1A |
| 27 | 0x1B | ESC | escape | \x1B |
| 28 | 0x1C | FS | file separator | \x1C |
| 29 | 0x1D | GS | group separator | \x1D |
| 30 | 0x1E | RS | record separator | \x1E |
| 31 | 0x1F | US | unit separator | \x1F |
| 127 | 0x7F | DEL | delete | \x7F |

Tabelle A.2: ASCII-Steuerzeichen

| Nr. | hex | Z. | C++ | Nr. | hex | Z. | C++ | Nr. | hex | Z. | C++ |
|---|---|---|---|---|---|---|---|---|---|---|---|
| 32 | 0x20 |   |   | 64 | 0x40 | @ | @ | 96 | 0x60 | ` | ` |
| 33 | 0x21 | ! | ! | 65 | 0x41 | A | A | 97 | 0x61 | a | a |
| 34 | 0x22 | " | \" | 66 | 0x42 | B | B | 98 | 0x62 | b | b |
| 35 | 0x23 | # | # | 67 | 0x43 | C | C | 99 | 0x63 | c | c |
| 36 | 0x24 | $ | $ | 68 | 0x44 | D | D | 100 | 0x64 | d | d |
| 37 | 0x25 | % | % | 69 | 0x45 | E | E | 101 | 0x65 | e | e |
| 38 | 0x26 | & | & | 70 | 0x46 | F | F | 102 | 0x66 | f | f |
| 39 | 0x27 | ' | \' | 71 | 0x47 | G | G | 103 | 0x67 | g | g |
| 40 | 0x28 | ( | ( | 72 | 0x48 | H | H | 104 | 0x68 | h | h |
| 41 | 0x29 | ) | ) | 73 | 0x49 | I | I | 105 | 0x69 | i | i |
| 42 | 0x2A | * | * | 74 | 0x4A | J | J | 106 | 0x6A | j | j |
| 43 | 0x2B | + | + | 75 | 0x4B | K | K | 107 | 0x6B | k | k |
| 44 | 0x2C | , | , | 76 | 0x4C | L | L | 108 | 0x6C | l | l |
| 45 | 0x2D | - | - | 77 | 0x4D | M | M | 109 | 0x6D | m | m |
| 46 | 0x2E | . | . | 78 | 0x4E | N | N | 110 | 0x6E | n | n |
| 47 | 0x2F | / | / | 79 | 0x4F | O | O | 111 | 0x6F | o | o |
| 48 | 0x30 | 0 | 0 | 80 | 0x50 | P | P | 112 | 0x70 | p | p |
| 49 | 0x31 | 1 | 1 | 81 | 0x51 | Q | Q | 113 | 0x71 | q | q |
| 50 | 0x32 | 2 | 2 | 82 | 0x52 | R | R | 114 | 0x72 | r | r |
| 51 | 0x33 | 3 | 3 | 83 | 0x53 | S | S | 115 | 0x73 | s | s |
| 52 | 0x34 | 4 | 4 | 84 | 0x54 | T | T | 116 | 0x74 | t | t |
| 53 | 0x35 | 5 | 5 | 85 | 0x55 | U | U | 117 | 0x75 | u | u |
| 54 | 0x36 | 6 | 6 | 86 | 0x56 | V | V | 118 | 0x76 | v | v |
| 55 | 0x37 | 7 | 7 | 87 | 0x57 | W | W | 119 | 0x77 | w | w |
| 56 | 0x38 | 8 | 8 | 88 | 0x58 | X | X | 120 | 0x78 | x | x |
| 57 | 0x39 | 9 | 9 | 89 | 0x59 | Y | Y | 121 | 0x79 | y | y |
| 58 | 0x3A | : | : | 90 | 0x5A | Z | Z | 122 | 0x7A | z | z |
| 59 | 0x3B | ; | ; | 91 | 0x5B | [ | [ | 123 | 0x7B | { | { |
| 60 | 0x3C | < | < | 92 | 0x5C | \ | \\ | 124 | 0x7C | \| | \| |
| 61 | 0x3D | = | = | 93 | 0x5D | ] | ] | 125 | 0x7D | } | } |
| 62 | 0x3E | > | > | 94 | 0x5E | ^ | ^ | 126 | 0x7E | ~ | ~ |
| 63 | 0x3F | ? | ? | 95 | 0x5F | _ | _ |   |   |   |   |

Tabelle A.3: Druckbare ASCII-Zeichen (Spalte Z. = Zeichen)

# A.7 Rangfolge der Operatoren

Die Rangfolge der Operatoren ist im C++-Standard [ISO98] nicht direkt spezifiziert. Sie kann aber durch die Syntax der Programmiersprache abgeleitet werden, etwa wie es hier im Buch auf Seite 122 gemacht wird, wo durch die Syntax die Regel »Punktrechnung vor Strichrechnung« gewährleistet wird. In der Tabelle A.4 bedeuten kleine Zahlen große Prioritäten.

| Rang | Operatoren |
|---|---|
| 0 | `::` |
| 1 | `.`     `->`     `[ ]`     `f()` (Funktionsaufruf)<br>`Typ()` (Typumwandlung im funktionalen Stil)<br>`++`  `--`  (postfix)   `typeid()` `dynamic_cast<>()`<br>`static_cast<>()` `reinterpret_cast<>()` `const_cast<>()` |
| 2 | `sizeof`   `++`  `--`  (präfix)   `~`      `!`<br>`+ -` (unär)   `&` (Adressoperator)   `*` (Dereferenzierung)<br>`new`     `new[ ]`    `delete`   `delete[ ]`<br>`(Typ) Ausdruck`   (C-Stil-Typumwandlung) |
| 3 | `.*`     `->*` |
| 4 | `*`     `/`     `%` |
| 5 | `+`     `-` (binär) |
| 6 | `<<`    `>>` |
| 7 | `<`     `>`     `<=`    `>=` |
| 8 | `==`    `!=` |
| 9 | `&`     (bitweises UND) |
| 10 | `^`     (bitweises exklusiv-ODER) |
| 11 | `|`     (bitweises ODER) |
| 12 | `&&`    (logisches UND) |
| 13 | `||`    (logisches ODER) |
| 14 | alle Zuweisungsoperatoren `=`, `+=`, `<<=` usw. |
| 15 | `?:`    (Bedingungsoperator) |
| 16 | `throw` |
| 17 | `,` |

Tabelle A.4: Präzedenz von Operatoren

Auf gleicher Prioritätsstufe wird ein Ausdruck von links nach rechts abgearbeitet, mit Ausnahme der Ränge 2, 14 und 15, die von rechts abgearbeitet werden. Wegen der leichten Konvertierbarkeit zwischen `char`, `int` und `bool` werden mögliche Fehler nicht durch den Compiler entdeckt. Beispiele für mögliche Missverständnisse (teilweise aus [vdL94]):

## Operatorenrangfolge: Mögliche Missverständnisse

| Ausdruck oder Anweisung | vermutlich erwartetes Ergebnis | tatsächliches Ergebnis |
|---|---|---|
| `i = 1,2;` | i wird 2 | i wird 1, die 2 wird verworfen |
| `a[2,3];` | `a[2][3]` | `a[3]` |
| `x = msb<<4 + lsb` | `x = (msb<<4) + lsb` | `x = msb << (4+lsb)` |
| `c = getchar() != EOF` | `(c = getchar()) != EOF` | `c= (getchar() != EOF)` |
| `val&mask != 0` | `(val&mask) != 0` | `val & (mask != 0)` |
| `a < b < c` | `a < b && b < c` | `(a < b) < c` (Vergleich bool mit int!) |
| `cout << a<<2` | `cout << (a<<2)` | `(cout << a) << 2` |
| `int *fp()` | `int (*fp)()` Deklaration eines Funktionszeigers | Deklaration einer Funktion, die einen Zeiger auf int zurückgibt |

# Literaturverzeichnis

[Aho95] Alfred V. Aho, Ravi Sethi, Jeffrey D. Ullmann: *Compilerbau, Band 1.* Addison-Wesley 1995

[Bal96] Helmut Balzert: *Lehrbuch der Softwaretechnik.* Spektrum Akademischer Verlag 1996

[Boo94] Grady Booch: *Objektorientierte Analyse und Design. Mit praktischen Anwendungsbeispielen.* Addison-Wesley 1994

[Bor02] Olaf Borkner-Delcarlo: *GUI-Programmierung mit Qt.* Hanser 2002

[Bre99] Ulrich Breymann: *Komponenten entwerfen mit der C++ STL.* Addison Wesley Longman 1999. Als PDF-Datei auf der Begleit-CD-ROM zu diesem Buch vorhanden.

[Bre01] Ulrich Breymann: Assignment and Polymorphism. *Journal of Object-Oriented Programming* $\underline{13}$ (11), März 2001, Seiten 20 - 24

[BrH95] Ulrich Breymann, Nigel Hughes: Composite Templates and Inheritance. *C++ Report* $\underline{7}$, No.7, September 1995, Seiten 32 - 40, 76

[CLR90] Thomas H. Cormen, Charles E. Leiserson, Ronald L. Rivest: *Introduction to Algorithms.* MIT Press 1994

[Coa95] Peter Coad et al.: *Object Models – Strategies, Patterns, & Applications.* Yourdon Press 1995

[Cop92] James Coplien: *Advanced C++ – Programming Styles And Idioms.* AT&T 1992

[CE00] Krzysztof Czarnecki, Ulrich Eisenecker: *Generative Programming.* Addison-Wesley 2000

[Ell90] Margaret A. Ellis, Bjarne Stroustrup: *The Annotated C++ Reference Manual.* Addison-Wesley 1990

[Gol90] Les Goldschlager: *Informatik – Eine moderne Einführung.* Hanser 1990

[He02] Helmut Herold: *Das Qt-Buch – GUI-Programmierung unter Linux/UNIX/Windows.* SuSE Press 2002

[He94] Helmut Herold: *make und nmake.* Addison-Wesley 1994

[He96]　　Helmut Herold: *UNIX-Systemprogrammierung*. Addison-Wesley 1996

[Hof85]　　Douglas R. Hofstadter: *Gödel, Escher, Bach – ein endloses geflochtenes Band*, Seite 533. Klett-Kotta 1985

[ISO90]　　ISO/IEC 9899:1990: *C Standard*

[ISO98]　　ISO/IEC 14882-1998, *International Standard -Programming Language -C++*, Elektronisch über www.ansi.org erhältlich.

[KL00]　　Klaus Kreft, Angelika Langer: *Standard C++ IOStreams and Locales*. Addison Wesley Longman 2000

[Lis88]　　Barbara Liskov: *Data Abstraction and Hierarchy*, Addendum to Proc. of the ACM Conference on Object-Orientated Programming Systems, Languages, and Applications (OOPSLA '87). SIGPLAN Notices 23, 5 (May 1988)

[Mar86]　　Rudolf Marty: *Methodik der Programmierung in Pascal*, 3. Auflage, S. 183–186. Springer 1986

[Mey98]　　Bertrand Meyer: *Object-Oriented Software Construction*. Prentice-Hall 1998

[Oe04]　　Bernd Oestereich: *Objektorientierte Softwareentwicklung*. Oldenbourg 2004

[Rho00]　　Glenn C. Rhoads, zitert nach M. Kolar, http://hanoitower.mkolar.org/shortestTHalgo.html

[Rum93]　　J. Rumbaugh, M. Blaha, W. Premerlani, F. Eddy, W. Lorensen: *Objektorientiertes Modellieren und Entwerfen*. Hanser–Prentice Hall 1993

[ScM97]　　Scott Meyers: *Effektiv C++ programmieren*. Addison-Wesley 1997

[ScM97a]　　Scott Meyers: *Mehr Effectiv C++ programmieren*. Addison-Wesley 1997

[Ste98]　　Richard Stevens: *Unix Network Programming Vol.1*. Prentice Hall 1998

[Str00]　　Bjarne Stroustrup: *The C++-Programming Language*, Addison-Wesley 2000 (auch in deutscher Übersetzung erhältlich)

[Str94]　　Bjarne Stroustrup: *The Design and Evolution of C++*. Addison-Wesley 1994

[vdL94]　　Peter van der Linden: *Expert C Programming*. SunSoft Press/ Prentice Hall 1994

[Ve95]　　Todd Veldhuizen: *Using C++ template metaprograms*. C++ Report $\underline{7}$, No. 4, May 1995, Seiten 36–43. Siehe auch »Blitz«-Projekt im Internet: http://oonumerics.org/blitz/

# OOP-Glossar

Dieses Glossar enthält Kurzdefinitionen der wichtigsten Begriffe der objektorientierten Programmierung. Das Glossar ist zum Nachschlagen und zur Wiederauffrischung der Begriffe gedacht, nicht zur Einführung. Entsprechende Textstellen können über das Stichwortverzeichnis gefunden werden.

**Abstrakter Datentyp**
Ein Abstrakter Datentyp fasst *Daten* und *die Funktionen*, mit denen die Daten bearbeitet werden dürfen, zusammen. Der Sinn liegt darin, den richtigen Gebrauch der Daten sicherzustellen. Mit »Funktion« ist hier *nicht* die konkrete Implementierung gemeint, das heißt, *wie* die Funktion im Einzelnen auf die Daten wirkt. Zur Benutzung eines Abstrakten Datentyps reicht die Spezifikation der Zugriffsoperation aus. Ferner sind logisch zusammengehörige Dinge an einem Ort konzentriert. Ein Abstrakter Datentyp ist ein →Typ zusammen mit →Datenkapselung. Eine →Klasse in C++ ist ein Abstrakter Datentyp.

**Abstrakte Klasse**
Eine abstrakte Klasse ist eine →Klasse, von der es keine →Instanzen gibt. Abstrakte Klassen definieren →Schnittstellen, die durch abgeleitete Klassen implementiert werden müssen.

**Aggregation**
Die Aggregation ist ein Spezialfall der →Assoziation, der Enthaltensein (Teil-Ganzes-Beziehung) beschreibt. Wenn im Ganzen nur Verweise auf die Teile existieren, sind diese nicht existentiell abhängig vom Ganzen. Andernfalls spricht man auch von Komposition.

**Attribut**
Attribute beschreiben die Eigenschaften eines Objekts. Der aktuelle Zustand eines Objekts wird durch die Werte der Attribute beschrieben. Zum Beispiel kann *Farbe* ein Attribut sein; ein möglicher Attributwert wäre *rot*.

**Ausnahme**
Eine Ausnahme (englisch *exception*) ist die Verletzung der →Vorbedingung einer Operation (→Methode) einer Klasse. C++ bietet die Möglichkeit, Ausnahmen zu erkennen und zu behandeln (exception handling).

**Assoziation**
Die Assoziation ist eine gerichtete Beziehung zwischen Klassen. Sie kann in eine Richtung verweisen (A kennt B, aber nicht umgekehrt) oder bi-direktional sein (A kennt B und B kennt A).

**Behälterklasse**
Datenstruktur zur Speicherung von Objekten. Beispiele: Array, Liste, Vektor

**Bindung** →dynamische Bindung, →statische Bindung

**Botschaft**
In der rein objektorientierten Programmierung wird davon ausgegangen, dass ein laufendes Programm(-system) aus einer Menge von Objekten besteht, die miteinander über Botschaften (englisch *messages*) kommunizieren. Ein genauerer Begriff als Botschaft ist *Aufforderung*, weil das empfangende Objekt etwas tun soll. Ein Objekt, das eine Aufforderung erhält, führt eine dazu passende Operation (→Methode) aus, die in der →Klasse beschrieben ist.

**Client**
Im informationstechnischen Sprachgebrauch heißen Dinge (Objekte, Rechner, ...), die eine Dienstleistung erbringen, *Server*. Die Dienstleistung wird erbracht für einen *Client* (deutsch: Klient, Kunde), der selbst ein Rechner oder Objekt sein kann.

**Container** →Behälterklasse

**Daten**
Der Zustand eines Objekts wird durch seine Daten beschrieben. Die Daten sind die Werte der →Attribute eines Objekts.

**Datenkapselung**
Datenkapselung ist das »Verstecken« der Daten eines Objekts vor direkten Zugriffen. Zugriffe sind nur über die öffentliche →Schnittstelle der Datenkapsel (→Abstrakter Datentyp) möglich. Datenbezogene Fehler sind damit leicht lokalisierbar. In C++ wird Datenkapselung mit der Zugriffsspezifikation `private` realisiert.

**Definition**
Eine *Definition* liegt vor, wenn *mehr als nur der Name eingeführt wird*, zum Beispiel wenn Speicherplatz angelegt werden muss für Daten oder Code oder die innere Struktur eines Datentyps beschrieben wird, aus der sich der benötigte Speicherplatz ergibt. Weil *auch* ein Name eingeführt wird, ist eine Definition immer auch eine Deklaration. Die Umkehrung gilt nicht.

## Deklaration
Eine *Deklaration* teilt dem Compiler mit, dass eine Funktion (oder eine Variable) mit diesem Aussehen irgendwo definiert ist. Damit kennt er den Namen bereits, wenn er auf einen Aufruf der Funktion stößt und ist in der Lage, eine Syntaxprüfung vorzunehmen. Eine Deklaration führt einen Namen in ein Programm ein und gibt dem Namen eine Bedeutung. Eine Deklaration kann gleichzeitig eine →Definition sein.

## Delegation
Ein Objekt wird durch den Aufruf einer Methode aufgefordert, eine Dienstleistung zu erbringen. Diese Aufforderung kann an ein weiteres Objekt zur Bearbeitung weitergeleitet (= delegiert) werden.

## dynamische Bindung
Wenn sich erst während des Programmlaufs ergibt, welche Methode für ein Objekt aufgerufen werden soll, kann das Binden noch nicht zur Compiler- oder zur Link-Zeit erfolgen, sondern eben erst später (englisch *late binding*). In C++ wird i.a. während der Übersetzung sichergestellt, dass nur zulässige Aufrufe einer Methode möglich sind (Ausnahme: siehe Beispiele zum `dynamic_cast`). In anderen Sprachen, zum Beispiel *Smalltalk*, wird die Überprüfung ausschließlich erst zur Laufzeit vorgenommen, wodurch eine größere Flexibilität ermöglicht wird, allerdings auf Kosten einiger Aspekte der Programmsicherheit.

## frühe Bindung →*statisches Binden*

## Identität
Ein Objekt besitzt eine *Identität*, die es unterscheidbar macht von einem beliebigen anderen Objekt, selbst wenn beide gleiche Daten enthalten. Die Identität zu einem bestimmten Zeitpunkt wird durch eine eindeutige Position im Speicher gewährleistet; zwei Objekte können niemals dieselbe Adresse haben, es sei denn, ein Objekt ist im anderen enthalten. C++ hat keine Sprachmittel für die Identität. Die Adresse als Identitätsmerkmal gilt nur für ein →vollständiges Objekt, und dann auch bei Mehrfachvererbung. Falls dies für eine Anwendung nicht ausreichend ist, muss die Identität durch ein eigens für diesen Zweck vorgesehenes Element des Objekts definiert werden, zum Beispiel durch eine Seriennummer.

## Initialisierung
Wenn ein Objekt *während der Erzeugung* mit Anfangsdaten versehen wird, heißt der Vorgang *Initialisierung*. Die Initialisierung ist die Aufgabe eines Konstruktors. Sie ist von der →Zuweisung zu unterscheiden.

## Instanz
Eine Instanz einer Klasse ist eine andere Bezeichnung für ein →Objekt. Die Erzeugung eines Objekts wird auch Instanziierung genannt.

## Interface →*Schnittstelle*

**Kapselung** →*Datenkapselung*

**Klasse**
Eine Klasse definiert die Merkmale (Daten) und das Verhalten (Operationen, Methoden) einer Menge von Objekten. Eine Klasse ist ein Datentyp, genauer: ein →Abstrakter Datentyp. In C++ gilt die Umkehrung (ein Datentyp ist eine Klasse) *nicht*, weil die Grunddatentypen (zum Beispiel int) und darauf aufbauende zusammengesetzte Typen (zum Beispiel C-Array) nicht als Klasse implementiert sind. Eine Klasse definiert die Struktur aller nach ihrem Muster erzeugten Objekte, entweder direkt oder indirekt durch →Vererbung.

**Klassifikation**
Klassifikation ist ein Verfahren, um Gemeinsamkeiten von Dingen herauszufinden und auszudrücken. Von Unterschieden wird abstrahiert. In C++ wird ein Satz gleicher Merkmale und Verhaltensweisen durch die →Klasse beschrieben.

**Mehrfachverbung**
Eine Klasse kann in C++ von mehr als einer Klasse erben (→Vererbung)

**Methode**
Methode ist eine andere Bezeichnung für eine Operation, die auf den Daten eines →Objekts ausgeführt werden kann. In C++ heißen Methoden auch Elementfunktionen (englisch *member functions*), um auszudrücken, dass eine Methode ein Element einer Klasse ist. Sie unterscheidet sich von einer normalen Funktion auch dadurch, dass sie Zugriff auf die internen Daten des →Objekts hat.

**Nachbedingung**
Die Nachbedingung ist die Spezifikation einer →Methode, eines Programmschritts oder einer Funktion. Sie beschreibt ausgehend vom Zustand des Programms *vor* Ausführung (→Vorbedingung), welchen Zustand ein Programm *nach* der Ausführung hat.

**Nachricht** →*Botschaft*

**Oberklasse**
Es kann verschiedene Klassen geben, die gemeinsame Anteile enthalten. Diese Anteile können »herausgezogen« werden und bilden eine Oberklasse. Die Klassen werden dann als Spezialisierung der Oberklasse aufgefasst, weil sie nur noch die Unterschiede beschreiben. Zum Beispiel haben eine Tanne und eine Eiche die gemeinsame Eigenschaft, ein Baum zu sein mit all seinen Merkmalen. In einer Beschreibung (Klasse) für eine Tanne genügt es, auf die Oberklasse »Baum« zu verweisen (→Vererbung) und nur die Besonderheit »Nadeln« anzugeben. Eine Oberklasse ist eine durch →Klassifikation gewonnene Abstraktion in der Form einer

»ist-ein«-Beziehung. Ein Tanne »ist-ein« Baum – eine Eiche auch. Eine Oberklasse kann selbst wieder von einer weiteren Oberklasse erben. Manchmal wird eine Oberklasse oder die oberste Oberklasse »Basisklasse« ((englisch *base class*)) genannt.

**Objekt**
Ein Objekt ist die konkrete Ausprägung des durch eine →Klasse definierten Datentyps. Es hat einen inneren Zustand, der durch Attribute in Form von anderen Objekten oder Elementen der in der Programmiersprache vorgegebenen Datentypen dargestellt wird. Der Zustand kann sich durch Aktivitäten des Objekts ändern, also durch Ausführen von Operationen auf Objektdaten. Jedes Objekt hat eine Identität, sodass auch gleiche Objekte unterscheidbar sind. Im Ablauf eines Programms werden Objekte erzeugt (und wieder gelöscht), die aufgrund des Empfangs einer →Botschaft hin aktiv werden. Die Menge aller möglichen Botschaften für ein Objekt heißt →Schnittstelle.

**Operation** →Methode, →Botschaft

**Polymorphismus**
Die Fähigkeit von Programmelementen, sich *zur Laufzeit* auf →Objekte verschiedener →Klassen beziehen zu können, heißt Polymorphismus ([Mey98]). Anders formuliert: Erst zur Laufzeit eines Programms wird die zu dem jeweiligen Objekt passende Realisierung einer Operation ermittelt. In C++ müssen diese Klassen in einer Vererbungsbeziehung stehen (→Vererbung). Mit Polymorphismus eng verknüpft ist der Begriff →dynamische Bindung.

**Schnittstelle**
Als (öffentliche) Schnittstelle (englisch *(public) interface*) bezeichnet man die Menge von Aufforderungen, auf die ein →Objekt reagieren kann. In C++ werden Schnittstellen durch die →Deklarationen der `public`- →Methoden beschrieben.

**Server** →Client

**Signatur**
Die Signatur besteht aus der Kombination des Funktionsnamens mit der Reihenfolge und den Typen der Parameterliste. Anhand der Signatur kann der Compiler überladene Funktionen erkennen. Manche betrachten auch den Rückgabetyp als Teil der Signatur.

**spätes Binden** →*dynamische Bindung*

**statische Bindung**
Ein Funktionsaufruf muss an eine Folge von auszuführenden Anweisungen gebunden werden. Der Aufruf einer Funktion (oder Methode, Operation) heißt statisch gebunden, wenn bereits der Compiler oder der Binder (Linker) die Funktion einbindet, also *vor dem Programmstart*. Die Typverträglichkeit und Zulässigkeit von Funktionsaufrufen kann damit sehr früh geprüft werden. Siehe auch →dynamische Bindung.

**Subtyp**
Ein Subtyp ist ein abgeleiteter →Typ, wobei ein Objekt eines Subtyps jederzeit an die Stelle eines Objekts der →Oberklasse treten kann. Ein abgeleiteter Typ, der nicht vollständig das Verhalten der Oberklasse zeigt, ist kein echter Subtyp.

**Typ**
Ein Typ ist die Menge aller Objekte in einem System, die auf dieselbe Art auf eine Menge von →Botschaften reagieren. Diese Objekte haben dieselbe öffentliche →Schnittstelle. In C++ wird ein Typ durch eine →Klasse beschrieben.

**UML**
Die Unified Modeling Language (UML) ist eine weit verbreitete grafische Beschreibungssprache für Klassen, Objekte und noch mehr. Sie wird vornehmlich in der Phase des Softwareentwurfs eingesetzt. Grundlagen und Anwendung sind zum Beispiel in [Oe04] beschrieben.

**Unterklasse**
Eine Klasse, zu der eine →Oberklasse existiert, heißt Unterklasse bezüglich dieser Oberklasse. Wenn ein Objekt der Unterklasse stets an die Stelle eines Oberklassenobjekts treten kann, ist die Unterklasse ein →Subtyp der Oberklasse. Eine Unterklasse heißt auch »abgeleitete Klasse« ((englisch *derived class*)).

**Vererbung**
Vererbung wird definiert durch eine Beziehung zu einer →Oberklasse, um deren Merkmale und Verhaltensweisen zu übernehmen. Eine Klasse »erbt« von Oberklassen, indem die direkten Oberklassen in der Klassendefinition angegeben werden. Gleichzeitig wird damit von allen Oberklassen der Oberklasse geerbt, sofern sie existieren. Der Aufruf einer Operation für ein Objekt lässt nicht erkennen, ob sie der Klasse des Objekts oder einer Oberklasse zuzuordnen ist, also geerbt wurde. Der Vorteil liegt darin, dass eine für mehrere Klassen benötigte Funktion nur einmal in der gemeinsamen Oberklasse definiert sein muss. Notwendige Änderungen sind dann nur noch an einer statt an vielen Stellen vorzunehmen, was die Fehlerwahrscheinlichkeit reduziert.

**Vertrag**
Eine →Methode gewährleistet die Einhaltung ihrer Spezifikation, wenn der Aufrufer die →Vorbedingung einhält (zum Beispiel Aufruf der Methode mit korrekten Parametern). Die Methode erfüllt damit einen Vertrag.

**vollständiges Objekt**
Unter einem »vollständigen Objekt« wird ein Objekt verstanden, das nicht als Subobjekt dient, also nicht in einem anderen Objekt durch Vererbung enthalten ist.

**Vorbedingung**
Die Vorbedingung beschreibt den Zustand eines Programms, der notwendig ist, um den nächsten Programmschritt korrekt durchführen zu können. Der Programmschritt kann der Aufruf einer →Methode sein.

**Zustand**
Der Zustand eines Objekts ist definiert durch die Menge der Werte der →Attribute dieses Objekts.

**Zuweisung**
Eine Zuweisung weist ein Objekt dem anderen zu und ändert damit dessen Wert. Im Unterschied zur →Initialisierung muss das zu ändernde Objekt vor der Zuweisung bereits existieren.

**Zusicherung**
Eine Zusicherung (englisch *assertion*) ist eine logische Bedingung, die erfüllt sein muss. Zusicherungen dienen der Verifikation von Programmen, das heißt dem Nachweis, dass ein Programm seiner Spezifikation entspricht. →Vorbedingungen und →Nachbedingungen sind Beispiele für Zusicherungen.

# Stichwortverzeichnis

' 49
* 41, 46, 197
** 215
*= 41, 46, 329
+ 41, 46
++ 41, 335
+= 41, 46
, 80, 225
- 41, 46
-= 41, 46
->* 239
-- 41, 338
.* 239
... 356
/ 41, 46
/* ... */ 29
// 29
/= 41, 46
:: 58, 159, 283
::* 239
|| 53
|= 41
! 41, 53
!= 46, 52, 53, 490
; 32, 65
< 41, 46, 52, 490
<= 41, 46, 52, 490
<< 41, 98, 233, 318, 448
<<= 41
= 41, 46, 52, 53, 65
== 41, 46, 52, 53, 65, 490
> 41, 46, 52, 490
>= 41, 46, 52, 490
>> 41, 95, 233, 455, 471
>>= 41
?: 66
[ ] 202, 204, 323, 324
[ ] [ ]
    Matrixklasse 407
    Zeigerdarstellung 228
% 41, 46
%= 41, 46
& 41, 54
&= 41
&& 53
^ 41
" 32, 206, 207
{ } 29, 56
# 140
~ 41
\\ 50
\ 30, 50, 138
\0 206, 209–212
\" 50
\a 50
\b 50
\f 50, 95
\n 50, 62, 95
\r 50
\t 50, 95
\v 50, 95
\x 50

## A
abgeleitete Klasse 269, 279, 282
    und virtueller Destruktor 297
abort() 361, 632
abs() 46, 55, 588, 600, 630, 631
Abstrakter Datentyp 153, 715
abstrakte Klasse 289, 715
    Vererbung 290
Abstraktion 269
accumulate() 590
acos() 600, 630
Adapter, Iterator- 522
Additionsoperator 315

adjacent_difference() 593
adjacent_find() 529
adjustfield 452
Adresse 197
   symbolische 33
Adressierung
   indirekte 608
Adressoperator 198
advance() 522
Aggregation 301, 715
Aktualparameter 106
<algorithm> 527
Algorithmus 25
   accumulate() 590
   adjacent_difference() 593
   adjacent_find() 529
   binary_search() 547
   copy() 533
   copy_backward() 533
   count() 530
   count_if() 530
   equal() 531
   equal_range() 548
   fill() 537
   fill_n() 537
   find() 527
   find_end() 528
   find_first_of() 529
   for_each() 527
   generate() 537
   generate_n() 537
   includes() 553
   inner_product() 591
   inplace_merge() 552
   iter_swap() 534
   lexicographical_compare()
      563
   lower_bound() 547
   make_heap() 561
   max() 562
   max_element() 563
   merge() 550
   mergesort() 551

min() 562
min_element() 563
mismatch() 530
next_permutation() 564
nth_element() 546
partial_sort() 545
partial_sort_copy() 545
partial_sum() 592
partition() 542
pop_heap() 560
prev_permutation() 564
push_heap() 561
random_shuffle() 541
remove() 538
remove_copy() 538
remove_copy_if() 538
remove_if() 538
replace() 536
replace_copy() 536
replace_copy_if() 536
replace_if() 536
reverse() 540
reverse_copy() 540
rotate() 540
rotate_copy() 540
search() 532
search_n() 532
set_difference() 556
set_intersection() 555
set_symmetric_difference()
   557
set_union() 554
sort() 543
sort_heap() 562
stable_partition() 543
stable_sort() 544
swap() 534
swap_ranges() 534
transform() 535
unique() 539
unique_copy() 539
upper_bound() 548
Alias-Name 54, 199, 201

*this 242
allgemeiner Konstruktor 162
allocator 480, 624
Anführungszeichen 32, 206, 207
ANSI-Sequenzen zur Bildschirm-
     ansteuerung 49
Anweisungen 60
any() 494
app 467
append() 613
apply() 598
arg() 55, 588
argc 222
Argumente, siehe Parameter
argv[] 222
Arithmetik mit Zeigern 204
arithmetische Operatoren 41
Array 371
    char 208
    von C-Strings 212
    dynamisches 214, 229, 230, 320
    Freigabe 218
    als Funktionsparameter 226
    mehrdimensionales 224, 229, 230
       Matrixklasse 408
    valarray 594
Arrays vs. Zeiger 203
ASCII
    Dateien 233
    Tabelle 50, 708
asctime() 636
asin() 600, 630
assert() 142
    mit Exception 362
assign() 495, 497, 513, 516, 614
Assoziation 301
Assoziativität von Operatoren 47, 711
at() 87, 92, 495, 513, 516, 613
atan() 600, 630
atan2() 601, 630
ate 467

atexit() 361, 632
atof() 632
atoi() 632
atol() 632
Attribute 155, 715
Aufforderung 26, 716
Aufruf einer Funktion 105
Aufzählungstyp 83
Ausdruck
    Auswertung 47
    Definition 38
    mathematischer 45, 123
Ausdrucksanweisung 60
Ausgabe 95, 98, 448
    benutzerdefinierter Typen 449
    Datei- 98, 447
    Formatierung 450
    Weite der 450
Ausgabeoperator 318, 448
Ausnahme 715
Ausnahmebehandlung 353
auto 131, 133
auto_ptr 347, 625

**B**

back() 495, 498, 505, 513, 516
Backslash
    Zeichenkonstante \ 50
    Zeilenfortsetzung 138
Backspace 50
back_inserter() 524
back_insert_iterator 524
bad() 466
badbit 465
bad_alloc 359
bad_cast 359, 432, 622
bad_exception 359
bad_typeid 359, 434, 622
base() 523
basefield 452
basic_fstream 447
basic_ifstream 447
basic_ios 447

basic_iostream 447
basic_istream 447
basic_istringstream 447
basic_ofstream 447
basic_ostream 447
basic_ostringstream 447
basic_string 611
Basisklasse *269*
    Konstruktor 305
    Schnittstellenentkopplung mit abstrakter B. 402
    Subobjekt 309
    virtuelle 309
    und virtueller Destruktor 297
Baum binärer 396
Bedingungsausdruck 63
Bedingungsoperator ?: 66
before() 622
beg 469
begin() 321, 489
    vector 385
    Baum 398, 399
    Liste 389
Behälterklasse 369
benutzerdefinierte
    Datentypen 83, 93
    Klasse 318
    Typen (Ausgabe) 449
    Typen (Eingabe) 471
»benutzt«-Beziehung 303
Benutzungsdeklaration, *siehe* using-Deklaration
Benutzungszählung 345
Bereichsnotation 490
Bereichsoperator :: 58, 159, 283
    namespace 425
Bibliothek
    C++- 477
    C- 151, 627
Bibliotheksmodul 131
bidirectional_iterator 520
bidirectional_iterator_tag 521

Bildschirmansteuerung mit ANSI-Sequenzen 49
Binärdatei 235
binäre
    Ein-/Ausgabe 231
    Zahlendarstellung 42
binärer
    Baum 396
    Operator 314
binary 100, 467
binary_function 485
binary_negate 486
binary_search() 547
bind1st 487
bind2nd 487
Binden 131
    dynamisches, *siehe* dynamisches Binden
    statisches, *siehe* statisches Binden
Bit
    Operatoren 41, 42
    pro Zahl 38
    Verschiebung 42
Bitfelder 442
bitset 491
    any() 494
    count() 494
    flip() 493
    none() 494
    operator!=() 494
    operator<<() 492
    operator<<=() 492
    operator==() 494
    operator>>() 493
    operator>>=() 493
    operator|=() 492
    operator~() 493
    operator&=() 492
    operator^=() 492
    reference 491
    reset() 493
    set() 493
    size() 494

test() 494
to_string() 493
to_ulong() 493
bitweises
    ODER 41
    UND 41
    XOR (exklusiv-ODER) 41
Block 29, 31, 56, 58, *61*, 184
    und dyn. Objekte 218
bool 52
boolalpha 53, 451, 460
Botschaft, *siehe* Aufforderung
break 70, 80
bsearch() 632
Bubble-Sort 87
Byte 49

# C

C++-Schlüsselwörter 708
C-Arrays 201
C-Funktionen einbinden 428
C-Header 627
C-Header-Datei 426
C-String 206
callback-Funktion 238
capacity() 515, 518, 612
case 70
&lt;cassert&gt; *142*, 337, 627
cast, *siehe* Typumwandlung
catch 354
&lt;cctype&gt; 535, *627*
*cdecl* 244
ceil() 630
cerr 95, 448
&lt;cerrno&gt; 628
&lt;cfloat&gt; 628
char 49, 205
char* 206
char* const vs. const* char 201
cin 32, 95, 448, 466
&lt;ciso646&gt; 628
class 157, 278
clear() 466, 496, 499, 503, 509, 514, 517, 613

Client-Server
    Beziehung 158
    und callback 238
&lt;climits&gt; 38, 629
&lt;clocale&gt; 629
clock() 636
clock_t 635
clog 448
close() 99
&lt;cmath&gt; 45, 477, 479, 587, 627, *629*
codecvt 577
collate 574
combine() 573
compare() 574, 618
Compiler 29, *33*, 129, 155, 157
    -befehle 705
    -direktiven 128, 136
    und Templates 147
    Typumwandlung 172
&lt;complex&gt; 54, 587
complex 319, 587
Computerarithmetik 45
conj() 588
const 36, 133, 135, 179
    Elementfunktionen 157, *179*
const&, *siehe* Referenz auf const
const char* vs. char* const 201
constraint, Vererben von 299
const_cast<>() 433
const_iterator 489
const_reference 489
const_reverse_iterator 523
Container 369
Containermethode
    begin() 490
    empty() 490
    end() 490
    max_size() 490
    operator!=() 490
    operator<() 490
    operator<=() 490
    operator==() 490
    operator>=() 490

size() 490
swap() 490
Containertyp
    const_iterator 489
    const_reference 489
    difference_type 489
    iterator 489
    reference 489
    size_type 489
    value_type 489
container_type 505, 511
continue 80
copy() 533, 616
copy_backward() 533
cos() 588, 600, 630
cosh() 588, 600, 630
count()
    Algorithmus 530
    bitset 494
    map 503
    set 510
count_if()
    Algorithmus 530
cout 32, 95, 448
__cplusplus 428
<csetjmp> 629
cshift() 598
<csignal> 629
<cstdarg> 630
<cstddef> 43, 200, *629*
<cstdio> 631
<cstdlib> 120, 236, 479, 587, 629, *631*
<cstring> 206, 224, 239, 245, 247, *632*
<ctime> 337, *635*
ctime() 636
ctype 574, 575
cur 469
curr_symbol 579
Cursor (Liste) 390
c_str() 100, 245, 616
<cwctype> 627

# D
dangling pointer 217
data() 616
__DATE__ 142
Datei
    ASCII 233
    binär 235
    Ein-/Ausgabe 98, 447
    kopieren 99
    öffnen 100
Daten
    als Attributwerte 716
    static-Element- 253
Datenkapselung 641, 716
Datensatz 93
Datenstruktur 369
Datentypen 33, 37
    abstrakte, *siehe* Abstrakter Datentyp
    benutzerdefinierte 83
    einfache 29
    erster Klasse 382
    logische 52
    Mischung von int und unsigned 66
    parametrisierte 143, 258
    polymorphe 294
    strukturierte 93
    zusammengesetzte 83
date_order() 582
dec 451, 460
decimal_point() 578, 579
deep copy 248
default 71
default constructor 161
Default-Parameter, *siehe* vorgegebene Parameter
#define 137, 138
Definition *134*, 716
    von Objekten 162
    von static-Elementdaten 253
Deklaration 32, 33, 37, *134*, 717
    in for-Schleifen 78

einer Funktion 104
von Funktionszeigern 235
Lesen einer 242
Deklarationsanweisung 60
Dekrementierung 40, 41
Dekrementoperator 338
Delegation 381
`delete` *213*, 216, 257, 297, 307
`delete [ ]` 218, 643
`delete` (Placement-Form) 623
`<deque>` 494
deque
   `assign()` 495
   `at()` 495
   `back()` 495
   `clear()` 496
   `const_pointer` 494
   `const_reverse_iterator` 494
   Datentypen, *siehe auch*
      Containertyp
   `erase()` 496
   `front()` 495
   `insert()` 496
   Methoden, *siehe auch* Container-
      methoden
   `operator[]()` 495
   `pointer` 494
   `pop_back()` 496
   `pop_front()` 495
   `push_back()` 495
   `push_front()` 495
   `rbegin()` 496
   `rend()` 496
   `resize()` 496
   `reverse_iterator` 494
Dereferenzierung 197, 237
Destruktor *184*, 307, 642
   und `exit()` 186, 361
   implizite Deklaration 184
   virtueller 296, 643
Dezimalpunkt 43, 578
`difference_type` 489
Differenz (Menge) 556

Differenz, symmetrische (Menge) 557
`difftime()` 636
`digits` 589
`digits10` 589
`distance()` 522
`div()` 631
`divides` 485
`div_t` 631
`do while` 75
   Äquivalenz zu `while` 76
`domain_error` 359
doppelt verkettete Liste 375
`double` 44, 204
downcast 332, 431
Durchschnitt (Menge) 555
`dynamic_cast<>()` 431
dynamisches Array 320
dynamisches Binden 235, 283, 717
dynamische Datenobjekte 213
dynamischer Typ 434

# E
e, E 43
Editor 33
Ein- und Ausgabe 95
Einbinden von C-Funktionen 428
einfach verkettete Liste 374
Eingabe 454
   benutzerdefinierter Typen 471
   Datei- 98, 447
   von Leerdaten mit Return 457
   von Strings 97
Einschränkung, *siehe* constraint
Elementdaten, Zeiger auf 241
Elementfunktion 153, 273
   Zeiger auf 240
Ellipse 356, 630
`else` 62
`empty()` 490, 505, 507, 511, 613
end 469
`end()` 321, 489
   vector 385

Baum 398
Liste 389
#endif 138
endl 39, 46, 50, 460
ends 460
»enthält«-Beziehung 309
enum 84
Enumeration 83
env[] 222
Environment 222
EOF 456
eof() 355, 466
eofbit 465
epsilon() 589
equal() 531
equal_range() 504, 510, 548
equal_to 486
erase() 496, 498, 503, 509, 514, 517, 615
Ergebnisrückgabe 106
errno 352, 628
Exception 715
    und Destruktor 354
    Handling 353
    Hierarchie 357
    Speicherleck durch Exc. 364
    Spezifikation 357
<exception> 359, 360
exception 357
exit() 120, 361, 632
    und Destruktor 186, 361
Exklusiv-Oder (Menge) 557
exp() 588, 600, 630
explicit 169
explizite Instanziierung von Templates 264
Exponent 43, 44
extern 131, 133, 135
extern "C" 428
external linkage 133

**F**
f, F 43

fabs() 630
Facette 574
fail() 466, 467
failbit 465, 472
Fakultaet() 104
Fallunterscheidung 69
false 52
falsename() 578
Fehlerbehandlung 351
    Ein- und Ausgabe 464
Fibonacci 594
fifo-Prinzip 380
__FILE__ 142
file scope 57
fill() 450, 537
fill_n() 537
find()
    Algorithmus 527
    Baum 399
    Liste 687
    map 503
    set 510
    string 616
find_end() 528
find_first_not_of() 617
find_first_of() 529, 617
find_last_not_of() 618
find_last_of() 617
fixed 451, 453, 460
flache Kopie 248
flags() 451
flip() 493, 517
float 44
*float.h* 45
floatfield 452
floor() 630
flush 460
flush() 453
fmod() 630
fmtflags 450
for 76
    Deklaration in () 78
Formalparameter 106

Formateinstellung 450
Formatierung der Ausgabe 450
`for_each()` 386, 527
`forward_iterator` 520
`forward_iterator_tag` 521
`frac_digits()` 580
`frexp()` 630
`friend` *251*
`front()` 495, 498, 505, 513, 516
`front_inserter()` 524
`front_insert_iterator` 523
`<fstream>` 98, 567
`fstream` 448, 469
Füllzeichen 450
`<functional>` 484
Funktion 103
    klassenspezifische 253
    mathematische 45, *629*
    Parameterübergabe
        per Referenz 114
        per Wert 109
        per Zeiger 219
    rein virtuelle 289
        mit Definition 290
    `static` 253
    Überschreiben in abgeleiteten
        Klassen 282
    Überschreiben virtueller F. 287,
        643
    variable Parameterzahl 116
    virtuelle, *siehe* virtuelle
        Funktionen
    vorgegebene Parameterwerte
        116
Funktions-
    aufruf 105
    definition 106
    deklaration 104
    ergebnistyp 105
    objekte 348, 462
        Umwandlung von Zeigern in
        F. 487
    parameterliste 105

    prototyp 104, 109
    schnittstelle 109
    spezifikation 120
    template 143
Funktor, *siehe* Funktionsobjekte 464

## G

Ganzzahlen 38
garbage collection 219
gegenseitige Abhängigkeit von
    Klassen 193
Genauigkeit 44
Generalisierung 269
`generate()` 537
`generate_n()` 537
geschachtelte Klasse 375, 388
`get()` 96, 233, 455, 456
`getenv()` 632
`gethostbyname()` 446
`getline()` für Strings 97, 619
`getline(char*,...)` 456
`getloc()` 568
`get_date()` 582
`get_monthname()` 583
`get_temporary_buffer()` 624
`get_time()` 582
`get_weekday()` 583
`get_year()` 583
ggt 74
    schnell 174
Gleitkommazahl 36
    Syntax 43
`global` 58
    Namensraum 426
    Variable *132*, 135
`gmtime()` 636
`good()` 466
`goodbit` 465
grafische Benutzungsoberfläche (GUI)
    443
`greater` 486
`greater_equal` 486
Groß- und Kleinschreibung 30, 37

größter gemeinsamer Teiler 74
grouping() 578, 579
gslice 604
gslice_array 607
GTK+ 444
Gültigkeitsbereich 119
    Block 56
    Datei 132
    Funktion 107
    Klassen 157
    und new 217
GUI 443

## H

hängender Zeiger, *siehe* Zeiger,
    hängender
Halde, *siehe* Heap
Handle 404
hash() 575
has_facet() 573
has_infinity 589
has_quiet_NaN 589
has_signaling_NaN 589
»hat«-Beziehung 301
Header 32
    C++-Standard 426
Header-Datei *128*, 129
    Inhalt 135
Heap 214, 373, 558
hex 451, 460
Hexadezimalzahl 40

## I

i18n 572
Identität von Objekten 155, *717*
if 62
#if defined 137
#ifdef 137
#ifndef 137
ifstream 98, 448
ignore() 456
imag() 55, 588
Implementation 129
Implementations-Datei, Inhalt 135

Implementationsvererbung 382
Implementierung (verborgene) 384
implizite Deklaration
    Destruktor 184
    Konstruktor 161
    Zuweisungsoperator 325, 331
in 100, 467
#include 30, *128*, *136*, 137
includes() 553
Indexoperator 86, 202, 204, 228, 323, 
    324, 371
indirect_array 608
indirekte Adressierung 608
infinity() 589
Initialisierung
    C-Array 204, 225
    in for-Schleife 76
    von globalen Konstanten 133,
        135
    von Konstanten in Objekten 163,
        254
    mit Liste 163, 254, 276
    Reihenfolge 163, 248
    von Objekten 89, 160, 276
    von static-Elementdaten 253
    und Vererbung 276
    und virtuelle Basisklassen 310
    und Zuweisung 89, 165
Inkrementierung 40, 41
Inkrementoperator 335
inline 149, 159
inner_product() 591
inplace_merge() 552
input_iterator 520
input_iterator_tag 521
insert() 496, 498, 502, 504, 509, 511,
    514, 516, 614
    sortierte Liste 393
Insert-Iterator 523
inserter() 525
insert_iterator 524
Instanz 27, *717*
Instanziierung von Templates 261

explizite 264
ökonomische (bei vielen Dateien) 263
int 32, 38
int-Parameter in Templates 261
integral promotion 429
intelligente Zeiger, *siehe* smart pointer
internal 451, 460
internal linkage 133
internationalization 572
internes Linken 133
Internet 445
Intervall 490
INT_MAX 38
INT_MIN 38
invalid_argument 359
<iomanip> 460, 567
iomanip::resetiosflags() 460
iomanip::setbase() 460
iomanip::setfill() 460
iomanip::setiosflags() 460
iomanip::setprecision() 460
iomanip::setw() 460
<ios> 460, 567
ios 448, 450, 464, 466
ios und ios_base 451
ios::bad() 466
ios::beg 469
ios::clear() 466
ios::cur 469
ios::end 469
ios::eof() 466
ios::fail() 466
ios::flags() 451
ios::flush() 453
ios::good() 466
ios::pos_type 468
ios::rdstate() 466
ios::setf() 451
ios::setstate() 466
ios::void*() 467
<iosfwd> 567

iostate 464
<iostream> 32, 35, 448, 449, 455, 460, 567
iostream 448
ios_base 447, 448, 464
ios_base und ios 451
ios_base::adjustfield 452
ios_base::app 467
ios_base::ate 467
ios_base::badbit 465
ios_base::basefield 452
ios_base::binary 100, 467
ios_base::boolalpha 451, 460
ios_base::dec 451, 460
ios_base::eofbit 465
ios_base::failbit 465
ios_base::fixed 451, 460
ios_base::floatfield 452
ios_base::fmtflags 450, 451
ios_base::goodbit 465
ios_base::hex 451, 460
ios_base::in 100, 467
ios_base::internal 451, 460
ios_base::iostate 464
ios_base::left 451, 460
ios_base::noboolalpha 460
ios_base::noshowbase 460
ios_base::noshowpoint 460
ios_base::noshowpos 460
ios_base::noskipws 460
ios_base::nounitbuf 460
ios_base::nouppercase 460
ios_base::oct 451, 460
ios_base::out 467
ios_base::right 451, 460
ios_base::scientific 451, 460
ios_base::setf() 452
ios_base::showbase 451, 460
ios_base::showpoint 451, 460
ios_base::showpos 451, 460
ios_base::skipws 451, 460
ios_base::stdio 451
ios_base::trunc 467

ios_base::unitbuf 451, 453, 460
ios_base::uppercase 451, 460
is() 576
isalnum() 574, 627
isalpha() 574, 627
iscntrl() 574, 627
isdigit() 127, 167, 574, 627
isgraph() 574, 627
islower() 574, 627
ISO C++ (Zahlenbereich) 38
isprint() 574, 627
ispunct() 574
isspace() 574, 627
»ist-ein«-Beziehung 269, 280, 298
<istream> 567
istream 448, 454
IStream-Iterator 525
istream::seekg() 468
istream::tellg() 468
istream::ws 460
istringstream 448, 472
isupper() 574, 627
is_bounded 590
is_exact 589
is_iec559 590
is_integer 589
is_modulo 590
is_signed 589
isxdigit() 574, 627
Iterator 384, 519
    Adapter 522
    Bidirectional 520
    binärer Baum 397
    Forward 520
    Input 520
    Insert 523
    Kategorie 520
    Liste 388
    Output 520
    Random Access 521
    Reverse 522
    Stream 525
<iterator> 519

iterator 489
iterator_category 519
iter_swap() 534

# J
Jahr 636

# K
Kategorie (locale) 574
key_comp() 503, 509
key_compare 502, 508
key_type 502, 508
Klammerregeln 47
Klasse 26, *155*, 718
    abgeleitete, *siehe* abgeleitete Klasse
    abstrakte 289
    Basis-, *siehe* Basisklasse
    Deklaration 157
    geschachtelte 375, 388
    konkrete 290
    Ober-, *siehe* Oberklasse
    für einen Ort 156
    Unter-, *siehe* Unterklasse
    für rationale Zahlen 169
Klassenname 434
klassenspezifische
    Daten 253
    Funktionen 253
    Konstante 257
Klassentemplate 258
Klassifikation 269, 718
Kleinschreibung 30
Kommandozeilenparameter 222
Kommaoperator 80, 225
    bei Mengen 436, 440
Kommentar 29
komplexe Zahlen 54
konkrete Klasse 290
Konstante 35
    globale 133, 135
    klassenspezifische 257
konstante Objekte 179, 643
Konstruktor 158, *160*

## Stichwortverzeichnis

allgemeiner, *siehe* allgemeiner Konstruktor
implizite Deklaration 161
Kopier-, *siehe* Kopierkonstruktor
variable Parameterzahl 162
vorgegebene Parameterwerte 162
Standard- 161
Typumwandlungs-, *siehe* Typumwandlungskonstruktor
Kontrollabstraktion 384
Kontrollstrukturen 59
Konvertieren von Datentypen, *siehe* Typumwandlung
Kopie
   flache 248
   tiefe 248
Kopieren
   von Dateien 99
   von Objekten 248
   von Zeichenketten 211
Kopierkonstruktor *165*, 323, 642
   Objektübergabe 166
   Vermeidung des Aufrufs 167
Kopiersemantik 249
Kurzform-Operatoren 40

## L

l, L 43
L-Wert *61*, 202, 208, 323
Länge eines Vektors 592
Lader 35
LANG 571
late binding 235
Laufvariable 76, 79
Laufzeit 197
   und Funktionszeiger 235
   und new 214
   und Polymorphie 283
   Typinformation zur Laufzeit 433
ldexp() 630
ldiv() 631

ldiv_t 631
left 451, 460
length() 613
length_error 359
less 486
less_equal 486
lexicographical_compare() 563
<limits> 39, 45, *588*
*limits.h* 38
<limits.h> 39
__LINE__ 142
Linken 132, 151
   internes, externes 133
Linker 35
linksassoziativ 47
*lint* 65
<list> 481, *497*
list 375
   assign() 497
   back() 498
   clear() 499
   const_pointer 497
   const_reverse_iterator 497
   Datentypen, *siehe auch* Containertypen
   erase() 498
   front() 498
   insert() 498
   merge() 500
   Methoden, *siehe auch* Containermethoden
   pointer 497
   pop_back() 498
   pop_front() 498
   push_back() 498
   push_front() 498
   rbegin() 499
   remove() 499
   remove_if() 499
   rend() 499
   resize() 499
   reverse() 499
   reverse_iterator 497

sort() 499
splice() 500
unique() 499
Liste
   doppelt verkettete 375
   einfach verkettete 374
   Initialisierungs- 163, 254
   Initialisierungs- (bei C-Arrays) 204, 225
   sortierte 391
Literal 207
   Zahlen- 36
   Zeichen- 49
<locale> 571
localtime() 337, 636
log() 588, 600, 630
log10() 588, 600, 630
logical_and 486
logical_not 486
logical_or 486
logic_error 358, 359
logische Fehler 361
logische Negation 53
logischer Datentyp 52
logisches
   ODER 53
   UND 53
lokal 56
lokale Objekte 201
long 38
long double 44
lower_bound() 503, 510, 547
lvalue, *siehe* L-Wert

# M

main() 29, 31, 37, *120*
Make-Datei 131, *706*
make_heap() 561
make_pair() 484
Makro 138
Manipulatoren 459
Mantisse 44
<map> 500

map
   clear() 503
   const_pointer 502
   const_reverse_iterator 502
   count() 503
   Datentypen, *siehe auch* Containertyp
   equal_range() 504
   erase() 503
   find() 503
   insert() 502
   key_comp() 503
   key_compare 502
   key_type 502
   lower_bound() 503
   mapped_type 502
   Methoden, *siehe auch* Containermethoden
   operator[]() 502
   pointer 502
   rbegin() 502
   rend() 502
   reverse_iterator 502
   upper_bound() 503
   value_comp() 503
   value_compare 502
   value_type 502
mapped_type 502
mask_array 607
mathematischer Ausdruck 45
mathematische Funktionen 629
Matrix 224, 229, 230
max() 562, 589, 597
max_element() 563
max_exponent 589
max_exponent10 589
mehrdimensionales Array 224
mehrdimensionale Matrizen 407
Mehrfachvererbung 270, 303, 307
member function, *siehe* Elementfunktion
Member-Template 265, 458
memchr() 635

memcmp() 635
memcpy() 635
memmove() 635
<memory> 481, 624
memory leak 218, 364
memset() 635
mem_fun() 488
mem_fun_ref() 488
Menge (Klasse) 439
Mengenoperationen auf sortierten
        Strukturen 553
merge() 500, 550
mergesort() 551
message, *siehe* Aufforderung
messages 574, 585
Methode 27, 153, 718
        Faustregeln zur Konstruktion
            von Prototypen 180
MFC 443
min() 562, 589, 597
minus 485
min_element() 563
min_exponent 589
min_exponent10 589
Minute 636
mischen 550
mismatch() 530
mktime() 637
modf() 630
modulare Gestaltung 128
Modulo 41
modulus 485
Monat 636
monetary 574, 579
moneypunct 579
money_get 580
money_put 581
mstring (Klasse) 245
multimap 504
multiplies 485
Multiplikationsoperator 329
multiset 511
M_PI 55

mutable 179

# N
Nachbedingung 121, 718
Nachkommastellen 43
        precision 454
Name 37
        einer Klasse 434
name() 434, 573
Namenskonflikte bei Mehrfach-
        vererbung 307
namespace 31, 423
Namespace in Header-Dateien 141
namespace std 57, 426
narrow() 577
nationale Sprachumgebung 571
NDEBUG 142, 362
negate 485
Negation
        bitweise 41, 42
        logische 53
Negationsoperator (überladen) 467
negative_sign() 580
neg_format() 580
nested class, *siehe* geschachtelte
        Klasse
Netzwerk-Programmierung 445
neue Zeile 46, 50, 62
<new> 359, 623
new 213, 216, 257, 307, 327
        Fehlerbehandlung 365
new (Placement-Form) 623
new_handler 365
next_permutation() 564
noboolalpha 460
none() 494
norm() 55, 588
noshowbase 460
noshowpoint 460
noshowpos 460
noskipws 460
not1() 486
not2() 486

Notation für Intervalle 490
nothrow 367
not_equal_to 486
nounitbuf 460
nouppercase 460
npos *611*
nth_element() 546
NULL 199, 631
   und new 367
<numeric> 590
numeric 574, 577
numeric_limits 39, 588
numerische Auslöschung 44
nummeriertesObjekt
   Klasse 254
numpunct 578
num_get 577
num_put 577

## O

Oberklasse *269*, 282, 718
   erben von 271
   Subobjekt einer 276
   Subtyp einer 279
   Wiederverwendung von
      Methoden einer 280
   Zugriffsrechte vererben 277
Oberklassenkonstruktor 272, 276
Objekt 25, *155*, 157, 719
   dynamisches 213
   -erzeugung 157
   als Funktions- 348
   -hierarchie 308
   Identität, *siehe* Identität von
      Objekten
   Initialisierung 160, 276
   konstantes 179, 643
   -orientierung 153
   temporäres 169, 307
   trace- 414
   Übergabe per Wert 166
   verkettete Objekte 216
   verwitwetes 218, 370, 414

   vollständiges 310, 721
Objektcode 34, 35
oct 451, 460
ODER
   bitweises 41
   logisches 53
offsetof 631
ofstream 99, 448
Oktalzahl 40
omanip 460
one definition rule 134, 642
open() 99
Operator
   arithmetischer 41
   binärer 314
   Bit- 41
   für char 52
   für logische Datentypen 53
   für float, double 46
   als Funktion 314
   Kurzform 42
   Präzedenz 47, *711*
   relationaler 41, 53, 484
   Syntax 313
   Typumwandlungs- 339
   überladen (>>) 471
   überladen (<<) 448
   unärer 314
   für ganze Zahlen 40
operator!() 467
operator string() 340
operator()() 348
operator*() 330, 341
operator*=() 329
operator++() 335, 337
operator+=() 317
   bei Mengen 436, 439
operator,() bei Mengen 436, 440
operator->() 341
operator|() 491
operator|=() 492
operator!=() 494
operator<<() 318, 448, 491, 492

operator<<=() 492
operator=() 321, 326
operator==() 494
operator>>() 455, 491, 493
operator>>=() 493
operator[]() 321, 324, 410, 413, 495, 513, 516, 521
operator&() 491
operator&=() 492
operator^=() 492
operator^() 491
operator~() 493
Optimierung durch Vermeiden temporärer Objekte 167
Ort (Klasse) 156
<ostream> 567
ostream 318, 448
OStream-Iterator 525
ostream::endl 460
ostream::ends 460
ostream::flush() 460
ostream::seekp() 468
ostream::tellp() 468
ostringstream 448, 472
out 467
output_iterator 520
output_iterator_tag 521
out_of_range 359
overflow 39, 44
overflow_error 359

# P

pair 483
Parameter einer Funktion 105
Parameterübergabe
    per Referenz 114
    per Wert 109
    per Zeiger 219
parametrisierte Datentypen 143, 258
»part-of«-Beziehung 301
partial_sort() 545
partial_sort_copy() 545
partial_sum() 592

partielle Spezialisierung von Templates 519
partition() 542
peek() 456
Permutationen 564
Placement new/delete 623
plus 485
pointer 494, 497, 502, 508, 513
Pointer, smarte 341
polar() 588
polymorpher Typ 294, 434
Polymorphismus 283, 719
pop() 506, 507, 512
pop_back() 496, 498, 514, 516
pop_front() 495, 498
pop_heap() 560
positive_sign() 580
POSIX 572
postcondition, *siehe* Nachbedingung
Postfix-Operator 335, 386
pos_format() 580
pos_type 468
pow() 588, 601
Präfix-Operator 335, 386
Präprozessor 128, 136
Präzedenz von Operatoren 47, 711
precision() 453
precondition, *siehe* Vorbedingung
prev_permutation() 564
Primzahlprogramm 76
PRINT (Makro) 140
Priority-Queue 506
priority_queue
    empty() 507
    pop() 507
    push() 507
    size() 507
    top() 507
private 157, 277
private Vererbung 382
Programm
    ausführbares 35
    Struktur 36

Strukturierung 103
Projekte 131
protected 277
protected Vererbung 383
Prototyp
    einer Methode 156
    Faustregeln zur Konstruktion 180
Prototyp, Funktions- 104
ptrdiff_t 631
ptr_fun() 487
public 157, 272, 277, 278
push() 505, 507, 512
push_back() 513
    vector 90
push_back() 495, 498, 516
push_front() 495, 498
push_heap() 561
put() 98, 233, 449
putback() 456

## Q
qsort() 236, 632
Qt 443
quadratische Gleichung 67
Queue 380, 504
<queue> 481, *504*
queue
    back() 505
    container_type 505
    empty() 505
    front() 505
    pop() 506
    push() 505
    size() 505
    size_type 505
    value_type 505
quicksort() 143
quiet_NaN() 590

## R
R-Wert *61*, 202
radix 589
rand() 631
random_access_iterator 521
random_access_iterator_tag 521
random_shuffle() 541
RAND_MAX 631
range_error 359
rationale Zahlen (Klasse) 169
raw_storage_iterator 624
rbegin() *496*, 499, 502, 509, 514, 517, 522, 612
rdstate() 466
read() 231
real() 55, 588
rechtsassoziativ 47
reelle Zahlen 43
reference 489
    bitset 491
    vector<bool> 515
reference counting 345
Referenz 54, 125
    auf Basisklasse 287
    einfügen im Binärbaum 401
    auf const 114, 165
    auf istream 455, 471
    auf Oberklasse 279, 286
    auf ostream 318, 449
    Parameterübergabe per 114
    Rückgabe per 324
    oder Zeiger? 642
Referenzsemantik 249
register 133
Reihenfolge
    Auswertungs- 47
    Berechnungs- 45
    der Initialisierung 163, 248
rein virtuelle Funktion 289
    mit Definition 290
reinterpret_cast<>() 233, 433
Rekursion 111
rekursiver Abstieg 122, 123
rekursive Templates 265
relationale Operatoren 41, 53, 484
rel_ops 484
remove() 499

Algorithmus 538
remove_copy() 538
remove_copy_if() 538
remove_if() 499, 538
rend() 496, 499, 502, 509, 514, 517, 522, 612
replace() 536, 615
replace_copy() 536
replace_copy_if() 536
replace_if() 536
reserve() 515, 517, 612
reset() 493
resetiosflags() 460
resize() 496, 499, 514, 517, 598, 612
RETURN 30, 96
return 32, 167
return_temporary_buffer() 625
reverse()
    Algorithmus 540
    list 499
Reverse-Iterator 522
reverse_copy() 540
reverse_iterator 494, 497, 502, 508, 513
rfind() 616
right 451, 460
rotate() 540
rotate_copy() 540
round_error() 589
round_style 590
RTTI 433
runtime_error 359
rvalue, *siehe* R-Wert

## S

scan_is() 576
scan_not() 576
Schablone, *siehe* Template
Schleifen 72
    do while 75
    for 76
    while 73
    Tabellensuche 89

-terminierung 74
und Strings 209
Schlüsselwörter 708
Schnittstelle 129, 719
    Faustregeln zur Konstruktion 180
    einer Funktion 109
scientific 451, 453, 460
scope 57
search() 532
search_n() 532
seekg() 468
seekp() 468
Seiteneffekt 63, 105, 210, 212
    im Makro 142
Seitenvorschub 50
Sekunde 636
Selektion 62
sentinel 89, 205
sentry 568
Sequenz 62
Server-Client
    Beziehung 158
    und callback 238
<set> 481, *507*
set
    clear() 509
    const_pointer 508
    const_reverse_iterator 508
    count() 510
    Datentypen, *siehe auch* Containertyp
    equal_range() 510
    erase() 509
    find() 510
    insert() 509
    key_comp() 509
    key_compare 508
    key_type 508
    lower_bound() 510
    Methoden, *siehe auch* Containermethoden
    pointer 508

rbegin() 509
rend() 509
reverse_iterator 508
upper_bound() 510
value_comp() 509
value_compare 508
value_type 508
set() 493
setbase() 460
setf() 451, 452
setfill() 460
setiosflags() 460
setjmp() 629
setprecision() 460
setstate() 466
set_difference() 556
set_intersection() 555
set_new_handler() 366
set_symmetric_difference() 557
set_terminate() 361
set_unexpected() 361
set_union() 554
setw() 460
shallow copy 248
shift() 597
short 38
showbase 451, 460
showpoint 451, 460
showpos 451, 460
Sichtbarkeit 56
    dateiübergreifend 131
Sichtbarkeitsbereich (namespace) 423
signaling_NaN() 590
Signalton 50
Signatur 118, 273, 283, 284, 287
signed char 49
sin() 588, 600, 630
single entry / single exit 81
sinh() 588, 600, 630
length()
    string 92

size() 494, 505, 507, 512, 597, 602, 604, 612
    string 92
    vector 86
sizeof 203
    und dynamische Arrays 230
size_t 43, 631
size_type 489, 505, 511
Skalarprodukt 591
skipws 451, 460
slice 602
slice_array 603
smart pointer 341
    und Exceptions 364
Sommerzeit 636
Sonderzeichen 50
sort() 543
Sortieren
    stabiles 543
    durch Verschmelzen 550
sortierte Liste 391
Sortierung 237
sort_heap() 562
Speicherklasse 131
Speicherleck 218, 364
Speicherplatzfreigabe 200
Spezialisierung
    von Klassen 269
    von Templates 146
Spezifikation einer Funktion 120
splice() 500
Sprachumgebung 571
sqrt() 46, 588, 600, 630
srand() 631
<sstream> 472, 567
stabile Sortierung 543
stable_partition() 543
stable_sort() 544
Stack 56, 511
    Klasse 258
<stack> 481, *511*
stack
    container_type 511

Stichwortverzeichnis 743

    empty() 511
    pop() 512
    push() 512
    size() 512
    size_type 511
    top() 512
    value_type 511
stack unwinding 360
Standard
    -bibliothek
        C++ 477
        C 151, 627
    Ein-/Ausgabe 95
    -header 427, 481
    -klassen 481
    -Typumwandlungen 428
Standard Template Library 375, 477
start() 602, 604
static 108, 131, 132
    Elementdaten 253
    Elementfunktion 253
static_cast<>() 51, 431
statisches Binden 283, *720*
Statusabfrage (einer Datei) 466
std 31, 57, 425
<stdexcept> 359
stdio 451
STL 375, 477
strcat() 633
strchr() 633
strcmp() 633
strcpy() 633
strcspn() 633
stream 447
Stream-Iterator 525
<streambuf> 567
strerror() 628, 633
strftime() 636
stride() 602, 604
String 91
<string> 481, *611*
string *91, 611*
    append() 613

assign() 614
at() 92, 613
begin() 612
capacity() 612
clear() 613
compare() 618
copy() 616
c_str() 616
data() 616
empty() 613
end() 612
erase() 615
find() 616
find_first_not_of() 617
find_first_of() 617
find_last_not_of() 618
find_last_of() 617
insert() 614
length() 92, 613
operator=() 614
operator+=() 613
rbegin() 612
end() 612
replace() 615
reserve() 612
resize() 612
rfind() 616
size() 92, 612
substr() 618
swap() 616
verketten 92
String-Klasse mstring 245
*string.h* 206
Stringlänge 209, 210
strlen() 207, 634
strncat() 634
strncmp() 634
strncpy() 634
Ströme, *siehe* stream
strpbrk() 634
strrchr() 634
strstr() 634
strtok() 634

struct 93, 278
Subobjekt 272, 279, 305, 415
   in virtuellen Basisklassen 309
   verschiedene 307
Substitutionsprinzip 298
substr() 618
Subtyp 273, 279, 298, 720
Suffix 43
sum() 597
swap() 616
   Algorithmus 534
   Vektor 490
swap_ranges() 534
switch 69
symmetrische Differenz
   sortierter Strukturen 557
Syntaxdiagramm 123–125
system() 632

# T

Tabellensuche 89
Tabulator 50
Tag 636
tan() 588, 600, 630
tanh() 588, 600, 630
Taschenrechnersimulation 122
Tastaturabfrage 96
»Teil-Ganzes«-Beziehung 301
tellg() 468
tellp() 468
Template
   für Funktionen 143
   für Klassen 258
   Instanziierung von T. 261
      explizite 264
      ökonomische (bei vielen
         Dateien) 263
   int-Parameter 261
   Membertemplate 458
   rekursives 265
   Spezialisierung 146
      partielle 519
   und #include 147, 148

template 258
temporäres Objekt 169, 307
   Vermeidung 167
terminate() 360
terminate_handler 361
test() 494
Textersetzung 138
this 241
thousands_sep() 578, 579
throw 354
tie() 568
tiefe Kopie 248
__TIME__ 142
time 574, 582
time() 337, 637
time_t 337
time_get 582
time_put 583
time_t 635
tm 337, 635
tolower() 574, 577, 627
top() 507, 512
toupper() 574, 576, 627
to_string() 493
to_ulong() 493
trace-Objekte 414
*trace.h* 416
traits 519
transform() 535, 575
Trennung von Schnittstellen und
      Implementation 131, 402,
      641
true 52
truename() 578
trunc 467
try 354
Typ 720
   polymorpher bzw. dynamischer
      T. 434
type cast, *siehe* Typumwandlung
typedef 242
typeid() 434, 621
<typeinfo> 359, *621*

typename (bei Template-Parametern) 143
type_info 434, 621
Typinformation 297
    zur Laufzeit 433
Typumwandlung
    cast 51, 200, 237, *430*
    cast-Schreibweise 51
    const_cast<>() 433
    durch Compiler 172
    dynamic_cast<>() 431
    mit explicit 169
    implizit durch Compiler 66, 169
    mit Informationsverlust 119
    reinterpret_cast<>() 433
    -skonstruktor 167, 172, 315
    -soperator 339
        ios 466
    Standard- 428
    static_cast<>() 431

## U
Überladen
    von Funktionen 117
    von Operatoren, *siehe auch* operator
Überlauf 39, 44
Überschreiben virtueller Funktionen 287, 643
Überschreiben von Funktionen in abgeleiteten Klassen 282
Übersetzung 129, 131
    -seinheit 133, 134
Umgebungsvariable 222
UML 269, *720*
Umleitung (auf Strings) 472
unärer Operator 314
unary_function 485
unary_negate 486
uncaught_exception() 361
UND
    bitweises 41, 42
    logisches 53

#undef 138
underflow 44
underflow_error 359
unexpected() 360
unexpected_handler 361
Unicode 448
uninitialized_copy() 625
uninitialized_fill() 625
uninitialized_fill_n() 625
union 441
unique() 499
    Algorithmus 539
unique_copy() 539
unitbuf 451, 453, 460
unsigned 38
unsigned char 49
Unterklasse 269, 720
uppercase 451, 460
upper_bound() 503, 510, 548
use_facet() 573
using
    -Deklaration 382
    Klassen 425
    Namespace
        Deklaration 425
        Direktive 424
UTC 637
<utility> 483

## V
Valarray
    Bit-Operatoren 599
    mathematische Funktionen 600
    aritmetische Operatoren 598
    logische Operatoren 599
    relationale Operatoren 600
<valarray> 594
value_comp() 503, 509
value_compare 502, 508
value_type 489, 502, 505, 508, 511
Variable 32
    automatische 133
    globale *132*, 135

Variablenname 37
<vector> 481, *512*
vector
    assign() 513
    at() 87, 513
    back() 513
    capacity() 515
    clear() 514
    const_pointer 513
    const_reverse_iterator 513
    Datentypen, *siehe auch*
        Containertyp
    erase() 514
    front() 513
    insert() 514
    Methoden, *siehe auch* Container-
        methoden
    operator[]() 513
    pointer 513
    pop_back() 514
    push_back() 90, 513
    rbegin() 514
    rend() 514
    reserve() 515
    resize() 514
    reverse_iterator 513
    size() 86
vector<bool> 515
    assign() 516
    at() 516
    back() 516
    capacity() 518
    clear() 517
    erase() 517
    flip() 517
    front() 516
    insert() 516
    operator[]() 516
    pop_back() 516
    push_back() 516
    rbegin() 517
    reference 515
    rend() 517

reserve() 517
resize() 517
Vektor *85*
    Klasse 320
    Länge eines 592
Verbundanweisung 61
Vereinigung (Menge) 554
Vererbung *269*, 720
    der abstrakt-Eigenschaft einer
        Klasse 290
    von constraints 299
    der Implementierung 382
    Mehrfach- 303
    private 382
    protected 383
    von Zugriffsrechten 277
    und Zuweisungsoperator 331
Vergleich 393
verschmelzen (merge) 550
Vertrag 122, 299, 721
verwitwetes Objekt, *siehe* Objekt
    verwitwetes
Verzweigung 62
virtual 284, 286, 297
virtuelle
    Basisklasse 309
    Funktionen *283*, 287
    rein- 289
virtueller Destruktor 296
void 200
    als Rückgabetyp 105
void* 237, 467
    Typumwandlung nach 200, 467
vollständiges Objekt 310, 721
Vorbedingung 121, 721
vorgegebene Parameterwerte
    in Funktionen 116
    in Konstruktoren 162
Vorkommastellen 43
Vorrangregeln 47
Vorwärtsdeklaration 193
Vorzeichen 43

## W

Wächter 89, 205
Wahrheitswert 52
Warteschlange 504
Warteschlange (Klasse) 380
`wchar_t` 49, 631
Weite der Ausgabe 450
Wert eines Attributs 715
Wert, Parameterübergabe per 109
Wertebereich 39
Wertsemantik 249
`what()` 358
`while` 73, 209, 211
whitespace, *siehe* Zwischenraumzeichen
wide character 49
`widen()` 577
`width()` 450
Wiederverwendung 280
    durch Delegation 381
Winterzeit 636
Wochentag 636
Worttrennung 30
Wrapperklasse für Iterator 522
`write()` 231, 449
`ws` 460
`wstring` 611

## X

XOR, bitweises 41

## Z

Zahlenbereich 38, 44
Zeichen 49
Zeichenkette 32, *siehe auch* string
    -konstante 206
    C-String 206
    Kopieren einer 210
Zeichenkonstante 49
Zeiger *197*, 214
    -arithmetik 204
    auf Basisklasse 287, 297
    -darstellung
        von [ ] [ ] 228
    von [ ] 204
    auf Elementdaten 241
    auf Elementfunktionen 240, 488
    auf Funktionen 235
    hängender 217, 370
    intelligente, *siehe* smart pointer
    in Klassen 642
    NULL-Zeiger 199
    auf Oberklasse 279, 286
    auf ein Objekt 307
    auf lokale Objekte 201
    Parameterübergabe per 219
    oder Referenz? 642
    Umwandlung in Funktionsobjekte 487
Zeiger vs. Arrays 203
Zeile einlesen, *siehe* `getline()`
Zeile, neue 50
Zeilenrücklauf 50
Zerlegung 542
Ziffernzeichen 49
Zufallszahlen, Generator für 541
Zugriffs-
    rechte 276
    spezifizierer 277
zusammengesetzte Datentypen 83
Zusicherung 142, 361
Zustand 721
Zuweisung 32, 61, 65, 721
    in abgeleiteten Klassen 279
    und Initialisierung 89, 165
Zuweisungsoperator 166, *325*, 642
    implizite Deklaration 325, 331
    und Vererbung 331
Zweierkomplement 43
Zwischenraumzeichen *95*, 207, 455

# Abbildungsverzeichnis

| | | |
|---|---|---:|
| 2.1 | Speicherbereiche mit Adressen | 33 |
| 2.2 | Erzeugung eines lauffähigen Programms | 34 |
| 2.3 | Flussdiagramm für eine `while`-Anweisung | 73 |
| 2.4 | Flussdiagramm für eine `do while`-Anweisung | 75 |
| 4.1 | Parameterübergabe per Wert (Bezug: Programmbeispiel) | 110 |
| 4.2 | Türme von Hanoi | 112 |
| 4.3 | Parameterübergabe per Referenz (Bezug: Programmbeispiel) | 115 |
| 4.4 | Syntaxdiagramm für einen mathematischen Ausdruck | 122 |
| 4.5 | Ableitungsbaum | 123 |
| 4.6 | Compilations- und Link-Ablauf | 131 |
| 5.1 | Abstrakter Datentyp | 155 |
| 6.1 | Zeiger | 198 |
| 6.2 | Zwei Zeiger zeigen auf ein Objekt | 199 |
| 6.3 | `int`-Array `Tabelle` | 202 |
| 6.4 | Neuzuweisung eines Strings | 206 |
| 6.5 | String-Array | 213 |
| 6.6 | Erzeugen eines `int`-Datenobjekts mit `new` | 214 |
| 6.7 | Erzeugen eines `int`-Arrays mit `new []` | 214 |
| 6.8 | Array von `int`-Zeigern zum Programmbeispiel | 215 |
| 6.9 | Struktur mit Verweis auf zweite Struktur | 216 |
| 6.10 | Parameterübergabe per Zeiger (Bezug: Beispielprogramm) | 220 |
| 6.11 | Zweidimensionales dynamisches Array | 230 |
| 7.1 | Ein Objekt der Klasse `mstring` | 247 |
| 7.2 | »flache« und »tiefe« Kopie eines Objekts | 249 |
| 8.1 | Vererbung von Daten und Methoden (unvollständige Klassen) | 270 |
| 8.2 | Einschluss von Subobjekten | 272 |
| 8.3 | Vererbungsstruktur graphischer Objekte | 304 |
| 8.4 | Zweideutig: *enthält*-Beziehungen bei nicht-virtueller Vererbung | 308 |
| 9.1 | Ein Objekt der Klasse `Vektor` | 320 |
| 9.2 | Zuweisung von Vektorelementen per Wert | 323 |
| 9.3 | Zuweisung von Vektorelementen per Referenz | 324 |

| | | |
|---|---|---|
| 10.1 | Exception-Hierarchie in C++ | 358 |
| 11.1 | Einfach verkettete Liste | 374 |
| 11.2 | Doppelt verkettete Liste | 375 |
| 11.3 | Einfügen am Listenanfang (`push_front()`) | 378 |
| 11.4 | Sortierter binärer Baum | 396 |
| 11.5 | Sortiertes Einfügen in einen Binärbaum | 400 |
| 11.6 | Liste von `trace`-Subobjekten | 416 |
| 12.1 | Beispiel 5 aus dem Qt-Tutorial | 443 |
| 13.1 | Hierarchie der Klassentemplates für die Ein- und Ausgabe (Auszug) | 447 |
| 13.2 | Spezialisierte Klassen für `char` | 448 |
| 18.1 | Array-Repräsentation eines Heaps (Zahl = Array-Index) | 559 |
| 18.2 | Array-Repräsentation eines Heaps (Zahl = Elementwert) | 559 |

# Tabellenverzeichnis

| | | |
|---|---|---|
| 2.1 | Operatoren für Ganzzahlen | 41 |
| 2.2 | Operatoren für `float-`, `double` und `long double`-Zahlen | 46 |
| 2.3 | Umsetzen mathematischer Ausdrücke | 46 |
| 2.4 | Präzedenz einiger Operatoren (Auswahl) | 48 |
| 2.5 | Besondere Zeichenkonstanten (Escape-Sequenzen) | 50 |
| 2.6 | Operatoren für `char` | 52 |
| 2.7 | Operatoren für logische Datentypen | 53 |
| 5.1 | Vorläufige Kandidaten für Klassen, Attribute und Aktivitäten | 191 |
| 8.1 | Zugriffsrechte bei `public`-Vererbung | 277 |
| 9.1 | Operator als Funktionsaufruf | 314 |
| 10.1 | Bedeutung der Exception-Klassen | 359 |
| 13.1 | Formateinstellungen für die Ausgabe | 451 |
| 13.2 | Vordefinierte Bitmasken | 452 |
| 13.3 | `iomanip`-Manipulatoren | 460 |
| 13.4 | `ios`-Manipulatoren | 461 |
| 13.5 | `iostream`-Manipulatoren | 461 |
| 13.6 | Abfrage des Ein-/Ausgabestatus | 466 |
| 13.7 | `ios_base`-Öffnungsarten für Ströme | 467 |
| 13.8 | Kombinationen der Dateiöffnungsarten | 468 |
| 13.9 | Ermitteln und Suchen von Dateipositionen | 469 |
| 14.1 | Aufbau der Standardbibliothek (ohne C-Header) | 478 |
| 14.2 | C-Header der Standardbibliothek | 479 |
| 14.3 | Beispielklassen und die Standardbibliothek | 481 |
| 16.1 | Container-Datentypen | 489 |
| 16.2 | Container-Methoden | 490 |
| 16.3 | Zusätzliche Datentypen für `deque` | 494 |
| 16.4 | Zusätzliche Datentypen für `list` | 497 |
| 16.5 | Zusätzliche Datentypen für `map<Key, T, Compare>` | 502 |
| 16.6 | Queue-Datentypen | 505 |
| 16.7 | Zusätzliche Datentypen für `set<Key, T, Compare>` | 508 |
| 16.8 | Stack-Datentypen | 511 |

| | | |
|---|---|---|
| 16.9 | Zusätzliche Datentypen für `vector` | 513 |
| 17.1 | Fähigkeiten der Iterator-Kategorien | 521 |
| 19.1 | Ein- und Ausgabe in diesem Buch | 567 |
| 20.1 | Kategorien und Facetten (ohne `wchar_t`-Templates) | 575 |
| 21.1 | Mathematische Funktionen für `complex`-Zahlen | 588 |
| 21.2 | `<limits>`: Attribute und Funktionen | 589 |
| 21.3 | Fortsetzung von Tabelle 21.2 | 590 |
| 25.1 | Umwandlungsfunktionen aus `<cctype>` | 627 |
| 25.2 | Klassifizierungsfunktionen aus `<cctype>` | 628 |
| 25.3 | Mathematische Funktionen | 630 |
| 25.4 | Standarddefinitionen aus `<cstddef>` | 631 |
| 25.5 | Mathematische Funktionen aus `<cstdlib>` | 631 |
| 25.6 | Ausgewählte Funktionen aus `<cstdlib>` | 632 |
| A.1 | C++ -Schlüsselwörter | 708 |
| A.2 | ASCII-Steuerzeichen | 709 |
| A.3 | Druckbare ASCII-Zeichen | 710 |
| A.4 | Präzedenz von Operatoren | 711 |